CUENTOS ESPAÑOLES DE COLORADO Y NUEVO MÉJICO

INTERNATIONAL FOLKLORE

Cuentos Españoles

de

Colorado

y

Nuevo Méjico

Spanish Tales from Colorado and New Mexico

JUAN B. RAEL

VOLUME I

ARNO PRESS

A New York Times Company

New York / 1977

Editorial Supervision: LUCILLE MAIORCA

———◆———

Reprint Edition 1977 by Arno Press Inc.

Reprinted from a copy in
   The University of Illinois Library

INTERNATIONAL FOLKLORE
ISBN for complete set: 0-405-10077-9
See last pages of this volume for titles.

Manufactured in the United States of America

———◆———

Library of Congress Cataloging in Publication Data

Rael, Juan Bautista.
   Cuentos españoles de Colorado y Nuevo Mejico.

   (International folklore)
   Spanish with summaries in English.
   Reprint of the 1957 ed. published by Stanford
University Press, Stanford, Calif.
   1. Mexican American tales. I. Title.
II. Series: International folklore.
[GR104.R33 1977]   398.2'09788   77-70617
   ISBN 0-405-10119-8

CUENTOS ESPAÑOLES DE COLORADO Y DE NUEVO MEJICO

(Spanish Tales from Colorado and New Mexico)

Cuentos Españoles

de

Colorado

y

Nuevo Méjico

(Spanish Tales from Colorado and New Mexico)

Spanish Originals with English Summaries

By

JUAN B. RAEL

In Two Volumes

VOLUME I

STANFORD UNIVERSITY PRESS

STANFORD, CALIFORNIA

STANFORD UNIVERSITY PRESS, STANFORD, CALIFORNIA
London: Geoffrey Cumberlege, Oxford University Press

The Baker and Taylor Company, Hillside, New Jersey
Henry M. Snyder & Company, Inc., 440 Fourth Avenue, New York 16
W. S. Hall & Company, 510 Madison Avenue, New York 22
Printed in Mexico.

FOREWORD

Cuentos españoles de Colorado y de Nuevo Méjico, collected by my colleague and former student Professor Juan B. Rael, is of great importance to Spanish folklore studies. It is easily the best and most abundant collection of folktales that we now have from Spanish America. He has already published some of them in the *Journal of American Folklore* (see note 2), but the publication of the complete collection is greatly needed by folklorists. I have utilized the entire collection in the Comparative Notes in volumes II and III of my recent publication, *Cuentos populares españoles* (see note 6), and the importance of the collection is obvious. Thanks to the labors of Professor Rael, the Spanish folk tales from Colorado and New Mexico are now well known, and their publication will make available for folklorists in general, especially students of the Spanish folk tale, some of the most valuable materials of the folklore of Spanish America. They will prove definitely that Spanish tradition in Colorado and New Mexico is as vigorous and strong as anywhere in the Spanish-speaking world.

Aurelio M. Espinosa
Stanford University

ACKNOWLEDGMENTS

The compiling of this collection of folk tales was first undertaken in the summer of 1930 under the auspices of the University of Oregon and 410 stories were gathered then. Ten years later, in 1940, 108 tales were added to the collection, this time under the sponsorship of the American Philosophical Society of Philadelphia. Without the sponsorship of these two institutions it is very doubtful that the project would have been realized. I am greatly indebted, also, to Dr. Aurelio M. Espinosa of Stanford University, under whose guidance this research project was carried out, and to my friend and former colleague at the University of Oregon, Dr. Leavitt O. Wright, who often proved himself a friend in word and deed while I was bringing together the initial collection. My thanks go also to my wife, Quirina, for typing the entire manuscript.

J. B. R.

TABLE OF CONTENTS

I. CUENTOS DE ADIVINANZA

xi

II. CUENTOS HUMANOS

A. CUENTOS

B. CHISTES

III. CUENTOS MORALES

A. LOS TRES CONSEJOS

B. VARIOS

IV. CUENTOS DE ENCANTAMIENTO.

A. LA NIÑA PERSEGUIDA

xv

F. LA PRINCESA ENCANTADA

INTRODUCTION

I was first introduced to the Spanish folklore of New Mexico when I was still a child. An old neighbor of ours, the aunt of one of my playmates, was a gifted storyteller, and my friend and I would often listen to her fascinating stories about giants, witches, thieves, rogues, and clever animals. It was a special treat to listen to her during the long winter nights as she sat by the fireplace, which dimly illuminated her large but scantily furnished living room. The leaping shadows on the whitewashed walls, produced by the flickering flames in the hearth, added a mysterious background to the stories we heard, especially those that had to do with witches and ghosts. These tales, told to us as true stories, filled us with such great fear that nothing would make us budge from the side of the old narrator, much less step into the dark adjoining rooms. It was in this atmosphere that I first heard such stories as "Fearless John" *(Juan sin Miedo)*, "Peter the Rogue" *(Pedro de Urdemalas)*, and "The Magic Flight" *(Jujuyana)*, and that I became acquainted with many an old superstition. It was then also that I heard, for the first time, many of the hundreds of riddles that are the common property of Spanish-speaking New Mexicans, and many were the times that we youngsters had to recite, for failing to provide the correct answer for a riddle that had been propounded, an "Our Father" and a "Hail Mary" for the souls in purgatory. To add to the enjoyment of these delightful storytelling sessions, our hostess would often serve refreshments in the form of apples, cider, homemade cookies, pine nuts, and—if it was around Christmas time—*empanadas,* a sort of turnover fried like a doughnut in deep grease, a pastry form which has always been popular throughout the Spanish-speaking world. The pine nuts served had been picked in the pine forests by the hostess' family during the early fall.

Storytelling sessions similar to the ones I attended as a child were and still are customary in many Spanish homes in north central

1

New Mexico and south central Colorado (an area extending from Santa Fe, in the south, to Del Norte, in the north[1]), the source of the tales in our collection.

The majority of these stories, the first 111 of which have already appeared in print,[2] represent a part of the cultural heritage that the first settlers of this former Spanish frontier[3] brought with them, a heritage which their descendants have faithfully preserved through more than three centuries.

The fidelity with which Spanish traditions have been retained on this old Spanish frontier is amazing. Many traditions and customs that have disappeared elsewhere in Spanish America are still found here so well preserved that the student of folklore cannot help but establish comparisons between this area and the Spain of the seventeenth century. This is true of language, religious customs, and nearly every form of folklore. At least seventy-five percent of the stories in our collection are of Old World origin, and many of them have been preserved almost intact, there being scarcely any difference between New Mexican versions and corresponding Spanish variants. In many cases, the language and speech formulas employed are exactly the same.

A small number of tales, particularly those dealing with witches, seem to be of local origin. As a matter of fact, many of these stories were told by the narrator as the actual experiences of persons he knew. But this assurance must be taken at times with a grain of salt, because many stories localized in New Mexican villages are often of indisputable Old World origin. All the stories of New Mexican origin seem to have had their birth in Spanish-speaking communities. Not a single one is of Indian origin. It is true that Indian characters are introduced in about ten stories in our collection, but this is a phenomenon which sometimes occurs even when a story is definitely of Old World origin. In such stories, an Indian usually plays the role of a humble hero who through his genius or sheer luck succeeds in marrying a princess or achieves some other rare accomplishment. This

---

[1] See the accompanying maps.

[2] Juan B. Rael, "Cuentos españoles de Colorado y de Nuevo Méjico. (Primera Serie)," *Journal of American Folk-Lore*, LII, 205-6 (July-Dec., 1939), pp. 227-323. And "Cuentos españoles de Colorado y de Nuevo Méjico. (Segunda Serie)," *Journal of American Folk-Lore*, LV, 215-16 (Jan.-June, 1942), pp. 1-93.

[3] This area was first explored by Coronado in 1541 and was first settled in 1598.

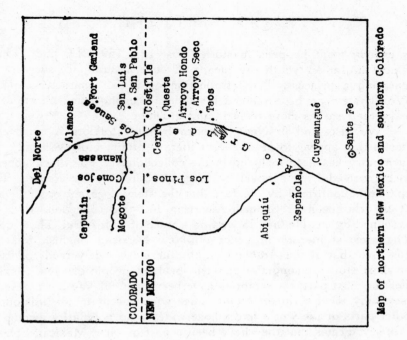

Map of northern New Mexico and southern Colorado

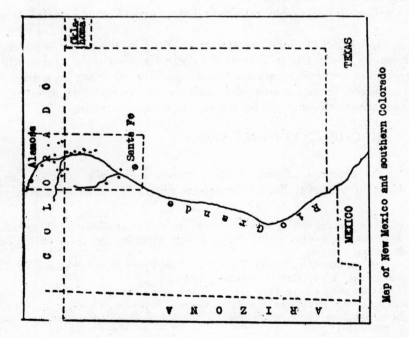

Map of New Mexico and southern Colorado

is exactly what happens in stories nos. 158, 159, 214, and 215, in
which an Indian youth, by means of supernatural aid, succeeds in
marrying a princess. The introduction of Indian characters in Old
World tales can be explained by a desire among some narrators to
make their stories more realistic and dramatic.

We also find in New Mexican Spanish folklore a number of
stories that appear to be of recent literary origin. However, only one
such story has been included in the collection, no. 96, which appears
to be derived from a novel by Florence Barclay, *The Rosary*. This
opinion is confirmed by the fact that the story does not occur in any
of the European or Spanish-American folk-tale collections thus far
examined by me. Neither do we find a trace of it in Aarne-Thompson.[5]
The greatest literary influence on New Mexican Spanish folktales
has been that of the *Arabian Nights*, the most widely read collection
of short stories among the Spanish-speaking people of New Mexico.
For the most part, these stories have been omitted. We have included
here only those *Arabian Nights* tales which occur in the folklore of
other parts of the world and whose widespread popularity among the
people indicates that they have been a part of New Mexican Spanish
folklore for a long time.

The stories in our collection have been classified as follows:[6]

I. CUENTOS DE ADIVINANZA. In these, the hero or he-
roine, as a rule, has to provide the correct answer for a riddle in order
to obtain certain recompense, which may be marriage to a prince or
a princess, a certain sum of money, or the freedom of some person.
The penalty for not giving the right answer is death.

II. CUENTOS HUMANOS.

A. *Cuentos*. Some of these stories are in the style of the fabliaux of medieval French literature, others resemble stories in such

---

[4] This statement is less applicable to the larger centers of population,
where American ways of life are exercising a profund influence on the Spanish-speaking people.

[5] Anitti Aarne and Stith Thompson, *The Types of the Folktale*, FF Com-
munications, XXV, No. 74, Helsinki, 1928.

[6] Our stories have been classified the same way as Dr. Aurelio M. Espinosa's *Cuentos Populares Españoles*, Consejo Superior de Investigaciones Cien-
tíficas, Instituto "Antonio de Nebrija" de Filología (Madrid, 1947), 3 tomos.

authors as Boccaccio[7] and Marguerite de Navarre.[8] In fact, stories nos. 43-45 and 488, in which three men try to seduce a woman, are versions of a story that occurs in the French fabliaux[9] as well as in Marguerite de Navarre.[10]

B. *Chistes.* These are short anecdotes, most of which seem to be of New Mexican origin.

III. CUENTOS MORALES.

As this heading indicates, these stories are of a didactic nature.

A. *Los tres consejos.* These stress the wisdom of following out good advice.

B. *Varios.* In the majority of these stories, the moral is that it pays to keep a secret, that good deeds have their reward, or that the truth always comes to light.

IV. CUENTOS DE ENCANTAMIENTO.

A. *La niña perseguida.* In these tales the heroine is a persecuted girl or young woman. Prominent in this group is the Cinderella story, for which we have fourteen closely related versions, nos. 106-19. A calumniated faithful wife is the heroine of nos. 130-35, of which there is a literary version in Boccaccio.[11]

B. *La hijo del diablo.* These stories are probably derived from the mythological legend of the Jason-Medea flight.

C. *El príncipe encantado.* In these tales the hero is ordinarily a prince who finds himself enchanted in the form of some animal. The heroine, a young woman of humble origin, marries a monster, finds out that her husband is an enchanted prínçe and in her anxiety to disenchant him burns the animal skin while the prince is asleep. As a result, the prince disappears and the heroine has to go in search of him to distant and unknown lands.

---

[7] Giovanni Boccaccio, *The Decameron.* Translated by John Payne. (New York: Horace Liveright, 1928.)

[8] Marguerite de Navarre, *The Heptameron.* Name of translator not given. (Philadelphia: George Barrie, Importer, 1870.)

[9] M. Anatole de Montaiglon, editor, *Recueil des Fabliaux des XIIIe et XIVe siecles* (Paris, 1872-90), vol. I, no. 9.

[10] *Op. cit.,* novel XLIX.

[11] *Op. cit.,* Second Day, Ninth story, pp. 144-55.

D. *Juan el Oso*. The hero of these tales is a very strong youth, usually, the offspring of a woman and a bear.

E. *Juan sin Miedo*. In these stories the protagonist is a fearless youth who fears nothing, not even ghosts.

F. *La princesa encantada*. These stories usually deal with a princess enchanted in the form of a frog or imprisoned in a sorcerer's or giant's castle.

G. *Varios*. Here we have put miscellaneous stories, including several in which the hero receives help from the Lord, the Virgin Mary, or some saint: nos. 206-15. In stories nos. 230-51, the hero is aided by a grateful animal. Stories 252-61 deal with witchcraft.

V. CUENTOS PICARESCOS.

A. *Pedro de Ordimalas*. In these stories we learn about the pranks of Pedro de Ordimalas, a rogue beyond all reform, the Eulenspiegel of Spanish folklore.

B. *Los dos compadres*. In nearly all these tales the protagonist is a tricky and greedy friend or neighbor who in the end pays for his evil deeds.

C. *El tonto y la princesa*. As a rule, the hero in these stories is a simple-minded youth who, aided by supernatural helpers, succeeds in marrying a princess.

D. *Juan Tonto*. In the majority of these tales, the protagonist is some adventurer who succeeds, thanks to his cleverness, in marrying a princess.

VI. ANIMALS. Nearly all the tales in this group appear to be of Old World origin. Among them, the following are versions of Aesopian fables: no. 367, of "The Lion, the Wolf, and the Fox" (Aesop, p. 171);[12] no. 377, of "The Fox and the Crane" (Aesop, p. 175); no. 396, of "The Ass and the Wolf" (Aesop, p. 152); no. 406, of "The Ants and the Grasshopper" (Aesop, p. 6); no. 407, of "The Town Mouse and the Country Mouse" (Aesop, p. 163); and no. 469, of "The Man, the Horse, the Ox, and the Dog" (Aesop, p. 144).

APPENDIX. As has been indicated already, the stories in the Appendix were collected ten years after the original collection was

---

[12] Rev. Geo. Fyler Townsend, translator, *Aesop's Fables*. (London: George Routledge and Sons, Limited, 1905.)

compiled. The tales in the Appendix are numbered 411 to 518, instead of 1 to 108, which are the numbers which they bore originally. The original numbering is retained in parenthesis, since this is the numbering which Dr. Aurelio M. Espinosa employs when referring to these stories in his *Cuentos Populares Españoles.*[13]

Some thirty-nine stories in the collection (nos. 12, 46, 136, 140, 146, 161, 165, 167, 169, 178, 193, 216, 234, 264, 265, 266, 272, 281, 282, 283, 303, 315, 334, 348, 382, 384, 385, 418, 419, 424, 425, 446, 457, 458, 470, 477, 481, 485, 486) have been eliminated for various reasons, chiefly to prevent unnecessary duplication of almost identical versions in New Mexican Spanish folktale collections already published.

Nearly all the tales were transcribed by the compiler directly from the lips of the Spanish-speaking people. A few, nos. 107, 113, 137, 183, 188, 252, 256, 266, 326, 371, and 384, were written by the narrator himself, while a few others, nos. 135, 139, 182, and 184, were transcribed by Rubén Medina. In all cases the stories were transcribed verbatim and the narrator's archaic and sometimes incorrect speech was retained, including such linguistic inconsistencies as his use of such alternate word forms as *así/asina/ansina, traje/truje, mismo/mesmo, muchachito/muchichito, fué/jué.*[14] The only liberty taken by the editor has been to suppress the unnecessary repetition of the same incident in some of the tales. Mention should be made here of a consonantal sound not present in standard Spanish, an alveolar fricative consonant, as in French *chose, chaise,* etc., which we are going to indicate with the consonants *sh (fashico, shaquegüe,* etc.)

The influence of foreign languages in the Spanish of the folk tales is insignificant. In the entire collection there are only forty-one words of English origin and only twenty-one of Indian derivation, and these, with the exception of two or three, were introduced from the Spanish of Mexico.[15] It must not be assumed from this that the Spanish current in New Mexico today is just as pure. On the con-

---

[13] See footnote 6.

[14] Alternate forms occur frequently in the Arcipreste de Hita as well as in such Golden Age writers as Santa Teresa and Cervantes. This phenomenon is discussed by the present author in an article entitled "Alternate Forms in Speech of the Individual," *Studies on Philology,* XXXVI (October 1939), pp. 664-70.

[15] Juan B. Rael, "A Study of the Phonology and Morphology of New Mexican Spanish Based on a Collection of 410 Folktales," an unpublished doctor's dissertation (Stanford University, 1937), vol. I, pp. 23-25.

trary, the Spanish of the last two or three generations of New Mexicans has suffered a disastrous English influence.

The storytellers were mostly farmers, stock raisers, farm laborers, sheepherders, housewives, and the inhabitants of small communities engaged in miscellaneous occupations. Most of them had no academic culture, some of them being illiterate, but all of them proudly continue to observe the old customs of their Spanish ancestors. As the reader will notice in the following storytellers list, the narrator's age varies from sixteen to eighty years, most of them being persons past fifty. After each story title in the Spanish text there appears a small number. This refers to the narrator's name as it appears in the following enumeration, which includes a total of nearly one hundred storytellers:

1. Aguilar, Epifanio, age 59, Taos, New Mexico.
2. Aragón, Manuelita, age 24, Alamosa, Colorado.
3. Barela, Jesusita, age 61, Alamosa, Colorado.
4. Barela, Tomás, age 76, Taos, New Mexico.
5. Cantú, Aguinaldo, age 22, Manassa, Colorado.
7. Cantú, Alfonso, age 25, Manassa, Colorado.
8. Cantú, Cándido, age 63, Manassa, Colorado.
9. Cantú, Carlos, age 23, Manassa, Colorado.
10. Cantú, Felipe, age 26, Manassa, Colorado.
11. Cantú, José Ignacio, age 65, Manassa, Colorado.
12. Cantú, Josefa M., age 24, Manassa, Colorado.
13. Cantú, Pulita M., age 58, Capulín, Colorado.
14. Casados, Marcelino, age 62, Arroyo Seco, New Mexico.
15. Cook, Salomé V. age 50, Questa, New Mexico.
16. Chalifú, Josefa, age 63, Costilla, New Mexico.
17. Domínguez, J. A., age 28, Capulín, Colorado.
18. Esquivel, Félix, age 56, San Pablo, Colorado.
19. Ferguson, Eduardo, age 20, Taos, New Mexico.
20. Gallegos, Máxima, age 65, Alamosa, Colorado.
21. Gallegos, Simón, age 32, Antonito, Colorado.
22. García, Epimenio, age 58, Mogote, Colorado.
23. González, Juanita, age 64, Costilla, New Mexico.
24. González, Ricardo, age 45, Conejos, Colorado.
25. González, Severo, age 47, Alamosa, Colorado.
26. Gurulé, Isaías, age 46, Mogote, Colorado.
27. Herrera, Albino, age 54, Arroyo Hondo, New Mexico.
28. Herrera, Félix, age 29, Española, New Mexico.

29. Herrera, Frutoso, age 40, Antonito, Colorado.
30. Herrera, Francisco, age 20, Antonito, Colorado.
31. Jaramillo, Cleofas M., age 50, Santa Fe, New Mexico.
32. Jaramillo, Francisquita, age 34, Mogote, Colorado.
33. Jaramillo, Josefa, age 62, Mogote, Colorado.
34. Jaramillo, Juan, age 32, Alamosa, Colorado.
35. Jaramillo, Luis, age 66, Mogote, Colorado.
36. Jaramillo, Refugio, age 50, Antonito, Colorado.
37. Le Febre, Flora, age 64, Manassa, Colorado.
38. Lobato, Anastasio, age 59, Antonito, Colorado.
39. Lobato, Cecilia, age 47, Antonito, Colorado.
40. Lobato, Cención, age 63, Conejos, Colorado.
41. Lobato, Julián, age 68, San Luis, Colorado.
42. Lobato, Pedro, age 25, San Luis, Colorado.
43. Lobato, Rubén, age 31, Antonito, Colorado.
44. Lobato, Teodoro, age 35, Antonito, Colorado.
45. López, Carlos, age 55, Antonito, Colorado.
46. López, Juan M., age 57, Los Pinos, New Mexico.
47. López, Justo, age 58, Española, New Mexico.
48. López, Presciliano, age 59, Del Norte, Colorado.
49. López, Vicente, age 70, Antonito, Colorado.
50. Manzanares, Delmiria, age 45, Conejos, Colorado.
51. Márquez, Cruz, age 63, Conejos, Colorado.
52. Martínez, Alcaria, age 59, Capulín, Colorado.
53. Martínez, Antonio, age 68, Arroyo Hondo, New Mexico.
54. Martínez, Eva, age 60, Conejos, Colorado.
55. Martínez, Remigio, age 62, Conejos, Colorado.
56. Medina, Frutoso, age 30, San Luis, Colorado.
57. Medina, Genoveva, age 47, Fort Garland, New Mexico.
58. Montaño, Natividad, age 46, Arroyo Seco, New Mexico.
59. Montoya, Luis, age 70, Cerro, New Mexico.
60. Ortiz, Teófilo, age 71, Conejos, Colorado.
61. Pacheco, Benigna, age 71, Arroyo Seco, New Mexico.
62. Pino, Félix, age 35, Santa Fe, New Mexico.
63. Quintana, Ursulita, age 36, Costilla, New Mexico.
64. Rael, Soledad Montaño de, age 38, Arroyo Hondo, New Mexico.
65. Rodríguez, Concepción, age 70, Taos, New Mexico.
66. Romero, Antonio, age 80, Cuyamungué, New Mexico.
67. Romero, Fidela, age 58, Antonito, New Mexico.
68. Romero, Juan, age 17, Antonito, New Mexico.

69. Romero, Sotero, age 70, Antonito, Colorado.
70. Salazar, Juan, age 33, Manassa, Colorado.
71. Sánchez, Isidoro, age 70, San Luis, Colorado.
72. Sánchez, Filomena, age 36, Alamosa, Colorado.
73. Sánchez, Victor, age 66, San Luis, Colorado.
74. Sandoval, Celestino, age 16, Arroyo Seco, New Mexico.
75. Santistevan, Eliseo, age 60, Taos, New Mexico.
76. Santistevan, Jesús, age 59, Taos, New Mexico.
77. Serna, Félix, age 45, San Luis, Colorado.
78. Silva, Sevedeo, age 45, Los Sauces, Colorado.
79. Suazo, Sóstenes, age 61, Abiquiú, New Mexico.
80. Suazo, Valentín, age 35, Abiquiú, New Mexico.
81. Trujillo, Fermina, age 42, Manassa, Colorado.
82. Valdés, Antonio, age 50, Arroyo Hondo, New Mexico.
83. Valdés, Candelaria, age 65, Arroyo Hondo, New Mexico.
84. Valdés, Enrique, age 59, Antonito, Colorado.
85. Valdés, José, age 29, Del Norte, Colorado.
86. Valdés, Refugio, age 63, Costilla, New Mexico.
87. Valdés, Santiago, age 70, Del Norte, Colorado.
88. Valdés, Victoria, age 66, Conejos, Colorado.
89. Vargas, María Victoria, age 30, Arroyo Hondo, New Mexico.
90. Varos, Florentina, age 60, Taos, New Mexico.
91. Varos, Juanita F., age 62, Taos, New Mexico.
92. Vigil, Carlota, age 59, Conejos, Colorado.
93. Vigil, Cención, age 56, Arroyo Hondo, New Mexico.
94. Vigil, Fredolin, age 50, Arroyo Hondo, New Mexico.
95. Vigil, Julián, age 47, Arroyo Hondo, New Mexico.
96. Vigil, Leonor, age 69, Arroyo Hondo, New Mexico.
97. Vigil, Rafael, age 71, Arroyo Hondo, New Mexico.
98. Zamora, Porfirio, age 48, Antonito, Colorado.

The stories in this collection are not the first to be published. Other smaller collections have already been printed. Dr. Aurelio M. Espinosa has published a total of 64 stories in three different groups, [16]

[16] Aurelio M. Espinosa, "Cuentitos populares nuevo-mejicanos y su transcripción fonética," *Bulletin de Dialectologie Romane*, IV (1912); "New Mexican Spanish Folklore, Part III," *Journal of American Folk-Lore*, XXIV, 94 (Oct.-Dec., 1911), pp. 397-444; "New Mexican Spanish Folklore, Parts VI-VIII," *Journal of American Folk-Lore*, XXVII, 104 (April-June, 1914), pp. 105-47.

and his son, Dr. José Manuel Espinosa, has published a collection of 114 tales.[17] Other folklore collectors have published lesser numbers, most of them in English translation, sometimes in abbreviated form and sometimes completely revised. References to these tales are made in the bibliography appearing after each English summary.

The English summaries given at the end of the collection contain the mere outline of the story, and important elements and details may sometimes be lacking. The research scholar should not be satisfied, therefore, with merely reading the summaries. The full-length tale should also be consulted.

---

[17] José Manuel Espinosa, *Spanish Folk-Tales from New Mexico*, American Folk-Lore Society, Memoirs, XXX (1937).

I. CUENTOS DE ADIVINANZA

1. La mata de albácar[20]

Eran dos viejitos y tenían tres muchachitas, y entonces el rey le mandó decir que quería que le trujiera tres doncellas preñadas, y calzadas y no calzadas, por camino y no camino, y los viejitos no jallaban cómo hacer, cómo podeles llevar estas niñas doncellas y preñadas, calzadas y no calzadas, por camino y no camino. Y entonces la menor le dijo a su madre que si pa qué estaba tan triste, que les hiciera unas panzas de garra y les pusiera, y les quitara las suelas a sus zapatos. Entonces ellas se jueron un rato por el camino y otro rato por ajuera. Entonces llegaron a case el rey y les dijo que pasaran, y pasaron y le pregunta a la mayor qué se le antoja. Ella le dice que una taza de caldo. La menor le dice que quiere una taza de lechi nevada. Y le dice el rey:

—¿Cómo quieres que te dé lechi nevada? Si en el invierno no se hace.

—Pues, ¿cómo quiere que le traigan tres niñas doncellas y preñadas?

Entonces se da el rey una palmada en la frente y le dice:

—Pues tú que riegas la flor y la mata, ¿cuántas hojas tiene la albácar?

—Sacarrial majestá, usté que sabe ler y contar, ¿cuántas arenas tiene la mar?

2. La mata de albácar[56]

Este era un viejito que tenía tres hijas y era muy pobrecito, y le dijo a sus hijas que iba a trai leña. Les encargó que no fueran a salir porque el rey andaba reconociendo muchachas. Las hijas le prometieron no salir.

Ya se fué el viejito y salió la primer muchachita y la vido el rey y se vino y logo que llegó, le dijo:

—Oyes, niña, tú que riegas tu flor y riegas tu mata, dime cuántas hojas tiene tu albácar.

Se quedó calladita la muchachita y entró pa adentro y les contó a sus hermanas lo que había pasado.

Entonces salió la niña del medio y sacó la mata de albácar, y llegó al rey y le hizo la misma pregunta que a la primer muchachita. Se quedó callada la niña. Volvió a entrar y, cuando le preguntaron qué le había dicho al rey, dijo que no le habían dicho nada, porque tenía miedo que la matara.

Otro día salió la última, la menor. Estaba regando su flor, cuando llegó el rey y le dijo:

—Niña, tú que riegas tu flor y riegas tu albácar, dime cuántas hojas tiene tu albácar.

—Sacarrial majestá, usté que sabe ler y escribir, dígame cuántas olas y piedras tiene el mar.

Pues de ai se volvió el rey pa su casa y le dijo a sus piones:

—Yo voy a pidir a esta muchacha pa casarme con ella y matala por malcriada, que me respondió así, sabiendo que soy el rey.

Pues que la pidió. Le decían sus hermanitas:

—No te cases, nita. Te mata el rey.

Y la invió llamar el rey a la muchachita. Y aunque contra la voluntad de su padre y sus hermanas, se jué la niña. Cuando llegó, le preguntó al rey:

—Sacarrial majestá, ¿para qué soy llamada?

Le puso una peña y le dió otra y le dijo:

—Toma, córtame estos calzoncillos (dando a entender que una peña eran los calzoncillos y la otra eran las tijeras).

—Pues su carrial majestá, mientras yo corto estos calzoncillos, tenga. Deváneme este hilo —. Y le dió un pedazo de peña para que le sacara hilo, dando a entender que la piedra era una carretilla de hilo.

—Es imposible que yo devane hilo de esa peña.

—Pues también es imposible que yo corte calzoncillos de esa peña con tijeras de esa peña.

—Eres dispensada. Puedes irte a tu casa —le dijo el rey.

Otro día invió a llamar el rey otra vez y jué la muchacha.

—¿Qué se le ofrece, carrial majestá?

—Se me ofrece que me traigan a tu padre a pie y a caballo, calzao y descalzo, vestido y empeloto, peinao y no peinao.

La muchachita tenía una cabrita y jué y le quitó a su padre la suela y le dejó el corte de los zapatos. Jué y le dejó empeloto de un lao. Lo peinó de un lao y del otro lao lo dejó abatanao y lo subió a caballo en la cabra y logo que llegó allá, le dijo al rey si estaba como debía.

Vido al hombre calzao y descalzo, empeloto y vestido, peinao y abatanao y a pie y a caballo. Se volvió la muchachita pa su casa. Le dió el rey unos centavos porque hizo como le mandó con su padre.

Pues que el rey hacía banquetes los sábados y convidó a la muchachita, y que juera con su padre y sus hermanas, pero que no quisieron sus hermanas. Le tuvieron miedo al rey. Ella sí jué con su padre al banquete.

Cuando se sentaron en la mesa, empezaron a pasar comidas a la muchichita y al viejito. Cuando ya conoció el rey que s' iba a levantar la muchichita, le preguntó qué se le antojaba.

—Nieve tostada, sacarrial majestá.

—¡Háiganse visto! —dijo el rey—. Yo no había visto nieve tostada.

—Pues yo también no había visto doncellas preñadas —dijo la niña, recordando que el rey le había dicho que antes de casarse con él tenía que ser doncella y estar preñada.

Cuando se jué la muchichita con su padre pa su casa, dijo el rey:

—Pues voy a pedila pa matala, más que digan que soy rey matador. ¡No más por malcriada conmigo!

Lo hizo asina. No querían sus hermanitas que se casara con él, ni su padre. Les decía ella:

—No tengan miedo, hermanitas. No me mata. Su cabeza resguarda la mía. Mira, manita, me voy a casar pa que ni tú ni mi padre anden con trabajos.

Bueno, la dieron. El día que la dieron jué a case su vecina que hacía muñecos grandes y le dijo:

—Vecina, hágame una muñeca parecida a mí y yo le trairé garra del mismo traje que me hagan a mí, porque al cao, logo que me case con el rey, le pago el trabajo de la muñeca.

Bueno, le hizo la muñeca. Ya el día que s' iba a casar, le dijo:

—Mire, vaya traiga una tripa y llénela de melaza y se la pone en el pescuezo a la muñeca y yo le diré en el cuarto que vamos a dormir mañana en la noche, en la cama que vamos adormir, yo le diré acuál es.

Bueno, jué la mujer y le enseñó la muchacha acuál era el cuarto.

—Aquí está. En esa camalta la recuesta y la tapa de aquí pa abajo. La tapa con las cobijas del pecho pa abajo y le pone el alambre ese por entremedio de los colchones pa abajo, porque esta cama es la mesa en que me va a matar el rey.

Pues se casó y hicieron baile hasta las once. A las once se acabó el fiestín y se quedó el rey con las puras cocineras y su mujer. Ya le dijo él:

—Vamos a acostarnos, hija.

Partió aquella corriendo adelante del rey y se embocó debajo de la camalta. Cuando entró el rey, abajó la lámpara y agarró el cuchillo y se jué paronde ella estaba y le dice:

—Mira, malcriada, hora me has de decir lo que me respondites cuando te pregunté de tu mata de albácar.

Y le menió la cabeza que sí. Le dice él:

—¿Te acuerdas que te convidé par' un banquete, que jueras con tu padre y tus hermanas, que te pregunté que si qué se te antojaba y me dijites que nieve tostada?

Y le menea la cabeza que sí. Entonces ábrese el rey con el cuchillo y córtale la tripa de la melaz y le cayó a los ojos y a la boca. Y le dice:

—¡Ay, hijita de mi corazón, pues onde muerta eres dulce, pues de viva qué serías!

Creyó que la había matao y creyó que la melaz que le había saltao era sangre de su mujer. Y ella, logo que vido que ya él tenía los ojos pegados y que s' iba a matar, se levantó su mujer y le habló y le dijo que no se matara, porque estaba viva.

Pues que estuvieron tan bien, que ai están viivendo en gracia de Dios.

3. *El muchacho inorante*[54]

Era una mujer que vivía en la orilla de una ciudá y tenía un hijo muy inorante que su mantención era traer leña para llevar a la ciudá a vender y pal abasto de la casa. Un día fué a la ciudá y oyó estar conversando que en la ciudá vecina había dado el rey la voz que al que no le adivinara la princesa una adivinanza, se casaría con ella. El muchacho tenía una burrita en que traía leña. Le dijo a su madre, cuando llegó, que le preparara bastimento para irse a la ciudá.

—¿A qué vas? —le dijo—. Tan tonto como eres, ¿a qué vas a la ciudá vecina?

Y entonces le dijo que iba a casarse con la princesa. Su madre se acongojó mucho de ver la tontada que le dijo él, que se iba a casar con la princesa.

—Mira —le dijo—, el rey quiere matar a todos los hombres. Tantos reyes, duques, condes, marqueses vienen a la ciudá y ni uno se casa con ella. A todos los mata el rey. Pues a ti, tan garriento, te matará más pronto. Pero el muchacho insistió, diciendo que se iba a casar con la princesa. Cuando no lo pudo rebajar, le hizo unas tres galletas y le echó veneno a una de las galletas.

Ensilló su burrita y se fué, llevando su costalito con las tres galletas que su madre le dió y un libro de devoción. Cuando hubo caminado mucho, vino y le quitó la silla a la burrita y la puso de cabecera. Se acostó a dormir y la burrita, en lugar de comer zacate, cogió el costalito y lo rompió y agarró la galleta que tenía el veneno y se la comió. Luego que se la comió, cayó muerta. Levantó él la cabeza y vió su burrita muerta y de una vez pensó, "Mi madre quería envenenarme y envenenó a mi burrita." Se quedó acostado, cuando vió venir dos cuervos y se pararon sobre la burrita y estuvieron comiendo y venían tres hombres por el mismo camino y ellos, creyendo que eran gallinas, les tiraron y los mataron y se los comieron y se murieron los hombres también. Entonces pensó él, "Aquí tengo una adivinanza pa echarle a la princesa que ella no la adivinará nunca." La burrita se llamaba Inés y él compuso la adivinanza y pensó, "Una mató a Inés, y Inés mató a dos y dos mataron a tres. Esta adivinanza no la sabe la princesa."

Se fué caminando y ya iba con mucho hambre en el camino cuando vió un conejito y le tiró una pedrada y el conejito se escondió y él mató una liebre y la liebre tenía liebrecitas. Luego que abrió la liebre, no había allí leña con que hacer lumbre pero sacó el librito de devoción que llevaba y cogió las liebrecitas y prendió el librito y en el libro se cocieron. Entonces pensó, "Pues ya tengo otra adivinanza que la princesa no la adivinará nunca. Pues ahora le tiré al que vide y maté al que no vide y comí carne asada en palabras de sagrado." Ya era la segunda adivinanza que tenía y ésas no estaban en los libros de la princesa.

Se fué caminando y la se lo iba atormentando mucho. No hallaba agua en donde beber. Cuando subió a la cumbre del cerro vió unas piedras y se fué a sombriar a ellas. Le llamó la atención que estaban hechas en cuadras y fué y se asomó y era un pozo que estaba hecho y adentro estaba un caballo. Cuando lo vió, el caballo se espantó y empezó a correr alrededor del pozo y él mirándolo y hasta que cayó al suelo el caballo muerto y empezó a correrle el sudor y a echar agua por dondequiera muy cristalina. Y entró él adentro y se puso a beber agua. Bebió hasta saciarse bien y ai compuso la tercera adivinanza y pensó, "Bebí agua ni del cielo llovida ni del suelo vertida."

Se fué caminando hasta llegar a la ciudá. Al llegar a la ciudá, estaba una chocita en donde estaba una viejita y esta viejita era bruja y llegó a la casa a preguntarle qué había de nuevo en la ciudá. Cuando llegó, tocó la puerta y voltió la viejita y lo vió y le dijo:

—¿Cómo te va, nietecito?

—Bien, nagüelita.

—Entra, nietecito. ¿De ónde vienes y pa dónde vas?

—Pues aquí a la ciudá no más. ¿Qué hay de nuevo? —le dijo él.

—Pues aquí hay la bulla que el rey quiere casar a la princesa con un hombre que le eche una adivinanza que ella no la adivine.

—Pues ésta va a ser mía —le dijo él.

—No te pongas, nietecito, en esos bochornos. Mira que el rey ha matado a muchos hombres causa de eso y la princesa tiene muchos libros de adivinanza y ella todo lo que le dicen adivina.

—Pero las adivinanzas mías no las tiene la princesa en sus libros.

No lo pudo rebajar la viejita y se fué al palacio. Ya le dijo ella cómo tenía que llegar a la puerta y qué tenía que hacer antes de entrar. Cuando ya estuvo allá, le preguntó el rey qué quería y le dijo que casarse con la princesa. Toda la corte se rió de él. Le dijo el rey que si sabía la orden que él había dado, que tenía que echarle una adivinanza a la princesa y si ella no se la adivinaba tenía que casarse con él. Entonces le dijo él que sí le iba a echar una adivinanza y le dijo:

—Una mató a Inés, Inés mató a dos y dos mataron a tres.

—¿Cómo? —le dijo la princesa—. Dígame otra vez.

—No —le dijo—, si no más una vez digo yo.

Luego le dijo la princesa que volviera otro día.

Otro día volvió a las horas que le dieron orden y ya le pidió otra adivinanza porque aquélla no la había podido adivinar y le dijo que le echara otra. Y ya le dijo:

—Le tiré al que vide y maté al que no vide y comí carne asada en palabras de sagrado.

—¿Cómo? —le decía ella—. Dígame otra vez.

—No más una vez digo yo —le dijo.

Lo despidió, diciéndole que volviera otro día.

Otro día volvió y no le respondió ni la primera ni la segunda adivinanza y le pidió la tercera y le dijo:

—Bebí agua ni del cielo llovida ni del suelo vertida.

No pudo la princesa adivinar ni una de sus adivinanzas. Empezó a hacer trai libros y empezó a ocupar a toda la corte a buscar las adivinanzas y no pudo incontrar ni una.

Entonces el gran visir dijo que era bueno decirle a aquel tonto que fuera a cuidar conejos para ver si lo podían matar. En esos tiempos había muchas crías de conejos silvestres y él estaba muy enamorado de la princesa pa su hijo y quería matar al tonto, como le decían. Entonces dijo el rey que mandaran trai conejos, cincuenta conejitos, y que los guardaran en una conejera y lo mandó llamar otro día. Y la viejita, como era bruja, fué a escuchar a ver qué decían allí en el palacio y oyó la trama que estaban haciendo y vino y le dijo a él que era mejor que se fuera pa su casa que no que lo fueran a matar. Pero él estaba tan ciego de amor por casarse con la princesa que a él no le importaba de morirse. Entonces le dijo la viejita:

—Pues yo te ayudaré en algo, pero es mejor que te vayas. Te van a poner a cuidar conejos y estos conejos se te van a ir. Son silvestres.

Pero él no quiso y fué a responder al rey y le dijo el rey que la princesa no podía hallar todavía las adivinanzas pero le dijo que la princesa le pedía que le fuera a cuidar sus cincuenta conejitos que ella tenía. Que tenían que contárselos en la mañana y que tenían que contárselos en la tarde.

Fué él a consultar con la viejita. La viejita le dijo:

—Bueno, ya te vas a comprometer. Anda. Yo te ayudaré en lo que pueda —le dijo, dándole a la vez una varita y un pitito—. Cuando te cuenten los conejitos, son cincuenta. Si se van, que se vayan para onde les dé gana. Déjalos. Luego que estés en el cerro va a ir el secretario del rey a comprarte un conejito. Dile que son de la princesa. Cuando él te istancie mucho, dile que se lo vendes pero por la copa del rey. Y cuando ya él se venga con él, le suenas este pitito y el conejito se viene. Luego que se vuelva, en la tarde llevas los conejitos con este pitito y le cuentas los cincuenta.

Así, como le dijo la viejita, le pasó. Fué el secretario a comprarle un conejito y le dijo que no eran de él, que eran de la princesa, pero le rogó hasta que le dijo que le vendería uno por la copa del rey. Vino y cogió el conejito cuando ya le dió la copa y se lo dió. Se fué él. A poco rato que se fué, empezó a sonar su pitito y de una vez comenzó el conejito a pataliar y se vino para acá. Siguió él a pescarlo y se le embocó en un agujero y trajo una piedra y le tapó el agujero. Luego que llegó al palacio, les contó lo que había pasado y les dijo que iban a venir cuarenta y nueve no más, porque le había tapado el agujero al que había comprado.

En la tarde empezó el muchacho a sonar su pitito y se juntaron todos los cincuenta conejitos. Los arrió y los llevó hasta meterlos en la conejera. Le dijeron que fuera otra vez otro día a cuidarlos y dijo el gran visir que él iría entonces. Y la viejita había oído y le dijo:

—Hoy va el gran visir. Dile que se lo vendes por la capa del rey.

Así lo hizo. Cuando fué el gran visir, le dijo que le vendiera un conejito y le dijo que eran de la princesa, pero le rogó hasta que le vendió uno. Pero le dijo que se lo vendía por la capa del rey, y fué él por la capa del rey y se lo vendió. Cuando se fué el gran visir, hizo la misma. Empezó a sonar el pitito y se volvió el conejito. Corrió el gran visir buscándolo pero no lo pudo agarrar y se fué y perdió hasta la capa. En la noche contó el muchacho sus conejitos. Y le dijeron que volviera él otro día.

Otro día volvió y la viejita le alvirtió que el rey iba a comprarle un conejito disfrazado y que se lo vendiera por tres tiras de correa de cada lado. Cuando fué el rey, le preguntó qué hacía allí y le dijo que estaba cuidando unos conejitos de la princesa. Le dijo que le vendiera uno y le dijo que no podía venderlos porque eran de la princesa. Pero el rey insistió, hasta que le dijo que le vendería uno, pero por tres tiras de correa de cada lado y tres cuartazos con esta varita. El rey convino. Vino y tomó la capa y la tendió y hizo que se acostara el rey y le cortó la espalda de un lado no más porque ya no aguantó el rey y le dió dos varazos y ya no pudo aguantar más. Se levantó, tomó un conejito y se fué, y él hizo lo mismo que con los otros. Lo llamó y se volvió el conejito. En la tarde los entregó y eran los cincuenta.

Y le dijo el rey que tenía que darle tiempo a la princesa para que buscara las adivinanzas o que se las dijera él antes de casarse. Y él le dijo que cuando ya se casara le diría las respuestas de las adivinanzas.

En la noche fué la viejita a ver qué platicaban y ya vino y le dijo que ellos querían matarlo mejor que verlo casao con la princesa y que querían que les llevara tres sacos llenos, uno de "hay", otro de "no hay" y otro de verdades.

Cuando él fué en la mañana, le pidió el rey estos tres sacos y se vino a la casa en donde le dijo la viejita que era lo último que le iba a ayudar y que le dijera al rey que esos sacos se los presentaría en la plataforma onde se iban a casar y que allí mismo le daría las respuestas de las adivinanzas a la princesa y que esto fuera de una vez, pronto. Fué él y le dijo al rey todo como la viejita le había ordenado y le dijo el rey que otro día estaría toda la gente recogida para ver el matrimonio o ver horcarlo.

Ya le dijo la viejita en la mañana, le preparó tres costales y le dijo que cuando estuviera en la plataforma onde se iban a casar, desdoblara los tres costales. En uno le mandó echar entrañas y llevarlas. Y luego que el rey le preguntara por el saco de "hay", le dijera que metiera la mano en él. Así lo hizo el muchacho y cuando metió la mano el rey, se picó con las entrañas y dijo:

—¡Ay! ¡Ay!

—Pues en éste no hay —le dijo entonces. Y cerró los dos sacos y los apartó y cogió el tercero. Cuando cogió el tercero, lo abrió y le preguntó:

—¿Es verdá que usté dió la voz de que se casaría la princesa con el que no le adivinara una adivinanza?

—Es verdá —le dijo el rey.

—Pues venga a mi saco —dijo el muchacho—. ¿Es verdá que me dieron orden de cuidar unos conejos y fué el secretario a comprarme uno y se lo vendí por la copa de su carrial majestá?

—Es verdá —le dijo el rey.

—Venga a mi saco —dijo el muchacho—. ¿Es verdá que fué el gran visir y le vendió otro por la capa?

—Es verdá —le dijo el rey.

—Venga a mi saco. ¿Es verdá —le dijo— que la tercera vez fué usté y se lo vendí por tres...

—Ya no hables. El saco está lleno —le dijo el rey, y lo puso para un lado—. La princesa es tu esposa.

Entonces le dió las respuestas de las adivinanzas y quedó el rey satisfecho y toda la corte y se celebró el casamiento con él. Después, él fué el más apreciado en el palacio y fué y trajo a su madre y vivieron felices juntos en la misma casa.

4. La adivinanza[76]

(Versión abreviada del cuento número 3)

Insistiendo un rey en que se case su hija, le dice ella que se casará con la condición de que el hombre que ha de ser su esposo le ha
de echar una adivinanza que ella no pueda adivinar. Si la princesa
adivina, el pretendiente tendrá que pagar o con un talegón de dinero
o con la vida. Entre los pretendientes que se presentan, va un tonto,
cuya madre, llamada María Pabla, trata de impedir, envenenando la
burra de su hijo, que caiga éste en manos del rey. Cuando se envenena la burra, cuyo nombre es Pabla, comen dos cuervos de ella y mueren en seguida. Más tarde, mientras va caminando, tiene que pasar
un río en un caballo muerto que halla flotando en el agua. Al caminar
un poco más, ve un conejo, le apunta con su escopeta, pero en vez de
matar el conejo, mata una liebre que no había visto. Cuando va a preparar la liebre para comérsela, encuentra que la liebre está preñada,
y se come las liebrecitas no nacidas. Teniendo mucha sed, bebe agua
que halla en una vinajera suspendida del techo de una iglesia. El joven se presenta ante la princesa y le echa la siguiente adivinanza: María Pabla mató a Pabla, y Pabla mató a dos; pasé el río por sobre
el blando; le tiré a lo que vi y maté lo que no vi; comí carne no nacida y bebí agua que ni en el cielo ni en la tierra estaba. La princesa
no logra adivinarla. Sin embargo, no queriendo el rey que se case la
princesa con él, le dice que tiene que cumplir otra condición. Es preciso que cuide cien liebres sueltas en el campo durante tres días y que
las entregue completas al fin de ese plazo. Con la ayuda de una vieja
bruja, logra el joven cumplir con esta condición, a pesar de que vende dos liebres, una a un criado del rey por dos talegones de dinero
y otra al rey mismo porque le besara la cola a un macho. Lo mismo
la liebre del criado que la del rey desaparecen. Cuando el plazo termina, entrega el joven las liebres completas y tiene que casarse la princesa con él.

5. El pastor[36]

(Versión abreviada del cuento número 3)

Como en el cuento número 4, un pastor es uno de los jóvenes
que solicitan la mano de la princesa. La madre le echa el veneno a

unas galletas que le prepara a su hijo. La burra se las come y muere. Tres cuervos que comen de la burra mueren también. En el camino, le tira con su escopeta a una liebre preñada, matándola a ella así como a las liebrecitas en el vientre de ella. Poco después, al cruzar por un puente, pasan por arriba tres cuervos cantando. Las tres adivinanzas que inventa son éstas: "Pabla mató a Pabla y Pabla mató a tres; le tiré al que vi y le pegué al que no vi; sobre un duro (el puente) pasó un blando (el pastor) y tres (los cuervos) arriba cantando". La princesa no logra adivinarlas. Por la noche, va ella a donde duerme el pastor y consigue las respuestas correctas en cambio de una sortija, su camisón y su palabra de casamiento. Otro día, cuando la princesa contesta correctamente, se descubre la manera de que averiguó ella las respuestas. Las bodas del pastor y de la princesa se celebran.

6.   *La adivinanza*[69]

Como en las versiones anteriores, un tonto se presenta ante una princesa con dos adivinanzas para que las adivine ella. Las adivinanzas son las siguientes: "dos (dos tortillas con veneno) mataron a Inés (una burra) e Inés mató tres (no se dice qué clase de animales); bebí agua ni del cielo llovida ni de la tierra alvertida (vertida)." Es decir, el pastor bebió el sudor de unos caballos. La princesa no adivina y tiene que casarse con el tonto.

7.   *Juan Mocoso*[77]

Pues en una suidá había un rey. Este rey tenía una hija muy bonita. El mandó a decir por todas las partes de las plazas que él iba a dar a su hija al que adivinara qué era lo que tenía su hija en su cuerpo. Bueno, pues se corrió todo esto por todas las suidades cercanas, que este rey tenía una hija muy bonita y a ver quién iba a adivinarle lo que tenía en su cuerpo.

En esta misma suidá había una viejita. Esta viejita tenía un hijito que por mal nombre le llamaban Juan Mocoso. Un día Juan Mocoso habiendo oído decir lo que estaba pasando en la suidá, le dijo a su mamá que lo dejara ir a la suidá. Ella no quería que fuera, pero por fin le permitió ir. Bueno, en esta suidá estaban llegando de todas partes de las suidades cercanas porque ya el rey sabía y todos los que estaban en la suidá a qué era lo que se estaba yendo a ver. Enton-

ces este muchichito, antes de partir de su mamá, le dijo a su mamá
que le diera un cochinito. La madre no quería dárselo pero le rogó
tanto él, que al fin le dijo ella que agarrara uno. Fué aquél a onde
estaban los cochinitos, y agarró uno, el que le gustó y lo envolvió en
una frezadita y se lo echó aquí al hombro y se fué.

Bueno, este muchichito venía con su cochinito y paso por delante del palacio del rey. Cuando venía en frente del palacio del rey, estaba la princesa arriba y estaba una de las criadas arriba. Y le dijo
a la criada que mirara. Que parecía que Juan Mocoso llevaba una
cosa bonita. Entonces la criada salió y le gritó y le preguntó qué llevaba. El le dijo que un cochinito muy bonito. Entonces le dijo que
la princesa lo quería ver. A la princesa le gustó mucho y insistió en
comprárselo. Pero aquél le dijo que se lo vendía porque le enseñara
de los pechos pa arriba. Vino aquél luego y le entregó el cochinito
y entonces cuando ya le hubo entregado se descubrió ella la vestidu-
ra de arriba y le enseñó del pecho para arriba. Eso fué todo. Aquéllas agarraron su cochino y Juan se fué.

El siguiente día, oh, sería como a las dos de la tarde, una cosa
asina, cuando volvió Juan Mocoso con la misma tentación a su mamá
y le pidió otro cochinito. La madre no quería darle otro pero le prometió él que traería todo lo que había valido aquel cochinito y éste
todo junto. Por fin estuvo terquiando tanto con su mamá que hasta el
fin le volvió a decir su mamá que agarrara otro.

Fué aquél y agarró el más bonito cochinito y hizo lo mismo que
antes; lo envolvió en una frezadita y se lo llevó. Y estaban llegando
muchas gentes de todas las suidades porque querían saber lo que tenía la príncipa en su pecho. El cuento es que cuando ya este muchacho agarró este segundo cochinito, se vino y sucedió la misma cosa
que antes. Iba por enfrente del balcón cuando estaba la princesa sentada delante del balcón y le dijo a su criada que quería ver lo que
llevaba Juan Mocoso. A la princesa le pareció más bonito ese cochinito que el que llevaba el día antes y le pidió a Juan que se lo vendiera. Juan Mocoso le dijo que se lo vendía porque le enseñara de la
cintura para arriba. Se estuvo pensando y al fin le dijo que sí. Ella
estuvo obligada de quitarse las vestiduras y de enseñarle de la cintura para arriba. El reflejó que de la chichita del lao izquierdo le salía un pelo de oro y le daba vuelta al cuerpo y lo volvía a hacer rosa
en la misma chichita. Pues salió. Pues señor de mi alma, pasó todo ese
día, y aquél se fué para su casa y las gentes estuvieron viniendo a ver
si podían adivinar.

Pues al orto día volvió Juan con la misma terquedá.

—Ande, mamá, déme otro cochinito. Si me da otro cochinito, yo lo voy a pagar todo junto. Le voy a trai unos zapatos de primera clas y un vestido raso.

Aquella mujer no tenía más que un muchichito, pero le dijo que agarrara otro. Pues fué aquél y hizo la misma cosa de los días anteriores y agarró otro.

Pues en esta suidá había léperos. Estaba un muchacho muy lépero. Este había hecho fuerza por ver qué era lo que tenía la príncipa en su cuerpo pero nunca había podido él saber y él estaba cuidando a este muchacho Juan Mocoso. Y éste pensó, "Voy a ver qué está haciendo este Juan Mocoso. Yo me voy a desengañar." Pues aquí que viene Juan Mocoso con otro cochinito. Esta vez le vendió el cochinito a la princesa porque le enseñara todo su cuerpo.

Pues no más salió él, ya estaba aquel amigo allí y se le prendió del brazo y le dijo, amigo pa allá, amigo pa acá, y se lo llevó. Y le preguntó Juan qué quería:

—Pues mira. Si tú me dices qué es lo que tiene la príncipa en su cuerpo yo te doy un vestido al orden y un talegón de dinero.

—Pero, hombre —isque le dijo—, está bien. Yo te digo.

Pues de una vez le dijo aquél que fuera con él a la tienda. Aquél vino y se plantó un vestido pero genuino. Cuando ya él se puso el vestido que salieron fuera, le dijo que le entregara el talegón de dinero. Le entregó su talegón de dinero. Entonces le dijo:

—Pues yo te diré. Pues pa mañana, a las nueve, yo te voy a decir qué es lo que tiene la príncipa en su cuerpo.

Bueno, aquél agarró su talegón de dinero y se fué pa su casa. Bueno, cuando ya iba cerca de la casa de donde él vivía, salió la viejita, su mamá de él, y empezó a barrer el patio. Ella lo vido que iba muy plantao. No más llegó y le dijo:

—Ai está su cochinito —y le tiró un bolón de dinero.

Bueno, pues pasó ese día. Al siguiente día salió él de la casa y como estaban todas las gentes llegando al palacio a ver qué era lo que se podía adivinar y naiden podía, porque era muy dificultoso. Bueno, el amigo aquel ya él lo estaba esperando. Cuando ya lo vido venir le preguntó por qué se había tardao. Pues le dijo que tenía unos negocios que arreglar y que le había sido imposible llegar más temprano. Pues el día antes le había dicho que comprara una botella de aceite castor, pero grande. Ya el muchacho aquel ya traiba la botella. No más se juntaron los dos, le dijo que se echara la botella sin dejar una gota. Bueno, aquél, como estaba con tantos deseos de saber, se la echó toda. No dejó nada. Pues se fueron porque ya la gente estaba entrando.

En efeto, éste era un palacio que ustedes no tienen idea. Era un salón tan grande, decorao en todas formas. Estaban entrando las gentes hasta onde estaba el rey sentao porque el rey estaba en el trono y la príncipa estaba en un lao de él. Estos muchachos cuando entraron se ladiaron de una vez y se sentaron en un banco. Este Juan era muy astuto. Haciendo tiempo hasta que la botella aquella le hiciera provecho. Cuando, señor de mi alma, empezaron a aquél a dale unos estrufones bárbaros en la la panza. Ya él no aguantaba. Ya era imposible estar quieto. Entonces le dijo:

—Amigo, pero ¿cómo hago?

—Ahora empiece usté. ¿Qué no vinemos a hacer una cosa de gente? Y ahora empiece usté.

—Pero ya me anda. ¿Cómo aguanto?

—Ai en el sombrero —isque le dijo.

Vino aquél, el pobrecito, y como estaban en un lao de la puerta y se fué de algún modo. Cuando ya hubo acabao de su necesidad, hizo el sombrero bola y lo metió debajo del sobaco y se volvió a sentar con su compañero. Bueno, en esto estaban yendo por turno, porque estaban yendo a adivinar en paradas. Antonces le dijo Juan a su compañero:

—Bueno, amigo, pues ya nos tocó a nosotros.

Y se fueron y llegaron delante del rey. Cuando ya ellos llegaron delante del rey, el rey le dijo a Juan Mocoso:

—Oye, Juan, ¿tú sabes bien a qué está viniendo la gente aquí?

—Sí, tata rey. Yo sé muy bien a qué está viniendo la gente aquí.

—Pues, ahora, ¿qué es lo que tiene mi hija en su cuerpo?

Bueno, se quedó pensando aquél y su compañero junto con él.

—Tata rey, su hija tiene en su cuerpo en esta chichita del lao izquierdo un pelo de oro y le da vuelta al cuerpo y le vuelve a hacer rosa en la misma chiche.

Y se quedó el rey suspenso.

—¿Estás cierto, Juan?

—Muy cierto; tan cierto como la mierda que trai mi compañero en el sombrero debajo del sobaco—. Y agarró el sombrero aquél y lo aventó y salió juyendo.

Para estas cosas siempre hay otros que ya le tienen propuestas algunas cosas para que se detengan las cosas. Y el rey le había dicho que si le adivinaban qué era lo que tenía su hija en su cuerpo que les propusiera otra cosa. Y en efeto, ya estaba tramao todo; porque era persona que no les gustaba a ellos lo iban a hacer. Ya tenía propuesto de que un cajón con unos tres conejos. Estos tres conejos tenían que llevalos y cuidalos un mes redondito. Al mes tenían que tráiselos vivos, los mismos conejos al rey.

Bueno, llamó el rey a Juan y le dijo que no más una cosa le faltaba para que pudiera ser el esposo de la princesa. Tenía que llevarse tres conejos en un cajón y cuidarlos un mes y trai los mismos conejos. Juan le dijo que estaba bien. Entonces el rey vino y les dijo a sus criaos allí que le dieran provisión de algún modo para que él se mantuviera por el mes.

Aquél no era muy cobarde. Agarró su cajón con los conejos y su costal con provisión y se fué. Pescó una cañada. Todo ese día caminó y ya al ponerse el sol, cuando ya iba él poco cansao, vino y tiró el saco con provisión y se sentó. Bueno, pues así pasó ese día. Al siguiente día estaba muy desconsolado, pensando qué iría a hacer con aquellos conejos. Aquellos conejos, si los soltaba ya no los iba a ver porque eran silvestres. Pero que nunca los echó. Pero que Dios en todo asiste. El estaba muy pensativo cuando llegó un hombre. Llegó en un caballo. Juan lo saludó y le dijo que se apiara. El señor se apió y le dió la mano.

—¿Pero qué está haceindo aquí, amigo?

Juan le explicó lo que ocurría.

El hombre le dijo que no se le diera cuidado y vino éste y sacó un pito de la bolsa y le dijo que echara sus conejitos a la hora que le diera la gana a que se pastiaran, y cuando quiera que sus conejitos volvieran, que les sonara el pito. Bueno, se estuvieron platicando un rato y luego ya el hombre le dijo que ya se iba. Y en efeto, se fué. Cuando ya aquel hombre se había ido, pensó, "Pero voy a ver." Y le abrió la puerta al cajón y se fueron los conejos prontamente y él se estuvo un rato, como una hora. Luego vino él a ver si era verdá y vino y sonó el pito. Aquí están los conejos en el cajón, los tres mismos. Bueno, a él se le vino la alma al cuerpo.

Pues así se estuvo, oh, haría unos diez o doce días. Cuando ya aquí al rey le dijeron debía de hacer, de algún modo, esfuerzo para podérselos comprar. Cómo no puede, pudiera tráiselos vivos. Al rey le pareció que decían bien. Entonces vino él y le dice a su esposa que fuera ella. Le dijo que se vistiera y se diferenciara a modo que él no la conociera.

Vino aquélla y se vistió de hombre y se subió en un caballo. Como tienen criaos, hicieron lo que les mandaron y llevó dinero para comprarle, si era posible, dos o lo que ella pudiera. Bueno, ésta vino y se diferenció y se fué. Ellos sabían más o menos en qué lugar estaba Juan. Por fin llegó ella a onde estaba Juan. Hacía como unos quince días que estaba él con los conejos. Ya llegó y estaba él allí. Se saludaron y le dijo Juan que se apiara. Vino la mujer y se apió. El de una vez conoció la mujer, y le dijo lo que había hecho el rey con él. Ella le rogó que le vendiera un conejito. Pero él no quería. Por fin se quedó pensando aquél. Para esto, Juan tenía un chulito muy gordo. Siempre lo tenía bien asistido, muy panzoncito.

—Yo le diré. Mire, ya no más porque usté es le voy a vender uno de mis conejitos. Pues, se lo doy porque se coma toda la mierda que cague mi chulito.

—Yo le puedo dar todo el dinero que usté quiera.

—Oh, no. Si quiere por eso, bueno, y si no, no.

Pero ya aquélla, en tal de que no se casara él con su hija, le dijo que estaba bien... Cuando ya aquella se hubo medio recuperao, le dijo que le diera su conejo. Ya vino aquél y le entregó uno de los conejitos y se subió ella en su caballo y agarró su conejo y se fué. Bueno, ya ahora no le quedó más de dos conejos. Bueno, cuando ya él consideró que iba poco retirao, vino aquél y pítale el pito, y se rebulló el conejo y se le soltó y vino a dar el conejo al cajón. Cuando ya ésta llegó a case el rey, ella sabía ciertamente que ella le había quitao un conejo. Y le preguntó el rey cómo le había ido. Ella le dijo que bien y mal, porque le había comprado uno y ai en el camino onde venía se le había soltado. El rey isque le dijo que estaba bien al cao ese conejo ya él no lo volvería a agarrar.

A los dos días le dijo a su hija, a la príncipa que fuera ella entonces y tratara de comprar sus conejos. Faltaban como ocho días para que se cumpliera el tiempo. Y para esto el rey le preguntó a la reina que si cuánto le había pagao por el conejo. Le dijo que por tanto dinero. No le dijo por qué. Vino aquélla, la princesa, se diferenció y se puso vestido de hombre para que no la conociera él. Se fué y ya llegó allá. Ya sería como a las dos de la tarde. Le dijo él, muy gente que se apiara. Ya vino y se apió. Juan le contó por qué estaba cuidando los conejos. Entonces le dijo ella que le vendiera un conejo. El no quería, pero por fin le dijo que le vendería uno porque se quedara a dormir con él. Pues se quedó aquélla y durmió con él pero no le quiso hacer mal porque sabía que iba a ser su esposa. Entonces fueron al cajón y le dió su conejo y se fué. Cuando ya hubo caminao un tanto, vino aquél, la misma cosa que antes, chifló su pitito. Al cajón su conejo. Bueno, pero aquéllas pensaban que los conejos se habían perdido. Llegó a case el rey y le contó a él que había comprao un conejo pero que se le había soltao en el camino onde venía. Entonces dijo el rey que iría él y a él no se le soltaría.

Vino él y ordenó que le hicieran un costal de vaqueta, pero grueso, a modo de que no se saliera, y un tranchete bien amolado para si en caso que si el conejo iba a salir, lo mataba. Pues se fué otro día y llegó a onde estaba él. También se diferenció a modo de que Juan no lo conociera. Y llegó y saludó a Juan. Se apió aquél. Aquél muy gente. Se sentaron a platicar. Juan lo conoció y le contó por qué estaba cuidando conejos. El rey pidió que le vendiera un conejo. Estuvieron así un rato. Para esto en un ojito que estaba cerca, estaba un caballo muerto y ya estaba hediondo, como era en el verano.

—Mire —isque le dijo—, ya no más porque usté es, le voy a dejar uno. Mire. ¿Ve aquél ojito que está allí? ¿Ve el caballo que está allí muerto? No más porque me retire ese caballo con los dientes, oh, a una distancia no más que no moleste, le vendo uno.

Aquél se torció, pero ya con tal de quitale un conejo, le dijo que bueno. Pues se fueron y llegaron al ojito. Este caballo ya estaba bien podrido. Le dijo Juan que lo retirara unas cinco yardas con los puros dientes. Y vino aquél y se prendió con los puros dientes y lo hizo que lo jalara hasta que ya aquél consideró que estaba bueno. Aquél salió gomitándose y se fueron pal campito. Cuando ya llegaron allá, éste traiba en su caballo el saco de vaqueta. Lo amarró bien y se lo entregó a Juan. Luego se subió en el caballo. Cuando ya se subió él en el caballo, agarró el tranchete en la mano derecha. Entonces le dijo:

—Hora sí. Ponme el costal aquí delante onde voy yo.

Vino Juan, cuando ya él vido en qué forma había asegurado el conejo, se entristeció mucho porque él sabía que el conejo nunca podría salir de ai, onque le chiflara el pito un hatajo de veces. Se fué el hombre. Cuando ya iba alguna distancia poco retirao de donde él se había quedao, dijo Juan entre sí mismo "¡Qué pueda ser que no sea! Voy a ver; pueda que Dios me ayude." Vino y chifló el pito. El pobre animalito se rebulló en el costal de vaqueta. El hombre pensó que se iba saliendo, y pégale el cuchillazo al costal y rásgalo y en esto se salió el conejo. Al cajón vino a dar otra vez. Bueno, aquél muy contento. Y el rey también, porque ya él pensaba que el conejo no iría a dar a onde estaba Juan, porque era silvestre. Llegó el rey a su

casa y les platicó cómo le había pasao todo pero que nunca se hacía saber el uno al otro por cuánto habían comprao los conejos.

Se llegó el tiempo. Al mes llegó Juan a case el rey. Llegó con
su cajón en el espinazo, derecho a onde estaba el rey y le entregó los
conejos. Ya vino y ordenó a ver si eran los mismos conejos que le
había entregao; porque les había señalao en tal parte a los conejos
para ver si eran los mismos conejos, y eran los mismos conejos. Cuando ya el rey estuvo desengañao que eran los mismos conejos, le dijo
a Juan que ya no más una le faltaba para que se casara con su hija.
El salón onde estaba el rey, era un salón muy grande. Ah, había muchas gentes y gentes de estima. Le tenían dicho al rey que le dijera que le llenara un costal de verdades. Mandó que le trujieran un
costal y le dijo que le llenara el costal de verdades. Juan le dijo que
estaba bien, pero le pidió a la reina que agarrara de una orilla del
costal y a la princesa le dijo que agarrara de otra orilla del costal. Al
rey le dijo que agarrara de otra orilla. Bueno, tenían el costal abierto. Todos agarraos en redondo.

—¿Se acuerda usté —le dijo a la reina— cuándo fué a comprarme un conejo y yo no quería venderle, pero por fin se aferró, que me
daba tanto dinero, y yo no quería venderlo y al fin le dije que yo le
dejaba un conejo no más porque se comiera la mierda que cagara mi
perrito.

Se torció aquélla y dijo que sí. Entonces dice él:

—Entra verdá a mi costal—. Entonces le dijo a la princesa:

—¿Te acuerdas tú cuando fuites a onde estaba yo con aquellos
conejitos y te vendí uno porque durmieras conmigo aquella noche?

Y se torció y dijo que sí.

—Entra verdá a mi costal. ¿Se acuerda usté, tata rey, cuando fué
a onde estaba yo a comprarme otro conejito y yo no quería venderle pero por fin se aferró a que le vendiera uno, no más porque me jalara...

—¡Oh! Ya está bueno. Ya está bueno. Ya está bueno. Amárrelo,
amárrelo.

Y se casaron Juan Mocoso con la princesa.

8.   *Juan Mocoso*[24]

(Versión abreviada del cuento número 7)

Un rey ofrece la mano de su hija al joven que adivine cuántos
lunares tiene la princesa en el cuerpo. Como en la versión anterior,

un joven tonto logra averiguar el número de lunares que tiene la princesa a trueque de tres cochinitos que le da a la princesa. Entonces amenazando a la princesa con revelar lo que ha visto él, consigue el joven que le dé la princesa cierta cantidad de dinero por cada cochinito. Con este dinero se compra un traje nuevo. Mientras tanto ninguno de los príncipes que han venido a adivinar ha tenido éxito. Averiguando el tonto que va a llegar un adivino de fama, se encuentra Juan con él antes de que éste llegue a la corte y consigue que tome una medicina purgante. Más tarde, "Cuando iban en el medio del palacio, en la sala de recepción, empezó el adivino a preguntarle al mocoso que si ónde estaban los privaos y el mocoso le dijo que no había privaos allí, que hiciera su necesidá en el sombrero y lo tapara con la mascada.

"Cuando entraron en el cuarto onde estaba el rey y la reina y la princesa, el adivino entró con el sombrero en la mano. Antonces el rey dijo que le darían la primera oportunidá al mocoso, creyendo que él no podría adivinar ninguna cosa. El mocoso dijo que la princesa tenía un lunar entremedio de las espaldillas y le dijo el rey que si estaba cierto, y el mocoso respondió:

"—Tan cierto, su carrial majestá, como la mierda que trai el compañero en el sombrero.

"Y el adivino jondió el sombrero y les echó la mierda al rey y a la reina y a la princesa en la cara y salió huyendo. Y el mocoso se casó con la princesa y comenzaron las bodas."

9. *Las liebrecitas*[71]

(Versión abreviada de los cuentos números 7 y 8)

Un joven de padres humildes sale a recorrer el mundo en busca de su suerte. Guiado por San Antonio, a quien le tiene devoción, llega a un pueblo en donde encuentra empleo en casa de un comerciante rico. Al poco tiempo declara el rey de aquella comarca que el que traiga dos cosas que él pida, "no hay" y "hay", se casará con su hija. Aconsejado por San Antonio, se presenta el joven con dos sacos, uno vacío y el otro con espinas. Cuando mete la mano el rey en el primero, dice: "Aquí no hay", y metiendo la mano en seguida en el segundo saco, grita: "¡Ay!" Todos declaran entonces que el joven ha ganado. Sin embargo, el rey le dice al joven que antes de casarse con

su hija, tiene que cuidar cien liebres durante tres días, y le advierte
que si pierde una sola, será ahorcado. El joven reune las cien liebres
y se va al campo. Durante el plazo de los tres días se presentan dos
príncipes, pretendientes de la princesa, y el rey su padre de ella y
le compra cada uno una liebre. Como pago, cada uno tiene que dejarse azotar. Los tres regresan al palacio muriéndose. Habiendo ex-
pirado el plazo y habiendo entregado las liebres completas, se presenta
el joven en el palacio donde encuentra al rey muy enfermo. Con una
medicina que San Antonio le ha dado, el joven sana al rey. Este re-
conoce la injusticia que le ha hecho al joven y hace que se preparen
las bodas del joven y de la princesa.

10. Saltín Saltón⁶⁹

Pues está para bien saber que si es mentira, ya está urdida y si
es verdá para allá va. Pues vide venir una polvadera que eran cien
corucos que venían con madera, por ai va.

Pues éste era un hijo de un rey que había quedado huérfano de
padre y madre, pero jué coronado de rey con la misma corona de su
padre. Este joven oyó decir que en cierto lugar había un rey que tenía una hija que había prometido que el que adivinara qué tenía su
hija en su cuerpo, se casaba con ella. Y éste hizo propósito en enca-
minarse pa allá. Y echó cinco mulas con dinero y su caballo y se jué.

En el camino dond' iba, halló un hombre que este hombre se echaba la carga como al parecer de cuatro carros de leña en su lomo para llevar a su casa. Y lo convidó este hombre a ver si quería ir en su
compañía. Ya le dijo que sí podía él ir, si era con el gusto de su padre. Por onde jueron a ver al padre del muchacho y convino que juera en su compañía. Se jueron.

Más allá encontraron otro apuntando con un rifle que en la istancia de quinientas yardas le pegaba a un alfiler en la cabeza. También le dijo que si quería ir en su compañía y aquél le dijo que estaría bien, que podría ir si hablaba con sus padres. Jueron a ver a sus
padres y convinieron que juera en su compañía. Ese es Tirín Tirón.
El de la carga de leña era Carguín Cargón.

Pues más allá se encontraron con otro, que ése iba saltando. Ese
se llamaba Saltín Saltón. También le dijo que si quería ir en su compañía.

Le dijo él que estaba bien. Este tenía la edá y estaba libre. Luego éstos le platicaron que estaba otro que podría ir en su compañía y les sería muncha ayuda. Jueron y hablaron con él y les dijo que estaba bien. Este hacía un pozo y escuchaba lo que decían en este mundo y en el otro. Se dirigieron pa la suidá que tenía este rey que tenía esta príncipa.

Cuando ya iban poco cerca, le dijeron al príncipe sus compañeros que se pararían un poco antes de llegar a la suidá y vino, mientras los otros hicieron la comida, Escuchín Escuchón hizo un poco y se puso a escuchar. Luego vino y les dijo a sus compañeros:

—Compañeros, el rey tiene una vieja bruja y ésta le está dando cuenta de los que llegan y los que salen.

—¿Cómo será bueno hacer con ella? —dice el príncipe.

—Pues yo les diré —dice Saltín Saltón—. Hora, no más cenamos y nos vamos.

Horita juntaron coyotes, y zorrillos y zorras y trujieron al campo y Escuchín Escuchón escuchando.

—Pues, compañeros, pues esta vieja es pastora de las gallinas del rey. Tiene un gallinero muy grande. Conviene de que les echen todos estos animales en el gallinero pa que se acaben las gallinas. De otro modo no matarán a la vieja.

Jueron en la noche y echaron aquellos animales al gallinero y jué la vieja muy de mañana y ya halló todas las gallinas muertas y halló unos zorrillos adentro del gallinero. Luego la vieja se fingió enferma. Luego que no jué en la mañana a darle el aviso al rey, mandó el rey que la quemaran con leña verde. Y Escuchín Escuchón escuchando, y él supo todo.

Luego entraron a la suidá, arquilaron una casa y se posaron allí. Luego le dijieron al príncipe que juera a case el rey y l' hiciera un fiance, que le echaba un hombre a correr con el caballo más mentao que tuviera. Le dijieron al príncipe que cuando juera a desafiarlo para echar una carrera, que no se juera a rendir el sombrero ni quitase las espuelas sino que entrara así y que le dijiera "¿Cómo está, su carrial majestá?" y lo desafiara a la carrera.

Jué el príncipe pal palacio, agarró su sombrero en la mano, entró con to y espuelas. Ai estaba la príncipa. Aquéllos lo recibieron muy bien. El príncipe le dijo al rey que había ido a echarle a correr un hombre con el caballo más ligero que tuviera.

—Pues sí —le dice el rey—. ¿Cuánto es el fiance?

—El fiance lo dejo a su disposición —le dijo.

—Que sean cinco mil pesos. Bueno, para mañana a las diez tendremos la carrera. ¿En qué istancia?

—En la istancia que usté quiera.

El rey le dice que en una legua. Creyó que en una legua podría cansarse el de a pié.

Entró la reina pa adentro de su cuarto y dijo ella sola:

—¡Quién pudiera mandale por debajo de cuerda a este joven que mi hija tiene un pelo de oro en el ombligo que da tres vueltas en la cintura y se hace la rosa atrás!

Y Escuchín Escuchón allá estaba escuchando. Pero no le dijo todavía a su compañero.

Otro día jueron a la carrera en una legua. Y ganó Saltín Saltón. Y entonces la reina se embocó pal cuarto y dijo la misma cosa:

—¡Quién pudiera mandale a este joven por debajo de cuerda que mi hija tiene un pelo de oro en el ombligo que se da tres vueltas en la cintura y se hace la rosa atrás!

Pues habiendo ganao el príncipe, le dijo el rey que él le echa un cuervo arbolario con su corredor y que sería doble la apuesta, y el príncipe le dijo que estaba bueno, que acetaba su apuesta. Para otro día a las mesmas horas tenían que salir a un lugar onde tenían qu' ir el cuervo volando y él corriendo y el que volviera primero con una carta, ganaba la apuesta.

Otro día jueron y hizo el rey las dos cartas y se las entregó y se jueron al lugar onde tenían qu' ir. Salieron los dos, el cuervo volando y aquél trotiando pero ya cuando se ajondaron bastante en el camino ya Saltín Saltón iba adelante. Llegó Saltín Saltón primero, recibió su carta y se vino. Cuando venía de vuelta y llegando a palacio, como estaban todos mirándolo, esperando, se clavó Saltín Saltón un palo en un pie y alzó el pie. Tirín Tirón le tiró, le quitó el palo. Y pegó dos brincos y llegó primero que el cuervo y ganó la apuesta. De una vez jué la reina, entró a su cuarto.

—¡Quién pudiera mandale a este joven por debajo de cuerda que mi hija tiene un pelo de oro en el ombligo, que se da tres vueltas en la cintura y se hace la rosa atrás!

Luego le dice el joven que si qué otro fiance podían hacer. Entonces le dijo el príncipe que él le echaba un hombre a levantar carga con el mejor tiro que él tuviera y le dijo el rey que estaba bueno. Para otro día a las mesmas horas. Y doblaron la apuesta retedoble, y otro día jueron a ver acuál era más juerte, el tiro o el hombre. El rey llenó su carro de carga y prendió su tiro y lo movió cierto estrecho.

Antonces el joven dijo que echaran otra tanta de carga en aquel carro que tenía y puso aquél una cadenas y se echó el carro en el espinazo con todo y carga y agarró uno de los caballos en un brazo y el otro en el otro. Antonces dijo el rey:

—¡Vítores! Me has ganao. Contigo no porfiaré más.

Antonces se metió la señora pa su cuarto y volvió a decir lo mesmo que si quien podía mandarle a aquel joven por debajo de cuerda que su hija tenía un pelo de oro en el ombligo que se daba tres vueltas en la cintura y se hacía la rosa atrás. Pues el que adivinara, tenía que casarse con ella. Antonces le dijo Escuchín Escuchón:

—Hora sí puede ir con confianza, que va a adivinale usté lo que tiene su hija para que cumpla su promesa. No se vaya a turbar, compañero. Tiene un pelo de oro en el ombligo que da tres vueltas en la cintura y se hace la rosa atrás.

Se dieron tregua tres días para ir a adivinar a la princesa para casarse él con ella. Se cumplieron los tres días. Ya la reina ya no vía las horas de que adivinara. Luego lo subieron al corredor del palacio junto con el rey, la reina y la princesa. El gentío estaba terrible en aquella suidá colmada. No se entendía la gente y en voz alta dijo:

—La hija del rey fulano tiene un pelo de oro en el ombligo, se de tres vueltas en la cintura y se hace la rosa atrás.

Y dijo la mesma cosa tres veces. Pues cuando ya él adivinó, dijo el rey:

—¡Vítores! ¡Vítores! Este es mi yerno. Este se casará con mi hija porque él ha adivinado lo que tiene mi hija.

Pues de allí jueron de una vez los fiestines. Pronto invitó el rey para sus fiestas todos los que se hallaban allí en el concurso de gente. Se prendieron y se casaron. Unos fiestines y unas tornabodas que no solamente. Ai estaba yo.

Luego le dijo el príncipe al rey a los tres días de casaos que él tenía su palacio y tenía de llevar a su mujer allá. Antonces le dijo el rey que sí podía irse con su hijo si llevaba todo lo que tenía su hija. Le dió varios comercios, le dió su hatajo de reses, le dió su hatajo de borregas, bastante dinero. Si todo aquello se llevaba, sí se llevaba a su hija. Antonces el príncipe mandó apartar todo lo que l' iba a dar el rey. Mandó hacer un cajón con departamentos de fierro y echó allí las vacas, las borregas y los comercios y se los cargó a Carguín Cargón y se jueron él y sus compañeros. Y el príncipe ensilló una mula y se echó a su mujer en las ancas y se jué y se quedaron los viejos llorando.

Alcanzó a sus compañeros, jué un poco con ellos hasta que llegaron hasta onde tenía que quedarse el primero, Escuchín Escuchón. Ai le dejó un poco de lo que llevaba en aquel cajón, y luego, onde estaba Saltín Saltón, ai le dejó otra porción. Luego llegaron al lugar de Tirín Tirón. Ai le dejó otra porción. Luego llegaron a onde vivía Carguín Cargón. Ai le dejó otra porción y hasta el cajón, porque él no más lo podía manijar.

De ai se jué el príncipe y su mujer, y onde les tocó dormir en la noche, llegaron unos malditos y le robaron la bolsa con dinero, pero la mujer llevaba algunas prendas.

Otro día se hallaron ellos sin dinero, pero siguieron su camino. Llegaron a un emplazao. Jueron a case una viejita. Ella les dijo que allí vivía un hombre que le decían el rico avariento y que él les podía vender comida. Y dejó a su mujer a case la viejita y él jué a comprar comida. Cuando él estaba tratando de comprar la comida, le dijo él que si le podía vender. El rico le dijo que aguardara poco. Y jué y mandó un pión y le dió un papelito que le dijiera a la mujer que por su mandao de su marido que juera ella también para allá, pa case el rico ávaro. Le dijo al pión que la metiera en un cuarto y le echara la llave. Bueno, pues aquél le vendió comida por la prenda que le llevó, pero cuando aquél vino a onde estaba la viejita, no halló a su mujer. Por onde ella le dijo:

—Pues ¿que no la inviates a llamar tú? Aquí vinieron a llamarla, que se juera ella pa allá.

Y se jué él, porque ya estaba oscuro y cercano de la casa, a ver si le abrían, a preguntar por ella, y no le quisieron abrir. Pero que él rodió la casa en la noche. La mujer cuando ya se vido encerrada, ella traiba una daga y con ella hizo escalones en la pader y destechó un pedazo y salió cerca de la madrugada pa arriba del techo. Luego ella vido que él andaba por allí y le habló y le dijo:

—¿Qué no eres fulano? Ponme por onde poder bajar.

Vino aquél y le puso unas varillas y por ai se descolgó ella. Luego se jueron pa case la viejita y tomaron el almuerzo muy de mañana, todavía oscuro.

Jué él y trujo su mula y la ensilló para irse y se subieron y se jueron, pero a poco que caminaron se acordaron de unas cosas que habían dejao a case la viejita. Y la dejó allí mientras él iba corriendo a trai el sobretodo. Y cuando él volvió, ya otro se la había llevado y aquel pobre se quedó que no jalló qué hacer, para ondequiera corría. Aquélla creyó que él era su marido y cuando ya iba aclaran-

do, voltió la cara a ver si era y vido que no era y como aquél era un
desconocido, no hallaba ella cómo poder hacer. Ond' iban caminando, vió un nido la mujer y estaba una ave en el nido y le dijo ella:

—¿Quieres tú llevarme a mí? Sube ai a ese nido y bájale los
güevos que tenga esa ave pa comer, que yo me muero de hambre.

Y aquél, enteresado, se apió y subió al árbol. Y cuando él subió,
sacó ella la pistola y le dió dos balazos. Y ai lo mató. De ai se volvió
ella a buscar a su marido. Pero no lo pudo encontrar. Ya viéndose
ella tan atormentada del trabajo de andar buscando a su marido, vendió sus prendas y compró un vestido de hombre y se presentó a un
rey como pa servicio de soldao. Y antonces había muchas guerras y
ésta como se comprendió como soldao la echaron a la guerra y ésta
se entregaba al principio a ver si podía perecer en algún encuentro en
la guerra pero nunca pudo morir y viéndola tan valorista, la pusieron
de capitán, no sabiendo que era mujer.

Cuando ya cesaron las guerras, que jueron pa palacio, aconteció
que la hija del rey se enamoró de la príncipa creyendo que era hombre. Por onde cai su marido también de ella a case el rey pidiéndole
trabajo y el rey le dice a él que juera al capitán. Posible él le daría
trabajo y el capitán lo conoció, pero él no conoció al capitán. Le dijo
que estaba bien, que juera pa su cuarto en la tarde. Ai se da a conocer ella con su marido. Y al fin se acordó. Luego le preguntó ella
qué hiciera él si viera a su mujer. Y como ella tenía tantos deseos de
estar con su marido, se embocó para un cuarto y se puso la misma
ropa que traiba cuando salieron del reino de su padre de la príncipa.
Antonces salió ella vestida y él se desmayó cuando la vido pero al
al fin ella lo volvió del desmayo.

Otro día jueron de brazo a presentarse a case el rey y entonces
ella dijo que él no pensaba que una mujer estaba manijando sus ejércitos y el rey le dijo que si cómo iba a hacer, que su hija estaba enamorada de ella. Y le dijo la príncipa que ella la dejaría satisfecha a
su hija. Se encerraron en un cuarto y quedaron muy satisfechas las
dos. Antonces ella le hizo el comunicado cómo le había acontecido
aquello y por qué se había tirado a los precipicios y que su marido era
un rey y tenía su reino vacío a causa de lo que les había acontecido.
Antonces el rey l' hizo su pago a la capitana y mandó que lo jueran
a llevar en un coche con escolta a su lao hasta su palacio.

Luego llegó aquél a su palacio. La gente tuvo mucho gusto de
ver que había llegao su rey. Luego él mandó invitación. Invitó a todo su pueblo. Hicieron banquetes a su costa en todo su renio. Y unos

festines, unas tornabodas que no solamente. El escolta se volvió. Luego jueron a echar un paseo pa case sus padres. Vinieron sus padres con ellos y tuvieron fiestas. Y entra por un cesto y salga por otro. El que me oyó contar éste, que me cuente otro.

11. *Julián y Mirabela*[87]

(Versión abreviada del cuento número 10)

Habiéndose dado cuenta de la existencia de Mirabela, princesa de la Ciudad de Oriente, Julián, príncipe de la Ciudad del Poniente, se decide a ir a conocerla. En el camino se encuentra con un joven llamado Carguín Cargón, que puede levantar el mundo entero en sus hombros. El príncipe le pide a Carguín que lo acompañe, y éste accede. Al día siguiente se encuentran con Saltín Saltón que "podía saltar sobre las montañas más altas, brincar a ver qué era lo que se vía en ciertos lugares." Saltín Saltón decide acompañarlos. Otro día se encuentran con Escuchín Escuchón, que puede oír los ruidos más lejanos. Este también decide acompañar al príncipe. Con la ayuda de Escuchín Escuchón y Saltín Saltón, averigua Julián lo que pasa en la Ciudad de Oriente, donde hay muchos príncipes, marqueses y duques que han venido a solicitar a la princesa para esposa. Pero el rey, su padre, ha puesto una condición: "el que se casara con ella tenía de levantarle su palacio que ella tenía." Pero ninguno de los pretendientes se atreve a hacer esto. Julián le dice al rey que él se atreve a levantar el palacio, lo que se ha de hacer a los ocho días de celebrarse el casorio. El rey conviene. Se celebra la boda y a los ocho días se lleva Carguín Cargón el palacio con Julián y Mirabela. En el camino, habiendo llegado Escuchín Escuchón y Saltín Saltón a los sitios donde se habían juntado con Julián, se separan de él. Al llegar a donde vive Carguín Cargón, ya no quiere seguir más adelante éste. De allí siguen su viaje Julián y Mirabela solos, dejando el palacio atrás. Al llegar a cierta ciudad, es aprisionado Julián, pues sospechan que se ha robado a Mirabela. Cuando se averigua la verdad, Julián es puesto en libertad, pero no le es posible dar con Mirabela a pesar de que ambos se buscan el uno al otro. Al pasar por una calle, "en la esquina, monta un lépero en las ancas del machito" en que iba Mirabela, pero ella sigue su camino toda la noche hasta el amanecer. Mirabela logra escaparse del "lépero" pidiéndole que suba a un árbol a

ver qué clase de huevos hay en un nido. Cuando llega a la Ciudad
del Poniente, se aloja Mirabela en la casa de una viejecita. La joven
se disfraza de hombre y halla empleo en el palacio. Al poco tiempo,
llega Julián demente y no logra conocer a Mirabela en su disfraz. Después de trabajar algún tiempo en el palacio el uno al lado del otro,
se quita el disfraz Mirabela y se presenta ella ante Julián vestida de
princesa. De ese día en adelante viven los dos como reyes, pues se
le restituyen a Julián todos sus derechos y privilegios de rey.

13. *El adivino*[3]

Estos eran dos compadres. Uno muy pobrecito y el otro compadre estaba muy rico. El rico tenía una mula. Cuando estaba el compadre pobre muy atrasado, venía y le escondía al compadre la mula
y iba el compadre rico a case el pobre:

—Pues compadre, que he perdido mi mula. No la he podido hallar.

—Pues compadre, págueme a mí y yo le digo dónde está su mula.

Y ya venía y le pagaba su almur de harina, almur de maíz y así
estaba haciendo con él todo el tiempo. No más se veía necesitado de
algo, y le escondía la mula y iba el compadre a que le adivinara el
compadre pobre, y él le adivinaba dónde estaba su mula. Y la mujer
del adivino todo el tiempo le decía:

—Ai verás tú, adivino de mierda, lo que hace mi compadre contigo.

Bueno, pues que así estuvo hasta que piérdesele una sortija al
rey. Pues el compadre este rico le dijo al rey que él tenía un compadre que era muy buen adivino y que él le podía adivinar dónde estaba su sortija. Pues pronto mandó el rey a trai al compadre, al adivino. Antonces le dice su mujer:

—¡Qué te lo dije, adivino de mierda, lo que iba a hacer mi compadre contigo!

Pues ya lo trujo y ya empezó aquel pobre a torcerse y le dijo el
rey que le daba tres días pa que le adivinara y si no le adivinaba, pena de la vida. Y lo encerró en el calabozo y allí lo tuvo tres días.

Y el rey tenía tres criadas, tres sirvientas, y cuando las sirvientas supieron que el rey tenía un adivino que iba a adivinar dónde estaba la sortija, ellas se pusieron muy mal. Antonces trazaron ile a llevar su comida al adivino, primero una, logo la otra y logo la otra.

Pues cuando fué la primera el primer día a llevale de comer, logo que acabó de comer se paró y se estiró y dijo el adivino:

—¡Pues ay, Dios, pues ya de los tres va uno!

Bueno, pues se fué la muchacha y les contó a las otras qué era lo que había hecho. Bueno, pues que ya aquéllas dijeron:

—Pues no hay más que nos va a entregar.

Pues el segundo día fué la otra, la segunda. También, logo que acabó de comer, se paró y se estiró y dijo:

—¡Ay, Dios de mi alma, pues ya de los tres van dos!

Ya se fué aquélla y les dijo a las otras:

—Pues no hay más que nos entriega. Dice el adivino que ya de las tres vamos dos.

—Pues no hay más que yo voy mañana y llevo la sortija.

Pues otro día que fué la otra a llevale de comer, se puso él a comer y ella se sentó muy triste a llorar. Antonces le pregunta el adivino:

—¿Por qué lloras?

—¡Válgame Dios —le dice ella—, cómo no he de llorar, pues usté nos va a entregar mañana!

—Pues mira —le dice el adivino—, no las entriego. Pues ¿qué tú la tienes?

—Sí —le dice—, aquí la traigo.

—¿Tiene el rey gansos en su corral?

—Sí.

—Pues, antonces anda, échasela al ganso más grande que está en el corral. No me vayas a engañar, y ves que se la trague bien.

Pues fué la muchacha y apartó el ganso más grande y se la echó y se la tragó el ganso y vino ella a donde estaba el adivino y le dijo que el ganso más grande se la había tragado.

—Pues mira bien —le dice él—, no me vayas a engañar, porque si me van a engañar, antonces sí las entriego.

Pues otro día sacó el rey al adivino a que le adivinara.

—Pues, su carrial majestá —le dijo—, el ganso más grande que tiene usté en su corral, ése la tiene en el buche.

—Pues mire bien —le dice él—, si en caso no la tiene mi ganso el más grande que tengo en el corral, antonces pena de la vida.

Pronto mandó el rey a sacar el ganso y le rompió el bucha. Cuando le rompió el buche, saltó la sortija y gritó:

—¡Vítores, vítores, que adivinó!

Antonces de una vez se quería ir el adivino. Y le dijo el rey:

—Pues ya que tan buen adivino es, adivine lo que traigo aquí.

Y agarró un grillo en la mano, y al adivino le dicían "grillo", por mal nombre. Antonces se para el adivino y se pasea y se agarra la cabeza y dice:

—¡Ay, triste grillo, en qué manos te ves!

—¡Vítores, vítores, que adivinó! —dice el rey, y suelta el grillo de la mano.

Logo le amarran en un envoltorito porquería y le dicían que si era tan buen adivino que adivinara lo que había en aquel envoltorio. Antonces se para él y se pasea y dice:

—¡Ay, Dios! ¡Bien me dicía mi mujer, "adivino de mierda!"

—¡Vítores, vítores, adivinó! —gritó el rey y ya entonces sí le dió su talegón de dinero el rey, y se fué. Y hace el rey que lo lleven con banda de música.

En el camino ya se adelantan los muchachos y juntan un envoltorio de cadajones y le dicen al adivino:

—Si tan buen adivino es, adivina qué traimos aquí.

Y les dice el adivino:

—¡Haiga salido yo de ésta! ¡Cadajones pa los sordos!

Y ya se fué a su casa a alistarse para irse a donde no lo buscara el rey pa adivino.

14. *El Grillo Negro*[21]

(Versión abreviada de los cuentos números 12 y 13)

Un señor llamado el Grillo Negro, para ganar dinero, se vale de sus amigos, quienes esconden en algún sitio aparte objetos que se roban. El Grillo Negro entonces le adivina al dueño dónde está el objeto perdido y recibe una recompensa.

Habiendo perdido la princesa un anillo, el rey llama al adivino, advirtiéndole que si no adivina dónde está el anillo recibirá la pena de muerte y que, en cambio, si advina, recibirá tanto dinero como él pida. El adivino queda encerrado en una cuarto.

El rey tiene un negrito de sirviente y éste es el que se ha robado el anillo. Cada día que va el negrito a llevarle la comida al adivino le pregunta a éste si ya ha adivinado. El Grillo Negro sospecha que el negrito es el ladrón y lo hace creer que sin falta adivinará y que alguién morirá. El negrito, atemorizado, le trae el anillo. Mandado por el Grillo Negro, el negrito echa el anillo a las gallinas y nota que un cócono (pavo) blanco se lo traga. Le cuenta esto al Grillo Negro. Este le avisa al rey que ya ha adivinado, y hallándose la sortija en el buche el cócono, "el rey cree que no hay otro hombre más adivino que el Grillo Negro." (Lo restante del cuento se conserva en la misma forma en que fué contado.)

Cayó eso a oido de otro reino y sucedió que aquel otro rey en una ocasión echó un desafío al rey del Grillo Negro que él podía ponerle una adivinanza a su adivino que estaba posetivo que no la adivinaba. El rey del Grillo Negro tenía mucha confianza en su Grillo Negro y hicieron un fiance de casi todos sus caudales. Cuando hubo hecho su fiance, le notificó al Grillo Negro que tenía de prepararse para otro día, que había hecho un fiance con otro rey y tendría de adivinarle la adivinanza que aquél le pusiese, no importaba cuál fuese.

El Grillo se puso algo triste cuando cayó esta nueva a sus oidos y ya le pesaba mucho a él haberse metido de adivino porque el rey siempre le amenazaba de darle la muerte si no adivinaba. Le dijo a su esposa:

—Tuve suerte con salir en bien con la sortija, quién sabe en ésta cómo me vaya. Si en ésta salgo bien, ya veré yo que sea la última vez.

Y le dice su mujer al tiempo que se iba a ir:

—¡Ai verás lo que te pasa, adivinador de mierda!

Y con esto se despidió el Grillo Negro.

Cuando se llegó el día de la adivinanza, era demasiadamente mucho el gentío que se hallaba presente, porque se habían reunido casi todas las gentes de los reinados. Los dos reyes se convinieron en nombrar una comisión secreta para que escondiesen una caja con algo guardao dentro en la cumbre de un palo. Cuando esta comisión se reunió para ver qué era lo que iban a guardar en aquella cajita, consultándose unos con otros, dijeron ellos:

—Siendo que a él le dicen el Grillo Negro, vamos buscando un grillo negro y lo echamos en esta cajita.

Así lo hicieron. Luego ellos en sus conversaciones pensando si adivinaría o no adivinaría, dijo uno de ellos:

—Mierda adivina.

Y acató otro y dijo:

—Pues echaremos lo que acabas de decir junto con el grillo.

Y creyeron ellos que habían escogido una buena adivinanza para guardarla en aquella caja y así envolvieron la caja y la pusieron en la cumbre de un palo muy alto.

Cuando ya estuvo todo hecho, reportaron de que estaban listos con la adivinanza en el palo. El Grillo Negro lo tenían encerrado. Cuando se llegó la hora en que tenían que sacar al adivino, lo trujieron en grande procesión. Un palo muy alto habían puesto en medio del patio y ya le dijeron al Grillo Negro:

—Tienes que adivinar qué hay en la cumbre de ese palo.

Ya el Grillo Negro creía que ése tendría que ser su último día. Se consideraba imposible poder adivinar qué hubiera en la cumbre de aquel palo. así es que el Grillo Negro agachó la cabeza y comenzó a dar vuelta en redondo del palo. Dió tantas vueltas que ya se cansaba de dar vueltas. Los reyes y la gente ya se cansaban de verlo dar vuelta al palo. Por último levantó la cabeza y dijo:

—¡Ah, Grillo Negro, en qué te has metido!

Eso lo dijo por él mismo, pero los de la comisión que sabían qué habían puesto un grillo en la caja, de una vez dieron grito y dijieron:

—Adivinó una. Le falta la otra.

Ya ellos creyeron que la otra sería imposible. Así comenzó el Grillo Negro a dar vuelta al palo otra vez y tan cansado de dar vuelta no sabía él con qué poder salir. Redepente se le vino a la cabeza lo que su mujer le había dicho cuando él se iba a venir y levantó él la cabeza y dijo, pegando primeramente un suspiro:

—Bien me dijo mi mujer, "adivinador de mierda".

Al momento gritaron todos:

—Adivinó la otra.

Y de allí lo levantaron los criados del rey y en procesión lo llevaron al palacio del rey. Había adivinado las dos adivinanzas escondidas en la cumbre del palo. El rey le ofreció todo el dinero que él pidiese, y el Grillo Negro le dice:

—Dame lo que quieras pero primeramente quiero mercé.

—La mercé que pidas, te daré —le dice el rey.

—Señor rey —le dice el Grillo—, ya que yo he tenido la suerte de salir con bien de ésta, pido yo de usté que no vuelva yo a ser más adivino.

15. El adivinador[55]

(Versión abreviada de los cuentos números 12, 13 y 14)

Un hombre pobre, hallándose en apuros, le roba una muía a su

compadre, que era rico, y la esconde. Otro día el rico ofrece un talegón de dinero al que halle la mula. El pobre se presenta, dice que
es medio adivino, le cuenta al rico dóndo está la mula y recibe la recompensa.

Poco más tarde, la princesa pierde una sortija El rico le cuenta
al rey de su compadre, el adivino, y envían por él. "Cuando lo vieron
ir unos hombres que estaban en el camino, envolvieron un envoltorio
de buñiga y lo levantaron en un poste alto. Cuando él iba pasando
enfrente en uno de los coches del rey le gritaron los hombres de allá,
¡Oyes, adivinador, adivina qué hay en este envoltorio!' Y él, enfadado que iba y no siendo adivino, les dijo, 'Buñiga pa los pregunto-
nes.' "

Llegando al palacio del rey, éste le dice al adivino que si no adivina dónde está la sortija, perderá la vida. Si adivina, se le darán dos
"talegones de dinero". El adivino es encerrado en un cuarto, a donde tienen que llevarle la comida los criados del rey.

Lo siguiente del cuento es igual a la parte correspondiente en el
cuento número 13. La única diferencia es que los ladrones son criados en vez de criadas. El adivino averigua quién tiene la sortija de la
misma manera, y por orden suya le echan la sortija a un ganso (pavo) blanco, que se la traga. Entonces le avisa el adivino al rey dónde está la sortija. Habiendo recobrado la sortija, le dice el rey que
pida merced. El adivino le pide que de ese día en adelante no sea él
reconocido como adivino, lo cual le concede el monarca.

16. *El tamborcito de piel de piojo*⁹⁰

Este era un señor y una señora y tenían un perrito y eran muy
pobrecitos ellos. Y un día fué el hombre a la mar a pescar truchas y
no pescó nada y otro día volvió él a ir a pescar truchas y salió la serena y le dijo que si por qué no le pagaba alguna cosa y ella le daría
la pesca libre y él le dijo que no tenía qué venderle porque él era muy
pobrecito. Entonces ella le dijo que por lo que le saliera a toparlo en
la tarde, cuando volviera, ella le daba la pesca libre. Y él sabía que
no tenía más de un perrito que lo salía a topar. Y él dijo:

—Pues mi perrito se lo pago, porque ése me sale a topar.

Y cuando fué en la tarde que volvió él de allá, ya no lo salió a
topar el perrito sino el muchachito. Ya isque le dijo:

—¡Válgame Dios, hijito de mi alma! Ya te vendí pensando que
eras un perrito.

Ya le dijo él que no tuviera cuidao, que él huiría de la agua pa que nunca lo pescara la serena.

Y luego cuando ya estuvo más grandecito el muchachito, salió a andar y primeramente s' incontró donde estaba un animal muerto y estaba peliando una águila y un lion y una hormiguita por la carne y luego les dijo él que no peliaran, que él les daría buena repartición y repartió la carne entre la águila y el lion y los güesos le dió a la hormiguita. Y luego la hormiguita le dijo:

—Si te doy una patita me quedaré cojita y si te doy una manita me quedaré manquita y si te doy un cuernito me quedaré mochita pero no le hace. Te voy a dar un cuernito.

Y luego el lion le dijo:

—Descoge de mis pelos de mi pescuezo un pelo.

Y luego la águila le dijo:

—Descoje de mis plumas la pluma que te guste

—Hora —le dijo él—, ¿qué virtudes tienen estas cosas?

La hormiguita dijo:

—No más dices "A Dios y hormiguita" y te vuelves una hormiguita.

Y el lion dijo:

—No más dices "A Dios y mi lion" y te vuelves un lion.

Y el águila dijo:

—No más dices "A Dios y mi águila" y te vuelves una águila.

Luego caminó él un poco y s' incontró con un amigo mudando un cerrito y le dijo él:

—Quítate de mudar cerros. Vámonos conmigo. En tales suidades hay fiestas riales. Allí estaremos juntos y nos veremos como hermanos.

Luego caminó otro pedazo y s' incontró primero con Escuchón, luego con un Buen Tirador y después con un Buen Ligero. El joven les dijo entonces:

—Vámonos todos. En tales lugares hay fiestas riales. Allí nos veremos todos como hermanos.

Y luego estaba en la suidá, donde ellos llegaron, un rey que tenía en su casa un cerrito. El muchachito, que tenía por mal nombre el Buen Sarnoso, dijo que si el cerrito se lo quitara el rey de la puerta, quedaría su casa más bonita. Luego dijo el rey que si no le quitaba el Buen Sarnoso ese cerrito, tendría que ser horcado. El Buen Sarnoso dijo que cómo se lo podía quitar él, cuando él no podía. Pero el Mudacerros le dijo que él lo quitaría en lugar de él.

Y luego dijo el rey al Buen Sarnoso que él tenía una adivinanza pa que se la adivinaran. Entonces dijo el rey que el Buen Sarnoso podía adivinársela. El Buen Sarnoso dijo que él no podía adivinársela porque él no sabía qué contendría la adivinanza. Entonces la mayor de las hijas del rey (El tenía tres hijas) le dijo a su hermana:

—¡Qué tal si el Buen Sarnoso te adivinara la adivinanza y se casara contigo!

—Pues ni yo sé —le dijo la muchacha— qué adivinanza sería ésa.

Entonces la hermana le dijo a la muchacha:

—Pues la adivinanza es ésa. Si él adivinara, se podría casar contigo. Un día mi padre, pasiándose por el corredor, se jalló en la corbata un piojo. Luego yo, que soy la mayor, lo crié tres años y la del medio lo crió otros tres y luego la menor lo crió otros tres. Fueron nueve años. Luego mi padre mató el piojo y hizo un tambor del cuero del piojo y le echó adentro tres hojas de hinojo. Y ai está colgao el tamborcito de piel de piojo y no más lo mira uno y dice "tirilín, tirilín".

Y el Escuchón estaba escuchando.

—¡Albricias! ¡Albricias! —le dijo al Sarnoso, y le contó cuál era la adivinanza.

Luego se fué el Buen Sarnoso paronde estaba el rey y le dijo:

—Vine a adivinarte la adivinanza.

—Si no me la adivinas —le dice él—, te horco. Y si me la adivinas, te casas con mi hija, la menor.

Luego fué el rey y invitó mucha gente. Y la trujo a su corredor pa que oyeran al hombre adivinar su adivinanza y luego él se anduvo pasiándose por adentro del corredor y les dijo la adivinanza.

—¡Vítores, vítores, el Buen Sarnoso se casa con mi hija! El adivinó la adivinanza. Pero falta otra cosa —dijo—. Tiene que trai el anillo de mi hija que tal señor lo tiene.

Entonces el Buen Sarnoso dijo que cómo él podía ir a quitarlo. Entonces el Buen Tirador le dijo que él lo podía ir a quitar. Entonces él le tiró un balazo una milla de lejos a la mujer en el dedo y se lo cortó y luego el Buen Ligero fué por él. Pues que no hubo más que se casó la muchacha con el Buen Sarnoso.

Luego él le contó a la novia que él tenía una plumita bajo de secreto y que tenía un cuernito, que se volvía una hormiguita y luego su padre vino y formó allá una revolución a ver cómo mataba al muchacho, y luego peliaron un día los compañeros del Sarnoso con los soldados y los mataron y se quedó él solo y otro día se fué él y dejó él a su cocinero en la cocina. Cuando él llegó onde estaban estos hombres, dijo él:

—A Dios y mi lion.

Y mató a la mitá de la gente y se vino pa la cocina, comió y se lavó y luego otro día volvió él a peliar, y acabó con los soldados y de gusto se fué a lavar a un ojito que estaba allí y agárralo la serena y zámpalo pa abajo de la agua.

Cuando la mujer vido que su esposo no volvía, sacó tres túnicos de novia y se fué pa la orilla del mar. Luego salió la serena y dijo:

—¿Qué estás haciendo ai?

Y le dijo ella:

—Componiéndome este túnico de novia —le dijo ella.

—Véndemelo, que mañana me voy a casar con el Buen Sarnoso —le dijo.

—Porque me enseñes a tu novio —le dijo— de la cintura pa arriba te doy el tuniquito.

Se lo enseñó, luego lo metió y volvió a salir. Tenía en sus manos otro túnico más lindo y le dijo:

—Véndemelo, porque mañana me voy a casar con el Buen Sarnoso.

—Porque me enseñes a tu novio de la rodilla pa arriba te lo vendo —le dijo.

Luego lo metió y volvió a salir. Luego cuando salió tenía otro túnico más lindo en sus manos. Luego le dijo:

—Véndeme este túnico tan lindo, porque mañana me voy a casar.

—Porque me enseñes a tu novio —le dijo— de los pies pa arriba y lo tengan un minuto te lo vendo.

Y luego ella le dió a él la pluma y dijo él:

—A Dios y mi águila y salió volando para los campos. Ella se volvió una hormiguita y se enterró en la tierra mientras que pasaron aquellas olas tan altas. Y luego salió ella de la tierra y fueron a casarse y luego se fué ella pa la casa y le dijo a su padre:

—No era el Buen Sarnoso. Es un príncipe. Con todo lo que usté le ha prometido le ha cumplido.

Y entonces se formaron unas fiestas riales. En las jícaras había juisque y en las botellas biscochos. Allí estábamos yo y mi compadre.

17. *Las tres adevinanzas*[47]

Pues éste era un muchacho que se llamaba Juan. Se jué de la sui-

dá de donde él vivía para otra a buscar trabajo. Y él llevaba una ollita y llevaba frijoles pa comer en el camino. Onde se apartaron dos
caminos se puso a cocer sus frijoles y llegó un padre y le dijo:

—Muchacho, ¿qué estás haciendo?

—Estoy mirando los que suben y bajan —le dice él.

—Y ¿parónde vas? —le dijo el padre—. Pues yo te ocupo. Me
aguardas aquí hasta que venga. Voy a decir misa a tal lugar.

Volvió el padre en una mula, y cuando volvió lo halló allí al muchacho y se jué con el padre el muchacho y lo puso de asistente en el
convento pa que cociniara y le hiciera los mandados que tenía que hacer. Y cuando llegaron a la casa, le dijo:

—Tú harás la cocina y limpiarás la casa.

Otro día se jué el padre a dicir misa y le dijo:

—Hombre, toma dos riales y vas al comercio y me trais de lo
que hay y de lo que no hay.

El muchacho se puso a hacer sus negocios y acabó y se jué pa
la plaza con sus dos riales. Allá en la plaza gastó los dos riales y
compró lo que le dió gana a él. Cuando venía pal convento de vuelta
de la plaza pensó él hacele el mandao al padre y halló unos nopales
y limpió por un lao el nopal y por el otro le dejó las espinas. Y los
envolvió en un paño y se vino par' el convento y los puso sobre la
mesa pa que el padre hallara el mandao. Cuando vino el padre de
vuelta en la tarde:

—Hombre, muchacho, ¿me hicites mi mandao?

—Sí, padre —le dijo—, ai está arriba de la mesa. Estaba envuelto en un paño el nopal. Y como estaba el envoltorio, el padre jué a
agarrar el envoltorio y las espinas estaban pa arriba.

—¡Ay! —dijo el padre porque se le clavaron las espinas.

—Pues por el otro lao no hay —le dijo—, padre.

El padre estuvo notando que el muchacho era un muchacho de
ciencia. Antonces otro día se volvió el padre a decir misa a otro lugar y le dijo:

—Pues mañana, pa cuando venga, me tienes pa la cena un pollo
bien cocinao.

Y el muchacho jué y mató un pollo y se comió una pata del pollo. Antonces cuando le puso la mesa, el padre reflejó que el pollo
no tenía más de una pata y le preguntó al muchacho:

—Hombre, muchacho, ¿pues que este pollo no tenía más de una
pata?

—No, padre, este pollo lo maté yo dormido y cuando están dormidos los pollos no tienen más de una pata. Y si no quiere crelo, vamos al gallinero y verá que los pollos no tienen más de una pata cuando están durmiendo.

El padre y el muchacho se jueron pal gallinero. Los pollos estaban dormidos, y duermen en una pata los pollos cuando están durmiendo. Y le dijo el muchacho (Prendieron una luz pa que viera el padre, porque estaba oscuro):

—Mire, padre, los pollos no tienen más de una pata cuando están durmiendo. Hora espántelos —le dijo— y verá que recordaos tienen dos patas.

Antonces al padre le echó tres adivinanzas un rey, que tenía que adevinarlas dentro de tres días y si no las adevinaba dentro de tres días, pena de la vida. El padre se puso muy triste desde el día que supo esto. Antonces el muchacho le preguntaba:

—Padre, ¿por qué está tan triste?

—Oh, muchacho —le dijo el padre—, ¿qué me puedes tú remediar?

—Puede que le pueda remediar alguna cosa.

Esto estuvo diciendo el muchacho por tres días al padre, viéndolo triste. Al cabo de los tres días le dijo el muchacho otra vez al padre:

—Padre, ¿por qué está tan triste? Pueda que yo pudiera remediarle su pena.

Antonces el padre, mirando que le había pasado algunos chascos con el muchacho, pensó entre sí y le dijo:

—Te diré mi pena. El rey me ha echao tres adevinanzas y yo no puedo adevinarlas y mañana es el primer día que tengo qu' ir a adevinar la primera.

—Pues vaya usté a la plaza y me trai un barbero pa que me componga, un sastre pa que me haga los vestidos tal como los de usté pa parecer yo usté y yo me hago cargo de las adevinanzas.

El padre pronto salió pa la plaza a buscar un barbero y un sastre pa qu' hiciera los vestidos. Y arreglaron al muchacho que parecía el mesmo padre. Otro día el muchacho se jué a adevinarle la primera adevinanza y le dijo el rey:

—Padre, ¿ya viene a adevinar la primer adevinanza?

—Sí —le dijo.

—Pues dime —le dijo— ¿qué hondura tiene el mar?

Y le dijo el muchacho:

—El tirón de una piedra.

—Pues ya adevinates la primera —le dijo el rey.

Cuando volvió al convento le dijo el padre:

—Cómo te jué?

—Bien, padre, ya adeviné la primera adevinanza.

El padre se quedó muy contento.

Al siguiente día jué a adevinar la segunda adevinanza y le dijo el rey:

—Padre, ¿cuánto valdré yo?

Y le respondió el padre:

—Pues mi señor Jesucristo valió treinta monedas pero usté no vale ni veintinueve.

Y se volvió otra vez y le preguntó el padre que si cómo le había ido y le dijo que bien, que le había adevinado la segunda. Y quedó el padre muy contento.

Jué él a adevinar la tercera y le dijo el rey al muchacho:

—Dime, ¿qué es lo que estoy pensando?

—Usté está pensando que está hablando con el padre pero está hablando con el asistente del padre —le dijo el muchacho.

Y antonces se quitó él los vestidos de padre. Antonces el padre le dió el talegón de dinero que le había prometido porque lo había sacado de los apuros en que andaba.

18. El potrillo[83]

Había un hombre que lo tenía en prisión el rey y este hombre tenía una hija y viendo su hija que hacía varios años que estaba su padre en la prisión, ella tenía una yegua y la yegue estaba preñada y al tiempo de nacer el potrillo murió la yegua, pero la hija anduvo muy ativa y trujo un cuchillo y le cortó la panza a la yegua y sacó el potrillo. Por donde tuvo la feliz suerte de que escapara aquel potrillo. Ella lo crió con mucho cuidao hasta la edá de dos años el potrillo, y del cuero de la yegua vino y trabajó una cuarta, y hizo unas riendas la mesma muchacha y cuando ya tuvo dos años el potrillo, se subió ella, le puso aquel freno, aquellas riendas y agarró aquella cuarta y se jué pa case el rey. Cuando llegó la muchacha en el potrillo al palacio del rey, le dice el rey que si qué es lo que se le ofrece, que si quiere ver a su padre. Y ella le dice que sí, que ella está con muchos deseos de ver a su padre. Antonces le dice la muchacha al rey:

—Su carrial majestá, ¿si yo le echo una adivinanza a usté y no la adivina, le podrá dar usté a mi padre su libertá?

Antonces le dice el rey que sí. Que si él adivina la adivinanza, antonces se va a estar su padre por la vida en la prisión pero si no la adivina, antonces le da su libertá. Antonces le dice el rey:

—Y ¿cuál es? A ver.

—Su carrial majestá ésta es la adivinanza:

> Vengo en lo que no ha nacido
> y en las manos traigo a su madre;
> adivinármela, rey,
> y si no, darme a mi padre.

Por donde no pudo el rey. Tan capaz que era y tan vivo y no pudo adevinar. Antonces le dice:

—Pues es imposible poder yo adivinar la adivinanza.

Le dijo que el potrillo no había nacido. Ella lo sacó de la panza de la yegua y luego, las riendas y la cuarta las sacó del cuero de la nana.

19. Los padres[95]

Había en una ocasión un hombre que tenía a su esposa y murió la esposa y le quedó una niña chiquita. Entonces el hombre, mirándose solo, viudo, sin poder asistir a su niña, la regaló a otras personas. Y él salió a andar el mundo. En este tiempo que él andaba andando, los padres que habían aceteo a la niña, la regalaron a otras personas de otra suidá lejana de las de ellos. Entonces el padre de la niña cayó a la suidá en donde estaba su hija y sin saberlo, le nació quererla muncho y d' igual modo la niña a su padre, pero ni él ni ella se podían reconocer. Por onde tomaron relaciones de matrimonio y se unieron. Yendo tiempo y viniendo tiempo, la muchacha tuvo un niño, y estando para dar a luz a su infante, tomaron conversación un día de dónde era uno y otro. Por donde halló el marido que su esposa era su propia hija y la hija halló que su esposo era su propio padre. Cuando ellos s' hicieron sabedores, se asombraron muncho del error en que habían caido. Entonces empezaron a consultar acerca de cómo podrían ser perdonaos. Entonces la muchacha aconsejó a su padre y esposo que cuando ella tuviera aquel chiquito, fueran envitaos los párrocos de la iglesia para echarles una adivinanza y que por medio de aquella adivinanza serían perdonaos. Entonces cuando ella tuvo a su niño y fué bautizao, envitaron a los párrocos de la iglesia al bautismo, la fiesta. Cuando los párrocos estaban en la mesa, les dijo la muchacha:

> Beban, padres, de este vino
> del bautismo de este niño
> es hijo de mi padre
> y nieto de mi marido.

Y no podiendo adivinar, le perdonaron.

20. *Adivinanza*[95]

> Ontaña fuí y Ontaña vine,
> crié hijo mío
> y marido de mi madre;
> adivinármela buen rey
> y si no, darme a mi padre.

Al padre de esta muchacha lo habían puesto en la prisión. Entonces ella compuso esta adivinanza para ver si podía sacar a su padre de la prisión. Al padre de esta muchacha lo sentenció a pan y agua hasta que muriera pero la hija consiguió vesitar a su padre todos los días y ella estaba criando a un niño por onde destetó al niño y cada vez que ella iba a la cárcel a ver a su padre no se permetía llevale comida pero ella iba y lo alimentaba con sus propios pechos y al niño lo crió con comida.

21. *La coja*[95]

Hallándose unos amigos en una diversión de un baile en donde estaba una muchacha coja, entonces ellos le dijeron al más simple de sus amigos que le apostaban un cuartillo de juisque que él no iba y sacaba a la coja y le echaba un verso y tenía que dicir que era coja y que ella no se enojara. Antonces apostó él el cuartillo de juisque con ellos y fué y la sacó a bailar un chiquiao y después de haber bailao la pieza sentó a su bailadora o muchacha coja y le dijo:

> —De esta flor y esta rosa,
> Es coja mi señora.

Terminó la pieza y la muchacha coja no se dió por ofendida.

22.   Caduno[95]

Tres palomas volando
tres cazadores cazando;
cad' uno mató la suya
y las demás salieron volando.
De los cazadores, uno de ellos se llamaba Caduno.

23.   Las tres verdades[96]

Este era un hombre que estaba corriendo un bote en un río, pasando gente, y llegó uno que no traiba dinero y le dijo que él no traiba dinero que pagale pero que le dicía tres verdades porque lo pasara.

Luego que ya va a comenzar a entrar al río le dice:

—Pues dime la primera.

—Vale más pan duro que el que no hay. ¿Es verdá?

No lo pudo negar. Cuando van al medio, le dice:

—Dime la segunda.

—Pues vale más zapato malo en el pie que bueno en la mano. ¿Es verdá?

—Sí. Es verdá.

—Y luego la otra —ya al salir le dice.

—Pues si a todos los que pasas, pasas como a mí ¿de qué te sirve estar aquí?

II. CUENTOS HUMANOS

A. CUENTOS

24. *Las dos hermanas viejas*[18]

Estas eran dos hermanas que habían quedado solas en el mundo. Vivían cerca del camino en unos jacales, digamos. Cerca de donde ellas vivían, estaba el palacio de un rey. Este rey había quedao viudo y buscaba alguna muchacha hermosa con quien casarse. Había recorrido ya todo su reino y las plazas que rodiaban y no podía hallar ninguna que le gustara. Estas viejas hermanas que solas vivían, una asistía a la otra porque una estaba tan vieja que no podía andar ni se levantaba de la cama, y podía hablar muy poco que se le entendiera. La hermana que la asistía, aburrida de ella, sabía que cierto día iba a pasar el rey por delante de su casa. Vino y la compuso, untándole mucha tierra blanca en la cara y poniéndole una faja de lana en su cabeza, cubriéndole la cara con un velo tupido y la envolvió en las mejores cobijas que tenía. Cuando pasaba el rey por ahí, iba entrando la mujer para su casa y hablando en una voz muy recio, le dice:

—¡Alma mía de tu alma, princesa, que si el rey supiera quién eras tú, el rey se casaría contigo!

Oyó el rey eso y paró el coche. Llegó a la puerta y le dice a la mujer:

—¿Es usté la mujer de quien oí yo ciertas palabras de que tenía una princesa adentro?

—Sí, señor rey, y esta princesa es mi hija y ha permanecido oculta sin quien la haiga podido ver.

—¿Dónde está? Quisiera verla.

—¡Oh, no! No se permite porque está durmiendo y está tan aquerenciada conmigo que si usté la recuerda, puede espantarse y tal vez se arrepentirá en ir con usté. Lo que ha de hacer es trai a sus guardias y que la saquen en peso y que la pongan en el coche, pero que no la recuerden, y que la lleven dormida y la pongan dentro del palacio y allí la dejen hasta que ella sola recuerde.

54

Mandó el rey que la sacaran con el mejor cuidado que pudieran. La subieron al coche y se la llevaron al palacio. La pusieron en un cuarto y encargaron que nadien fuera a entrar a hacele ruido porque era una princesa muy consentida. La vieja, como de costumbre, durmió todo el día en el palacio. El rey despachaba a una de sus criadas de vez en cuando a ver si había dispertado, porque tenía muchas ansias de conocerla.

Como a las seis o siete de la tarde, dispertó la vieja cuando una de las criadas abrió la puerta para ver si estaba dispierta. La vieja la sintió y empezó a gritar:

—¡Atolito! ¡Atolito! ¡Atolito!

Rompe la muchacha corriendo a donde él estaba:

—Señor rey, no sabe lo que ha traido aquí al palacio.

—Sí, sí sé. Una princesa, y me la recomendaron ser la más hermosa.

—Pues venga a verla. Ya dispertó.

Fué el rey ansiosamente a ver a la princesa. Cuando la vieja sintió que abrieron la puerta, empezó otra vez:

—¡Atolito! ¡Atolito! ¡Atolito!

—Pero ¿qué es esto? —dijo el rey.

Se arrimó hacia la vieja, le quitó las cobijas y le quitó el velo y vió que era una vieja achachurrada que manifestaba tener a lo muy menos ciento veinte años. El rey, indinado del plan que había sido víctima, ordenó a sus piones que agarraran a aquella vieja y la tiraran pal lao de atrás y que allá la dejaran que se muriera. Dos juertes muchachos agarran a la vieja, la voltean pal lao de atrás del palacio y le dan una columpiada y la tiran. Cuando iba volando la vieja, préndese de un gancho de donde colgaban carne de una viga y el gancho se le enterró en el pergate de un pecho y ai se estuvo colgando la vieja.

En la noche venían tres palomas a cantar en un árbol que estaba cerca del palacio. Cantando como estaban, dijo una:

—Lunes y martes y miércoles tres.

La vieja que oyó, le responde:

—Jueves y viernes y sábado seis.

Acudieron las tres palomas onde estaba la vieja:

—Agüelita, pida mercé, pida mercé.

—La mercé que les pido, que me hagan la princesa más hermosa que pueda haber, que esté vestida con los vestidos que puedan haberse puesto las princesas y que en vez de estar colgando del pergate, que se me ponga el gancho de un ojal del túnico.

Cosa que se hizo en aquel momento. Las palomas se retiraron y la vieja permaneció meciéndose hasta otro día.

Cuando la cocinera del palacio fué a tirar la ceniza a ver si estaba la vieja colgando todavía y vido que ya no era la vieja la que colgaba sino que era la princesa más hermosa que podía conocer. Entró corriendo a donde el rey estaba durmiendo y sin acatar la obediencia que le debían al rey, empezó a gritarle:

—¡Señor rey! ¡Señor rey! La vieja que tiraron ayer es la princesa más hermosa que pueda conocerse.

—¿Cómo ha de ser eso —dijo el rey—, cuando yo vi que era una vieja asquerosa?

—Venga desengáñese, señor rey —le dijo la cocinera—. Es la princesa más hermosa que se pueda conocer.

Salió el rey en paños menores a desengañarse de lo que aquella muchacha le decía. Cuando llegó a donde estaba la sopuesta vieja, halló, para su sorpresa, una princesa, la más hermosa que él había conocido y le dice a la princesa:

—Pero, hijita, ¿qué estás haciendo aquí? ¿Quién te tiró para acá?

—Tú, malagradecido, me trujiste de en casa para casarte conmigo y lo que has hecho fué ordenar que me tiraran para no verme.

—No, hijita, no hijita. Voy a mandar que te bajen con mucho cuidao.

En aquellos momentos hizo el rey levantarse a toda su gente, que bajaran a la princesa con el mayor cuidado posible y que prepararan la fiesta. Pronto mandó el rey por su suegra, por la otra vieja, y la fiesta siguió por tres días.

Cuando se hubo acabado la fiesta, llamó la vieja que quedara la princesa a solas y le dice:

—Oye, nita, (eran hermanas) ¿cómo te remozates tú, que quedates tan linda?

Y la otra vieja, que era la princesa ya, entendiendo que su hermana se la había entregao al rey para que la fueran a tirar allá lejos, le dijo:

—El rey tiene unas dos navajitas muy finas y con esas navajitas hice que me quitaran todo el cuero viejo que tenía en la cara y pronto vino en su lugar un pellejo tan fino, tan delicado y tan hermoso como ya tú me ves.

—Pues ¿cómo no me prestas esas navajitas a mí para que me desuellen la cara, porque yo también me quiero casar?

—Bueno hermanita, sí te las presto.

Le entregó dos navajitas a su hermana, la princesa, y al tiempo de decir adiós, el rey le cargó dos mulas de provisiones y le dió mucho dinero. Mandó a dos muchachos que la llevaran a su casa y que tuvieran cuidao con ella.

A la hora de medio día, pararon en un rito que había muy hermosos árboles y a la sombra de ellos hicieron su campo. Cuando hubieron comido, les dijo la vieja:

—Nietecitos, aquí traigo dos navajitas muy finas y quiero que con estas navajas me quiten todo el cuero viejo que tengo en la cara.

—No, agüelita, no podemos hacer eso, porque quién sabe si le vaya a hacer mal y el rey nos perjudique.

—No —dijo la vieja—, no puede hacerles nada porque es con mi gusto.

Hasta que le dijo uno de los muchachos al otro:

—Vamos desollando esta vieja. ¡Qué nos importa que se muera! Al cabo que si ella se muere, todo el dinero que ella lleva hora es de nosotros y nos podemos ir para otro lao y nos llevamos las mulas y la carga y la vieja la tiramos ai en el bosque que se la coman los animales.

—Bueno, agüelita —dijo uno de ellos—, la desollaremos.

Sacaron las navajitas y se pusieron a desollarla. Cuando la empezaron a desollar, le preguntaron los muchachos que si le ardía o le dolía la cara. Y ella les respondía:

—No, no me duele nada. Un ardorcito que no siento nada.

Pero cuando ya iban en media cara empezó la vieja a sentir el gran dolor. Y le dicían los muchachos:

—Pues si no quiere, no seguiremos más.

—Desuéllenme, nietecitos, si me quiero casar.

La desollaron hasta que iban llegando a la garganta. En esto ya empezó la vieja a sentir convulsiones y todavía les dicía:

—Desuéllenme, nietecitos, apriesa, apriesa, apriesa, que me quiero casar.

Y a pocos momentos después, empezó a gritar ella misma:

—¡Jesús! ¡Jesús! ¡Que me muero! ¡Jesús! ¡Jesús!

Hasta que cayó la vieja muerta para un lao. Los muchachos la arrastraron de una pata y la escondieron en un garruñal. Tomaron el dinero, se subieron en las mulas y pescaron otro rumbo.

25. *La mala suegra*[65]

Este era un hombre y una mujer y tenían un hijo, y se casó con una muchacha vecina de ellos, y yendo tiempo y viniendo tiempo, como al año de casaos, se jué a buscar trabajo él. Aquella muchacha no vía ni a su padre ni a su madre de ella porque su suegra le embarró las ventanas pa que no viera nada. Ni el viejito no entraba. No más ella entraba a llevale la comida. Aquella muchacha lloraba mucho de ver que no vía a su padre ni a su madre, ni a la luz ninguno. Ella le rezaba a San Miguel y al santo que estaba en sus pies, que era Lucifer (¡No lo tiene San Miguel trampao!) y le dicía Lucifer:

—Mira, no me reces a mí. Rézale al santo que me tiene trampao. Mira —le dijo—, yo te voy a llevar a onde está tu marido.

—Y ¿si sabe mi suegra?

—No, tu suegra no te va a echar menos.

En la noche vino el Lucifer en figura de un hombre por ella y no lo sintió la vieja y la llevó a onde estaba su marido trabajando. Estaba cuando él llegó en su boguecito.

—Buenas tardes, amigo —le dijo al marido de la muchacha—. Oiga, amigo, ¿me podrá dar posada?

—Sí —le dijo—, verdá que no tengo muchas camas.

Porque el diablo le dijo a la mujer que cuando estuviera allá con su marido que no agarrara más de una petaquilla que estaba allá con prendas.

—Yo no quiero cama pa mí, no más pa mi esposa. Yo me voy a jugar. Yo soy un hombre jugador.

Bueno, se jué el diablo y la dejó ai, diciendo:

—Por la mañana vengo por ella.

En la mañana llegó por ella, escureciendo todavía.

—Ya vengo por mi esposa, amigo.

—Bueno, amigo.

Ya vino y la recordó.

—Mire, amigo —le dijo el marido (el marido no sabía que aquélla era su esposa)—, le voy a regalar a su esposa esta petaquilla.

—Bueno, amigo —le dijo el diablo.

Logo que llegaron a la casa de la mujer, le dijo:

—Ai abajo de tu camalta haz un pozo y ai pones tú esta petaquilla.

Bueno, hizo lo que le dijo.

—Bueno, hora no me vayas a rezar tus monerías a mí. Rézale a

San Miguel no más, al cao yo te sacaré de todo io que vayas a pasar. Tu marido viene a los nueve meses.

En la mañana, cuando entró la mala suegra, estaba ella durmiendo y no malició que había salido. Pues al poco tiempo notó que la muchichita se estaba poniendo poco gorda, pero dónde iba a entrar, porque ni su suegro entraba, y empezó a escribile a su hijo que su mujer era una altanera, era una vagamunda. Pues se vino el muchacho de su trabajo.

Cuando llegó allá, le habló a su padre y a su madre. Ya le dijo ella:

—Y ¿pa qué preguntas por ella, cuando te ha dao tan mal trato? Ai está que ya traquea.

Y le dijo el viejito, su suegro, su tata de él.

—¡Válgame Dios, hijito, si mi nuera es muy buena mujer! Mira no más cómo le tiene las ventanas tapadas, enjarradas, porque dende que te juites tú ni yo ni mis compadres la vemos, no más ella.

Aquél, luego que cenó, se jué con su nana a llevale de comer a su mujer. Ella no se le dió cuidao porque entró su marido y la jalló asina. La vieja empezó a hablar.

En la noche que se quedaron solos, empezó el muchacho a rezongar. Como le hacía tanto enredo su nana, creyó. Antonces le dice ella.

—También tú tuvites una mujer en tu casa.

—No.

—Sí, tal noche estuvo contigo.

Y él se quedó pensativo de lo que su mujer le había dicho.

—Y para que creyas que estuvo, destapa ese pozo.

Jué aquél, quitó la camalta y sacó la tabla y ya vido la petaquilla. Logo que sacó la petaquilla, la abrió ella.

—¿Juites tú el que me regalates ésta tal noche?

—Sí —dijo él. Pues él estaba satisfecho.

Antonces él tomó a ser mentiras lo que su madre le decía de su mujer y antonces él se la llevó paronde estaba su padre y su madre de ella y no volvió a pisar la casa de su nana. Allá está con su suegra y su mujer. Están viviendo bien, ¿no ves?

26. *El viejo celoso y un joven zapatero*[54]

En una ciudá vivía un viejo celoso y un joven zapatero. El viejo era suficiente rico y tenía una casa muy grande. Pues un día (El

viejo no tenía familia) el zapatero arrentó un cuarto cerca de la casa
del viejo en donde puso su trabajo. Se hicieron ellos muy amigos y
vivían muy a gusto. El joven se bordaba en un restaurante y todas
las mañanas cuando iba al café, veía pasar una joven muy hermosa
que no había en la ciudá otra que pudiera ser más linda que ella. Nada más que ella vestía de traje muy pobre, pero su belleza la ador-
naba.

Una mañana salió el joven atrás de ella hasta llegar a un parián en donde ella trabajaba. La cogió del túnico y voltió ella sin saber quién la había tocado y le preguntó qué quería. El le habló, la saludó muy cordial y le dijo que lo dispensara, que 'si dónde vivía y
quién era su padre y su madre. A lo cual la joven le contestó con lágrimas en los ojos:

—No tengo padre ni madre. Hace varios años que los perdí. Yo
vivo sola en la esquina de la calle del zapatero.

—Pues yo soy —le dijo él— el zapatero. Y yo no tengo tampoco padre ni madre. Y si usté quiere casarse conmigo, se quitará de
trabajar y yo trabajaré para mantenerla.

Entonces le respondió ella, diciéndole que no podía decirle sí o
no hasta otro día por la tarde.

Se volvió él al café con ansias que otro día pasaría por allí la
joven y le diría sí o no. Pues otro día cuando volvió por la mañana,
pasó la joven como de costumbre. Salió a la puerta y la siguió hasta
la puerta donde ella iba, y quedó en casarse con él, diciendo ella que
si qué día proponía para el casamiento y él le respondió que él le avi-
saría y le fijaría el día.

Cuando salió del café, el dueño de la casa en donde estaba la
zapatería le dijo que la desocupara. Fué él y vió al anciano, su amigo, que le rentara un cuarto de la esquina de la calle para poner su
zapatería. Le dijo él que con mucho gusto. Entonces le habló, diciéndole:

—¿Sabe usté que me voy a casar?

—No —le respondió el anciano—. Hace tanto que estamos juntos y nunca me habías dicho nada.

—Pues me voy a casar.

—Y ¿con quéin?

—Con una joven —le dijo—, la más bella de este lugar.

—¿Cómo? —le dijo el anciano—. Yo no la conozco.

—Es una estrella. Más no le puedo decir.

—Y ¿cómo se llama?

—No sé.

—Y ¿dónde vive? —le preguntó el anciano.

—En la esquina de la calle del zapatero.

Pues la misma tarde fué el anciano y recorrió la calle, indagando por la joven que vivía en la esquina de la calle del zapatero. Le dijeron que estaba en un parián en cierta calle trabajando y que volvía tarde. Luego fué el anciano a ver a la joven. Cuando él la vió, le trató de casamiento. Ella le contestó que un joven zapatero la había solicitado y había quedado a casarse con él. Nada más que no habían fijado el día. Le dijo el anciano:

—No te intereses en ese canalla. Eres muy linda y muy hermosa y es una compasión que te cases con él y te dirán la zapatera. Tú mereces un hombre como yo que no tiene mujer, no tengo familia y soy un hombre rico. Yo te haré feliz. Y con el zapatero no podrás ser feliz porque con él se vive no más con los zapatos.

A lo cual ella le contestó:

—Despediré al zapatero y luego le diré a usté.

—No te quieras meter en bromas. Dime sí o no y todo se acaba.

—Bueno —le dijo ella.

—Y ¿cómo te llamas?

—María Sevidillas —le dijo ella, pero su verdadero nombre era María Gracia.

—Mañana —le dijo él—, haré el preparativo y pasando mañana nos casaremos y así que cuando te vea el zapatero, ya estarás casada.

Así lo hizo el viejo. Pero siempre quería más al zapatero. En lugar de ser el día que él le fijó, fué un día antes el día que se casó. No le dijo a su amigo zapatero ninguna cosa, temiendo que le saliera al impedimento.

Luego que se casó, la trajo y la casa tenía una sola puerta por donde entraba y tenía que caminar veinte y cuatro cuartos para llegar a la esquina en el cuarto que puso a la recién casada en el piso de arriba, y por buena suerte quedó sobre el cuarto que tenía el zapatero. Desde aquel día la pobrecita la encerró como en una cárcel con el precepto de no asomarse a la ventana para no ver gente. Cada mañana el viejo entraba a darle vuelta y salía a la plaza él, dejándole todo atrancado. Por la noche hacía la misma cosa. Entraba a mandarle que se acostara y salía a dormir en la puerta que salía pa afuera, siempre cuidando que ni entrara ni saliera nadien.

Un día estaba el zapatero frente a la ventana donde estaba la recién casada y se asomó ella y le tiró una cartita en la que le decía todo lo que había pasado y cuándo se habían casado y que desde ese día estaba encerrada pero siempre pensaba en él: "Y no hay más puerta que la puerta por donde el viejo entra y por allí no deja entrar a naiden. Pero ya tú te arreglarás cómo debes de hacer para sacarme de aquí."

Luego el viejo entró a la zapatería, como de costumbre. Estuvieron platicando y entre la conversación que tenían, le dijo el viejo al zapatero que se había casado, el cual tuvo mucho gusto.

—Pues ahora sí, sí —le dijo—, voy a fijarle yo un día en que me voy a casar y quiero que usté sea mi padrino y yo quisiera conocer a mi madrina.

—Bueno, hijito, yo con mucho gusto te casaré el día que quieras.

Pues así hizo él, diciéndole:

—Tal día me voy a casar con su Gracia de usté, padrino; con su Gracia de usté me voy y quiero que con Gracia de usté me lleve tres días de camino de esta ciudá en donde pasaremos la luna de miel.

—Sí, sí, ahijao, con mucho gusto.

Así estuvo toda la tarde y parte de la noche. Entonces le habló, diciéndole que si le permitía poner unos ganchos en las vigas para colgar las arneses y las monturas. Le dijo el anciano que sí.

—Présteme una escalera.

—Anda, tómate una.

Fué el mismo viejo y le entregó la escalera y la trajo al cuarto. Cogió una barrena cuando el viejo se hubo ido y abrió un agujero, diciéndole a la novia que siempre tuviera mucho cuidado de que la alfombra estuviera bien destendida para cuando entrara el viejo no la fuera a sospechar.

Cuando el viejo estuvo dormido, ella le dijo:

—Ya está durmiendo. Sin cuidado puedes subir.

El cortó el entarime y abrió una puerta, la cual tenían mucho cuidado de cerrarla tan pronto como él bajaba y destender la alfombra. Hicieron sus preparativos de boda. Le dijo ella que le tomara sus medidas y que tomara su altor, su grueso, cortara un rizo y que llevara su fotografía a la plaza a la tienda donde se hacían los negocios que hacían privados, como eran ropas, sacar retratos o otras cosas semejantes y que ordenara que le hicieran una muñeca de azúcar y que tomaran su fisonomía de aquel retrato, la hicieran de su mismo tamaño y de su mismo grueso. Ordenó un túnico de seda, color celeste, como con el que ella se había casado con el viejo, y que vistieran así la muñeca y le pusieran el cabello del mismo color, mandando todo conforme su deseo esa misma noche que se iban a casar.

Luego que estuvo toda la orden hecha, bajó el zapatero, ordenándole que cerrase bien la puerta y destendiera bien la alfombra y que ella no dijera ni le diera a conocer al anciano ninguna cosa. El fué en la misma noche y ordenó todo para el día siguiente; lo cual le hicieron como él pidió.

Cuando ya estuvo todo arreglado, lo trajo de noche, que el anciano no viera. Y por aquella puerta que habían abierto ellos, metió la muñeca vestida lo mismo que estaba María Gracia. Entonces le dijo él:

—Qué falta?

—Anda a la carnicería, compra un pedazo de tripa y que te la laven bien y luego comprarás una botellita de miel virgen fina. Haces que te la pongan en la tripa y que la limpien bien. Luego la amarrarás bien y me la trairás a mí.

Cuando la trajo al cuarto, vino ella y se la puso en el cuello a la muñeca, poniéndole después un pañuelo de seda para cubrirle la tripa. Y escondió la muñeca debajo del catre para que no la viera el anciano.

Esa tarde le dijo el zapatero:

—Pues bien, padrino, mañana me va a casar. Ya arreglé con el cura y tenemos que estar pa las nueve en la iglesia. Dígale a mi madrina que quiero que venga para llevarla a case de la novia.

—Ya ella no podrá —le dijo el viejo— porque es muy delicada, pero yo iré a casarte. Haz a la peinadora que arregle a mi ahijada y la ponga muy bien porque tu madrina no puede ir. Es que es ella débil y muy delicada.

Era que este viejo era muy celoso y no quería que de ninguna manera fuera el zapatero a verla, como él sabía que él la había hurtado al zapatetro. Eso era lo que tenía. Y él estaba muy convencido en que se llamaba María Sevidillas y el zapatero le decía:

—Con su Gracia de usté me va a casar y con su Gracia de usté me voy.

—Sí, sí, hijito.

—Ahora, padrino, después del café, nos vamos a ir. Tres días de camino. Quiero que usté y mi madrina vayan con nosotros.

—Ya te digo, hijito, tu madrina no puede ir, pero yo sí voy.

Bien, cuando el anciano entró al cuarto a ver a la pobrecita recién casada y a darle la última orden de que no se fuera a andar asomándose a las ventanas durante su ausencia porque él tenía que irse con los novios, ella le rogó que si por qué no la llevaba a ella también. Y le dijo:

—Ya el verano te llevaré. Hora está muy frío. Arréglate bien y cuando pásemos, te asomas en esta ventana para que se despida el zapatero de ti y su esposa. Que te digan adiós y pronto te quitas de la ventana.

Ella tenía el mismo traje con que se casó con el viejo y del mismo color vistió a la muñeca.

Y tal y tal salió el viejo, ella vistió a la muñeca con el vestido azul como el de ella, sentándola luego en una silla cerca de la ventana. Le puso un cordel de elástico y lo ató de la puerta que conducía a la otra habitación. Luego abrió la puerta que tenían ellos y bajó por la escalera, cerrándola después. Quitó la escalera el zapatero antes de que el viejo llegara. Cuando él entró la puerta, le dijo:

—Mire, padrino ¿qué no se le hace que hubiera hecho una pareja mi madrina y mi esposa?

—Verdá —le dijo—. Pero ella no puede salir al viento.

Se subieron en el carruaje y se fueron para la casa del cura.

Después que ya se casaron, fueron a almorzar a un café y de allí tomaron otro carruaje y se fueron. Cuando iban en el camino, le dijo al cochero el anciano:

—Por esta esquina voltea, que allí estará mi esposa con ansias esperando a los novios para despedirse de ellos.

En efeto, no más enfrentaron y levantaron la cabeza pa arriba y vieron el mismo retrato. Nada más que no se movía.

—Allí está tu madrinita. Despídete de ella.

Dijo el astuto luego:

—Con su Gracia de usté me quedaré allí donde me quede.

Cuando se hubo terminado los tres días, el anciano tuvo que volverse para atrás, despidiéndose de ellos y le dijo el zapatero:

—Padrino, échenos la bendición. Usté se va con mi madrina y yo me quedo con su Gracia de usté.

Y así se quedaron ellos y el anciano se volvió en el mismo carruaje que fué, haciendo otros tres días de camino.

Cuando volvió él, cruzó por la misma calle. Levantando la vista pa arriba, vió que estaba la misma cara en la ventana.

—¡Ay, ingrata, infiel! ¡Todavía estás en la ventana! ¡Así te habrás vivido estos días de aquí y de allá pa acá, mirando cuánto se pasa por las calles. Pero yo te quitaré la idea.

Luego que llegó él con ansia a la puerta, abrió y tenía que caminar largo trecho por dentro. Fué al cuarto, abrió la puerta y le dijo:

—Y ¿todavía tienes valor de estar en la ventana?

Pisó la orilla de la tabla en donde estaba atado el cordel y movió la cabeza que sí.

—¿Te quitas —le dijo— o no?

Y mientras más pisaba él la tabla, ella indicaba con la cabeza que sí.

—Pues mira, infiel, traidora, sólo por eso te voy a cortar la cabeza.

Cogió la espada que estaba en la puerta y dándole una cuchillada, le tumbó la cabeza. Le brincó a él una gota de miel virgen en los labios. Sacó la lengua y lambió.

—¡Ay —dijo—, María Sevidillas, onde muerta eres tan dulce, pues viva qué tal serías! ¿Qué he hecho con María Sevidillas? Yo soy tonto. Yo soy loco.

Cogió él con el dedo de aquello que creía que era la sangre de María Sevidillas y se la comía y lloraba. Tomó la cabeza. Cuando la tomó en sus manos, vió que era artificial. Luego la empezó a esaminar y vió que era artificial de azucar. Se levantó y la tiró. Y dijo:

—¡Oh, bien me decía este traicionero zapatero! Indudablemente esta traicionera de mi mujer se llamaba María Gracia y por eso me decía él: "Con su Gracia de usté me caso, y con su Gracia de usté me voy y con su Gracia de usté voy a vivir feliz.

Empezó a desesperar en dónde ir y incontrarles entre tanta gente desconocida y cortarle la cabeza a uno y a otro por traicioneros como él les llamaba. Pero pasó así un día y otro día. Al tercer día que vió él que no volvían ellos, dijo:

—No hay más que cogerme esta zapatería y venderla.

Empezó a volar su cabeza, a volar su sentido hasta que se hizo loco y un día, muy de mañana, voló por una ventana del piso segundo, cayendo al suelo hecho dos mil pedazos. Así quedó el fin del anciano celoso y del joven astuto.

27. *María Sevidillas*⁸⁹

Este era un hombre y una mujer, y tenían una hija y se llamaba María Sevidillas. Pues estaba un hombré en la misma suidá y era platero. Pues que jué el platero y pidió a María Sevidillas. Pues se casó el platero con María Sevidillas. Este hombre era tan celoso que no dejaba a María Sevidillas que le diera sol ni viento. La puso debajo de siete llaves. María Sevidillas no salía ni al marco de la puerta. Estaba una viejita junto del platero. Esta viejita se llevaba muy bien con ellos y trabajaba en la casa. Era la única persona que veía a María Sevidillas. Estaba otra princesa en la suidá onde mismo trabajaba la viejita.

Viniendo tiempo, llegó un muchacho de aquel lado del mar y llegó derecho a case la viejita donde halló posada.

Para mantenerse él y la viejita, él fabricaba canastos con bastantes flores de las más lindas, y la viejita va a venderlas.

Un día, mientras vendía flores la viejita, voltió el muchacho para donde estaba la casa del platero y vido a María Sevidillas en la ventana.

—Pero ¡qué niña tan linda! ¡Hasta la vista se me va! —María Sevidillas no más lo vido y se quitó de la ventana pero a él le llamó la atención estar viendo para la ventana pero ya no vido nada. En esto se jué para su casa y se estuvo pensando que ya no la pudo ver.

Cuando volvió la viejita le preguntó quién era la niña vecina. La viejita le contó que era la esposa de un platero. Pero que él era muy celoso. El muchacho le dice que él está enamorado de ella y le dice:

—Pues voy a hacer un canasto de flores y se lo presenta a María Sevidillas y también le voy a hacer una carta y la voy a poner en el plan del canasto y le dice que vacíe las flores todas.

La viejita tomó el canasto y se jué en la tarde para case el platero.

—Buenas tardes déte Dios, nietecito.

—Buenas tardes déle Dios, agüelita. ¿Qué hacía que no vinía?

—Pues ya verás, nietecito, que llegó mi nietecito de aquel lao del mar y no puedo salir por estarlo asistiendo. Pero vengo a ver si me permites que entre paronde está María Sevidillas.

—Sí, agüelita —le dijo—, entre. Están todas las puertas abiertas.

La viejita entró hasta onde estaba María Sevidillas.

—Buenas noches te dé Dios, nietecita.

—Buenas noches le dé Dios, agüelita. ¿Por qué no había venido agüelita?

—Porque ahora tengo gente. Está mi nietecito aquí. Pero aquí te traigo un canasto de flores. Pues vacíalo de una en una.

María Sevidillas vació el canasto hasta que s' incontró con la cartita. Se puso a lela donde le dicía que si se quería casar con él, que él la sacaba de allí. Pues María Sevidillas se puso a pensar y se puso a hacer una cartita de que no podía casarse porque ella no le daba ni el sol ni el viento desde el día que se casó pero si él se comprometía a sacarla libre, sí se casaba con él. Pues se jué la viejita. Pues le dió de recompensa María Sevidillas diez pesos.

Otro día se puso a hacer más flores y otra cartita. Le mandaba a decir que él la podía sacar de allí haciendo un abujero por la misma casa de la viejita. Bueno, tomó la viejita el canasto y se jué a llevalo. Entró la viejita y le entregó el canasto a María Sevidillas. Ella leyó su carta y se puso a contestale y le mandó a dicir que sí se casaba con él pero que tenía que convidar a su esposo pa padrino.

El muchacho se puso a hacer un abujero por la casa hasta que entró hasta onde estaba María Sevidillas.

—Pues hora sí —le dijo María Sevidillas— le puedes dicir que él mismo te vaya a pidir mujer y lo convidas al mismo tiempo para que sea tu padrino.

Otro día en la mañana jué el muchacho a case el platero con la misma tumbaga de María Sevidillas. Cuando llegó, se saludaron y le dijo el muchacho al platero que quería que le hiciera una tumbaga de oro y le dijo el platero:

—¿Qué clas de tumbaga quieres?

Antonces vino el muchacho y sacó la tumbaga y le dijo que por ésta la quería.

—Pero, hombre —le dijo el platero—, meramente la tumbaga de mi esposa.

—No —le dijo el muchacho—, yo creo que no.

—Pues es una misma. ¿De ónde consiguió usté esta tumbaga? —le dijo el platero al muchacho.

—Pues yo la conseguí de la princesa de la suidá.

—Pero hombre —le dijo antonces el platero—, horita vengo. Voy a ver si se parece esta tumbaga a la de mi esposa.

El platero dejó la tumbaga en la mesa y se jué paronde estaba María Sevidillas. El muchacho echó carrera y le entregó la tumbaga a María Sevidillas. Cuando ya el platero entró, ya la tumbaga estaba adentro. La esaminó y luego se jué el platero y salió el muchacho y puso el anillo en la mesa en donde él lo había dejado.

—Pues es una misma cosa, amigo, con la de mi esposa. Yo le haré una tumbaga.

—Pues bien, amiguito, yo me quiero casar aquí y quiero que usté vaya de tata a pidirme mujer.

—Pero ¿ónde le voy a pidir, amiguito?

—A la nietecita de mi agüelita.

—Pues al rato voy a pidirla.

Pues vino María Sevidillas y salió y se compuso muy trigueña y se jué a la cocina de la viejita y llegó el platero a la casa de la viejita y le dijo:

—Buenas nochis déle Dios, agüelita.

—Pero ¿qué andas haciendo, nietecito, cuando nunca habías venido a mi casa?

—Ya verá, agüelita, con interés vengo a su casa. Vine a pidirle a su nietecita.

—¿Cómo se llama?

—María Sevidillas, como tu esposa, hijo.

Pues jué a hablar con la muchacha a ver si se quería casar con el muchacho y María Sevidillas le dijo que sí se quería casar con el muchacho.

Se jué el platero derecho a onde estaba María Sevidillas.

—¡Vieras, hija —le dijo—, que su nieta de mi agüelita es una misma a ti en faición de cara y en lo alto. No más que es poquito más trigueña que tú, pero tiene el mismo nombre tuyo. Se llama María Sevidillas.

Pues otro día en la mañana jué el muchacho a pidirle al platero que fueran sus padrinos él y su esposa, pero el platero le dijo que su esposa no podía ir pero que arrentaría una muchacha para que juera con él.

Se jué el platero pa case su vecina y arrentó una de sus hijas. (El resto del cuento es igual al cuento número 27.)

28. *Mariquita la Bella*[54]

Estas eran tres muchachas que su madre se había muerto y su padre trabajaba en la casa del rey. Pues que él iba todos los días a trabajar y por la tarde volvía a la casa. Una de las hermanas tuvo un descuido y resultó encinta. Cuando su padre la reflejó, se enojó con ella y las encerró a las tres en un soterrano que tenía adentro de la casa.

Hacía pocos días que estaban encerradas cuando tuvo un chiquito la muchacha y esta Mariquita la Bella era muy linda ella.

—No te acobardes —le dijo ella a su hermana—. Para que mi

padre no lo sepa, yo me daré alguna maña. Ella era muy viva. Hizo un abujero que salió afuera de la casa.

Cuando ya lo hizo el abujero, fué a la plaza y se compró un traje muy bonito de bailarina y una varita muy bien compuesta. Vino ella y entró a la casa del rey y empezó a bailar en el corredor. Se asomó el rey. Apenas la vió, y le agradó mucho. Salió ella corriendo y no la pudieron alcanzar.

Otro día fué a la casa del rey. Entonces sí la tomó el rey. Le preguntó de dónde era y le dijo:

—Yo no sé.

—¿Cómo te llamas?

—No sé tampoco.

El rey soltaba las carcajadas de risa y le agradaba mucho todo lo que ella decía. Fué a enseñarle todo lo que había en la casa, la arrimó a un cajón, le preguntó ella que si qué contenía aquel cajón. Y le dijo:

—Es para guardar harina.

—Y ¿cómo hacen cuando ya van a sacar la última? ¡Tan hondo que está!

—Entran adentro.

—Pero yo no sé cómo —le dijo.

Entonces vino el rey, para complacerla, se metió el rey adentro del cajón. Agarró ella la puerta y la cerró y se fué a su casa. A los gritos que el rey tenía viineron los criados y lo hallaron encerrado. Lo sacaron todo lleno de harina.

—¡Oh —dijo—, si yo pudiera incontrar esta muchacha yo la devoraría! Me ha dejado todo lleno de harina. Si vuelve mañana al palacio, me avisan.

Fué ella a la hora acostumbrada con otro traje nuevo. No más la vió el rey y se le quitó el coraje. La llevó a onde estaba su garabato, que en esos tiempos les llamaban garabatos a los ganchos en donde colgaban carne. Y le preguntó ella para qué era y cómo se llamaba. Y le dijo:

—Es un garabato.

—Y ¿cómo cuelgan la carne? ¡Tan alto!

—Asina, mira —le dijo el rey y soltó una cadena que estaba engarzada en el suelo y bajó el garabato pa abajo.

—Pero, su carrial majestá, yo no puedo ver cómo la suben.

—Bien —le dijo el rey—, con esa rondanilla.

—Pero no entiendo —le dijo ella.

—Toma tú la cadena —le dijo por fin el rey— y yo agarro el garabato.

Trabó sus manos el rey en el garabato y estiró ella la cadena y se subió el rey pa arriba por la misma rondanilla. Abrochó ella la cadena abajo dejando al rey colgao y se fué a su casa. Luego que se vió en aquella tribulación, el rey empezó a dar gritos y alarmes. Vinieron los criados y lo quitaron de allí con las manos hinchadas.

—Si esta inicua viene mañana, voy a mandar horcarla.

Pero era tan linda y se vestía en unos trajes tan hermosos que no más la veía el rey y se le quitaba el coraje.

El tercer día vino y indagó por el rey y dijieron que estaba enfermo. Luego vino ella y fué a la plaza, compró un canasto y compró una variedá de flores. Entró a una botica y compró unos polvitos para dormir y llegó a su casa y se vistió y echó al niño de su hermana en el canastito tapándolo bien con flores hasta colmar el canasto. Se fué al palacio, entró como de costumbre y pasando por el cuarto del rey, corría de una orilla del corredor al otro, gritando siempre la misma cosa:

—¿Quién compra flores pal mal de amores?

Hasta que el rey dijo:

—¿Quién vende flores pal mal de amores?

Abrieron la puerta los criados y la vieron y dijieron:

—Es la misma bailarina que viene todos los días.

El rey estaba tan enamorado de ella que de una vez le dió orden de que la dejaran entrar al cuarto onde él estaba. Cuando hubo entrado ella en el cuarto, le preguntó qué vendía, y le dijo que flores pal mal de amores. Entonces le dijo el rey que si podría darle algún remedio bueno a él. Y le dijo ella que sí, pero que tenían que salirse los criados de allí. Despidió a los criados el rey, dejándola a ella.

Luego que estuvo sola, vino y puso las flores en una mesita, dándole al rey unos polvitos que de una vez se durmió. Cuando ya lo vió dormido, sacó al niño y se lo metió debajo al rey, saliendo ella gritando por todo el palacio:

—¡El rey tuvo un niño! ¡El rey tuvo un niño!

Se fué ella de una vez pa su casa y se divulgó por toda la ciudá que el rey había tenido un niño.

Cuando dispertó el rey, se halló tan confuso de ver que era cierto que tenía un niño. Se avergonzó tanto que ni a la corte podía entrar. Mandó al caballero que estaba trabajando por él que le despachara a su hija la menor al palacio. Fué su padre de ellas y le dijo:

—Yo no sé qué has hecho tú en la casa del rey.

—Yo no he hecho nada. ¿Qué he de hacer, estando en este so-terrano?

—Pues el rey —le dijo su padre— quiere que vayas al palacio porque anda la voz que el rey tuvo un niño.

—Pues si lo tuvo, pues él sabrá de quién es. Usté creía que mi hermana era la del niño y el rey salió con él y mi hermana no tiene nada.

Se fué otro día al palacio. Cuando entró, le dijo el rey que si qué tenían que hacer aquellas flores que ella le había vendido. Le di-jo ella que no tenían más que estar allí hasta que el enfermo sanara.

—Y usté —le dijo —tuvo un niño, ¿verdad?

—Es cierto —le dijo el rey—, pero que yo no puedo salir a nin-guna parte de vergüenza que toda la gente lo sabe que tuve un ni-ño y no lo puedo negar. Yo lo que quiero es que te cases conmigo.

Entonces le dijo ella que estaba bien, pero que buscara quién criara al niño, que ella no lo podía criar.

Mandó el rey al niño a un asilo en donde lo criaron y se casó con ella. Después de que ella se casó, le dió las gracias a la gente que había estado allá, diciéndole:

> Soy Mariquita la bella,
> ai entra ella
> con Nicolás Sanjel
> ai entra él.
> Con esto cumplo yo con él
> conmigo y con ella.

29. *Los cominos*[18]

Este era un viejo que vivía en un rancho poco disperso de la sui-dá. Tenía muchas cabras y él mismo era el pastor. Su vieja se le ha-bía muerto hacía algún tiempo y él permanecía viviendo solo, cuidan-do sus cabras. Tenía unos vecinos muy pobrecitos y éstos tenían una hija muy bonita. Cuando cayó el maldito viejo en amores con la mu-chacha.

Fué a la casa de sus vecinos y les prometió cien cabras si le da-ban a su hija para casarse con ella. Los pobres tatas almitieron de una vez en dale a su hija al viejo por el interés de las cien cabras. Le di-

jeron a su hija la pretensión del viejo y aunque la muchacha no de
buena gana quería casarse con el viejo, como era obediente y buena
hija, accedió a lo que sus tatas querían. Pues se casó el viejo con la
muchacha y le entregó las cien cabras a su suegro.

Se llevó a la muchacha a su rancho y no la dejó salir ni a ver
a sus padres pero ni sus padres podían ir a verla. Aquella muchacha
vivía encerrada sin ver a naiden y el viejo cuidando sus cabras no se
retiraba de su casa por estar cuidando a ver no llegara naiden.

Una tarde llegó un lépero disfrazado, manifestando ser una persona de muy poco juicio. Sus hablaos muy incorrectos y aparentaba
ser un verdadero idiota o tonto. Llegó a onde estaba el viejo y le dice que si tiene trabajo para él. Viendo el viejo que era un muchacho
tonto que apenas podía hablar, de una vez le gustó para pastor y le
preguntó el viejo:

—¿Cómo te llamas tú?

—Yo me llamo Cominos, señor.

—Pues entonces veré qué tal eres para cuidar las cabras. Si puedes cuidalas bien, yo te puedo dar trabajo por todo el tiempo que tú
quieras. Aquí duermes —le dijo— junto al corral de las cabras y de
aquí sales con .tus cabras para el campo.

El muchacho aquel manifestó ser muy buen pastor y siempre manifestando su poco juicio que tenía, aunque era un verdadero lépero.
El viejo se aquerenció mucho con el muchacho porque era muy hombrote y ya le estaba agarrando confianza que le permitía venir a almorzar con ellos a la cocina.

Un día le cayó al viejo un aviso de que fuera a recibir un partido de cabras en una plaza que podían hacer el viaje en dos días. El
pobre viejo dudando dejar a la muchacha sola y que tenía que ausen-
tarse por un día y una noche, no hallaba cómo hacer, si llevarse a la
muchacha a recibir las cabras o dejala sola a la muchacha o encargada al pastor pa que la cuidara. Por fin se decidió él por ir por las
cabras. Y le dijo a su pastor:

—Yo me voy para cierta plaza a recibir un partido de cabras
que tengo allá y te voy a dar esta orden de que a la tarde cuando
encierres tus cabras metas tu cama al lao de adentro del cuarto donde está tu patrona. De manera que ai duermes tú. Y no le vayas a
abrir a naiden si es que vengan a la puerta y te pidan que abras. Con
tal es que si yo vengo de noche y quiero que me abras, no me vayas
a abrir hasta que yo te grite por tu nombre. Cuando yo te diga, "Cominos, abre", antonces abre la puerta.

Ensilló el viejo su macho y se fué a recebir sus cabras con la confianza que había dejado un buen pastor para su mujer. El pobre viejo anduvo muy recio en su camino con el intento de volver en la noche. Pero no pudo llegar con sus cabras el mismo día y las dejó en medio camino en un corral que halló en un lao del camino.

Se vino muy recio en su macho pero por muy recio que anduvo, no pudo llegar hasta como a la una de la mañana. Empezó a golpiar la puerta de su casa. La puerta estaba bien afianzada pero pa la mala suerte se le había olvidado el nombre de su pastor. Y empezó a gritar:

—Muchacho, abre. Yo soy tu patrón.

Pero aquél como si no lo oyera.

—Culantro, abre. Plumajillo, abre. Cebollín, abre.

Así que acabó de mencionar todas las semillas que había pero que nunca pudo dar con el verdadero nombre del muchacho. Después de haber batallado tanto con la puerta, se fué a donde estaba una comadre de él que era médica para preguntarle cómo se llamaba una semillita muy chiquita que le echaban a los güevos cocidos pa remedio. En efecto, fué a dar onde estaba su comadre, y la recordó y le dijo:

—Comadre, ando muy apurado. Dígame cómo se llama esa semillita chiquita que le echan a los güevos pa remedio.

—¿Por qué, compadre? Pus ¿qué tiene enfermo?

—No, pero tengo un muchacho durmiendo allá con su comadre y tiene la orden de no abrirme a mí si no lo miento por su nombre.

—Serán cominos, compadre.

—Esos meros son, comadre, cominos.

Pues subió el viejo en su macho y se fué a su casa y con la palabra en sus labios que iba diciendo, "cominos, cominos", para que no se le olvidara. Iba espoliando su macho para llegar apriesa cuando en esto trompieza el macho y cai. Cuando se levantó el viejo y su macho, ya no supo qué palabra llevaba en sus labios y se fué diciendo "culantro, culantro".

Cuando llegó a la casa, le dió una patada ya enojado a la puerta y le dice:

—Culantro, abre.

Pero como aquél tenía la orden de él mismo de no abrirle si no le dicía su verdadero nombre, aquél no le hacía caso. Empezó a golpiar la puerta muy enojao el viejo y a grítale:

—Cebollín, abre la puerta. Albácar, romero, ruda, abre la puerta.

Y nunca pudo dar con su nombre del muchacho.

Volvió a ir otra vez a case su comadre y golpió la puerta y le
dijo:

—Comadre, ¿cómo diablos se llama esa semillita? Ya se me olvidó otra vez.

—Cominos, compadre.

—Cominos, —dijo él, dándose un moquete recio en la cabeza. Pero en esta vez uso el viejo de mejor juicio. Hizo a su comadre que
prendiera la vela y lo escribió en un papel.

Se fué a su casa otra vez y llega a la puerta de su casa y ya venía aclarando en ese tiempo. Saca su papel y ve el nombre y le grita:

—Cominos, abre.

Pronto estuvo Cominos en la puerta y le abrió. Aquel viejo estaba más contento en aquel momento que con el partido de cabras que
había recebido ese día antes y le dijo al muchacho:

—Tú si eres de mi confianza porque tú si haces la orden conforme yo te mando. De hora en adelante tú vivirás aquí junto con
nosotros y cuando quiera que yo salga, tú te quedas al cuidao de la
patrona.

El muchacho siguió cuidando las cabras y a poco de tiempo el
viejo cayó enfermo de mala enfermedá. Pocos días después el viejito
era ánima. Luego el lépero pastor se casó con la patrona y siguieron
viviendo en aquel rancho y aumentando sus cabras que hoy día son
los principales cabreros de aquella comunidá.

30. *El predicador*[18]

Este era un padre que tenía su misión en una cierta suidá. Había sido llegado recientemente y no era bien conocido en el lugar pero el primer domingo que fué a dicir misa, concurrió mucha gente porque estaban ganosos de oír misa. El padre subió al altar y empezó a
rezar en latín, luego se voltió para donde estaba la gente y destendió
los brazos y les dijo con una voz muy clara:

—Misa, misa.

Se embocó a la sacristía y se desvistió. Viendo la gente que los
había dejao bobos allí en la iglesia, empezó a salirse de la iglesia y
hicieron una junta aquel mismo día para ir a avisarle al obispo. Nombraron una comisión que fueran a hablar con el obispo de que el padre que les había mandao no sirvía. Que no 'les dicía no más de misa
y ai se acababa todo.

Fué la comisión y se presentó al obispo y le dijieron que el padre que les había mandao no sirvía.

—Pues ¿qué tiene? —respondió el obispo.

—Pues que no nos dice más de misa.

—Pues ¿qué más quieren?

—Oh, queremos misa y un poco de sermón también.

—Bueno —les dijo el obispo—, yo le voy a ordenar aquí ahora en esta carta que le voy a escribir de que les diga misa y un poco de sermón.

El obispo le escribió una carta y le dicía al padre la queja que había in contra de él, y que se esforzara en hacerlo poco mejor. De que les dijiera misa y un poco de sermón. Aquéllos se fueron muy contentos y le entregaron la carta al padre. Delante de ellos la abrió y la leyó y les dijo a la comisión de que haría según la orden del señor obispo.

Pal próximo domingo se reunió más gente en la iglesia que ese domingo antes por aquello de oír misa y sermón. Cuando el padre estaba en el altar, estuvo rezando y bebiendo vino y luego se voltió a onde estaba la gente y les dijo, destendiendo los brazos:

—Misa y un poco de sermón.

Se dió una vuelta y se metió a la sacristía y se desvistió. La gente esperó por buen rato a ver si salía, pero ya no salió. Luego se salió la gente y empezaron a murmurar in contra de aquel padre, de que era pícaro y que no sirvía. Algunos querían correlo a patadas pero otros no consintieron eso.

Fueron otra vez la comisión, protestando in contra de aquel padre. Le dice la comisión al obispo:

—Aquí venemos con otra queja.

—¿Qué hay? —les responde el obispo.

—Pues el padre no ha hecho lo que usté le ordenó.

—Pues ¿qué ha hecho?

—Pues no nos dijo más que misa y un poco de sermón.

—Pues ¿qué más quieren? Pues ésa es la orden de que les diga misa y un poco de sermón.

—Sí, pero él no nos dice más que misa y un poco de sermón.

De modo que no se pudieron entender ni unos ni otros. Luego les dice el obispo:

—Pues yo iré para allá. Mañana mismo voy a darle órdenes al padre, y para el próximo domingo estén satisfechos de que les va a decir misa y a predicar un buen sermón.

En efecto, otro día hizo viaje el obispo a ver al padre. Cuando llega el obispo onde está el padre, le dice:

—Pero, hombre, ¿qué estás haciendo tú? Queja sobre queja me llevan de ti —le dijo —y ahora he venido a remediar tus equívocos o errores que estás haciendo. Me llevan queja de que tú no les dices más de misa y un poco de sermón. Cómo está eso?

—Pues señor obispo —le dice—, en dos palabras se encierra todo "misa y sermón". No les digo más porque no sé más.

—Pero, hombre —le dice el obispo—, a la gente se la lleva uno como uno quiera.

—Pues enséñeme. Dígame cómo.

Pues mira, hombre. Comienza asina. Levanta siempre los brazos. "Ah, hermanos míos, el mundo es redondo, redondo, redondo como una bola.

—Sí puedo dicir.. Y ¿ónde se me olvide la bola?

—Oh, antonces que es redondo, redondo como una bala. Y siempres les haces la musaraña.

—Pero ¿ónde se me olvide la bala?

—Oh, es fácil. No más te acuerdas del fusil y te acuerdas de la bala. Y por ai sigue tu sermón y asina por ai lo llevas. Al cabo que la gente queda satisfecha con lo que les digas.

Luego habiendo recibido el padre la instrucción del obispo, le prometió el padre hacer como él le había dicho. Salió el obispo y se juntó con unos señores de allí de la plaza y les dijo que hora sí estaba ordenado el padre de dicirles misa y predicarles sermón y que concurrieran todos para que vieran lo que era la predicación del padre.

Para el próximo domingo toda la gente estaba avisada de asistir la misa y el padre estaba listo también para predicar su sermón. Ya el día sábado vino el padrecito y para que no se le olvidara la bala cuando fuera a representala allá en el sermón, se la echó en la bolsa de sus calzones. Bueno, se llegó el domingo. Mucha gente concurrió a la iglesia y el padre se manifestaba en el altar muy animao, muy animao para dar su sermón. Después de haber rezao lo que tenía que rezar allí en el altar, se voltió hacia la gente y les dijo (Levantó sus brazos):

—¡Ah, hermanos míos! Este mundo es muy grande y es redondo, redondo (Y no se podía acordar de la bala.)

—Es redondo, redondo —dicía cada rato. Y fué a buscarse la bala en sus calzones y no la traía. La había dejao en sus otros calzones que traía el día antes, pero no se acordaba de la bala y dicía:

—Es redondo, redondo, como una cosita que dejé allá en mis calzones.

En esto toda la gente soltó la risa y cuando el padre vió que la gente se rió, acató él que había cometido un equivoco y les dijo:

—No, no, no. El mundo es redondo, redondo, hermanos, redondo como un fusil.

Toda la gente empezó a rirse del padre y allí mismo protestaron in contra de él y lo corrieron.

31. *El de las botas*[35]

Estos eran dos amigos que habían estado en la escuela juntos y luego se apartaron. Uno se fué para un lado y el otro para otro. Y cuando se apartaron, uno de ellos se hizo viajero, fletero. Viajaba con tiros de mulas y bueyes. Los dos estaban ricos. Y por muchos años no se habían visto hasta que por fin llegó el viajero a darle una visita a su amigo y el día esperado vido él que era imposible ir a verlo y él después vido que no podía ir y ya vino y hizo una carta y le dijo a un pion que tenía:

—Anda, llévale esta carta a mi amigo.

—Pero ¿cómo puedo yo ir tan destraido que estoy yo de ropa?

—Hombre —le dijo—, mira; te pones mi sobretodo y mi sombrero y mis botas.

Pues cuando ya él se vido así pues pensó pasar buen tiempo. "Hora le digo que yo soy él," pensó él. Pues cuando fué el amigo, no lo conoció. Estuvieron conversando toda la noche. Pues cuando ya se llegó la hora de dormir, le pusieron un cuarto y él vino y vido la cama tan limpia y pensó "¿Cómo voy a hacer ahora con esta cama tan limpia?" Y vino y se quitó toda la ropa y la puso su ropa en un rincón del cuarto.

Pues en la mañana una de las criadas se levantó para hacer lumbre en el cuarto que él dormía. Cuando vido el montón de ropa que había allí pensó: "Pero ¿quién metió esta ropa tan sucia aquí? ¿Qué dirá este hombre cuando se levante?" Y vino la muchacha y echó todo aquel montón de ropa en el fogón y la quemó. Y cuando él se levantó para vestirse, él no pudo más que hacer que ponerse sus botas, el sombrero y el cute. Pues que su amigo siempre le rogaba a él que se quitara el cute y él le decía que no, que estaba resfriado. Después que le dieron el almuerzo, le trujieron su caballo ensillado y le dijo adiós a su amigo y ya le dijo:

—Vamos aquí a la cantina a beber un trago antes de que se vaya.

Pues que entraron a beber un trago y seguramente un trago y luego otro trago hasta que se calentaron y luego le dijo el amigo:

—No lo he podido conseguir que se quite el cute.

Pues que como ya se habían atarantado todos, dijo uno:

—Vamos a quitárselo a las fuerzas.

Pues vinieron y lo pescaron para quitarle el cute y cuando él vido que no había más chanza, les aflojó el cute y quedó empeloto y se subió en el caballo con las botas y el sombrero no más y arrancó a juir y aquéllos se quedaron riendo.

Luego le escribió su amigo de allá que él no había podido ir pero que había enviado a su pion pero le dijo que él iría a visitarle en otra ocasión.

Pues se llegó el tiempo de la promesa. En esta ocasión sí vino él. S' incontró con su amigo. Estuvieron hablando sobre lo pasado del pion. Platicaron hasta poco noche. Luego mandó a su amigo que le cogiera su caballo para irse que él quería alcanzar sus carros antes de la mañana. Ya le dijo su amigo:

—Acuéstese a dormir un rato. Yo lo despertaré y le haré que le tengan su caballo listo para que salga de mañana.

El amigo tenía un negro que asistía allí. Cuando ya lo vido que estaba bien dormido, le preguntó al negro que si lo podía pintar como un negro. El negro le dijo que sí. Lo hizo así el negro y luego lo dispertó y le dijo el amigo:

—Amigo, ya está el caballo.

Aquél se levantó, se subió en el caballo y se fué.

Corría toda la mañana para alcanzar a sus carros cuando llegó a una plaza. Ya vió que había una cantina allí. Ya entró a hacer la mañana. Y había mucha gente ya allí haciendo la mañana y ya le dijo al cantinero que le diera los tragos a todos. No le hizo aprecio aquél. Y le dijo:

—Le estoy ordenando que ponga usté los tragos.

—Usté quizás no vive en esta plaza. En esta plaza se ha pasado una ordenanza de no venderles licor a los negros.

—Pero yo no soy negro.

—Pues ¿qué no se ve? Pues mírese en el espejo.

Y se vió en el espejo y dijo:

—Ya mi amigo hizo una salvajada conmigo. Seguramente que por despertarme a mí, despertó al negro.

Y ya se salió y se fué a donde estaba su amigo y le dijo:

—Amigo, ¿por qué no me despertó a mí? Usté despertó al negro.
Ya su amigo se rió y le tenía agua preparada para que aquél se
lavara. Aquel almorzó allí y luego se fué.

32. *El ratón y el mayate*[54]

En una ciudá se iba a verificar un casamiento de unos jóvenes
ricos y había una muchacha muy pobrecita y estaba ella enamorada
del joven vecino. Su madre de ella hacía algunos servicios en la casa
de este rico y venía y le contaba a su hija lo que platicaban allí y ella
siempre pensando en que aquel joven la pidiera, pero el joven ni pensaba en ella.

Pues que una tarde, después del trabajo, vino la viejita y le contó a su hija que se iba a casar cierto día el hijo del rey.

—Y ¿con quién? —le dijo ella.

—Pues con la hija del rico fulano.

Ella se sintió muy mal pero no le contó nada a su madre.

Otro día cuando se fué su madre otra vez, le mandó cerrar sus
puertas y su madre tenía a San Antonio de bulto. Fué ella y le pidió
a San Antonio que le diera a aquel muchacho para esposo. Y ella se
lo pedía y él se sonreía. Y ella se lo pedía y se lo pedía pero que se
iba quedando San Antonio desimulado. Pero las vísperas del casamiento, después de haberse ido su madre a trabajar, cogió San Antonio del nicho en donde estaba, poniéndolo delante del fogón, agarró
un malacate del torno y lo puso a calentar. Entonces le habló en esta
manera a San Antonio:

—Mira, San Antonio, túnico azul, te he pedido una vez y otra
vez a ese muchacho para casarme con él y tú dicen que tienes mucho poder pero quizás no tienes porque no me has concedido lo que
te he pedido. Este muchacho se casa mañana y yo te voy a agujerar
las orejas con ese malacate caliente para que cuando yo te pida alguna cosa sepas entender y oyer.

Se rió San Antonio y cuando agarró ella el malacate, echó a correr él de un rincón al otro en el cuarto.

Entonces llegó su madre y llamó a la puerta. Yendo ella muy
espantada a abrir y San Antonio se había metido debajo de una cama. Cuando abrió la puerta a ella, le preguntó su madre qué le pasaba, porque parecía que estaba asustada. Le dijo que nada. Entró
la viejita. Poco después que entró, mirando pal nicho, vió que no es-

taba San Antonio allí y voltió al otro lado. Viéndolo debajo de la tarima, le preguntó por qué estaba allí San Antonio.

—Yo lo bajé —le dijo.

—Y ¿para qué?

—Para limpiarlo.

—Pues ¿por qué lo pusiste abajo de la tarima?

—Para alzarlo otra vez.

Lo tomó la viejita y lo puso en su lugar, siempre contándole lo que iba a pasar en la fiesta y lo que había pasado. Y ella se sentía mal cada vez que su madre le contaba esto.

Entonces se fué su madre otro día, que era el día del casorio, diciéndole que fuera con ella, y ella no quiso. Le dijo que ella no podía y que no se sentía nada a gusto y nada bien. Cuando pasó el cortejo de los novios, ella se sentía tan mal que no tenía valor ni de verlos por la ventana. Vino y volvió a hablarle a San Antonio, diciéndole que no más le volvería a pedirle nada. Pero San Antonio se rió y le dijo:

—Aquí está un ratón y un mayate. Hora tú mándales y ellos te obedecerán y ellos harán lo que tú les mandes.

Cuando vino su madre, le preguntó ella cuál era el cuarto que le tenían preparado a los novios. Su madre le señaló acuál era la ventana y cuál el cuarto. Vino ella y le dijo al ratón en la noche:

—Anda, ratón, asómate y mira si ya están durmiendo los recién casados y ven pronto y cuéntame lo que halles.

Fué el ratón y se asomó en la ventana y volvió y le dijo que no estaban dormidos. Más tarde lo volvió a despachar. Fué el ratón y vió que estaban durmiendo y vino a traile la noticia. Ya le dijo que hiciera un agujero en la ventana para que entrara el mayate. Cuando vino el ratón a darle la noticia de que había hecho el agujero, despachó al mayate y le dijo:

—Anda, mayate, al cuarto de los novios y sácale el ensonfiate a aquél que te dije y embarra a la novia y vuelve pronto.

Fué el mayate y hizo la orden y volvió pronto, no sintiendo ni uno de ellos lo que había pasado.

A poco de rato que el mayate salió del cuarto, dispertó el novio, hallando a la novia que no la podía aguantar y la novia decía que el novio. De modo que ella tuvo al fin que levantarse y irse al baño, avergonzada. Se levantó el novio también y ya empezaron a bañarse y abriendo las puertas para estar a gusto sin saber qué les pasaba.

Le contó otro día a sus padres el novio lo que había pasado en la noche.

—Esto pasa casi siempre —le dijo su padre—. ¿Qué no ves que en las bodas se come de todo y algunas comidas hacen daño? Y posible éstas le hicieron daño a la novia.

La siguiente noche fué lo mismo, y él se sentía muy desagusto ya. Otro día fué él a case un zapatero y lo llamó privadamente, diciéndole que él quería que le echara un remiendo de buena vaqueta. Le preguntó el zapatero que si en dónde estaban los zapatos. Y él le dijo que no estaba en los zapatos. Y él le dijo:

—Pues ¿cómo? ¿Qué es lo que tengo que remendar?

—Las asentaderas. Ya verá lo que me pasa. Antier me casé y no puedo estar a gusto por tal razón.

Vino el zapatero y le puso un remiendo de buena vaqueta. Se fué a la casa.

En la noche le dijo la muchacha al ratón:

—Anda, ratón, a tu obligación.

Fué el ratón y le royó hasta hacerle un agujero. Cuando volvió, le dijo el ratón:

—Estás servida.

—Anda, mayate, y ejecuta tu oficio.

Fué el mayate y hizo el trabajo lo mismo que antes, volviendo después a trai la noticia que estaba servida. Fué otro día más terrible para los recién casados de ver que no podían estar a gusto. Uno al otro se echaban culpas y culpas.

Cuando iba el recién casado otra vez a la zapatería, s' incontró con un viejito que lo saludó, diciéndole:

—¿Qué te pasa? ¿Por qué estás en esa esfera? No pareec que hace tres o cuatro días que te casates sino que hace un año o más. Tu rostro pálido y triste. Parece que estás avergonzado.

—Ya verás lo que me pasa.

Y le refirió lo que había pasado esas noches anteriores. Le dijo el viejito:

—Mira, es que no te conviene esta mujer para que sea tu mujer. Tu debías de haberte casado con la que te convenía. Y si quieres, lo puedes hacer. Anda y traila y cásate con ella y siempre vivirás a gusto y siempre vivirás bien porque ésta es una mujer que no te será fiel ni vivirás a gusto con ella. Y la otra es una mujer pobre que siempre vivirá bien contigo.

Lo hizo así, devidiéndose de la primera y luego fué y tomó a la

pobrecita que tanto le rogaba a San Antonio, en donde San Antonio
mismo fué su testigo, bendiciendo a aquel estado, lo cual no había
estado a gusto con la primera mujer como con la segunda. Esta era
la que le convenía y por esto dicen los antiguos ancianos que ver antes de hacer y pensar antes de pisar.

33. *San Antonio*[10]

Este era una viejita y una niña y tenían un San Antonio. Esta
viejita y esta niña vivían en un disierto que ni pajaritos habitaban. La
vida de la viejita era salir a la suidá todos los días a buscar su mantención. Ella metía agua, ella metía leña, en fin que ella se acomedia a
todo en las casas de la suidá. En la tarde cuando llegaba siempre le
preguntaba su hija qué había en la suidá, que si qué se movía. La viejita le dicía, que nada, que estaba todo silencio.

En pocos días que iba la viejita a la suidá, se oyó decir que se
iba a casar el hijo del rey. Antonces le dijo a la viejita su hija:

—¿Qué hay de nuevo en la plaza?

—Nada más, hijita que se va a casar el hijo del rey.

Antonces ella tenía un San Antonio y le hizo la seña a San Antonio que le diera al príncipe pa esposo. Antonces le hizo la seña la
hija a San Antonio así, que si no le daba al príncipe pa esposo, le pegaba. Y soltó la risa San Antonio y le hizo ella que le iba a pegar y
voltió la viejita y le dijo:

—Hija, meramente que oigo rirse a San Antonio.

Y le hizo ella la seña que callara la boca y se calló San Antonio.

Otro día se fué la viejita otra vez pa la suidá. Estaban las fiestas, estaba un banquete y había envitado mucha gente y corría una
sortija en la mesa, la que le cayera esta sortija en su plato, ésta era
la novia del príncipe pero no cayó nunca. Las fiestas duraron varios
días, pero no le gusto al príncipe a naiden. Ya se puso muy triste.

Pues otro día mandó a sus criados que prendieran el coche y lo
sacaran a pasiar. Pues que por ganar por otro lao, gana pal rumbo
donde vivía la viejita.

Cuando ya caminaron muy lejos (El llevaba dos criaos), le dice el príncipe a sus criaos:

—¡Holas! ¡Parece que allá se ve una casita y se ve humo y tengo tanta sé que ya me vengo abrasando de sé. Vayan a pedir agua
en aquella casita.

Se fué uno y tocó la puerta. Tenía una ventanita muy chiquita y se asomó el criado a la ventana y entonces le dice:

—Niña, dame agua.

Vino ella y le dió en un jarrito agua y vino él y se la bebió, pero le volvió a pedir más pa llevale al príncipe. En eso venía el otro criado.

—Pero, hombre —le dice—, que allá te llama el príncipe. ¿Por qué te has tardado?

—¡Oh, hombre —le dice—, está una niña tan linda que yo no sé cómo te la compararé!

Pues que llegó el príncipe.

—Hombre, ¿que no llegas con la agua? Ya yo me estoy abrasando de sé.

—Pues, su carrial majestá, aquí está una cosa tan linda que yo no me puedo desprender de la ventana.

Pues llegó. Y San Antonio allá estaba riéndose que no se podían desprender de la puerta. Para esto le dijo la niña a San Antonio, cuando se fueron los criados:

—Si tú me das al príncipe ciertamente pa esposo, yo no sé que te podré hacer a ti. —Y antonces le dijo San Antonio que el día que se casara, en la noche, de la capa más fina que tuviera el príncipe, le cortara a él una capa. Y le prometió ella hacelo.

Bueno, llegó el príncipe y estuvo él hablando con ella y de una vez le trató él de casamiento. Ella le dió agua y después de hablar con él un rato convino en casarse con él. El príncipe se retiró de la puerta y se fué pa su casa muy contento, que había hallado mujer. Y antes de que la viejita llegara, se sonó en la suidá de que ya el príncipe había jallao esposa y que iban a tener fiesta otro día y iban a invitar a toda la gente. Pues que llegó la viejita en la tarde y le dice la niña:

—¿Qué se dice en la suidá?

—Nada más, hijita, que parece que el príncipe jalló mujer. Mañana van a haber otra vez fiestas riales y a la que le sirva el príncipe el plato, ésa será su esposa.

Y antonces le daba las gracias a San Antonio y se riía San Antonio y le hacía la seña ella que callara la boca, porque su madre la estaba oyendo, y le tiraba besos con sus manos a San Antonio porque le había dado al príncipe pa su esposo. Y San Antonio soltaba la risa.

Ya la viejita ya no fué a la suidá. Ya se quedó porque le dijo el príncipe que no fuera a dejar a su madre ir a la suidá otro día.

Pues otro día se vino el príncipe y los criaos a trai la ropa a la viejita y a la niña. La ropa más hermosa que tenía la reina. En esto llegaron con la viejita y la niña y salió el rey y la reina a recibilos y le dice el príncipe que aquélla va a ser su esposa. Y antonces todas las muchachas se codiaban y dicían:

—Y esta rodada de ónde cairía. —Y la cual más se ponía más bonita y más hermosa pa que aborreciera el príncipa a la niña, pero él no les hacía caso.

Cuando ya se puso la mesa, antonces dijieron que al que le sirviera el príncipe el plato y cayera la sortija, ésa sería su esposa. Pronto se pusieron a servir la mesa y él fué el primero que le sirvió a su esposa, y cayó la sortija en su plato y en esto dijieron:

—¡Vítores! ¡Jalló el príncipe esposa!

Pues que se casaron y otro día que amanecieron casaos, le dijo la viejita que ella no se quería quedar con su yerno, que ella no quería dejar su casita. No la dejaron. Que no, que él mismo y los criados y su hija irían a trai lo que tenía.

—Mayormente —dijo la viejita— mi San Antonio.

Le trujieron su tren y le pusieron su cuarto a la viejita.

Bueno, en la noche entró el príncipe a dale las buenas noches a su madre. En lo que él se paró en la puerta, le metió las tijeras su esposa a la capa y le cortó la capa y se fué él pa su cuarto. En la misma noche le hizo la capa la niña a San Antonio, y le puso la capa.

Y otro día amaneció muy de capa muy fina San Antonio, y el príncipe con la capa mocha. En eso entró él pa case su madre de él. también a dale las buenas noches, que se iba a retirar pa su cuarto. En la vuelta que se dió, le dijo su madre:

—Pero, hijo, ¿quién te mochó la capa? Y ¿así entrátes tú a case tu madre política con la capa mocha?

Otro día volvió a hacer la misma, a dale los buenos días a su madre y a su esposa. Cuando él entró, soltó la risa San Antonio y alzó él la vista y se quedó él mirando y vido él que le hizo la seña su esposa a San Antonio que callara la boca, y volvió a salir él y le dice a su madre:

—Madre, mi esposa es una santa. Tiene San Antonio mi capa y no más entré yo y se soltó riendo de mí de ver que traiba la capa mocha.

Y entre por un cesto y salga por otro, el que me oyó contar éste, que me cuente otro.

34. *El indio abogado*[18]

Bueno, éstos eran dos amigos y hacía mucho tiempo que no se vían. Cuando en una fiesta se encontraron y envitó uno al otro a que fuera a dormir a su casa. Este que había venido de tierras lejos paró a case su amigo. Durmió esa noche y en la mañana le dió dos riales a su amigo y le dijo que le fuera a trai una docena de güevos y que le dijera a la señora de que se los cociera pa venir a almorzar.

Aquél trujo la docena de güevos y le ordenó a la mujer que se los cociera a su amigo. Estuvieron esperando al hombre que viniera a almorzar hasta muy tarde y ya no volvió el hombre. Así que ya se desengañaron que no venía, se comieron ellos los güevos. Pero éste, como era buen hombre, dijo:

—No, estos güevos eran de mi amigo y debo pagárselos.

Fué y compró una docena de güevos y le dijo a la mujer que echara una gallina y que de aquel producto no fuera a agarrar ni un güevo ni un pollo sino que iba a cuidar todo aquel interés para su amigo.

Pues al siguiente año empezaron a poner las pollas de ese año antes y empezó a echar tantas gallinas como se hicieron culecas. Sacó muchos pollos. Al siguiente año sacó más muchos y empezó a vender pollos y empezó a vender güevos, y a echar más y más gallinas. Todo el dinero que iba haciendo, lo iba juntando para su amigo. A la vuelta de cinco años, aquel hombre era el más rico de aquella comunidá. Había podido comprar muchos ranchos, muchos animales, como vacas, borregas. Había ensanchado tanto sn industria de gallinas que era reconocido como el hombre más industrioso de todo aquel pais que se conocía allí. Platicó él de que aquella riqueza que él tenía había venido del producto de dos riales que le había dejado su amigo, y que si su amigo venía, él le iba a dar la mitá de lo que tenía.

Su amigo, que estaba muy lejos, supo de que él tenía una gran propiedá, la cual se había derivado del producto de dos riales que le había dejao él a su amigo. Pronto vino acá a ver a su amigo. Mucho gusto tuvieron de encontrarse otra vez. Y le dice:

—Pues amigo, ¿se acuerda de la docena de güevos que me dejó cuando estuvo aquí cinco años pasaos? Pues todo esto que tengo es de esa docena de güevos que usté me dejó y ahora lo que yo quiero es partir la mitá y usté agarre una parte y yo agarro la otra.

—No —le dijo aquél—, si éste es producto de mis dos riales, a mí me pertenece todo.

—No, pero es un injusto usté con querer hacer esto. Yo he trabajao y he afanao para que usté tenga y yo tenga también.

—No me importa —le dijo aquél—, todo es mío, y si no me lo quiere entregar por bien pues me lo entregará por la corte.

Se salió aquél a buscar un abogao. Pronto se le prendieron dos abogaos al lao y les prometió que si quitaban la propiedá, la mitá de la propiedá se la daría a ellos mejor que a su amigo. Pronto le pusieron causa al probe aquél. Viéndose aquel infeliz en aquel bochorno, empezó a buscar abogao y no pudo encontrar ni uno. Todos estaban in contra de él. Ya el día antes de comparecer a la corte, se sintía muy triste y estando en la sombra de la pader de su casa, pasaba un indio.

—¿Cómo te va, compadre? —le dijo el indio—. ¿Qué estás haciendo ai? ¿Qué tienes? ¿Estás enfermo o estás triste? Dime qué te pasa.

—Oh, es por demás, compadre, que te diga, al cabo no me has de remediar nada.

—No, dime. Pueda que si te remedie.

—Pues, hombre, pues sabrás que mañana tengo que comparecer a la corte. Me han servido los papeles —le dijo— y me reclamaban toda la propiedá que tengo. Y no he podido hallar abogao que me desfienda porque todos están in contra mía.

—Pues ¿cómo tuvites tú toda esta propiedá? —le dijo el indio. El compadre le explicó entonces cómo había pasado todo.

—Oh, compadre —le dijo el indio—, si ése es el caso, yo me atrevo a ganarte tu causa. ¿Cuánto me pagas si voy a abogar por ti?

—Oh, te pagaré unos cincuenta pesos.

—No, no, no quiero tanto; págame una fanega de maiz y yo te saco libre en tu pleito.

Aquél quedó a pagale y que para otro día le ordenó que estuviera listo para las nueve de la mañana y que quería que cuando el indio viniera, le tuviera una olla llena de habas cocidas.

Al día siguiente se presentó el indio muy de mañana. Ya las habas estaban cocidas cuando él vino. No hicieron mención en la causa del hombre hasta las diez que era cuando se abría la corte. Ya cuando se iba llegando el tiempo, vino el indio y destendió su manta y echó un buen envoltorio de habas con ti caldo en la manta y se fueron pa la corte. Allí estaban ya los abogaos del aspirante amigo listos. Entraron al salón y todos miraban a ver cuál era el abogao que traiba aquél pero no traiba ni uno. El pobre indio era el que lo acompañaba.

Viendo el juez que no se presentaba ningún abogao por aquella parte, le dijo que si traía abogao, y le dijo él que sí.

—Bueno, entroduzcalo aquí a la corte.

Se levantó el hombre y agarró al indio de una mano y lo levantó y le dijo a la corte:

—Este es mi abogao.

El indio comiendo habas allí en la corte.

Luego se abrió la corte para proseguir la causa. Se levantó uno de los abogaos del aspirante amigo. Aquél empezó a hablar muy favorablemente a favor de su cliente de él. Cuando hubo acabado, se sentó y se levantó el otro abogao y de la misma manera se expresó el otro abogao, pidiéndole a la corte la restauración de todas las propiedades que había acumulado aquel hombre en aquellos cinco años, siendo el producto de dos riales que aquel hombre le había dejao a su amigo en aquel tiempo y que le pertenecía toda esa propiedá a él, y que si nada quería dejarle a su amigo, pues no le obligaba a eso. Estuvo impresionando a la corte a manera de que la corte pudiera dar un fallo favorable a ellos. Luego que acabó su argumento, se sentó y le habla el juez al indio:

—Ahora tú, indio —le dice—, a ver qué vas a hablar tú.

Pues se levantó el indio con su envoltorio de habas y comiendo habas así como estaba, le dijo al juez:

—Tata, juez, présteme un pedazo de tierra pa sembrar.

Y seguía comiendo habas. Antes el indio le había dicho a su amigo que cuando él lo llamara a su examinación, él le iba a preguntar cómo estaban esos güevos y él tenía qué decir, bajo su juramento, que estaban cocidos. Cuando éste tomó la examinación, le preguntó el indio que si cómo estaban aquellos güevos que le había dejao su amigo en aquel tiempo, y él le respondió que había ordenao de que se los cocieran pero que le había sido imposible volver a onde estaba a casa. El pobre indio muy empeñado, pidiendo un pedazo de terreno pa sembrar y escurriéndole el caldo de las habas. Le dice el juez:

—Pero, indio, ¿qué tontera estás haciendo? Tú has venido a desfender una causa y estás saliendo con una tontería. Apégate a la causa que tienes que desfender y déjate de hablar esos disparates.

—No, tata juez, préstame un pedazo de tierra.

—Pero ¿pa qué lo quieres, indio tonto?

Y sacando un puño de habas el indio de su envoltorio, le dice:

—Para sembrar estas habas.

—Pero, indio bruto —le dijo el juez—, ¿qué producto te van a dar esas habas cocidas?

—Otro tanto del producto, señor juez, que le dieron esos güevos cocidos a este hombre. Ende luego esa propiedá es de mi amigo porque ha probado de que los güevos que le dejaron estaban cocidos y todo lo que este hombre pueda recaudar es otra docena de güevos cocidos y nada más.

Luego el juez viendo que aquélla no era más de razón y justicia dió fallo a favor del indio.

35. *La novia que se arrepintió*[18]

En una ocasión se anunció el matrimonio de una muchacha con un muchacho de la vecindá. Hicieron todos los preparativos para el casamiento. Todos sus parientes del novio lo acompañaron para ir a recibir a la prenda. Después del prendorio y pasar algunas copas se alistaron para irse a casar a la iglesia. Subieron en un bogue tirado por caballos porque la iglesia distaba como dos millas de la casa de la novia.

Cuando iban en el camino, el pobre novio tuvo el descuido de que impensablemente se le salió una ventosidá grande. La novia que oyó aquella ventosidá, le dijo al padrino:

—Pare el bogue, padrino.

Y a toda prisa brincó del bogue y se volvió para atrás.

—¿Qué hay? —le dice el padrino—. ¿Por qué te vuelves?

—Porque yo no me caso con un cochino como es ése.

—¿Cómo es eso?

—¿Que no vió la ventosidá tan grande como él soltó? Y así es que yo no me caso con él. Me arrepiento.

Volvió el padrino el bogue para atrás y le decía a la novia que subiera, que la llevaría pa la casa. Mas la novia se rehusó en subir al bogue y se fué a pie. Cuando iba llegando el bogue de los novios salieron los músicos y la demás gente a topalos, pensando que ya iban los desposados. Pero para su sorpresa hallaron que la novia no venía en el bogue y pararon la música y preguntaron:

—¿Qué ha acontecido con la novia?

—Pues se nos arrepintió en el camino y ai viene atrás y no quiere casarse con el muchacho—. Llegó la novia y sin querer hablar palabra ninguna con el muchacho, entró a un cuarto de la casa y atrancó la puerta. Luego el muchacho y su gente tuvieron que irse para su casa, dejándoles la fiesta a los pretendientes consuegros.

El muchacho siguió muy pensativo por el chasco que le había pasado. Pero una tarde, estando contra la pader de su casa, pasaba una viejecilla por el camino y le dice:

—¿Qué tienes? ¿Qué pesar te acompaña? ¿Por qué estás tan triste, Pedro?

—Oh —le dijo—, usté ha de saber, agüelita, lo que me ha acontecido.

—No sé. Dime qué te ha pasao; pueda que yo te remedie algo.

—Pues sabrá que yo me iba a casar uno de estos días pasados. Íbamos en el camino para la iglesia a casarnos cuando repentinamente se me salió una ventosidá sin querer. Y por solamente eso se me arrepintió la novia y no se quiso casar conmigo.

—¡Va, qué delicadeza de esa novia! Quizás ella piensa que ella no sabe tirar ventosidades. Pero pa que te desquites de la vergüenza en que ella te ha puesto, toma estos polvitos y vete a su casa de ella y destiende en el marco de la puerta estos polvitos. Y toda persona que pase para adentro de la casa por arriba de estos polvos, tendrá que soltar una ventosidá con cada palabra que hable.

Se fue el muchacho para la casa de la novia. Destiende los polvitos en el marco de la puerta y se sienta así a un lao. El hombre andaba por leña y era cerca del medio día cuando la madre le dice a la muchacha:

—Asómate, hija, a ver si viene tu padre con leña.

Salió la muchacha afuera y vido a Pedro en un lao de la puerta pero no le habló y se fué a asomar a ver si venía su papá. Cuando entró a la casa otra vez, le habla a su madre de este modo:

—Ai está Pedro, pu.

Y soltó una ventosidá.

—Está sentao, pu.

Y tira otra ventosidá. Sale la mujer para afuera a ver si venía su marido con leña y vió a Pedro en un lado de la puerta y le dice:

—¿Cómo te va, hijo?

—Bien, madre, y ¿usté cómo está?

Se asoma a ver si venía su esposo. Así que no vió que venía, volvió a entrar y le dijo a su hija:

—Pues no viene tu papa, pu.

Y suelta otra ventosidá.

—Pero, madre, ¿qué tiene, pu?

—¡Quién sabe que nos habrá hecho mal, pu! Lo que debemos hacer es no hablar, pu.

Así permanecieron calladas hasta que volvió el hombre con la leña. Tiró la leña y entró a la casa. Y le dice:

—¿Ya tienen la comida, pu?

—Sí, hijo, pu. Pero ¿qué tenemos? Pu. Anda trai al dotor, pu.

Pronto salió el hombre a trai al dotor y fué a la plaza y trajo al dotor junto con él para que viniera a curar a su familia. El dotor amarró su caballo en una posta, agarró sus velises y entró. Cuando entró a la casa y les dice:

—¿Jua su mara? *(What is the matter?)*

Y tiró un pedo grande.

—¿Que estamos enfermas? Pu. Usté mucho enfermo, pu.

—Sí, señor, pu.

—Mi no tiene medicina, pu. Mi vamos pa afuera, pu.

Arrancó el dotor para afuera porque adentro ya no podía sostenerse. Y le dice al hombre:

—Yo no puedo curar su familia. Adentro de la casa hay enfermedá y esta enfermedá solamente pudiera quitarse de la casa con un jumazo de semillas de chile. Hágale usté esa medecina que yo no me atrevo a entrar más a su casa.

El dotor se fué para su casa y Pedro que permanecía en un lao de la puerta gustando con lo que estaba pasando, vino y barrió los polvos del marco de la puerta y entró él a la casa y le dijo a la muchacha:

—Y ahora ¿qué dices tú? ¿Estás convencida de que no no más yo tiró ventosidades sin querer y sin pensar? Pues si los dos sabemos tirar ventosidades sin querer y sin pensar, ¿de qué te espantas de mí? Debo ser tu marido y quiero que me digas si te casas conmigo.

—Bueno —luego dijo el hombre y la mujer—, nuestro consejo es de que se casen y se dejen de andar haciendo caso de ventosidades.

Los novios se casaron y hasta hoy día se sobrellevan sus ventosidades de ellos.

36. Los tres hermanos[86]

Pues éstos eran tres hermanos y su profesión era de ser jugadores a la baraja y cuando ya hacía mucho tiempo que estaban jugando, éstos alcanzaron a juntar demasiadamente mucho dinero, por donde le dice el chiquito a su hermano, el grande, que es muy justo que él se case, que ellos poseen mucho dinero y que están solos y que es mucho mejor que él se case. En donde le dice el grande que otro día se va a pasiar para la suidá.

Cuando ya el grande salió de la suidá, vido una casita de muy mala muerte, muy pobrecita, pero él se jué. Cuando vido que salió una niña muy hermosa a tirar la ceniza, porque era de mañana, pero el jugador se acercó y puso muy bien cuidado hasta que vió bien a la niña. Cuando ya regresó el jugador para su palacio, ya les dijo a sus hermanos que había salido de la suidá y cuando había salido de la suidá había visto un juertecito muy pobre pero que había visto salir una niña muy hermosa, que ni las princesas que él había visto antes ni eran tan hermosas como la niñita.

Por donde otro día jueron a pedir sus hermanos a la niña y éste de una vez convidó a sus padrinos para que lo acompañaran y a varias otras personas para que jueran con él a la casa. Cuando ya llegaron a la casa de los viejitos, tuvieron muy buen recibimiento. Antonces le piden el permiso al viejito y a la viejita para ver si les da permiso pa ver si puede platicar el jugador con su niña. Antonces le dicen que sí, y le dice el viejito a la muchacha que si ella conviene de casarse con él. Y ella le dice que sí. Por donde le presentan de una vez una sortija de mucho valor y varias otras cosas de mucho valor y antonces le dice el padrino que se van a prendar y cuando ya le iba a poner el anillo el novio a la novia, tiró una ventosidá el novio y arrepiéntese ella. Por donde le preguntaba que si qué razón tenía ella para no querer al jugador, y ella les dice que no más que no lo quiere porque había tirado una ventosidá. Por donde los hermanitos, el segundo y el chiquito, querían quitarle el dinero a la novia y las cosas de valor que le habían presentao pero aquél no permitió. Aquél, de vergüenza, no podía ni hablar, pero en fin se jueron de la casa del viejo. Y cuando iban, le dice el padrino:

—Parece que tú vas muy avergonzao. No se te dé cuidao. Hora mesmo —le dice— yo voy a componer un polvo que para mañana a las nueve enfrente de la casa del viejito, vas a ver un balcón de varios pisos muy alto y muy hermoso. Y tú convida a las personas que te den buen aprecio a ti para mañana a las doce que vayan a tomar en el balcón la comida con nosotros y a gustar unas cuantas horas.

Por donde vino el padrino y jué y desparramó un polvo en la casa de los novios ajuera y se levantó un balcón muy hermoso.

Otro día muy de mañana le habló el viejito a la muchacha, estando ya varias de las personas en el balcón, que se levantara a echar lumbre, y salió a tirar la ceniza, y cuando venía ella para entrar a la casa, se mió la muchachita en un envoltorio que había puesto el padrino en un lao de la puerta. Por donde acabándose de miar y de una vez empezó a tirar pedos y dice la muchachita:

—Papá, pu, ¡quién sabe qué tengo, pu, que estoy enferma, pu!

Antonces le dice el viejito:

—¡Vieja! ¡Vieja! ¡Quién sabe qué tiene mi hijita, que está enferma!

Se levantó la vieja asustada y salió pa allá ajuera y la muchachita se acostó enferma. Se mió la vieja también en el envoltorio y cuando ya se mió la viejita en el envoltorio y le dice:

—¡Viejo! ¡Viejo! ¡Quién sabe qué tengo, pu, que estoy como mi hija, pu!

Antonces el viejo se asusta y le dice a la vieja que se acueste. Y se acostó. Antonces le dice el viejo que va a ver al dotor. Y cuando salió ajuera de su casita, méase el viejo en el envoltorio:

—¡Vieja! ¡Vieja! ¡Quién sabe qué tengo, pu, que estoy como mi hija, pu! Voy a ver al dotor, pu, que me venga, pu, a curar, pu, a mí, pu, a ti, pu, y a mi hijita, pu.

Bueno, cuando ya llegó el viejo peyéndose al balcón, les dice:

—Señores, pu, ¿está cierto dotor? —Y le dicen que sí. Cuando ya el dotor llegó, le dice que si qué es lo que quiere y le dice el viejito:

—Señor dotor, pu, yo quiero, pu, que me vaya, pu, a curar, pu, a mí, pu, y a mi esposa, pu, y a mi hijita, pu.

—Bueno, bueno —le dice el dotor—, iremos para la casa para llevar mi velís.

Cuando se jueron el dotor y el viejito, se adelantó el viejito y entró primero que el dotor y por ir a hacer aguas el dotor, méase el dotor en el envoltorio también. Cuando entró el dotor, que vido al viejito, le dice:

—Señor, pu, yo no puedo, pu, curarlo a usté, pu, ni a su mujer, pu, ni a su muchachita, pu, porque voy muy enfermo, pu.

Ya se jué el dotor muy enfermo y cuando llegó el dotor a la puerta:

—Mai guaife beri sik *(My wife, very sick)* pu.

Por donde prontamente les gritó del balcón el padrino y le dice al novio que juera a la casa del viejito. Por donde convidó a varios amigos que tenía allí en el balcón y a sus hermanos que jueran con él a la casa del viejito. Cuando ya estaban en la casa, le dijo al viejito que había un hombre que se atrevía a curarlos a ellos y al dotor. Por donde jueron y trujieron al padrino y él vino y quitó el envoltorio que estaba cercano de la puerta. Cuando él entró ya estaban buenos y sanos todos.

Antonces le dice el viejito que si cuánto es lo que ellos le deben, y él le dice que nada, que todo lo que él espera es que le diga a la muchachita si se casa con el jugador, respondiendo la muchachita que sí. De modo que allí mesmo, la mesma gente que estaban las convidó el novio pa que jueran con él, y se casó ese mesmo día, haciendo unas fiestas muy grandes.

37.   La señora amita pur[40]

Se casó su hija de una mujer con un muchacho que ellos no querían que se casara, y entró la suegra a dale los buenos días a su hija, a ver cómo estaba y le dijo su hija que su esposo se había enfermado y que su marido se había desgraciado y le dice:

—Y mire cómo estoy.

Y lo corrieron a él y se fué él y se atrincó a una casita y salió una viejita y le preguntó que si qué tenía, que si estaba enfermo. Y le dijo él:

—¡Qué me ha de poder remediar usté!

—¡Qué pueda ser que no te remedie! —le dijo la viejita. Y le dió de almorzar, porque se fué sin almorzar él. Y le dió unos polvitos.

—Tú sabes —le dijo— las entradas y las salidas. La primera que va a salir, es tu suegra —le dijo. Y le encargó que pusiera los polvitos en las entradas y salidas.

Cuando la suegra salió de donde estaba su hija, de una vez le pegó el pur y le dijo ella a su criada:

—Criada —le dijo—, ya me estoy muriendo del pur. Anda llama el señor cirujano, pur.

Y salió la criada a llamar al cirujano, y fué a onde estaba y le dice al cirujano:

—Pur, allá lo llama mi señora amita, pur, que ya se está muriendo, pur.

—Quítese de aquí —le dice el cirujano.

Y se viene aquélla, pur, pur, pur, todo el camino y entra ella y le dice:

—¿Quése el señor cirujano, pur?

—Horita viene, pur.

Y entra el señor cirujano, pur, y le dice el señor cirujano, pur:

—Buenos días déle Dios, pur. Pero ¿qué tiene, pur? Quizás aquí está el diablo enterrado, pur. ¿Qué tiene, pur?

—¡Qué he de tener, pur! Que yo me estoy muriendo, pur. Vaya, llame al padre, pur, que ya me estoy muriendo, pur.

Y sale la criada otra vez y le dice al señor cura:

—Señor cura, que allá lo llama mi amita, pur.

—Vaya allá afuera la puerca, que horita voy.

Y se viene la criada, pur, pur, pur, todo el camino.

Y entra el padre y le dice:

—Buenos días déle Dios, pur.

—Buenos días déle Dios, señor cura, pur. Que me estoy muriendo, pur.

—Pero si estoy en la misma, pur. ¡Quizás usté ha ofendido a alguna persona, pur! Vaya llamen al sacristán, pur, que traigan el agua bendita, pur. ¡Quizás usté tiene ofendida a una persona, pur.

—Nada más, padre, que usté sabe que mi hija se casó ayer, pur, y yo entré a su cuarto de mi hija, pur, a dale los buenos días, pur, y me dice mi hija que su esposo estuvo enfermo y se desgració, pur.

—Pues vaya, llámelo y pídale perdón, pur —le dice el padre.

Y salió la criada a llamar al muchacho, pur. Y entra el muchacho y le dice la suegra:

—Perdóname, pur, si en algo te he ofendido, pur.

Y vino aquél y quitó los pures. Y no volvió a hacerlo otra vez.

38.   El gachupín[3]

Este era un príncipe que era muy andariego. No dejaba lugarcito que no andaba. Y había una casita no más que nunca había llegado. Y en una vez que venía pasando cerca de la casita, le llamó la atención la casita y llegó a ver qué había en la casita y vivía una viejita sola con una nietecita que tenía, muy pobrecita. Cuando vido la viejita venir al príncipe, le dice a la muchacha:

—Hijita, ai viene el príncipe.

Y la muchacha se escondió detrás de la puerta pero que al mismo tiempo se puso a barrer la muchacha y la vió el príncipe y le gustú mucho. Antonces le dijo el príncipe a la viejita que si le daba a su nietecita para casarse con él. Y la viejita le dice:

—Hijito, ¿pa qué quieres a mi nietecita tan pobrecita, siendo tú príncipe tan rico?

—Pues es lo mismo que esté pobre. Pues yo la sostengo hasta que venga de la guerra siendo que usté me dé a su nietecita para casarme con ella.

Antonces quedó la viejita a darle a la nietecita para que se casara con élla y desde antonces la sostuvo el príncipe. Le dió suficiente dinero para que comprara provisiones hasta que viniera de la guerra. Logo, de ese tiempo pa adelante, que la muchacha se pudo plantar bien, fué la muchacha a la iglesia y la vió un gachupín y cuando salió de la iglesia, la siguió a la viejita y a la muchacha hasta su casita.

Cuando llegó allá, también le dijo a la viejita que si le daba a su nietecita para casarse con él. La viejita le dijo que no, porque se iba a casar con el príncipe fulano. Antonces le dijo el gachupín que ya el príncipe no iba a volver porque había muerto en la guerra. Que por eso estaba el palacio enlutado. Antonces le dijo la viejita a la muchacha que si qué le parecía, que si quería casarse con el gachupín. La muchacha le dijo que no, que ya ella había quedado a casarse con el príncipe. Y que si el príncipe venía, que si qué le iban a decir al príncipe porque él las estaba sosteniendo desde el tiempo que él se había ido a la guerra. Antonces le dice la viejita:

—Pues si nos está diciendo el gachupín que el príncipe ya no va a venir, que ya él está muerto.

Y en fin estuvo trabajando tanto la vieja que en fin consiguió a la muchacha que se casara con el gachupín. Al fin se casó con el gachupín y el gachupín la llevó y la puso bajo siete llaves. Y estuvo viviendo así algún tiempo hasta que vino el príncipe.

Cuando vino el príncipe, fué a case la viejita. Y él le pregunta a la viejita por su mujer. Antonces la viejita le dice:

—Pues vino el gachupín fulano y dijo que te habían matado en la guerra, que estaba el palacio enlutado porque te habían matado en la guerra.

—Pues me da a mi mujer o la prendo de la cola de un bruto.

Antonces empezó ella a llorar hasta que le dijo el príncipe que siquiera verla quería. Y le dice ella:

—¡Cuándo, nietecito, voy a conseguir que la veas, cuando la tiene el gachupín bajo siete llaves! Pero iré a ver cómo puedo hacer pa que la veas.

Antonces fué ella y le platicó a su nieta que había venido el prín-

cipe y qué era lo que él quería hacer con ella si no la dejaba ver a
ella. Y le dice:

—¡Qué se lo decía, agüelita, que el príncipe iba a venir y iba a
ejecutar con usté! Hora yo no sé cómo pueda hacer usté.

—Yo te diré, hijita, hora te finges tú enferma y le dices que te
traiga al padre y si no te quiere trai al padre, que te traiga al dotor.
Si no te trai al dotor, que te traiga a tu agüelita.

Y se va la viejita pa su casa y trai al carpintero y le paga porque le haga una caja suficiente grande onde quepa el príncipe y la
cubre de puros ñuditos de trapitos y garritas y cubre al príncipe con
garritas en la caja.

Y antonces la muchacha le dice al gachupín que está muy enferma, que le traiga al padre, y le dice el gachupín que no, que se con-
fiese con Dios, que no hay más confesor que Dios. Y logo le dice
que el traiga al dotor, y le dice:

—No hay más dotor que Dios. Que te cure Dios.

Y logo que le traiga a su agüelita.

—Esta sí —le dice, y va por ella a tráisela.

Ya cuando él va, ya tiene la agüelita la caja compuesta y le dice él:

—Vengo a avisarle que su nietecita está muy enferma—. Y se
alista la viejita y abre la caja y se pone a buscar remedios y desata
un ñudito y dice:

—Este no es. Este otro no es.

—Hasta que al fin se impacienta el gachupín y le dice que atran-
que su caja y que él la llevará su caja. Y se va la viejita y él se echa
la caja en el espinazo y va y se la lleva y mete la caja allá onde está la enferma y a la viejita también y atranca la puerta con siete llaves y se va él.

Y logo después, siempre al mismo tiempo cuando iba él a llevales de comer, vía él que dos personas comían mucho. Decía él.

—¡Qué mucho comen!

Y así estuvo que hasta que le dijo la viejita que la muchacha estaba bien cuando ya el príncipe se acabaló de ver a la muchacha. Y
ya le dijo la viejita que ya estaba su mujer buena, que era bueno que
le llevara su caja para la casa.

Y ya se fué la viejita adelante y en la tarde fué el gachupín a llevar la caja y como ya iba algo tarde, lo pescó el duanero en la calle
y le dijo que si qué llevaba en la caja, que si llevaba contrabando. Antonces le dice él:

—Pues no llevo contrabando. Son ñudos de mi suegra.

Y el duanero se le aferra que lleva contrabando, que abra la caja. Le dice que él no puede abrir la caja porque su suegra tiene la llave. Pero al fin lo hace llegar a la casa, porque si no trujiera contrabando, abriera la caja.

Al tiempo que el gachupín voltió para entrar en la casa, iba entrando un padre en un tinajón muy grande y la mujer lo tapó con un platón de barro y lo hace poner la caja al lado de adentro de la casa y se puso a alegar con él que sin duda trai contrabando y que tiene que abrir la caja. Le dice él que no tiene contrabando, que son ñudos y más ñudos de su suegra. Y le dice:

—Pues no hay contrabando. Pues si me quiebra usté esa caja, le quiebro yo a usté su tinaja.

Y la mujer del duanero le dice:

—¡Qué ha de trai en la caja! Pues ¿qué no te dice que son ñudos y más ñudos de su suegra.

—Pues es lo mismo —le dice él antonces—. Trai la hacha.

—Pues si usté me quiebra mi caja, yo le quiebro su tinaja —le dice el gachupín.

Y la mujer del duanero estaba con bastante apuro y le decía que lo dejara, pues no traiba más que ñudos de su suegra. Antonces brincó el duanero y agarró la hacha y quiebró la caja, y el gachupín le dió una patada a la tinaja. Ya se sentó el príncipe entre las garras y el padre se quedó entre los tepalcates de la tinaja y se queda el gachupín y el duanero mirándose el uno al otro y el gachupín se recobró él primero y le dice al duanero:

—Pues con su licencia, pues tanto contrabando traigo yo en mi caja como usté en su tinaja.

Y se vuelve el gachupín de ai pa su casa y le dice a su mujer que se aliste, que se componga, que se ponga las mejores alhajas de oro que tenga. Antonces ella se pone a alistarse muy contenta, que seguro el gachupín la va a llevar a alguna fiesta, porque el gachupín nunca la llevaba a ninguna parte. Logo que ya acaba ella de componerse, la agarra a ella de la mano y la saca pa afuera y le dice:

—Pues, mira; vale más que vayas a buscarlos a la plaza que me hagas que te los traiga cargados en la caja. Vete bendita de Dios.

39. *El Padre Chiquito*[62]

Había en una suidá un padre que le llamaban el Padre Chiquito y resultaba que este padre tenía una vaca y le llamaba la vaca barrosa y toda la gente la nombraba la vaca barrosa del Padre Chiquito.

Resultó que una vez se salió la vaca y se perdió y esta vaca fué a dar a la casa de un hombre, Juan Chiquito. Antonces el hombre, Juan Chiquito, estaba muy atrasao. No tenía que comer y ya le dijo a la mujer:

—¿Cómo te parece matar la vaca del Padre Chiquito?

—Y ¿cómo vamos a hacer pa matar la vaca del Padre Chiquito? —le dijo la mujer.

—Bien —le dijo él—. Podemos metela al cuarto bajito.

Ya vino el hombre y trujo la vaca y la metieron en el cuarto bajito. Luego la mataron entre el hombre y la mujer la vaca.

Y estos hombres tenían un muchichito que se llamaba Juanito, como de diez o once años. Antonces este muchichito, cuando vido que ellos mataron la vaca, se puso a componer un versito y luego dijo el muchichito:

—Ya que mataron la vaca barrosa del Padre Chiquito en el cuarto bajito, yo le voy a componer un versito:

La vaca barrosa del padre chiquito
la mató mi padre en el cuarto bajito.

Tocó la casualidá que mandaron al muchichito pa la plaza a un mandao. Ai en el camino ond' iba, s' incontró con el Padre Chiquito y actualmente iba cantando el muchachito el versito. Cuando lo oyó el padre cantar, le dijo el padre que fuera a dicir lo qu' iba diciendo, que él le pagaba.

—Yo te doy una manzana y un peso porque me cantes ese versito que venías cantando.

Luego le dijo el muchichito:

La vaca balosa del pale chiquito
la mató mi palde en el cualto bajito.

Ese mismo tiempo la mujer lo vido que estaba hablando con el padre y luego entró y le dijo al marido:

—¡Ya nos fregamos!

—¿Por qué? —le dijo el hombre—. Pues ¿qué has sabido tú alguna cosa?

—No —dijo la mujer—, pero allá está el muchacho con el padre. Hora él te va a descubrir.

Luego volvió el muchichito. Ya le preguntó la mamá qué era lo que estaba hablando con el padre.

—No, nada. Nada más que me pagó una manzana porque le cantara un versito que yo sé y me dijo que el domingo me daba una manzana y un peso porque fuera a cantalo a la iglesia.

—Pues ¿cuál es el versito que le cantates al padre? —le dijo la mujer.

> La vaca balosa del pale chiquito
> la mató mi palde en el cualto bajito.

—Bueno —dijo el hombre—, estamos perdidos. Ya nos descubrieron.

—No —dijo la mujer—. No tengas miedo. Si tú me lo dejas a mí, siendo que tú no te nojes, yo le puedo enseñar un versito que cante de otro modo.

—Bueno —dijo el hombre—, yo te lo dejo a tí que hagas lo posible pa salvarnos.

Antonces la mujer le dijo al muchichito:

—Mira, hijito, hora olvidas este verso y aprendes el que te voy a enseñar:

> El palde chiquito dulmió con mi malde
> la fiesta será si mi palde lo sabe.

Bueno, cuando vino el domingo, el padre llamó a Juanito. Le preguntó que si estaba listo pa cantar el versito. Juanito le respondió que sí, que él estaba listo. El padre les dijo después de la misa que iba a a bajar un ángel del cielo a dicir las verdades pa que supieran de quiénes se habían de cuidar. Antonces el padre sacó al muchichito vistido de ángel de allá de la sacristía. Vino el muchichito a dicir acá adelante de la gente el versito que tenía que dicile. Antonces el muchichito dijo el versito:

> El palde chiquito dulmió con mi malde
> la fiesta será si mi palde lo sabe.

—No, no —dicía el padre—. No, no. Eso no es asina. Si él tenía que dicir otro.

Pero la gente se paró y no se esperó.

40.　La mula baya y el bueye palomo[10]

Había un hombre que nunca había tenido familia, muy rico, y crió a un sobrino de él que era el que manejaba todos sus bienes. Este muchacho nunca le sabía decir ni una mentira y cada vez que venía el muchacho del rancho pa la casa, le preguntaba su tío que si cómo estaba la mula baya y el bueye palomo porque eran sus animales más consentidos del viejito cuando él comenzó a hacer su fortuna. Y tenían que estar bien asistidos y no dejaba que necesitaran por nada. Había otro hombre también y tenía una hija muy bonita y vinieron y tramitaron un día el papá y la hija de hacer a Juan, el sobrino, que le dijiera a su tío una mentira porque sabían que siempre dicía verdá. Y le dijo el papá a la hija:

—Hora voy yo y hago apuesta con el tío y le digo que Juan le va a decir una mentira, y él me va a decir que no, y hacemos una apuesta yo y él de todos los bienes que tenemos, y tú vas y haces a Juan que ensille la mula baya y mate al bueye palomo.

Antonces va la muchacha a onde está Juan y cuando la vido Juan tan bonita, se quiere casar con ella y la muchacha no conviene a menos de que no ensillara la mula baya y matara el bueye palomo. Y convino Juan y ensilla la mula baya y mata el bueye palomo.

Bueno, había cierto día que lo estaba esperando su tío a Juan y cuando llega Juan a la casa, le dice el tío:

—Buenos días, Juan. ¿Cómo está la mula baya y el bueye palomo?

Y ai estaba el otro, el papá de la muchacha, escuchando lo que Juan le iba a decir. Y responde Juan:

> Por dormir con pierna blanca
> y gozar de rico bollo,
> ensillé la mula baya
> y maté el bueye palomo.

41.　Juan Verdades[11]

Había en una suidá cinco reyes y de estos cinco reyes había uno que tenía un muchacho que se llamaba Juan y éste le puso él Juan Verdades porque Juan nunca sabía decir una mentira.

Un día se juntaron los cinco reyes en el palacio del patrón de

Juan Verdades y éste les platicó a los demás reyes que él tenía un pion o sirviente muy fiel, que éste nunca sabía decir una mentira en lo que él lo había experimentado. Entonces uno de los reyes le dice que él no puede creerlo. Que él le apuesta todos sus caudales a que Juan Verdades le dice una mentira. El patrón de Juan Verdades, conociendo a Juan Verdades, nunca vaciló en que Juan pudiera dejarlo perder. Entonces apostaron sus caudales y pusieron de testigos a los otros tres reyes.

El rey que le había apostado sus caudales tenía una hija muy hermosa y fué y se valió de ella diciéndole que había hecho una apuesta con su compadre a que Juan Verdades le podía decir una mentira:

—Ahora, en ti, hija mía, descansa esta apuesta y tú serás la que ganarás y seremos más felices ganándole a mi compadre todo lo que tiene. Mi compadre, el rey, tiene una mula baya de estima y un güeye palomo que son los consentidos de él. Vas tú a onde está Juan Verdades y cuando él te vea, alguna cosa te dirá acerca de tu persona, porque estoy seguro que al verte se prenderá con tu hemosaura.

La princesa, mirando que no había más chanza ni mejor oportunidá, fué a onde estaba Juan Verdades, y, para su propósito, el día fué tornado en lluvia y llegó la princesa a onde estaba Juan Verdades, temblando de frío, pero Juan Verdades le dijo que pasara a la lumbre y se calentara. Al decirle que si cuánto quería por dormir con él esa noche.

—Yo no te cobro a ti ningún dinero. Yo duermo esta noche contigo porque me ensilles mañana la mula baya y mates al güeye palomo.

Juan Verdades se oponía a esto porque eran los animales de estima del rey, pero emocionado de la hermosura de la muchacha, ella misma le hizo las propuestas que podía contale una mentira al rey y que el rey se daría por convenido y nunca le haría nada. En fin, Juan Verdades ecedió matar al güeye palomo y ensillarle la mula baya.

Al día siguiente le ensilló la mula baya y mató al güeye palomo. Entonces la princesa, con su encantadora hermosura, se subió en la mula baya y se fué a pasiar en ella y pasó por delante del palacio del rey, amo de Juan Verdades. Cuando el rey vido que la princesa de su compadre traiba la mula ensillada, creyó él que ésta era una trampa de su compadre para hacer decir una mentira a Juan Verdades, pero él descansaba en que Juan Verdades nunca sabía decir una mentira. Y la princesa se fué para onde estaba Juan Verdades.

Terminada la semana, se fué Juan Verdades pa palacio a darle

cuenta al rey de las vacas y mulas. En el camino ond' iba, se preguntaba él mismo en el lugar del rey y se decía:

—¿Qué hay de la mula baya y del güeye palomo?

El mismo respondía así:

—El güeye lo mató el joso, lo mató el lión o lo mató el lobo.

Y él mismo trabajaba con su mente y decía:

—Esta no es verdá. La mula baya fué la princesa y me la robó
y en contra de mi voluntá la ensilló y creyo que pasaría por delante
de su palacio de usté. Pero ésta no es verdá.

En fin que en el camino onde venía se quitó su sombrero y se
lo puso a un troncón y le preguntó al troncón, como si juera Juan Verdades, y le dice:

—¿Qué hay de la mula baya y del güeye palomo?

Entonces él mismo respondió y se dijo:

> Su carrial majestá,
> por dormir con pierna blanca
> y gozar de rico repollo,
> ensillé la mula baya
> y maté al güeye palomo.

—Esta sí es verdá —contestó él mismo.

Entonces él se fué en seguida a palacio. Cuando él entró a palacio, él dió los buenos días a los reyes y a su amo le dice:

—¿Cómo está su cara en majestá?

—Bien, Juan Verdades. Juan Verdades, ¿qué hay de la mula baya y el güeye palomo?

Juan muy escurrido o avergonzado de ver a los otros reyes allí,
hizo alguna mediana detención pero en fin respondió a su amo:

> Su cara en majestá,
> por dormir con pierna blanca
> y gozar de rico repollo,
> ensillé la mula baya
> y maté al güeye palomo.

—Esta es verdá, Juan Verdades.

Entonces el rey de la hija hermosa se afligió y se avergonzó de
lo que Juan había dicho pero en cambio el rey, su compadre, le dice:

—Compadre, le he ganao todo lo que tiene y todo es mío. Pero yo no necesito de nada de esto. Todo esto que yo le he ganao será de Juan Verdades con la condición de que Juan Verdades acete a casarse con su hija, la princesa.

Juan Verdades contestó:

—Sí me caso, si su mercé lo determina.

Entonces el rey se alegró de ver que Juan Verdades tendría que ser el dueño de todo lo que él tenía y aun hasta de su hija, pero en cambio él pensó serían felices porque podría vivir al lao del yerno y nunca pasar trabajos.

Tomaron a Juan Verdades, lo llevaron a palacio de la muchacha hermosa, le dijeron a ella que tenía que ser casada con Juan Verdades. Cuando su padre le explicó a ella que había la apuesta pero que todo sería de Juan Verdades y de ella, entonces ella con gusto acetó el ser casada con Juan Verdades, y se casaron y fueron muchas las fiestas y licores y bebidas refrescantes y aquí se brindaron en honor de la nueva pareja. Hasta yo toqué.

42.   Rapadillos⁹⁵

Había en una plaza un hombre, y decedido ya de su pobreza se fué a buscar trabajo y cuando iba en el camino, s' incontró con otro y se saludaron y determinaron tomar allí su comida. Le preguntó Rapadillos a su compañero que si cómo se llamaba. El le dijo que Siquieruno y aquél le dijo él se llamaba Rapadillos. En esto estaban cuando llegó otro. Les hizo el saludo. Le preguntaron que si cómo se llamaba. El les dijo que Cuantos.

—Pero, hombre, ¡qué nombre tan extraño!

Entonces les preguntó que si cómo se llamaban. Ellos dijieron:

—Yo me llamo Siquieruno. Mi compañero se llama Rapadillos.

—Pero, hombre, ¡qué nombres tan extraños tenemos los tres! Pues, ¿qué negocio llevan ustedes?

—Oh, nosotros vamos sin rumbo a hacer nuestra vida del modo que mejor venga.

—Pues yo también.

—Pues ya semos tres. Nos juntaremos los tres y iremos los tres a ver cómo nos va.

Estuvieron tomando su comida y luego siguieron su camino hasta que llegaron a una montaña onde vieron un campo de un cazador. Allí despacharon a Rapadillos que fuera a buscar que comer, pero cuando Rapadillos llegó a la choza del cazador s' incontró con una mujer muy hermosa, y prendao de su hermosura y graciosa belleza, no hallaba él qué decirle, y se quedó encantado. Por onde los compañeros les dió ansia de que Rapadillos no volvía y Cuantos le dijo a Siquieruno:

—Es güeno que vayas a ver qué hace Rapadillos. Yo pienso que ya se puso a comer y nos tantió a nosotros.

Se fué Siquieruno.

Cuando lo vido venir la mujer, le dice a Rapadillos:

—Allá viene mi marido, y es muy celoso, y si te jalla aquí, te da un balazo; te mata.

Rapadillos, lleno de miedo, le dijo que si cómo hacía. Ella le dijo:

—Aquí en este rincón te escondes. Yo te taparé con estos cueros, al cabo él no más llega y se va pronto y cuando él se vaya, antonces podrás tú salir.

Rapadillos se escondió debajo de los cueros y entró Siquieruno.

—¿Cómo le va, señora?

—Bien, y ¿usté cómo le va? Pase Siéntese.

El se sentó encantado de tan glacial belleza. No hallaba qué hacer ni qué decirle a aquella dama. El miraba a todos laos pero no vía a su compañero de él.

En esto le dieron ansias a Cuantos y se vino a ver qué hacían sus compañeros. Mirando la mujer venir a Cuantos, le dijo al otro:

—Hombre, allí viene mi marido, y es muy celoso, y si lo jalla aquí, le da un balazo.

—¿Cómo hago? Pues yo me iré.

—No, no salga. Si sale, le da un balazo. Escóndete aquí en este rincón Yo te taparé aquí con unos cueros.

Así lo hizo. Se escondió en el rincón y la mujer lo ocultó con los cueros.

Llegó Cuantos y le habló a la señora, pero también, prendado de la hermosura de aquella mujer, no hallaba qué dicirle y miraba a todas partes y vía que sus compañeros no s'incontraban puallá. Entonces la mujer, mirando para afuera, vió venir a su marido cargado de la parte de un venado. Le dice a Cuantos:

—Ai viene mi marido, y si te ve salir, te da un balazo. Escóndete aquí en este rincón, al cabo horita se va por la otra parte de la carne y entonces tú saldrás y te irás, porque es muy celoso.

Aquél se escondió.

Cuando el esposo hubo llegado, la mujer le preguntó:

—¿Cómo te fué?

—Muy bien —le dice él— he matao algo. Aquí traigo una parte de la carne y el cuero del venado. Ahora sube tú al tapanco y destiende el cuero allá para que se oree.

Cuando la mujer subió la escalera, el esposo se quedó mirándola y como le vido el lunar privado, le dice:

—Ah, Rapadillos, ¡qué hermoso te vas poniendo! ¡Tú bajarás de ai y verás qué friega te pongo!

Rapadillos que estaba debajo del cuero, dijo:

—Tal vez me ha visto.

Y cuando la mujer bajó, el esposo le dijo:

—Hora sí, Rapadillos, hora si te abujero.

Rapadillos no aguardó más pretextos. Salió de abajo del cuero y voló afuera. El marido le dijo a la mujer:

—Dame mi rifle para ver si mato siquier' uno.

Entonces Siquieruno que estaba en el otro rincón dijo:

—Seguro que también a mí me vido.

Y tiró el cuero a un lado y salió huyendo y gritó el marido:

—¡A cuántos no tendrás aquí!

Entonces Cuántos dijo:

—También a mí me vido.

Y hizo a un lao su cuero y salió huyendo y el esposo siguió tirándoles pero no le pudo dar a ni uno. Y aquí se acabó la compañía de Rapadillos, Siquieruno y de Cuantos.

43. *Los tres príncipes*[84]

Estaba en una suidá un hombre viudo. Tenía una muchacha de diez y nueve años. Este hombre aconsejaba mucho a su hija siempre. Tenía muy güen cuidao de ella y se cuidaba mucho. Muy güena la muchacha. El hombre era pobrecito.

En otro lugar muy lejos de aquí había tres suidades. En cada una suidá había un rey. Cada un rey de éstos tenía un hijo. Estos príncipes eran unos muchachos muy perversos. Los tres eran iguales. Ya aquí en estos lugares no vivían hombres de familias. Salían juyendo por causa de los hijos del rey.

Al fin cuando estos reyes no jallaban piones, uno de los reyes jué a buscar piones allá onde estaba este hombre. que tenía esta muchacha. Y lo comprendió y le dijo que l' iba a hacer mucho bien. Si s' iba con él, le daba un rancho, le daba una vaca y le daba una casa y las semillas por el primer año pa que sembrara el rancho. El viejito dijo que si su hija convenia, él s' iría con el rey. Antonces el viejo le preguntó a la muchacha que si sería güeno irse, que el rey le hacía mucho bien.

—Está güeno, padre. Haga como usté quiera.

Otro día vino el rey por ellos. Se los llevaron.

Cuando llegaron a case el rey, estaban unas dos muchachas qu' iban de paso cuando ésta llegó al palacio del rey con su padre. Y dijo una de ellas:

—Vamos a ver ésa que no sabe lo que pasa.

Antonces jueron a onde ella estaba. Ya estaban apiando el tren del carro estas muchachas entraron onde estaba la muchacha. Antonces la muchacha preguntó a las otras muchachas:

—¿Qué se mueve en estos lugares?

—Nosotros —dijieron las muchachas— vamos de paso porque de aquí éranos nosotros, pero toda la gente ha salido juyendo porque aquí los padres de familia no pueden estar porque los hijos de los reyes hacen atrocidades—. Antonces esta muchacha le dijo a su padre:

—Padre, no sería güeno vivir en este palacio.

—¿Por qué? —dijo el padre.

—Porque estamos muy cerquita del rey. Dígale al rey que si tiene otra casa más lejos de aquí para ir a vivir en ella.

Antonces el rey le dijo:

—Tengo una casa de campo pa mis borregueros, pero ésta está entre el monte

—Güeno —dijo la muchacha—, pus ésa estará güena.

—Yo no más a mi hija le doy gusto —dijo el viejito.

Se jueron a la casa de campo del rey.

Otro día vino a trabajar el viejito a la casa del rey y se quedó la hija sola en la casa de campo. Aquí onde andaba el viejito trabajando, supo las cosas que los príncipes hacían con toda la gente. El viejito se puso muy triste de pensar en su familia, que quién sabe si l' iría muy mal a él con haber traido a su hija para este lugar. En la tarde jué el viejito onde estaba su hija y la estuvo aconsejando lo mejor que pudo. Le dijo que los hijos de los reyes hacían atrocidades con las familias y que no podían ejecutalos porque eran los hijos de los reyes. Y estos tres príncipes siempre andaban juntos haciendo mal.

Otro día se jué su padre a trabajar. Se quedó la muchacha sola. Cuando aquí que vido que andaban los tres príncipes entre el monte. De una vez ella puso cuidao que eran los príncipes. Antonces ella se puso a pensar cómo podría ella hacer con ellos. Antonces esta muchacha pensó que si ellos vinían, los recibiría muy contenta.

Antonces vino el primero de los hijos del rey. Le dijo:

—Señora, ¿por qué no se ha casao, una mujer tan linda?

—Porque no he querido casarme —le dijo ella.

—Señora, si usté quisiera ser mi esposa.

—Ni como quedar a ser su novia, porque los hombres tienen amigos a los alrededores y lo que pasa con una muchacha lo van a saber los demás.

—N'o, señora, soy hijo del rey. Es güeno que quede a ser mi novia.

—Si me jura —le dice— que no le dice a naiden, soy su novia.

—Juro —le dice él— que no le diré a naiden. Pero con la condición que me ha de dejar vinir a platicar con usté a gaznate tendido.

—Muy bien —dijo ella—, puede vinir a las siete de la nochi.

Antonces éste se jué onde estaban los otros príncipes.

—Muy linda, señora —dijo—, pero no quiere nada con naiden.

—Güeno —dijo el otro—, antonces iré yo.

Antonces este otro príncipe vino, y, como el primer príncipe le pidió a la joven que juera su novia. Ella convino con la condición de que no se lo contara a ninguna persona, y le dijo la muchacha que viniera a las ocho. Cuando volvió a donde estaban los otros príncipes, les dijo que la mujer no había querido.

Antonces dijo el otro príncipe que iría él. A éste también le prometió la mujer ser su novia, fijándoles las mismas condiciones que a los demás. Le dice también que podía venir a las nueve de la noche. Antonces se jueron los tres príncipes.

Cuando vino el viejito de su trabajo en la noche, le dijo la hija que le había prometido a María Santísima rezale un rosario otro día en la nochi pero había de estar ella sola. No había de estar su padre. Su padre le dijo que estaba bien pero que se cuidara para que no tuviera él cosa que lo avergonzara tocante a ella.

En la mañana s' iba el viejito pa su trabajo. Le pidió la muchacha cinco pesos a su padre. El viejito se los dió y convino no venir por la noche.

Cuando el viejito se jué, la muchacha se jué pa la suidá. La muchacha llegó a un comercio, compró una vela, compró lacre negro, compró un vistido de soldao, compró un vistido del diablo y compró una barajita pal diablo. Y logo se jué pa su casa. Esta muchacha hizo dos mortajas.

En la nochi vinieron los príncipes. Vino el que estaba citao pa las siete. Ella estaba muy enlutada y le dijo el príncipe:

—¿Qué hay? ¿Qué tiene?

—Ya me verá —le dijo—. mi padre es muerto en la guerra. Le dije que tenía a mi padre y es muerto y en gualde que platique conmigo, sería mejor que me ayudara a sintir a mi padre porque pa ser novios tenemos tiempo.

—¡Oh, sí! —dijo él—. ¿Qué quería?

—Que se ponga esta mortaja y tendelo en una mesa y rezale un rosario.

—Muy bien —dijo aquél.

Le pegó los ojos con trementina, le tapó los oidos con algodón y se puso a rezar.

En esto llegó el otro príncipe, el que estaba citao pa las ocho. La muchacha salió con el rosario en la mano.

—¿Qué hay? —le dijo él.

—Mi padre está muerto. Me lo van trayendo muerto ahora de la guerra. Entre y mírelo pa que se desengañe. Debia de ayudarme a sintilo.

—Muy bien —le dijo él—. ¿Qué quería que yo hiciera?

—Tengo el vestido de soldao que tenía en la guerra de mi padre y necesito de que haga usté las veces alrededor de este cuerpo, como cuando mi padre marchaba en la guerra.

—Tráigalo —dijo él— pa ponermelo. Y me trai la carabina de su padre.

Este se vistió de soldao y empezó a pasiarse alrededor del difunto.

Logo llegó el otro príncipe y ella salió a recibilo enlutada llorando.

—Señora, ¿por qué llora?

—Porque mi hermanito es muerto y jué perturbao del diablo. Yo quisiera que usté hiciera las veces del diablo —le dijo.

—Güeno —dijo él.

—Antonces ésta le sacó el vistido del diablo con to y cuerno, alas y baraja.

—Hora —le dijo— ya está listo. Es güeno que entre al cuarto onde está mi hermano.

El soldao andaba marchando alrededor del príncipe que estaba acostao con los ojos pegaos y el diablo entró de allá ajuera. Antonces el príncipe que marchaba dijo:

—¡Alabado sean los dulces nombres! Se me ha aparecido el diablo.

Antonces el muerto oyó que estaba el diablo junto con ellos, no más que como tenía los ojos pegaos, no podía este pobre más que levantarse. Cuando se levantó, dijo el soldao:

—¡Alabado sea! ¡Que se levanten los muertos que están en el otro mundo porque ven al diablo!

Antonces salieron juyendo. El soldao juía del muerto porque se había levantao y el diablo juía del soldao y del difunto y se jueron pal monte. El ciego, como iba con los ojos pegaos, él pegaba en los pinos con la frente, y aquéllos andaban juyendo el uno del otro hasta en la mañana que aclaró.

En la mañana, cuando aclaró el príncipe que estaba vistido del diablo pensó ver cómo era que andaban los soldaos y los muertos. Antonces él jué a ver, y se topó con el muerto y le dijo:

—Siendo tú su padre de la muchacha, ¿por qué resucitates? ¿Cómo resucitates? —le dijo.

—No soy yo padre de ella. Soy el príncipe del rey.

Antonces vido este que era el príncipe el muerto. Antonces éste se jué a desengañar con el otro que andava vistido de soldao. Antonces este soldao juía del diablo pero al fin empezó a gritalo y le dijo:

—Creo que serás el príncipe tú también.

Antonces éste se vino a ver y eran los tres hijos de reyes que andaban, uno hecho diablo, otro hecho muerto y el otro hecho soldao, Y la muchacha quedó libre con su padre y ellos no volvieron a andar haciendo atrocidades con nadien.

44. Los tres léperos[59]

Había en un lugar tres muchachos muy léperos y vivían a costas de sus puras leperadas muy a gusto, muy bien vestidos, con mucho dinero en su bolsa, güenos reloses. En fin que siempre ellos estaban bien equipados.

Un día llegaron a una población en donde estaba una mujer muy bonita. Los tres léperos habían campao en un bosque en la suidá. En la mañana cuando oyeron repicar la campana, se fueron para misa. Lo primero que vieron en la iglesia, enfrente de ellos, fué una mujer

muy linda. Los tres, al verla, se prendaron de su hermosura, pero ni
uno de ellos se comunicaron que estaban enamorados de la misma señora.

Cuando la misa se acabó, se fué el primero y se paró en la esquina del cementerio, el segundo en la puerta del cementerio, el último esperó a la mujer en la salida de la iglesia y se le pegó tan cerca
como él pudo y le dice:

—Señora, ¿cuánto valen sus amores?

—Véngase atrás, que mi marido es muy celoso.

El hombre se fué atrás de ella siguiéndola y le dice:

—Lléveme treinta pesos y vaya usté a las siete de la noche y sígame ahora con la vista para que sepa dónde vivo y quédese atrás
retirao de mí porque mi marido es muy celoso.

El hombre obedeció a la palabra de la mujer.

Al salir la puerta del cementerio, la esperaba el otro lépero y le
dice lo mismo, arrimándose tan cerquita como podía de ella:

—Señora, ¿cuánto valen sus amores?

—Véngase atrás, que mi marido es muy celoso.

El se vino atrás, siguiéndola. Ella le dijo:

—Por treinta pesos puedo yo dormir con usté esta noche y vaya usté a las ocho de la noche y sígame usté con la vista para que sepa dónde vivo. Quédese atrás. Ya no me siga porque mi marido es
muy celoso.

Llegó a la esquina del cementerio en donde la aguardaba el último y se arrimó tan cerquita como él pudo de ella y le dice:

—Señora, ¿cuánto valen sus amores?

—Véngase atrás porque mi marido es muy celoso.

Entonces él se fué atrás y la mujer le dice:

—Por treinta pesos, yo puedo dormir esta noche con usté.

El hombre le dijo que estaba güeno. Y le dice ella:

—Ahora sígame usté con la vista y va a las nueve de la noche, y
quédese lo más retirao que pueda de mí.

Entonces los tres léperos se juntaron y siguieron a la mujer hasta que ella llegó a su casa y se paró en la puerta para que estuvieron
más seguros de onde vivía. Ellos pasaron por delante de la casa como que iban tomando un paseo.

De ai se arrendaron y fueron a su campito. Pero ni uno ni otro
de ellos se platicó de que estaban enamorados los tres de la misma
señora. Entonces la mujer le dijo a su marido lo que le pasaba con
estos tres léperos.

—Y hora es el tiempo de explotarlos y reírnos esta noche a costa de ellos. Anda al comercio y me trais de que hacer una mortaja para amortajar a uno de ellos. Me trais una garra colorado para vestir a uno de ellos de diablo, que ya un vestido garriento por ai lo incontraremos.

El hombre le preparó a su esposa todo lo que ella le pidió y hizo los vestidos conforme lo había determinado. Terminó el día y llegó la noche y se llegaron las siete. Desapareció el primero del campito y en seguida se fué pa la casa de la señora. El llamó a la puerta y la señora salió y le abrió y entró. Entonces le dice ella:

—Entriégueme los treinta pesos. Ahora te desnudas porque mi marido me tiene impuesta a dormir con él desnudo.

—Esto no vale nada —le dice el lépero.

Y pronto se quitó sus ropas. Entonces la señora con el pie arrempujó el vestido para abajo de la camalta y en esto llegaron las ocho de la noche y tocó la puerta el otro lépero. La mujer le dice a éste:

—Mi marido ha llegado.

—¿Cómo hacemos ahora? —le dice el lépero.

Este intentó agarrar su ropa pero la mujer no lo dejó. Le dice:

—Ai deja tu ropa. Yo ya le jugaré un plan a mi marido que tú eres un hermanito mío que llegates aquí y te morites.

Le dice al otro lépero que la espere, que horita l' ira a abrir. Déjame poner mis zapatos porque ya estoy desnuda.

Entonces llevó el lépero y lo amortajó con la mortaja que ella tenía preparada y le prendió dos velas y le dice:

—Aquí te estarás, que yo haré crer a mi marido que eres mi hermanito y que de gusto que me vites, caítes muerto.

Salió y fué y metió al otro lépero adentro de la casa y le dice:

—Entriégame los treinta pesos.

Aquél le entregó los treinta pesos y los guardó en el baule y luego le dice la señora:

—Ahora te desnudas porque mi marido siempre se desnuda para dormir conmigo.

Aquél obedeció y en esto se llegaron las nueve y llegó el último lépero y tocó la puerta. La mujer respondió:

—Aguárdate poquito. Déjame vestir porque yo estoy desvestida para irte a abrir.

Al lépero le dijo que era su marido. Aquél intentó agarrar su ropa pero la mujer le dijo:

—Deja tu equipaje ai, que ya yo le contaré a mi marido un buen plan. Sígueme, que aquí tengo un hermanito mío que vino hoy a verme y de gusto que me vido cayó muerto y aquí lo tengo en este cuarto solo.

Entonces lo vistió de pobrecito, poniéndole una leva vieja, un sombrero muy gacho y para poderlo disbrazar le untó polvo de tierra en la cara, por donde los tres léperos no podían conocerse ni uno ni el otro. Entonces le dice al pobrecito:

—Aquí está este hombre. Es un hermanito mío que llegó hoy aquí y se murió y ahora yo te pago porque tú lo veles esta noche y le reces sus güenas oraciones para que así Dios se apiade de su pobrecita alma.

Entonces salió y fué y metió al último dentro de la habitación. Cuando aquél entró, le dice ella:

—Ya yo estaba dormida. Ya se me hacía noche. Entriégame de una vez los treinta pesos.

Ella los tomó y los guardó en su baule. Entonces le dijo:

—Ahora tendrás que desnudarte porque así me tiene impuesta mi marido. El siempre se desnuda para dormir conmigo.

—Esto no vale nada —le contestó él—. Es mi mero gusto desnudarme cuando yo me voy a entregar a los brazos de Morfeo.

Entonces él se desnudó. Cuando él estuvo listo, la mujer hizo la remarca que le tenía prometido a su esposo. El esposo estaba listo en la ventana. Cuando la oyó toser tres veecs, entonces él se retiró alguna distancia de la ventana y hizo tropel y le tocó la ventana a su esposa.

—Esposa, ábreme la puerta.

—Espérate tantito —le dice ella—. Déjame vestir que ya estaba acostada. Déjame calzar.

Entonces el lépero pensó tomar su ropaje pero la mujer dijo:

—Deja ai tu ropa que ya yo le formaré a mi esposo una güena historia. Vente para acá. Sígueme. Yo te voy a vestir a ti de diablo porque tengo un herminto mío aquí. Se murió hoy y le pagué a un hombre pobre porque lo vele y le rece toda la noche. Ahora tú vas a cuidar este hombre que le rece a mi hermanito.

El último lépero obedeció las propuestas de la mujer y se fué y lo vistió de diablo. Le dió unas piedritas en la mano y lo metió adentro onde estaba el difunto y el pobrecito, y le dice al diablo:

—Este hombre que está aquí muerto es un hermano mío que llegó hoy aquí y al estrechar su mano conmigo y darme un abrazo y seguramente que pensó llorar y él se detuvo y le dió un ataque en el corazón que al instante murió y hoy lo ves aquí en la tumba fría. Este hombre le pagué porque le rece a mi hermanito algunas oraciones que sean provechosas para el bienestar de su alma. Ahora cuidas tú a este hombre para que este hombre le rece a mi hermanito y cuando él vaya a voltiar la cara para atrás, le tiras con una piedra de éstas.

Entonces el diablo se quedó con sus dos compañeros pero ellos no se podían reconocer ni uno ni otro porque el difunto tenía una mortaja que lo disfiguraba en demasía. El diablo estaba tan rayao que el pobrecito no podía reconocer a ni uno de ellos y el hombre pobre como estaba lleno de miedo y empolvado con polvo de tierra también no podía ser reconocido por sus compañeros. Este en seguida rezaba el Padre Nuestro y no acababa sin que no decía "Dios te salve María, llena eres de gracia" y seguía con la Santa María, y volvía al Padre Nuestro y en fin que el hombre lleno de miedo no acertaba con ninguna de las oraciones que él quería rezar. Por onde el difunto entreabría los ojos y vía al diablo en su presencia. Empezó a encorvar sus rodillas para levantarse. El pobrecito mirando que el difunto iba reviviendo y el diablo estaba a un lao de él, él temblaba. Sus dientes repicaban aunque no podía pronunciar ninguna palabra. El dicía:

—El diablo, el difunto va reviviendo.

Por onde el diablo también se asustó y comenzó a temblar de miedo.

Cuando en esto saltó el difunto y apagó las velas y los tres empezaron a juir hasta que los tres se abrazaron y era un puro luchar. Y la mujer lépera y el esposo ambos se devertían por la cerradura de la puerta con los tres léperos mirándolos que no se podían reconocer ni aún con su propia voz. Había otra puerta falsa en donde lograron la oportunidá a arrimarse a esta puerta y la misma se abrió y los tres cayeron para afuera abrazaos. Pero el pobre, como era el más asustao de ver al diablo y de ver al difunto, corrió con más prontitú a su campo.

Cuando él llegó comenzó a encandilar la lumbre. Cuando en esto llegó el difunto y lo alcanzó a ver con la luz de la lumbre y tuvo que salir juyendo porque dijo:

—¡No hay ni duda que el difunto viene en pues de mí!

Llegó el difunto a su campo y extendía su vista hacia todos los laos pero no podía ver a sus compañeros. En esto oyó que el diablo venía también sonando sus campanitas rumbo al campo y se puso a reflejar él hasta que vido ir llegando al diablo. Pero cuando el diablo vido al difunto en el campo, salió en seguida juyendo para atrás

y el difunto salió juyendo del campo también porque pensaba que
el diablo iba a llegar al campo. Y el campo quedó desamparado por
ellos esa noche.

El día siguiente, cuando comenzó a destender la luz del día, llegaron a su campo y se comenzaron a reconocer y a motejar lo que les
había pasado. En seguida dijieron que allí no tenían ellos chanza de
ser felices. Que era una vergüenza que una mujer los hubiera chas-
quiado tan fácil con treinta pesos a cada uno y sus güenos vestidos
y sus güenos reloses que todos quedaron a favor de la lépera. Así es
que se resolvieron dejar aquel lugar y se fueron a otra suidá porque
onde hay águilas no la rifan gavilanes.

45.   Los tres amantes[62]

Pues ésta era una mujer que vivía en una suidá y estaba casada
con un hombre llamao José Pomuceno. Este hombre era dueño de borregas. El estaba obligao a ver sus intereses al campo. Y cuando él
salía afuera de la suidá, la mujer no dejaba de pagarle mal. Asina es
que llegó a tanto que ya la mujer tenía tres amantes.

Tocó la casualidá que una noche que no estaba el marido en la
casa iban a venir los tres en la misma nochi. Antonces esta mujer cuando llegó el primero, después llegó el segundo. Tocó la puerta. La mujer le dijo al primero que estaba:

—Mi marido.

—¿Onde me escondo?

—Ai escóndete en ese ropero.

Se escondió en el ropero el hombre. Entró el otro señor. De ai
a poco rato llegó el tercero y tocó la puerta. La dice la mujer al segundo:

—Mi marido.

—No —dice él—, sí es tu marido que me mate. Yo haré lo que
me da gana. Yo estoy seguro que no es tu marido. Tú nos estás haciendo güeja a más de cuatro.

Viendo la mujer que no creyó que pudiera ser su marido, trató
de retirar al otro, diciéndole que se fuera, que no se podía, que volviera en otro tiempo. Antonces éste le dijo de afuera:

—Ya que no puedes, ¿por qué no me das un beso siquiera?

—Sí —le dice el que está con ella—. Está bien. Dile que venga
por la ventana.

Viene éste a la ventana y se le pone éste de nalgas allí y el de afuera le pega un beso.

Habiendo visto éste que le había besao la nalga, se sintió algo mal y quiso desquitarse de algún modo, por onde volvió a reclamarle que estaba muy bueno, que volviera otra vez. En esta segunda vez que se representó en la ventana no trató de besar, como había hecho la primer vez, sino que talló un fósforo y le prendió fuego. Cuando éste sintió la lumbre, salió pegando brincos y gritando por el mismo cuarto:

—¡Quemazón! ¡Quemazón! ¡Quemazón!

Antonces respondió el que estaba encerrao en el ropero:

—Echi sus muebles allá afuera, señora.

Hasta ai llegó el cuento de la mujer de Juan Pomuceno.

47. El garbanzo[16]

Este era un hombre muy pobrecito que se mantenía en los basuderos buscando garritas para remendar su ropa, y una de las veces halló un garbanzo entre la basura y dijo:

—Pues voy a ver qué me produce este garbanzo.

Y entró a case una comadre de él y le dió el garbanzo pa que se lo guardara. Y entró el gallo de la misma comadre de él y se lo comió. Antonces él vino por su garbanzo y le dice:

—Comadre, vine por mi garbanzo.

—Se lo comió el gallo, compadre— le dice ella—. Yo le daré otro garbanzo.

—Yo quiero mi mismo garbanzo o el gallo —le dice él.

Antonces la mujer le dió el gallo y se jué con su gallo y pasó por junto de onde estaba un compadre de él ordeñando unas vacas.

—Compadre, venga al apoyo —le dice.

—No, compadre, me matan sus vacas mi gallo.

—No, compadre, ¿qué le han de hacer?

Antonces jué él y puso su gallo a modo de que no se moviera. Y brincó una vaca y lo pisó y lo mató. Antonces le dice él:

—Bueno, compadre, yo le iré a agarrar un gallo.

—Yo no quiero gallo, compadre. Quiero la vaca o mi mismo gallo.

Antonces ya por no alegar con su compadre le dejó la vaca.

Se jué con su vaca a onde estaba una comadre de él cuidando sus vaquitas y le dice:

—Comadre, ¿por qué no me cuida mi vaquita?

Ya le dijo que la dejara allí, que allí se la cuidarían. El la dejó allí.

Se ofreció que le pidieron a la mujer una hija que tenía pa casar y la muchacha quiso casarse y cuando ya iban a dala, le mandó la mujer a su hijo que trujiera una vaca pa matar. Al muchacho se le hizo más propio trai la vaca de aquel hombre y matala porque estaba más gorda que la de ellos. La mataron.

Cuando el compadre jué por su vaca, ya la habían matado y antonces le dijo la mujer que se le había ofrecido hacer una fiesta, que le habían pedido a su hija y la iba a dar y para cuyo fin había matao la vaca pero que ella le pagaría una de las de ella, y él no había querido más que a la muchacha o a su misma vaca. Antonces la mujer le entregó a la muchacha y él la echó en un costal y se la llevó.

Cuando ya iba llegando a la plaza, llegó a case su otra comadre de él y le dijo:

—Comadre, voy a guardar este costal aquí. Cuídemelo mucho. Voy pa la plaza.

Su comadre le dijo que lo dejara allí, que allí no había quien juera a movelo. El lo dejó y se jué pa la plaza a comprar negocios. En lo que él andaba comprando sus cosas, la comadre desató el costal y jalló a la muchacha adentro del costal y le dijo:

—¿Qué andas haciendo?

—Mi madre me entregó a este hombre por una vaca que mataron de él cuando yo me iba a casar.

Antonces la comadre agarró una perra que tenía en la casa parida y la echó en el costal y le dijo a la muchacha:

—Vete pa tu casa.

La muchacha se jué pa su casa.

Cuando el hombre vino de la plaza, le preguntó a la comadre por el costal y la comadre le dijo:

—Ai está, compadre, su costal. No ha habido novedá. No ha habido quien lo haiga movido.

El lo agarró y se lo echó en el espinazo y se jué con él. Cuando llegó a su casa, lo desató muy contento porque llevaba una novia pa casarse con ella. Antonces la perra de una vez lo recibió muy brava. Y dijo él:

—¡Alabado sea Dios! Pues ¿qué traigo aquí? ¡Quizás una legión de diablos por tanta injuria que he hecho con mis comadres y mi compadre.

B. CHISTES

48. *Los dos compadres*[29]

Estos eran dos compadres, uno era rico y otro pobre. El rico tenía una vaca y se le perdió y el probe la mató y escondió la carne en el soterrano y la manteca en el metate y el cuero en la paja. Y un día el compadre probe se fué por leña y le dijo a su mujer que cuando golviera de la leña que si le salía a recibir con una cecina de carne bien asada, él la recompensaría bien.

El compadre rico, andando buscando la vaca, s' incontró con el muchachito, el hijo del probe, y estaba saboriándose como cuando come uno chile quemoso. Y le dice el compadre rico al muchachito que si por qué hacía asina y el muchachito le dicía:

—Quisiera dijile y no dijile.

—Dime.

—Voy a dijile pero no diga nada. Mi papá mató su vaca y mamá hizo chile muy quemoso y por eso hago asina.

Y el compadre rico le dijo que si ónde estaba la carne y la manteca y el cuero. Y el muchachito le dijo que la carne estaba en el soterrano y la manteca abajo del metate y el cuero en la paja. Y le dijo el muchachito:

—No vaya a decir nada.

Y el compadre probe tenía un San Antonio que le adivinaba todo lo que le preguntaba y el compadre rico se jué pa la casa del compadre probe y le dijo a su comadre que le prestara a San Antonio, que había perdido su vaca y quería preguntarle a ver ónde la podía hallar. Y su comadre le trujo a San Antonio. El compadre rico le preguntó a San Antonio:

—San Antonio, ¿ónde está mi vaca?

Y se puso a escuchar y luego dijo:

—¿Quién? Mire, comadre, lo que dice San Antonio, que isque mi compadre la mató. ¡San Antonio! ¿Onde está la carne? ¿Qué dices? ¿En el marrano? No, comadre, isque en el soterrano. Y la manteca, San Antonio, ¿ónde está? ¿Qué dices? ¿Hasta que te mate? No, comadre, que isque atrás del metate. Y el cuero, San Antonio, ¿ónde está? ¿Onde? ¿En la faja? No, comadre, isque en la paja.

—Pues sí, compadre —le dijo la comadre—, su compadre mató la vaca.

Antonces le entregó la carne y el compadre se la llevó toda y no le dejó nada. Cuando el probe compadre vino con leña, su mujer no salió a toparlo. Desprendió los caballos y los puso en el esteble y se va para la casa y le pregunta a su mujer por qué no ha salido con la carne.

—Veráste tú que tu compadre ya se la llevó. Ya tu San Antonio le avisó y lo bien que le adivinó, que le dijo que hasta la carne estaba en el soterrano y la manteca abajo del metate y el cuero en la paja.

El compadre probe preguntó por San Antonio. Cuando se lo trujieron, estaba nojao con él y lo agarró de las patas y lo tiró allá afuera y dijó que él no quería chuchos en su casa. Y todavía estará allá, seguro.

49. *El borracho y el cristiano*¹¹

Pues había un hombre muy cristiano que todo el tiempo cuando había misa se confesaba, y tenía un compadre muy borracho que nunca se confesaba, y hubo una ocasión que le dieron ganas de irse a confesar. Pues que se fué atrás de su compadre pa misa. En el camino onde iban, le dice:

—¿Para ónde va, compadre?

—Pues a confesarme, compadre.

—Pues yo también voy a confesarme.

Pero ya él había almorzado y iba bien completo con el trago.

Pues que cuando entraron allá, el padre notó que había entrado el buen cristiano y el borracho que núnca iba a la iglesia. El buen cristiano estuvo haciendo oración y el otro estuvo no más hincado pero no rezaba. Hasta que llegó el tiempo que entró el padre en el confesionario y se levantó el hombre y fué a confesarse. En lo que aquél salió, el padre se puso a trabajar una forma de un pergaminito. La hizo redonda. Luego vino aquél y entró también a confesarse y se confesó, y el padre notó que aquél estaba bien tomado. Cuando aquél acabó de confesarse, salió y se hincó junto con el compadre. El cristiano estaba meditando y luego salió el padre y se puso su casaca para que comulgaran. Cuando ya estaba listo, se arrimaron aquéllos y les dió la comunión. Y a aquél, en lugar de darle la hostia, le dió el pergamino al borracho. Pues ai se estuvieron un rato. Aquél se estuvo porque se estuvo meditando el compadre cristiano, y él se estuvo junto con él. Luego se levantó el compadre y salió el borracho atrás de él y le dice:

—Vamos a almorzar, compadre.

Cuando salieron, que iban pa la casa a almorzar, le pregunta al compadre el borracho:

—Compadre, pues ¿qué recibió usté?

—La hostia consagrada de nuestro Señor Jesucristo.

—Compadre, pero quizás yo recibí al Padre Eterno porque todavía no lo puedo deshacer. Está muy duro.

50. El peral¹⁰

En una vez estaba un hombre que tenía un peral muy grande. El hombre se llamaba Pedro y era tuerto. Y los muchachos lo molestaban mucho con su pera. Se la robaban, hasta que se vido él obligao a velar, a estarse allá en la arbolera pa cuidarla. Y había un lépero que dijo:

—Yo voy a hacer salir juyendo a don Pedro:

Y cuando ya se hizo noche, vino el lépero, que se llamaba Juan, y desde lejos de la arbolera empezó a gritar:

—Penar, penar, hasta llegar al peral.

Y asina fué por un largo tiempo y don Pedro no más en cuanto oía la voz. Y entre más, iba oyendo la voz más clara y antonces ya oía:

—Penar, penar, hasta llegar al peral; cuando éramos vivos, andábamos por estos caminos, y hora que soy muerto, vengo por Pedro el tuerto.

Y las mecatió el viejito y dejó el peral. ¡A vida y contento de todos los muchachos sinvergüenzas!

51. El tonto⁷

Una vez estaban dos hermanos. Uno se llamaba Juan y el otro se llamaba José. Este Juan era medio tontito. Un día lo despachó su hermano a José a comprale unos guantes de ésos que tuvieran la correita azul. Y se jué Juan y llegó a la tienda. Los cajeros eran americanos y le dice el cajero:

—*What you want?*

—Sí, guante —le dice él.

—*What you say?* —le dice.

—Sí, pa José.

—*Oh, you fool!*

—Sí, de ésos de la correíta azul.

—*Oh, you go to hell!* —le dice.

—Sí, de esos me mandó él.

Antonces se enojó el cajero. No lo pudo entender y lo corrió.

52.　*La que no sabía comer*[8]

Esta, cuando se casó con él, lo tenía hecho creer que ella no comía. Ella se escondía para comer y nunca comía a que él la viera. El se persuadió de que era imposible de que no pudiera vivir sin comer, y un día le dijo que le hiciera bastimento, que se iba a ir a hacer un viaje.

Hizo la desecha de que se había ido al viaje. Se vuelve a la casa y se puso en un lugar onde podía estar cuidándola. Ella, cuando se llegó la hora del almuerzo, hizo un hormiguillo. Tomó el almuerzo. A medio día hizo muy buena comida y se comió una torta de pan. En la noche mató un pollo, lo peló y se lo tomó para la cena. A poco rato que ella había tomado la cena, tocó la puerta el marido. Cuando ella lo vió, le dijo:

—Y ¿qué sucedió, hijito, que te volvites? ¿Qué te pasa?

—Pues veráste tú, hijita, que esta mañana cuando me fuí, me cogió una agüita tan menudita como el hormiguillo que te almorzates. Si no me he metido debajo de la torta de pan que te comites me pongo como el repollo que te cenates.

53.　*El goloso*[14]

Este era un viejo y una viejita muy católicos y tenían un hijo y una nuera. Todas las noches rezaban el rosario. Y cuando acababan de comer, se iban pal cuarto onde iban a rezar el rosario y el muchacho siempre se quedaba en la cocina. Y tenían miel mejicana, y éste, cuando se quedaba solo en la cocina, agarraba pan o tortilla y se ponía a comer miel. Ya la ollita iba muy abajo. Ya no alcanzaba bien a meter la mano. Al fin hizo juerza y metió la mano y atórase en la olla y empezó el viejito:

—Anda, ven a rezar.

Por dos o tres veces lo llamó.

—Allá voy. Allá voy.

Al fin lo ejecutó a que viniera. Y vino y se jueron a persinar y éste se jué a persinar con la mano izquierda y su padre le dijo:

—¿Por qué no te personas con la otra?

Cuando levantó la otra mano a persinarse, la levantó con la olla y volcó la miel.

54.   El marranito[48]

Había un hombre en una población y tenía un marranito listo para matar. Y no hallaba cómo hacer para que le quedara algo de carne porque toda la vecindad su costumbre era convidar a todos sus vecinos cuando mataban un marranito. Y en esta vez le tocaba a él matar el suyo y todos lo habían convidado ya. Y la víspera que lo iba a matar, un compadre suyo le aconsejó cómo hacer para dejar satisfecho a los vecinos:

—Lo mataremos esta noche —le dijo— yo y usté, y en la mañana sale a la vecindá preguntando por su marrano, que se lo robaron.

Y así se convino y fueron a hora avanzada en la noche y lo mataron y la siguiente mañana fué primero a traer carne para almorzar y no lo halló al marrano. Por razón de que su compañero que le había dado el consejo se lo llevó antes de que aclarara. De modo que a la primer casa que fué él a preguntar por su marrano fué a case su compadre y le dijo:

—Compadre, pues ya se me perdió mi marrano.

—Así no más dígales a todos, según el plan hecho anoche.

—No, compadre, si ciertamente se perdió. Me la robaron.

—Bueno, compadre —le dijo—, si es tan desagradecido y no me quiere convidar a mí después que yo le aconsejé, vaya con Dios.

Y de este modo se quedó el compadre con el marrano y el dueño no tocó nada y ni a la vecindá convidó.

55.   La vaquita[48]

Este era un hombre y una mujer y ya hacía tiempo que estaban casaos y no habían tenido familia y la mujer tenía una vaquita. Viéndose que estaba pobre y su mujer ya pa tener chiquito, le dijo:

—¿Qué dices, hija? Voy a feriar la vaquita.

—Bueno —le dijo ella, y se salió a feriala.

Allá onde entró una calle, lo topó uno con un carnero meso.

—¿Para ónde va, mi amigo?

—Feriando mi vaca.

—Le doy este carnero meso por su vaca.

—Bueno, amigo.

Aquél agarró su vaca y él agarró su carnero meso y se jué. A la vuelta de la otra esquina, topó otro con un gallo.

—¿Para ónde va, amigo?

—Feriando mi carnero meso.

—Pues le doy el gallo por él.

—Bueno, amigo.

Cuando entró otra calle, topa a otro amigo con una ánsara.

—Amigo, le doy esta ánsara por el gallo.

—Bueno, amigo.

Y logo topó a otro lépero con un saco de mierda seca.

—Oiga, amigo, ¿para ónde va con esa ánsara?

—La ando feriando.

—Bueno, pues yo le doy este saco por ella.

—Bueno, amigo.

De allá pa acá llegó a case su compadre, el vecino.

—¿Cómo le jué, compadre?

—Bien, compadre. Ferié la vaca por un carnero meso.

—Y ¿quése él, compadre?

—Y logo lo ferié por un gallo.

—Y ¿quése él, compadre?

Y hora ferié el gallo por una ánsara y hora ferié la ánsara por este saquito de mierda.

—¡Ah qué mi compadre tarre salvaje! Hora sí se noja mi comadre con usté.

—No se noja, compadre.

—Sí se noja.

—Pues vamos apostando, compadre.

—¿Qué me apuesta? Si no tiene usté nada.

—Le apuesto mi vida contra sus bienes a que su comadre no se noja conmigo.

Y le dijo su mujer:

—No apuestes, hombre. Te puede ganar mi compadre.

Pues que llavaron unos testigos por el fiance.

—Escóndase, compadre, con los testigos.

Y el del saco llegó a su casa y le dijo:

—¿Cómo te va, hijita?

—Bien, hijito, ¿cómo te va? ¿Cómo te jué?

—Bien, hijita. Ferié la vaca por un carnero padre.

—A lo menos lo matamos y pongo la zalea en la cama y la carne la seco y la guardo pa cuando tenga mi chiquito.

—Pero te voy diciendo, hija. Ferié el carnero por un gallo.

—Pues mira —le dice ella—, dites en lo que era. Pues yo soy madrugadora. Ahora me levantó no más canta el gallo.

—Y logo ferié el gallo, hijita, por una ánsara.

—Pues mira, hijo, no todos tienen ánsaras.

—Y logo ferié la ánsara por este costalito de mierda.

—Bueno, hijito, mira que esta vecina que tenemos es muy pelionera. Hora no más se noja y le digo que coma del saco.

Y el rico quedó pobre y el pobre quedó con los bienes del rico.

56. *Los dos carreteros*[47]

Estos eran dos carreteros qu' iban con dos yuntas de bueyes, cada uno de los carreteros con su carreta. Llegaron a una cuesta muy medanosa y muy caloroso estaba. El que estaba adelante estaba haciendo diligencia, chicotiando sus bueyes y renegando, haciendo diligencia subir la cuesta. El que estaba atrás estaba acostao boca arriba rezando y no hacía ninguna diligencia. En esto pasó el Señor y San Pedro por donde ellos estaban. Y cuando el Señor y San Pedro subieron la cuesta, habían caminao algún tanto. Antonces voltió San Pedro la cara pa atrás y le dijo:

—Señor, ¡que le ayudaras al que estaba renegando y a aquél que estaba rezando no le ayudastes!

—Oh, San Pedro —le dijo el Señor—, tú no sabes nada. Este hombre no estaba renegando de corazón. Estaba haciendo diligencia. Pues yo he dicho que el que haga diligencia, yo le ayudaré, y aquél que estaba acostao rezando, allá que se quede.

Y allá está todavía rezando.

57. *San Cayetano*[19]

Estos eran dos hermanos y iban un día pasiándose por la orilla de un río y vieron ir una viga en el río y se echaron a nado y se subieron en la viga y ai onde iban nadando en la viga la cortaron y hicieron dos partes, una pa cada uno. Cada uno se echó su pedazo de viga en el hombro después de que salieron del río y se fueron pa su casa, y uno de ellos tenía un burrito. El que tenía el burrito vino y hizo una canova de su parte de la viga y el otro vino y hizo un santo y le puso San Cayetano y lo trujo a su casa y hizo un altarcito y puso al santo ai.

Y un día se vieron los dos hermanos y le dice el del burrito al otro:

—Pues yo hice una canova pa mi burro. Y tú ¿qué hicites con la tuya?

—Pues yo hice un santo. Vamos a velo.

Cuando llegaron a la casa, que ven el santo, le dice el del santo:

—Híncate. Ya está bendecido. Rézale. Se llama San Cayetano.

Y aquél se quita el sombrero y se hinca y le dice:

—Te adoro, San Cayetano; de toda verdá te digo que eres hermano carnal de la canova de mi burro.

—Pero, hombre, no le reces asina —le dice.

—Pues si no sé más —le dice.

58. San Sebastián[95]

Había en una plaza una mujer muy pobrecita y tenía una burrita, y vino y tiró un árbol de nogal que tenía para hacer de los brazos del árbol un pesebre pa la burrita. Y un día pasó el cura por allí y vido los troncos del árbol y le gustaron muncho para hacer un santo y ya le dijo a la viejita que si no tenía uso para aquellos palos que estaban allí, y le dijo ella que no:

—¿Me los podrás regalar?

—Sí se los regalo, padre.

Luego el padre ordenó que levantaran aquellos palos y los llevaran a un escultor, y él fué a onde estaba el escultor y le dijo que l' hiciera un santo que se llamara San Sebastián. Desde aquel día, entonces, empezó a predicarle a la gente el cura de que había mandao a trai un santo muy milagroso de una suidá muy lejos y que el santo s' iba a llamar San Sebastián y que ese santo iba a ser el patrón de la suidá, de la placita. Que se fueran apreviniendo todos para cuando viniera el Santo pa que l' hicieran una limosna de dos riales, cuatro riales o un peso, lo que pudieran. Toda la gente no habla más que de San Sebastián y que sería el patrón de la placita.

Se llegó el tiempo que San Sebastián llegó, pero la gente estaba bien preparada. El día que San Sebastián llegó, todos fueron a adorarle y a llevale su limosna. Solamente la viejita que había regalado la madera para qu' hicieran el santo no iba a adorar a San Sebastián. Echando menos el cura a la viejita que no iba a adorar a San Sebastián, preguntó por ella y dijo que si por qué la viejita no iría a adorar a San Sebastián. Entonces despachó un propio que fuera a llamar a la viejita. Cuando llegó el propio, le dice a la viejita:

—Allá la llama el cura. Que no más usté no ha ido a adorar a San Sebastián.

La viejita le dijo al mensajero que fuera y le dijiera que pronto iba.

La viejita agarró un punto y se lo puso sobre su vestido y se fué a adorar a San Sebastián. Cuando ella llegó a la puerta de la iglesia, s' hincó devotamente, diciendo estas palabras:

—Glorioso San Sebastián, nacido del árbol de mi nogal, del pesebre de mi burrita, hermanito carnal.

—Cállese, cállese, vieja tonta —le responde el cura— que la gente no necesita de que usté les diga de ónde es San Sebastián.

59. San Cristóbal[47]

Este era un hombre que no era pa casao. Y tenía un devoto que era San Cristóbal y todos los días iba a una ermita a hacele oración a su devoto pa que le consiguiera una mujer. Todo el tiempo pedía mujeres y no le daban. Le daban calabazas.

Un día jué a la ermita muy nojao y le dijo a su devoto:

San Cristobalazo,
¿Cuándo me caso?

Cuando su devoto vido que estaba tan ensestido en casarse, le concedió una mujer. Y se casó al fin y le salió tan mala que al siguiente día volvió a su ermita y le dice:

San Cristobalito,
¿Cuándo me la quito?

60. Mano Cachón[87]

Pues sembrando en cierta primavera, se le quedó cierto pedazo de tierra muy bueno que no alcanzó semilla para sembrarlo. Entonces le dice a la viejita:

—Pues, hija, yo no quisiera dejar ese pedazo sin sembrar.

—Si todo lo hace Dios. Tenemos mucha harina. Siembra harina. ¡Quién quita y harina coséchemos.

—Pues dices bien.

Se puso a regar la tierra bien regada. Habiéndola regado, la dejó que se oriara un día y luego desparramó harina y la dejó y a los ocho días salió y se fué viniendo como una nube. Y fué encanando. Pues con el tiempo empezó a crecer cañutes gruesos como cañas de maíz y luego empezó a echar como guajes. Le dice a la mujer:

—Pues yo no sé qué es esto.

—Pues es la harina. Se está formando en esos guajes.

Un día sacó una navaja y abrió un guaje; la viva leche. Ai estaba ya la harina formándose. Pues saben ustedes, en setiembre la vieja abriendo la boca y él llenando los sacos.

61. El indio[18]

Allá en el pueblo de San Juan vivía un indio con su india y no tenían familia. Estos eran muy trabajadores. Tenían muy grande hortaliza y como en el mes de agosto se enfermó la india y anduvo enferma por algún tiempo asina trabajando. Ya se había llegado el tiempo de hacer tasajos. Había hecho muchos manojos de tasajos de calabazas que iban madurándose. El demás calabazal estaba tendido. La pobre india ya no tuvo más tiempo que ayudale al pobre indio a meter los tasajos. Luego cayó en cama enferma y el pobre indio no podía asistir a su siembra por estar a la asistencia de su mujer. Se agravó tanto la pobre india, hasta que murió. Empezaron a venir sus vecinas a verla y el pobre indio estaba muy triste y muy aconjogao por la muerte de su esposa. La india se llamaba Josefa Romero y cuando el indio lloraba, le echaba requiebros a la pobre india:

—Alma mía de tu alma, güena mujer, güena casera, güena vecina, te juites y me dejates con todo el calabazorio de fuera (todo el calabazal estaba destendido) pero lo que me consora es que me dejates el tasajo metido.

62. *El viejito*⁷⁷

Bueno, éste isque era un viejito que estaba en una plaza, y andaba una enfermedá muy juerte acabando con los viejos y viejas. Y vino el viejo y hizo que le arraparan la cabeza con la navaja de barba para hacerse niño y empezó a gatear. Otro día jué la muerte a su casa y luego que la vido entrar, se vino él de allá gatiando y antonces se quedó la muerte de allá mirándolo y le dijo:

—¿Quién eres tú?

Antonces le dijo él:

—Ñaña.

—Apróntate pa mañana —le dijo la muerte, y se lo llevó otro día.

63. *El viejo que se casa con la niña*⁷⁸

En una suidá había un hombre de ochenta años que se casó con una joven de veinte años. Y yendo y viniendo tiempo la joven se turbó y agarró amistá con un joven. Tenían una sala grande, como antes se acostumbraba. La puerta de dos manos, donde estaba el querido; donde ella tendió la cama en frente de la puerta, y estaba el anciano en su misma cama. Al tiempo de hacer la señal de la cruz, como es de costumbre, empezó por la frente a hacerse la señal de la cruz:

—Así que el sordo se duerma (Y hacía la señal en la frente) que esté bien dormido, vendrás por este ladito y te acostarás, y no se te olvide, no se te olvide, no se te alvide (Y se daba tres golpes en el pecho cada vez).

Pues el esposo dando gracias a Dios que le había dado una mujer santa.

64. *Los dos viejitos*⁷⁹

Pues éstos eran dos viejitos y no tenían familia. Hacían su vida vendiendo leña. Un día se levantaron muy de mañana y se fueron pal monte y allá empezó la viejita:

—Causa de nuestro padre Adán y nuesrta madre Eva andamos trabajando. Si no han pecado, no anduviéramos aquí trabajando.

También andaba un rey cazando en el monte y oyó él lo que

ella dicía. Cuando oyó el rey esto, se paró y se va para onde estaba
la señora, y le dice:

—Señora, no tendrá ya que trabajar más. Ahora puede usté irse
pa mi palacio y allí tendrá usté todo lo que usté quiera. Serán ustedes y sus burritos bien asistidos.

Bueno, pues se fueron pal palacio. Pues allí tenían de todo cuanto había: mucho que comer, mucho que vistirse. Pues que un día le
dijo el rey a la moza que pusiera una charola tapada y adentro de la
charola iba un pajarito y le dice a la criada que le diga a los viejitos
que no abran esa charola. Que en el momento que la abran, tendrán
que salir del palacio.

Y yendo y viniendo tiempo le dice la mujer al viejito:

—¿Qué habrá en esa charola? Vamos abriéndola.

—No. ¿Que no ves que aquí estamos muy a gusto? Tenemos mucho que comer, mucho que vestir y no tenemos que trabajar.

—No —le dice la mujer—, al cabo que la abremos y pronto la
tapamos.

Y cuando la abrió la mujer, salta el pajarito de una vez. Pues
no más vido la criada el pajarito y les trujo su ropa y sus burritos y
les dijo que tenían que salir a vender más leña, y siguieron vendiendo leña y le dicía el hombre a la mujer:

—Causa tuya.

65. *El valiente*[36]

Había un hombre que era muy valiente. Toda la gente lo conocía porque ese hombre no le tenía miedo a ninguna cosa. Y mucho
menos les tenía miedo a los muertos. Y esta vez habían ido unos léperos a robar higos a una huerta y robaron muchos higos y cuando
iban en el camino, le preguntó uno de los ladrones al otro:

—Y ¿ónde nos vamos a partir los higos?

—Al camposanto vamos a repartirnos de los hijos. Allá no hay
quien nos vea.

Bueno, pues se fueron ellos a partir de los hijos en el camposanto. Cuando iban a entrar la puerta, se les cayeron dos higos y le dijo
uno al otro:

—Cuando véngamos de allá para acá, nos repartemos de éstos.

Bueno, cuando éstos estaban repartiéndose de los higos, iba pasando el valiente por el camposanto y estaban ellos, "Este para tí, és-

te para mí; éste para tí y éste para mí." Pues oyó el valiente que estaba alguien hablando allí y dijo:

—Aquí está el diablo y nuestro Señor Jesucristo seguro repartiéndose de los muertos.

Se puso otra vez a escuchar y vió que era verdad, que estaba repartiéndose, y de una vez echó a correr. Pues, ¡oh, iba con tanto miedo que cuando él salió, alcanzó a ver él una luz en la casa más cerca donde estaban dos hombres jugando a la baraja! Y éstos conocían a este hombre por muy valiente, también. Cuando él llegó, él ni tocó la puerta sino que le pegó a la puerta y la abrió. No más entró, le preguntaron a él:

—¿Qué hay?

—Está el diablo y Nuestro Señor Jesucristo repartiéndose de los muertos en el camposanto.

Pues aquéllos lo creyeron y dijieron:

—Seguro que es verdad. Este hombre no es miedoso. Pues vamos a ver.

Y se fueron cinco hombres más con él. Cuando ellos llegaron al camposanto, todavía estaban aquéllos contando "Este para mí, éste para tí." No más que ya iban acabando. Pero los oyeron aquéllos y dijieron:

—Es verdad.

.. cuando dijieron los ladrones:

—Y ¿los de los que están allá afuera? Uno para tí y otro para mí.

Bueno, pues entonces afirmaron que sí era el diablo y Nuestro Señor Jesucristo los que estaban repartiéndose. Entonces todos salieron huyendo porque creyeron que también de ellos se iban a repartir. Y ya uno de ellos iba tan cansado que ya le daban ganas de sentarse a morirse, y él pensó y dijo:

—Si yo supiera que le tocara a Nuestro Señor Jesucristo, me quedara; pero si le toco al diablo, vale más huir.

66. *El sarnoso, el piojoso y el mocoso*[18]

Estos eran tres amigos. Uno era muy sarnoso, otro muy piojoso y otro muy mocoso y que siempre ocupaos cada uno en su tarea. Habiéndose juntao un día los tres y viéndose unos a los otros que ni uno sestiaba en estar empeñados en rascarse, al fin convinieron en hacer una prueba y a ver quién podía aguantar más de los tres. Se pararon los tres para estarse cuidando los unos a los otros. Estuvieron por un buen rato serios hasta que por último el sarnoso ya no pudo aguantar, y rebulléndose y voltiándose, se tiró la rascada así el costillar izquierdo, indicando con su derecha de que allá vinían dos, y se dió el rascón aquí abajo de las costillas. Luego el pobre mocoso, que ya le colgaba muy larga la candela, también levantó su mano y dijo:

—Y vienen de travesía (Destendió su brazo y se dió el ripión en las narices y se limpió el moquero.)

Luego el pobre piojoso, que ya no aguantaba, viendo que ya aquéllos habían quebrantao el contrato, levantó sus dos manos y se las tiró a la cabeza y dijo:

—Si no son dos, si son muchos.

Y empezó a rascarse el piojero. Allí se quebró el contrato de los tres y cada uno siguió desempeñando su tarea.

67. La mula[11]

Era en tiempo de guerra que el gobierno echó compradores de las suidades a comprar caballos pa los soldados. Y había una placita allí cerca onde llegó el aviso que andaban los oficiales del gobierno comprando las bestias pa los soldados. Pusieron qué día iban a llegar a la placita y empezaron todos los hombres a prevenir sus caballitos y había un hombre que tenía un compadre y éste le dice:

—Compadre, hora es tiempo que venda su mulita. Cierto día están los compradores del gobierno y usté la tiene lista para venderla y yo le iré a hacer la pala para venderla.

Pues que llegó el comprador y empezó a ver todos los animales que había allí hasta que llegó onde estaba la mulita y el compadre, el palero, prendido. Ya le dice:

—Pues aquí está la mulita. ¿Cómo te cuadra?

El comprador empieza a voltiarla y a verla y le dice:

—Está muy chiquita.

—¿Chiquita? Veinte años tiene —le dice el palero.

—Oh —le dice—, ya no jalará.

—¡No jala! —le dice—. Cuando mi compadre la baja de la sierra, envita a todos sus vecinos y a todos arrastra.

—Oh, tendrá alguna maña —le dice el compadre.

—¿Una maña? Veinte mañas tiene.

68.   Los viejitos[97]

Güeno, pues éstos eran unos dos viejitos que estaban en su casa muy enfermitos y le dijo el viejito a la viejita:

—¡Ah, cómo estamos de viejos! Ya yo no te puedo asistir. Estoy muy viejo.

—Ni yo te puedo asistir a ti. Ya podía el Señor alzarnos el destierro.

—A mí primero —le dijo el viejito.

—A mí primero —dijo la viejita.

En esto estaban cuando se arrimó un lépero por juera. Tenían la puerta atrancada y tocó la puerta. Antonces le respondió el viejito de adentro:

—¿Quién es?

—Soy yo —les respondió el lépero de ajuera.

—¿Quién es yo? —le dijo el viejito.

—Soy un ángel de Dios, que vengo por uno de los dos.

Antonces le dijo el viejito a la viejita:

—Ya viineron por uno de nosotros. Vete tú.

—Vete tú —le dijo la viejita—. Después me iré yo.

69.   Los tres gachupines[98]

Había unos tres gachupines que fueron a una suidá a aprender a hablar español. Estuvieron largo tiempo y no pudieron aprender más que uno a decir "nosotros", el otro "porque quisimos" y el otro "justo es". Una noche hubo una diversión en la plaza y mataron un hombre. Y a aquéllos les dió temor y salieron huyendo. Antonces el que sabía decir "justo es" iba adelante de los otros, el que sabía decir "porque quisimos" iba en el medio y el que sabía decir "nosotros" iba más atrás. Luego salieron los oficiales en pos de ellos. Cuando alcanzaron el primero, le preguntaron quién había matado al hombre. Dijo él:

—Nosotros.

Luego se vino el compañero que iba en el medio y le dijeron:

—¿Por qué?

—Porque quisimos —dijo él.

—Ahora será bueno matarlos a ustedes —dijeron los oficiales.

—Justo es —dijo el otro.

70. *El obispo*[11]

Hace como cincuenta años, cuando entró Su Señoría por primera vez al Nuevo Méjico, la gente estaba con mucho gusto de que iba
a venir Su Señoría a hacer las confirmaciones a los niños. Y el padre
les dijo que se prepararan todos, que iba a venir Su Señoría. La gente
no conocía al señor obispo. Pues tenían demasiado gusto que viniera
pa conocerlo. Pero se hallaban confusos de que viniera y no poder
platicar con él, cómo introducirse, cómo dicirle, cómo nombrarle. Pues
llegó a San Juan. Luego que llegó, el padre le puso su cuarto onde
pudiera estarlo visitando la gente antes que tuviera la confirmación.

Pues empezaron a entrar los hombres a visitarlo y naiden sabía
cómo decirle. Unos le decían "¿Cómo le va, San Joaquín?" Otros le
dicían, "¿Cómo le va, María Santísima?" En fin que entró uno y le
dijo, "¿Cómo le va, Su Señoría?" Pues cuando éste dijo, "¿Cómo está, Su Señoría?", creyó el obispo que había encontrado uno con quien
podía platicar. Pues cuando ya aquél trató asina, comenzó a decirle
que la gente muy atrasada, que no sabía cómo tratarlo. Antonces le
dice él:

—Sí, esta gente está demasiado atrasada. ¿Cómo es posible que
le digan María Santísima, viendo que aquélla era hembra y usté es
macho?

71. *El rey Adobín*[36]

Esta era una viejita y había matado un cochinito muy gordo. Y
esa tarde que ella había matado el cochino, llegaron dos léperos a su
casa. Bueno, tocaron la puerta y salió la viejita y le preguntaron que
si les daba posada. Les dijo ella:

—Sí, nietecitos, como no les he de dar posada. Duerman esta noche aquí en casa.

Bueno, pues en la noche ellos pensaron robarse el marrano, el
cual la viejita había hecho jamón. Después de que ella se acostó a dormir, lo empacaron todo el jamón en sus velises. Otro día en la mañana se levantó la viejita. La viejita, cuando ella sintió que le habían
robado el jamón, ya fué a sus velises de ellos y les sacó el jamón y
les echó adobes.

Pues cuando ellos estaban almorzando, empezaron ellos a rirse,
pensando que ellos tenían el jamón en sus velises y la viejita tam-

bién se reía. Pues luego les preguntó la viejita que si por qué se reían ellos. Ya le dijeron:

—¿Se acuerda, nana abuelita, cuando reinaba el rey Jamoní en tal suidá?

Entonces les dijo ella:

—¡Cómo no me he de acordar, nietecitos! Pues ya yo estaba grande cuando el rey Jamoní reinaba. Posible qué ustedes se acuerden también que reinaba el rey Adobín en la misma suidá después.

Pues ellos dijeron también que sí se acordaban pero no porque ellos sabían por qué les decía ella. Pues ellos acabaron de almorzar, agarraron sus velises y se fueron y la viejita se quedó riéndose de ellos. Ellos se fueron muy contentos, riéndose de la viejita que se habían robado el jamón y creyendo que ella no había maliciado nada. A medio día cuando fueron a comer, abrieron sus velises y van hallando que estaban llenos de adobes y supieron por qué había dicho que después había reinado el rey Adobín.

72. El sordo sembrador[18]

En una vez estaba un pobre hombre muy sordo. Estaba sembrando su triguito con una yunta de güeyes con la cola mocha o rabones. Cuando alzó la cabeza vido venir dos para onde él estaba y dijo entre sí mismo, "Allá vienen dos. Hora me van a decir, "¡Ah güeyes rabones!" Y les digo yo, "¡Rabones pero bien aran!" Luego me van a decir que si hasta dónde les entierro el arao y les digo yo que hasta la telera (una parte del arao). Luego me van a decir que si qué tanto siembro al día y les digo que ese saco lleno." Bueno, en esto llegan los muchachos y le dicen:

—Buenos días déle Dios, hermano.

—Rabones, pero bien aran —les responde el viejo.

—Pues ¿qué está sordo, hermano? —le dijeron ellos

—Hasta la telera.

—Pues cadajones pal sordo.

—Ese saco lleno —les dijo él.

Viendo los muchachos que no podían obtener ninguna respuesta de sus preguntas, se pasaron y lo dejaron en paz.

73. El viejo idiático[80]

Era un hombre muy rico que le gustaba mucho los cuentos y formó la idea de que no había quien aguantara contándole un cuento un mes, contándole regularmente ciertas horas en el día sin variar del asunto. Con ese propósito ofreció una hija que tenía en recompensa que se casara con ella el joven que pudiera hacerlo.

Varios hicieron la tentativa y fracasaron pero un lépero se comprometió con él. Que él sí podía hacerlo. Cuando comenzó, le dice:

—Había otro hombre muy rico y de muchas ideas, que vivía cerquita de una sierra y, creyendo que podía venir un hambre mandó recoger todo el maiz que pudo conseguir y hizo un tonel en la sierra y empezó a meter el maiz ai, dejando solamente una entrada en la puerta para que no hubiera quien se lo robara pero inadvertidamente quedó una rendija en la puerta por donde una hormiga podía entrar y sacar un granito, y una hormiga vecina comenzó el trabajo.

Cuando el lépero se puso a contarle el cuento, les dijo que la hormiguita había ido y había sacado un grano y luego sacó otro y luego otro. Cuando el idiático vió que aquél podía tardarse más que un mes solamente diciendo que la hormiguita había ido y había sacado otro, aguantó dos días y antonces determinó mejor que se casara con su hija, y se celebraron las bodas y se convenció de que podía haber uno que aguantaba un mes contando un cuento sin variar.

74.   *Las tres hermanas*[36]

Había un hombre que tenía tres hijas y nunca las sacaba él a pasiar a la plaza porque ellas eran tartamudas y también eran muy bonitas. Y fué él a la plaza y le trajo a una un anillo y a la otra un par de zapatos y a la otra no le trajo nada. En la plaza le platicaron a un muchacho que tenía el hombre este tres hijas muy bonitas. Este muchacho andaba conociendo mujer. Se fué el muchacho a conocer a las muchachas éstas y cuando él llegó a la casa, que entró, que vió a las muchachas, se le hicieron muy lindas y le gustó más la que traiba el anillo. Pues ellas se estuvieron calladitas. Sabía que había ido el muchacho a conocerlas a ellas y se estuvieron ellas, calladas. Al fin, la que traiba el anillo le dieron ganas de hablar para que viera que traiba anillo y dijo ella y apuntó con el dedo que traiba el anillo:

—Mira qué añaña va allá.

—Yo la matalé —dijo la que traiba los zapatos nuevos, sacando el pie.

Entonces el muchacho dió a entender que no le habían gustado las dos porque eran tartamudas y entonces dijo él que "ésta es la que me gusta" y apuntó a la tercera, y ésta dijo:

—La suerte que yo no jablé.

75. La vieja Pelleja[36]

Esta era una viejita muy rica y muy astuta, y tenía dos perras. Una se llamaba Pelleja y la otra Lucía. Llegaron dos ladrones a la casa. Y entonces le dijeron los ladrones a la viejita:

—Ahora vamos a devorarla si no nos entriega el dinero que tiene.

—Está bien —les dijo ella—. Yo, dinero no tengo nada pero yo muero con mucho gusto. Dejen vestirme como me vestía yo cuando era muchacha y cantarles una cancioncita.

Y ellos les dijeron que sí, con mucho gusto la dejaban cantar y vestirse como ella quisiera. Bueno, se vistió como una joven y salió muy bonita y se paró arriba de una sillita y comenzó a cantar:

—Antes, cuantuay, cuando era muchacha ¡Lucía! y ahora que soy vieja ¡Pelleja!

Por tres veces dió su cantadita, cuando aquí van entrando aquellas perras más bravas que pronto una de las perras agarró a uno de los ladrones y la otra al otro y en tanto que el aire devoraron a los dos ladrones y ella se quedó zafa.

76. La muchacha que robaba elotes[44]

Esta era una muchacha que iba a robar a una milpa todas las mañanas y cantaba ella cada vez que se echaba un elote en brazos:

Oh, Virgen María,
oh, Madre de Dios,
que no hay en el mundo,
otra como vos.

Y lo repetía ella como tres veces y se echaba un elote cada vez. Y luego dijo el dueño de la milpa:

—Pero ¿qué se estará haciendo mi maíz? ¿Por qué se estará acabando? Voy a cuidar.

Y se sentó allí a cuidar. Cuando llegó ella, empezó a cantar,

Oh, Virgen María,
oh, Madre de Dios,
que no hay en el mundo,
otra como vos.

Y le responde el dueño de allá:

Oh, perra ladrona,
hija de un demonio,
que no hay en el mundo
otra como tú.

77. *Los tres huevos*"

Estos eran dos muy buenos casaos. Pues la mujer tenía siempre
de costumbre en las mañanas siempre hacía tres huevos y siempre le
ponía dos a su marido en su plato y uno, ella. Pues que poco a poco,
el hombre estaba reflejando de que ya hacía algunos días que le ponía a él uno y a ella dos. Y le dijo él:

—Hace algunas mañanas que veo que tú estás comiéndote dos
huevos y yo, uno.

—Así tiene que pasar. Yo dos y tú uno.

Y vino él y se levantó y agarró y le dejó uno.

—No, mejor me muero que comerme un huevo —le dice ella.

—No, mujer, cómetelo.

Se impacientó él y le dijo:

—Pues muérete, si no quieres comerte un huevo. Muérete.

Y se hizo la muerta. Pues aquél le rogaba mucho.

Fué aquél y trujo tabla y carpinteros. Hicieron el cajón, le echaron en el cajón. Le decía él:

—Anda, tú uno y yo dos.

Pues que la llevaba pal camposanto y ella muy firme; que mejor
quería morir. En el camino onde iban, le iba rogando el hombre:

—Anda, tú uno y yo dos.

—No —le decía—, yo dos y tú uno.

Pues en último que llegaron a onde estaba la sepultura. Pues ya
cuando iban a echala, le dijo aquélla:

—Pues cómetelos todos.

78. La mujer cabezuda[47]

Este era un hombre casao que tenía una mujer muy cabezuda. Este hombre lo envitó un compadre de él, que se iba a casar un hijo de él. Que había un río muy grande. Estaba muy crecido. Su compadre de él había mandado unos barqueros al otro lao del río a que los pasaran. Pero él no los vió y se determinó a pasar a caballo. Este hombre tenía unos caabllos. Tenía un manso entre todo el atajo y los demás eran muy malos. Le dijo a su esposa que su compadre lo había envitado, que se iba a casar un hijo de él. Y le platicó a su esposa el caso y antonces le dijo la mujer que ella quería ir al casorio, y le dijo él:

—Pero el río está muy crecido y los caballos son muy malos y no quisiera que fueras porque te pueden tirar en el río.

Antonces le dijo ella que ella quería ir, que le ensillara el caballo más malo. Su esposo le dijo que no era bueno que fuera, porque el río estaba muy crecido y que podía perder la vida de algún modo o podía tirarla el caballo. Pero la mujer ensistió en que le ensillara el caballo más malo que tenía. Y el hombre al fin le ensilló el caballo más malo que tenía y él agarró el manso. Y se fueron, y cuando entraron al río, el caballo se soltó reparando y tiró a la mujer. De modo es que la mujer se hogó y no se pudo ver. El pasó al otro lao del río salvo y se fué buscando a la señora in contra de la corriente pa arriba. Antonces los barqueros le dijieron que el hogao iba pa abajo, que lo buscara pa abajo. Antonces les dijo él a los barqueros que era tan cabezuda que él creiba que iba in contra del agua pa arriba.

79. Los casaos[11]

Si es verdá, para allá va, si es mentira, ya está urdida. Pues se casó un hombre y una mujer. Se casaron por el padre. Y usté sabe que el matrimonio por el padre siempre se debe respetar. Por eso ellos estaban respetando. Ellos salieron malos casaos. Y le dijo el hombre a la mujer:

—Pues si no hemos de vivir bien, es mejor apartarnos.

—Bueno —le dice ella—, pero tendremos que ir a ver al padre pa que nos descase.

Se fueron a ver al padre. Llegan allí a onde está el padre y le dicen que se querían descasar, que ya no querían vivir juntos.

—Bueno —les dice el padre—, vengan mañana listos lo mismo que el día que se casaron, bien vestidos para descasarlos.

Pues llegaron allá onde estaba el padre. El padre estaba ya en las gradas, ya revestido pa descasarlos. Y agarró el incensario en la mano y estuvo hablando el padre y amagándoles con el incensario, a uno una vez y al otro otra. Cada vez les pegaba más reciecito. En el último, que ya les estaba pegando, ya les estaba dando golpes con el incensario en la cara y ya empezó a saliles sangre a uno y al otro. Ya le dice la mujer al padre:

—¿Pues ¿qué es lo que va hacer con nosotros?

—A matar uno —le dice el padre.

—Que así no —dice la mujer—, que vale más vivir juntos que no muerto uno de los dos.

—Pues del otro modo no se pueden separar.

Ai se arrepintieron. Salieron de allí y fueron a vivir bien.

80. *El pobre y el rico*[11]

Estos eran dos compañeros, no más que uno era muy rico y el otro muy pobre. El rico siempre invitaba a su compadre a la comida todo el tiempo y le dijo el pobre a su mujer:

—¡Válgame Dios, hija, mi compadre y mi comadre todo el tiempo nos convidan a comer! ¿Cómo hiciéramos para darles un convite a una fiestecita?

—Anda al llano —le dijo la mujer— a ver si cazas conejos pa frir uno bien pa convidarlos nosotros.

Y fué el hombre al campo y trujo dos conejitos. Muy contento llegó a la casa y le dijo a su mujer:

—Hora sí, hija, compónlos muy bien y yo iré a invitar a mi compadre y a mi comadre pa que vengan a cenar con nosotros.

Pues la pobre vino y se puso a cocinar los conejos bien cocinados. Cuando ya los cocinó, el hombre se tardó algo pa volver con su compadre. En esto que aquél andaba allá, ella se puso a probar los conejitos hasta que ya cuando hizo alto, ya no tenía nada. Y se los había comido todos.

En esto llegaron el hombre con su compadre. La comadre no quiso venir. Cuando llegaron a la casa, le dijo el pobre:

—Compadre, entre; voy a hacer aguas aquí.

—¿Cómo le va, comadre? —dijo el compadre cuando entró.

—¿Cómo le va, compadre?

—Comadre, ¿pa qué me quería mi compadre?

—Compadre, pa cortarlo.

Pues aquél dijo entre sí, "Entra mi compadre y me halla adentro, pues seguro que lo hace". Y se fué pa su casa.

Entra su marido de la mujer y le dice:

—¿Quése mi compadre?

—Se llevó los conejos.

Y salió a gritar a su compadre a decile que le dejara uno siquiera, que no se llevara los dos. Empezó a gritale:

—Compadre, déjeme uno, siquiera.

—No, compadre, ni uno.

81. Los dos rancheros[51]

Era don José María y don Antonio. Vivían cerca uno del otro y tenían animales y vendían mantequilla, blanquillos, carne y leche. Pues ellos los dos rancheros se decían compadres. En una vez llegaron unos americanos. Ese hombre José María no sabía absolutamente una palabra de inglés. Ya le dijieron los americanos que les vendiera blanquillos y leche. El se entendió como pudo con ellos, con señas. Y le dice el americano al hombre que al otro lado del riíto van a dormir, que otro día vaya por su pago. Pues no sabiendo él inglés, le dice él a su mujer:

—Voy a ver a mi compadre pa que vaya a interpretarme. El sabe muy bien el inglés.

Pues ya parte y se va para allá. Y le dice:

—Pues yo vengo a decile que llegaron unos americanos ayer tarde a en casa y me compraron leche y blanquillos. Como pudimos nos entendimos y dijieron que ai iban a dormir y ai están. Hora quiero que vaya conmigo pa que me vaya a interpretar.

—Muy bien —le dice don Antonio—. Vamos.

Y le dice don Antonio a los Americanos, cuando llegan:

—Gur mornin *(Good morning)*, gringos ladrones. Al *pay* mi compadre José María. *You* no al *pay* mi compadre José María, *I'll* breque *(break) your* neque *(neck)* con un palo esteque *(stick)*.

Bueno, el americano no podía entender, pero al fin le pagó y cuando iban en el camino, le dice don José María a don Antonio:

—Si no ha sido por usté, no me pagan los americanos.

—Yo —le dice don Antonio— sé el inglés perfectamente. No me avergüenzo en hablarlo.

82. *El peludo*⁶⁷

Eran dos, un señor y su esposa y no tenían familia. Y el esposo era tejedor. El era muy malo con su mujer. Cuando él se murió, isque le dijo ella:

—No te perdono por malo que eras conmigo.

Todas las noches isque venía a tejer. Estaba teje y teje pero isque le decía ella:

—No te perdono, peludo; no te perdono, peludo. (Le decía la señora "peludo" porque todo el tiempo estaba él tejiendo.)

Y un día isque entró ella a case su vecina.

—Sabes —isque le dijo—, este peludo viene todas las noches a tejer, pero no le perdono.

—Perdónale —isque le decía la vecina—. No sea que le vaya a hablar y se vaya usté a morir del rebato.

—Bueno, voy a perdonarle. Te perdono —isque le dijo la esposa— aquí en la presencia de Dios, pero Dios te ha de tener de una oreja.

83. *La muerte y el Señor*¹⁰

Este era un señor que iba por leña y cada vez que iba a comer, siempre llegaba alguna visita y nunca se acababa con lo que llevaba para comer. Un día fué y le dijo a su esposa:

—Válgame Dios, hija, tan pobre que estoy y siempre que voy al monte nunca puedo comer solo. Siempre que voy a comer, llega alguien y le tengo que dar de comer. Mañana me echas un lonche para acabalarme yo solo.

Y se fué. La mujer le había compuesto una gallina y suficiente lonche para que se acabalara. Cuando estaba comiendo, vido él un señor que venía dirigido a onde estaba él, y pensó, "¡Válgame Dios, que nunca pueda comer yo solo! Pero no lo voy a llamar a comer."

—¿Cómo le va, amigo? —le dijo el hombre cuando llegó.

—¿Cómo le va, amigo? ¿Quién es usté?

—Pues yo soy el Señor. ¿Que no me da de comer?

—No, no le doy de comer a usté, porque usté hace menosprecio. A unos les da mucho y a otros no les da nada.

Se fué el Señor. A poco rato vido venir a otro y era la muerte y le dice:

—¿Cómo le va, amigo?

—¿Cómo le va, señor?

—¿Que no me da de comer?

—Pues ¿quién es usté?

—Yo soy la muerte —le dice.

—Pues antonces sí. Venga a comer, porque usté no le hace menosprecio a nadie. Para usté todos son iguales.

84. *El pobre que tenía mucha familia*[11]

Pues éste tenía tanta famiila que ya no hallaba quién convidar pa compadre ahí en la plaza onde vivía. En el último, cuando su esposa tuvo el último muchachito, le dijo a su esposa:

—Hora me voy a convidar al primero qu incuentre en el camino. Hora no voy a la plaza.

Y salió de la casa y s'incontró con la muerte en figura de hombre. Y le dice:

—¿Cómo le va, amigo?

—Bien. ¿Cómo le va?

—¿Para ónde camina?

—Voy a convidar compadre y yo prometí a mi vieja que al primero qu' incontrara en el camino, lo iba a convidar y hora usté está convidado pa compadre.

—Bueno —le dice—, pues allá voy.

Fué la muerte a la casa del compadre y tomó el niño y se fué a bautizalo. Fué y lo bautizó y volvió con el niño a la casa y se lo entregó a los compadres. Ya cuando se iba, le dijo el compadre:

—Yo no truje canastía, pero sí le prometo el dale una virtú a usté que ahora usté va a ser el mejor dotor que hay en el mundo, pero con esta condición, compadre. Cuando usté vaya a curar un enfermo, refleja a los pies y a la cabecera del enfermo. Ai me va a ver a mí. Cuando me vea usté en los pies, pida dinero y se compromete a sanalos a todos. Pero cuando me vea en la cabecera, no se atreva nunca a curalos.

Pues que salió aquél el mejor dotor. Empezaron a cai enfermos y empezaron a corretiarlo. Y le decían el dotor Bueno. Por muchos años él estuvo haciendo mucho dinero. Se hizo muy rico él. Pues que en una ocasión cayó un rico que estaba en la suidá muy enfermo. Lueguito fueron por el dotor Bueno. Pues luego que lo vido, ya vido a su compadre allá en la cabecera y se quedó él mirándola y los ateudientes que estaban cuidando al enfermo, le decían que pidiera todo lo que él quisiera por curar al enfermo, que ellos le podían pagar todo lo que él quisiera. En el último les dijo él que por una suma muy grande él se atrevía a curar a aquel enfermo pero con la condición que tenían que traile una clase de instrumento, como una rueda que voltiara por encima de la camalta. En el último que echó al compadre a los pies y sanó al enfermo. Le pagaron el dinero que le habían prometido.

Cuando él recibió el pago, que le pagaron todo, se fué pa su casa. En el camino ónde iba, antes de llegar a su casa, le salió su compadre:

—¿Cómo le va, compadre? Hasta aquí no más camina usté de dotor. ¿Se acuerda usté del compromiso que hicimos? Pues venga pa acá, compadre.

Pronto, lo metió allí en un cuarto. Ai estaban dos velas prendidas. Una estaba intacta y la otra ya estaba pa acabarse. Y le dice:

—Compadre, ¿ve estas velas aquí? Esta grande es usté. Esta que se está acabando es el que usté curó horita. Pues hora, en lugar, ésta que se está acabando es usté y ésta que está intacta es el que acaba de curar usté. Aquél vive y usté muere, compadre.

85. *La comadre Sebastiana*"

Este era un hombre pobre. Su mantención era hacer carbón para vender en una suidá. El día que podía vender carbón, comía él y su familia. El día que no podía, aguantaban sin comer. Así estuvo viviendo por algunos días. Por donde hubo un día que le dió mucho hambre, y decedió robale una gallina a su mujer. Y jué al gallinero y sacó una gallina y la mató y la llevó al monte y cuando ya hizo lumbre que se hicieron brasas, la puso a asar y la estuvo asando muy bien y cuando ya la asó, la sacó de la lumbre y la puso allí por un rato. (Como en el cuento número 83, llega el Señor, y el pobre rehusa compartir la comida con El por ser el Señor más generoso con los ricos que con los pobres.)

Bueno, antonces se jué el Señor y vino María Santísima. Le hizo la misma pregunta, que si qué estaba haciendo. El le respondió que estaba haciendo carbón par' ir a vender a la suidá. Que ésa era su mantención. Antonces María Santísima le preguntó que si la convidaba con la gallina y él le respondió que no, porque tal vez, siendo ella María Santísima, la madre de Jesucristo, que si por qué no intercedía con su hijo que hiciera a todos iguales, o a todos ricos iguales o a todos pobres iguales. No que a unos los hacía muy ricos y a otros muy pobres y él era uno de ellos. No la convidó con la gallina.

Cuando se jué María Santísima, vino la muerte y le hizo la misma pregunta, que si qué estaba haciendo, y él le respondió que haciendo carbón para ir a venderlo a la suidá pa mantenerse él y su familia. Antonces la muerte le dijo que si la convidaba con su gallina. El le preguntó que si quién era ella. Y ella le respondió y le dijo que era la muerte. Antonces él le dijo:

—Pues si es usté la muerte, está muy flaca. A usté sí la convido porque usté hace sus cosas muy bien hechas. Usté no separa al millonario ni al rico por rico, ni al pobre por pobre, ni al lindo por lindo ni al fiero por fiero, ni al viejo por viejo, ni al muchacho por muchacho. A todos se los lleva iguales.

Güeno, cuando ya acabaron de comerse la gallina, le dijo la muerte que pidiera mercé, y él le dijo:

—Señora, ¿qué mercé quiere que pida? Si a usté le nace darme mercé, déme lo que usté le nazca.

—Pues voy a darte la mercé que seas dotor, médico, alvirtiéndote una cosa, que cuando tú vayas a curar un enfermo y entres a la casa del enfermo y me veas en la cabecera, no lo cures más que te paguen lo que te pagaran, te prometan lo que te prometieran. No lo cures. Ya ése no tiene más remedio que morir. Ya ése está llamao de Dios. Y si me ves en los pies, cúralo con agua, tierra o polvo. Se levantará güeno y sano. Pero si me ves en la cabecera, no te atrevas a curalo más que te prometan lo que te prometieran.

El estuvo curando a muchos enfermos y el último que curó jué un rey, el más rico que había en todo el mundo. Ai quebrantó el mandao que le dijo la muerte que juera a hacer. Cuando entró él a la casa onde estaba el rico, estaba la muerte en la cabecera, pero él la agarró y la estuvo atarantando en una cuna hasta que ya la agarró y la puso en los pies y ya se quedó aburrida ai. Y antonces lo curó.

Y cuando iba en el camino, ya le salió la muerte al médico y ya le dijo que ya había quebrantao el mandao que le había dicho que no juera a hacer. Que aquél era el llamado y él no había querido con interés de lo que le pagaran. Ahora sería él por aquél. Que juera y llevara lo que le habían pagao a su casa y juera y se confesara que ai tena que morir en los pies del confesor. Y ai murió.

86. *La comadre Sebastiana*[2]

Este era un hombre que ya no jallaba comadre que le bautizara
a sus hijos y le dijo un día a su esposa que iba a salir y la primer persona qu incontrara en la calle, la convidaba de comadre. Y s' incontró con la muerte y le dijo que la quería de comadre pa bautizar un
niño y le bautizó al niño. Entonces le da la muerte una virtú de médico a su compadre, que se atreva a curar enfermos onde esté ella en
los pies; cuando ella esté en la cabecera, que no se arriesgue.

Un día lo llamaron pa que fuera a curar un hombre que estaba
muy enfermo y estaba su comadre Sebastiana en la cabecera y le dijo que no se atreviera pero que él no le hizo aprecio y hizo un cala-
brote con una rondanilla y venía y empezó a jalarla hasta que en-
ganchó a la muerte y la jaló pa los pies y entonces curó al hombre
y lo sanó.

Y otro día salió él y s' incontró con su comadre y le dijo ella:

—¿No te dije que no curaras cuando estaba en la cabecera?

Y lo metió para un cuarto y le enseñó dos velas, una de las velas ya se iba acabandoy la otra estaba muy larga.

—¿Ves esta vela? La grande ibas a ser tú y la chiquita el enfermo y hora tú eres la chiquita y el enfermo es la vela grande.

Y le dijo que otro día iba a venir por él. Y vino el compadre y
se peló bien a rapis y se untó tizne en la cara y se disfiguró muncho
él pa que no lo conociera su comadre. Otro día llegó la muerte y le
preguntó a la mujer:

—¿Cómo está mi cómpadre?

—Pues se salió pa la plaza, yo creo. Horita viene.

—Pues lo esperaré un rato —le dijo primero.

Ya cuando se cansó la muerte de esperarlo, le dijo la muerte a
la comadre:

—Bueno, comadre, ya me voy. Mi compadre se tarda muncho
pero de pasada me llevaré este peloncito que anda aquí.

87. *Los dos sabios y el cocinero*[1]

Salieron al campo unos hombres sabios y llevaban un cocinero.
Onde iban, compraron un borrego. Vinieron y pararon y hicieron a
cocinero hacer lumbre, cocinarlo bien y ellos prepararon sus camas
muy temprano. El cocinero estuvo haciendo la comida y luego los lla-

mó a cenar y le ordenaron que la cabeza del borrego la enterrrara en el rescoldo. Estuvieron cenando muy a gusto, muy contentos. Cuando ya estuvieron listos pa acostarse, le dijo uno al otro:

—Hombre, ¿cómo haremos pa no convidar al compañero con la cabeza?

—Vamos proponiendo que el que sueñe más bonito sueño, ése se come la cabeza por la mañana —dijo el otro.

Pues convinieron los tres. Aquéllos, como tenían buenas camas, de una vez se quedaron dormidos y el cocinero se estuvo dispierto hasta una hora que él conoció que la cabeza estaba ya asada. Luego se levantó y vino y la sacó y se la comió y fué y se acostó y durmió a gusto.

En la mañana se levantó muy de mañana y se puso a haceles su almuerzo. Así como a las seis o siete se levantaron los compañeros y se lavaron. Cuando ya estaban listos pa almorzar, les dijo aquél que ya estaba el almuerzo listo.

—Pues, hombre —dice uno de los sabios—, vamos a ver quién se come la cabeza.

—Pues, hombre —le dice aquél—, en el primer sueño que yo estaba, soñé que un coro de ángeles bajó del cielo y me tomó y me llevó en cuerpo y alma a la gloria.

—Pues, hombre, la misma cosa me pasó a mí —dijo el otro sabio.

Bueno, cuando aquéllos le refirieron sus sueños que eran lo mismo, le preguntaron al cocinero que si cuál era su sueño.

—Pues, hombres —les dice él—, cuando yo los vide ir pal cielo a los dos, que los llevaba el coro de ángeles, yo me levanté y me comí la cabeza.

III. CUENTOS MORALES

A. LOS TRES CONSEJOS

88. Los tres consejos[36]

Este era un hombre y una mujer que vivían muy contentos. No habían tenido familia pero estaban muy contentos. La mujer estaba para tener un niño y el hombre pensó irse a trabajar. El no pensó estarse mucho tiempo. El pensó volver pronto pero no volvió. Se quedó por muchos años allá. Su pobre esposa era muy buena pero ella siempre estaba pensando por que no venía su marido. Se llegó el tiempo que el niño nació y empezó a crecer y la mamá enseñándole, dándole buenos ejemplos y buenos consejos y ella la pobre trabajando. Ella nunca supo de su marido dende que él se fué. La mamá siempre le contaba a su hijito de su papá. El niño creció y cuando ya tuvo la edad de diez y seis, pensó él irse de religioso. El nunca se pasaba de ir a ver a su mamá todos los días. Cuando el muchacho tuvo veintiún años, pensó ya su papá volver a la casa. Cuando el papá del muchocho iba en el camino, se sentó él a descansar. Salió un viejito y le dijo

—¿Qué haces, buen hombre, aquí?

—Pues voy para en casa. Ya hace muchos años que ando fuera de en casa. Ya hace veintiún años. Voy a ver si está mi familia viva, porque dende que salí no he sabido más de mi esposa, ni ella de mí tampoco no sabe si estoy vivo o no.

Para esto, ai donde estaba descansando, estaba el camino y una vereda y no hallaba cuál agarrar. Pensaba agarrar vereda por estar más cerca. Bueno, cuando él le platicó al viejito que quería agarrar la vereda por más cerca, el viejito le dijo:

—No, yo te voy a dar tres consejos. Tú agarra estos tres consejos que te voy a dar. Nunca los dejes. El primer consejo que te doy es que nunca dejes camino por vereda. El segundo que nunca preguntes lo que no te importa. El tercero es que no te partas con la primer nueva. Si tú haces estos tres consejos, si siempre los guardas, nunca te va mal.

Bueno, el hombre quedó muy contento y le dijo al viejito adiós y se fué en su camino. Cuando ya caminó todo el día, llegó en case de un rico. Ai tuvo que dormir esa noche. Con mucho gusto le dió el rico posada. Y el rico éste tenía a su esposa de esclava. El le había prometido a su esposa que mientras preguntaran por qué la tenía de esclava, no la dejaría libre. Bueno, pues en la noche, cuando prepararon la cena, que entraron a cenar, el rico le dijo al hombre:

—¡Mire! Esta es mi esposa.

Bueno, el hombre la vió pero no dijo nada. No le llamó la atención. Se sentaron a cenar y él sí puso atención que se arrimaron todos y la mujer no se arrimó. Acabaron de cenar y mandó el rico que le echaran lo que sobró a la mujer. Entonces él le carcomió algo por qué le echarían las sobras a la mujer. Bueno, no preguntó nada. El se fué a acostar y otro día en la mañana para la hora del almuerzo, le pasó la mesma cosa. Entraron a almorzar y la mujer allí parada de esclava. No preguntó el hombre nada. Le echaron a la mujer las cosas que sobraron y el hombre no preguntó nada. Después del almuerzo, cuando ya se iba a despedir el hombre del rico, le preguntó el rico:

—Pero ¿por qué no preguntó usted por qué tengo a mi esposa de esclava allí? No preguntó nada.

Entonces él se rió y le dijo:

—Pues a mí no me importa nada por qué tiene a su esposa así.

Bueno, pues entonces el rico estuvo muy contento y dió a su esposa libre. El hombre de ai se fué otra vez en su camino. Pues esa noche llegó a su casa muy noche. Ya estaban con las lámparas prendidas. El llegó derecho a donde él vivía. Cuando llegó a su casa, su hijo estaba allí que había ido a ver a su madre. Cuando él entró, el sacerdote halló a su madre llorando. Le preguntó por qué lloraba y ya le dijo ella que se estaba acordando de su esposo. Pues también el muchacho se entristeció y se agachó en los brazos de su madre a llorar cuando en esto se asomó el hombre por la ventana y los vió. El hombre vió que su esposa tenía al sacerdote abrazado y le dió mucho coraje y él pensó tirarle un balazo. Pero el mismo tiempo se acordó él del tercer consejo y dijo:

—No, ¡cómo me parto con la primer nueva!

Bueno, pues entonces fué y tocó la puerta y de una vez el muchacho muy asucidiado pero con gusto y la mujer también y no más abrió la puerta y vieron al hombre y le dijo la mamá que aquél era su padre. Y vió el padre que si se ha partido con la primer nueva, hubiera matado a su hijo.

89.   *Los tres consejos*[51]

Estos eran tres hombres pobres. Tenían bastante familia dos. Uno tenía un hijo y lo tenía estudiando en la escuela. Un día dijieron que estaban muy pobres. Tenían mucha familia y querían salir a buscar trabajo. Determinaron de irse, se aprevinieron y se fueron. En el camino donde iban les salió un hombre anciano y les pregunta a dónde van. Ellos le dicen que a buscar trabajo. Entonces él les dice:

—Pues ¿qué querían mejor, cada uno; un talegón de dinero o tres consejos?

—Nosotros queremos un talegón de dinero —le dicen dos a la vez.

—Yo quiero tres consejos —dice entonces el que tenía un hijo.

Entonces les da a dos de ellos sus talegones de dinero y al otro le dice:

—Bien, no dejes camino por vereda, es el primero. El segundo, no preguntes lo que no te importa. Y el otro, no te partas con la primer nueva.

Pues les dice adiós el viejito y se va. Se quedan aquéllos solos y le dicen los que agarraron el dinero:

—¡Oh, qué mal hicites! ¿De qué te sirven los consejos?

—Bien, pueda que a mí me sirvan mejor esos tres consejos que a ustedes un talegón de dinero. Bueno, adiós. Pues les voy a dar a ustedes el primer consejo, no vayan a dejar camino por vereda.

—¡Oh, qué sabes tú! —le dijeron.

Pues de allí se fueron aquéllos por vereda y él se fué por camino adelante. Los del dinero se volvieron a su casa. Pues a aquéllos en el camino los pescaron unos saltiadores y los mataron. El de los consejos se fué pa adelante. Pues caminó, caminó, hasta que llegó a una suidá.

Estaba un hombre rico que ocupaba muchos hombres pa trabajar. Fue él allí a buscar trabajo y halló. Este hombre siguió trabajando. Y este hombre rico ocupaba a muchos hombres, y porque le preguntaban por qué tenía a su mujer como la tenía, los mataba o los corría. El tenía hecha una promesa de que quería ver si había una persona que no le preguntara por qué ponía a su mujer allí en el suelo con cadenas. Les decía a los piones que todos los huesos, pedazos de tortilla o pan, comida sobrante, se los tiraran a su mujer. El había dicho de que hasta el día que no hubiera una persona que le preguntara por qué tenía a su mujer asina, aquella persona sería dueña de lo que él tenía. Pues, aquel hombre último, que halló trabajo, siguió en su trabajo y no le preguntaba a él por nada. Hubo un día que le dice el hombre:

—¿Por qué tú no me preguntas por qué tengo a mi mujer así?

—Señor, porque a mí no me gusta preguntar lo que no me importa.

—Pues, bien, hora tú serás dueño de todos mis caudales, de todo lo que yo tengo. Hasta hoy no más tendré a mi mujer así.

Pues a aquél hombre le da mucho gusto. El rico le entregó lo que tenía allí y se fué para otra suidá. El dueño nuevo después de recibir su propiedá determinó de ir por su familia. El apreviene, echa su pistola en la bolsa y se marcha.

Cuando él llega a su casa, su esposa y su hijo están sentados en el cuarto de enfrente en un sofás. La mamá está sentada. El está acostado ,alisándole su cabello, recordando del papá. Cuando él llega, se para en la puerta y dice:

—¡Dios mío! ¡No me parto yo con la primer nueva! ¿Quién es ése que está contigo?

—Tu hijo, esposo. El está ordenado de padre. Es tu hijo.

De una vez tuvieron tanto gusto y brincaron y lo abrazaron.

90. Los tres consejos[55]

(Versión abreviada del cuento número 89)

Había un hombre recién casao. Este hombre era probe y salió a hacer su vida. Allá onde andaba buscando trabajo, llegó a case un señor y éste hombre le dió trabajo diciéndole que le pagaría lo que era justo.

Siguió trabajando con él hasta que ya a él le pareció que hacía bastante tiempo y que debía de volver a donde estaba su esposa. Antonces el amo le dijo cuánto le debía y él le dijo que le debía el servicio por dos años y el amo le dijo que no que hacía veinticinco años que le estaba sirviendo y que él le pagaría por sus servicios. Cuando le pagó, le dijo el amo que tenía tres consejos para vender. Pues le compró el hombre tres consejos, devolviéndole al amo todo lo que había ganado. Los tres consejos son iguales a los consejos en el cuento número 89. En el camino incontró unos compañeros. Estos quieren seguir por una vereda pero el de los consejos se acuerda que no debe dejar camino por vereda. El ganó el camino y sus compañeros la vereda, riéńdose de él. Allá donde iban ellos toda la misma vereda llegaron a un bosque muy espeso. Los agarraron los saltiadores y los horcaron a todos y sólo él escapó por haber agarrado el consejo que le vendieron.

Llego a un lugar en donde estaba una casa muy grande y llegó él a pidir posada porque ya era muy tarde. Salió un hombre a recibirlo, muy caballero, y lo hizo que pasara y le dijo que lo esperaría después de haberle dado la cena. Lo llevó a un cuarto donde estaba su mujer y ai vió que estaba muy flaca. No era no más que el puro esqueleto. El le daba ganas de preguntar por qué estaba tan flaca su mujer pero al mismo tiempo se acordaba del otro consejo que había pagao mucho dinero por él, y se contenía y no preguntaba.

El siguiente día en la mañana el dueño de la casa lo llevó a un cuarto en donde había muchos cuerpos apilados, cadáveres de hombres y le anduvo enseñando todo y había algunos cuerpos que no hacía mucho que estaban muertos. La curiosidá le animaba a preguntar pero al mismo tiempo él vía que había pagado mucho dinero por el consejo de que no preguntara lo que no le importaba. De allí lo llevó a otro cuarto en donde había mucho dinero y estaba apilado el dinero.

Viendo el dueño de la casa que no le preguntaba más aquél, le dijo que si por qué no preguntaba sobre todo lo que había visto. Y él le contó del consejo que había comprado. Antonces aquél le dijo que por no preguntar lo hacía el dueño absoluto de todo lo que había allí, y le dijo que todos los que habían venido antes y habían preguntado, habían tenido que pagar con la muerte por su curiosidad. Que impliara no más de la mitá de aquel dinero en hacer misas por todos los difuntos que había allí y la otra mitá que la agarrara para él. Y desapareció el hombre y la mujer. El se echó algunas monedas en la bolsa y atrancó la casa y se fué para su casa de él.

Cuando él llegó a su casa, se asomó por la ventana y alcanzó a ver a su esposa y un padre recostado en los brazos de su esposa. El se sintió nojado y quería matar a su esposa pero se acordó del tercer consejo y se estuvo quieto. Entonces oyó lo que hablaban la mujer y el sacerdote y supo que éste era su hijo.

Entró y se reconocieron, lloraron de alegría y con la fortuna que el otro le había dado, pasaron los últimos de sus días felices. Y entre por un cesto y salga por otro; el que me oyó este cuento que me cuente otro.

B. VARIOS

Los tres hermanos[52]

Estos eran tres hermanos y estaba su padre muy rico, era rey. Estos muchachos querían conocer el mundo, los dos mayores, pero el chiquito también quería ir con ellos. Entonces les concedió el padre que jueran a conocer el mundo. Cuando ya s' iban, entonces el chiquito se jué con ellos. Cuando ya s' iban a ir, el padre y la madre les echaron la bendición y les dieron dinero a los dos mayores y al chiquito le dió tres bolitas de oro su madre.

Cuando ya hacía un día que estaban caminando, pararon a dormir en el campo y tramitaron los dos hermanos grandes matar a su hermanito, interesaos a las tres bolitas de oro. Lo mataron y lo enterraron en el campo. Y ellos se jueron a conocer lugares.

A los dos meses volvieron. Pero no trujieron a su hermanito. Dijieron que se había apartao donde se juntaban tres caminos y se habían citao pa juntarse ai y él no vino. Entonces su padre, cuando ellos llegaron que dieron la razón que no estaba su hermanito, mandó buscar al niño y no lo pudieron incontrar.

A los cinco meses de que ya no lo jallaban, tenía un vecino indio el rey y este indio iba al monte a trai leña todos los días. En una vez que jué, era en el mes de agosto, halló una flor en un arroyo. Cortó la flor y se la puso en la boca. Y la flor cantaba:

> Vítome, mi vito amado,
> vítome, con gran dolor,
> en el campo me mataron,
> soy espina de la flor.

Entonces se vino el indio pa su casa. De una vez pensó que sería el muchachito. Llegó a su casa y le dijo a su mujer que se pusiera la flor en la boca, que había una flor que cantaba muy bonito. Entonces la india se puso la flor en la boca y volvió a cantar:

> Vítome, mi vita amada,
> vítome, con gran dolor,
> en el campo me mataron,
> soy espina de la flor.

Entonces le dijo el indio a su esposa que irían pa case el rey a llevale aquella flor pa que se consolara por la ausencia de su hijo. Le dieron las buenas tardes los indios al rey y a la reina.

—Pues aquí te traimos una flor, tata rey —le dijo el indio—. Agárrala en la boca.

No más agarró el rey la flor en la boca y dijo:

> Vítome, mi padre amado,
> vítome, con gran dolor,
> en el campo me mataron,
> soy espina de la flor.

Entonces ya le dió el rey a la reina la flor pa que se la pusiera en la boca.

> Vítome, mi madre amada,
> vítome, con gran dolor,
> en el campo me mataron,
> soy espina de la flor.

Entonces llamó el rey a sus hijos y le dijo al grande que agarrara aquella flor, al mayor.

> Vítome, mi hermano el grande,
> vítome, con gran dolor,
> en el campo me matates,
> soy espina de la flor.

Entonces le dieron al otro hermano la flor que la agarrara en la boca, al menor:

> Vítome mi hermano el chico,
> vítome, con gran dolor,
> en el campo me enterrates,
> soy espina de la flor.

Entonces su padre determinó que agarraran las cuatro partes del mundo sus hijos y que trujieran los huesos del niño y los enterraran.

92. *Las tres bolitas de oro*[89]

Eran el padre y la madre y tenían tres hijos y se fué el mayor a trabajar y se tardó y no volvió. Y luego fue el del medio y luego le pidió permiso el menor para ir a trabajar y le dijo el viejito:

—Pero, hijo, ¿cómo quieres irte? Ya tú no más nos quedates, que eres el menor y luego te vas tú y nos quedamos solos.

Pero se fué al fin. Consiguió a sus padres de irse él también y se juntó con sus dos hermanos. Y estuvieron trabajando juntos y luego se halló el menor tres bolitas de oro. Y cuando ya se venían, lo mataron al menor los dos hermanos mayores. Lo llevaron y lo enterraron en la misma vecindad onde vivía su padre.

Una vez su padre salió a pasiarse triste. Ya habiendo llegado ellos, los dos hermanos mayores, y preguntando él por el menor de sus hermanos, le dijeron que se había muerto. Y él lo creyó. Pero en estos pasos que él andaba dando, halló él una cañaveral y para esto él sabía hacer pitos. Cuando la cortó la cañaveral, de ai hizo él un pito. Cuando ya lo empezó a sonar, repetía el pito.

> Mi hermano mayor me mató,
> mi hermano menor le ayudó,
> por tres bolitas de oro
> que él no ganó.

Entonces él llevó el pito y lo sonó delante de su esposa y le dijo a su esposa:

—¡Mira, hija, lo que dice este pito! M' incontré una cañaveral en cierto lugar, la corté y hice un pito. Y se lo resonó otra vez a su esposa:

> Mi hermano mayor me mató,
> mi hermano menor le ayudó,
> por tres bolitas de oro
> que él no ganó.

Entonces él juntó a sus dos hijos. Los llamó y les preguntó que si era cierto aquello que él alcanzaba a conocer que ellos habían matado a su hermanito. Entonces ellos le declararon la verdá, que por envidia lo habían matado.

Y éste es un ejemplo para enseñar que la envidia no es buena y es causa de las disenciones en las familias.

93.   La suerte[62]

Estos eran dos compañeros que andaban en una porfía, uno di-cía que el dinero levantaba las criaturas y el otro sostenía que no el dinero sino la suerte. Anduvieron porfiando mucho tiempo con de-seos d' incontrar un hombre que fuera honrado.

Tocó la casualidá que un día, pasando por una plaza, s' incon-traron con un hombre que estaba de molinero moliendo maiz y trigo. Se diriigeron a onde él estaba pa preguntarle cómo era que corría aquel negocio. El hombre le respondió muy atentamente que él úni-camente estaba él ocupado por otro señor y su salario eran cuatro riales al día, con lo que mantenía él a una familia de cinco.

—Y usté, ¿se acabala suficiente pa mantener a una familia de cinco con quince pesos al mes?

—Pues me limito todo lo que puedo pa mantener mi familia, no porque tengo suficiente.

—Pues antonces le voy a hacer un presente. Aquí le voy a re-galar doscientos pesos a ver lo que va a determinar usté con ellos.

—No, señor —le dijo el hombre—, no creo que usté me pueda regalar ese dinero la primera vez que yo lo miro a usté.

—Señor —le dijo él—, yo le voy a dejar este dinero a usté por-que yo y este hombre porfiamos. El porfía que la suerte es la que le-vanta y yo porfío que el dinero es el que levanta.

Cuando este hombre tomó el dinero, todo el día pasó reflexio-nando sobre aquel negocio. ¿Qué sería lo que él podría hacer con aquel dinero? Si aquel hombre se lo daría pa calalo y él podría determinar de ese dinero como si fuera suyo. Sea como fuere, el dinero lo tenía él en su bolsa y iba a determinar de él como le pareciera.

Se llegó la hora de salir de su trabajo, y cuando ya se llegó la hora, se fué él con su dinero a comprar algunas provisiones para su familia. Tomó diez pesos de este dinero y ciento noventa pesos los envolvió en unos trapos y los puso bien envueltos en una blusa de lo-na que él traiba. Cuando llegó a la plaza, él trató bastantes negocios allí y al mismo tiempo compró un buen pedazo de carne para llevale a su familia.

Al tiempo que él iba pa onde su familia estaba, le salió un gavi-lán al olor de la carne hambriento y se puso a peliar con este animal, el animal a quitale la carne y el hombre a desfenderse. Cuando por andarse desfendiendo del gavilán que no le quitara el pedazo de car-ne, dejó cai la blusa en donde él llevaba la cantidá de dinero y el gavilán agarró la blusa que este hombre había tirao y se la llevó. Cuando el hombre reparó que el animal se había llevao su blusa, no hizo más que rascarse la cabeza. "¡Cuánto más valía!", pensaba este hombre, "haber dejao que este hambriento animal se llevara el pedazo de carne! ¡Cuántos más pedazos de carne hubiera comprao yo con el dinero que se llevó, lo cual ahora voy a quedar en la misma calamidá que antes estaba! Y antes más ahora porque estos hombres me van a juzgar por un ladrón. Tal vez si yo hubiera pensao diferente en mi negocio, no debía de haber comprao nada. Haberme venido pa mi casa para que no me hubiera pasao una cosa semejante a ésta." Pero de todos modos este hombre siguió con la provisión que le había quedao pa su familia.

Cuando llegó a su casa, le platicó a su familia lo que le había pasao.

—De cualquier modo —le dijo su esposa—, siempre nos ha de tocar ser pobres y no ha de faltar cualquier modo para que séamos pobres. Pero ten fe en Dios que algún día nuestra suerte cambiará.

Otro día en la mañana se levantó este hombre como de costumbre y se fué a su trabajo. Todo el día estuvo aquel hombre pensando en lo que había pasao y en lo que aquellos hombres juzgarían tocante a lo que él les iba a reportar. De todos modos, como él nunca había sido hombre dueño de dinero, pronto se le olvidó este negocio de los doscientos pesos.

Después de pasao tres meses que le había pasao a él lo que le pasó con este bellaco animal, tocó la casualidá que estos hombres volvieron a venir por allí. Y estos hombres, tan pronto como lo vieron, se derigieron a onde él estaba para que les informara cómo lo había tratado la suerte. Tan pronto como él los vido, se puso muy avergonzado. El comprendía de cualquier modo, bajo su inorancia, que estos hombres de algún modo dudaban que él podía haber malgastao aquel dinero en cosas que no habían sido buenas ni para él ni para su familia. Cuando estos hombres lo saludaron, él les contestó también con mucho agrado y al mismo tiempo les refirió tal cómo le había pasao a él. Siempre estos hombres quedaron conformes y este hombre que alegaba que la ayuda a muchos hombres era lo que les hacía falta para quitarlos de pobres y no trabajar por otro, volvió a sacar doscientos pesos de su bolsa y se los volvió a regalar a este señor, diciéndole que él esperaba que esta vez le iría poco mejor de lo que le fué en la primera. No jallaba qué pensar este hombre cuando volvió a recibir otra vez doscientos pesos y le dijo:

—Señor, valía más que usté pusiera este dinero en manos de otro hombre.

—Pues si mi gusto es dejártelos a ti, porque me pareces que eres un hombre honrado. Tú tienes que quedarte con ellos.

Le dió repetidas gracias y prometió hacer lo mejor que él pudiera. Tan pronto como estos hombres se despidieron de él, se puso a reflexionar cuál sería lo mejor de hacer con aquel dinero para no tener ningún inconveniente de que se pudiera desperdiciar sin habelo usao él en ninguna cosa. Luego pensó inmediatamente irlo a llevar a su propia casa. Vino y tomó diez pesos y envolvió ciento noventa muy bien en unos trapos y se fué para su casa.

Cuando llegó a su casa, no incontró a su esposa. Viendo él que la casa estaba sola, no hallaba él ónde poner aquel dinero pero que se fué a la dispensa onde tenían ellos una tinaja llena de salvao. Vino y vació el salvao de la tinaja y puso él el dinero en el plan de la tinaja envuelto tal como estaba y volvió a echar el salvao arriba del dinero, sin habele dao cuenta nada de lo que había hecho. Se salió apresuradamente a su trabajo.

Cuando vino en la tarde de su trabajo, su esposa le dijo:

—¡Mira, hijo! Ya compré una poca de tierra pa componer la casa por dentro.

—Y ¿con qué has comprao tierra? Si no tenemos dinero.

—Sí —le dice la mujer—, pero que andaba un hombre vendiendo tierra, ya fuera por prendas, ya fuera por dinero, ya fuera por cualquiera cosa y ya sabes que teniendo nosotros una tinaja llena de salvao como tú sabes, le di en cambio la tinaja de salvao por esa cantidá de tierra que creo será suficiente pa componer estos dos cuartos.

Se jaló de los cabellos este hombre y le interrumpió a la mujer:

—¡Ah, mujer bárbara! ¿Qué has hecho? ¡Otra vez quedamos en la ruina! ¡No habías de haber visto que hoy mismo m' incontré con los mismos amigos que me habían dao los doscientos pesos tres meses pasaos y habiéndoles platicao cómo estuvo para perder ese dinero, me han vuelto a representar doscientos pesos más. Y yo, por tenerlos más seguros, los eché dentro de la olla de salvao. ¿Qué es lo que voy a reportale a estos hombres ahora? Hora esos hombres acabarán de juzgar que yo soy un hombre ladrón.

—Que piensen como quieran —dijo la mujer—, que al cabo uno no tiene más que lo que Dios quiere. Ya nos tocó estar pobres. Sólo Dios sabrá hasta cuándo.

Siempre el hombre otro día en la mañana se levantó como de costumbre y se fué a su trabajo.

Yendo y viniendo tiempo volvieron estos hombres por onde estaba este señor en su negocio y queriéndose informar qué era lo que le había pasao esta segunda vez, tan pronto como lo vieron, se derijieron para onde él estaba. El hombre cuando los vido venir para onde él estaba, no dejó de avergonzarse y crer que estos hombres juzgaban que él era algún traidor y de algún modo este hombre estaba malgastando este dinero y no lo dirigía como debía derigirlo para poder hacer alguna cosa con él. Tan pronto como ellos llegaron a onde él estaba y lo saludaron, este hombre trató de hacerlos saber inmediatamente qué era lo que le había pasao esta vez con el segundo dinero que le había presentao. Y el hombre que estaba soportando y sosteniendo que a fuerza de dinero se levantaban los hombres pobres, se sintió algo mal y le dijo que asina eran muchos hombres pobres, que eran muy honestos y muy honraos porque no se alcanzaban con su salario a andar en otras bromas. Pero como él había agarrao aquel dinero, de cualquier modo él se había dedicao a juegos y a otras cosas que no le convenían y asina es cómo había gastao el dinero y hora le salía con ese cuento.

—Sea como sea —dijo el hombre—, de cualquier modo siempre yo sostengo que los hombres se levantan a fuerza de dinero y no por la suerte.

—Bueno, entonces pase usté muy buenas tardes.

—Muy bien, amigo.

—Tenga. Aquí está ese pedazo de plomo. Pueda que de alguna cosa le sirva —le dijo el que sostenía que la suerte era la que levantaba a los hombres y no el dinero.

Como ésta no era una cosa de valor, la agarró y la echó en la bolsa de su chaqueta. En la tarde cuando se fué de su trabajo, no más se volvió a acordar del plomo él. En la tarde cuando llegó a su casa, tiró su chaqueta. Cuando oyó que alguna cosa sonó, se acordó del pedazo de plomo que le había regalao este individuo. Antonces lo sacó de la bolsa y lo tiró asina como pa abajo de una mesa. No volvió a hacer más recuerdo del pedazo de plomo. Se puso a cenar. Cenaron él y toda la familia. Después de que cenaron, se acostaron. No más en cuanto se acabaron de acostar, sonaron la puerta.

—¿Quién es? ¿Qué se ofrece?

—Yo, vecino. Dice su vecino que si no tiene un pedazo de plomo por ai guardao por casualidá. Que le haga favor, si tiene, de dale un poco, que mañana tiene que hacer una pesca muy grande y no tiene suficiente plomo pa componer sus redas.

En eso se acordó el hombre de que había tirao el pedazo de plomo pa abajo de la mesa. Se levantó y lo buscó y se lo entregó a la mujer.

—Muy bien, vecino, muchísimas gracias. Le prometo que el primer pescao que pesque su vecino, ha de ser pa usté.

Se levantó muy de mañana el hombre y se fué a su trabajo sin haber reflexionao más sobre el pedazo de plomo.

En la tarde cuando vino a su casa, incontró que tenían un pescao muy grande pa cenar.

—¿De ónde, hija, estamos tan bien nosotros que vamos a cenar pescao?

—¿Que no te acuerdas que anoche nos prometió la vecina que el primer pescao que pescara el vecino nos lo iba a regalar a nosotros? Y éste ha sido el único pescao que pescó en la primera vez que echó la reda. ¡Y si vieras, hijo! ¡Lo que más me almira, que este pescao tenía adentro un pedazo de vidrio muy grande!

—Y ¿qué lo hicites?

—Ai se lo di a los muchachos que jugaran con él.

Fueron a ver el pedazo de vidrio que lo tenían los muchachitos donde estaba oscuro, y estaba aluminao el cuarto onde estaban los muchachos sin lámpara. Pero como este hombre y esta mujer no sabían lo que eran diamantes, no se fijaron en querer guardar aquel vidrio, sino que se lo dejaron a los muchachos pa que jugaran con él. Siempre los muchachos, cuando ven alguna cosa nueva, a cual más de ellos la quieren, pero la mujer se la había presentao al más chiquito de la familia. Los otros más grandecitos iban y se la quitaban, por donde el chiquito hacía una bulla terrible.

Al otro lao tenían unos vecinos judíos que el hombre era joyero. En la mañana se levantó el hombre y se fué a su trabajo, entró la mujer del joyero recomendándole a la mujer de que ésta tuviera cuidao con la familia, que la nochi pasada no los había dejao dormir de tanta bulla que habían hecho toda la nochi.

—Sí, vecina, es verdá lo que usté dice. Pero ya ve cómo es onde hay familia. Pero usté verá que ayer jallamos un vidrio y se lo di al niño chiquito pa que jugara con él y cuando los otros muchachos grandes se lo querían quitar, ai era onde metían tanta bulla ellos.

—¡A ver! —le dijo la mujer—. ¿Por qué no me enseña ese vidrio?

—Sí se lo puedo enseñar. Aquí está.

—Sí. ¡Qué bonito vidrio está éste! ¿Dónde lo jallaron?

—Pues adentro de un pescao. Ayer cuando abrí el pescao, adentro de él estaba este vidrio metido.

—Empréstemelo pa llevalo pa en casa a ver si se parece a uno que yo tengo.

—Sí —le dice—. ¡Por qué no! Llévelo.

Se llevó la vecina el vidrio a enseñárselo al marido. Cuando el joyero vido este vidrio, vido que era de los diamantes más finos que él nunca había visto.

—Este es un diamante —le dice a su esposa—. Anda, dile a la vecina que si agarra cincuenta pesos por él.

Fué la esposa del joyero con el vidrio en la mano y le dice a la vecina:

—Dice su vecino que si quiere, que le da cincuenta pesos por este vidrio. Todo lo hacemos porque es muy parecido a otro que tenemos nosotros y asina podíamos hacer un par muy bonito.

—De ningún modo, vecina, yo puedo vendérselo. Eso puede hacerse a la tarde cuando venga mi esposo.

Se fué la mujer a onde estaba el joyero y le dijo que no podía tratar. Que la mujer decía que no podía vender el vidrio hasta que no viniera su esposo del trabajo.

En la tarde que vino el esposo del trabajo, le contó su esposa lo que había pasao entre ella y la vecina. En eso estaban hablando cuando entró la mujer del joyero.

—¿Qué dice, vecino, ya quiere cincuenta pesos por el vidrio?

—Alárguese poco más.

—Le daré cincuenta mil.

—Poco más —le dice.

—No puedo alargarme más. Voy a ver a mi esposo a ver qué me dice. Hasta ai me dijo que me alargara.

Fué la esposa del joyero y le dijo al joyero lo que había reportao el vecino, que se alargara poco más. El joyero antonces agarró setenta y cinco mil y le dijo:

—Llévale éstos y dile que mañana luego que se abra allá, le traíré lo restante, que le voy a dar cien mil pesos.

Cuando este hombre vido a la mujer con aquel dineral, cuasi no lo creía él. Creía que aquella mujer estaba chanciándose. Pero sea como fuere, siempre este hombre recibió cien mil pesos por el diamante.

Cuando este hombre se vido con tanto dinero, él y su esposa no jallaban qué pensar. Decía él:

—Pues este dinero yo no sé si este hombre de repente nos va a levantar un crimen de que nosotros lo hemos robao, y de otra manera nos vaya a levantar un perjuicio muy grande.

—¡Oh, no! —dicía la mujer—. Ese dinero es de nosotros. Nosotros vendimos ese vidrio por ese dinero. Nosotros no se lo robamos a naiden.

—De todos modos yo voy mañana a trabajar, hija. No vaya a ser que suceda alguna otra cosa de que se nos acaba el dinero y no tenemos ni el dinero ni el trabajo y antonces, ¿cómo nos vamos a mantener?

Se fué el hombre otro día a su trabajo. Todo el día se estuvo pensando y pensando a ver qué era lo que podía hacer él para poder deregir aquel dinero de algún modo a ver si podía cambiar su suerte. En la tarde cuando volvió del trabajo, le dijo su esposa:

—¿Qué has dicho o qué has pensao? ¿Qué vas a determinar hacer con este dineral que tenemos?

—Voy a ver si puedo poner un molino, tal como el que yo estoy corriendo de mi amo, poner un comercio y asina, poco a poco, ir viendo a ver cómo vamos cambiando de que la suerte camine de otro modo.

Pues este hombre otro día con mucho empeño se fué y anduvo negociando, comprando todo lo necesario pa poner un molino, lo necesario pa poner una casa, un comercio, y pronto estuvo arreglao todo.

Ya pasaba como unos seis meses, tal vez más, que estos hombres que a este hombre le habían regalao aquella cantidá de cuatrocientos pesos él no los vía, aunque tenía muchos deseos de velos pa hacerlos saber qué tanto era lo que le había ayudao aquel pedazo de plomo que le había regalao aquel hombre que reclamaba que la suerte era la que ayudaba y no el dinero.

Yendo y viniendo tiempo, ya este hombre estaba muy bien puesto. Tenía muy buen comercio, había puesto una casa de campo ond' irse a divertir con su familia, tenía criaos que trabajaban por él.

Cuando en eso que estaba él en su tienda, un día vió pasar a aquellos dos señores que más antes le habían regalao cuatrocientos pesos y el otro que le había regalao un pedazo de plomo. Pronto que los vido, salió a la calle a incontrarlos y a suplicarles qu' hicieran el favor de entrar pa adentro, que aquella casa era de él y aquel comercio era de él y tenía mucho gusto de hablar con ellos y de velos.

Tan pronto como entraron, aquellos hombres estaban muy almiraos de ver aquella tienda tan grande que él tenía y, al mismo tiempo, el que le había regalao los doscientos pesos no dejaba de juzgar que este hombre había impliao aquel dinero en aquel comercio pero de cualquier modo se lo quería negar él. Les estuvo platicando este hombre y haciéndoles saber cómo había venido con el pedazo de plomo que este señor le había presentao a él y luego cómo él se lo había presentao al pescador y luego cómo el pescador le había regalao un pescao a él y cómo adentro del pescao había venido un diamante. Les contó también de la venta del diamante por una cantidá de dinero enorme y terminó diciéndoles:

—Y asina es cómo ha venido que está este comercio aquí y muchas otras cosas que tengo que enseñales. De todos modos ya es hora de comer. Vamos a tomar la comida y luego vamos a tomar un paseo pa enseñales todo lo que tengo yo.

Tomaron la comida y luego que acabaron de comer, mandó a un muchacho que ensillara tres caballos, y se fueron los tres a pasiarse a enseñales la casa de campo que tenía. Esta casa de campo estaba al otro lao del río onde había bastante monte y un lugar muy bonito. Cuando llegaron allá, estos hombres les gustó mucho el lugar y empezaron a pasiarse entre el monte, cuando en eso le llamó la atención a uno de los hombres un nido de gavilán que estaba allá arriba en un palo.

—Y eso que se ve allá arriba ¿qué cosa es?

—Eso es un nido de gavilán —dijo el dueño de la finca.

—¡Cómo desiaría ver yo ese nido más cerquita!

En eso mandó el hombre a uno de sus criaos que subiera arriba del palo y bajara el nido con cuidao para satisfacele a su amigo el deseo que tenía de ver aquel nido más cerquita con sus ojos. Cuándo el nido estaba abajo, lo estuvieron examinando los tres hombres muy bien y entonces notaron que abajo del nido estaba como una blusa de lona. Cuando el dueño de la casa de campo vió la blusa, de una vez reflexionó que aquélla era la lona que él traiba puesta cuando aquel animal hambriento había peliao con él por el pedazo de carne y no habiéndole podido quitar la carne, se había llevao la blusa entre las uñas.

—¿Qué no les parece, amigos, que ésta es la blusa que tenía yo el día que me regalaron los primeros doscientos pesos?

—Pues si es ésta la misma blusa —dijo él— que tenías cuando

te regalamos el dinero, aquí han de estar los doscientos que tú nos re-
portates que el gavilán se había robao con ti y blusa.

—Pues creo que no hay duda. Esta es mi blusa y vamos a examinar a ver qué es lo que hallamos.

Empezaron entre los tres amigos a examinar la blusa. Aunque
ya tenía bastantes ajueros hechos por estar algo apolillada pero siempre pudieron incontrar que en el lugar onde había sido puesto el dinero no había sido afectada de ningún modo y el dinero estaba perfectamente tal como él había reportao. De todos modos estos hombres allí confesaron lo que aquel hombre les había dicho más antes y
juzgaron que era un hombre honesto y honrado. Pero de todos modos, este hombre que le había hecho los presentes de dinero siempre
no quedaba muy satisfecho por no haber incontrao los otros ciento noventa que faltaban.

Pasaron este día allí muy contentos ellos pasiándose y ya se vinieron poco tarde a la casa. Y el hombre que atendía a los caballos,
no se había dao cuenta de que no había grano pa los caballos cuando
volvieran. Y en eso que llegaron, fué al comercio de ellos mismos y
no incontraron grano pa dale a los caballos que habían llegao. Se fué
a otro comercio que estaba inmediato y allá incontró que no había más
que una tinaja que estaba llena de salvao allí. Siempre se trujo la tinaja de salvao. Cuando llegó a la casa de su amo, vació el salvao en
otra cubeta pa podelo mojar pa dárselo a los caballos, cuando notó que
estaba un bulto algo grande como un empaque envuelto en unos trapos. Lo agarró, lo examinó y vido que alguna cosa contenía. Hizo por
quitale bien el salvao que quedara limpio y fué y se lo presentó a su
amo que actualmente estaban cenando.

—Mi señor, mire qué bulto h' incontrao dentro de una tinaja que
he comprao al otro comerciante.

—¿Qué es lo que hablas de tinaja?

—Sí —le dijo—, que he hallao este envoltorio dentro de una tinaja llena de salvao.

Lo tomaron y los tres hombres allí mismo curiosamente estuvieron desenvolviendo bien con muy buen cuidao los trapos y descubrieron que allí estaban los otros ciento noventa que aquel hombre les
había dicho cómo se le habían perdido. Y aquí le acabó de probar este hombre a sus amigos que él había tratao siempre con la verdá y
con una cosa honesta de que él no estaba diciéndoles mentira de ninguna de las maneras.

94.   El secreto[36]

Eran tres hermanos y los tres estaban casados y cada uno quería que su mujer fuera la mejor. Entonces dijo el mayor:

—No, la mía es la mejor. Ella puede guardar todos los secretos que yo le digo.

—No, mi esposa es la que guarda mejor los secretos —le dijo entonces el del medio—. Ella no dice lo que yo le digo.

—Pues hora verán como la mía es la que guarda mejor los secretos —les dijo entonces el chiquito.

—Yo voy a decile a mi mujer —dijo entonces a sus hermanos el mayor—, que me ha salido un rabo de cebolla en una nalga.

Pues en la noche le dijo él a su esposa:

—Quisiera decirte y no decirte de lo que estoy enfermo, porque estoy muy enfermo.

—Pues ¿por qué no me dices de qué estás enfermo? —le dijo ella.

—Pues, ¡sabes que me ha salido un rabo de cebolla en una nalga!

Bueno, pues la mujer estuvo toda la noche con la tentación de lo que le había dicho su marido. Otro día en la mañana, no más almorzó y se fué él a trabajar, se fué ella pa case su cuñada y le dijo:

—Quisiera decirle un secreto y no quisiera.

—¿Qué puede ser? ¿Por qué no me lo dices?

—Pues se lo voy a decir. ¡Sabes que le salió un rabo de cebolla a mi marido en una nalga! —le dijo.

—Pues ya estuvieron festejando el rabo de cebolla y ya no pudieron aguantar el secreto y se lo dijo a toda la plaza y cuando ya llegó a la última, ya era una col, un rabo de cebolla y culantro lo que tenía el marido de la primer hermana.

Bueno, pues otro día en la mañana se juntaron los hermanos y le dijieron al mayor:

—¡Vé cómo su mujer no guarda un secreto!

—Yo le voy a decir el mismo secreto a mi mujer, a ver si guarda ella el secreto —dijo el segundo hermano.

Le dijo la misma noche. Y ella quedó muy asustada.

Pues otro día fué a case su cuñada y le contó que le había salido un rabo de cebolla a su esposo en una nalga y fué y le contó a la cuñada menor, pero ella no le platicaba a nadie. Pues en todo el pueblo se destendió que a los dos hermanos les había salido hortaliza, que les habían salido coles, cebolla, culantro, raíces, rábanos. Pues los dos mayores vieron que sus mujeres no podían guardar un secreto. Entonces dijo el menor:

—Pues hora verán cómo la mía sí guarda un secreto. Hora voy yo y le digo a mi esposa que he puesto un huevo.

Bueno, pues en la noche le dijo:

—Yo estoy tan enfermo, que me he sentido tan mal y quisiera decirte y no decirte.

—Pero ¿por qué no me quieres decir?

—Pues te voy a decir. Esta mañana no más me levanté, me fuí pa afuera y puse un huevo.

—Pero ¿cómo es eso?

—Sí, asina es. Puse un huevo.

El no le alvirtió nada de que no dijiera. El lo dejó para ver si ella lo decía. Pues no; ella guardó el secreto. Se pasó el día y pasó otro día y cuando se juntaron los hermanos a ver, pues, no no se supo nada de lo que le habían dicho. Entonces el menor ganó la apuesta, porque los tres hermanos habían hecho una apuesta. Ya le contaron cada uno a su mujer la apuesta que habían hecho.

95. El castrao[75]

Era un hombre que quiso ver si una mujer podía guardar un secreto. Vino él y mató un castrao y lo echó en un saco. Logo que le dijo a su mujer:

—Quisiera dicirte una cosa y no dicirte.

—Di —isque le dijo—. ¡Qué pueda ser que no sea!

—Pero no me vayas a descubrir —ya isque le dijo.

—No —isque le dijo—, dime.

Pues ya isque le contó que había matao a un hombre y le dijo ella que no lo descubría. Vinieron y hicieron el pozo, la sepultura, adentro de la casa en un cuarto. Jué y trujo en la noche el castrao. Lo enterraron y lo taparon y embarró ella la sepoltura allí. Y otro día isque vino su vecina allí.

—Vecinita —isque le dijo—, quisiera dicile y no dicile.

—Pero dígame, vicinita. ¡Pues qué pueda ser que no sea!

—Pero, vecina —isque le dijo—, no vaya a dicile a naiden.

—No, vecina, pierda cuidao.

Pues que domás salió la vecina de allí y jué a case otra vecina y le platicó ella a su otra vecina. Pues que de ai se jué de vecina en vecina hasta que cayó a uidos del juez. Cuando cayó a uidos del juez esto, ya invió al alguacil por él a arrestalo. Jué el alguacil a la casa, pero no estaba él ai cuando el alguacil jué y él isque le preguntó a la mujer por su marido, y le preguntó a su mujer que si era verdá que su marido había matao un hombre y le negó ella. Pero al último el alguacil la hizo dicir la verdá y logo de ai se jué a onde estaba el hombre trabajando y le preguntó al hombre, y el hombre sí le dijo que lo había matao. Y logo de ai se jueron pa su casa del hombre. Ya isque les dijo:

—Pues escarben aquí onde está enterrao.

Escarbaron, sacaron el costal de ai. Isque le dijo:

—Pues éste es el hombre.

Y aquí isque salió ser el castrao. Ya isque le dijo que él lo había hecho por ver si una mujer podía guardar un secreto.

96. *Fabiano y Reyes*[86]

Estaban en una suidá dos reyes y dos reinas. Estos dos reyes se querían mucho. Eran íntimos amigos. Al fin, una de las reinas tuvo un niño y convidó al otro rey pa que bautizaran al niño, y le pusieron Fabiano. A los dos años tuvo la otra reina, la comadre, una muchichita y la bautizó el otro compadre, y le pusieron Reyes. Cuando ya estos muchichitos podían andar, éstos estaban en un palacio una semana, la otra semana en el otro palacio. Fabiano y Reyes siempre jueron muy queridos. Se querían como hermanitos. Fabiano era tan lindo que no tenía pero. Reyes era tan fiera, que no tenía pero. Fabiano, ya cuando empezaron a ir a los estudios a las escuelas, Fabiano cuidaba mucho de Reyes, porque la quería sin comparación, lo mismo que si hubieran sido hermanitos.

Cuando ya empezaron los dos a tener de diez años pa arriba, ya empezó Fabiano a hacer cartas pa las novias, y todo lo que le pasaba, le platicaba él a Reyes porque le tenía tanta confianza a ella. Le enseñaba las cartas pa que viera ella cómo la pasaba él con sus novias.

—¡Oh, Reyes! —le dicía—. Me gusta mucho una muchacha muy bonita porque una fiera pa mí, Reyes, es quedar ciego.

Y ella, no más dicía él de las fieras, y le daba vergüencita y no dicía nada. Ella le dicía:

—Tú mereces una mujer que tenga todas las virtudes del mundo y tan linda lo mesmo que tú.

Bueno, por onde ellos jueron creciendo y todo lo que pasaba, Fabiano le descubría a Reyes y siempre despreciaba él lo fiero. Bien,
ya cuando cumplieron sus estudios, se vinieron a sus palacios y siguieron lo mesmo que antes, una semana en un palacio, otra semana
en el otro. Ya los reyes empezaron a pensar en hacer bailes, diversiones, peleas de toros y poner muchas diversiones en sus palacios. El
primero que comenzó a poner diversiones en su palacio jué su tata
de Fabiano. Cuando éstos empezaron a hacer sus diversiones, Reyes
siempre estaba con ellos. Fabiano, jallaba una muchacha bonita, la bai-
laba y se la traiba a Reyes y se la presentaba y le dicía:

—Una fiera pa mí, es quedar ciego.

Pues así estuvo en todos los bailes que estuvieron haciendo en
el palacio del rey, su tata. Al fin se acabaron los bailes aquí en el palacio de Fabiano, antonces jueron a hacer bailes al palacio de Reyes.
Su tata de Reyes dijo que él iba a hacer mejor que el otro rey, que
él iba a trai cantores y toreros de aquel lao del mar. Y Fabiano estaba aquí con Reyes en el palacio, preparando todo lo que s' iba a
hacer.

En la primer nochi del baile aquí a case Reyes, jalló Fabiano una
americana y la trujo onde estaba Reyes y le dijo:

—Mira, ésta es mi novia. Asina, bonitas, no fieras, son buenas
pa que sean mis novias.

—Muy bien —le dijo Reyes—, la que se case contigo que tenga
todas las virtudes del mundo.

A la segunda nochi vido Fabiano que Reyes no se vistía de seda
ni de cosas finas, porque Reyes hacía vestidos de lino, de cosas así
corrientes para ella.

—¡Oh, Reyes! —dijo Fabiano—. ¿Por qué tú no te vistes de seda, siendo tú una princesa tan rica teniendo las virtudes del mundo?

—¡Oh, Fabiano! —dijo ella—. Una mujer fiera como yo, no merece seda. Lo más corriente que hay me puedo poner. Yo no merezco
cosa fina.

—Me daría vergüenza —dijo él— presentar a mi americana junto de ti, estando ella vestida de seda y tú vestida de lino.

—Ella merece seda —dijo—, es muy bonita, pero yo no merezco
nada de eso. Yo me visto como se pueda.

A la siguiente nochi, ya era la última nochi qu' iba el rey a hacer sus diversiones y le habían faltao los cantores y cantoras que había inviao a trai. Cuando vinían pasando el mar, éstos se jueron en
un buque y se hogaron todos, mujeres y hombres. Fabiano estuvo to-

da la tarde asomándose y los cantores no vinían. Ya era la última nochi. Al fin que llegó un criao con una tarjeta a trai el aviso que se habían hogao los cantores. Antonces Reyes dijo:

—A mí me da vergüenza y mi papá no se queda avergonzao. Yo puedo desempeñar el negocio qu' iban a hacer ellos.

—¡Oh, no! —dijo Fabiano—. Será mucha vergüenza pa mí que tú vayas a cantar en un público de gente.

—No te puede dar vergüenza que se puedan criticar de mí.

Bueno, pues que Reyes dijo que ella iba a comenzar las cantadas. Antonces comenzó Reyes a cantar y Fabiano la jué a siguir y le dijo que no, que hacía muy mal, que un hombre tan bonito como él que estuviera con una mujer fiera como ella. Cuando Fabiano vido a Reyes cantando, se jué apasionando de tal suerte que ya no jallaba qué hacer en el baile de pasión. Bueno, por onde Reyes le empezó a dicir que no quería que se estuviera arrimando, que ella era una mujer fiera.

Se acabaron las diversiones a case los reyes, y Fabiano no se podía ir porque estaba muy apasionao de Reyes. Hasta que jué y le dijo al rey y la reina que vinieran a pidirle a Reyes. El rey y la reina vinieron muy contentos a pidir a su hijada pa Fabiano. Antonces Reyes dijo que no, que ella no merecía un hombre como él, porque él despreciaba mucho a las fieras, y de que quedara ciego, valía más que se casara con otra. Por onde Fabiano aguantó un mes apasionado que no jallaba cómo hacer. Por onde Fabiano tenía un amigo, que era un capitán que lo amaba mucho él. Le dijo que viniera a ver si podía conseguir a Reyes que se casara con él, que él tenía una pasión que no la soportaba. Cuando vino el capitán, dijo Reyes que era imposible, porque Fabiano siempre despreciaba a las fieras. Que lo amaba sin comparación, pero que no se podía.

Antonces Fabiano dejó a su padre y a su madre y se jué. Se ausentó en lugares muy lejos. Cada dos días le escribía a Reyes y lloraba tan apasionao que él no jallaba cómo poder hacer. En el lugar que andaba Fabiano, una tarde salió a cazar conejitos. Le tiró a un conejito y le cayó pólvora en los ojos y quedó ciego. Cuando Fabiano estaba en el espital, se murió el rey y la reina, su padre y su madre. Y logo murieron los padres de Reyes y logo jueron por Fabiano y lo trujieron del espital onde estaba ciego. Este palacio estaba solo onde vivía Fabiano. Ya se le habían ido todos sus criados. Fabiano tenía un velisito lleno de puras cartas de Reyes y ya ende que quedó ciego, no las podía ler, las iba guardando. Cuando llegó a su palacio, su amigo, el capitán, era el que le daba güelta. Y Fabiano se ponía muy triste de verse solo y sin ver. Al fin que una tarde vino el capitán y le dijo:

—¿Que Reyes no ha venido a verte?

—No, mi Reyes no viene a verme porque yo menospreciaba a las fieras. pero sin mi Reyes me moriré, porque no hay más consuelo para mí.

Antonces el capitán jué onde estaba Reyes. Reyes salió llorando onde él vinía y le preguntó por Fabiano.

—Se halla en su palacio; no más que es ciego. Tú eres una mujer que no parece que te criates con Fabiano.

—Sí, señor, el amor que yo tengo a Fabiano ni con la muerte lo puedo olvidar.

—¿Cómo te parece? —le dijo—. El pasa muchos trabajos onde está. Como está ciego, le dan de comer cuando les da gana. Hora la comida no está limpia. ¿Pudieras tú ser una nodriza para él?

—De un modo podía ser nodriza pa Fabiano, que usté me diera un juramento que no l' iba a dicir nada, porque mi crer es que porque me vido cantar, se apasionó. No es pasión del corazón.

—Te juro —le dijo— que no le digo, pa que veas tú que es pasión del corazón y no pasión por encima.

Antonces jué el capitán onde estaba Fabiano y le dijo:

—¿Qué dices, amigo? ¿Te traigo una nodriza?

—Pero me trais una nodriza que sepa ler —le dijo— y le encargas que me trate bien y me dé bien de comer.

Este jué y trujo a Reyes. Cuando llegó Reyes al palacio de Fabiano, ella lloró mucho allá onde no la viera naiden. Ella puso agua, hizo que se bañara y le dió ropa de príncipe, porque era príncipe y empezó a darle muy güenas comidas todos los días. Ella lo quería mucho. Cuando ya hizo un mes que estaba Reyes con Fabiano, Fabiano le dijo una nochi que ya vido que estaba como a las doce:

—Oye, nodriza —le dijo—, ¿me pudieras tú cubrir un secreto?

—Yo creo que sí —le dijo Reyes.

—Mira, nodriza, allá en un cuartito chiquito está un velisito. Tráimelo pa acá. Pero esto no más yo y tú lo vamos a saber. Es una cosa murre secreta.

Trujo Reyes el velisito y lo abrió Fabiano. Le dijo él entonces que le leyera las cartas de su Reyes. Empezó la nodriza a ler y Fabiano a llorar y ella tamién lloraba, no más que como él estaba ciego, no sabía si lloraba o no.

Otro día cayó el capitán y jalló a Reyes en la cocina con la cara hinchada de tanto que había llorao. Cuando entró, le preguntó a Reyes qué tenía .

—Tiene una pasión Fabiano en el corazón que me ha hecho llorar toda la nochi con las cartas de Reyes.

—¿Qué sería bueno hacer, Reyes?

—Casarme con Fabiano, al cabo que ya está ciego.

Güeno, otro día vino otra vez el capitán. Le dijo:

—¡Sabes amigo! Quisiera casarte. Estás mejor casao que con la nodriza. Al cabo que tienes mucho de que vivir.

—¿Quién me ha de querer? Asina ciego no hay quién me quiera.

—Pues tendremos que ver. Yo te quiero pidir a Reyes.

—¡No me quiso cuando estaba joven, muchacho, y me ha de querer hora ciego!

—Pues voy y hablo con ella y veremos si te quiere o no te quiere.

—Pues mira, si mi Reyes se casaba conmigo, te daba la mitá de mi palacio.

Antonces el capitán otro día s' hizo que s' iba, y Reyes se puso a previnir a Fabiano y aquél se jué a dicirle a su mujer que viniera. Otro día llegó el capitán y su esposa, que eran los padrinos, y Reyes salió y se subió con ellos y logo llegó, y Fabiano, como estaba ciego, él no sabía si la nodriza estaría o no estaría y empezó a gritale:

—¡Nodriza! ¡nodriza! previenes murre bien la mesa pa cuando véngamos.

Jueron y se casaron y logo vinieron. Cuando entraron, empezó él a gritar a la nodriza que viniera pa que asistiera a su Reyes. Antonces cuando empezó a gritar, le dijo el capitán.

—No grite, si la nodriza era Reyes. Ai la tiene a su lao.

—¡Válgame Dios! —dijo Fabiano—. Me quisites hora que estoy ciego y cuando estaba con mi vista no me querías.

—Porque me menospreciabas porque era fea —le dijo ella.

Juntaron los bienes de Reyes y de Fabiano y hasta el día de hoy están los dos viviendo juntos.

97. *El compadre del diablo*[88]

Estaban unos muchachos trabajando, escardando una labor y iban pasando unas tres mujeres y les gritó uno de ellos:

—¡Adiós, mi alma! ¡Alma mía de su alma! ¡Ojala por obra de

de Dios y hubiera un diablo que me diera dinero para casarme con una de ustedes.

Y las mujeres se fueron. Cuando él dejó su trabajo, a poco que caminó, allá en una bajadita del camino se apartó de sus compañeros y se fué para su casa. Le salió un hombre a caballo, con un caballo prieto muy galán y le dice:

—¡Hola, que parece que te oí! ¿Que no dijites que si hubiera un diablo que te diera dinero para casarte con una de aquellas mujeres?

—Sí —le dijo—, me acuerdo.

—Pues yo te doy todo el dinero que quieras y te aseguro también que te casas con la que quieras, con una de las tres, con tal que me des la primer criatura que tengan ustedes. Y me haces un escrito pero me lo haces con la sangre de tus venas.

—Oh —esto dijo él—, voy a hacerlo.

Y en sus adentros de él isque pensó él, "Al cabos quién sabe si mi esposa no tenga familia." El siempre pensó que sería el diablo por el dicho que él había dicho. Entonces vino él y le picó una de sus venas en un brazo, tomó la pluma y le hizo le esquelita. Entonces el hombre se fué para donde las señoras estaban y la que él le gustó, fué y la pidió y quisó casarse. Cuando se casó él, no le dijo nada a naiden.

Yendo y viniendo tiempo, su esposa se puso encinta. Cuando el muchachito nació, lo bautizaron católico. Convidaron padrinos del mismo lugar de él. Yendo y viniendo tiempo, el muchachito creció. Cuando tenía siete años de edad, el hombre ocupaba piones y se iban a regar, a escardar y se iba el muchachito con los piones, casi como mayordomo de ellos. Y en una vez le dijo su padre:

—Padre, los piones saben ler y yo quisiera aprender a ler. ¿Por qué no me compra un libro pa que me enseñen los piones a ler?

Su padre le dijo que bueno, y fué y le compró un libro. Era tan habelidoso que pronto aprendió a ler con los piones.

Cada vez que el muchachito venía de trabajar junto con los piones, se ponía su padre muy triste y se ponía a rayar el suelo. Y la madre notaba y le preguntaba:

—¿Por qué es que te pones a rayar el suelo cada vez que el niño viene con los piones?

—Quisiera dicirte y no quisiera.

—Pues, ¿por qué no me dices? ¿Qué pueda ser que no sea? Pueda ser que yo te pueda ayudar.

—Mira —le dijo él—, yo creo que tu muchachito lo tengo vendido. ¿Te acuerdas aquella ocasión que venías pasando tú con aquellas dos mujeres que te grité, "¡Adiós, mi alma!" y dije yo, "¡Pudiera haber un diablo que me diera dinero para casarme con una de ustedes!" Prontito, cuando iba a casa, se me apareció un hombre a caballo prieto, muy galán el hombre, y me dió dinero y me hizo un contrato con la sangre de mis venas. Que el primer niño que tuviéramos, sería de él. Y yo aceté y hice el contrato.

—¡Válgame Dios! Y ¿para qué te apensionas por eso? Si el niño no se deja, no importa del contrato.

—Pero más o menos —le dijo el tata— yo malicio que sería el diablo.

—¡Oh —le dice—, entonces mejor! Porque si él no se deja tentar del diablo, nunca será de él. Tú ves que él tiene muy buenos pensamientos y es muy obediente.

El padre siempre estaba muy triste. Yendo y viniendo tiempo, el muchacho le escribió de irse a un colegio de sacerdote. Que él le tiraba ser un sacerdote de la orden de San Francisco. Mucho más contenta se puso la madre y el padre del niño y se fué al colegio el muchachito.

Yendo y viniendo tiempo otra vez, llegó al fin a ordenarse de sacerdote, hasta que llegó el tiempo que hizo sus últimos votos. Le dieron ganas de ir a ver a su padre y a su madre en el mismo lugar onde él los había dejao. Llegó a la casa de sus padres y no los halló. Halló las puertas bien cerradas. Entonces él fué para a case sus padrinos y les dijo a sus padrinos:

—¿Qué razón me dan de mi padre y de mi madre? ¿En dónde están?

—Pues, hijo —le dijeron ellos—, hace algún tiempo que vino un hombre y llegó a la casa y quedó la suidá apestando a azufre. Cerró las puertas de tu padre y tu madre, que no se han podido abrir ni a barrenazos. Yo entiendo —le dice— que tus padres están en el infierno por lo que tu padre y tu madre me platicaron.

Ai le platicaron sus padrinos la historia que le había pasao con el diablo. Entonces el sacerdote dijo:

—Yo voy a trai a mis padres.

Y se fué subido en un asno. Llegó primero a una sierra onde estaba un armitaño que vivía en una ermita y le dijo el armitaño:

—¡Hola! ¿Qué andas haciendo por aquí, que por aquí casi ni pajaritos habitan?

—Pues yo vengo a preguntale por dónde será el infierno.

—¡Ah! ¡Jesús! —le dice el armitaño— que de oír ese nombre hasta la carne tiembla. ¿Qué negocios tienes tú en el infierno?

—Pues voy a buscar a mi padre y a mi madre —le dice.

—Pues ¿qué allá están? —le dice el armitaño.

—Sí —le dice—, allá están.

El armitaño puso duda y le dijo:

—Y ¿los trairás?

—Si Dios es servido, sí los traigo —le dijo el sacerdote.

—Pues, mira —le dijo—, al otro ladito de esta serranía vive un compadre del diablo y ése está ganándole almas al diablo. Ese te puede dar razón por dónde vayas para el infierno.

Y el sacerdote se fué. Llegó a donde vivía el compadre del diablo que se llamaba Calderón, y le dice el compadre:

—¡Hola! ¿Frailes aquí? ¿Qué andas haciendo?

—Yo vine a que me dé razón del camino para el infierno.

—¿De qué orden es usté, sacerdote?

—De la orden de San Francisco —le dijo él.

—Y ¿me oye la penitencia?

—Sí, señor —le dijo el sacerdote—; ése es mi deber.

Se estuvo tres días con tres noches oyéndole de penitencia. Cuando ya le dió una varita el compadre del diablo al sacerdote que sonara tres veces la puerta y le dió la dirección del infierno y le dió una esquelita. Cuando llegó él a la puerta del infierno, dió tres golpes con la varita y oyó él mismo, que estaba parado en la puerta, que decían adentro:

—El que tenga esas almas, entriéguelas.

Y no las entregaba. A la tercer vez que gritó el que estaba adentro pidiendo las almas, dijo:

—El que tenga esas almas, entriéguelas, y si no, gozará la cama del compadre.

Entonces sacaron las almas, dos almas, en cuerpo y alma y le entregaron a sus padres del sacerdote. Y éste fué el diablo Calderón. Y luego de ai se las llevó para su casa. Y aquella cama que tenían preparada para el compadre, la gozó el armitaño que estaba en la serranía con el cual el sacerdote había platicado en el camino para el infierno. El armitaño, por haber puesto duda de la providencia de Dios, ya habiendo estado salvado, gozó la cama del compadre del diablo.

Cuando el sacerdote llegó de vuelta a la ermita del armitaño, ya no halló al armitaño, y se fué para su casa de su padre y de su madre victorioso con su padre y su madre y los llevó a su casa. Fué a case sus padrinos. Hicieron una fiesta muy grande y se salvó el padre y la madre y el sacerdote y los padrinos porque eran de buena fe.

98. *Bernardo*[36]

Estos eran un hombre y una mujer que eran pobres y tuvieron un niño y convidaron para padrinos a un hombre rico y a su mujer que vivían en el mismo pueblo. Cuando fueron a bautizarlo, le pusieron Bernardo. Cuando ya Bernardo tenía un año, los padrinos le dijeron a los padres de Bernardo que si por qué no se lo daban a ellos, que ellos estaban ricos y podían darle educación. Los padres convinieron. A la edad de tres años se llevaron los padrinos a Bernardo. Bernardo creció y ellos empezaron a despacharlo a la escuela. Cuando estuvo grande, que terminó su escuela, su padrino pensó ocuparlo en algo. Bernardo estuvo con su padrino y al fin pensó su padrino enviarlo a que comprara mercancías. Se llegó el día en que tenía que salir y le dió siete mulas para que trajera mercancías y criados y cien denarios. El tenía que ir a cierta suidá a que su padrino lo dirigió. Cuando Bernardo llegó a esta suidá, andaban los indios vendiendo muchos cautivos. Cuando Bernardo vió a los indios, ya no traían más de una niña de siete años. Entonces preguntó cuánto valía aquella niña y le dijeron que cien denarios, y la compró y se la llevó. Cuando llegó a casa de su padrino, él llegó adelante y la muchachita con los criados. Su padrino lo recibió con mucho gusto y su hijado le dijo qué era lo que había comprado con los cien denarios. Su padrino quedó satisfecho. A los padres le gustaron mucho la muchachita y le pidieron a Bernardo que se la llevara a sus padres de él.

Al poco tiempo le dijo su padrino a Bernardo que quería él que fuera en otro viaje pero ahora a la suidá que él quisiera. Bernardo convino y cuando se fué, llevó con él cien denarios y fué a la suidá qué él quiso. Cuando llegó a esta suidá, vió que había muchos cuerpos humanos muertos tirados sobre la tierra y cuando iba llegando, mataron uno delante de él. El se asustó mucho y se admiró mucho que mataban tanta gente y preguntó por qué hacían esto y le dijeron que porque allí costaba mucho enterrar un cuerpo, que por eso no los enterraban. A él le dió mucha lástima de ver que no los enterraban y preguntó cuánto valía enterrarlos y le dijeron que cien denarios y dió sus cien denarios para que enterraran aquel cuerpo y se volvió para su casa. El iba muy triste porque no había hecho lo que su padrino le había pedido pero al mismo tiempo se sentía contento porque había hecho dos caridades.

Llegó a case de su padrino, le contó a su padrino lo que había acontecido. Su padrino quedó muy satisfecho con lo que había hecho Bernardo. Pronto lo despachó a ver a sus padres y fué Bernardo a hablarles a sus padres y estuvieron sus padres contentos de verlo pero su padre le dijo que no estaba haciendo muy buen negocio y que si quién sabe si su padrino no estuviera satisfecho. El padrino le sugerió a Bernardo que fuera otra vez en otro viaje y ofreció darle otros cien denarios, pero Bernardo no le pareció que él era para hacer negocios y rehusó. Su padrino quedó satisfecho. Así es que Bernardo se quedó ayudándole a su padrino y cuando ya la niña que había comprado tenía diez y seis años, su padrino pensó que ya sería tiempo para que se casara. Bernardo pensó lo mismo que sus padrinos y decidió hacer lo que ellos querían. Le preguntaron sus padrinos a quién quería para esposa y él dijo que a Luisita. También sus padrinos estaban contentos con que a él le gustara Luisita. Los padrinos entonces fueron a pedir a Luisita y los padres estuvieron muy contentos. Se llegó el tiempo de que se casaran y se casaron y al año tuvo Luisita una niña. Luisita nunca había dicho quiénes eran sus padres. Cuando cumplió un año la niña, entonces Luisita le dijo a Bernardo que ella quería retratarse con su niña en brazos. Cuando ya se había retratado, le dijo Luisita a Bernardo que ella era la hija de un rey y que había sido robada por los indios de sus padres. Le dijo que lo único que le pedía ahora era que fuera al lugar en donde vivían sus padres a ver si los hallaban, que creía que todavía vivían. Bernardo le contó esto a sus padrinos y lo mismo Bernardo que sus padrinos y sus padres convinieron en que fuera Bernardo a buscar a los padres de Luisita. Ella entonces le dijo a Bernardo cómo hiiciera. Que fuera en un carro con cobija y que buscara una posada delante del palacio. Que cuando supieran sus padres que había un forastero en la suidá, que sin duda ellos irían a ver. Le encargó también que pusiera el retrato de ella y su niña afuera en la camisa del carro y que su madre, cuando viera el retrato, que ella maliciaría que su hija estaría viva porque el retrato de la niña de Luisita se parecía tanto a Luisita cuando era chiquita que la reina maliciaría que su hija estaría viva. Entonces fué Bernardo a decirles adiós a sus padres y vinieron sus padres a verlo salir.

En el lugar donde vivían los padres de Luisita había en el reino

n duque que tenía un hijo que se llamaba Luis y los padres, dende
que estaban Luis y Luisita chiquitos, decidieron que se casarían cuando crecieran. Bernardo iba en camino por mar y ya cuando estaba
para acabar de cruzar el mar, Bernardo vió el palacio del buque y no
más se apió del buque y se fué derecho al palacio. Bernardo consiguió
posada delante del palacio como le había encargao Luisita. El rey supo que Bernardo era forastero de otro pais y que traía un carro muy
curioso. Esa noche tuvo visitas Bernardo toda la noche pero él nunca puso el retrato hasta que no fué la reina. Otro día en la mañana
fué la reina a ver el carro y cuando vió el retrato, de una vez ella se
recordó de su hija. La reina pensó mucho en el retrato y le pareció
que aquélla era su hija, y le preguntó a Bernardo cómo se llamaba su
sposa, y cuando supo que se llamaba Luisita, le dijo a Bernardo que
ella tenía una hija parecida a ella que se había perdido y que tenía
l mismo nombre. Pero Bernardo no le dijo nada acerca de la iden-
tidad de Luisita. Cuando volvió al palacio, fué ella a ver al rey a pesar de que estaba el rey muy ocupado y le contó todo lo del retrato
y el forastero y le dijo que creía que aquel retrato era el de su hija
y que quería que lo fuera a ver él. Entoncs el rey llevó un retrato de
cuando tenía su hija dos años y otro de cuando estaba más grande y
jgualaron los retratos y hallaron que se parecía mucho el retrato de
Luisita al de la niña de Luisita. El rey quedó convencido de que aquélla era su hija y le pidió a Bernardo particulares acerca de su esposa.
Entonces Bernardo le contó todo cómo había conocido y cómo se había casado con ella. El rey, cuando supo que la había comprado cautiva, le dijo que aquélla era su hija. Cuando ya estuvieron seguros de
que ella era la hija del rey, llevaron a Bernardo al palacio y hicieron
una fiesta. El rey invitó mucha gente y invitó a los padres de Luis.

A los ocho días Bernardo se fué a pesar de que los reyes no lo
dejaban irse. Cuando volvió Bernardo para su tierra, Luis, que era el
comprometido de Luisita, volvió con Bernardo, y los reyes quedaron
muy contentos. Antes de que se fueran, le pidió la reina al rey que
la dejara darle a Bernardo la sortija con que se había casado ella y
l rey se lo permitió.

Cuando llegaron, Luisita estuvo muy contenta en ver a su esposo y a Luis. Después de haber pasado una temporada en su casa,
se prepararon para volver al reino de los padres de Luisita otra vez.

Al fin salieron y en el buque tomaron solamente un cuarto y iban
muy contentos. Cuando ya no les faltaba más de dos o tres noches pa-
a cruzar el mar, una noche que había una gran tempestá en el mar

y que estaba la ventana del cuarto abierta, fué Bernardo a cerrarl
y sacó parte de su cuerpo y en esto lo arrempujó Luis y cayó Ber
nardo para adentro del mar junto con la mano de la ventana. Luis di
aviso a las autoridades del buque, diiciendo que Bernardo se habí
caido accidentalmente y que él no lo había podido salvar. Luisita den
de entonces se sintió muy triste y Luis fingió sentirse lo mismo, triste
Cuando llegaron al palacio, siendo que ya Luisita había mandado nc
ticias de la muerte de su esposo a los reyes, hallaron el palacio tod
enlutado. Los padres sintieron mucho la muerte de Bernardo. Per
nadie malició que Luis había sido el de la traición. En el palacio Lu
sita quiso estar sola todo el tiempo o en la compañía de sus padres
Luisita se ponía cada día más triste. Luis estaba muy contento.

En el ínterin Bernardo se pudo salvar por medio de la mano d
una ventana que había caido en el mar con él. El se aorilló a una isl
en la tabla. En la isla se mantuvo con animales de caza que había all
La carne la secaba y así se la comía porque no traía con él fósforo:
El tercer día que estaba en la isla, llegó un coyotito a donde estab
él sentado y le dijo:

—Bernardo, ¿qué haces tú aquí?

—¡Qué he de hacer más que estar aquí tristiando!

—Pues ahora —le dijo el coyotito— no.vas a estar triste. Yo m
voy a estar contigo.

El coyotito le traía conejos y él los ponía a secar en las piedra
y así la pasó un año. Mientras, Luis iba a ver a Luisita todos los día
y, cuando pasó el año, Luis le propuso a ella casarse con ella. A Lu
sita le repunó Luis y la reina notó esto, pero el rey sí quería que ell
se casara con él. Luisita le decía a la reina:

—A mí me parece que Bernardo está vivo. Yo nunca podría se
feliz con Luis.

La reina le dijo al rey esto y le pidió que no insistiera en qu
Luisita se casara con Luis. El rey se enojó a causa de esto y se sinti
muy mal y fué a donde estaba Luisita y le dijo que Bernardo no esta
ba vivo, que si estuviera vivo, él hubiera venido a donde ella estaba
que de todos modos tenía que casarse con Luis. Al fin Luisita conv
no. El único favor que le pidió fué de que no lo hiciera hasta que n
encontrara un panadero que le gustara a ella para hacer la fiesta
El rey le concedió esto y dende luego empezó a hacer los preparat
vos para la boda y mandó trair de una vez un panadero. Cuando v
no el panadero y le dijo el rey a ella cómo le gustaba el trabajo de é
Luisita lo desechó y le dijo al rey que trajera otro. El rey trajo otro

otro panadero pero ninguno le gustaba a Luisita. Todo estaba listo menos el pan y los queques por falta de que no había ningún panadero que le gustara a Luisita. Mientras, Bernardo estaba muy triste en la isla cuando llegó el coyotito y le dijo:

—¿Por qué estás tan triste?

—¡Cómo no he de estar tan triste, sin mi esposa, mi hija y mis padres!

—¿Sabes que tu esposa se va acasar con Luis y que no les falta más de una semana para que se casaran? ¿Qué hicieras con Luis o con tu esposa?

—Pues no haría nada. Los dejara que se casaran si Luisita quisiera casarse con él.

—¿No crees tú que hay algún medio para pasar?

—No creo que hay.

—Tú vas a pasar al otro lado del mar y vas a llegar a tiempo. Luisita no se ha casado porque ella piensa que tú estás vivo y ella no quiere casarse ni la reina tampoco, pero el rey pensó que tú estabas muerto.y por eso quiere que se case. Pero está detenida por falta de un panadero que le guste a Luisita. Ahora vas tú. Yo te voy a pasar. No más que tú haces todo lo que yo te mande. Tú vas y te le ofreces al rey como panadero y él no te va a querer pero Luisita sí te va a querer y te van a dejar de criado en el palacio. Cuando tú estés allí, te pones la sortija todo el tiempo para que la vean y por esta sortija te van a conocer. No te conocerán porque estás muy desfigurado a menos que no uses la sortija. Te subes tú en mí y cierras los ojos y yo te pasaré, pero no vayas a abrir los ojos hasta que yo te mande.

Bernardo hizo como le mandó el coyotito y cuando abrió los ojos, ya estaba del otro lado del mar. Bernardo se puso muy contento y le dió las gracias. Y el coyotito le dijo:

—¿Sabes quién soy yo? Yo soy la ánima de aquel cuerpo que tú enterraste. Por eso vine yo a salvarte.

De ai se despidió el coyotito de Bernardo y le dijo que él saldría con bien. De ai se fué Bernardo muy contento para el palacio y llegó cuando ya estaba pardiando. Antes de entrar en el palacio, llegó a la casita de una viejita. La viejita abrió la puerta. Entró y la viejita le dió de comer y después de la cena le pidió las nuevas a la viejita y ella le dijo lo de la boda que iba a pasar y la mala suerte del esposo de Luisita al travesar el mar. También le platicó lo del panadero. Bernardo entonces le dijo a la viejita:

—¿Por qué no va donde está el rey y le dice que ha llegado un nietecito suyo que hacía muchos años qeu estaba fuera del pais y que es muy buen panadero y le pide que me emplee.

Otro día fué ella a ver al rey y le dijo al rey lo que Bernardo le había pedido y el rey le dijo a la viejita que le mandara a su nietecito. La viejita fué entonces a su casa y le contó a Bernardo lo que había dicho el rey y lo preparó, cortándole el pelo y vistiéndolo lo mejor que pudo con ropa que consiguió ella de los vecinos. Así es que se vistió él con ropa vieja y se fué a donde estaba el rey y le dijo el rey cuando lo vió:

—¡Que puede servir éste pa panadero! Pero vaya, llévenselo a Luisita a ver si le gusta.

Cuando lo vió ella, Luisita se rió de él y cuando la vió él, él se emocionó mucho de verla a ella y a su hijita. No le gustó a Luisita para panadero pero le pidió al rey que lo dejara para que ayudara en la cocina, y él fué muy contento. Cuando lo enviaron a que trajera leña, salió él y vió a Luisita y a la reina y de una vez él trató de enseñar la sortija pero Luisita ni la reina se fijaron en la sortija. A Luisita le había parecido el criado nuevo muy sangre liviana. Cuando faltó agua, salió él con la sortija puesta y otra vez estaba Luisita cuidándolo desde la ventana.

Al día siguiente Bernardo siguió haciendo los mandados y en este día Luisita sí alvirtió que traía un anillo en el dedo y de una vez lo quiso conocer y se sobresaltó y cuando salió otra vez por agua, Luisita se bajó del balcón y esta vez sí se fijó bien en el anillo y se satisfizo que aquél era el anillo de su madre y de una vez mandó llamar a su madre. Cuando salió Bernardo por leña la siguiente vez, entonces vió que lo esperaba la reina y Luisita para verlo y se sintió muy contento. Cuando lo vió la reina, le preguntó Luisita si le parecía que aquél era Bernardo y le dijo ella que sí pero temían decirle al rey porque temían su enojo. El rey entonces estaba en negocios de mucha importancia pero a las instancias de Luisita, fué la reina a donde estaba el rey y le contó al rey que Bernardo estaba en el palacio y que el último cocinero que él había enviado era Bernardo. El rey se sorprendió mucho y lo mandó llamar con un criado. Cuando las cocineras supieron que llamaron a Bernardo ellas se rieron de él y creyeron que lo iban a correr o a castigar. Bernardo iba muy contento porque él creía que sabía por qué lo habían llamado al cuarto de la reina. Entonces le preguntaron quién era, y él les dijo y les enseñó la sortija. Luisita se puso muy contenta de una vez y lo abrazó y besó y lo enviaron a que se vistiera y aliñara como era propio de un príncipe. Bernardo se aliñó y cuando vino el rey, que lo vió, le dijo Luisita al rey que ahora sí estaba lista para casarse y que cualquier panadero le gustaba a ella y que ahora le tocaba a él cumplir con su promesa de horcar a Luis como habían convenido en el contrato que había hecho Luis con el rey que si volvía Bernardo que entonces daría él su vida junto con la de sus padres y que le cederían todos sus bienes a Luisita.

Se preparó todo para la boda y cuando ya todo estaba listo, y cuando se iba a casar, le preguntaron que si caía Bernardo algún día, si aseguraba él (Luis) con su vida y la de su padre y si entregaba sus bienes, y dijo Luis que sí. El padre de Luis, lo mismo que Luis, convino. Entonces se presentan Luis y Luisita delante del padre para casarse y en esto entraron la reina y Bernardo. Cuando lo vieron Luis y los padres de Luis, se desmayaron ellos. Al día siguiente iban a quemar con leña verde a Luis y a su padre. El día de la boda, cuando estaba toda la gente junto, contó Bernardo cómo había pasado todo y les dijo que Luis lo había tirado por la ventana. Al día siguiente del casorio quemaron a Luis. Al padre de Luis le perdonó Bernardo porque él estaba inocente del crimen. Sin embargo, aceptó él los bienes de él. Bernardo y Luisita siguieron viviendo muy contentos.

99. Don Juanito[20]

Pues éste era un rey y tuvo este muchacho y convidó al obispo pa que lo bautizara, y le puso Juanito. Y entonces, cuando ya creció, se lo llevó al obispo pa educalo. Cuando ya conoció él que estaba bien educao, le dijo que si qué oficio quería, y le dijo él que comerciante. Lo llevó a case el rey y le dijo que don Juanito quería ser comerciante, y le dijo que le ponía tres mil pesos y el rey otros tres mil para que juera a comprar un comercio, y luego vino y previno sus carros y sus criados y se jué. Pues allá en el camino, ond' iba, se perdió. Estaba borrasquiando y jué a dar a un bosque onde estaba una luz y llegó a una casa onde estaban velando un muerto. Y pidió posada y le dieron. Ai durmió. Y la mujer del muerto lloraba sin consuelo. Se levantó Juanito y le dijo que se conformara; que si por qué lloraba tanto, que se consolara:

—¡Válgame Dios! Si no es tanto porque mi marido se murió, sólo porque estos hombres que están aquí, están esperando hasta que saquen el cuerpo para quitarme la casa, porque mi marido todo lo que tenía era deuda.

—¿Cuánto es lo que debe?

—Seis mil pesos.

Entregó los seis mil pesos pa que le dejaran la casa a la viuda. De ai se volvió pal palacio. Cuando lo vido el rey, le dice a la reina:

—Pues ai viene don Juanito. Vamos a ver cómo le jué.

Llegó él y le preguntaron cómo le había ido. Pues ya les platicó lo que había hecho con el dinero. Estaba el padrino allí cuando llegó y le dijo:

—Está bien, don Juanito. Ai hizo una obra de caridá. Pues hora le pongo cinco mil pesos y el rey otros cinco mil y vaya, compre un comercio.

Güeno, pues que se jué. Allá ond' iba, se quedó durmiendo siesta. Cuando llegó un moro vendiendo tres princesas. Los criados dijeron que no podían pero dijeron que tal vez don Juanito sí pudiera. Pues lo recordaron y ya les dijo que si cuánto quiere por ellas. Le dijo el moro que lo que pesaran. Pesaron los diez mil pesos. Ai los entregó por las princesas. De ai se volvió con las tres princesas. Vido el rey venir a don Juanito y salió a ver cómo le había ido. Pues que le dijo al rey que había dao los diez mil pesos por tres princesas.

—Pues vaya —le dice a don Juanito— ponga a sus tres princesas y será mi último criado.

Güeno, este rey vendía la agua, y como don Juanito era el último criado, vendía la agua muy barata pa mantener a sus princesas. La mayor dijo que s' iba a casar con don Juanito. Entonces vino ella y hizo una carta pal rey, otra pal del barco de su padre, diciéndole que tan pronto como entrara don Juanito en el barco, le diera y se lo llevara pal palacio de su padre. Antonces le dice la princesa a don Juanito que se vaya a llevar aquellas cartas a los embarcadores de su padre, que ellas se quedarían haciendo el negocio de él. Y jué don Juanito y le entregó la carta al del barco. Entonces aquél no más leyó la carta, y le dió al barco y se lo llevó. Y le puso banderas de gusto al barco. Cuando el barco iba llegando, que salió el rey, le dice a la reina:

—Pues hay razón de mis hijas o ai las train. Viene el barco contento.

Pues que llegó don Juanito. Güeno, entonces el rey tuvo mucho gusto. Lo coronó de rey de una vez. Y un sobrino del rey había pedido a esta princesa muchas veces y nunca quería casarse. Entonces el sobrino le dijo al rey que s' iba con don Juanito, su primo, a trai a las princesas. Entonces mandó el rey echar un coche en el barco pa que jueran por ellas pa que las trujieran al embarcadero. Güeno, se vino don Juanito y el primo. Cuando ya llegaron a este lao, se apiaron del coche y se vinieron por las princesas. El rey, el padre de las princesas, le había dao todo el dinero que había pagao por las princesas pa que se lo pagara a su padre y al obispo. Entonces salió el rey cuando iba llegando don Juanito coronao de rey. Le dice el rey a la reina:

—Nos viene a vesitar un rey. ¡Quién sabe quién será!

Cuando iba llegando don Juanito coronao de rey, dice el rey:

—Vayan a trai a las princesas a palacio.

Hora quería que se quedara con él. Y le dice don Juanito que no, que las va a llevar pal otro lao del mar. Se jueron. Se las llevó. Entonces este primo, porque don Juanito, cuando entró al barco, metió a las princesas en un cuarto y le echó la llave y él y el primo se jueron para otro cuarto. Como a media noche estuvo él muy mal, don Juanito, y se levantó.

—Pues yo no sé lo que yo tengo —le dijo al primo.

Y vino y puso los pies por la ventana pa ajuera del barco y se puso a chupar; y entonces vino aquél y lo arrempujó y lo echó al mar. Y aquí ond' iba cayendo, se aflojó una tabla y en ésta se salvó don Juanito. Salió a una playa onde estaba una viña de uvas. Ai se quedó. Güeno, llegaron las princesas pero no con mucho gusto, porque habían perdido a don Juanito.

Así que pasaron años y años, se casaron las dos menores y el primo pidiendo a la prima y ella no quería casarse con él. El rey, cuanto le pedían por la muerte de don Juanito, todo daba. Entonces, a los siete años, le dijo el rey a la princesa que era güeno que se casara con el sobrino, y la casó. Este día que ella se casó, en la tarde se le apareció a don Juanito una sombra allá onde estaba en la viña. Ya él estaba empeloto. Y le dice la sombra:

—¿Qué me dieras tú si yo te llevaba a onde está la princesa (Ya se casó) y que jueras su esposo?

—Te daré mis uñas, te daré mi pelo. No tengo más.

—Pues mira, por lo que produzcas en dos años, tú vas a ser su marido de la princesa.

—Güeno —le dice.

—Pues hazte a mis espaldas.

Y lo llevó y lo paró onde estaban pasando pal baile y le dice:

—Mira, el rey todo lo que le piden por la muerte de don Juanito, lo da. Pues ¡qué no dará por la vida de don Juanito! Al primero que pase, le dices tú que le diga al rey que por la vida de don Juanito le haga el favor de venir a onde tú estás.

Pues que el primero que lo vido, le dijo don Juanito que le dijiera al rey que por la vida de don Juanito, juera a donde él estaba. Cuando se lo dijeron al rey, pues luego se jué a onde estaba don Juanito. Luego que llegó a onde estaba don Juanito, le dijo:

—¿Qué eres, fantasma o estás muerto?

—No —le dice—, soy don Juanito, don Juanito vivo.

Entonces le tiró la capa y se cobijó y lo mandó llevar a la barbería y la novia no jué al baile. Estaba llorando. El novio y las hermanas no más jueron al baile. Luego que le cortaron el pelo, agarró un manojo de cabellos el rey y jué y llamó a las princesas pal cuarto de su hermana y les dice:

—¿Conocieran ustedes a don Juanito si lo vieran vivo?

—No sólo a don Juanito —dicen a la par todas—, un pelo que viéramos de él, lo conociéramos.

Luego les enseñó el cabello, pero se estuvieron muy calladitas. Luego llamó al sobrino y le dice:

—¿Qué sentencia te dieras tú si don Juanito fuera vivo?

—Que me amarraran un barril de pólvora y me dieran fuego.

—Tú lo has dicho —le dice el rey, y lo prendió de un barril de pólvora y le prendió fuego y luego llevó a don Juanito y lo casó con la princesa.

Güeno, siguieron viviendo muy a gusto don Juanito y la princesa. Ellos tuvieron un niño y cuando se llegó el día, vino la sombra y le dice don Juanito:

—Está todo repartido.

—Pues que falta una cosa —le dice la sombra.

—No —le dice él—, todo está partido.

Entonces la princesa se acordó del muchachito.

—Este niño, que lo parta por la mitá. Esto se produció en los dos años.

Y entonces agarró aquél pa partilo y le dice la sombra que no, que solamente que Dios le había dao licencia para irle a corresponder el favor que él había hecho con su familia y que Dios le produciera más lo que tenía, y se jué la sombra.

100.   El rey Daví y el rey don Alejandro[63]

Pues éste era un rey y tenía un hijo no más. Y él le pidía a Dios que les diera una hija. Que a él se le hacía que iba a querer más a su yerno que a su nuera pero nunca les concedió Dios tal cosa, nada más que a su hijo, el rey Daví. Este hijo estaba adoptao de Dios de que había de ser hasta sabio. Y él lo educó y con la sabiduría que Dios lo dotó, sabía más que el rey. El rey lo envidiaba cuando vido que sabía más que él.

Se ofreció que en otra suidá, a case otro rey, se habían aproximado dos cuervas y un cuervito y fueron por el rey Daví para ver qué era lo que querían aquellos cuervos. La una había sacao al cuervito y lo abaldonó y la otra lo crió. Y querían que el rey diera justicia a ver con quién se quedaba el cuervito. El rey dijo que volara una para un rumbo y la otra pal otro y a la que siguiera el cuervito, con ésa se quedaba. El cuervito siguió a la que lo crió.

Pues en otro tiempo se aproximaron otros dos cuervos en la casa del rey Daví. Y él, por envidia que tenía, no lo llamaba para que fuera a ver que querían. Al fin, por súplicas de la reina que fuera a llamar a Daví para que vieran a ver qué querían, ya isque le dijo el rey a la reina:

—Pues anda, llámalo.

Pues fué la reina y lo llamó y le dijo que su padre lo llamaba para que viera qué querían aquellos animales. El le dijo que le dijiera a su padre que si quería él que fuera a interpretar lo que querían aquellos animales, que fuera él a llamalo. Pues el rey fué a llamalo a ver qué querían aquellos animales. Le dijo el rey Daví:

—Pues, padre, los cuervos dicen que el rey tiene que servile la mesa al rey Daví y besale la mano un día. Se ha de llegar ese día.

El rey le tuvo más envidia y ya nunca consideró que se podría llegar aquel día. Y le dijo que se fuera de su casa, que él no lo quería en su casa. La reina muy triste de ver que su padre había corrido a su hijo.

Se fué el rey Daví. Puso tierras por medio y se fué. S' incontró con el rey don Alejandro y s' hicieron muy buenos amigos y le platicó al rey Alejandro por qué había salido de su casa. Aquellos muchachos eran unos mismos los dos, no se sabía cuál sería don Alejandro y cuál sería el rey Daví. Pues se fueron ellos para otra suidá a ver qué hacían. Pues allá se estuvieron ellos un tiempo hasta que se cansaron de estar solos y isque le dijo el rey Daví a su amigo:

—Vámonos casando. Ya yo estoy cansao de tanto andar rodando.

—Bueno —isque le dijo don Alejandro—, y cuasi ni quisiera todavía Todavía yo no estoy cansao. Lo hiciera tal vez por convenir con usté.

Ellos querían casarse con princesas. Don Alejandro sí se casó con una princesa y el otro se casó con una hija de una vieja bruja.

Don Alejandro halló una mujer muy fina y el rey Daví, no. La suegra era la más mala. Al fin le metió mucho mal la vieja a su hija in contra de su marido. Al fin le puso la misma vieja una lepra muy mala en su cara y en sus manos. Ai lo tenían abaldonao en un cuarto que ni aprecio le hacían al pobre. Al fin aquella vieja determinó mandar a los criaos de que lo llevaran al monte a quemalo. Y aquel criao era de muy buena conciencia. Mató una vaca allá en el monte onde él fué a llevalo, le dejó la carne pa que comiera y le dejó fórforos pa que hiciera lumbre. Y él hizo una foguera de lumbre y quemó el cuero porque la vieja le encargó que lo quemara onde ella alcanzara ver el humo.

Al fin cayó a uidos del rey, don Alejandro, de que habían tirao a su amigo Daví, y lo habían quemao. Hizo pesquisias don Alejandro de ver cómo incontraba al criao éste que lo había ido a tirar. Pues s' incontró con el criao y le preguntó que si lo había quemao de de veras. Y el criao isque le dijo que no, que él no había tenido el valor para hacer tal injusticia. Que le había matao una vaca para que tuviera qué comer, y que él le había dejao fórforos pa que hiciera lumbre pero más no sabía de él. Ya isque le dijo que fuera con él a enseñale ónde había tirao a su amigo y fué con él. Todavía el rey Daví estaba vivo. Ya le dijo:

—¿Cómo le va, amigo? Pero ¿qué le ha pasado?

—Ya usté verá —isque le dijo el rey Daví— en la enfelecidá que yo me hallo.

—Bueno, pues hora se va conmigo.

Lo llevó a su casa, le dijo a su esposa que ai había llevao a su amigo, que tal fieles amigos como habían sido, que hora lo iba a asistir él. Ya le dijo ella que estaba bien. Y pensaba él cómo podría hallar él un remedio para curar a su amigo. Una noche lo velaba él y otra noche lo velaba la mujer de don Alejandro.

Y ya le pidió el rey don Alejandro una revelación al Señor para ver con qué remedio podía sanar a su amigo. Ellos tenían dos niños y el Señor le dijo que degollara a sus niños si quería que su amigo sanara, y con la sangre de los niños lo curara. Se levantó él desasosegao a ir a remudar a su esposa, que ella estaba velándolo esa noche y le dijo a ella que fuera ella a dormir aquella noche, porque ella trabajaba mucho para asistir a su amigo. Y ella no quería. Pero no era tanto que él quería que ella durmiera. El quería hacer el remedio que le había revelao el Señor para sanar a su amigo. Bueno, ella se fué a dormir y no se acostó con los niños por no recordalos y ya no fueran a dejar dormir a ella. Luego que ya don Alejandro consideró que ya ella estaría dormida, él no hallaba cómo hacer. Le daban ganas de degollar a sus hijos y al mismo tiempo le dolían mucho. Bueno, él fué a dar vuelta a ver si ella estaba dormida. Con dolor de su corazón iba a degollar a aquellos niños.

No más vido que estaba dormida ella y luego fué y los degolló y lo curó a su amigo con la sangre y pa cuando amaneció, ya su amigo estaba bueno y sano. El se fué cuando sintió que ya ella se había levantao. Fué a ganale las albricias. Isque le dijo él:

—¡Si vieras! ¡Albricias, que ya sanó mi amigo Daví!

—Pero ¿cómo? —isque le dijo ella.

—Yo quisiera dicirte y no dicirte —le dijo él.

Pero, bueno, se fueron ellos pa la cocina a ver a su amigo. Y a él le remordía mucho lo que él había hecho con sus hijitos. El estaba dudando demasiadamente dicile a ella porque quién sabe qué pasaría con ella. Pero al fin se decedió él y le dijo que había degollao a sus hijitos para curar a su amigo, que era una revelación que había tenido en un sueño y ella isque le dijo:

—¡Ah qué bárbaro, lo que fuites a hacer! Cuando voy a estimar yo más a tu amigo que a mis hijos!

Pues fueron a ver a los niños y los niños no tenían nada. Ellos estaban dormidos: Ya isque le dijo ella:

—Tú lo hicites por asustarme.

—No —isque le dijo él—, verdaderamente que sí los degollé.

Había allí unas gotas de sangre para pruebas que sí los había degollao. Pues antonces le dijo el rey Daví a su amigo, don Alejandro, que hora él era su esclavo, que lo que él mandaba, estaba para hacer. Pues él era el sirviente. Pues un día estaba el rey Daví muy triste. Don Alejandro le conoció de una vez su sembante que estaba triste. Isque le dijo:

—Amigo, meramente que usté está triste. ¿Qué pasa?

—¡Válgame Dios! —isque le dijo—. Me han dao tantas ganas de ver a mis padres. Ni sé si serán vivos o serán muertos.

—Bueno, amigo —isque le dijo—, pues vaya mírelos.

—Pues van ustedes conmigo, y si no no voy —isque le dijo el rey Daví.

Bueno, pues se aprevinieron pal viaje. Salieron.

Allá onde s' iba haciendo oscuro, llegaron a una casita onde estaba una viejita y tenía una nietecita. Esta viejita estaba demasiado pobrecita. Ella y su nietecita estaban desnudas. Su mantención eran ratones. Ya llegaron a pedir posada. La viejita demasiado acongojada de ver que habían llegao unos reyes a su casa y estaba ella en la infamia que estaba. Se asomó por la ventana y ya le hablaron. La mujer de don Alejandro le pidió posada. Ella les dijo que les podía dar posada, pero ella estaba desnuda y a la nietecita la encerró en otro cuarto. Ya le dió la mujer de don Alejandro un túnico para que se cubriera. Ya entraron. Y luego ella, la pobre viejita, muy acongojada ella porque no sabía cómo acomodarlos. Ya le dijo la mujer:

—¿Qué no tiene, agüelita, otra piececita?

Ya isque le dijo la viejita que sí tenía otra pero tenía a su nietecita allá y estaba desnuda como ella y por eso no la sacaba.

—Bueno, ¿pues cómo no había dicho que tenía una nietecita.

Fué ella y le trujo otro túnico pa que la sacara. La nietecita era una muchacha muy decente. Y de una vez le llenó el ojo al rey Daví. Bueno, pues otro día emprendieron su viaje y se fueron.

Cuando ya iban llegando a case su padre del rey Daví (Ya su padre del rey Daví estaba muy pobre), el rey Daví encargó a don Alejandro que cuando le hablara a él, que pasara don Alejandro la mano pa allá pa que no le besara la mano a él. Y ansina lo hizo. Le fueron a hablar al rey Daví y a besale la mano y pasó don Alejandro la mano pa allá y no dejó que le besara el rey la mano al rey Daví.

Entraron, les pusieron la mesa y luego le preguntó el rey don Alejandro que si que no tenían familia. Ya le dijo el viejito que habían tenido un hijo y todavía hasta la presente no sabían de él. La reina no más lo vido y se le hacía que uno de ellos era su hijo, pero no hallaba diferencia y no podía saber acuál de ellos sería.

—¿Qué daría usté de premio —isque le dijo don Alejandro— si venía su hijo aquí onde está usté?

Y él le dijo que daría la vida porque ya no tenía más. Pues ya le dijo don Alejandro que aquél era su hijo. Muy contentos ellos por la venida de su hijo.

Esta mujer de don Daví, y la vieja, su madre, se trasladaron a

esta suidá y ya s' iba a casar la mujer de don Daví con otro. Ellos
preguntaron que si qué había de nuevo en aquella suidá y ya les platicaron del casorio. Se fueron los amigos y compraron mucha pólvora y cuetes pa hacerles una grande bulla a la novia. Pues el día del
casorio se fueron a esperalos allá en la iglesia y mataron al novio y
a la novia. No les hicieron nada porque eran reyes que mandaban
más que los que estaban allí. Se quedó muy contento porque ya él le
había pagado su caridá a su mujer que había hecho con él. Bueno,
emprendieron el viaje ya pa atrás y llevó a sus padres antonces.
Cuando iba en el camino, el rey Daví se sintió algo triste. Pues ya
le dijo a su amigo que quería casarse con la nietecita de la agüelita.
Pues llegaron a case la viejita otra vez. Muy contenta la agüelita
con ellos. Pidieron ellos a la nietecita y se la dió y se la llevaron pa
que se casara allá a case de don Alejandro. Se casaron y allá estarán todavía.

101. Don Luis y don Alejandro[60]

Estos eran dos amigos que se criaron juntos desde su infancia.
Tomaron su educación de la edá de siete años hasta llegar a ser
unos hombres muy sabios. Siempre andaban juntos. Nunca se divi-
dían. Era tan fuerte su amistá del uno del otro que no podían apartarse ni de noche.
Un día, después de cumplidos sus estudios, se fueron a recorrer
a distintos países para ver lo que se trataba allí en aquellos países.
Don Alejandro había estudiado la lengua de los animales. La sabía
muy bien y nunca le había dicho a su amigo, don Luis. Llegaron a
una ciudá en donde estaba un gran movimiento que la gente después
de la cena toda se reunía a un parque en donde había distintos árboles. Y había un árbol muy alto en que había un nido y se nublaba
de pajaritos y aves de toda especie. Nadie podía interpretar de lo
que se trataba allí en la reunión de aquellos pajaritos. No más oían
el bullicio y no podían comprender lo que aquellos pájaros decían.
Don Luis y don Alejandro se sentaron al pie del árbol para ver qué
era lo que decían aquellos animalitos. Pero don Luis no entendió.
Cuando se acabó todo, que se fué la gente, el rey de ese reinado llamó a aquellos dos hombres que le había llamado la atención verlos
debajo del árbol y les preguntó si podían dale una contesta, qué era
el objeto de aquella reunión de los pájaros, y le dijo don Alejandro

que, a lo que él entendía, aquéllas eran dos madres que habían tenido polluelos en el mismo nido y el de una de ellas se había muerto y el de la otra estaba vivo y ellas peliaban las dos madres por el
pollito que estaba vivo. Ni una ni otra quería que el otro fuera de
ella. Entonces los pájaros de todos lugares habían venido a deceder
la razón y la justicia a la que la tuviera. Hallando que una de ellas
daba una señal a su polluelo y la otra no pudo hallarle ni una señal
a ni uno, así fué como decidieron cuál era la madre del vivo. Y ya
no volvieron a hacerse aquellas reuniones, yéndose aquélla con su
pollito y la otra con el sentimiento. Entonces le dijo el rey:

—Pues mira, joven capaz, en premio te voy a dar a mi hija para que te cases con ella y mañana mismo se verificará el casamiento.

Así lo hicieron, preparándose para el enlace de aquellos príncipes, cuando oyeron que en otra ciudá había otra concursión y habían oido decir que en esta ciudá estaban un adivino que adivinaba
las lenguas de las aves y lo inviaron a llamar. Se fué él, interpretan-
do las lenguas de los animales para los cuales lo habían llamado. Allí
le prometieron darle a la otra princesa para esposa. Y como ellos
eran el mismo retrato, vino por su amigo don Luis y lo llevó para casarlo y él se vino con su esposa.

Desde aquel día no se volvieron a ver. Cada uno se quedó en
su reinado. Pero se escrebían y por cartas sabían cómo estaban. El
día que se separaron, cambiaron sus sortijas. Don Luis le dió su sortija a don Alejandro y don Alejandro a don Luis, cada una con su
nombre. La esposa de don Alejandro era muy soberbia y siempre
estaba enojada. Nunca la pudo llevar. Hasta que hubo un día que
supo ella que había lepra destendida en una cercanía de la siudá y
mandó traer vacunas y cuando él estaba dormido, se la derramó
Cuando lo vió que ya estaba infestado, mandó sacarlo del palacio y
tiralo a los basuderos para que allá se lo comieran los perros. Don
Alejandro siempre pensaba en su amigo, especialmente en aquellos
momentos que estaba muriéndose. Decía él:

—Si mi amigo don Luis supiera en dónde estoy, viniera por mí.

Cuando se fué como pudo caminando hasta llegar a las cercanías del reinado de don Luis ya poca distancia del palacio, se detuvo
en donde iban pasando unos viajeros y preguntó él qué palacio era
aquél. Diciéndole ellos que era el del rey don Luis, y recomendándole que se quitara de allí, que si él sabía, lo haría quemar, que no
podían entrar a la ciudá enfermedades contagiosas. Pero él no hizo
caso. Se fué acercando cada vez más y más hasta llegar a la esqui-

na del palacio en donde estaba la ventana del cuarto y se tiró por los suelos. Salió uno de los criados a dar vuelta y lo vió que estaba en la esquina, que metía miedo. Entró corriendo al cuarto del rey muy asustado:

—¡Su carrial majestá! Aquí está un leproso desfigurado. El va a infestar el palacio y la ciudá. No se asome. Cierre su ventana y permítame echárselo a los perros.

—No puedo permitir esto —dijo don Luis—. Echar una persona humaan a los perros o quemarle es imposible. Anda, pregúntale qué quiere. Ha de ser algún menesteroso que no haiga comido. Llévale unas migas.

—Pues, su carrial majestá, es una cosa que no podemos arrimarnos porque el hedor que tiene no nos deja arrimarnos. Es una infestación que se va a hacer en el palacio.

En fin, se fué por obediencia uno de los criados a ver qué quería el menesteroso y le dijo:

—Dígale a su amo que por la amistá que tuvo por su amigo, el rey don Alejandro, que me mande un vaso de agua en la copa que él bebe.

—Esto está pior, leproso sucio, hediondo. El rey no va a permitir eso porque le vas a infestar.

—Pues te pido por la corona del rey que se lo digas que me mande agua en su copa por la amistá que tuvo con el rey Alejandro.

Fué el criado al cuarto del rey y le dijo:

—Que isque por la amistá que tuvo por el rey Alejandro que le mande agua en la copa de usté.

Cuando se le pidió esto al rey por la amistá de don Alejandro, el rey no pudo menos de concederlo, diciéndole al criado le llevara la copa y la agua. Le repunó al criado pero lo hizo. Cuando llegó, le dió la copa al leproso. Vino y como estaba tan dañado ya, cuando se acabó la agua, dejó un trago de agua en la copa, se fué a sacar la sortija y se arrancó el dedo con to y sortija y la echó adentro de la copa. La cubrió y le dijo:

—Dile al rey don Luis que por la amistá que tuvo por el rey don Alejandro ,se beba este trago de agua.

El criado no quería obedecer, por fin hizo lo que le pedía el leproso. Tomó la copa el criado y se fué al cuarto del rey, refiriéndole lo que le había dicho el leproso. Tomó la copa el rey y se fué a beber el agua en dond' incontró de una vez el dedo y la sortija de su amigo. Sacándola, de una vez la conoció. La tomó y la limpió y dijo:

—Este es mi amigo. ¡Vamos! ¡Vamos al momento! ¡Traer un cirujano! ¡Alistar sábanas finas! ¡Poner blandos colchones y un buen cuarto para traer a mi amigo y meterlo aquí!

Hizo meterlo a un cuarto del mismo palacio en donde lo asistieron por muchísimo tiempo bien hasta que hubo sanado. Cuando sanó, lo llevó a otra ciudá en donde lo hizo un rey de aquel lugar, dejando abandonada a la señora que se había casado con él. En donde vivió feliz todos os días de su vida, visitándose el uno al otro. Fueron amigos siempre, estuvieron juntos y cuando les tocó morir, murieron los dos juntos.

102. Plácido[86]

Estaba en una suidá un rey y este rey tenía muchos sirvientes y los tenía hechos crer que él era Dios. Que no había más Dios que él. Y los sirvientes creían que él era Dios. Este rey tenía un sirviente que se llamaba Plácido. Este Plácido era un hereje. Era el enemigo de los cristianos. El hacía y deshacía cuando entraba en una suidá onde había cristianos, porque él estaba adorando al rey éste. El pensaba que era Dios el rey. Este Plácido anduvo peliando en estas suidades hasta que no dejó ni un cristiano. Porque él quería que no más al rey adoraran, que ése era Dios. Hasta que por fin ya no halló ónde peliar. Ya no había cristianos. Al fin se tardó siete meses y le cayeron papeles al rey que de aquel lao del mar había una suidá de católicos. Y Plácido previno sus ejércitos y se jué pa aquel lao del mar. Plácido era un hombre que estaba casao. Tenía su esposa y tenía dos niños.

Cuando llegaron al mar, puso Plácido sus banderas de guerra pa peliar. Los cristianos le tenían mucho miedo a Plácido porque a éste no había quien le hablara. Comenzaron la batalla a las cuatro de la tarde. Pa las ocho de la nochi ya cesó de peliar. Ya cuando cesó de peliar, él pensó que para otro día en la mañana él acabaría esa gente cristiana. A las cuatro de la mañana de otro día el Señor despachó un ángel onde estaba Plácido. Le dijo que le dijera a Plácido que ya no derramara sangre de ningún católico. Cuando este ángel iba a salir del cielo, Plácido estaba en su cama mirando pal cielo. Cuando este ángel salió del cielo, Plácido lo vido. Venía tan lindo este ángel que daba resplandor de su mismo vestido. Se paró en la cabecera de Plácido y le dijo:

—¿Quién eres tú?

—Soy un ángel del Señor que he venido a dicirte que dijo el Señor que no redames más sangre de los católicos.

—¿Quién es este Dios?

—Este Dios es el que está en el cielo. Hizo la tierra, t' hizo a ti. Dividió las aguas de la tierra y todo, y es el Dios que m' invió. Yo soy un mandadero de Dios.

—¡Mandadero de Dios puedes ser tú! ¿Cómo puedes ser mandadero de Dios estando tan limpio y tan puro como estás tú? Pues tú eres un pion lo mismo que yo.

—Yo soy pion también del Señor del cielo. ¡Pues mira! Yo estoy tan limpio, pues considera quá tan limpio Dios pueda estar. Bueno, pa que veas tú, tú adoras un hombre lo mismo que tú. Ese rey que tú adoras, es un hombre lo mismo que tú y el que yo adoro es el Dios del cielo. El Señor me dijo que te dijiera que hora mismo te arrepientas de peliar. Tienes qu' ir a Igito y bautizarte tú y tu mujer y tus hijitos. A tu mujer le pondrás María y al mayor de tus hijos le pondrás Pedro y el otro se llamará San Juan y tú te pondrás Miguel por lo que has sido vencedor de guerras.

Plácido, cuando vido este ángel, él quedó espantao de verlo tan limpio que daba resplandor. No más le dijo el ángel:

—Pasarás muchos trabajos por la mucha sangre que has redamao de tanto inocente.

—Bueno —dijo Plácido—, que se haga la voluntá de Dios. De hoy pa adelante adoraré ese Dios.

En la mañana Plácido mandó a sus criaos que quitaran las banderas y que él s' iba pa su lugar al otro lao del mar. Estos no le preguntaron a Plácido por qué s' iba a ir, porque le tenían miedo. Pasó el mar y se jué con sus soldaos para onde estaba el rey que adoraban ellos. Cuando vinieron a la suidá, Plácido s' hizo a llegar en la nochi, pa que no lo viera nadien. Pues cuando llegó Plácido a su casa, su mujer estaba muy almirada porque el ángel se le apareció a ella también y le repitió las mismas palabras que le dijo a Plácido que tenían qu' ir a Igito a bautizarse. Los soldaos se jueron con el rey y Plácido se jué pa su casa. Plácido se jué en la misma nochi pa Igito. Salieron a pie con sus hijitos de la mano, juyendo del rey pa que no los juera a alcanzar. Anduvieron siete meses por las serranías con sus hijitos. A los siete meses llegó Plácido al mar y venía muy apurado por alcanzar un barco que lo pasara pal otro lao del mar. Aquí estaba un barco no más, de un alemán que traiba diez soldaos en su compañía. Pues aquí le dijo Plácido al alemán que si lo podía pasar pal otro lao del mar, y él dijo que sí. Antonces Plácido preguntó que si cuánto le llevarían. Y el alemán dijo que no le podía dicir hasta que no lo hubiera pasao. Este, no más se subieron en el barco y el alemán se enamoró mucho de la mujer de Plácido. De onde empezó éste a querer matar a Plácido por causa de la mujer, y los soldaos no lo dejaban matarlo.

Cuando ya hacía ocho días que andaba en el mar, el alemán vido que estaba una playa que había mar par' un lao y otro y la playa estaba poco en el medio del mar. Ai tiró de arriba el alemán a Plácido y a sus hijitos. Ai se quedó Plácido, y el alemán se jué con la mujer y los diez soldaos. Plácido se estuvo aquí con sus niños en esta playa por veinticuatro días. A los veinticuatro días se le desmayaron de hambre los niños a Plácido. Ai empezó Plácido a adorar al Señor y a dale quejas y le dijo Plácido al Señor que merecía mucho él pero que sus niños no merecían, que eran inocentes. Aquí onde estaba Plácido empezó a hacer oración al Señor, alcanzó a ver la águila que volaba y quería echarse y los güevos jirviendo en el nido y se jué la águila y los dejó. Antonces Plácido vino al nido y los vido jirviendo a gorgollones. Antonces Plácido dió infinitas gracias a Dios por los güevos porque ya estaban cocidos. Tuvieron los muchichitos con estos güevos de esta águila por otros quince días.

A los quince días se desmayaron otra vez los muchichitos de hambre porque no había qué comieran. Por onde vino Plácido y buscó aquí onde estaban en esta isla un palo muy largo y pensó él pasar uno de los brazos pa salir juera del mar. Se empelotó y agarró un garrote y pasó hasta el otro lao del mar con la agua hasta el pescuezo. Cuando pasó Plácido y vido que podía pasar, pasó por uno de sus hijitos y lo pasó. Y luego pasó por el otro y lo pasó pal otro lado. Cuando ya se vidó libre Plácido del mar, pensó él buscar unas alboleras silvestres pa sus hijitos y anduvo buscando hasta que s' hizo oscuro y llegó a un río muy grande que estaba al igual del brazo del mar que había pasao primero. Aquí en este río durmió con sus niños y otro día muy de mañana se levantó a ver si podía pasar este río tamién. Agarró un palo y se echó uno de sus niños en el pescuezo y pasó pal otro lao del río. Cuando vinía Plácido de allá pa acá por éste que estaba de este lao, llegó un lobo y agarró el que estaba del otro lao, el que había pasao primero. Cuando vido él que se había llevao el lobo el muchichito, se volvió pa atrás a ver si podía quitárselo. Anduvo buscándolo como loco al lobo y no pudo jallar na-

da. Al fin se volvió a ver si podía pasar al otro muchichito pal otro
lao. Cuando vinía en el medio del río, llegó un lion y agarró este otro
muchichito que estaba de este otro lao. Este lion y este lobo eran los
ángeles de la guarda de cada uno de los muchichitos. Este mesmo
día se había muerto la mujer de Plácido. La había matao el alemán.
Los muchichitos y la mujer de Plácido subieron a la gloria. Plácido
en la nochi no pudo dormir por llorar por sus hijitos en el río onde
él estaba. Al fin dormitó y logo llegó el que le había dicho que no
volviera a redamar sangre de los católicos y éste lo subió al cielo en
un sueño. Lo llevó onde estaban sus niños y su mujer.

Cuando Plácido llegó al Paraiso onde estaba su mujer y sus
niños, se quedó muy espantao pero platicó con sus niños. Antonces
él le dijo a su mujer, que cómo estaba que sus hijitos estaban allí
cuando se los habían comido el lobo y el lion. Antonces Plácido recordó en el sueño y vido que estaba en la orilla del río onde se acostó a dormir. Logo jalló Plácido una albolera silvestre y ai se estuvo
dos días comiendo porque estaba muy traspasao. De aquí se jué pa
Igito Plácido. En el camino ond'iba Plácido, llegó a case un hombre
que era católico. Cuando éste llegó a case este hombre, le platicó todo lo que le había pasao a él con el ángel, su mujer y todo, y le dijo
al hombre éste que él creiba que a su mujer se la había llevao el alemán éste. Antonces el hombre le dijo que si acaso él quería ir al mar
a ver si jallaba a su mujer con el alemán allá en el mar, que él tenía
un barco. Antonces a los tres días jué Plácido junto con el yerno éste
del hombre.

Cuando llegaron al desembarcadero onde estaban desembarcan-
do los barcos, ai estaba el barco del alemán puesto en venta públi-
ca. Antonces jué Plácido, cuando supo que ése era el barco, y dijo
que él quería ver qué había habido de su mujer. Y antonces el que
lo llevó a él pa allá, buscó a los diez soldaos y les dijo que le dijeran qué había hecho el alemán con la mujer de Plácido. Antonces
ellos dijieron que la había matao a puñaladas y la había echao en
el mar. Antonces vino a ver Plácido que era verdá lo que le había
dicho el ángel el día que lo subió al cielo. Y de ai se jué pa Igito y
no ha venido todavía.

103. El ejemplo de San Silvestre[65]

Este era un rey y una reina y no habían tenido familia y ya estaban muy ancianos y le prometió a Nuestra Señora Esquipula por-

que le diera un niño y le dió dos. Aquelos niños crecieron con mucha frondosidá los dos, hombre y mujer. Y el malo los insistió. Dormían solos en su cuarto. Cuando ya el muchacho sintió a su hermanita enferma, s' hizo el enfermo él y velándolo como estaban el rey y su mujer, les vino en revelación de que aquel niño estaba padeciendo porque no habían pagao la visita. Pues que cuando ya hicieron el viaje, que se jueron, se quedó el muchachito con su hermanita. Luego que se jueron, jué él y agarró a San Antonio y calentó dos asadores y le dice:

—Mira, haz que tenga mi hermanita su criatura.

Y lo tuvo de tres meses de enferma. Y el muchachito y la muchachita echaron al niño en un velís y jué el muchacho y vido a un hombre a que juera a tirar aquel velís "hasta onde se ataque el caballo, que no pueda moverse ni pa atrás ni pa adelante. Con mucho cuidado que no lo vaya a tirar recio." Aquel hombre salió a caballo con su velís aquí, corriendo hasta onde se atacó el caballo que no lo pudo hacer andar a ni un lao ni el otro, se apió y lo puso con mucho cuidado a la orilla de una cequia que estaban sacando. Salió a ese tiempo en la mañana una viejita y le dijo a su viejo:

—Allá está un velís. Voy a trailo.

Y se jué. Y logo que lo trujo, lo abrió y jalló al niño sin lavar. Logo que jalló esto, jué el viejito y dió parte al juez que había hallado al niño y al dinero. Antonces el juez le dijo que lo criara y que guardara ese dinero pa que lo criara. Y lo jué criando, lo jué criando hasta que creció. Lo criaron con mucha delicadeza los viejitos. Y logo siguieron dándole educación al muchachito hasta que subió a grao grande en su letura. Pues que este niño cuando ya estuvieron muy ancianos sus padres, le dijieron los viejitos:

—Es bueno que te cases, hijo. Ya estamos muy viejitos. Yo no soy tu padre que te engendré ni tu madre que te parió. Te criamos porque te jallamos tirao. Silvestre te jallamos y por eso te pusimos Silvestre.

—Pues, antonces, yo no debo ser casao, padre, porque yo quiero incontrar con mi madre. Yo quiero mejor ser enterrao siete años.

—Pero ¿cómo te entierro, hijo mío?

—Bien, padre, yo no quiero ser casao. Allá en la orilla de aquel monte me entierra.

El jué y midió su sepoltura. Hizo que la hicieran y l' hicieran un cajón pa poderse sentar y acostar en amplitú. Metió una mesita, metió un vaso de agua, una torta de pan y una vela pa alumbrarse y su libro, y lo taparon arriba con una puerta de tabla. No le echaron tierra.

Hora dejamos aquí al muchachito. Hora vamos con el tata y la nana. Esos se echaron sayales a raiz y salieron por todas las parroquias pidiéndole perdón a los padres de lo que habían hecho y no había quién los ensolviera de aquel pecao. Andaba un viejito en el monte cuando oyó tocar onde estaba el sepulcro de San Silvestre y salió y les pidió albricias a sus padres que lo criaron.

—¡Oh, no! Ya mi hijo es muerto.

—¡No! No es muerto. Están tocando.

Porque dende que San Silvestre se enterró se enlutaron 'las campanas y jueron a ver y llevó gente el viejito pa sacalo. Logo que abrieron, lo jallaron sentao. Un trago de agua tenía quitao el vaso, una rebanadita de pan la torta de pan, la vela no más en cuanto se le había acabao aquí onde sale el pabilo en los siete años de enterrao. Antonces les dice San Silvestre:

—¡Válgame Dios, padre! ¿Pa qué me viene a sacar cuando no hace más de tres días que me enterró?

Todavía se le hacía a él tres días. Ya tenía su barba blanca, sus cabellos blancos de canas. No más lo sacaron y repicaron las campanas. Llegó derecho a la iglesia onde estaba el padre. Murió el padre y San Silvestre tuvo que hacele su funeral al padre de la parroquia onde subió San Silvestre de padre. En la misa del cuerpo otro día estaba cuando su padre y su madre llegaron que los oyera de penitencia. Querían confesarse con él. Y San Silvestre jué a confesarlos y debajo de su confesión dijieron ellos quiénes eran, y él les perdonó a su padre y a su madre y cuando les dió la comunión, todo jué dales la comunión y se abrió la puerta del cielo y se jué con ti padre y madre pal cielo.

104. *Las calabazas*[86]

Estaba un hombre en una suidá que tenía un niño de cinco años. Este niño estaba impuesto que hasta pa salir a jugar, le había de echar su padre la bendición. Y su padre le dicía, cuando le echaba su bendición:

—Con mi bendición vas a jugar. No más cuídate de las cosas malas porque si haces mal, tiene que salir. Porque los malos hechos, más que los hagan tan ocultos como qué, tienen que salir. Son como el maíz.

Y él le podía mucho lo que su padre le dicía. En eso estuvo el muchacho pensando, pensando en esta bendición siempre que le echaba su padre hasta que cumplió catorce años. Este hombre era un hombre que tenía muchas reses, muchas borregas y todo tenía en la sierra. Y cada un tiempo iba él a dale güelta a sus borregueros y a sus vaqueros. Este hombre tenía unas maletas pa llevales a sus piones las provisiones.

Cuando el muchacho éste cumplió catorce años, su padre pensó que juera a la sierra a dale güelta a sus borregas y a sus vaqueros, y lo despachó. Le dijo que viera bien cómo estaba todo, sus borregas y sus vacas y le trujiera todo por escrito. El muchacho se jué pa la sierra. Allá en la sierra, ya pa llegar onde estaban sus borregas y sus vacas, ai incontró un viejito sordo, muy viejito, y logo que lo vido, se acordó de la bendición que le echaba su padre y pensó "Mi padre me dice que las cosas que se hacen ocultas son como el maiz y solas salen. Hora me voy a desengañar". Se apió de su caballo y mató al viejito. Logo que lo mató le echó lumbre y lo quemó. Lo quemó tan bien, a que no quedara ni un solo güesito de aquel viejito. Cuando ya vido él que no había ni un solo güesito y dejó la pura ceniza y se estuvo con sus pastores tres días. Cuando venía de allá pa acá, vino a dar güelta a ver qué había habido del viejito, y ya no jalló ni ceniza. Se lo había llevao el viento. Y el remiendito onde lo quemó, quedó tan colorao.

De ai pa adelante quedó este muchacho pensando en lo que había hecho: "Yo maté un viejo y no se sabe ni se sabrá que lo maté." Cuando éste iba a darle güelta a sus partidas, iba por aquí pa ver qué había en el lugarcito que había quemao al viejito. Vinía de allá pa acá y llegaab al lugar a ver qué había onde había quemao al viejito. Por siete años estuvo dando güelta. A los siete años, este muchacho le gustaban mucho las calabacitas verdes, y una vez jué en noviembre a ver a sus pastores. De aquí pa allá iba a llegar al lugar onde había quemao al viejito pero topó otro muchacho y porque no juera a ser descubierto, no llegó a darle güelta al lugarcito. Se estuvo tres días con sus pastores. A los tres días volvió y llegó al lugarcito onde había quemao al viejito. Cuando llegó al lugarcito onde había quemao al viejito, el lugarcito estaba cubierto de calabazas tan frescas, tan enflorecidas, que cuando vido él este calabazal, dijo:

—¡Ah, Dios! ¡Oh qué justo! ¡Qué güeno! ¡Qué bendito! ¡Que onde quemé yo este hombre, me pusites un calabazar, mirando que a mí me gustan tanto. Pero hora me las voy a llevar.

Se apió de su caballo, bajó sus maletas y echó las calabacitas. Estas calabacitas, unas eran grandes, otras más chiquitas. Llenó sus dos maletas y se jué. Cuando llegó a su casa, sus piones salieron y desensillaron. Metieron las maletas a la dispensa con las calabacitas. Su madre le dijo que l' iba a poner de cenar. Le dijo antonces él:

—Hora que me van a dar de cenar, ¡qué cosa tan güena truje!

—¿Qué? —dijo su madre.

—Calabacitas, que me cuadran tanto.

—En este tiempo no las hay —dijo la madre de él.

—Pa que vean que las hay —dijo él— voy a trai mis maletas.

Logo que trujo sus maletas, empezó a sacar las calabacitas, unas más grandes, otras más chiquitas y otras más chiquitas, hasta que las sacó todas. Cuando ya las sacó todas, se volvió el viejito las calabazas. Las calabacitas eran el cuerpo del viejito. Estaba tan fresco el viejito, lo mismo que cuando lo había acabado de matar. Antonces su padre le dijo:

—¿Qué es esto?

—No sé.

—Pues ¿cómo vino esto aquí? —le dijo.

—Yo no sé —dijo antonces él.

—Este de alguna manera. Tú mismo me has traido aquí esta cosa. ¿Has hecho algún equívoco en este mundo?

—Sí, padre. Yo maté este hombre por causa de la bendición que usté me echaba. Me dicía que las cosas ocultas, por muy ocultas que estuvieran, tenían que salir como el maiz.

—¡Mira! ¿Cómo estaba esto de oculto?

—Ocho años hace que lo maté.

—Pa que veas —le dijo su padre— si era verdá la bendición que te echaba o no. ¿Quién era testigo de esto?

—Dios —le dijo el muchacho.

—Por eso me lo presentates —le dijo—, porque Dios es muy justo y sabía que habías hecho este mal hecho. Y pa que supieras que era verdá la bendición que yo te dicía, para eso el Señor hizo esto contigo. Este hombre no tiene parientes. No tiene a naiden que haga por él más que tú que has hecho el hecho. Hora lo que has de hacer es enterralo en la iglesia, hacele un gran funeral y logo se le pagaran siete misas y siete misas se harán pa ti por haber hecho esta injuria.

105.   Los carneros teretetones[89]

(En este cuento se han eliminado algunas repeticiones.)

Este era un hombre y una mujer y tenían un niño. Este niño jué creciendo hasta la edá de doce años. A la edá de doce años, jué otro hombre que tenía muchas borregas a comprendelo al muchacho y su padre le dijo que si era pa que cuidara hatajos medianos, se lo podía comprender. Convinó este hombre y lo puso cerca de la casa.

Llegando y viniendo tiempo, hizo un día borrasquiento. Habiéndose llegao este día, se perdió este niño. La borrasca lo llevó a una serranía que no se vía más de cielo y tierra en un cañón. Jueron a dale parte al rico que habían faltado muchos pastores con to y borregas el día tan terrible. Jué perdido este niño que no lo pudieron hallar. Se quedaron aquellos pobres viejitos desconsolaos de ver que a todos habían hallao menos a su hijo. Se jué quedando esto olvidado. Hasta su patrón lo echó en olvido, que nunca s' hizo él recuerdo que lo tenía comprendido.

Este niño lo llevó el Señor. Este niño se estuvo bastantes años en aquellas serranías. Este niño se estuvo doce años hasta la edá de treinta años, ya hombre. El se cubría con los mismos cueros de las borregas. El se sustanciaba con pura carne y lechi de las borregas. Hallándose un fósforo en su bolsa y hizo lumbre y jué permanente su lumbre, con el poder de Dios.

Dejando esto olvidado, estaba un día sentado en la orilla de su corralito mirando pa lo más alto de la sierra. Vido venir un hombre, y se pusieron a platicar y ya le contó el muchacho cómo se había perdido. El hombre que era el Señor, le preguntó entonces si tenía ganas de ver a sus padres. El muchacho le dijo que sí. Antonces vino el Señor y metió la mano al seno y sacó pan y se pusieron a cenar y luego se pusieron a rezar. El muchacho se puso a escuchalo los rezos que el Señor estaba rezando. Cuando acabaron de rezar, se despidió el Señor, prometiéndole volver al día siguiente.

El muchacho se sintió muy triste. El muchacho no sabía rezar. Pero jué al corral onde encerraba sus ovejas. Empezó a pepenar carajones de las mismas borregas. Los más medianos los puso de avemarías, los más grandes puso de padrenuestros. Cuando ya acabó de cenar, agarró su rosario y se puso a rezar.

Otro día vido el muchacho venir a su amiguito. Salió a topalo muy contento. Los dos comieron juntos y cuando ya acabaron de comer, le dijo el muchacho al Señor que él había hecho un rosario también y se lo enseñó al Señor. El Señor se rió de ver su rosario pero le perdonó toda aquella inorancia. Entonces le pidió el Señor que rezara. Y dice el muchacho:

—Pasó ésta, pasó ésta, pasó ésta, pasó ésta, pasó ésta, pasó ésta, pasó ésta, pasó ésta, pasó ésta, pasó ésta, y en ésta se encierra para mi amigo y su nana.

Antonces el Señor le dijo que lo llevaría a ver a sus padres y le dijo que se iría El adelante pero arriara sus ovejas todo este cañón. A la orilla del cañón, salió el Señor y le abrió un camino. Aquel muchacho se azoró de ver que no se vía nada más de puro cielo y tierra, y cuando vinía con su amiguito, alcanzaba a ver los campos, los valles, y caminos. Cuando salieron bien al llano, le dijo el Señor cuál era la casa del patrón y le dijo cómo se portara y qué hiciera.

Y llegó a la casa de su patrón y empezó a preguntar que si ónde estaba su patrón. Antonces salió el patrón y le explicó el muchacho quién era él y le pidió que fuera a recibir sus borregas. El patrón no se podía acordar. Antonces le dijo el muchacho que horita volvería. El muchacho se fué a ver a sus padres. Cuando llegó a su casa, les dijo quién era él. La viejita y el viejito lo abrazaron y se pusieron a llorar con su hijo. Antonces le dijo el muchacho a su padre que fuera con él, que el patrón iba a recibir sus borregas. Se jueron los dos. Se jué su hijo y su patrón para entregarle estas borregas. Era más el borregaje sin siñales que el que estaba siñalao. Llevó su patrón el juez y los testigos para que apartaran aquel ganao. El que estaba siñalao para un lao y el sin siñalar para otro. Antonces le dijo su patrón:

—Pues todo este borregaje es tuyo. El que está sin siñalar. El siñalao es mío.

Antonces le dijo el muchacho que todo era de él. Y el patrón le dijo que no, que aquel ganao era de él porque él lo había criado. De allí mismo le puso unos pastores pa que arriaran el ganao de aquel muchacha pa su casa. El se quedó con el Señor y le dijo:

—Hora sí, amiguito, ya lo truje a su casa. Todo este borregaje tiene que hacer limosnas con ellas y dárselas a los pobres y pague tres misas.

—Güeno, amiguito, pero tiene qu' irse conmigo.

—Sí me voy, amiguito, yo y mi papá y mi mamá y mi perrito, también, amiguito.

Cuando volvió el muchacho a su casa, sus padres estaban muy

contentos. Y cuando vieron que su hijo no sabía rezar, los padres se
pusieron a enseñarle, pues querían que fuera a misa otro día y se
confesara.

En la mañana se jueron pa misa y lo hincaron entre medio de
los dos. El muchacho le gustó mucho la misa. Cuando salieron de
misa, le dijo a su mamá:

—Váyase, mamá, para la casa. Horita la alcanzo. Voy aquí tantito. Horita güelvo.

El muchacho jué a case el cura y tocó la puerta y le dijo que
saliera poquito pa ajuera. El cura le dijo que entrara. El muchacho
entró y le dijo:

—Pues yo quiero ver cuánto me lleva porque me diga cuatro
misas como las que dijo hoy.

—Güeno, muchacho —le dijo el cura.

—¡Pero mire bien! Yo le pago cuatro carneros teretones, pero
me las dice como la que dijo hoy con golpes en el tapanco, jumito en
la ollita del cuajo y zumbido en el palo güeco.

—Muchacho de Dios, yo no te entiendo esto.

—¡Válgame Dios, hombre! —le dijo el muchacho al padre.

Pues en esto llegó el papá y ya se puso a explicarle al cura lo
que quería el muchacho. Le dijo el cura:

—Pues él quiere cuatro misas y me paga cuatro carneros teretones. ¿Qué quiere decir carneros teretones?

—Señor cura, son carneros grandes sin capar, pa que mejor entienda.

—Pues hora me dice su hijo que quiere cuatro misas con golpes
en el tapanco, y jumito en la ollita del cuajo y zumbido en el palo
güeco.

—Pues golpes en el tapanco es la campana y jumito en la ollita del cuajo es el incensario y zumbido en el palo güeco es el violín.

—Pues vienes a oyelas mañana para adelante.

El muchacho se jué pa su casa y les contó a los viejitos que su
amiguito se los iba a llevar a todos ellos otro día. Les dijo tamién
que quería ir a topalo a la orilla de aquel camino.

Cuando él llegó al camino, ya el Señor lo estaba esperando. El
muchacho le contó al Señor todo lo que había hecho. Después de
esto, le dijo el Señor que otro día iría por él y los viejitos y su perrito.

Llegó su amiguito. El papá y la mamá salieron contentos a recibilo. El Señor entró a un cuarto.

—¿Sabe usté, amiguito, con quién está hablando?

—Sí —le dijo el muchacho—, con mi amiguito que me trujo.

—¡Válgame Dios, amiguito! —le dijo el Señor y levantó su brazo derecho y se desnudó y le vido la llaga de su santísimo costado el muchacho—. ¿Sabe con quién está hablando?

—Sí, amiguito.

—Yo soy el Señor del cielo y tierra y me los voy a llevar a usté y a su papá y a su mamá.

S' hincó el muchacho y le pidió perdón al Señor y le besó sus llagas y ansí el Señor tuvo misericordia de él y llamó a su padre y a su madre.

—Papá y mamá, pues nos vamos con mi amiguito. Dígale adiós a todos nuestros vecinos y todo lo que téngamos.

Toda aquella vecindá se quedaron llorando de ver que s' iban sus vecinos y no saber para dónde. Sólo Dios con su poder sabía adónde los iba a levantar. Se retiraron de la casa. Y los levantó el Señor al cielo y están gozando de la gloria celestial.

IV. CUENTOS DE ENCANTAMIENTO

A. La NIÑA PERSEGUIDA

106. *La Cenicienta Golosa*[72]

Este era un hombre y una mujer y tenían una hija. Y yendo y viniendo tiempo, murió la madre. Y tenía una vecina que era muy buena con ella. Todos los días qu' iba a su casa, le daba sopitas de miel, y venía la niña a la casa y le dicía a su papá:

—Papá, cásese con la vecina. Todos los días que voy pa allá, me da sopitas de miel.

—Mira, hijita —le decía el papá—, si hora te las da de miel, mañana te las dará de jiel.

En fin se casó su papá con la vecina, y yendo y viniendo tiempo, mataron un borreguito y la mandó su madrastra a la muchachita a lavar las tripitas, y se las llevó un pescadito. En poco de rato vino ella llorando a onde estaba su mamá, que se había llevado un pescadito las tripitas, pero ella la volvió pa atrás pa que las trujiera de todos modos. Cuando iba en el camino, le salió la Virgen y le dijo que si por qué lloraba. Y ella le dijo que porque le había pegado su mamá porque se había llevado el pescadito las tripitas. Y le dijo la Virgen que alzara la vista pa arriba, y le cayó una estrella en la frente. Y luego le dijo que volviera a alzar la vista pa arriba y le cayó una varita de virtú. Y se jué para la casa y cuando iba, la alcanzó a ver su madrastra y la hija que tenía ella. Y le dijo su hija:

—Mamá, ¿qué será lo que trai la Cenicienta Golosa?

—¡Qué ha de trai! —le dijo su mamá.

—Cuando ella llegó, se pusieron a raspale aquella estrella. Entre más le raspaban, más reluciente se le hacía, y dijo la otra:

—Ahora voy yo por agua, mamá.

Y iba haciéndose la que lloraba y salió la Virgen y le dijo que si por qué lloraba, y ella le dijo que le había pegado su mamá, y le dijo que alzara la vista pa arriba y le cayó un cuerno, y echaba muchos cadajones aquel cuerno, y entre más lo cortaba, más le crecía.

202

Y hubo tres días de misión y su madrastra y su hija s' iban a la misión y le mandaban tanto qu' hiciera ella, lo que ella no podía hacer en un día para poderla maltratar. Pero cuando ellas s' iban, ella le decía a la varita de virtú:

—Varita, varita, hazme todo lo que mi madre me mandó y dame un buen vestido y un coche para ir a misa.

Cuando ella entraba a misa le dicía su hija a la mujer:

—¿Que no es la Cenicienta Golosa ésa?

—No, ésa es la mujer del rey. Cállate; estás echando muchos cadajones por la boca.

Cuando el padre echaba la bendición, salía ella ápriesa y llegaba a su casa y le dicía:

—Varita, varita, toma este traje y dame mis garritas.

Se llegó el siguiente día de misión y le volvió a mandar su madre todo el trabajo que ella le podía hacer. Volvió ella lo mismo. Le dijo:

—Varita, varita, hazme todo lo que mi madre me mandó y dame otro traje más bonito que el de ayer y un coche para ir a la misión.

Cuando ella entró a la iglesia, le preguntó la muchacha a su madre si era aquélla la Ceniceinta Golosa, y la madre le dijo que callara, que estaba echando muchos cadajones por la boca. Cuando el padre echó la bendición, salió muy apriesa y jué a la casa y le pidió sus garritas a la varita.

Se llegó el último día de misión. Su madre le mandó trabajo que no lo podía hacer ella en un día. Tan pronto como ellas se jueron, dijo ella:

—Varita, varita, dame un traje más bonito que el de ayer y dame unos chapines de oro y un coche para ir a misa.

Cuando entraba ella, dicía la muchacha:

—Madre, ¿que no es la Cenicienta Golosa ésa?

—No, es la mujer del rey —le decía la madre.

Cuando el padre echó la bendición, salió apriesa y perdió un chapín en la puerta de la iglesia y se jué a la casa, y le pidió a la varita sus garritas. Cuando salieron de la iglesia, el rey incontró el chapín de oro y dijo que la que le viniera aquel chapín se casaría con su hijo. Entonces el rey quedó a ir pa la casa de la madre de la Cenicienta Golosa. Y en pocas horas llegó el rey y ella sacó a su hija para que se midiera el chapín y a la Cenicienta Golosa la escondió debajo de la artesa. Y él le preguntaba si no tenía ella otra niña además de ésta. Y ella le dijo que no. Al rato saió un gatito y le dicía:

—Niau, niau, mi hermana la linda debajo de la artesa está.

—¿Qué dice este gato? —preguntaba el rey.

—No. Este gato es más embustero —dicía la mujer.

—Niau, niau, mi hermana la linda debajo de la artesa está.

Entonces el rey siguió el gatito y levantó la artesa y jalló a la Cenicienta Golosa y le midió la chinela y le quedó bien. Entonces le dijo que sería la esposa de su hijo. Y se casó, y ella andaba en carretelas de vidriera, y la vieja y la muchacha en un boque muy despanzurrado y echando cadajones por la boca.

107. *La granito de Oro*[39]

Pues era un hombre y una mujer. Tenían una niña, y vecinos estaban otro hombre y otra mujer y tenían otra niña, y con el tiempo murió el hombre de los vecinos y murió la mujer del otro vecino y quedaron viudos los vecinos, y el viudo era muy rico. Y la gente de la viuda no eran. Eran muy pobres. Pues que empezó la viuda a seducir a la muchachita que le dijera a su papá que se casara con ella. Que le dijiera a su papá que le hacía falta quien la peinara. Y se casaron, y estas muchachitas una tenía una cabrita y la otra tenía una ternera.

Pues que un día le dijo la madrastra a la muchachita que le dijera a su padre que le matara su ternerita. Ya vino él y la mató. Cuando la mató, le dió las tripas y la panza que las fuera a lavar al arroyo. Cuando las llevó al arroyo que las estaba lavando, vino un pescadito y róbaselas. Pues que se fué toda la corriente pa abajo con ellas y ella se fué atrás del pescadito llorando. Ai en el bosque ond' iba, se topó con una viejita. Esta viejita le preguntó por qué lloraba. Ya le contó lo que había pasado. Ya le dijo que no llorara, que se fuera todo el bosque pa abajo y allá hallaba una casita. En esta casita estaba un viejito en la cama y un niño en la cuna y una ollita con comida en el fogón. Que fuera y le pegara al viejo y lo echara allá afuera, y al niño le diera nalgadas, y la ollita con comida le echara basura y en la lacena del fogón, ai hallaba una tinaja y ai estaban sus tripitas. Y se fué la muchachita.

Allá muy lejos en el bosque halló la casita. Entró a la casa, halló al viejito acostao en la cama y al niño en la cuna y le mudó al viejito la cama de limpio y la cuna del niño y a la ollita le echó agua y echó lumbre. Y luego vió la casa, la limpió, la barrió, y luego fué a la tinaja y agarró sus tripitas. Cuando se agachó a agarrar sus tripitas, le saltó una estrella de oro y se le plantó en la frente pero ella no la sintió. Y de ai se fué para su casa.

Cuando ya hacía rato en la tarde, le dijo la madrastra a su hija que se asomara a ver si ya venía su hermanita, y se asomó la muchacha y la vió ir y le dice:

—Madre de mi alma, ai viene ésa. ¡Quién sabe qué trai en la frente que le relumbra tan bonito!

Y sale la vieja y le pregunta qué trai en la frente. Y le dice ella que no sabe qué trairá. Ya le contó la muchachita su historia. Ya vino la madrastra y se puso a lavala y entre más la refregaba la frente, más relumbrosa tenía aquella estrella y más brillaba. Pues que ya vino y le mandó ella a su hija que le dijiera a su padre que le matara su cabrita. Cuando la muchacha se lo dice a su padre, él le dice:

—Válgame Dios, hijita, ¿pa qué quieren tanta carne?

Y le dice la madrastra a él que por qué a su hija sí le mató carne no más le mandó y a ésta no le quiere matar por que es su entenada. Y ya él, por no peliar, vino y le mató su cabrita.

Cuando ya le mató la cabrita, le dió a ella la pancita y las tripitas pa que fuera al arroyo a lavalas. Pues que las empezó a lavar y estaba esperando a que viniera el pescadito a robale las tripas, pero que no venía nada. Así que no vino, las soltó ella todo el arroyo pa que se fueran y se fueron todo el arroyo y se fué ella también haciéndose la que lloraba todo el arroyo pa abajo también. Así que caminó su rato, se topó la misma viejita con ella y le pregunta:

—Mi alma, ¿por qué lloras?

—¡Cómo no he de llorar pues si mi madre me despachó a lavar estas tripitas y vino un pescadito y me las robó, y si no las llevo, me mata mi madre!

No llores. ¡Mira! Vete todo el bosque pa abajo y allá hallarás una casita, y en la casita está un viejo en la cama y un niño en la cuna. Al viejo le pegas y lo echas allá afuera, y al niño le das nalgadas y la olla que está en el fogón le echas basuras y metes basura y empuercas la casa.

Pues se fué ella y lo hizo. Llegó a la casa, halló al viejito en la cama, le pegó y le echó allá afuera, y al niño le dió nalgadas y a la olla con comida le echó basura y luego metió tierra y tiró en el suelo, y luego fué a la tinaja a agarrar sus tripas. Ella que se agachó a agarrar sus tripitas y le saltó un cuerno verde a la frente y se fué. Agarró sus tripitas y se fué pa su casa.

Cuando ya era tiempo que llegara, le mandó a la muchachita que se asomara a ver si venía su hermanita, y se asomó la hermanita y la vido ir y le dice:

—Madre de mi alma, quién sabe qué trai mi hermanita en la frente tan feo.

—Anda, envidiosa, es porque estará más bonito que ese granito de oro que tienes tú en tu frente.

Ya salió la viejita y le grita:

—Hija de mi alma, ¿qué es lo que trais en la frente?

Aquélla se atocaba con sus manos el cuerno y se le hacía que estaba más bonito porque estaba muy grande. Y le dijo que no sabía qué sería y le contó lo que había pasado. Ya vino la madre y se puso a lavala y a cortale aquel cuerno porque estaba tan feo. Pero que entre más le cortaba, más le crecía y más verde, más feo estaba. Le quedaba muy mal. Luego vino la vieja y le pegó a la Granito de Oro una turra porque causa de ella le había saltao aquel cuerno a su hija. Y luego vino y le avisó a su padre, y su padre fué a favor de ella, que la muchachita tenía la culpa y le pegaron y la vistieron con las garras más viejas que había en la casa y la echaron a la cocina, y la maltrataban mucho.

Pues que en esto dió el rey una fiesta porque el príncipe quería conocer mujer y envitó a todos los reinos que había cercanos y a toda la gente rica. Y entre éstos envitó al hombre y a la mujer y a la hija, a la Cuerno de Asno. Así se llamaba. Pues que cuando las envitó, eran tres días de fiesta qu' iba a haber en el palacio. Pues que vino la vieja y fué a la suidá y le compró a su hija tres túnicos de raso, diferentes los tres.

El primer día le mandó ella a la Granito de Oro que vistiera a su hermanita y que la vistiera muy bonita porque iban a la fiesta a palacio. Ya le dijo a su hermanita que le preguntara a su madre que si la llevaba a ella. Pero la madre no quiso llevarla. Pues que se fueron a la fiesta todo el día, y en la tarde vinieron para ir al baile en la noche. Vino y la previno, la vistió, la peinó y se fueron todos al baile. La Granito de Oro tenía un perrito. Esa era su compañía en la casa.

Pues que en la noche vino una viejita y le preguntó por qué lloraba. Ya le dijo que porque todos se habían ido a la fiesta que daba el rey y a ella la habían dejado porque estaba roñosa y porque le decían que era fea. Pues que le dijo que no llorara. Le dijo que le trujiera tres ratones y una calabaza. Y fué y le trujo la calabaza y los tres ratones y vino y le echó con una botella de agua en la cabeza y resultó que cuando le echó la agua salió con un túnico blanco, y todas las composturas eran de plata y le puso una corona de flores pa que no se le viera el granito de oro en la frente, pa que no la conocieran en el baile. Y le puso unos chapincitos de oro. Y la calabaza la volvió un coche y los ratones, dos caballos blancos y el otro ratón, un cochero. Y le mandó que fuera pero que antes que amaneciera, que volviera porque si aguardaba a que aclarara, le iba mal. Pues que cuando entró aquella muchacha al baile, todos se asombraron. No sabían quién era. Pensaron que era una princesa al verla tan linda. Y el príncipe no habló con naiden ni bailó con naiden, no más con ella. Y se estuvo hasta ya muy noche. Cuando ya estaba pa amanecer, se desapareció del baile. Y se fué pa su casa y llegó y no más le echó la agua la viejita de la misma tinaja y se volvió la misma garrienta, toda tiznada, en la cocina. Pues que al rato llegó su padre y su madre y la hermana del baile.

Otro día volvió a ayudar a su hermana a vestirse pa volverse a ir al baile y a peinala. Cuando la estaba peinando, le contó la hermana que el baile había estado muy bonito, que se había aparecido una princesa muy linda y que naiden sabía de dónde había venido y que cuando se había desaparecido, habían salido a buscala y no la habían hallado. Y la vistió y se fueron y se quedó ella solita con su perrita en la cocina.

Como la noche antes, se le volvió a aparecer la viejita, y le dió un coche y la vistió con un túnico de seda, color de rosa con las composturas de plata. Esta noche fué más linda. Y los mismos chapincitos de oro. Pues que se fué aquélla al baile. No más entró al baile, y fué el príncipe a onde estaba ella y la llevó a onde estaban sus padres, el rey y la reina, y la sentó con ellos. Y toda la gente se preguntaba que de dónde había venido esa princesa, que nunca la habían visto. Pues que más temprano se desapareció la princesa y no la hallaron. Aquélla se fué pa su casa muy contenta.

Al rato llegó su padre y su madre y su hermana. Muy descontenta la madrastra y la hermana porque el príncipe no les hacía aprecio a otras, no más a la muchacha aquella extranjera. Y no sabían quién era, porque con las flores que tenía en la cabeza le tapaban el granito de oro y no la conocían. Pues otro día en la noche la aprevino otra vez a su hermana y a la madrastra y se volvieron a ir al baile. Y ella se quedó muy triste con su perrito, encerrada en la cocina. Y luego se le apareció la viejita y le presentó otra vez un coche, diciéndole se viniera a las doce, a la media noche, porque ya éste era el último baile. Ya la lavó y la vistió con un túnico azul con las composturas de pata, y linda, más bonita que nunca, la despachó al baile. No más entró y se fué el rey y la reina y el príncipe y los otros príncipes que había en el baile, todos locos con ella. Pues que como que le dieron tan buen aprecio, olvídasele que tenía qu' irse a la media noche. Cuando empezó ella a verse su ropa que no era más de garras, y de onde andaba bailando arrancó a juir y onde iba juyendo se le salió un chapincito y antes de subir al coche, ya no era coche, ya se había vuelto un burro, pero en ése se subió y se fué, y perdió un chapincito en la sala, y en el camino perdió el otro. Y el príncipe agarró el chapincito que halló en la sala y se lo echó en la bolsa y se acabó el baile. Ya no hubo más. Pues que el padre y la madre y la Cuerno de Asno se fueron también y en el camino ond' iban hallaron el otro chapincito y se lo llevaron pa su casa.

A pocos de días se supo que el príncipe andaba buscando a la dama que le viniera este chapincito, que ésa era la dueña y con ésa se casaba. Comenzaron con todas las princesas y todas las más ricas a ver si hallaban a quién le venía el chapincito. Pues que hallaron que a naiden le venía y así siguieron con toda la gente. Ya de las últimas casas fueron a esta casa. Pues como ella tenía el compañero, ellas estaban seguro que a ella se la iba a llevar el príncipe. Ya llegaron los criaos y el príncipe a la casa y les dijieron el negocio que traiban y ya dijo la madre que sí, que a su hija sí le venía porque ella tenía el compañero, que ése era el compañero. Pues no fué necesario de medirle el pie porque ella presentó el chapincito y era el compañero. Pero que aquélla salió hecha garras de la cocina a ver qué era lo que estaban haciendo aquéllos y les dijo ella que la dejaran a ella medirse el chapincito, y el príncipe cuando la vido la quiso conocer, no más que en el granito de oro la desconoció y como la vido tan garrienta, estaba muy diferente a cuando la vido en el baile. Pero que la madrastra no la dejó que se midiera el chapincito. Les dijo que no, que ésa era la india de la casa, que ésa no tenía negocios de hablar con la gente, y la agarró de un brazo y la echó en la cocina. Pues que el príncipe no quedó conforme.

Se fueron y se llevó el chapincito. No quisieron llevarse a la Cuerno de Asno y le dijieron a la madrastra que otro día venían, que iba el príncipe por el rey y la reina pa que vinieran a ver la dueña del chapincito.

Pues que otro día vino el rey y la reina y el príncipe y los criaos y trujieron una carroza. Llegaron a la casa y le dicen que vinieron a conocer a la dueña del chapincito. La madrastra vistió muy galana a su hija y la sentó, y la Granito de Oro la escondió debajo de una artesa, y entonces dijieron que habían venido por la muchacha que era la dueña del chapincito, y la subieron en la carroza para irse. El príncipe no iba muy contento porque aquella muchacha estaba tan fea.

Pues que cuando subieron todos en la carroza que ya estaba pa irse, estaba el perrito sentao allí en un lao de la puerta y empezó el perrito a ladrar y decir:

—Guau, guau, la Granito de Oro debajo de la artesa está y la Cuerno de Asno en la carroza va.

Y aquéllos no l' hicieron aprecio y volvió otra vez el perrito:

—Guau, guau, la Granito de Oro debajo de la artesa está y la Cuerno de Asno en la carroza va.

Al fin al criado le llamó la atención lo que decía el perrito y ya llamó al príncipe que vinieran a oyer lo que decía el perrito, y se arrimó el príncipe en su caballo y oyó que dijo el perrito:

—Guau, guau, la Granito de Oro debajo de la artesa está y la Cuerno de Asno en la carroza va.

Ya le mandó el príncipe al criado que levantara la artesa. Cuando levantó el criado la artesa, la sacó el príncipe a la Granito de Oro de bajo de la artesa. El traiba ya los dos chapincitos en la bolsa. Ya se los había entregao. Pues que los sacó él de la bolsa y le mandó a la Granito de Oro que se los pusiera a ver si le venían. Ya se agachó ella y se los puso y le vinieron y de todo el reino y todo el país fué la única que le vinieron esos chapincitos. Ya despachó el príncipe al criado en su caballo que fuera a volver a los de la carroza. Se fué aquél y los alcanzó y les dijo que se volvieran, que el príncipe los llamaba.

Pues que se volvieron. Cuando llegaron a la casa, la vieja estaba muy nojada y quería quitarle la Grainto de Oro al príncipe y le dijo que esa roñosa no quería que la viera la gente y se la quería quitar, pero él no consintió. Pero como andaba tan garrienta, el rey y la reina no querían llevarla. Pues que al fin ganó la madrastra, se las quitó y la echó a la cocina y se le volvió a aparecer la viejita y le dijo:

—Mi alma, traime esa escoba de popote.

Y con la escoba la peinó. En esto que la viejita estaba peinándola con la escoba, aquéllos estaban allá, haciendo fuerza ponerle los chapincitos a la Cuerno de Asno. En esto salió la Granito de Oro

tan galana con el último traje de baile que se apareció y entró ella
onde estaban midiéndole los chapincitos, y el rey y la reina y el príncipe, no más la vieron y fueron y le dieron los chapincitos, y ella de
una vez se los puso. De una vez le vinieron y de una vez le dijieron
a ella que a ella se la llevaban. Y entonces ella pidió al príncipe que
se llevaran a su padre con ella y se los llevaron a los dos pa palacio
y allá se casaron y hicieron más fiesta y más bailes, y convidaron a
todos los reinos y a todos los ricos, menos a ellas las dos. Y la Cuerno de Asno y su nana se quedaron solas allá, muriéndose de envidia. Y las fiestas siguieron en palacio y nunca se supo qué fin tuvo la
vieja y la Cuerno de Asno porque no se volvieron a ver y no se ha
sabido más hasta el día. El príncipe y la princesa vivieron muy contentos.

108.　La envidiosa[67]

(El principio de este cuento se omite por ser igual al del número 106).

Cuando se casó, tenía su hijita de él un borreguito y no más se
casó y empezó la envidiosa a decir que le gustaba a ella tener también un borreguito, y ya fué y le buscó a ella también otro. Y un día
isque le dijo ella a su papá que eran muy malas con ella. Pasaba muchos trabajos, y ella quería granjear a su madrastra, y isque le dijo
a su papá que le matara su borreguito. Ya vino y le mató él su borreguito. Logo que lo mató, isque le dió las tripitas a la niña y las
limpió ella y se fué pal río con sus tripitas a lavarlas. Ella, como eran
tan malas con ella, isque llegó un pescadito y le quitó una tripita y
ella creyó que l' iban a pegar porque isque le pegaban por todo. Se
fue ella tras del pescadito todo el río, queriéndole quitar la tripita. Allá
ond' iba, isque la topó una viejita vestida de negro, y era María Santísima en figura de una viejita. Ya isque le preguntó por qué lloraba.
Ya fue María Santísima y le quitó la tripita al pescadito y se la dió.
Y ella agarró su tripita y no vió la estrella que le puso en la frente.
Cuando ella llegó a la casa, lo primero que le vido la vieja y la
muchacha fué la estrella. Y fué la mamá a quitarle la estrella a la niña pa ponérsela a su hija, pero no pudo. Ya isque salió la envidiosa y le pidió a su papá que le matara su borreguito. La entenada se
fué a lavar las tripitas también. Cuando estaba lavando las tripitas,
isque no llegó ni un pescadito, pero ella tiró una tripita en el río y

ya se fue llorando por la orilla del río, y ya la topó María Santísima y le dijo:

—¿Qué andas haciendo, mi nietecita?

—¿Qué le importa, vieja entrometida?

Pero no dijo qu' iba en pues de su tripita; no más le soltó su papa a la pobre viejita.

—Pues, vete —le dijo— y lleva tus tripitas.

Y ya le había puesto el cuerno María Santísima. Bueno, ya isque llegó la muchacha a la casa con su cuerno y no más la vió la mamá, isque se puso muy mal. Isque se volvió veneno de ver de que su hija traía un cuerno y la otra una estrella. Isque se puso la vieja a cortarle el cangilón, y entre más se lo cortaba, más le crecía. Y no más tosía, isque le salía un chorro de carajones por el cuerno. Y de ai le agarraron más envidia.

La mamá llevaba a su hija a misa pero a la otra niña no la llevaba. Pero no más s' iban ellas pa misa y llegaba María Santísima para donde ella estaba y la vestía tan linda que hasta unos chapines de oro le ponía. Y un día isque le dijo la envidiosa:

—¡Sabe que ésta está en misa tan galana!

—No— le dijo la mamá—, ¡cómo ha de estar! ¡Quién la ha de vestir pa que vaya a misa!

—Pues sí está— isque le dijo.

Y ella antes que saliera la gente de la iglesia isque s' iba corriendo pa que no la viera la gente. Y cuando salieron de misa, halló el rey el chapín de oro. Y isque dijo que a la que le viniera aquel chapín de oro, con ella se casaba. Y ellas eran tan malas con la niña que cuando iba gente a la casa, la metían debajo de una artesa pa que no la vieran, porque era tan linda. Y tenía ella un gatito. Y cada vez que la metían debajo, decía:

—Mi señora la amita la linda abajo de la artesa.

Y el rey isque andaba por todo el mundo buscando a quién le viniera el chapín. Ya isque llegó a casa la mujer, y ya escondieron a la muchachita linda debajo de la artesa para que no la viera el rey. Antonces isque llegó con la chinelita y isque le dijo a la envidiosa que se midiera el chapín, pero no le vino. Y ella isque decía que sí le venía, pero no le venía. Y hasta fue a limarse los pies pa que le viniera pero no le vino. En esto isque entró el gatito y se subió arriba de la artesa y empezó:

—Mi señora la amita, la linda abajo de la artesa.

Y isque iba la mujer y lo corría. Y logo volvió el gatito y decía

la misma cosa. Tanto estuvo viniendo que al fin hasta le pudo al rey.
Ya isque dijo el rey:

—Yo quiero saber qué hay debajo de la artesa.

Isque le dijo la mujer que no, que este gato así era. Y antonces
isque se levantó el rey y levantó la artesa y ai estaba la muchachita.
No más la sacó de la artesa y le dió el Zapato pa que se lo midiera.
No más se lo puso y le vino, porque era de ella. Y el rey dijo que
ella era su mujer. Antonces cuando ya dijo el rey que ella era su mujer isque andaba muy mal vestida la pobrecita. De una vez la vistió
el rey lo mismo que una princesa pa llevársela. Y se la llevó y se
casó con ella.

109. El torito azul[15]

Era un hombre que tenía una muchachita. Se había muerto su
mujer y el hombre acarriaba leña y le tenía mandao a la muchachita
que no fuera a case su vecina porque él sabía que era bruja.

Un día se fué él por leña y salió la muchachita al jardín y se en-
tretuvo y le apagó la gatita la lumbre. "No hay hora con que hacele
de comer a mi papá; tengo qu' ir a pedirle lumbre a la vecina," pensó la muchachita y se fué pa case la vecina y la vecina la recibió muy
contenta y le dijo que había ido a pedirle una lumbre y la mujer le
dijo:

—Sí te doy, pero aguárdate un poquito.

Y vino y se puso a darle sopitas de miel. Pues que de ai iba
ella todos los días a case la vecina y le daba ella sopitas de miel. Le
dijo un día que le dijiera a su padre que se casara con ella, pues ella
le daba sopitas de miel. Y él le dijo:

—¡No! ¡Quién sabe si hora te las dé de miel, de aquí a mañana
te las dará de jiel!

Pero la niña insistió y por fin se casaron. A poco tiempo la pusieron a ella a cuidar las vacas. La mujer tenía una muchacha también. A poco tiempo empezaron a tratarla muy mal; ya no le daban
de comer. Llegaba con sus vacas y las encerraba y dormía allá afuera. Le tiraban sobras de comida pa afuera pa que se las comiera. Ya
estaba casi seca de flaca que estaba.

Un día echó sus vacas y las echó pa la vega, y entre las vacas
se le había juntado un toro azul, y una mañana que estaba el toro
azul echao cerca de la muchachita, le dijo:

—¡Oye, Arcita, mira! Ven acá. No te vayas a asustar porque te hablo. Mira a ver qué tengo en esta oreja.

—No te veo nada —le dijo la niña.

—Sí me has de ver. Mírame bien.

—Allá se te ve alguna cosa adentro.

—Sácala —le dijo él.

Y empezó a escarbarle con un alfiler hasta que le sacó, y era un mantelito de virtú.

—Destiéndelo y dile "Componte, mantelito" —le dijo.

Así lo hizo la niña y se compuso con cuantas comidas había. Se descompuso y se lo echó en el seno y se fué con sus vacas.

Y así pasó unos días y luego la muchacha, la hija de la mujer, le malició y le dijo:

—Madre, ¿ha visto a la Arza que ya no quiere comer la comida que le tiramos?

—Estas han de ser astucias del toro azul —le dijo la vieja, porque era bruja.

Y otro día volvió a echar las vacas pa la vega y allá cuando ya llegó allá, se vino el torito azul paronde ella estaba y le dijo:

—¡Oye, Arcita! Mañana me van a matar. Tu madrastra se va a aprevenir para matarme a mí mañana pero no me van a matar a mí sino que a tí. Por la mañana cuando me eches del corral, te paras tú en la fajina del corral y cuando yo pase, no más en cuanto yo pase y brincas en mi lomo.

Otro día en la mañana se levantó la vieja, mandando que amolaran todos los cuchillos porque iban a matar al toro azul. Luego se levantó la Arcita y se fué a trai sus vacas del corral. Cuando iban saliendo, qu' iba el torito saliendo, brincó ella y se subió y se fueron muy recio y ya no los volvieron a ver. Allá ond' iba ya muy lejos, le dijo él que levantara la cabeza a ver qué vía. Le dijo ella que parecía que vía amarillar.

—Esa es una sierra que vamos a pasar de oro. Cuando lléguemos a esa sierra, te abrazas de mi pescuezo porque me va a salir una fiera, un tíguere y cierras los ojos y no los vayas a abrir, porque si los abres, nos vence.

Luego que ya llegaron al lugar, cerró ella los ojos. Cuando acordó, ya estaban peliando. Ya mero lo vencía el tíguere al torito pero al fin lo venció el torito al tíguere y se pasaron. Luego que ya caminaron bastante, le dijo que alzara la cabeza otra vez y mirara a ver qué vía. Dijo ella que parecía que vía blanquiar.

—Esa es una sierra de plata. Cuando lléguemos a esa sierra, cierras otra vez los ojos y te abrazas de mi pescuezo porque ai nos va a salir otra fiera, un lion. Y si abres los ojos, nos vence.

Y cuando iban pasando, brincó el lion y siguieron batallando. Ya mero lo vencía el lion al torito y a fin lo venció el torito. Cuando ya iban lejos, le dijo otra vez que alzara los ojos a ver qué vía. Levantó los ojos, y le dijo que vía como peñasco. Y le dijo:

—No. Ese es un palacio del rey. Luego que estemos poco cerca, llegamos al monte y ai te apeas.

Luego que llegaron, se apió ella. Entonces le dió el torito una varita y un cuchillo y le dijo que lo degollara con ese cuchillo. Pero ella no quería. Entonces le dijo él, que él era una ánima del purgatorio. Entonces vino ella y lo degolló y le dió él un vestidito de palo, y lo enterró y destendió el cuerito sobre su sepulcro, porque él le dijo que cuando se hallara en trabajos, diera tres veces con su varita en su sepulcro. Y de ai se fué. Se puso un vestidito de palo y se fué pa case el rey. Cuando llegó allá, llegó allá onde estaban las cocineras. Estas la recibieron también muy contentas y le pusieron Fantasma, y ai durmió con ellas esa noche. Otro día en la mañana iba una de las criadas a llevale agua al príncipe en un platón. Luego le dijo ella a la criada que ella le llevaría agua. Aquélla le dijo:

—No, si es muy nojón. Tenemos que llevale a la que él le manda.

Pero ella insistió y le quitó el platón con agua y subió el escaleriao con él. Cuando iba acabando de subir, la topó el príncipe con la agua. Le dijo:

—¿Pa qué vienes tú a traime agua?

Le pegó con el pie y ella se fué rodando pa abajo por la escalera. Cuando cayó ella abajo, se levantó muy liviana y se sacudió su vestido y no se lastimó.

En esta mañana iba a haber misa y las demás cocineras le pidieron que se quedara ella de cocinera mientras qu' iban ellas a misa. Cuando ella se quedó sola, se fué paronde estaba su torito y dió tres varacitos encima y se levantó el torito y le dijo que si qué quería. Le dijo:

—Quiero un caballo muy lindo que ni el rey no lo ha de tener y una silla compuesta con perlas y diamantes y para mí un vestido que ni una princesa no lo tenga y unos chapincitos de oro.

Se los dió y se fué y cuando iba llegando todavía no entraban a misa; todavía estaban afuera. Entonces vino el príncipe y se le ofreció a apiala del caballo y le dijo ella que no, que ella se podía apiar.

Entonces el caballito dobló las manitas y ella se apió. El príncipe le preguntó que si de dónde era ella, y ella le dijo:

—Soy de la Suidá de la Agua.

Cuando entraron a la iglesia, el príncipe no pudo rezar, pensando ónde sería la Suidá de la Agua. El pensando y cuidándola a ella. Cuando el padre echó la bendición, salió ella muy liviana. De modo que no supieron parónde se había ido.

Cuando volvieron las criadas, le contaron que habían visto una princesa muy linda, que nunca se había visto, con una ropa muy linda, un caballo muy lindo y una silla compuesta de perlas y diamantes. Y el príncipe no más vino y se puso a buscar en todos los libros a ver dónde sería la Suidá de la Agua.

Otro día en la mañana iba la misma criada a llevarle al príncipe unas tuallas. Luego vino ella y se ofreció a llevárselas ella. Las criadas no querían que fuera ella, pero ella insistió. Cuando el príncipe la vido, se enfureció otra vez y se vino y la tiró pa abajo de la escalera. Aquélla se vino rodando, pero como traiba vestido de palo, no sentía. Se paró muy liviana. La otra criada se fué otra vez a llevale al príncipe las tuallas y él se nojó mucho. Le dijo:

—Esta es la última vez que esa fantasma viene a mi cuarto.

Pues que esa misma mañana se volvió a quedar con la cocina mientras que las criadas iban a misa. Entonces se fué ella otra vez paronde estaba el cuerito y dió tres varacitos en el sepulcro y se levantó el torito y le preguntó que si qué se le ofrecía. Ya le dijo que se le ofrecía que le diera un caballo más bonito que el que le había dado el día antes y una silla compuesta con oro y un vestido más hermoso que el que había llevao el día antes.

Luego se los entregó y se fué ella otra vez. Ya cuando llegaron, ya estaba el príncipe cuidando a ver si llegaba. Cuando llegó, le ofreció el príncipe apiarla del caballo, y le dijo ella que no, que su caballo no consentía que se arrimara nadien. Dobló el caballito las manos y se apió ella y le preguntó el príncipe que si de ónde era ella. Ya le dijo que de la Suidá de las Tuallas. Y entró a misa, y el príncipe se puso a pensar ónde sería la Suidá de las Tuallas.

Cuando echó el padre la bendición, salió ella muy liviana. Ya cuando salieron de misa, ya se había ido ella. Cuando las criadas volvieron, ya tenía ella la comida lista, y empezaron a contarle a ella otra vez que había venido la misma princesa otra vez con un caballo y un traje más lindo que el que había llevao el día antes. Entonces vino el príncipe y se puso a buscar otra vez ónde podía estar la Suidá de las Tuallas.

Otro día en la mañana iba otra vez la criada a llevarle los peines al príncipe. Ya se le ofreció a ir ella misma a llevarlos. La criada no quería dejarla ir, pero ella insistió. Cuando subió ella arriba, se volvió a nojar el príncipe y le quitó los peines y la tiró a ella otra vez. Aquélla se vino rodando pa abajo hasta que cayó abajo de la escalera y luego se paró y se fué.

Al siguiente día volvió a quedarse sola mientras que las criadas iban a misa. Luego se fué ella paronde estaba el cuerito otra vez. Dió tres varacitos en el sepulcro y se levantó el torito y le preguntó que si qué quería. Le dijo:

—Lo que quiero es que me des hoy un caballo más lindo que ni el rey lo ha de tener y una silla adornada con plata y un túnico más hermoso que el que llevé estos otros días.

Luego se los dió y se fué. Ya el príncipe había puesto trementina en la puerta de la iglesia a ver si podían agarrar a la muchachita. Cuando llegó, vino el príncipe a ofrecérsele a apiarla del caballo. Le dijo ella que no, que su caballo no consentía que nadien se arrimara a onde ella estaba. Entonces el príncipe le preguntó que si de ónde era, y le dijo ella que de la Suidá de los Peines. El caballo dobló las manos y se apió ella y entró adentro. El rey tenía unos criaos pa que cuando entrara ella, pusiera trementina en la puerta de la iglesia pa ver si la podían agarrar.

Luego, cuando el padre echó la bendición, salió ella muy liviana y quiso brincar la trementina y se pegó una de las chinelitas. No pudo ella quitarla y sacó el pie y se fué con un pie descalzo y la otra chinela. Entonces el príncipe agarró la chinela y dijo que a la muchacha que le viniera esa chinelita, con ésa s' iba a casar él.

Luego el príncipe empezó a buscar ónde sería la Suidá de los Peines. Pero no pudo hallar. Y luego empezaron a medirles a las muchachas la chinelita. Anduvieron por toda la suidá. A unas les quedaba grande y a otras chiquita. Pues que al fin acabaron y faltaban las criadas del rey. Ya tuvieron qu' ir a medírsela a las criadas. La Fantasma, como le decían ellas, no salió. Ella estaba adentro. Luego que acabaron, que no les vino, las mismas criadas gritaron que faltaba la Fantasma y el rey no quería que se la midieran, pero todos gritaron que era palabra de rey, que tenía que medírsela a todas. Y luego la llamaron a ella y se la midieron y se la puso ella y pronto le vino, pues era de ella y se quedó con ella. Entonces le dijo el rey que se la entregara pa atrás y le dijo ella que no, que no se la entregaba. Entonces el príncipe se nojó y le dijo que ella era una ladrona y le dijo:

—Pues si tú eres más ladrón que yo.

—Está bien. Pon unos jueces.

Y puso unos jueces el príncipe y luego salió ella de adentro con las dos chinelas y el último traje que se puso pa la misa y entonces le dijo ella delante de los jueces, que si quién sería más ladrón, que si que no serían aquellas chinelas compañeras. Y luego decidieron que era de ella, y entonces gritó el príncipe que ésa era su mujer y que con ésa se casaba. Pues que formó la boda y se casaron y vivieron felices.

110. El torito azul[⁹ᵇ]

Estaba en una suidá un rey. Este rey estaba viudo y tenía una muchachita. El rey tenía muy güena clase de vacas. Luego se murió la reina y quedó el rey solo con la muchachita. Y a el rey se le jué en puro andar pasiándose pa ondequiera, y vido en un tren que venían tres toros muy bonitos, un blanco, un negro y un azul. El rey mercó este torito azul. Estos toros eran tres príncipes que estaban encantaos. El rey se llevó su torito azul y lo juntó con sus vacas. Y luego cuando vino, se casó. Se casó con una mujer que tenía dos hijas. Su hijita del rey empezó a pasar muchos trabajos con las muchachas y logo este rey pensó trai las borregas pa poner a su hija de pastora pa que no pasara nada trabajos. El torito azul se mantenía junto con su hija. La muchachita aguantaba sin comer porque le daban aguas puercas pa que comiera.

Cuando vido el torito que estaba pasando tantos trabajos, un día le habló y le dijo que le escarbara una orejita y de ai sacaría un mantelito pa que comiera. Y de ai no pasó la muchichita ya trabajos. El mantelito la mantuvo. Luego que vido la vieja que ésta estaba comiendo bien, que ya no se bebía el agua puerca, se puso muy celosa del torito. Y le dijo al rey que este torito estaba pastiando con su hija. Antonces el rey procuró matalo. Y empezó a buscalo pa matalo. El güeyecito vino y le dijo a la muchichita que otro día madrugara y que se juera con él, con él no pasaba trabajos.

Y ella otro día madrugó y se jué con el torito. Al mes llegaron a un río de oro. Y aquí en este río de oro llegó el güeye blanco. El güeyecito se llevó a este toro blanco pa entre el monte y le dijo que l' hiciera un papel de que si él lo vencía al toro azul, tenía que mantener a la muchachita, y el toro quedó a mantenela si acaso lo vencía al torito azul. Y logo se pusieron a peliar los toritos en el oro. Antonces el torito le dijo a la muchachita aquí onde s' iba voltiando el oro que no se juera a encasquillar. Cuando ya esta muchachita s' iba quitando el oro de encima, vido que llevaba una sortija de oro puesta en el dedo. Se la quitó a toda priesa y el toro blanco le había hecho una llaga al torito azul y le vertía mucha sangre. Antonces el toro blanco le dijo al azul:

—Si una doncella te tapa la herida, antonces me vencerás.

Antonces la doncella salió y le tapó la herida y el toro blanco se murió. Y ai se desencantó el príncipe del toro blanco. Antonces el azulito se llevó a la muchachita otra vez. Y llegaron a un río de plata. Cuando llegaron al río de plata, llegó un toro prieto. Antonces lo sacó el torito azul a que l' hiciera un papel, que si lo vencía él, tenía que mantener a la muchichita. Antonces empezaron a peliar y empezó la plata a moverse. Y el torito le dijo a la muchachita que tuviera cuidao que no se encasquillara de plata. La muchachita vido que llevaba un anillo de plata. Cuando vido ella, se quitó el anillito a toda priesa y antonces se le abrió la herida al torito azul. Antonces le dijo el toro prieto que si una doncella le tapaba la herida sería vencido. Antonces la muchachita le tapó la herida y antonces de adentro del toro prieto salió el príncipe y se desencantó.

Y logo caminaron el torito azul y la muchachita y en unos álamos que estaban, ai mató al torito azul la muchachita, y de adentro del torito azul salió el príncipe desencantado. La sangrecita del torito la untaron en una raiz de un álamo pa que esta sangre le pidiera la muchachita todo lo que quisiera. Y llegaron al palacio del rey. Antonces la volvió el príncipe a la muchachita una negra para que en aquel día juera a pidir trabajo al rey, su padre. Y la negrita jué y pidió trabajo a case el rey, y le dieron trabajo a case el rey.

Otro día en la mañana se fué el príncipe a confesar. Y fué la muchachita y le pidió a la sangre del torito un caballo de plata, una silla de plata, un túnico de plata, todo de plata, para ir a misa. Cuando entró a misa, el rey quería quitale a su hijo a la muchachita, y antonces la muchachita salió de juida de l' iglesia y logo vino otra vez y se volvió negrita.

Otro día en la mañana volvió el príncipe a ir a misa. Cuando estaban en l' iglesia, logo que se jueron, la muchichita jué onde estaba la sangre del torito azul y le dijo a la sangre que le diera un caballo de oro, un túnico de oro, un sombrero de oro, y jué a misa. Cuando la muchichita entró a misa, los hermanos del torito azul querían quitársela y el padre quería dejarla para él. Por onde él agarró a la muchichita y se la presentó al padre y le dijo que aquella niña era pa que la casara con él. Ai lo casó al torito azul y hicieron las fiestas riales y ai se acabó.

111. El güeye mojino[84]

Estaba en una suidá un hombre y una mujer. Tuvieron una niña y dijo este hombre:

—Yo voy a convidar al rey pa que sea mi compadre.

—Yo no quisiera —dijo la mujer—. Son los ricos muy miserables.

—Yo sí quiero, pa dicir mi compadre, el rey.

Los convidó y vinieron a bautizale. Cuando vinieron de bautizar, la reina le dió a la muchichita cincuenta centavos. Cuando ya s' iba, dijo el rey y la reina que si acaso la niña se hallaba en algunos trabajos, les avisaran pa ayudale. No más se volvieron a acordar de la hijada.

Se murió su padre de la niña y logo su madre, y logo quedó sola. Cuando quedó sola, empezó a pasar muchos trabajos. Al fin un día se jué pa case su padrino.

—Padrino, he venido a ver si me da trabajo porque estoy muy pobre. No jallo qué comer.

—Tengo siete güeyecitos, y te voy a poner que los cuides, y te doy tu comida.

Otro día se jué la muchichita a cuidar los güeyecitos. Cuando llegó onde tenía qu' ir a cuidarlos, llegó un torito mojino. Jué la muchichita a correlo.

—No me corras, niña —le dijo—, yo te puedo hacer un bien.

—Yo no cuido más toritos que los de mi padrino —dijo ella.

Cuidó los toritos por una semana. Por una semana pasó buen tiempo, le tenían buena cama y le daban buena comida a la muchichita.

A la segunda semana mandó la reina que no se le diera de comer a aquella muchichita, que le pusieran un guangochi en la cocina para que se durmiera. La muchichita aguantó sin comer una semana y durmiendo en un guangochi.

A la semana se le apareció el torito mojino. Se juntó con los güeyecitos. Jué ella a correlo y le dijo:

—Niña, no me corras; yo te puedo hacer un bien.

—¿Acuál es, güeyecito?

—Que le digas a tu padrino esta tarde que ai están sus güeyecitos y se los entriegues.

En la tarde jué y le entregó sus güeyecitos y le dijo que ella s' iba pa su casa porque tenía que sacudila, barrela y ponela bien.

En la nochi llegó el güeyecito y salió ella a recibilo y le dijo que entrara.

—No vine a entrar, vine a traite esta botija de agua, este pajarito. Este pajarito come de lo que tú comas. Este pajarito bebe de lo que tú bebas. Te voy a dejar un choque (*chalk*) pa que pintes tu casita por fuera todo lo que te dé gana.

Otro día se levantó la muchichita, agarró su botija, bebió un traguito y le dió al pajarito. Antonces agarró su choquecito y salió a pintar su casita. Pintó cuanto a ella se le hizo que estaba bonito. Cuando ella entró a su casa, se volvió aquella casita un palacio con criadas y cuantas riquezas había. Ella se quedó muy almirada y no sabía qué sería y aguantó todo el día sin comer.

En la nochi llegó el güeyecito y le dijo que si qué tenía, y le dijo que estaba triste porque estaba en una casa que ella no había visto nunca. El güeyecito le dijo que no se sintiera triste, porque aquella casa era de ella. Antonces ésta comió, le dió a su pajarito y estuvo muy contenta. Ya tenía criadas.

Otro día vino el torito a dale una güelta. El torito llegó y le dijo que l' iba a dar otro choquecito pa que pintara ajuera cuánto ella quisiera. Esta pintó cuanto quiso. No más lo acabó de pintar se pusieron árboles de cuantos había en el mundo y había un árbol de oro y otro de plata. En éste de oro y en éste de plata tenía que estar el pajarito en el medio en su jaulita. Del árbol de oro volaba pal de plata y del de plata volaba pal de oro.

Cuando el príncipe vino, se nojó y le dijo que l' iba a dicir al rey pa que la viniera a matar. Antonces ella dijo que era lo mesmo. El príncipe le platicó al rey y a la reina lo que había visto, y logo la reina dijo que venía a ver a su hijada, que la quería mucho y que era su segunda madre.

Antonces otro día vino la reina y el príncipe y el rey. Antonces la reina de una vez dijo que era güeno casar al príncipe con su hijada. Ella dijo que no. Que la habían menospreciado mucho y que tamién ella sabía menospreciar. Se jué el rey y la reina. Se estuvieron tres días y logo volvieron a venir.

A los tres días qu' iban a venir, llegó el torito mojino y le dijo:

—Mañana tendrás visitas, tu padrino y tu madrina pidiendo tu mano pa casarte con el príncipe. Diles que no. Te han menospreciado mucho.

Vino el rey y la reina y el príncipe y pidieron la mano de la muchichita. Ela dijo que no, que de ninguna manera, que la habían menospreciao mucho. Se jueron y se estuvieron ocho días.

A los ocho días volvieron a venir. El güeyecito le dijo a ella que esta vez que vinieran, conviniera con ellos a casarse con el príncipe pero que le aseguraran que el rey tenía que ser su esclavo y la reina su esclava y el príncipe debía de vivir debajo de sus órdenes. Antonces el príncipe convino en tal de lograr las riquezas que tenía la muchichita. Los casaron y siguieron viviendo muy bien por un año.

Al año tuvo la muchichita un niño y el rey y la reina le bautizaron. A los dos años tuvo otro niño. A los cinco años se jué el príncipe a la guerra a peliar con unos gigantes que peliaban y encantaban a la gente. Este príncipe lo encantaron los gigantes con todas sus tropas que llevó. En lo que éste estuvo allá, se murió la reina y el rey y logo quedó ella sola con sus dos muchichitos y dos piones que tenía en la casa. Estuvo siete años sola.

A los siete años aclamó al güeyecito y le dijo que hacía siete años que estaba sola, que si le podía remediar alguna cosa. Y él dijo que no, que si su pajarito no la remediaba, él no le remediaba nada. Antonces ella jué onde estaba su pajarito y le dijo que si podía remediale alguna cosa. Y le dijo que sí, y le dijo ella:

—¿Que no sabes que hace siete años que tu señor amito se perdió?

—No he sabido nada porque nada me has dicho.

—¿Me pudieras remediar alguna cosa, pajarito?

—Sí. Haga sus dos criados que tiene que ensillen tres caballos. Cada uno el suyo y pa usté otro, y a mí me pone en la cabeza de la silla en la jaulita, y pa mañana, cuando aclare, tenemos que estar onde está mi señor amo.

Anduvieron toda la nochi con los caballos a rienda suelta. Y llevaron su botija con agua. Cuando llegaron allá, vieron que habían tantas piedras porque dondequiera vinían a peliar con estos gigantes y a todos los volvían piedras. Cuando llegaron aquí, dijo el pajarito:

—Hasta mañana en la mañana no podremos ir a desencantar a nuestro siñor amito.

Aquí en estas piedras durmieron. Otro día madrugaron, agarraron la botija y llegaron cerca de onde estaban los gigantes, y antonces dijo el pajarito:

—Los dos piones agarren la botija y les dan a los caballos a rienda suelta. No tengan miedo a los gigantes. Uno se va por un lao y el otro por el otro. Allá onde se topen, agarran juntos la botija, uno de un lao y el otro por el otro, y vienen redamando agua para un lao y otro.

Cuando éstos venían redamando la agua, se venían desencantando todas estas piedras que era gente. Se desencantó el principe y toda la gente que había. Antonces la muchichita se jué con su esposo y soldaos y su pajarito y llegaron a su palacio y allá están hasta el día de hoy.

112. *Pájaro Verde*[13]

Pues una mujer viuda tenía tres hijas y el viudo tenía una. Cuando s' iba a trabajar el viudo, le llevaba la muchachita a la viuda y le daba sopitas de miel y le dice la muchachita:

—Cásese con la vecina; me da sopitas de miel.

—¡Quién sabe hora te las da de miel, después te las dará de jiel!

Tanto la sustanció hasta que al fin se casó con ella. Luego la empezó a maltratar mucho. Cada vez que él venía, la hallaba llorando. Le dijo su padre:

—Bien te lo decía yo que primero sopitas con miel y luego sopitas con jiel.

Luego oyeron decir que Pájaro Verde venía a pedir a una de las tres hijas de la vieja, y ya empezó a llorar una de las muchachas que matara un borreguito. Mató la vieja el borreguito. Le mandaron que juera a lavar las tripitas al río a la muchachita. Le pusieron la Cenicienta Golosa. Se jué la muchachita a lavar las tripitas llorando. Luego le salió una viejita al camino. Era María Santísima y le dijo la viejita que juera a onde estaba una casita a la orilla del río y estaba un niño en la cuna. Si estaba llorando, lo agarrara y le pegara y le echara mucha porquería a la comida.

No lo hizo la muchachita así. Agarró al niño y lo puso en seco y le puso la teta para que mamara. Cuando vino la muchachita, ya la viejita le tenía lavada la pancita y las tripitas muy limpias. Y le puso una estrella de oro en la frente. Se jué muy contenta para su casa. Cuando la vieron ir las muchachas, salieron a refregarle la estrella de oro en la frente. Entre más la refregaban, más linda se hacía.

Otro día le dijo la de los tres ojos que le mataran otro borreguito a ella. Lo mató y se fué a lavar las tripitas. Le salió la viejita al camino y le pregunta parónde va. Le dice que a lavar aquellas tripitas. Le dice la viejita:

—Trailas. Yo te las lavaré. Anda a aquella casita que está allá. Está un niño en la cuna. Pégale y échale porquerías en la cuna.

Así lo hizo ella. Vino de vuelta y le salió la viejita al camino y le preguntó si había hecho lo que le había mandado. Y le atocó la frente y le puso un cangilón muy grande. Cuando salieron sus hermanas, le dijieron a su mamá:

—Mi hermana trai un cangilón muy grande en la frente.

Y lo agarraron y se lo cortaron con el serruche. Entre más lo cortaban, más grande crecía.

Otro día le levantaron quimera a la de la estrella que tenía qu' ir por pluma de pajarito para hacerle colchón a Pájaro Verde. Se jué llorando, conociendo que no podía trai la pluma. María Santísima le salió otra vez al camino y le dió unas varitas. Y le dijo:

—Anda a ese llanito y pega con esa varita y dices, "Pajaritos, venir y pelar, que Pájaro Verde se quiere casar".

Entonces jué y trujo el colchón lleno de plumas.

Otro día le levantaron otra quimera que tenía qu' ir por lágrimas de pajarito pa que se lavara Pájaro Verde. Salió María Santísima al camino y le cuenta la niña lo que le piden que haga. María Sntísima le dice:

—Toma esta varita. Pegas en ese llanito y dices, "Pajaritos, venir y llorar, que Pájaro Verde se quiere casar".

Pronto vinieron los pajaritos y le llenaron la botella de lágrimas.

Otro día plantó la vieja a sus hijas muy plantadas. Las sentó cada una en su silleta y a la niña que le pusieron la Cenicienta Golosa la metieron debajo de la artesa. Luego vino Pájaro Verde y entró al cuarto onde ellas estaban. Tenía la vieja un gatito. Venía el gatito y se le refregaba a Pájaro Verde en las piernas y le decía:

—¡Niau! ¡Niau! Mi ama, la linda, debajo de la artesa está.

Se levanta la vieja muy nojada, agarra el gatito y lo tira pa ajuera y dice:

—Este roñoso que está viniendo a molestar aquí.

Volvía a entrar el gatito y decía la misma cosa que había dicho antes. Se volvía a levantar la vieja, y lo volvía a tirar pa ajuera. A las tres veces se levantó Pájaro Verde y les dijo:

—Este gatito algo me quiere dicir.

Levantó la sábaan de la artesa y jalló a la niña allí y les dijo:

—Con ésta me caso yo.

Otro día se casó. Le puso una casa muy grande, muy bonita, con siete ventanas. Venía Pájaro Verde de noche y le cantaba unos versos muy bonitos. Despachó la vieja a una de sus hijas, a la que tenía un ojo, a ver qué hacía Pájaro Verde en aquella casa. Ya le dijo ella que ella no lo había oído más de echar un verso muy bonito. Otro día jué la que tenía dos ojos. La vieja pensó que posible que ella viera poquito más. También se quedó dormida. Otro día jué la de los tres ojos. Hizo a su mamá que le pusiera nopales aquí en el cuello pa no dormirse ella. Ya le dijo que Pájaro Verde venía a las siete ventanas y en cada ventana echaba un verso muy lindo. Otro día le dió siete navajas la vieja a la de los tres ojos pa que pusiera en cada ventana una navaja. Vino Pájaro Verde y le preguntó quién estaba con ella. Y le dijo ella que una de sus hermanitas.

—¡Ai veráste tú —le dijo Pájaro Verde— lo que te juegan tus hermanitas! Pudieras de correrlas.

Se sentó en una ventana y se dió la primer puñalada y le echó un verso muy sangriento. En cada ventana que se jué sentando se jué dando una puñalada, y le echaba sus versos muy sangrientos, muy tristes. Ya le dijo Pájaro Verde que ya él s' iba, y le dió una bola de hilo, diciéndole:

—Si me quieres, me sigues. Onde esta bola de hilo se acabe, ai estoy yo.

Otro día lo siguió la muchacha hasta onde se acabó la bola de hilo. Estaba una casa allí en el camino despoblada y se sentó a descansar ella. Entraron tres tortolitas. Le dicía una a la otra:

—Pájaro Verde está muy enfermo. Está agonizando. Si supieran que con matarnos a nosotros, y hacían unos ingüentitos de los sesitos y del tutanito, conforme le jueran untando, iría sanando.

—¡Calla! —le dicía otra tortolita—. Las ventanas tienen uidos y las paredes sentidos.

Y se levantó ella, con su delantarcito y sus nagüitas tapó la puerta y la ventanita. Las pescó y las mató. Halló una botellita y ai echó el aceitito, y se jué para la suidá. Llegó a la casa de una viejita y le preguntó qué había de nuevo en la suidá. Y le dice la viejita que nada, que Pájaro Verde estaba agonizando. Ya se jué ella a donde vivía Pájaro Verde, le dice a la cocinera que le diga que ella lo podía curar. Partió la cocinera y le dijo a Pájaro Verde. Y le dice Pájaro Verde que entre paronde está él. Y le dice que lo cura como ella quiera. Le empezó ella a untar con una pluma, y en cada herida que l' iba untando, iba sanando. Cuando se levantó Pájaro Verde, vió que aquélla era su esposa. Y allá se quedó con ella.

113. *El Pájaro Verde*[39]

Una niña, llamada Arcita y sin madre, insiste en que se case su padre con una viuda que tiene una hija llamada Cornelia. Después de tanto ruego, cede el padre y se casa. Cuando ya están casados, la viuda aborrece a la Arcita. Un día habiendo matado el padre una ternerita, la Arcita es enviada al arroyo a lavar las tripitas. La madrastra le encarga a ella que no pierda ni una. Mientras está lavando las tripitas, viene un pescadito y se lleva una. La muchachita se pone a llorar y en esto se presenta una viejecita, la cual le dice que vaya a cierta casa donde hallará un viejecito, a quien le ha de pegar, y echar fuera de la casa, y un niño, a quien le ha de pegar y ha de hacer llorar. En la comida ha de echar basura y la lumbre la ha de apagar. Habiendo hecho esto, detrás de la puerta hallará una tinaja con las tripitas. Cuando llega a la casa, la Arcita le pone bien la cama al viejecito, limpia al niño, le echa agua en la ollita con comida en el fogón, barre y luego halla sus tripitas detrás de la puerta. En el momento en que se inclina a agarrarlas, se le forma una estrella de oro en la frente. Cuando vuelve a casa, la madrastra trata de quitársela, pero cuanto más le raspa la frente, tanto más brilla la estrella. Viendo el poco éxito que tiene, decide que al día siguiente se matará una cabrita de su hija para que vaya a lavar las tripitas y de tal manera conseguir su hija una estrella también. Pues así se hizo, pero cuando estaba lavando las tripitas no se llevó ningún pescadito ninguna tripa. Sin embargo ella fingió que había perdido una. Encontrándose la viejecita con ella, y habiendo averiguado lo que había pasado, le dijo que fuera a cierta casita, "entras allá adentro, hallarás un viejo acostado y un niño en la cuna y al niño lo limpias, le echas agua a la comida y le atizas y barres". La muchacha hizo lo contrario: les pegó al viejo y al niño, echó basura en la comida y no barrió. Cuando agarró sus tripitas le salió un cuerno en la frente en vez de una estrella. Cuando regresó a su casa, su madre se sintió muy mal y trató de cortarle el cuerno pero no tuvo éxito. (La parte que precede ha sido abreviada; lo que sigue se ha conservado en el estilo de la narradora.)

Cuando el hombre vido que su hija estaba pasando tantos trabajos con su madrastra, les dijo que s' iba a ir. Ya le mandaron a ia Arcita que tenía que moler trigo pa hacerle bastimento a su padre y despajarlo y cernirlo y cortar hojas de maiz, y que moliera punche, y la encerraron en una dispensa. Cuando ya la encerraron, que le dieron la orden que pa cuando aclarara, todo ese trabajo tenía que tenerlo hecho, se sentó la Arcita y se puso a llorar porque ella nunca había hecho esa clase de trabajo, y entró Pájaro Verde por la ventana. Pájaro Verde era un príncipe que estaba encantao. Y le dice a la Arcita:

—Arcita, mi alma, ¿qué trabajos tienes, qué penas te acompañan? Atiéntame una uñita y arráncame una plumita y yo te sacaré de trabajos. Acuéstate, Arcita.

Y se acostó y se puso él a hacer todo el trabajo. Cuando ya venía aclarando, fué la madrastra a la puerta a ver si ya estaba hecho el trabajo. Y se levantó la Arcita y él salió y se fué, y entró la vieja y vió la madrastra cuando salió el Pájaro Verde y entra ella y le pega una turra a la Arcita y le dice:

—De mi hija se debía de enamorar Pájaro Verde, no de ti, roñosa.

Cuando ya almorzaron, llamó el viejito a las dos hijas pa preguntarles que si qué les traiba, y le pidió la vieja un corte de raso morao, y la Cornelia le pidió otro corte de raso azul, y la Arcita le pidió una flor que nunca se marchitara, por mandao de la vieja.

Bueno, se fué el viejito y luego se fué la vieja pa la suidá y pidió ropas pa lavar en la suidá pa que la lavara la Arcita. Y trujo la ropa de toda la suidá pa que la lavara la Arcita en el río, y pa en la tarde la tenía que tener lavada y apartada y luego se fué pa la casa la viejita y despachó a la Arcita pal río. Luego que llegó al río, que puso su agua, se sentó a llorar y llegó Pájaro Verde y le dice:

—Arcita, mi alma, ¿qué trabajos tienes, qué congojas te acompañan? Atiéntame una uñita, arráncame una plumita y yo te sacaré de trabajos. Acuéstate, Arcita.

Y él hizo todo el trabajo. Cuando vino la vieja, se levantó la Arcita y él se fué. Y llegó la vieja muy nojada con la Arcita y despachó a la Arcita pa la casa y ella se fué para la suidá a entregar la

ropa. Entregó la ropa y le pidió trigo a la gente pa trailo pa la casa
pa que lo lavara la Arcita. Tenía que lavalo y que se secara en el
mismo día. Algunos querían que hasta que moliera el trigo la Arcita,
y la llevaron en la noche pa que lo moliera, lo despajara y lo cirnie-
ra y lo echara en sacos para otro día cuando aclarara. Encerraron a
la Arcita con el trigo y entró Pájaro Verde otra vez y la saluda con
las mesmas palabras con que la había saludado antes y se puso a hacer el trabajo. Aclarando y acabando él el último saco. Cuando oyó
él qu' iba la vieja, empezó él a hablale a la Arcita que se levantara,
y en esto entró la madrastra y empezó él a volar, a buscar por dónde salir y no hallaba él por dónde salir y quiebró un vidrio y salió,
y cuando quiebró el vidrio, se clavó un vidrio en una patita.

Entonces entró la vieja y le pegó una turra que hasta la descala-
labró y le terció una jerga y la corrió, y se fué la Arcita llorando todo el bosque. Y esta Arcita tenía dos hermanos, pero ella no se acordaba de ellos, ni los conoció. Y estos dos hermanos trabajaban por
el rey, el padre de Pájaro Verde. Y caminando como iba ella, s' incontró con ellos. Estaban ellos cortando leña en el bosque y como
era tan linda, la hallaron los hombres estos y le preguntaron que si
quién era. Y les contó su historia. Entonces supieron ellos que era
su hermanita. Estos dos hombres estaban casados y tenían a sus familias. Allí vivían en las orillas de la suidá. Ya llegaron ellos con ella
y les dijieron a sus mujeres qeu era su hermanita. Pues vinieron las
mujeres de ellos y la lavaron y se pusieron a curale las heridas que
le hizo la madrastra y la vistieron con ropa de ellas. Y luego les encargaron los hermanos a ellas que la cuidaran bien pa que no la viera el chucho del rey y le fuera a levantar una quimera. Y como Pájaro Verde estaba muy enfermo por la clavada del vidrio, había muncha bulla en la suidá.

Pues que un día la estaban lavando y curándole las lastimadas
que le había hecho la madrastra y se les olvidó a ellas tapar las ventanas. Y cuando la lavaban ellas, pues más le brillaba la estrella que
tenía en la frente y se asomó el chucho y le dijo a la Arcita que se
casara con él, pero ella le dijo que no. Ya se fué el chucho pa case
el rey y le dice:

—¡Si viera, padre! Ai tienen sus piones una física y dice que ella
se atreve a trai un médico y una médica que cure a Pájaro Verde.

Y mandó a llamar el rey a la Arcita con el mismo chucho y fué
y le dijo que allá la llamaba el rey.

Pues fueron a llevar a la Arcita pa case el rey pa ver pa qué la quería.

—¿Qué se le ofrece, su carrial majestá? —le dicen.

—Qué se me ha de ofrecer, que tú has dicho que tú te atreves a trai un médico y una médica que le saquen el vidrio a Pájaro Verde sin que él lo sienta.

Pues ya le dijieron que ella no había dicho nada. Y les dice el rey:

—Si los has dicho, lo haces, y si no , penas de la vida.

Pues que se fueron pa la casa los muchachos con la Arcita. La aprevinieron y le hicieron bastimento y la fueron a llevar a un monte muy lejos pa que no viniera y la fuera a matar el rey, y le encargaron sus hermanos que ya no viniera. Pues que ya llegó Pájaro Verde allá onde estaba así enfermo como estaba y le dice:

—Arcita, mi alma, ¿qué trabajos tienes, qué penas te acompañan? Atiéntame una uñita y arráncame una plumita, y yo te sacaré de trabajos. ¡Mira! ¿Ves aquel árbol que está en el monte? Ai está un nido y en el nido está una pájara y dos pajaritos.

Y le dió el Pájaro Verde a ella una cajita y tenía ella que decir: "Llovedera, llovedera, que Pájaro Verde se quiere casar". Y se fué ella pal pino y Pájaro Verde se fué pal palacio y ella abrió su caja y cuando llegó al pino, dijo: "Llovedera, llovedera, Pájaro Verde se quiere casar". Y entraron los pajaritos a la caja. Entonces se fué pa case sus hermanos y cuando llegó, les dice ella que ya traía lo que el rey quería pa que curaran a Pájaro Verde. Pues que ya la llevaron pa case el rey. Cuando llegaron con ella a case el rey, le entregó la caja al rey y dijo otra vez: "Llovedera, llovedera, que Pájaro Verde se quiere casar". Y salieron los pajaritos y fueron y le sacaron el vidrio a Pájaro Verde que tenía en la patita y no sintió nada él y sanó.

Y entonces mandó el rey hacer una fiesta muy grande pa que conociera Pájaro Verde mujer y mandó el rey hacer una sala muy grande con asientos arriba y abajo pa que cupieran todas las muchachas y toda la gente de todos los reinos. Cuando la gente envitada estuviera sentada, tenía orden que cuando saliera Pájaro Verde, tenía que dar una vuelta en toda la sala y en la cabeza de la muchacha en que él se parara, con ésa s' iba a casar. Y los hermanos de la Arcita, como eran piones, fueron de noveleros y la llevaron a ella pa que viera y se pararon en un lao de la puerta de la cocina. Cuando entró Pájaro Verde, que pegó un chiflido y dió la vuelta y se fué pa la cocina y se paró en la cabeza de la Arcita, se dió el rey una palmada en la frente de ver que había tantas ricas y princesas y se fué a parar en la cabeza de la hermana de sus piones. Y de allí sacaron a la Arcita y la llevaron y la vistieron y la bañaron, y aquella Arcita hasta brillaba de linda y ai se desencantó Pájaro Verde y era él un príncipe muy lindo. Y no quiso ella que se hiciera una bulla hasta que no se supiera de su padre, y fueron a buscar a su padre y lo hallaron. Y lo trujieron y envitó el rey a toda la gente, menos a la vieja y la Cornelia. Entonces mandó el rey que fueran por ellas, y las trujieron y las amarraron en las colas de unas bestias regiegas, y salieron a la estampida y las hicieron pedazos, y se siguieron las fiestas. Allí había puches y pucheros y biscochos en botellas y el vino en las jícaras, y siguieron las fiestas quince días.

114. El Pájaro Verde[15]

Había una vez un viudo que tenía una hija. Esta le rogaba a su padre todo el tiempo que se casara con la vecina, porque la trataba muy bien. Tanto le rogó, hasta que por fin se casó él. Y la mujer tenía una hija y cuando se casaron estuvieron unos días bien con ella y luego se le ofreció al hombre un viaje largo con otros compañeros y se fueron y cuando ya él estaba pa salir, todas le encargaron qué cosas quería que les trujieran, y la muchachita por mandado de la madrastra, que era bruja, le pidió que le trujiera un rosario de Valoria. Y este rosario estaba en un lugar peligroso.

Cuando iba por una vereda muy fragosa, se le vino un tíguere, pero el viejito no se movió, siguió la vereda. Y luego se le vinieron unos pájaros que parecía que le sacaban los ojos y el viejito no se movió, y al último se le vino un lion que parecía que se lo iba a comer, pero el viejito siguió la vereda. Cuando ya acabó de pasar, llegó a onde estaba el rosario y lo agarró y se volvió. Bien, pues que cuando volvió del viaje, les entregó a la hija y a la mujer lo que les traiba de presentes y a la muchachita le dió el rosario, y el rosario se lo dió ella a su madrastra.

Entonces en la noche cortó la mujer mucha ropa pa que l' hiciera la muchachita en la noche y le dió una velita. La muchachita cuando se quedó sola, empezó a voltiar la ropa y vido que no la podía hacer, y empezó a llorar y a decir:

—¡Ay, Pájaro Verde, si hora vinieras, hora sí te hablaba!

En esto llegó el pájaro y le dijo:

—Arza, mi alma, háblame, que si me hablas se remediarán tus trabajos y los míos.

Y luego vino ella y bajó la cabeza y no le hizo aprecio. Y el pájaro se fué y la ropa amaneció hecha. Ya se la entregó a su madrastra muy contenta en la mañana.

La siguiente noche volvió a entrar otra vez la madrastra con otro canasto con ropa pa que l' hiciera. Y le dió una velita. Y otra vez empezó la muchacha a voltiar la ropa y a ver que no podía hacerla. Y en esto se le acabó la vela y empezó a llorar otra vez y a decir que si Pájaro Verde viniera hora sí le hablara, que si lo hacía, se les remediarían sus trabajos. Pero que ella se tapó la cabeza y no le habló. Se quedó dormida. El Pájaro se fué otra vez. Otro día en la mañana, cuando recordó, halló la ropa sin hacer, y decidió irse porque tenía miedo que la mataran.

Llegó onde estaban unas criadas del rey lavando ropa allá en el bosque. Cuando la vieron las criadas, salieron a toparle y le dijieron:

—¡Cómo le va, comadre pelegrinita. Hora estése con nosotros.

En la tarde se fueron pal palacio ellas y se la llevaron. Le dijieron que se quedara, porque otro día iba a conocer mujer uno de los príncipes. Ella convino.

Otro día la llevaron y la sentaron entremedio de ellas tapada. Cuando el príncipe fué a buscar mujer, anduvo viendo toda la sala hasta que, entremedio de ellas, como se movieron, la alcanzó a ver y la solicitó pa casarse con él, y ella le dijo que no podía casarse. Y él se volvió pa atrás y le dijo al rey que ella se atrevía a ir a trai unas botijas llenas de lágrimas de pajaritos. Ella le dijo que no se atrevía, pero el rey le dijo que tenía que ir y si no, penaba de la vida. Y le dieron unas botijas y se fué. Cuando iba, se puso a llorar otra vez y dijo:

—Ay, Pájaro Verde, que si hora vinieras, hora sí te hablaba.

En esto vido venir ella el pájaro y se tapó la cabeza. Llegó él y le rogó que le hablara pa que se le remediaran los trabajos a los dos. Pero ella se quedó con la cabeza tapada. Al fin él le dijo que se fuera a unos montes cercanos y destapara sus botijas y dijera, "Cai, cai, pajaritos. Venir a llorar, que Pájaro Verde se quiere casar." Asina lo hizo ella. Llevó sus botijas y las destapó y repitió las palabras que le había dicho Pájaro Verde.

Luego no más se llenaron las botijas de lágrimas y volvió otra vez pa case el rey. Se las entregó al rey, y creyeron que ella tenía algo de Dios o del diablo. Luego se fué otra vez pa la cocina a ver a las compañeras. Les dijo que ya s' iba. Y ellas no la dejaron.

Otro día volvieron a ir y la taparon ellas debajo de la tarima. Cuando salió el príncipe a descoger mujer, éstas se movieron otra vez hasta que la descubrieron y volvió a venir otra vez el príncipe a solicitarla. Y ella le dijo que no, que ella no se podía casar. Entonces el príncipe se volvió otra vez nojao paronde estaba el rey y le dijo que aquélla había prometido ir a trai los puches con que se criaron los príncipes. La mandó a llamar el rey y le dijo que lo hiciera, porque si no lo hacía, penaba de la vida.

Cuando iba, empezó otra vez a llorar diciendo que si Pájaro Verde viniera, hora sí le hablara. En esto vido venir al Pájaro y se tapó otra vez la cabeza. Llegó y le dijo que le hablara y se les remediarían sus trabajos. Pero ella estaba con la cabeza tapada. Y al fin le dijo:

—¡Mira! Vete a este rumbo y llegarás a cierto río con las aguas cristalinas. No más llegas, le dices, "Riíto, aguas cristalinas, déjame pasar, que Pájaro Verde se quiere casar." Pasas y luego que pases, está un caballo comiendo güesos y un perro comiendo zacate. Le quitas el güeso al caballo y se lo das al perro, y al perro le quitas el zacate y se lo das al caballo. Y luego llegas a un lugar onde están unos marcos alzándose y levantándose y les dices, "Manitos marquitos, déjenme pasar, que Pájaro Verde se quiere casar." Y luego llegas a una arbolera muy grande con unas frutas muy lindas. Te van a dar deseos de comerlas pero no las vayas a comer. En el medio de esta arbolera está una casita y ai está una vieja bruja. Llegas y le pides agua. Ella te ha de mandar que vayas a beber adentro pero que vaya ella a traite. Cuando ella entre, entras tú y agarras una cajita que está arriba de un fogón.

Bueno, se fué la muchachita y hizo todo lo que le mandó el Pájaro. Luego llegó onde estaba la arbolera. Tenía una fruta muy linda y le daban ganas de comer pero no comía. En el medio de la arbolera estaba una casita. Llegó a la casita y allí salió la bruja y le dijo:

—¿Cómo te va, nietecita? ¿Qué andas haciendo por estos lugares tan remotos donde ni los pajaritos habitan?

—Ya verá, agüelita, que los trabajos me han traido aquí. Yo me vine a estar con usté pa siempre.

—Bueno, pues entra pa adentro.

—No, aquí me sentaré en esta sombra porque vengo muy cansada. Deme una poca de agua.

En esto entró la vieja pa la cocina a dale agua y ella la siguió. Cuando entró al cuartito, vido la cajita arriba de un fogón y la agarró muy liviana y salió corriendo. En esto la vido la vieja y le gritó:

—Deja esa caja, ladrona.

Y se vino la muchacha, y los marcos se levantaron no más vieron a la muchachita venir juyendo. Y la vieja les gritó:

—Marcos, atájenme ésa.

—No la atajamos porque tú nos dices "marcos" y ella nos dice "marquitos".

La vieja pasó pero la machucaron, y luego le gritaba al caballo:

—Caballo, atájame ésa.

—Tú me das güesos y ella me da zacate —le responde el caballo.

—Perro, atájame ésa —le gritó al perro, y el perro le responde:

—No la atajo. Tú me das zacate y ella me da güesos.

Cuando llegó al río, la agua se abrió y pasó la muchachita.

—Río, aguas cristalinas, atájame ésa. —dijo la vieja.

—No la atajo. Tú me dices, "Río, aguas cristalinas" y ella me dice, "Riíto, agüitas cristalinitas" —le gritó el río.

Y cuando iba a pasar ella, se juntó la agua y se hogó la vieja.

Allá ond' iba, pensó ella ver qué serían los puches con que se criaron los príncipes. Y destapó la cajita y salieron los pajaritos volando y ella venía y pescaba un pajarito y lo metía en la cajita y se le salía otro. Asina estuvo batallando hasta que empezó otra vez a llorar.

—¡Ay, Pájaro Verde, que hora vinieras, hora sí te hablaba!

Entonces vino Pájaro Verde y le rogó otra vez que le hablara pero ella no hizo caso. Entonces dijo el pájaro:

—Cai, cai, pajaritos. Volverse a encerrar, que Pájaro Verde se quiere casar.

Los pajaritos se encerraron y luego se fué ella. Llegó a case el rey y entregó la cajita. Luego la llamaron las cocineras pa que viniera a cenar. Y luego después ya la solicitaron pa que se quedara otro día pa que fueran con ellas a ver a Pájaro Verde escoger mujer. Para que ella no tuviera que entrar, hicieron un abujero en la pader para que se asomara ella para allá.

Otro día pusieron unas estacas en la sala ond' iba a descoger Pájaro Verde mujer y volaba él de una estaca a la otra y pegaba un chiflido cada vez que volaba hasta que voló en frente de la ventanita, y ai se paró y la alcanzó a ver él y pegó el volido y entró por la ventanita y entonces cuando entró adentro se volvió un príncipe y entonces gritó él allá que ésa era su mujer, que con ésa s' iba a casar. Y se compuso una boda muy bonita y se casaron y vivieron siempre muy felices.

115. La Estrella de Oro[32]

Una vez había un hombre que tenía un hija y ésta le rogaba a su padre que se casara con la vecina porque ésta era muy buena con ella, que le daba sopitas de miel. El padre no quería casarse con la viuda porque tenía miedo que si hora le daba sopitas de miel, más tarde le daría sopitas de jiel. Pero le rogó tanto la niña hasta que al fin obedeció.

Y yendo y viniendo tiempo, se casó con ella. Y el hombre tuvo que salir fuera de la suidá a trabajar y dejó a su hijita con la madrastra, y la madrastra comenzó a maltratarla y la traía en garras y muy sucia y ella tenía que hacer todo el trabajo de la casa y su hija de ella tenía la preferencia en todo y la hija de la viuda le tomó mucha envidia a la muchachita y le empezó a pedir muchas cosas que ella creía que le eran imposibles para que la castigara su mamá.

Y entonces le dice la hija de la viuda a su mamá que ella quisiera bañarse con lágrimas de pajarito, y le dice que mande a la niña a traer lágrimas de pajarito pa bañarse. La madrastra le manda esto a ella. Y se fué la niña y se puso a llorar debajo de un árbol porque no sabía dónde conseguir las lágrimas de pajarito. De repente llegó un pajarón a onde ella estaba llorando y él le pregunta que si por qué llora, y antonces le responde ella que porque su madrastra la despachó a trai lágrimas de pajarito y no sabía dónde incontrarlas. Pronto empezó el pájaro a llamar pajaritos, y cada uno de los pajaritos que venían le echaba una lágrima hasta que llenó la tinaja y le llevó a la mujer las lágrimas de pajarito.

Y otro día se le antojó que quería una almuada de plumas de pajarito. Que mandara a la niña a traila, y la mandó. Y antonces la pobre fué al mismo lugar onde había ido la primera vez y vino el pájaro y le pregunta por qué llora. Ella le dice lo que le tiene que hacer. Y vinieron los pajaritos como la otra vez y le echaron plumas en el saco y antes de dejar el lugar, le puso la estrella. Y cuando ella llegó con su saco, la madrastra se puso a rasguñarla, queriéndole sacar la estrella. La maltrató y la dejó por muerta pero no le pudo quitar la estrella porque estaba embutida en la carne.

Y antonces la envidiosa le dice que la llevara al lugar onde ella estaba cuando le pusieron la estrella. Y la llevó al mismo lugar y antonces vino el pájaro a preguntarle que si qué quería. Y le dice que su hermanita quiere que le quite esta estrella y se la ponga a ella. Antonces él le puso un cuerno en la frente a la envidiosa en lugar de estrella. Cuando volvieron a la casa, le volvieron a pegar a la muchachita. Y dende antonces la escondieron a la muchachita para que no la vieran y la traían sucia. Y ya para este tiempo el pájaro, que era un príncipe, se desencantó y salió en busca de la muchachita, pero que no la podía hallar.

Un día, tarde, la despacharon a echale de comer a los cochinos y se arrimó a una noria a sacar agua cuando él llegó y con su paño lo mojó en la agua y le refregó la frente y la dejó. Ella se fué y estuvo cuidando ónde entró. En la noche vino a pedila, y le preguntó por su hija y le dice ella que ai está y le dice él que no, que la otra. Y ella le dice que no tiene más hija que ésta. Antonces brinca un gato y le dice:

—Cuerno de Asno arriba del catre; Estrella de Oro abajo del catre.

—¡Zape, gato de los diablos! —dice la madrastra.

—¡Hola! ¡Hola! Sacarla.

Y la sacaron de abajo del catre y antonces dice él que ésa es la persona que él busca, y dice la madre:

—Esta no es mía. Esta tiene a su padre. Yo le mandaré a decir a él.

Otro día compró un carnero la madre y lo mataron y le mandó a ella que fuera a lavar las tripas y se las contó. Que si l' iba a perder una tripita la iba a matar a palos. La Estrella de Oro se fué con sus tripas a la cequia a lavarlas, y vino un cuervo y le robó una tripita y ella tan espantada estaba porque si perdía una tripa, la iban a matar a palos. Siguió al cuervo sin acordarse que dejaba las otras tripas. Iba un pedazo de camino el cuervo y luego se paraba, y la muchacha le suplicaba que le entregara la tripita. El cuervo volaba otro pedazo y se volvía a parar y volvía ella a decir la misma cosa, y así siguió hasta que se cerró la noche. Se subió el cuervo arriba de un árbol y ella durmió debajo del árbol y no más aclaró y comenzó el cuervo a volar otra vez y así fué volando sin que lo perdiera ella de vista hasta que se paró en la azotea de una casita. Esta casita estaba posada en un disierto que no se veía más que la sola casita. En esta casita vivían tres hermanos. Ai le soltó la tripita. Entonces entró ella a la casa y se puso ella a barrer, a limpiar la casita y a hacer de comer.

Cuando llegaron los tres hermanos, hallaron la casa muy arreglada y la comida preparada y se escondió ella en un barril y no hallaron a naiden. Ellos no sospechaban que ella pudiera estar dentro. Antonces dió orden el mayor que se quedara el menor de los hermanos a cuidar quién estaba entrando a la casa. Y como él no sospechaba que estaba ella adentro de la casa, se subió él arriba de la zotea para ver quién entraba a la casa. Ella hizo el negocio adentro y él no vido a naiden entrar. Cuando volvieron sus hermanos en la tarde, él dijo que no había visto a naiden, pero ellos hallaron todo preparado. El siguiente día dejaron al hermano del medio y le sucedió la misma; no halló nada. Cuando volvieron en la tarde, hallaron la casa limpia y la comida lista. La tercera vez, se quedó el mayor y llenó sus cubetas de agua muy bien y se salió pa afuera. El no se subió a la zotea. El se quedó rodiando la casa y vino poco a poquito, y cuando ella estaba haciendo lumbre, la halló. Cuando llegaron sus otros dos hermanos en la tarde, salió gritando que él la había hallado y que a él le pertenecía, que él se casaba con ella. Todos querían casarse con ella. Y luego tuvieron una conferencia y dijo el mayor que él creía que era una hermanita de ellos porque él sabía que tenía una hermanita pero que nunca la había visto. Que era muy posible que ésa era su hermanita. La tomaron por hermanita.

Tenían un gatito en la casa. Cuando ya sus hermanos se la entregaron le dijieron que el gatito tenía que comer primero que ella y vivieron muchos años juntos y nunca se le olvidó a ella darle al gatito primero.

Un día estaba ella muy cansada y tenía mucha hambre y agarró una manzana pa comer y hasta que no agarró el primer bocado no se acordó del gatito. El gatito, había peligro que si no le daban de comer primero, les miaba la lumbre y se las apagaba. Fué ella a darle al gatito después de que se había comido el primer bocado pero el gatito ya no quiso. Y cuando fué ya a hacer la comida ya él le había apagado la lumbre. Ella, muy acongojada, salió afuera y empezó a ver a todas direcciones y alcanzó a ver un humito muy lejos, y corrió ella hasta que llegó a la casita onde salía el humito y entró a la casa y incontró una muchachita adentro de la casa y le pidió lumbre. La muchacha le dió un tizón y le dijo que su madre estaba durmiendo y que era muy mala. Que si su madre la alcanzaba con la lumbre, no sabía qué le pudiera suceder. Ella agarró su tizón y corrió tan recio como pudo. La vieja pronto sintió y salió atrás de ella y le gritaba la vieja con toda su fuerza que le trujiera su lumbre. Pero no le hizo caso. Y llegó a su casa y atrancó la puerta y hizo su lumbre y llegó la vieja a la puerta y comenzó a suplicarle por bien que le abriera la puerta, pero la muchachita no le quiso abrir.

Cuando la muchacha no le quiso abrir, se fué la vieja pa atrás de la casa y se mió y de ai resultó una hortaliza que había calabacitas verdes y elotes. Cuando la muchacha vió que la vieja se había ido, voltió la casa y vió que no estaba la vieja y s'incontró con la hortaliza tan linda. Cogió maíz y calabacitas verdes y los coció pa cuando vinieran sus hermanitos. Les puso la comida y tan pronto que comieron, se convirtieron en unos bueyes blancos. Desde entonces se dedicó ella a sacar sus bueyecitos a pastiarlos. Siempre iba a onde estaba el zacate mejor y tenía ella, por regla, darles agua de noria. Ella siempre iba vestida de hombre.

Y el príncipe, que nunca dejó de buscarla, siguió buscándola hasta que la incontró pastiando los bueyecitos, y aunque anduviera vestida de hombre, por la estrella de oro la conoció. Antonces le propuso llevarla al palacio y casarse con ella, pero ella le dijo que mientras viviera, ella no dejaría a sus bueyecitos. Pero el príncipe, a fuerza de promesas que sus bueyecitos siempre los asistiría bien, al fin la convino. Se casó con ella y vivieron algunos años muy felices.

Luego se llegó el tiempo de la guerra y el príncipe tuvo qu' ir a atender a la guerra y la dejó a ella sola en el palacio con sus criados. Esta misma vieja que convirtió los bueyecitos, vino un día por agua al palacio y la princesa estaba arriba en un balcón del palacio y se veía en el agua de la noria y la vieja, cuando se agachó a sacar la agua, pensó que era ella y dijo:

—Yo tan linda y tan bella, quiebro mi cántaro y voyme a mi casa.

El siguiente día volvió a venir. Hizo la misma. Se volvió a ver en la agua y dijo:

—Yo tan linda y tan bella, quiebro mi cántaro y voyme a mi casa.

El tercer día volvió a venir y cuando quiebró el cántaro se rió la princesa y le dijo la vieja:

—¡Válgame Dios, nietecita! ¿Por qué me estás haciendo quiebrar mis cántaros? Déjame subir y yo te peinaré. Tírame un pelo de tu cabeza.

Y la princesa le tiró un cabello y hizo una cadena y la lazó y subió por la cadena y ensistió que la dejara peinar hasta que consiguió y le clavó un fistol en la cabeza y la princesa se quejó y ella le dijo que era un diente de peine y le clavó otro fistol y todavía lo sintió y luego le clavó otro y se volvió una paloma. La princesa tenía un niño ya de tres meses y cuando voló la princesa, la vieja se metió en la cama y hizo bajar las cortinas y se quedó el cuarto a oscuras. Tres días pasó la vieja con el niño. El niño se puso flaco que ella tuvo miedo que se muriera y dió orden que mandaran a llamar al príncipe.

El príncipe volvió inmediatamente. Cuando el príncipe llegó, el príncipe, pensando que era la princesa, estaba lleno de compasión de verla en la situación que se hallaba. Quiso alzar las cortinas pero ella no le permitió. Le contó que le había dado una fiebre tan fuerte que se había cambiado enteramente. El rey se sintió tan triste que no hallaba ni qué hacer.

El siguiente día llamó a todos sus criados y les preguntó si habían cumplido con las órdenes que él les había dejado. Llegando el que cuidaba los bueyecitos, le preguntó si había asistido los bueyecitos como se le tenía mandado. El le respondió que sí, pero que estaba lleno de curiosidá, porque, cada vez que salía al campo a pastiar los bueyecitos, una paloma blanca se paraba sobre un palo y le preguntaba:

—¿Cómo están mis bueyecitos? ¿Beben agua de noria y comen zacate de vega?

Y le respondía que sí.

—¿Y qué hace la tuerta mora con el niño? ¿Gime y llora?

Y él le respondía que sí.

—Como su madre, en el campo llora.

Y volaba. Antonces el príncipe le ofreció pago si le pescaba la paloma y él fué y cogió una bola de trementina y la puso en el palo onde paraba la paloma.

El siguiente día llegó la paloma y comenzó a preguntarle las mismas cosas. Cuando fué a volar, no pudo. Estaba pegada en la trementina. Fué el criado y la cogió y se la llevó al príncipe. El príncipe, que no había dejado el cuarto de la princesa desde que había llegado, le llevaron la paloma allí mismo. Cogió la paloma en sus manos y empezó a alisarla. Y la vieja, cuando la vió, dijo:

—¡Jesús! ¡Jesús! ¡Que malparo! Mátame esa palomita.

—No, que te maten otra. ¡Mira qué animalito tan bonito!

Antonces l' incontró el primer fístol y se lo sacó y le dice:

—¡Mira lo que tenía esta palomita!

Y el príncipe siguió sacándole los fístoles hasta que se paró la princesa en lugar de la paloma. El príncipe, encolerizado, cogió la vieja del pescuezo y hizo qu' hicieran una joguera para que echaran a la vieja en la lumbre. y él ordenó el baño con perfumes y se vomitó cuando supo que en vez de dormir con la princesa, había dormido con la vieja. Esta era la misma vieja que había encantado a los bueyecitos. Y tan pronto como ella se quemó, los bueyecitos s' hicieron gente otra vez. Y vivieron felices.

116. María[51]

Este era un rey que tenía un hijo, y este hijo quería conocer mujer y para este propósito hicieron preparaciones para tener diversiones. Una viejita que vivía muy cerquita del rey y que trabajaba mucho con las cocineras del rey decidió buscarle mujer al príncipe.

Pues a una milla estaba un hombre fuera de la suidá que tenía una hija muy linda de diez y siete años, cuya madre ya había muerto. La muchacha lloraba mucho porque su padre se quería casar con ella. En efecto, estaba llorando la muchacha cuando llegó la vieja. Habiéndole preguntado ésta por qué lloraba, le contó lo que pasaba. La vieja le aconsejó a la muchacha que le dijiera que sí se casaba con él, pero que tenía que traile un vestido de color de las estrellas, el sombrero y las chinelas, un vestido del color de la luna, el sombrero y las chinelas, y un túnico del color del sol, el sombrero y las chinelas. Así lo hizo la muchacha y cuando le trajo el padre todo esto, se la llevó la viejita.

Faltaban ya tres días pa que se acabaran las fiestas riales y le dice que se bañe esa noche y que se aliste para llevarla otro día donde está el príncipe. Otro día le dice que se ponga el vestido del color de las estrellas. La muchacha se vistió. Luego le dice la vieja:

—Pues hora sí. Aquí está este bogue.

Aquel bogue estaba tan nuevecito con un caballo colorado oscuro con todo nuevo. Le dice:

—Sube. ¡Mira! ¿Ves aquel puertón que está abierto? Ai es donde está el rey y la reina y el príncipe. Entras derecho donde él está. El está en el balcón.

Se va ella y la refleja no más entra, la puerta, y le dice el príncipe al rey:

—¡Mire qué muchacha tan linda y tan hermosa! ¡No había visto yo una cara tan linda y el vestido tan lindo como ninguno de los que train aquí!

Ella se fué y llegó allá a la casa de la viejita, se apea del bogue y le dice:

—¡Ah, qué príncipe tan hermoso!

—Bien, pues con éste te vas a casar.

El segundo día fué María con el túnico de color de luna, el sombrero y las chinelas, y si linda estaba la primera vez, más linda estaba la segunda. Pues ya se sube en aquel bogue con un tiro de caballos oscuros. Como el primer día, el príncipe se volvió loco con ella cuando la vió. La muchacha vuelve a donde está la mágica y se apea y le cuenta a la vieja todo.

Pues otro día en la mañana se puso María el vestido del color del sol, el sombrero y las chinelas. Esta vez tenía el bogue un tiro de caballos tordillos. Cuando ella entró, dice el príncipe:

—¡Miren lo que viene ai! ¡Miren qué joven tan hermosa!

Llega ella a donde él está, se quita la chinela del lado derecho y se la tira, y dice el príncipe:

¡Miren lo que me tiró! Su chinela.

—Pues no más tú la ves; nosotros no vemos nada —le decían sus padres, pues ellos nunca vían a la muchacha cuando entraba.

La muchacha se va a la casa de la mágica y le cuenta todo a ella.

El rey dijo que la joven que le viniera ese chapín de oro, con ésa se casaba el príncipe. Pues se comenzaron las fiestas de nuevo. De dondequiera vinieron muchachas. Pero a ni una le venía el chapín. El príncipe entre más días que iban pasando se iba poniendo más triste de ver que no había a quien le viniera la chinela. Estaba muy triste y ya no quería ni comer.

Entonces les dice la vieja que les ayude María a prepararle la mesa al príncipe. Pues María les ayudaba a componer la comida del príncipe y de una vez se sentía contento y le daba apetito de comer.

Bueno, pues se acabó todo aquello y el príncipe quedó muy triste. Pues la viejita iba todo el tiempo allá y siempre preguntaba por él y le decían que se iba a morir el príncipe. Pues cuando ya la viejita supo todo esto, le dice a María:

—Pues hora sí, el príncipe está sufriendo mucho y yo quiero ha-

certe feliz. Pues voy para case el rey a decile que aquí está la joven
la que le viene la chinela.

La vieja se va y le dice al rey:

—Pues bien, su carrial majestá, yo he venido a deciles que mañana en la tarde pasen para en casa, que yo tengo la joven que le
viene la chinela.

El príncipe estaba tan contento que de una vez sanó, y otro día
fué el rey, la reina y el príncipe a la casa de la mágica. Cuando llegaron a la casa, tenía puestos el túnico de color de sol, el sombrero
y el chapín. El príncipe tenía la chinela en la mano. Se arrimó ella
y le midió el príncipe la chinela y vido que le vino. De allí se pararon el rey y la reina y el príncipe, la abrazaron y la besaron. Pues
comenzaron las bodas y se casaron y vinieron muchas gentes de muchos reinados.

117. El burro[34]

Pues éste era un rey y una reina. Tenían una hija. Con el tiempo la reina se murió y luego que murió la reina le dió orden al rey
de que tirara la sortija y la que jallara aquella sortija se tenía que
casar con él. De manera que la jalló su hija. Antonces el rey le dijo
que tenía que casarse con él, y la muchacha no quería.

Antonces fué y tomó consejos la muchacha de una vieja hechicera, y ésta le dijo que le pidiera cuatro favores a su padre. El primero tenía que ser un túnico del color del sol que diera tanta luz como el sol, y el segundo vestido que diera tanta luz como la luna, el
tercer vestido tenía que ser color del cielo, que estuviera estrellao.
Y el cuarto favor tenía que matarle el burro meso sin cortarle el cuero. Tenía que sacarlo intauto.

De manera que el rey salió a buscar los favores que le pedía su
hija. Por fin él jalló los tres túnicos y luego salió a buscar un matan-
cero que pudiera desollar el burro sin cortarlo. Por el fin él lo jalló
y lo desollaron hecho saco. Ya cuando se cumplieron los favores de
la muchacha, otro día iba a ser el casamiento. Por donde la viejita
llevó el cuero y la encantó a la muchacha adentro del cuero con todo
lo que traiba. Por donde le echó afuera de la casa a que fuera a correr el mundo.

Pero tanto anduvo el burro que al fin cayó a otra suidá, a otro
reinado. Y llegó a la casa de una viejita hechicera y le pidió posada
y le dió posada la viejita en una caballeriza. Entonces el burro le pi-

dió una estufa para cociniarle unos pasteles al rey. Luego que los cocinió, se los mandó con la viejita y le dió orden de que no fuera a decir que el burro los había hecho, que dijiera que ella. Por donde el rey le dijo que tenía que hacelos allí mismo y si no penaba de la vida. La viejita no quería perder la vida y le dijo que no, que el burro los había hecho. Entonces le dijo a la viejita que llevara al burro pa su casa pa ver qué clase de burro era. Antonces llevó ella al burro, y el burro le pidió al rey un cuarto oscuro. Por donde le pusieron un cuarto que no tenía ni una lucecita.

Pero el rey tenía un hijo y este muchacho vino y hizo un abujero que conetara con su cuarto de él. De manera que luego que entró el burro adentro del cuarto, la muchacha se desvistió y se puso a bañar y se puso el túnico que daba luz como el sol. Y él se interesó mucho del burro. De manera que le cocinió otra vez los pasteles al rey y le llevaron los pasteles al rey. Luego que salió del cuarto, el muchacho no dejó ir al burro ya. Quería casarse con él. Pero los padres no quisieron permitirlo, y dieron orden de que echaran aquel burro y lo corrieran fuera de la plaza.

Bueno, el burro fué a dar a un campo de vaqueros. Otro día en la mañana levantó el caporal a uno de los muchachos pa que fuera a trai las bestias para ensillarlas y salir al rodeo. Cuando llegó el muchacho a donde estaban las bestias, lo primero que se topó fué el burro, y isque le dió los buenos días el burro, y el muchacho se espantó mucho, y salió juyendo y fué a dar al campo, y le dijo a su caporal que estaba el diablo en el cerco, que no había podido traer las bestias.

—Pero, hombre —isque le dijo el caporal—, ¿por qué tienes miedo? No ha de ser más que un animal que habla.

Y luego se fué el caporal por las bestias y se topó con el burro y el burro le dió los buenos días. El caporal le dió también los buenos días y se lo echó por delante con las bestias y lo llevó al campo.

Bueno, el hijo del rey estaba muy triste. No lo podían consolar. De onde quiera le traiban novias pero ni una le cuadraba a él. El quería casarse con su burro. De manera que el caporal este tuvo un rodeo y lo mandó a invitar. Cuando llegó el príncipe a onde estaba el rodeo, le anduvo enseñando el caporal todo lo que tenía allí, y lo llevó a onde estaba el burrito. No más lo vido y lo saludó el burro, y dijo el príncipe:

—Mi burro, mi burro. Hora sí me lo llevo. Este es mío.

Y lo sacó de allí del corral y se lo llevó por delante, y luego que

iba llegando al palacio se desencantó la muchacha y de allí la llevó
él! desencantada derecho a otra casa y envitó padrinos, y se jueron
derecho a la iglesia y ya iba la novia vestida con el túnico color de
sol y el rey y la reina no podían llegar de lo que les lastimaba el túnico en los ojos. Pero en fin se entreveraron entre la gente y los siguieron hasta la iglesia y de allí de la iglesia los sacaron ya casaos
y los llevaron a case el rey y la reina. Y tuvieron un fiestín. ¡Ah, que
fiestín estuvo ése!

118.   La muchacha encantada[16]

Este era un rey que estaba en una suidá y tenía una hija. De
la edá de seis años se la quitó a su madre de su presencia y la puso
debajo de siete estaos de la tierra. Sin más interés que dijo él que
naiden gozaría a su hija antes de él. Y así la tuvo; él no más entrando a onde ella estaba. De la edad de dieciocho años aquella muchacha no tenía vida, de ver las necedades de su padre; por donde
agarró de devota a Santa Duvigen. Antonces en una vez ya viéndose
tan acribillada, le preguntó a Santa Duvigen que si qué podría hacer
ella. Otro príncipe en otra suidá había sabido que este hombre había tenido una príncipa, pero naiden la conocia. Por onde vino él a
conocerla, pero no podía ir él a case el rey.

Y un día le dijo Santa Duvigen que le dijiera a su padre que le
trujiera tres vestidos y que entonces viniera a onde estaba ella.

La joven hizo lo que se le mandó y le pidió a su padre los vestidos. Cuando el padre vino con ellos, ya jalló una envitación que lo
llamaban con precisión para otro lugar. Antonces él mandó qu' hicieran la cena para irle a llevar a su hija. En la atualidá llegó el príncipe y le dijo él que no podía dale atención por aquella noche porque él quería hacer su hecho. Antonces mandó que le pusieran un
cuarto. La muchacha estaba llorando cuando le dijo Santa Duvigen
que no tuviera cuidao. El rey le llevó la cena y le dió orden y le dijo
qu' iba a volver pronto. Cuando él volvió, la puerta era de bronce
y no pudo entrar. Estuvo el encorajinado de ver que no había podido hacer nada y que otro día se tenía qu' ir. El pensó que quién sabe si el muchacho fuera un magiquero. Jué a onde estaba el muchacho, lo levantó a patadas y lo corrió de la casa. No lo dejó ni vestirse.

El muchacho jué a dar a case una viejita en la mañanita, muy de

mañana, y ai le platicó él a la viejita lo que le había pasado con el
rey, diciéndole:

—Agüelita, ¿qué remedio me diera usté para hacerle un perjuicio al rey?

—Toma estos polvitos y anda en tal zotea del palacio, ai está el
cuarto onde ella vive. Destiende esos polvitos ai, que ella se volverá
una burrita y luego, por su moralidá y su color, busca a la burrita.
Aunque sea burra, va a tener moralidá.

En la mañana, la mujer con la ansiedá de ver a su hija, jué y la
halló hecha burra. La madre lloró mucho y creyó que tal vez el rey
habría hecho un hecho muy prieto y Dios la había castigado y la habría vuelto burra. Antonces ella la agarró y mandó a los sirvientes
que la llevaran al cerco del pasteo.

Cuando ella estaba allá, jué Santa Duvigen y dijo que se fuera
con ella. Y se fué andando con ella. Cuando llegaron a la suidá onde
estaba este príncipe enfermo, melárchico, la vido y se alarmó mucho.
Le gustó mucho la burrita. A su madre de él le agradó esto y le dijo
que se la trairía. En la nochi de haber estado ya la burrita con el
príncipe, se arrimó a su mesa y le habló. Antonces él estuvo muy contento de ver que ya tenía con quien platicar siquiera.

Cuando su papá de ella volvió de allá de las guerras, ya determinó hacer plaza de toros por una semana para ver si por medio de eso
caiba ella, ya fuera casada o soltera. Antonces el padre del príncipe,
lo convidó para llevalo a los toros. El tenía muchas ganas d' ir y
le dijo a una sirvienta que le pagaba porque cuidara a su burrita mientras él iba a los toros.

Antonces cuando él se jué, le pagó ella a la sirvienta otro tanto
de lo que le pagó el príncipe porque la dejara ir a toros. No más salió de allí y aclamó a Santa Duvigen y le dijo que quería ir a toros.
Luego allí se le preparó un bogue y un cochero que la llevara, y se
puso el primer vestido, color de sol, y jué a toros.

Iban a echar el primer toro cuando dijo el rey:

—Deténganse poco. Allá viene un señor con su señora. Creo
que ése vendrá a la diversión.

Y como era una príncipa tan linda y tan hermosa, todos los príncipes que estaban allí tiraron la mirada a ir a apiarla de su bogue
y con naiden quijo hasta que no fué el príncipe que la tenía a ella.
La apió y la sentó en su asiento que él tenía. Antonces le preguntó
de dónde era y cómo se llamaba. Ella le dijo que era de la suidá de
Verge y que se llamaba Hermosura del Mundo. Ella vía a su padre

y a su madre y se le desgranaban sus lágrimas. Pero su padre y su madre no la conocían. Habiéndole preguntado el príncipe por qué lloraba, le dijo ella que las lágrimas le salían por lo brillante de su túnico. Toavía faltaba que saliera una parte de los toros cuando ella se preparó para irse. El príncipe no quería dejarla ir pero ella le dijo que vivía bastante retirao y que sus padres le habían pedido que juera temprano. El príncipe luego que salió ella de allí, vido las rodadas, y las siguió y él vido que llegaban las rodadas hasta cerca del palacio pero de ai no sacaba ninguna consecuencia.

Cuando llegó el príncipe, le contó a la Matruchita, como le llamaba él, que había incontrao una príncipa muy bonita y que le iba a pedir al platero que le hiciera un balcón de plata, porque esperaba ver a esta príncipa otro día en los toros. Antonces le dijo ella que ahora abandonaría a su Matruchita, pero él le prometió que no lo haría. Pues se jué a ver al platero y llevó a su burra y no más llegaban a onde había mucha gente y se dejaba cai y la levantaba el príncipe con aquel aseo lo mismo que si juera su mujer. Antonces cuando llegaron a la platería, mandó que l' hicieran unos chapines de plata a la burrita. Cuando venía de vuelta, isque le dijo el príncipe:

—Isque esa príncipa es de la suidá de Verge y isque se llama la Hermosura del Mundo.

—Nunca la he oido mentar. Pregúnteme usté por la suidá de los burros. De eso le daré razón.

Pues otro día en la mañana se fueron a los toros el príncipe y sus padres. Cuando se jueron, aclamó ella a Santa Duvigen y le dijo que quería ir a los toros, y le trujo el mismo coche y el vestido color de cielo. Bueno, cuando ya iban para llegar allá, estaban preparaos para echar un toro. Antonces dijo el rey:

—Deténganse todos, que allá viene uno con su mujer.

Antonces cuando ya llegó, salieron príncipes a recibirla y el de ella también, pero con naiden quijo ir más que con el de ella y la llevó derecho al balcón. Ai estuvo platicando el príncipe con ella y le pidió que se casara con él, pero ella no quiso darle ninguna satisfacción. Antonces le dijo él que parecía extraño que ella llorara pero ella le dijo que sus vestidos brillaban mucho y le hacían daño en la vista. Antonces el príncipe aforró lo brillante de su túnico con los paños y mascadas del rey y la reina. El príncipe le rogó tanto que se casara con él hasta por fin le dijo ella que le daría su mano. Antonces el príncipe se quitó su anillo y se lo puso a ella.

Pues al fin cuando ya se preparó para irse, de una vez se paró el príncipe y le dijo a su padre que él no quería esperarse. Pues en lo que el rey y la reina se previnieron, salió aquélla y se les perdió de vista. Salió el príncipe y el rey y la reina deregidos a las mismas rodadas que llevaba aquel coche pero no pudieron alcanzarlo. Llegaron onde se compartían unos tres caminos y ai se apió el príncipe y le dijo al rey que él s' iba a buscar a la Hermosura del Mundo. Esde esas horas pescó él un camino que le pareció, pero no la pudo hallar, y tuvo que volver al palacio contra su voluntad.

Le dijo una nochi a la Matruchita:

—Pues yo quiero ir abuscar a la Hermosura del Mundo.

—La Hermosura del Mundo la tiene en su casa. Pues no más la aprecia y la verá.

—Yo no sé —le dijo él— cómo hiciera para verla.

—Pues ¿quiere ver a la Hermosura del Mundo. Pues prepárese.

Y salió ella para otro cuarto y entró y la vido él como modo de una visión y pronto entró la Matruchita hecha burrita. Entonces le dice la Matruchita que se case con ella, que de otro modo no podrá ver a la Hermosura del Mundo. El no quiere al principio, pero al fin le dice:

—Sí me caso contigo si me enseñas a la Hermosura del Mundo bien.

—Sí, sí se la enseño. Pues déme su mano.

En la nochi, estando el príncipe muy triste atrincao a la mesa, le dijo que no estuviera triste, que se hallaba al lao de la Hermosura del Mundo. Y le dijo que reflejara en ella y vino y se tiró una parte del cuero que tenía y le enseñó la cara, pero le pidió que no juera a descubrirla hasta el día que no se casaran. Antonces él pegó un grito de gusto, y de contento que estaba no jallaba qué hacer.

Otro día llamó el príncipe al rey y le dijo que él quería casarse con la Matruchita. El rey le dijo que estaba bien. La reina estaba muy celosa de la Matruchita. Ya ni quería ella hablar ni con el príncipe.

Tenía el rey un sobrino y jué el rey a convidarlo pa padrino del príncipe que se iba a casar con la burrita. Entonces dijo la mujer del sobrino:

—Pues yo no soy madrina de los burros.

Pues de ai se fué el rey a avisarle a otro sobrino que tenía y a convidarlo. Este y su mujer sí acetaron, pues a la mujer le parecía que la Matruchita era una príncipa.

Pues cuando vinieron de allá del casorio, que ya jueron a pasar asina pa la mesa, dijo el príncipe que lo dispensaran por unos momentos, que él quería representar en la mesa con su esposa con quien se había casao. Y ella se embocó para un cuarto. Cuando le tocó la puerta de adentro, salió ella a la puerta y la agarró él de brazo y de una vez la pasó paronde estaba el rey y se la jué a introducir. El rey y los padrinos se quedaron asortos de ver una príncipa tan linda, tan hermosa. Pronto salió la madrina a llamar a la reina que viniera a ver a la príncipa. La reina no quería venir al principio pero al fin vino y lo primero que vido jué la príncipa, y ya no hallaba cómo hacer la reina de ver una príncipa tan linda. De una vez mandó que se hicieran grandes fiestas.

119. Fafiyana[83]

Pues éste era un hortelano que yendo a ver su jardín, encontró en una de sus canovas de agua tirada una niñita, y él vino y la recogió y se la llevó a su esposa. La señora la crió y tuvo el mejor cuidao que pudieron. Eran pobres pero la criaron muy bien a ella. Cuando ya la niña, que se llamaba Fafiyana, tenía la edá de quince años, había dos princesas cercano a la casita del hortelano y esta niña era muy hermosa, por donde le tuvieron mucha envidia los dos princesas.

Y un día en la mañana salió la niña para ajuera y algún príncipe vió a la niña y se enamoró mucho de ella de una vez y jué el príncipe y le contó al rey y le dijo que en cierto lugar había visto una niña muy hermosa y que él quería que jueran la reina y el rey a ver si permetían el permiso para platicar con ella, para casarse con ella.

Por donde supieron las dos princesas envidiosas que el príncipe iba a casarse con Fafiyana. Y vinieron ellas y le pagaron a una vieja bruja porque le hiciera un perjuicio a Fafiyana. Les dió la vieja bruja un polvo y lo desparramaron donde iba Fafiyana por agua en un ojo, y jué Fafiyana por agua y recibió el polvo cuando jué a agarrar agua. Por donde de allá vino con una lepra muy fiera. Cuando Fafiyana llegó a la casa de sus padres, ya llegó desparecida. Antonces le contó a su madre que al agarrar la agua sintió que le pegó un polvo.

—¡Pues mira! Este es un mal que te hicieron —le dice su madre.

La niña y su mamá eran muy devotas de María Santísima. Antonces la mamá de Fafiyana tomó su libro de oraciones de María Santísima y entró a un cuarto y le estuvo haciendo unas oraciones de que le decretara en su mente a ver por qué había recibido aquella enfermedá tan fiera. Antonces le respondió un ángel a la mamá de Fafiyana que aquella enfermedá era postiza pero que no tuviera cuidao.

Antonces, viendo el hortelano de que estaba tan enferma Fafiyana, vino y fué a la plaza y allá le dijo el padre del príncipe que iba a tener una diversión de toros por tres días. Antonces le dice el hortelano que está bien.

Cuando volvió a su casa, dijo el hortelano que iba a despachar a Fafiyana a la diversión de toros. Su esposa no quería que fuera, pero decidieron preguntarle a Fafiyana si quería ir. Antonces Fafiyana, como era tan buena niña, le habló el ángel y le dice que esté lista para la diversión. Antonces Fafiyana le dice a su papá que la lleve hasta cierta distancia de la casa y la deje ai. Así lo hace el padre. Cuando ya el hortelano se vino para la casa y dejó a Fafiyana, llegó el ángel y le dió un traje color de cielo. Y al tiempo que puso el traje encima de ella, se le desapareció la lepra y quedó linda, lo mismo que era.

Antonces el ángel, cuando ya se puso ella el traje, que quedó lista, en un momento la puso allá en el palacio. Ya la gente estaba allá reunidos cuando entró Fafiyana en un bogue muy lindo. Cuando la vió entrar el príncipe, se apió de una vez y se jué a recibir a Fafiyana. El príncipe estaba muy enamorado de ella. Antonces se estuvo Fafiyana con el príncipe hasta que se acabó la diversión de toros y luego ya cuando se acabó, le dice al príncipe que no más hasta cierto lugar la lleve.

No más llegó Fafiyana al lugar onde la dejó su papá y pronto aquí le vino la lepra otra vez. Otro día a las mismas horas volvió Fafiyana otra vez a llevala su papá.

La visita a los toros se repitió dos veces más. El último día la llevó el hortelano al mesmo lugar onde la llevó la primera vez. Esta vez le da el ángel un traje color de sol que daba tanta luz que casi no podía ni ver. Cuando llegó a los toros, de una vez jué el rey y la subió para arriba y ai le dice el príncipe que le diga que si de cuál de las potencias del mundo es. Y ella le dice que no, que su padre es un hortelano que vive allí cerca. Antonces le pregunta él si se quiere casar con él. Fafiyana le dice que sí. Antonces le da el príncipe una sortija con su nombre, la fecha del año que nació. Pues cuando ya la llevó el príncipe la llevó hasta el mismo lugar y ai le dice que de ai se vuelva y que ella se casa con él.

Cuando ya llegó al lugar donde la llevaba su papá, ya estaba con la lepra. Cuando llega a su casa, Fafiyana le cuenta a su mamá del buen recibimiento del príncipe.

Otro día jué el hortelano a la suidá y averiguó que el príncipe
estaba muy enfermo. No podía saber el rey de qué venía la enfermedá. Los dotores no pueden saber la enfermedá. Antonces el hortelano
cuenta en su casa que el príncipe está muy mal. Antonces en la noche un ángel le dice a Fafiyana:

—Pedirás tú la venia de tu padre para que vayas tú a curar al
rey.

Antonces le pidió la venia y su padre la llevó a ella hasta onde
la llevó por la primera vez. Ai la dejó. Antonces llegó el ángel y le
dice a Fafiyana:

—Tú vas a curar al príncipe que se está muriendo.

—Angel, inviado por el poder de Dios —le dice Fafiyana—, yo
espero que me dejes con esta lepra y estas llagas hasta acercarme
cerca del palacio.

Cuando ya se acercó muy cerquita del palacio, andaban unos sirvientes del rey quizás en un portal y oyeron que se quejaba. Pronto
bajaron los sirvientes y jueron onde estaba Fafiyana y allí la jallaron caida. Cuando ya se acercaron a onde estaba Fafiyana, le dicen
que si quién es. Y ella les dice que es una pobre niña allagada y llena de lepra pero que si le daba el permiso el rey y la reina de entrar
al palacio, era muy posible que sanara al príncipe, su hijo.

Por donde jueron los sirvientes del rey y le dijieron que en cierto lugar del palacio estaba una niña pero era puras llagas y no se podía aguantar pero que ella dicía que si le daban permiso para entrar
al palacio, que era muy posible que ella sanara a su hijo. En el palacio estaban varios sirvientes de guardias de allí del palacio y estaban las dos princesas envidiosas a la atendencia del príncipe que
se estaba muriendo. Pero al fin, ya dió el permiso el rey y la reina,
viendo a su hijo que estaba muriéndose, de que metieran a aquella
niña. Antonces los sirvientes del rey que estaban ajuera del palacio
y las princesas que estaban adentro, dijieron que era bueno que trujieran unas medecinas y agunas que dieran atrascendor bonito porque
era una cosa terrible aquella pobre muchacha, y desparramaran en los
cuartos aquí onde iban con la leprosita. Antonces ya jueron por ella
y la echaron en una carreta de manos, porque estaba tan leprosa.
Cuando ya entró la muchachita, antonces les dice Fafiyana al rey y
a la reina que ella espera que la dejen sola con el príncipe y le meten un vaso de agua no más. Cuando ya la metieron al cuarto onde
estaba el príncipe, que se quedó sola con el príncipe, le dice:

—Angel mío, yo espero que me traigas el traje color de cielo.

Y al momento le trujo y se lo puso a Fafiyana y quedó más hermosa que cualisquera de las princesas. Cuando ya se vido vestida, vino y sacó la sortija y la echó en el vaso con agua y se acercó a la cama del príncipe y le dice que beba un trago de agua y bebiendo el príncipe la agua, encontró en la boca la sortija que el príncipe le había dado a Fafiyana, y al momento que encontró él en su boca la sortija, vino y la escupió y la vido en su mano de una vez y vido aquel cuarto que daba luz y aquella princesa tan linda que no sólo. Y de una vez quedó tan bueno y sano, lo mismo que antes. Por donde pegó un grito el príncipe y dice:

—Papá, mamá, la leprosa Fafiyana.

Por donde oyó el rey y la reina y las princesas y ellos creyeron que la leprosa estaba matando al príncipe. Y entraron el rey y la reina. No más abrieron aquel cuarto y vieron aquella cosa tan hermosa, y ai les dice que aquélla es su esposa, y se casaron el príncipe y Fafiyana y tuvieron mucho gusto.

120. Manuelito[54]

Había un hombre en una ciudá que trabajaba de sargento de las compañías de los soldaos. Su esposa se había muerto y había dejao una niña, la cual la encerraron desde su nacimiento en un cuarto en donde no más la niñera la cuidaba. Aquella niña creció y naiden tuvo chanza de verla ni de conocerla ni de saber que había tal niña en aquella casa. La señora que la cuidaba no más platicaba con ella. Su padre la veía en las noches y la veía en la mañana. El resto del día se la pasaba sola. La niñera le contaba todo lo que pasaba afuera pero ella nunca salía. Cuando hubo tenido dieciséis años, ella no sabía lo que era mundo más de por los libros y papeles que leía.

Un día se fué su padre, como de costumbre. Como ya ella estaba grande, le recomendó mucho a la niñera de tener mucho cuidado con su hija, no irla a sacar ni a los cuartos que tenían ventanas, mucho menos afuera, ni permitir que entrara naiden a su cuarto. Aquélla lo hacía así. Pero esta noche quebrantó la orden. Le contó a la niña que había muchas casas nuevas que tenían ventanas, floreras y portales y cosas muy bonitas, lo cual ella no conocía. Le llamó la curiosidá de querer saber qué eran y le pidió que la sacara y le enseñara. Tanto le rogó hasta que la llevó al cuarto de ella en el que tenía una ventana que miraba al lado y otra al otro. Y le enseñó las casas que se veían más cerca. La siguiente noche hizo a la niñera sacarla, le rogó hasta que la llevó al jardín, cortando una flor. Y la llevó a su cuarto.

Otro día cuando vino su padre, preguntó por la flor, quién la había sacado y ella le dijo que la niñera se la había traído. Salió su padre y le preguntó a la niñera cómo había hecho para traer aquella flor. Y le dijo que a la niña le había gustado esa flor.

—¿La niña? ¿Cómo es que la niña se interesara a una flor del jardín? Volviéndose inclinado de coraje al cuarto de su hija, le dijo:

—¿Quién te enseñó esto, mundana? Toma tu mantilla y sígueme. Llevándola hasta donde había cuatro caminos, diciéndole:

—Este por donde hemos venido no lo tomes jamás. De estos otros tres, toma el que te parezca, y mundana eres y mundana serás.

Se vino él para atrás pa su casa y la pobre muchacha se fué caminando, que ella no estaba impuesta que le diera el sol. El sol era muy caliente. Ya bastante tarde vió un humito y se dirigió a él. Llegó a la casa de una bruja. Cuando la vió, que la vió tan linda, tomó un tepalcate, echó un braserito y sacó sahumerio, empezó a inciensarla y creyó que era María Santísima.

—¡Onde más dichosa —decía la bruja— que yo, que viniera la reina del cielo, mi señora, a visitarme!

Pues la tomó y la subió arriba de una tarima y la pobre muchachita no hacía resistencia alguna, ni hablaba ni preguntaba nada. Tomó ella sus trastes y se puso a cenar y a la pobre forastera no la invitó. Luego que acabó de cenar, agarró la viejecilla el rosario y se arrodilló delante de su nana y se puso a rezar, y aquella pobrecita ya se moría de hambre. Luego que vió que fué ella a poner la cama para acostasrse, le dijo que le diera alguna cosa de lo que había sobrado La vieja se sorprendió de que le hablara la muchacha, y ya le preguntó cómo se llamaba. Ya le dijo que mundana, pero que no sabía por qué la había llamado su padre así.

—Ya sé lo que significa. Pensaba yo que eras mi nana virgen pero ya veo que eres mi nietecita. Ven, ven a comer. Y vivirás conmigo todos los días de mi vida y yo traíré todo lo necesario y tú vivirás aquí conmigo. Mañana por la mañana voy pa la casa del rey en donde hago algún servicio y de ai traíré comida. Y tú guardarás la casa, pero nunca almitirás a naiden aquí.

Un día le dijo ella que ella quería ir a buscar trabajo. La vieja no quería que fuera porque era muy celosa. Pero ella dijo que sí iba. Cuando fué, pidió trabajo en la casa del rey, llevando ella un vestido de hombre de pies a cabeza. Lo pusieron a cortar leña, a meter agua y otros trabajitos livianos porque lo veían que estaba muy débil. Preguntándole el rey cómo se llamaba, le dijo que Manuelito. Poco después empezó el príncipe a ocuparlo para que lo sacara a pasiar en la carroza y en fin, empezó a agarrarle mucho amor y mucha amistá y ya no quería el príncipe salir con otro criado más que con Manuelito.

Luego que vieron aquello las cocineras, ya le empezaron a agarrar mucha envidia. Por lo cual tramaron ellas levantarle una quimera, yendo una de ellas a decile al rey que ese criado les había dicho que él se atrevía a decir en dónde estaba la sortija de la reina, que se había desaparecido del palacio, habiéndola tomado una de las criadas para hacer el crimen de que Manuelito la había robado. Fué el rey y mandó llamar a Manuelito, preguntándole si era verdá que él había dicho en dónde estaba la sortija. Ya dijo él que no sabía lo que sería sortija pero el rey le dijo:

—Si lo dijiste, lo haces, y si no, pena de la vida.

Se salió él y se fué a llorar en donde estaba la vieja bruja, platicándole lo que le había pasado.

—¡Ay, nietecito, no ves en las bromas que te vas metiendo! Bien no quería yo que te fueras a comprometer. Pero mira. Yo iré esta noche a escuchar a ver qué platican las cocineras.

Se fué. Les preguntó si habían hallado la sortija de la reina, su señora. Y le dijeron ellas que no. Luego dijo una de las criadas:

—Pues yo le diré. Yo la tengo escondida, pero temo que me la hallen a mí habiendo hecho nosotros este plan, y ahora no hallo cómo hacer con ella.

—Yo te diré cómo hagas —respondió la otra— Mañana en la mañana cuando les den de comer a los gansos, se la echas.

Otro día fué muy de mañana la vieja al corral de las gallinas en donde ispió a ver lo que iban a hacer. Vino ella, la criada, llamó los gansos, les echó la comida y luego les echó la sortija. Y la vieja bruja cuidó muy bien cuál era el ganso que se comió la sortija y se volvió para atrás, diciéndole a Manuelito:

—¡Mira, nietecito! Anda y lleva este plato.

Vino ella y lo compuso con tenteallá. Luego dijo:

—No lo vayas a destapar. Dile al rey que traiga sus criadas y que te adivinen qué trais en él. Cuando no hayan adivinado, ya sea porque no pueden adivinar o ya sea por el respeto del rey, diles tú que tú adivinarás quién tomó la sortija y en dónde está. Cuando el rey te diga que está bien, vas y recoges los gansos y el ganso de tal color y tal señal, mandas que te lo pesquen y en presencia del rey lo matas. En el buche hallarás la sortija.

Otro día cuando él volvió al palacio, hizo como le mandó la anciana. Ni una de las cocineras pudo adivinar lo que traiba en el plato. Cuando no pudieron adivinar, les dijo:

—Ahora yo voy a adivinar quién tomó la sortjia y en donde está.

Pidieron audiencia las criadas y se llevaron a Manuelito para pedirle por cuanto había que no fuera a descubrirlas si en caso que supiera algo. Y él, que era tan bueno, se lo prometió, no diciendo que la criada había agarrado la sortija. Tomó el ganso, le sacó del buche la sortija. Entonces dijeron que era muy adivino Manuelito.

Otro día cuando él volvió le habían dicho al rey que Manuelito había dicho que él iba a trai la sierpe y a hacela hablar. Lo llamó el rey diciéndole que si era posible que él había dicho aquello, y que tenía que cumplirlo y si no, pena de la vida. Entonces le dijo que él no conocía la serpiente, ni lo había dicho. Pues de todos modos, otro día tenía que cumplirlo y si no, pena de la vida.

Se salió Manuelito y se fué poca distancia del palacio en donde estaba un nogal en donde se sentó a llorar amargamente. Llegaron unas tres palomitas. Le preguntaron por qué lloraba. Ya les contó lo que le pasaba. Entonces le dijieron:

—No se te dé cuidao, hermanita. Anda al palacio, pídele al rey una pieza de raso verde y una de raso color de rosa y una redomita y trais una navajita. Cuando volvió de allá, las palomitas la estaban ésperando.

—Ahora nos cortas las cabecitas a las tres y echas la sangrecita en las garritas. Pones las cabecitas juntitas a los cuerpitos y nosotros resucitaremos. Luego que lleves esta sangre en esta redomita, te vas a donde está la serpiente. Cuando ya veas que está con los ojos cerrados, es que está dispierta. No te dé miedo. Si está con los ojos abiertos, está dormida. Te ha de ir llamando con su resuello. No te dé miedo. Cuando estés ya cerca de ella, le tiras con esta redomita, y en la cabeza del medio, son siete cabezas. Entonces ella se rendirá. Te arrimas. La lengua del medio no se la saques, porque ella sacará las tres de un lao y las tres del otro. Con esta navajita se las cortas. Cuando haigas cortado las lenguas, la cobijas con el raso que llevas y la agarras y te vienes con ella. Ella no va a resistir en caminar para onde tú la lleves. Cuando ya salgan de allá, ella va a dar unos bramidos muy terribles. No te espantes.

Así fué. Cuando llegaron al puente pegó un bramido que hizo temblar la tierra. El mismo Manuelito se levantó de terror, diciéndole luego:

—Hermanita sátira, ¿me hablarás?

Y aquel animal atufado. A las tres veces le preguntó:

—Sí te hablaré. ¿Qué quieres?

—¿Qué contenía el bramido que diste al salir del zarzal?

—¡Anda, tonta! No era bramido; era risa que me dió de ver que el rey con asecuaces y sus tropas no me ha podido vencer y una niña de tan tierna edá me trai de diestro y me anda haciendo hablar.

En el medio del camino dió otro bramido, dando la orden el rey que se juntara toda la gente de la ciudá para ver matar a Manuelito o verlo casar con una de las criadas o verlas quemar a ellas. Entonces le volvió a preguntar Manuelito a la sierpe:

—Hermanita sátira, ¿me hablarás?

A la tercera vez que le preguntó Manuelito, le respondió. Entonces le preguntó que si qué contenía el bramido que había pegado.

—Te digo que no seas corta. No es bramido; es risa de ver al rey preparando tanta gente para verte horcao o casao con una de sus criadas.

Al llegar al corral del palacio pegó otro bramido más fuerte que hizo quebrarse hasta las ventanas. Luego vino y entró al corral con ella preguntándole en presencia del rey:

—Hermanita sátira, ¿me hablarás? ¿Qué contenía este bramido?

—No era bramido; era risa que me da con el rey de verlo con sus tropas no ha podido vencerme y una niña de tan tierna edá me trajo y me está haciendo hablar.

—¡Hola! ¡Hola! —dijo el rey—. ¡Es posible que sea mujer!

A lo que repitió la sierpe que sí, que era niña, y que merecía que le diera un premio por su gallardía.

—Pues el premio —dijo el rey— que le voy a dar es que ahora mismo la voy a casar con el príncipe.

De una vez ordenó los preparativos del casamiento y aquellas criadas hizo prenderlas de dos caballos broncos y descuartizarlas y luego tomar los cuartos y ponerlos en una foguera de leña verde y quemarlas y tirar sus cenizas a los vientos en donde no cundiera la mala seta. Y a Manuelito, descubriendo que era una niña, la casó con el príncipe, y siguieron viviendo felices toda su vida.

121. *Los chapincitos de oro*[65]

Esta era una mujer y tuvo una niña tan hermosa que no sólo. Aquella niña jué creciendo muy linda y toda la gente decía que era muy linda que no había otra más linda y la madre se vía en el espejo de Curucucú y vía la sombra de su hija y decía:

—Espejo de Curucucú, no hay otra más linda que yo.

Se volvía a ver en el espejo y volvía a ver a su hija y ella creía que era ella y volvía a decir la misma cosa.

Jue tanta su envidia con su hija que mandó que le sacaran los ojos y la tiraran a las montañas y negó que no tuvo familia nunca, y esta niña cuando la tiraron se arrimó a una ciervecita y ella andaba con ella parondequiera. Esta ciervecita era María Santísima que se puso en forma de ciervecita y le dice que la siga, que no llore. Y la siguió y la embocó en un palo güeco a la muchachita cerca de onde estaba una casa de ladrones que salían a matar gente. Eran seis ladrones.

A los tres días de haber estao esa niña encerrada en aquel palo, por un ñudo que se le cayó al palo contó los ladrones qu' iban a salir de la casa y oyó el nombre de la puerta y se fué pa la casa diciendo el nombre de la puerta, que era Poleo, y se abrió. Entró, estuvo barriendo, hizo de almorzar, y estuvo fregando. Hizo de comer pa medio día y comió. En la tarde hizo de cenar, estuvo cenando y les dejó a sus hermanitos la cena hecha. Y llegaron los ladrones en la tarde y ya ella estaba en su palo güeco embocada. Dijieron ellos que si quién entraría allí que estaba puesto y había hecho de cenar. Empezaron aquellos a buscar que no les hicieran perjuicios de lo que ellos robaban. Todo jallaron bien.

Otro día en la mañaan le dijo el caporal a los compañeros que se quedara uno de ellos a ver quién entraba. Aquél se quedó pero fué y agarró juisque y se emboló. Entró la niña otra vez y lo jalló durmiendo. Estuvo haciendo de almorzar y aquél, embolao. Aquél no la sintió. En la tarde hizo la cena, cenó ella y la dejó a sus hermanitos y salió y se recordó el que estaba embolao cuando llegaron sus compañeros y le preguntan quién había llegado. El dice que naide.

Otro día dejó el caporal a otro pastor y s' hizo el dormido cuando entró la muchichita. Estuvo barriendo, estuvo fregando. A medio día hizo de comer y comió ella. Cuando recordó el muchacho que estaba cuidando dijo que se casara con él, pero ella le dijo que no. En la tarde llegaron los cinco que andaban robando y estaban ellos muy contentos con la muchichita. Después de cenar, se sentaron en la mesa a platicar acuál quería casarse con ella. Pero ella no quijo. Les dijo que trujieran un plato. Y se picó la vena de un brazo y la echó en un platito. Los seis muchachos se sacaron sangre del brazo también y la juntaron con la de la niña y logo la menió la muchichita con una cucharita toda y dijo ella que comieran todos de aquella sangre, y se la comieron. Y les dice ella que son hermanos carnales. Y adoraban en aquella niña. La vistieron tan hermosa que no era más de alhajas de oro. Y l' hicieron unos chapines de oro. Aquéllos iban a robar y ella se quedaba en la casa cuidando. Siempre le encargaban que no juera a abrirle a naiden. Y un día cayó a uidos de la nana de la muchichita que estaba viva la muchichita y invió llamar a una vieja bruja y le dijo que llevara unos chapines de oro y se los pusiera pa que se muriera. Se fué la vieja. La muchichita estaba con la puerta cerrada. La vieja le rogó que abriera. La niña no quería, pero tanto la molestó, que le abrió la puerta.

—¡Va, tarre linda que estás! Pero aquí traigo presente.
—Yo no lo quiero. ¡Mire! Yo también tengo.

Tenía parecidos a los que ella traiba, pero se amachó la vieja y se los puso y tiró los de la muchichita pa onde no los vieran sus hermanos. No más la dejó entorpecida en la cama y se jué la vieja y jué y le avisó a su nana que ya la habían dejao entorpecida, que ya se había muerto. La vieja creyó que se había muerto.

En la tarde cuando vinieron sus hermanitos, la jallaron muerta. Ellos hicieron muchos extremos por su hermanita. Ya le dijo el mayor de los hermanos que le pedirían al platero que les hiciera un nicho de oro pa echar a su hermanita. Pues l' hicieron el nicho porque no querían enterrala. Querían tenela en la casa como una imagen pero en fin consiguió el mayor llevala al mar, y la echaron en el mar, y se vinieron ellos a sentir a su hermanita, y ya no volvieron a salir a robar. Se mantenían en el sol pensando en la muerte de su hermanita que los había dejao solos.

Y ai en la suidá estaba un viejito qu' iba a cazar truchas al mar todos los días y se las presentaba al príncipe y al rey. Un día que fué, le dijo que había sacao un nicho de oro. Ya le dijo él que se lo presentara al hijo del rey. Ya jue y se lo presentó y mandó que lo pusiera en un rincón de su cuarto.

Era día sábado y mandó el príncipe que limpiaran aquel nicho a sus cocineros. Lo estuvieron limpiando. El domingo se jué a misa el príncipe y entraron las sirvientas limpiándolo y mirándolo y en esto que lo estaban limpiando, jallaron la llavita y lo abrieron y jueron jallando aquella muchacha como una virgen y vino y le quitó una chinela la muchacha y abrió un ojo y dijo la cocinera:

—¡Miren, bárbaros! Esta virgen abre los ojos.

Cuando el príncipe vino de misa le dijo la cocinera que tenía una virgen en su nicho. Jueron y abrieron la puerta y la jallaron y abre los ojos. El muchacho luego que la vido dijo que era la muchichita, porque él la conocía. El estaba interesao a ella. Y dijo que le quitaran los chapines. No más se los quitó y abrió los ojos y habló. Y le dice el príncipe a su padre:

—¡Vítores, vítores, padre, que ésta es la niña que yo quería casarme con ella, la más linda en el lugar!

La sacaron del nicho y la estuvieron lavando: si no. estaba más de entorpecida. Estaba viva. Logo que la sacaron al cuarto, le dijo el príncipe que quería casarse con ella, pero ella le dice que tiene que pedile permiso a sus hermanitos primero, y le dice que se los enseñara.

Jué el príncipe con ella al lugar onde estaban sus hermanitos. Cuando alzó la cabeza el menor, les dijo:

—¡Miren, hermanos, lo que viene allá, el lucero de la casa de nosotros, mi hermanita!

Y toditititos la abrazaron a ella, uno por uno. Ya les contaron a los hermanitos que un pescador la había sacado de la mar. Ai es onde supieron ellos que la vieja había ido a regalale los chapines. Pues que de ai levantó el príncipe a sus cuñaos y a su mujer y se jueron pal palacio, y le contaron al rey que aquellos eran de la princesa y luego jueron a ver a la nana y le pregunta el rey por su hija. Y ella dice que nunca ha tenido familia.

—Pues que pa que vea que ha tenido familia, aquí la tengo yo.

Mandó que trujieran leña verde y ocote y quemó a la nana de la muchichita y a la bruja, y la muchichita se casó con el príncipe.

122. *La hija de la taura*[33]

En cierta suidá había una mujer taura y tenía una hija muy hermosa. Cuando la niña tenía como quince años, un día les preguntó a los piones que si quién era más linda, ella o la niña. Y ellos respondieron que la niña. Antonces la taura le tuvo mucho envidia a su hija y pagó a unos hombres porque la llevaran a las montañas y la tiraran onde ella no la volviera a ver jamás.

Así lo hicieron, y la niña empezó a andar sin saber qué rumbo llevaba hasta qu' incontró una casita y se metió dentro de ella. Esta casita era habitada por doce ladrones. Después de que ella estuvo adentro, hizo la comida y los ladrones estaban fuera de la casa. Cuando ellos volvieron, la hallaron a ella y antonces propusieron de casarse con ella. Todos querían casarse con ella, pero el capitán dijo que no, que él debía de casarse con ella. Antonces ellos no convinieron, y antonces hicieron arreglos de cortarse un dedo cada uno de ellos y ella también y echar sangre en una taza y beberse la sangre entre todos, y s' hicieron hermanitos. El capitán dió una orden de que no la tocara ni uno de ellos y el que no cumpliera la orden, tenía un castigo. Luego determinaron de que se quedara uno todos los días a cuidar de ella y así lo pasaron por largo tiempo. Cuando ella quería salir a pasiarse, se juntaban todos a caballo y la ponían a ella en medio y iban en dos filas.

Un día que había una diversión, dijo ella que quería ir a la suidá, y salieron con ella. Cuando llegaron a la suidá, que entraron al salón a comer, supo ella que allí había juego de barajas y les mandó ella a sus hermanitos que la metieran pa adentro. Cuando ella entró a la casa, les dice que la arrimen a la mesa, y halló que la madre de ella era la que estaba echando monte. La hermanita se puso a jugar y a la tercer carta que salió, salió la carta de la hermanita y ganó el dinero. Hasta antonces no la vino a reconocer a su hija, porque hasta antonces no había levantado la cabeza. De allí se levantó la taura a traer más dinero y siguió echando monte y hizo la mesma la muchacha y siguió ganando. Cuando ganó la segunda vez, que siguió la taura echando monte, ya la muchacha no quiso seguir. De allí dice la muchacha que la levanten sus hermanitos, y la levantan todos. Cuando ella salió, la taura se puso muy furiosa y ya no quiso jugar. Entonces le pidió a una vieja bruja que le pusiera unos chapincitos de oro a la niña para que perdiera el conocimiento. Así lo hizo la bruja, y sus hermanitos, creyéndola muerta, la echaron en una urna de cristal y la echaron adentro del mar.

Un pescador de truchas halló la urna y la sacó y la llevó a la iglesia, creyendo que era una santa que se había aparecido. La metieron en la iglesia y le llamaron Nuestra Señora de la Urna.

Había una muchacha muy pobre en la misma suidá que los padres creían que le había agarrado mucha devoción a la santa porque

todos los días iba a darle una visita. Y cada noche que había un baile, le pedía uno de sus túnicos. Empezó a ir la pobrecita muy bien
vestida a los bailes y naiden sabía por qué estaba llevando túnicos diferentes cada vez qu' iba, porque sus hermanitos de la hija de la taura le pusieron a ella todos sus túnicos.

Una noche quiso ir la muchacha pobre más galana que nunca
y le pidió los chapincitos de oro. Cuando le fué a quitar el primero,
se estremeció Nuestra Señora de la Urna y le dijo la muchacha pobre:

—¿Por qué, virgencita, no quieres prestarme tus chapincitos? Todo me has prestado con gusto. ¿Por qué los chapincitos no me los
quieres prestar?

Le volvió a jalar el chapincitos otra vez, y se volvió ella a estremecer más. Pero era tanto su deseo de usar los chapincitos esa noche que lo jaló hasta que se lo quitó. No más lo quitó y la virgencita
se quitó el otro ys' hincó ella de rodillas a dar gracias a Dios y la
muchacha pobre salió huyendo a avisarles a los curas que Nuestra
Señora de la Urna estaba viva. Pero Nuestra Señora de la Urna cubrió su historia y nunca le dijo a naiden lo que le había sucedido.

El cura la metió antonces en un cuarto y ai le dijo que iba a
confesar a doce ladrones que habían agarrado y qu' iban a horcar
otro día. Antonces el padre se enamoró de ella pa casarse con ella
y le habló de que quería casarse con ella de un modo u otro, como
se pudiera. Y ella le dijo que solamente de un modo consentía casarse con él; que la llevara de padre a confesar a los ladrones; y se vistió de hombre y ella se puso a confesar a los ladrones y la confesión
que les hizo es que ella era su hermanita y iba a hacer lo posible por
salvarlos.

Cuando salieron de la confesión, el rey se enamoró del padrecito y antonces ella le dice que cómo podía casarse con él cuando él era
hombre. Se estuvieron averiguando mucho tiempo sobre la cuestión
de que el rey decía que era mujer y ella que era hombre. Y para desengañarse el rey hizo una propuesta de que se miaran en una botella a ver quién se miaba más derecho y al fin se mió ella más derecho que el rey pero de ningún modo quedó el rey satisfecho que era
hombre. Hasta que se descubrió ella misma. Le dijo ella que de un
modo se casaba con él, que diera libres a los doce ladrones y antonces él dijo que era imposible, que eso no podía hacer él. Antonces le
dice ella que tampoco ella podía casarse con él de ninguna manera,

que eran sus hermanos y que si no los daba libres, ella no quería casarse con él.

Pero quizás la quería mucho, que tuvo que convenir con ella, y otro día cuando se llegó el día de horcarlos, repicaron las campanas pa que la gente viniera a ver horcar los doce ladrones y en lugar de verlos horcar vinieron a oír que estaban libres. Y el padre que estaba con el mismo interés, estaba todavía esperando a la hija de la taura para llevársela; y llamaron al padre pa que los casara y antonces el rey s' hizo cargo de todos esos ladrones y les dió los puestos más altos que tenía en el palacio. Y vivieron muchos años y vivieron felices.

123.   El árbol que canta[27]

En una suidá había un rey soltero, y en la misma suidá había tres muchachas, hermanas. Una tarde salió el rey a pasiarse en la suidá. Oyó rirse y hablar en una casa y se paró en la ventana a escuchar a ver qué pasaba y ya vido que las muchachas estaban platicndo. Dijia la hermana mayor:

—Yo quisiera casarme con el copero del rey pa beber mucho vino.

—Yo quisiera casarme con el panadero del rey para comer mucho pan —dijo la del medio.

—Yo quisiera casarme con el rey para tener todo lo que desiara —dijo la menor.

Y el rey estaba escuchando y puso una marca en la casa. Otro día le mandó a uno de sus criados que juera a llamar a las tres muchachas al palacio. Cuando las muchachas llegaron, llamó a la mayor y le dijo:

—¿Qué estabas diciendo ayer que te querías casar con el copero pa beber mucho vino?

Y la muchacha le dijo que no estaba dijiendo nada, y el rey le dijo que sí estaba dijiendo. Antonces la muchacha le dijo que jugando con sus hermanas había dicho. Antonces el rey le dijo que se tendría que casar. Y llamó a la del medio y también le dijo que si qué estaba dijiendo y la muchacha le dijo que jugando con sus hermanas había dicho que se quería casar con el panadero del rey pa comer mucho pan. Y el rey le dijo que se casaría. Antonces llamó a la menor y le dijo que si que estaba dijiendo ella también que se quería casar con el rey pa tener todo lo que necesitaba; y le dijo la mu-

chacha que jugando con sus hermanas había dicho, y el rey le dijo
que se casaría. Y se casaron los tres.

En poco tiempo el rey se jué a una pelea algo lejos del palacio
y se estuvo un tiempo allá onde andaba. En esto su esposa tuvo un
niño y sus hermanas le tuvieron envidia y echaron al niño por la canova de los cochinos y le metieron un perro. Andando el jardinero
regando el jardín, vido ir pasando un niño llorando en la canova de
los cochinos y lo agarró y se lo llevó pa su casa y lo bautizó y le puso Juan. Y las hermanas le mandaron a dicir al rey que su mujer había tenido un perrito, y el rey les contestó que si era perrito, que lo
guardaran hasta que él viniera. Cuando el rey golvió, estaba muy
contento, y se estuvo otro tiempo, y se jué para otra batalla.

En esto tuvo la mujer otro niño y sus hermanas envidiosas lo
pusieron en la canova de los cochinos, y el jardinero lo agarró y lo
llevó pa su casa y lo bautizó y le puso Pedro, y las hermanas envidiosas le escribieron al rey que su mujer había tenido un gatito, y el
rey les contestó que si era gatito, que se lo guardaran hasta que él
golviera. Cuando el rey golvió a la casa, se quedó muy contento.

Se estuvo un tiempo en la casa y golvió a otra batalla, cuando su
mujer tuvo una niña, y sus hermanas la pusieron en la canova de los
cochinos, y el jardinero la sacó y se la llevó pa su casa y la bautizó
y le puso Pervís, y las hermanas envidiosas le escribieron al rey de
que su mujer había tenido un pedazo de carne. Antonces el rey se
nojó mucho y les contestó que l' hicieran en la suidá una casa en una
calle onde pasara toda la gente, casa de vidrio, y allí la pusieran, y
que le dieran orden a toda la gente que pasaran que la escupieran y
se burlaran de ella.

Poco tiempo después, el jardinero y su mujer se murieron, y ya
los muchachos estaban grandes, los tres hermanitos. Tenían muy bonita casa, muy bonito jardín.

Un día iba pasando una viejita y llegó a la casa de Pervís y le
dijo:

—¿Cómo te va, nietecita? ¡Qué bonita casa tienes! ¡Bonito jardín! No más tres cosas te faltan pa tener más hermoso que el rey.

—¿Qué me falta, nagüelita?

—El pájaro que habla, el árbol que canta y la agua de oro.

Y Pervís le pregunta que si ónde las puede hallar. Y la viejita
le dice que están muy lejos de allí. Y la viejita se va y cuando los hermanos de Pervís llegaron, les platicó Pervís lo que la viejita le había
dicho. Antonces dijo Juan que él s' iba otro día a trailas. Otro día

ensilló su caballo y le dió su espada a Pervís y le dijo que si se llenaba de sangre, él tenía mala suerte, que ya no golvería.

Y Juan se puso en camino hasta que s' incontró un viejito. Era un almitaño que tenía mucha barba que no le podía entender lo que le hablaba, y Juan agarró una tijera, y lo peló pa poderle entender, y le preguntó al viejito que si ónde podía hallar esas tres cosas: el pájaro que habla, el árbol que canta y la agua de oro. Y el viejito le dijo que era muy peligroso llegar, que munchos reyes y príncipes habían ido en pues de ellas y no habían güelto. Antonces Juan le dijo que él iba a trailas. Y el viejito le dijo:

—Toma esta bola y échala a rodar todo el camino y onde ella se pare, ai está una cuesta y ai subes hasta que los halles arriba de la cuesta.

Y ai amarró su caballo y se puso a subir a pie y oyó una voz que dicía:

—¡Ai va! ¡Agárrenlo y lo mataremos!

Y oyó tantas voces que hasta goltió la cara pa atrás, y se quedó hecho piedra, y la espada que le había dado a Pervís se llenó de sangre, y Pervís y Pedro supieron que Juan era muerto. Antonces Pedro dijo que él s' iba otro día a ver si las podía trai. Otro día ensilló su caballo y le dijo a Pervís:

—Toma este cuchillo. Si se llena de gotas de sangre, es que ya yo he muerto y no podré volver.

Y se puso en camino hasta que s' incontró con un viejito almitaño, y le preguntó ónde podía hallar estas tres cosas: el pájaro que habla, el árbol que canta, y la agua de oro. Y el viejito le dijo que era muy trabajoso llegar allá, que hacía pocos días que había pasado un joven muy hermoso y no había güelto. Y Pedro le dijo que él iba a trailas, y el viejito le dijo que agarrara esa bola y la tirara a rodar. Onde ella se parara, era el lugar. Y Pedro la echó a rodar hasta que llegó a la orilla de la ladera, y ai se apió y amarró su caballo, y comenzó a subir, y oyó muchas voces que le dijían:

—¡Ai va subiendo! ¡Agárrenlo y mátenlo!

Y Pedro goltió la cara pa atrás y se quedó hecho piedra. Y el cuchillo que le dió a Pervís le salieron gotas de sangre, y Pervís conoció que era muerto.

Otro día Pervís ensilló su caballo y se fué en busca de sus hermanos y el pájaro que habla y el árbol que canta y la agua de oro, hasta que s' incontró con el mismo viejito. Ya le pregunta que si no ha visto pasar dos jóvenes, y el viejito le dice que sí, que hace pocos días, y no han güelto. Antonces Pervís le dijo si ónde podía hallar el pájaro que habla, el árbol que canta y la agua de oro. El viejito le dijo que era mejor que se golviera, que era peligroso lugar, y Pervís le dijo que ella sabía un secreto pa poderlos hallar, y el viejito le dijo que si qué secreto. Y Pervís le dijo que s' iba a acuñar las orejas de lana, y el viejito le dijo:

—Toma esta bola. Echala a rodar, y onde se pare, es el lugar.

Y la bola siguió rodando hasta que llegó a la orilla de la cuesta. Ai se apió Pervís de su caballo y lo amarró y se llenó las orejas de lana, y siguió subiendo, y por ondequiera gritaban, pero Pervís no oía nada, hasta que subió arriba de la cuesta y llegó a onde estaba el pájaro, y lo agarró, y le dijo:

—Hora sí estás cautivo. Ya hora eres mío.

Y le preguntó por el árbol que canta y la agua de oro, y el pájaro le dijo ónde estaban, y cuando Pervís vido estas tres cosas, estaba muy contenta, y le preguntó al pájaro cómo podía llevar el árbol y la agua pa su casa, y el pájaro le dijo que llenara una botella de agua y cortara un bracito del árbol y los llevara para su casa y cuando juera bajando la cuesta, que le echara una gota de agua a todas las piedras que ella viera, y conforme iba echando la agua s' iba levantando la gente que estaba encantada, hasta que se levantaron sus hermanos, y se jueron pa su casa muy contentos, y puso el árbol allí en el patio de la casa, y la agua de oro.

Pocos días después salió Juan y Pedro a cazar, y el rey también andaba cazando ese mismo día, y s' incontraron en la sierra. Y Juan y Pedro cazaron muchos venados y el rey estaba muy espantao de ver que eran tan livianos, y les dijo el rey que los invitaba pa cierto día que jueran para palacio. Y cuando los muchachos jueron a palacio, el rey estaba muy contento con ellos, y luego los muchachos lo invitaron al rey pa su casa de ellos.

Pervís no jallaba qué darle de comer al rey, y le preguntó al pájaro que si qué comidas comía el rey, y el pájaro le dijo que l' hiciera un pastel de perlas, y Pervís le dijo al pájaro que lo hiciera a su gusto. Cuando el rey llegó a la casa de Pervís, estaba muy almirado de ver al árbol que canta y la agua de oro, y el pájaro estaba escondido. Cuando ya pusieron la mesa pa comer, fué el rey a partir el pastel y vido que eran puras perlas, y dijo el rey:

—¿Qué es posible que el rey coma perlas?

—Y ¿puede crer que tu mujer pueda tener perros y gatos y carne? —le dijo el pájaro.

Antonces el rey se espantó, y se puso a ver al pájaro, y el pájaro le dijo:

—Tus cuñadas, esas envidiosas, son las que te han metido mal, y estos tres son tus hijos que tu mujer ha tenido.

Antonces el rey tuvo mucho gusto y se los llevó pal palacio, y mandó trai a la reina y le pidió perdón, y mandó trai a sus cuñadas y las arrastró en colas de caballos hasta que las hicieron pedazos, y ellos siguieron viviendo juntos y todavía estarán.

124. Le hermanas envidiosas[51]

Pues en una vez un hombre tenía tres hijas, dos de ellas estaban muy enamoradas del príncipe y decían que se iban a casar con él. La otra hermana no decía nada. En una vez hizo él fiestas riales en su reinado y iba muchísima gente y fueron las tres allá y ellas también siempre hicieron por buscalo a él pa velo. Pues él las conoció muy bien en esa vez y no le gustaron las dos mayores. Y la otra muchacha, la menor, no más la vió y fué donde ella estaba y de una vez trata él de amores con ella, y le dice ella que sí y que le promete parirle tres infantes, una muchacha con el cabello de oro y un letrero que dice "Jesús, María y José", y los dos muchachos con el cabello de plata y un letrero lo mismo. El príncipe quedó conforme.

Aquellas otras dos hermanas, cuando la vieron que estaba platicando con el príncipe rial, se fueron adelante y le hicieron un chisme a su papá y a su mamá de que andaba allá con éste y con el otro y quién sabe pa allí y pa acá. Ella las anduvo buscando, no las halló y se fué. Cuando llega allá en la casa, su papá y su mamá estaban muy enojados con ella. Que si qué andaba haciendo. Ella les explica a sus padres lo que pasó y que se va a casar con el príncipe.

Aquéllas estaban tan enojadas que no quisieron ni verla.

Pues se casaron, y fueron los padres de la muchacha a la boda, pero las hermanas no quisieron ir.

Pues yendo y viniendo tiempo, tuvo la muchacha un hombrecito y siendo que sus hermanas la estaban cuidando, despacharon una vieja bruja para que la cuidara. En la suidá estaban un hombre y una mujer que no tenían familia, muy ricos, demasiado ricos. Su vida de ellos era estar siempre en la orilla del mar, pescando.

Cuando esta muchacha tuvo su chiquito, vino la vieja bruja y lo echó en un cajoncito y lo llevó al mar y lo echó y le puso un cachorrito a la muchacha. Pero la muchacha reflejó muy bien y sabía qué era lo que había tenido.

Aquel cajoncito, cuando iba caminando, lo vió el hombre y la mujer que estaban en la orilla del mar y lo sacaron y vieron qué era y lo llevaron pa su casa y ellos estaban muy contentos.

Cuando el rey vino de ver a sus negocios, halló que su mujer había tenido chiquito y fué a ver y vió que era un cachorrito el que tenía y se sorprende, pero las hermanas le dicen que eso es lo que tuvo.

Pues yendo y viniendo, el rey andaba viendo de sus negocios cuando ella tuvo su chiquito. La viejecilla hizo lo mismo con el segundo chiquito que con el primero. Pues ya cuando vino el rey, no se sintió muy contento. Los mismos que encontraron al primer niño hallaron al segundo y ellos estaban muy contentos con su familia.

Yendo y viniendo tiempo tuvo la esposa del rey una mujercita y vino la viejecilla y hizo de la misma manera con la niña que con los hombrecitos y los echó en el mar. Los mismos señores que encontraron a los dos primeros niños, hallaron a la muchachita y los siguieron criando.

Pues el rey cuando vino, ya se sintió demasiadamente mal. Mandó que la pusieran entre medio de dos paderes y una sirvienta la estuviera cuidando. Ya él no la quería más.

Pues aquellos niños fueron creciendo. Ellos tenían todo lo que querían. Yendo y viniendo tiempo se murió el hombre y la mujer. Pues ellos quedaron riquísimos. Siempre ellos usaban unas cachuchitas para que no les vieran su cabello. En una vez vinieron sus amigos de los muchachos y los invitaron para ir a cazar. Esta muchacha tenía una casa muy hermosa, muy linda. Cuando llega una viejecilla y le dice que está muy linda y su casa también. Si tuviera la pera música, estaría más linda. Le pregunta la muchacha dónde la puede conseguir. Y le dice:

—Te vas aquí derecho; en un lado del camino está una casita de madera donde vive el viejo de las uñas largas. El te dará razón. Adiós, adiós.

Cuando sus hermanos vinieron, les cuenta lo que le dijo la viejita. Entonces dice el mayor que otro día irá él. Otro día aprevino su caballo y le dice:

—Ya me voy. Toma esta daga. Si me tardo dos días, la sacas de la cubierta. Si está empañada de sangre es que estoy muerto.

Se fué, llega a donde está el viejito de las uñas largas. Le cuenta al viejo a dónde va.

—Tú no la puedes trai. Está muy resgoso pa ti. Vas a entrar a la suidá encantada y tú vas a uir decir que te van a matar y volteas la cara pa atrás y te vas a volver piedra. ¡Pues mira! Voy a darte la dirección. Aquí está esta bola. Esta bola va adelante de tu caballo. Onde esta bola se pare, ai te paras tú. Ves un puertón muy grande; allí estás dos viejecillas, una de un lado y la otra del otro. Si las ves con los ojos abiertos, están dormidas, y si las ves con los ojos cerrados, están recordaads. Entra allí. Cuando tú entres, vas a ver tanto que te vas a espantar. Te dicen: "Miren, aquí viene este ladrón, este matador. Agárrenlo. Mátenlo." Y volteas la cara pa atrás y te vuelves piedra.

Asina lo hizo y pasó como el viejo le dijo y se volvió piedra.

A los dos días que no vino, vido su hermano que la daga estaba llena de sangre. Ya sabía que estaba muerto. En ese tiempo llega la viejecilla y le dice que está muy linda y su casa también pero más linda estuviera si tuvièra la agua dorada. La niña le pregunta dónde la puede hallar y ella le contesta que el viejo de las uñas largas le dará razón. Ya le dice a su hermano de que vino la viejecilla y le dice que le traiga la agua dorada y que vaya por ella. El le dice que muy bien. Otro día se aprevino y le dice:

—Toma este espejo. Si lo sacas empañado, es que yo estoy muerto.

Ya se fué donde estaba el viejo de las uñas largas y le pregunta que dónde puede encontrar la agua dorada y le dice que en la suidá encantada, pero que él sabe bien que no va a salir vivo de allí, y dice:

—Pues aquí está esta bola. Esta bola te llevará. Onde se pare, ai entras.

Y le dice que encontrará unas viejecillas, una a un lado de la puerta y otra al otro lado. Cuando llega el muchacho al lugar, le pasa al muchacho como a su hermano. Se volvió piedra.

A los dos días que se fué el muchacho, fué a ver el espejo la muchachita y lo halló empañado y dice:

—Pues mis dos hermanos son muertos. Voy a ver por qué.

Pues se va ella y llega a donde está el viejo de las uñas largas. Este viejo de las uñas largas era un príncipe de los más hermosos, no más que estaba encantado. Cuando la muchacha llega a donde él está, de una vez se enamoró de ella y le pregunta para dónde camina.

Ella le cuenta que va en busca de sus hermanos. El viejo le dice que están vueltos piedra en la suidá porque no quisieron hacer como é les dijo. Le dice:

—Si tú haces como yo te mando, me desencantarás a mí y a tus hermanos y varios otros príncipes. Mira, esta bola te lleva hasta donde está un puertón. Allí están dos viejecillas, una de un lado y otra del otro. Tú vas a entrar allí. No te vaya a importar de ninguna cosa, porque es mucho lo que hay que ver. Te van a decir: "¡Agárrenlo! ¡Pésquenlo! ¡Mátenlo!". Tú no haces aprecio. Vas derecho. Está una calle de las más hermosas. Allí ves tú un árbol que por cada hoja es una música. De modo que estos dos árboles, de cada uno agarras una hoja y te las echas en la bolsa. Más allá, caminas, está un árbol donde está el pájaro de siete colores. El te habla de una vez. El te va a decir, "¿Qué andas haciendo? ¿Qué es lo que tienes que hacer?" Pero quién sabe si tú lo hagas. Si lo haces asina, seremos felices.

La muchacha, luego que se apió, comenzó a buscarse en las bolsas y jalló unos pedazos de algodón y se embocó en los oidos para no uir. Pues ella se fué. Lo primero que encontró fué muchas piedras negras, y luego comenzó a uir gritar, pero ella se fué tan derecho que no voltió la cara pa ninguna parte ni oyó nada de lo que gritaban. Iba caminando muy derecho cuando la vió el pájaro. Se quitó el algodón y le dice:

—Pa acá mira. Ai está ese árbol. Agarra una hoja. Echatela en la bolsa. Y ai está ese otro. Ahora haces lo que yo te mande y saldremos bien. Aquí está esta botija de agua. La agarras y me agarras y nos vamos. Cuando lléguemos a donde están las piedras, a todas les echas agua.

Pos allí no más le echaba a una piedra, brincaba un príncipe o sus hermanos. Así desencantó a muchos, y así fueron saliendo todos de la suidá, y ella con su jaula. Afuera había también muchas piedras y a todas les echó agua y se volvieron hombres a caballo. De allí se marcharon todos, y ella con su jaula. Cuando llega allá a donde está el viejo de las uñas largas. Ella no más le echó agua que lo vió, pues tanto se enamoró él de ella como ella de él. De allí se marcharon y se fueron para su casa. Los muchachos iban muy contentos.

Pues muy bien, ellos llegan allá. Comienzan a hacer los preparativos, a poner avisos. Le dice el pájaro de siete colores a ellos que van a tener una diversión de muchas cosas que nunca en su vida las habían visto. Pues bien, se comenzaron. Le dice el pájaro a los tres

muchachos que planten esa hoja ai y planten la otra poquito más allá.
Pues de a momento comenzaron unos chorros a correr por cada una
hoja. Y luego el árbol de la música. Por cada una hoja del árbol era una música. Entonces les dice el pájaro que inviten al rey.
Luego hacen pasteles de diamantes y piedras preciosas, como les manda el pájaro.

Bueno, pues que otro día se comenzó, y empezaron a llegar los
reyes y reinas y pusieron la mesa cerca de aquellos árboles. Empezaron a comer. Cuando ya era la hora para poner el pastel, le dice
el pájaro a la muchacha que los ponga en unos platitos y les ponga
primeramente a aquel rey y a aquella reina y de ai siga poniéndoles
a otros. Pues que asina lo hicieron. Cuando ya acabaron de comer
la comida, que iban a comer el pastel, dice el rey, el papá de los muchachos:

—¿Qué clas de pastel es éste? ¿Por qué tiene la pasta de piedras
de diamantes? Este no se puede comer.

—Pues asina, como no se puede comer ese pastel no podía crer
usté que su mujer podía tener tres cachorros. Ella le prometió dale
tres infantes y aquí están. Estos son sus hijos —le dice el pájaro.

Se quitan los muchachos las cachuchas y le enseñan que ésos
son los que la reian le había prometido. De allí se levanta el rey a
donde ellos están y le dice el pájaro que sí es como ella le prometió, que aquéllos son sus hijos. Pues allí fué un puro gusto y la muchacha dió a conocer a sus padres al muchacho con quien ella se iba
a casar.

125. Las tres hermanas[13]

Pues éstas eran tres hermanas y eran muy bonitas, pero la chiquita era la más bonita; por donde vino que se casó con un príncipe. Estas dos hermanas de la bonita le tuvieron mucha envidia porque se había casado con un príncipe.

Cuando hacía un año que se había casado la hermana bonita
con el príncipe, estaba enferma con chiquito. Se ofreció de que el
príncipe se salió para otras provincias y estas hermanas invidiosas,
como le tenían tanta envidia a su hermanita, cuando ya tuvo a su
chiquito, vinieron y se valieron ellas de una vieja bruja y esta bruja vino y puso en lugar del niñito un pedazo de carne hedionda y
al niñito lo tiraron en una canova en el jardín, y el jardinero oyó al
niñito llorar y jué a ver y ai halló al niñito y lo agarró muy contento

y se jué para su casa y su mujer estaba muy contenta de ver que su esposo había hallado a aquella criatura tan hermosa. Ellos estuvieron criando al niño, que era hermoso, pues se parecía mucho al rey.

De modo que cuando volvió el rey, ya estaba más triste su mujer de ver lo que le habían dicho que había tenido. Pero a la vuelta de dos años se volvió a enfermar la princesa y cuando ya estaba para tener su chiquito, se jué el rey otra vez para otras provincias más lejos.

Cuando ya tuvo la princesa chiquito, vinieron las envidiosas y le robaron a la niñita y le pusieron un gato en su lugar. De modo es que cuando la princesa volvió, se puso más triste cuando le dijeron lo que había tenido. Las hermanas vinieron y le pagaron a la bruja porque sacara a la niñita y juera y la tirara en un bosque.

Al día siguiente de haber tirado a la niñita en un bosque, jué el mismo jardinero que agarró al muchachito al bosque a pasiarse y llevó a una perra parida y cuando llegó al bosque y oyó el mormollo de la bebita, se fué a donde se oía el ruido y no más halló a la muchachita y se echó la perrita y se puso a mamar la niñita. Mamando estaba la niñita cuando llegó el jardinero. Antonces, viendo el jardinero a aquella niña tan hermosa mamando de la perra, dejó a la perra y a la niñita y se jué a darle aviso a su esposa y se vinieron la mujer y él al bosque y se llevaron a la niña. De modo que estaban muy contentos con los dos niños.

De modo es que cuando ya estaba el niño de seis y la niña de tres años, jué el jardinero a vender leña a la suidá y incontró el jardinero al príncipe, el papá de los niños y le vendió la leña al príncipe y le dice el príncipe que si no tiene familia y él le dice que sí tiene.

—Señor jardinero, yo he corrido una voz de toda la suidá porque los voy a obsequiar con una taza de chocolate a todos los niños de seis años y quiero que vengan a mi palacio a las cuatro de la tarde, y yo espero que usté mande a sus niños.

Cuando ya se llegaron las cuatro de la tarde, empezaron a llegar todos los niños. Los últimos que llegaron eran los hijos del príncipe. Cuando empezaron a tomar sus copas de chocolate los niños, de una vez le nació querer a aquellos niños y se vía él en el espejo y vía las caras de aquellos niños y eran las mismas, pues eran sus hijos. Cuando ya se iban a retirar ya los niños para sus casas, le preguntó al niñito que si cómo se llamaba su padre y le respondió el niñito que el jardinero. Y luego le pregunta a la niñita cómo se llama su mamá y le dice ella:

—Mi nana mía es mi nana perra.

—Pues le darás aviso al jardinero —le dijo el príncipe sorprendido— que para mañana a las cuatro de la tarde esté con ustedes aquí.

En fin jué el jardinero otro día a las cuatro de la tarde con los dos niños. Cuando llegó al palacio, le dijo el rey que le explicara cómo había conseguido aquellas dos criaturas.

—Seis años hace que yo hallé este niño en una compuerta. Lo hallé tirado. Y a la niña la hallé del propio modo, tirada a la orilla de un bosque y jué hallada por una perra que yo tenía parida y la llevé a mi casa junto con la perrita y allá la crié.

—Yo agradezco esto mucho —le dice el príncipe— y no hallo con qué pagarle. Estos son mis hijos.

El rey le ofrece antonces su palacio por haberle criado a sus hijos. Antonces el rey dejó al jardinero y a su mujer en el palacio y se jué con sus hijos para donde estaban las dos cuñadas envidiosas y les pregunta que si qué cosa hicieron cuando nació el primer niño de su mujer. Ellas no quieren decir la verdad pero por fin le cuentan lo que habían hecho.

Habiéndose desengañado el rey de todo lo que había pasado y habían hecho las envidiosas, mandó el rey que le trujieran varios carros de leña verde y dió orden de que se quemaran las dos envidiosas y la vieja bruja y mandó sacar a la princesa de la mazmorra en donde él la tenía. De modo que el rey hizo muchas fiestas para celebrar que sus hijos y su esposa estaban vivos. Y el jardinero y su esposa se quedaron en el palacio del rey.

126. Doña Bernarda[54]

Están para bien saber y para saber también que si fuera verdá, para allá va, y si fuere mentira, ya está urdida. El pan se hizo para comer, las semitas pa los perros y el vino pa los muchachos y el juisque pa los borrachos.

Pues en una ciudá vivían dos familias muy distinguidas. Una de las familias tuvo una niña y la otra familia tuvo un niño en el mismo tiempo. Vivían vecinos. Crecieron los niños iguales. Parecía que tenían el mismo natural. Nunca se llegaron a enojar, ni don Julián ni doña Bernarda, que así se llamaban los dos niños. Ellos siempre se trataban de dones y como hermanitos. De modo que también el papá y la mamá del uno y del otro les decían "don Julián" y "doña Bernarda" a los dos niños. Cuando ya estaban grandes, un día don Julián le dijo a su madre que quería casarse y que quería que le pidieran a doña Bernarda. Pero su madre le dijo que quién sabe si sus padres no quisieran porque eran muy orgullosos. Pero él insistió.

Fué la pobre viejita a pedirla. Pero el padre de doña Bernarda le dijo que él tenía un pensamiento de que no tenía más que una hija y que él no se la daría a ninguna persona a menos que no le enseñara la dentadura de oro y plata. Se fué muy triste y llegó a la casa en donde la esperaba ya don Julián y le contó la respuesta que le había dado su padre.

Pasaron algunos días de este pedimento cuando llegó un hombre en un caballo muy grande con una montura muy rica y él con un traje muy fino que parecía un conde. Cuando entró a la casa, se quedaron admirados de aquel personaje. Le dijo a su padre de doña Bernarda que iba a solicitar a su hija para casarse con ella.

—Caballero —le dijo el anciano— yo he dado la voz que a mi hija no la daré hasta que no venga un hombre con las muelas de oro y los dientes de plata.

Se paró él muy liviano y le enseñó la dentadura. Como el diablo no se duerme, éste era el mismo diablo. Le dijo que su palabra era una y que tenía que cumplirla y que su hija se casaría con él. Salió el diablo diciéndole que a los dos días volvería para casarse. Doña Bernarda se sintió muy mal.

Ese día pasó un hombre vendiendo bestias. Las vendía por dos riales cada una. Se paró doña Bernarda y fué al cuarto de su padre y le dijo que comprara una yegüita chiquita que llevaba. Se fué el anciano, la compró y la tomó casi en brazos, porque estaba tan flaca. Se la llevó a doña Bernarda y la metió a su cuarto.

Otro día que estaba ella sola con su yegüita, le dijo la yegüita:

—Doña Bernarda, no tenga miedo que yo hablo. ¿Sabe con quién se va a casar?

—No —le dijo ella.

—Pues yo le diré; se va a casar con el diablo. Pero haga por obediencia lo que su padre manda. Cásese. Pero le recomiendo que se cargue de cuantas insignias tenga. Rosarios, escapularios, todo lo que tenga, póngase. Cuando venga del casorio, empezará el diablo a peliar con usté que se quite esos tepalcates. No vaya a permitir que se quite usté estas insignias. No importa que la rasguñe. El se ha de nojar mucho, pero no le hace. No lo vaya a consentir, porque le va mal. También le va a decir que me eche fuera. Dígale que no, porque yo quiero escuchar lo que pase aquí. El quedrá agarrarme y tirarme afuera. No lo permita usté.

Otro día llegó el diablo en una carretela magníficamente arreglada con un tiro de caballos, una yegua alazana y un caballo oscuro. El coche tenía diamantes y pedrerías muy finas, que no había en la ciudá uno igual. Antes que ellos llegaran, habló la yegüita con doña Bernarda y le dijo que la yegua alazana era su suegra y el caballo era su suegro.

Luego que ellos llegaron, de una vez el diablo le dijo que se alistara, que tenían que irse a casar. Pues se casaron y cuando volvieron de la iglesia, entraron a su cuarto, él quería echar la yegüita fuera, pero ella no quiso. Luego le dijo que si pa qué traiba aquellas garras puestas, que se las quitara y las quemara y tanto tepalcate. Pero ella nunca quiso quitárselas. La empezó a rasguñar, dejándola como un San Lázaro. Luego se salió él y fué al cuarto de su suegro, enfadado, diciéndole que era tan testaruda.

En lo que él fué allá, la yegüita le habló a doña Bernarda, diciéndole que se la iba a llevar de una vez pero que no fuera a permitir ir en el coche con él, que se subiera en la yegüita y cuando llegaran en cierto lugar, había un río, que este río era la puerta del infierno. Que le dijera que no conocía el vado. Que no fuera a permitir ella entrar adelante al río. Que cuando ya él estuviera enfadado, entrara él adelante y ella se volviera para atrás.

Luego entró su padre. Viéndola tan rasguñada, le dijo que si qué tenía. Le refirió ella todo lo que había pasado. Pero antes de que su padre dijera nada, le dijo el diablo que se preparara, que se iban ir de una vez porque él hacía mucha falta en su reinado. Se alistó ella, diciéndole a su padre que le pusiera una silla a su yegüita. Cuando ya se iban, se subió el diablo en el coche y dándole un chicotazo a uno y otro caballo, salió como si fuera el viento y ella se fué detrás de su yegüita.

Dejando lo uno por lo otro, don Julián y su madre, que miraban aquella escena, se pusieron a llorar cuando salió doña Bernarda, la que no más les hizo una señal con la mano y el pañuelo de adiós. Desde aquel día don Julián era un puro llorar y pensar en doña Bernarda.

Llegaron al río que era puras navajas las olas. Paró él el coche, diciéndole a doña Bernarda que subiera en el coche para entrar en el río. Pero ella no quiso. Entonces le dijo él que entrara adelante pero ella le contestó:

—No puedo entrar porque yo no conozco el vado. Tú, que conoces el vado, pasa adelante y yo seguiré atrás.

Empezó a renegar el diablo y a echar lumbre por los ojos y las orejas. En donde le dió mucho miedo a doña Bernarda y ya no quiso entrar. Les dió a los caballos con mucha furia un chicotazo que los hizo brincar al medio del río. No vió más doña Bernarda que una humadera tan espesa que se aterrorizó de ver aquella visión y quedaron en un llano. Luego le dijo la yegüita:

—Doña Bernarda, vámonos volviendo. Toma este otro camino.

Cuando habían caminado mucho, llevaba mucha hambre doña Bernarda y mucha sé. Luego le dijo la yegüita:

—Mire, doña Bernarda, levánteme la oreja izquierda y puede beber tanta agua como la que quiera.

Le levantó la oreja y salió una fuente riquísima de agua cristalina y dulce. Bebió hasta saciarse. Luego le dijo que le levantara la oreja derecha y sacara cuanta comida quisiera. Sacó comida, cuanta quiso. Comió suficiente, diciéndole ella que no perdiera las migajas, que todas las recogiera bien limpias y se las echara en la oreja, porque si los pájaros llegaban a comer aquellas migajas tendría mala suerte.

Continuaron su camino hasta el anochecer y entonces hizo la yegüita que doña Bernarda le jalara la oreja tanto como pudiera, la cual se volvió un colchón y la otra oreja la estiró y se volvió una frazada. Durmió muy a gusto doña Bernarda. Por la mañana, después de haber almorzado, le dijo:

—Abrame la cabeza y en medio de los sesos hallará una piedrita. Esta piedrita la saca y se la echa en el seno. Y cuanto usté necesite, esta piedrita tiene virtú, le pide a la piedrita y ella le concederá.

Lo hizo doña Bernarda en contra de su voluntá y le sacó la piedrita. Luego que sacó la piedrita recogió su yegüita pa contra de un nogal, porque así le había encargao su yegüita que hiciera con ella y que después ella resucitaría.

Se fué caminando doña Bernarda con dirección a un rancho en donde estaban unos pastores. Llegó y estaba un muchachito como de unos quince años al cual le dijo que si sabía guardar secretos. El muchachito le dijo que sí. Entonces le dijo que no le contara a nadie lo que viera.

—Mira, niño —le dijo—, yo te guardaré tu ganado mientras tú vas a tu casa. Pídele un saco a tu madre, que esté limpio pero mucho cuidado de decirle de que me has visto y de lo que yo te he dicho.

Luego le dijo también que fuera a la plaza y comprara un traje de caballero de pies a cabeza. El muchachito fué y pronto volvió con todo lo que ella quería. Vino y echó sus prendas que ella traía y su ropa en aquel saco, cosiendo bien como una almuada la boca del saco. Entonces le dijo al niño que llevara el saco a su casa y le pidiera a su madre que se lo guardara. Cuando volvió el muchacho de hacer el mandao, le dió algo de dinero y se fué ella.

Llegó ella a la plaza, empezó a preguntar por allí en dónde había casas de borde, como si fuera un extranjero, para que no lo supiera don Julián. La madre de don Julián vivía tan triste desde que salió doña Bernarda que no tenían consuelo ni ella ni don Julián. El siempre estaba pensando en doña Bernarda. Luego fué a la casa de don Julián y preguntó si se hallaba él allí. La madre le dijo que sí, que entrara al cuarto de su hijo. Cuando él entró, don Julián no vió más que la cara de doña Bernarda. Pues ya le contó don Julián todas sus penas.

—Pues yo no penara por una mujer que tan mal me pagara —dijo ella.

Pero mientras más hablaba y más la veía, más se le representaba doña Bernarda. Se alivió él de sus males, levantándose de la cama para platicar mejor. Luego le rogó quedarse con ellos en la noche y le rogó tanto hasta que convino doña Bernarda. Otro día por la mañana salió él y habló con su madre.

—Madre, éste es doña Bernarda; no me cabe duda.

—¡Válgame Dios, hijito! ¡Qué ha de ser doña Bernarda! ¡Quién sabe doña Bernarda qué será de ella!

—Pero es la misma doña Bernarda, madre. Yo pienso que está vestida de hombre.

—No, hijito, pero yo te diré lo que puedes hacer; llévalo y enséñale el jardín. Si es mujer, no lo disimula, y si es hombre, lo disimulará.

—Vamos, amigo, le iré a enseñar el jardín.

Cuando entraron en el jardín, empezó a enseñale él el jardín. Cortó él unas rosas bonitas y se las presentaba a doña Bernarda pero le decía que a ella no le gustaban las flores.

En fin que vino don Julián muy triste y le contó a su madre, y se pusieron muy tristes los dos. Empezó a enseñale ropa de mujer, y a ella no le interesaba nada. Luego le enseñó la ropa de los hombres en la que ella empezó a volverse al revés. Entonces le dijo su madre que lo llevara a la armería y que si le gustaban las armas entonces no era mujer. Así lo hizo. Empezó a agarrar doña Bernarda los rifles y las pistolas y le dijo:

—Mire, amigo, éstos son negocios de nosotros los hombres, no los túnicos ni flores.

En lo que él tuvo mucha precaución de que no era mujer. Por la noche hizo a su madre que les preparara un baño. Se fueron a bañar los dos, cada uno en su bañador, y el bañador tenía un tabique en el medio que vino él y hizo un abujerito cuando entró al agua. Cuando ya estaba doña Bernarda adentro de la agua, fué a asomarse don Julián y cayó la cortina al suelo, descubriendo a doña Bernarda que era mujer.

Otro día hicieron los preparativos y se fueron a casar. Vivieron muy a gusto unos meses, pero él tenía que irse a peliar con los turcos. Preparó las tropas y salió a peliar, encargándole a su madre que cuando doña Bernarda tuviera su chiquito, le mandara avisar con un propio, dándole orden de que no se parara en el camino por nada.

Un mes había pasado de que su esposo se había ido cuando doña Bernarda dió a luz un niño, mandando la madre de don Julián una carta con un propio y diciéndole que no se fuera a detener por nada en el camino hasta no llegar onde estaba don Julián. Pero al contrario, este pion le gustaba fumar. En el camino le salió el diablo y le dijo que viniera a fumar un cigarrito con él. Tal y tal que empezó a fumar, se durmió. Tomó el diablo la carta que traiba de su madre de don Julián, vió lo que decía y le escribió una de mil insolencias a don Julián, hablando tantas y más cosas malas de doña Bernarda, lo cual don Julián no creyó nada, dudaba mucho. Escribió él a su madre que fuera como fuera, doña Bernarda la tuviera en la casa hasta que él volviera. De allá pa acá hizo la misma el diablo, escribiéndole una carta, diciéndole a su madre que echara fuera a doña Bernarda pa que se la comieran las fieras. Le dió mucho coraje a la madre de don Julián, diciendo que primero saldría ella que doña Bernarda. Así lo hizo por tres veces, haciendo el diablo lo que él quería con las cartas. En la tercera carta mandó a decir que sacaran a doña Bernarda dos verdugos, la llevaran al desierto, le sacaran los ojos, le cortaran las manos y los pechos, que él no quería venir y hallar una mujer de tales excelencias, y al niño que lo mataran. Cuando la madre de don Ju-

lián vió esta carta, se endinó de coraje y se puso a llorar amargamente. Entró doña Bernarda al cuarto de su suegra y la halló llorando y le preguntó qué tenía, qué le pasaba. Ya le contó ella lo que decía la carta, pero le dijo que no lo haría. Doña Bernarda, como era
tan noble y quería tanto a don Julián, dijo:

—Sí, haga lo que él manda, sea lo que sea.

Vino y nombró los verdugos, la llevaron al disierto y le cortaron
las manos, le sacaron los ojos, pero no le cortaron los pechos, porque
uno de los verdugos dijo:

—El niño inocente clama venganza al cielo y cómo va a poder
mantener a este niño.

Se volvieron ellos a la casa de la madre de don Julián diciéndole que había sido ejecutada la orden que había dado don Julián.

Doña Bernarda, el mismo día pocas horas después que se habían
venido sus verdugos, oyó una voz de señora que le hablaba. Le dijo
que se lavara las manos en una agua que estaba corriendo junto de
sus pies. Bajó la mano y la metió a la agua. Cuando metió la mano
a la agua, se acordó que en el seno traía la seña de la yegüita. Le habló la señora y le dijo que metiera sus manos al seno. Metió sus mo-
chitas el seno y sacó sus manos bien, lo mismo que antes y sus ojos
más lindos que antes.

Luego que hubo visto, se levantó de allí y se fué toda la orilla
del bosque buscando una rendija de algún peñasco para alojarse. Halló una plazoleta que le gustó mucho porque estaba rodiada de árboles y de zarza. Vió que salió una señora de entre las zarzas con
una niña y se dirigió a onde ella estaba, le habló por su nombre. Ya
le contó Doña Bernarda su historia.

—Pues mire, doña Bernarda, aquí le voy a dejar una compañía
hasta que su esposo venga por usté. El día que venga don Julián, que
ya se vaya ir usté, la lleva y la mete a ese zarzal y ai la deja. Yo ven-
dré por ella.

Vino doña Bernarda y se puso a pedile a su yegüita una casita
con todos los necesarios y un ojito para beber agua en la huerta, y
que no se arrimara ninguna persona mala allí a la casita. Vivieron
tan a gusto por el término de seis años. El niño fué creciendo muy
gracioso y ellas las dos siempre se devertían con él.

Don Julián ganó la pelea y se volvió para la casa sin haber hallado más que cartas que le echaba de desafío pero él creía que estaba perdiendo el juicio. El traía sus soldados con bandera de paz.
Cuando oyó repicar las campanas la madre de don Julián,, vino ella

y salió a toda prisa y levantó bandera de guerra. Detuvo él a los soldaos y vino a topar a su madre. Su madre le dijo que iba a comenzar guerra contra él, refiriéndole todo lo que había pasado y él diciéndole que no era cierto. Entrando pa la casa, sacando él sus cartas de ella y ella las de él. Cuando hubieron llorado su rato, dijo don Julián que él se iba a marchar otro día para el disierto en busca de los huesos de doña Bernarda para hacele el funeral que merecía. Levantó varios soldados y criados pa que fueran en su compañía. Por bueno de Dios, llegaron al mismo bosque, pero se quedaron en las orillas porque era muy tarde. Lo convidó don Julián otro día por la mañana a uno de los criados para ir a cazar.

Se internaron en el bosque entrando en el bosque y poco después oyeron un tiro. Salió doña Bernarda y se asomó y vió que iban ellos con una liebre en la mano. Se le hizo a don Julián muy largo el camino para ir a donde estaban los piones y decidieron que fuera el criado a asarla en la casa de Doña Bernarda. Llegó y tocó la puerta. Voltió doña Bernarda y le dijo que pasara. Pues ya le pidió lumbre para asar su conejo.

—Aselo —le dijo ella y siguió jugando ella con el niño, y él, encantado con la mamá y el niño, se le quemó el conejo.

Cuando fué el criado, ya don Julián había matao otro conejo y le platicó lo que le había pasao. Se vino don Julián a asar el conejo ᵧ le pasó la misma cosa. Doña Bernarda, no más lo vió y lo conoció. Empezaron a platicar, pero ella no le daba muy bien la cara y él platicaba de doña Bernarda. Le contó toda su historia. Al fin de verlo tan apesarado y apesadumbrado, le preguntó que si él podría conocer a doña Bernarda si la vería, y le dijo él:

—Yo no tengo esperanza. Ya los animales se la habrán comido.

—Y ¿tiene usté algún retrato de doña Bernarda?

El le dijo que sí y se metió la mano al seno y sacó un pañuelo onde llevaba el retrato de doña Bernarda. Entonces fué ella y sacó el retrato donde se habían casado don Julián y doña Bernarda y se lo enseñó. Pegó él un grito de alegría.

—Este es el retrato de doña Bernarda. Usté, usté es doña Bernarda.

Entonces dieron gracias a Dios y se pusieron a llorar. Pues se vinieron los tres, don Julián, doña Bernarda y el niño, y de ai se fueron a la ciudá dejando a la niña con la señora del bosque. Cuando llegaron con Doña Bernarda, toda la ciudá tuvo un regocijo y tuvieron fiestas por ocho días.

127. Doña Bernarda[46]

Don Julián y doña Bernarda eran ambos hijos de padres muy ricos. Don Julián quería casarse con doña Bernarda, pero su padre de ella dijo que ella no se casaría hasta que no viniera un novio que tuviera dientes de oro y muelas de plata.

Antonces se le apareció en pocos días el diablo y éste le enseñó las muelas de plata y los dientes de oro. Doña Bernarda había criado una yegua que hablaba lo mismo que las que hablan hoy. Relinchó la yegua y ella fué al relinchido y le dijo:

—Pues mira: te vas a casar tú con el diablo por obedecer a tus padres. Pero este hombre, cuando ya se case, él va a hacer una grande envitación de gente, menos familia chiquita, y si algunas familias vienen con su familia chiquita, él las va a echar afuera del baile. Y para prueba que es verdá de lo que te digo, cuando ya se vayan a casar, reflejas muy bien a tu marido que en los dos pies trai unos espuelones y cuando ya estén en el baile, este baile va durar hasta que él le dé gana y luego se van a su cuarto, y tú no permitas acostarte con él. Y él te va a decir antonces "Pues yo pensaba vivir al lado de tus padres pero viendo que tú eres una mujer desobediente, mañana mismo nos vamos de aquí. Ahora te pregunto en qué quieres ir, ¿carruajes, coches o a caballo? Antonces le dirás tú |'Pues a caballo iremos porque yo no sé andar en bogues ni en coches y por eso vamos a caballo." Mañana cuando ustedes salgan y haigan llegado al infierno, éste es un lugar que es una agua muy seria y él te va a decir a ti que entres adelante, y tú le dices a él que no, que entre él. Cuando ya él haiga entrado, se desaparece del lugar y tú te ves en medio de un desierto y no sabes parónde queda tu casa. Pero me volteas a mí y me dejas ir. No me muevas las riendas.

Así pasó.

(La parte que sigue no diifere del cuento núm. 126. Por lo tanto se da solamente un resumen.) Doña Bernarda, montada en la yegüita, llega a un "campo de ovejas". Allí se disfraza de pastor yéndose en seguida a la casa de don Julián. Cuando la ve don Julián, él sospecha que aquella persona es doña Bernarda, y le pide que se quede en su casa esa noche. Por la noche, la llevan a su cuarto. Allí se ve obligada a desvestirse, pues hace mucho calor. Estando ella desvestida, entra don Julián y descubre que en realidad aquélla es doña Bernarda. A los pocos días se casan los dos jóvenes. Con el tiempo, don Julián se tiene que ir a la guerra. Estando ausente el marido, da a luz doña Bernarda un niño. Entonces hay un intercambio de cartas entre los dos esposos, las cuales caen en manos del diablo por descuido del mensajero. El diablo falsifica las cartas para que doña Bernarda sea llevada al desierto, se le saquen los ojos y se le corten las manos. Doña Bernarda, toda mutilada, se queda en el desierto con su hijo. Al rato de haberse ido los verdugos, oye la voz de la madre de Dios, que ha venido a socorrerla. Habiéndole dicho la Virgen que pida el favor que desee, doña Bernarda pide que se forme allí una casa y un rebaño de ovejas. Lo cual se le concede. Cuando don Julián vuelve de la guerra, se descubre el engaño del diablo. El marido se dirige al campo a buscar los huesos de su mujer y de su hijo. Después de buscar durante siete años el lugar donde habían sido abandonados madre e hijo, hallan una casa que no habían visto antes. Habiendo ido don Julián a asar un conejo en la casa, averigua que la señora que vive allí es su mujer, y el niño, su hijo. Don Julián le explica a su mujer el engaño de que ambos han sido víctimas. De allí se dirigen los esposos muy felices a la casa de don Julián.

128. La que se casó con el diablo[51]

Pues éste era un rey que tenía una hija que se llamaba Matilde. Esta muchacha tenía su novio y lo amaba mucho y venía a pasiarse a donde ella estaba y le decía el rey que al cabo no se iba a casar con ningún muchacho hasta que no llegara uno que tuviera las barbas de oro.

Pues yendo y viniendo tiempo, llegó un muchacho que tenía las barbas de oro y la pobre muchacha tuvo que casarse con él, pues su padre le dijo que si no lo hacía, se la echaría a las fieras. Pero el esposo, no más se casó, se fué y se estuvo tres días.

A los tres días vino a caballo y trujo una manadita de caballos y traiba al caballo listo que iba a llevar a la príncipa con una montura de las más hermosas. Entre esta manadita, venía una potranquita chiquita. Llegó el esposo y dice que tiene que subirse en aquel caballo. Ella dice que le tiene miedo, pero que irá en la yegüita. Bueno, pues ya le quitó la montura al caballo y se la puso a la yegua y se subió y se fueron.

Pues que ai iba en su yegüita. Se adelantaban aquellos caballos y partía a atajarlos. Le dice la yegüita cuando él se retiró que fué a atajar sus caballos:

—Te voy a decir que yo soy una ánima y yo te voy a librar de que vayas al infierno, porque tú te casates con el diablo. Y todos esos caballos que trai son diablos. Y él quiere llegar apriesa para echarte allá junto con él. Hora viene muy endinado y él va a querer que te subas en ese caballo y si no, va a quererte matar. Pero dí, "¡Alabo los dulces nombres!"

Pues así pasó, llegó su marido muy enojado, pidiéndole que se subiera en el caballo, pero ella no quiso y alabó a los dulces nombres. Pues que todo aquello se desapareció.

Pues de ai se fué con su yegüita platicando cómo debía de hacer. Pasaron el mar y llegàron donde vivía la viejita y su hijo, pues éstos se habían ido a vivir al otro lao del mar. La muchacha iba vestida de hombre que parecía un joven. Y llega y toca la puerta. Le dice a la viejita, la mamá de su novio, que si le da posada, y le dice ella que sí. Y le dice que anda a caballo, que si no pudiera hallar lugar donde poner su caballo. Ya salió la viejita y le enseñó allí un cuarto para que estuviera la yegüita allí. Le dice la yegüita que siempre que quiera alguna cosa, venga a donde ella está. Pues ya la muchacha entró pa allá y se puso a platicar con la viejita, la cual le cuenta todas sus desgracias.

La viejita la conoció de una vez no más la vió. Pues el muchacho, cuando llegó, la ve y no se le hace que se parece a Matilde. Y la convida para ir pa la plaza. Y le dice que muy bien, pero que va primero a ver cómo está su yegüita.

Y fué para allá y le dice que va con el muchacho, porque la invitó pa ir pa la plaza. Le dice la yegüita:

—Muy bien. Ellos están determinados hora a desengañarse si eres Matilde. Te van a preguntar de los bonitos túnicos, bonitos sombreros, bonitos zapatos. Tú le dices, "No, a mí me gusta un bonito vestido, un bonito sombrero, unas buenas chaparreras, un rifle."

Pues ya se anduvieron pasiando y platicando. Julián no pudo averiguar nada. Hasta que ya le dijo la yegüita que era mejor que le dijiera que era para que se casara, porque ya la yegüita se quería ir. Así lo hace la muchacha. Pues de una vez se casaron.

129. Una mujer probe[13]

Esta mujer era muy católica. No s' iba a su trabajo hasta que no iba a rezar a la iglesia. Un día qu' iba, jalló una niña chiquita. Ya se volvió y la llevó para su casa. Esta mujer crió a la niña y un día, cuando ya la muchachita estaba grande, isque un día estaba la mujer haciéndole agasajos y diciéndole que ella no la iba a casar a la muchachita hasta que no juera un hombre vistido de oro con dientes de plata. Antonces se le apareció un hombre vistido de oro y con dientes de plata y este hombre era el diablo. Y le dijo a la mujer el diablo que él había venido a casarse con la muchachita.

Antonces jué la muchachita y le dijo a María Santísima que su mamá quería que se casara con un hombre que había llegao vistido de oro. Antonces María Santísima le dijo que era el diablo pero que se casara con él, que no le tuviera miedo. María Santísima le dió una escobeta a la muchachita. Antonces le dijo que cuando ya se casara, tenían que venir en un bogue, pero que nunca consintiera la muchacha sentarse al lao derecho, que dejara al diablo que se sentara al lao derecho y que cuando ya vinieran por ella, tenían que venir los diablos y la diabla por ella. Tenía que dicir al diablo "Piquen, piquen que de atrás vienen picando." Y que antonces tirara la escobeta.

Así lo hizo la muchacha y cuando tiró la escobeta, antonces se quedó la muchachita en un llano llorando con mucha sé, y alcanzó a ver unos álamos. Aquí en estos álamos ai estaba un ojito. Cuando ya llegó allá, estaban dos muchachitos. Estos muchachitos eran sus hermanitos. Ai estuvieron ellos llorando y ai supieron que eran ellos hermanitos. Estos muchachitos ya se jueron los tres. Ai llegaron a case una viejita. Ella los recogió. La viejita creía que los tres muchachitos eran hombrecitos. Antonces la viejita les dijo que estaba muy pobre, que no jallaba qué comer. Los muchachitos eran devotos de San José. Estos traiban una mesita que no más le decían, "componte, mesita," éstos tenían toda la comida que ellos querían. La viejita tenía un árbol de sombra. Y isque le dijieron los muchachitos que si les daba un brazo de aquel árbol pa hacer un violín y una guitarra. Antonces la viejita no quería porque ella no pensaba que podían hacer tales cosas ansina, pero al fin los dejó que hicieran una guitarra y un violín. Antonces, le pidieron la venia los muchachitos para sembrar flores y ella lo dudaba muncho que se dieran flores en ese tiempo porque era el invierno. Salieron aquellas flores tan hermosas y tan lindas. Ai estaba otro rey también que se espantó mucho cuando vido las flores de aquella viejita. Antonces vinieron los muchachitos y le dijieron a la viejita que arrancara flores y juera y le llevara al rey porque este rey tenía un hijo melárchico. Ya jué la vieja y le presentó las flores al rey. Antonces el rey le dijo que de ónde había cogido aquellas flores tan hermosas en aquel tiempo, que si qué era lo que quería por aquellas flores tan hermosas. Antonces le dijo la vieja que lo que le naciera dale a ella, y ya le dieron muncha comida. Antonces les dijo el rey que quería que les llevara a los nietecitos para la casa. Cuando éstos jueron, ya antonces jué con más flores la viejita y ya antonces llevaron su guitarra y su violín pa divirtir al rey melárchico. Antonces ya tuvieron tanto gusto. Antonces este rey les dijo a los muchachitos que querían también tener una divirsión de toros por tres días y que tenían los muchachitos que toriar los toros. Antonces los tres muchachitos toriaron los toros y después que los toriaron, ai vieron que la muchachita era mujercita. Antonces el rey melárchico le dijo al rey que él quería casarse con la muchachita. Antonces le dijo el rey que no era muchachita, que era hombrecito. Antonces le dijo el melárchico que no, que era muchachita y que él quería casarse con ella. Antonces le dijo que tenía que amansar también una bestia para desengañarse si era mujer la muchachita. Antonces se casó el rey melárchico con la muchachita y tuvieron muy grandes fiestas.

130. *Don Flor y don Candelario*[15]

Había un hombre muy rico en una suidá. Este no tenía más de un puro hijo que era don Flor. Murieron el hombre y la mujer. Quedó solo don Flor. El se jué a andar. Sacó dinero suficiente. Logo llegó a una suidá onde hubo un baile y jué al baile. Estaba él muy triste allí en un lao de la puerta. Isque vido ellá en un rincón otro joven muy triste tamién. Pues se juntaron los dos. Isque le preguntó que si por qué estaba tan triste. Este era don Candelario. Ya le estuvo platicando por qué estaba tan triste. Don Candelario le dijo todo lo que le había pasao porque su padre era tamién muy rico y había muerto tamién y quedó solo tamién y sacó dinero suficiente y tamién se jué a andar y ai en ese baile se juntaron los dos. Y de ai se acompañaron a andar juntos los dos, a andar el mundo. Y se comprometieron a no casarse ni uno de ellos. Llegaron a otra suidá. Se jué a pasiar don Candelario así a otro lugar. Don Flor se quedó ai.

Un día jué a misa y vido una muchacha muy hermosa y le gustó mucho pa casarse. Este, cuando salió de misa, la siguió hasta que llegó a la casa y llegó él y la solicitó pa casarse con ella. La mujer convino casarse con él. Se casaron. Esta mujer se llamaba Marquesita. Cuando vino su amigo del paseo, isque le dijo que se había casado. Oh, aquél se sintió muncho.

—¡Oh —isque le dijo—, no hay mujeres legales en el mundo!

—Pues a mí me parece que mi mujer sí es legal.

—¡Te apuesto mi caudal contra el tuyo que te vas tú pa tu tierra a trai tu caudal, cuando tú vengas de allá, yo te doy señas ciertas de tu mujer!

Aquél se jué pa su pais a trai su caudal y le dijo a su mujer que él tenía un amigo y que s' iba a la casa, lo tratara bien. Este don Candelario iba logo a la casa pero nunca conoció a la mujer. La criada ésta lo asistía, le daba que comer. Pero él no llegó a ver a la mujer ni de lejos ni de cerca. En un día ya estaba pa vinir su amigo. Está allí muy triste rayando el suelo de ver que no conocía ni a la mujer, conti más dale señas ciertas de ella a su amigo. ¡Cuando pasó puallí una vieja bruja! Isque le preguntó por qué estaba tan triste.

—¡Oh —isque le dijo— buena vieja, al cao que usté no ma ha de remediar nada!

—Pueda que sí, nietecito, que mal que no es comunicao, no es remediao.

Ya isque le dijo él por qué estaba triste.

—¡Oh! —isque le dijo la vieja—. ¡Eso no vale nada! Yo iré a case la Marquesita. Yo te traigo señas ciertas de ella.

Esta vieja se jué a los gallineros y se puso a juntar curucos. Los echó en una botella. Cuando jué a la casa, se volvió un ratón. Abrió la cocinera la puerta y embócase pa la cocina. Ella no lo vido. Ella estaba do más ispiando allí. Cuando abrieron la puerta del cuarto de ella, embócase pa allá pa su cuarto y no lo vieron entrar al ratón. Cuando ella se acostó en la noche, que sintió ella que estaba dormida, le vació todo aquel curuquero allá en la cama. Cuando ya se estaban comiendo a la Marquesita, se levantó ella, prendió su lámpara y se empelotó a matar curucos y la bruja ispiando abajo de una camalta. Esta tenía aquí en el omblige un pelo de oro. Lo agarraba y lo jalaba y se daba vuelta en la cintura y lo juntaba aquí y le quedaba hecho una rosa. Pues que otro día que abrieron la puerta, salió el ratón y no lo vieron. Abrieron la otra puerta ajuera y salió el ratón y se jué. Jué allá a onde está su nietecito la vieja. Ya isque le dijo que tales y tales señas tenía la mujer. Aquél quedó muy contento.

Cuando vino don Flor, él le dió señas ciertas de su mujer. Pero él nunca le dijo nada a su mujer. Le entregó su caudal a su amigo.

Un día hizo un cajón don Flor que conoció que ella cabía adentro y logo isque le dijo a ella que se pusiera uno de los vestidos de
él. Ella obedeció. Logo que se lo puso, isque le dijo que si por qué
no entraba a aquel cajón. Ella entró y le cerró la puerta, la clavó, lo
echó en un coche y lo echó adentro del mar y se jué pa la suidá él.
El cajón se jué en la agua pero que lo jué orillando siempre pal otro
lao del mar, ai onde estaban unos dos pescadores que dijieron.

—¡Ai viene un cajón! Si es dinero, nos partemos, y si es otra
cosa, ai veremos.

Sacaron el cajón y lo desclavaron y era un príncipe, pues iba
vestido de hombre.

De ai se jué y por llegar a otra parte, llegó a case el rey. Ya isque le dijo al rey que si podía ocupalo ai, dale trabajo. Isque le dijo
que sí. Ai la tuvo. Esta se puso don Flor, el nombre de su marido.
Y este rey tenía un príncipe y esque se le hacía siempre que no era
hombre, sólo mujer. Ya isque se lo dijo a su padre.

—Pues convídale par' irse a lavar la cara. Los hombres son muy
torpes pa lavarse, las mujeres no.

Pues que se jueron a lavar la cara, pero isque estaba tan torpe
pa lavarse que tiraba el jabón. De modo isque no se pudo desengañar si era mujer. Pero el príncipe insistía en que era mujer. Ya isque
le dijo:

—Convídalo para la tienda y llévalo y enséñale los trajes de
mujer.

Ya le empezó a enseñar los trajes.

—Sí —isque le dijo—, muy bonitos están pero nosotros los hombres no hemos de ver eso. ¡Mire qué buenas armas, qué buenas monturas! ¡Eso es lo que hemos de ver nosotros, no trajes de mujer!

De modo es que tenía el rey d' ir a una batalla. Isque le dijo a
don Flor que si quería ir él. Aquél le dijo que sí. Le aprevinieron ejércitos y lo despacharon. Cuando ya en la batalla jué tan gallardo y
tan diestro pa peliar que vinieron los soldaos almiraos de verlo que
era un joven tan gallardo. El rey tuvo mucho gusto y le prometió la
corona, y ella dijo que no, que cómo podía dale a él la corona, y el
rey le dijo que era su gusto dale la corona a él, y que juera él rey.
Antonces isque le dijo:

—Carrial majestá, si usté me quiere hacer ese favor, le pido que
me ponga de rey al otro lao del mar.

En la misma suidá de onde ella vivía. Y el rey le concedió ponela de rey allá. Le dió un ejército y la embarcó pal otro lao de la mar.

Cuando llegó a la suidá, salió la madre. Llegó a su casa. Don Flor allá estaba tan probe que ya no se llamaba don Flor, sólo "el Pitito de Calabaza" le habían puesto. Cuando ella llegó a la casa, le preguntó a don Flor que si él había sido casao. Le dijo que sí y le pregunta por su mujer. El le dijo que la había echado al mar. Le pregunta antonces por qué lo había hecho. Ya le cuenta él de la apuesta. Entonces aquel rey invió llamar a don Candelario y isque le dijo cómo había hecho él pa dale señas ciertas a don Flor. Isque le dijo que si conocía él a la mujer, y le dijo que no, que ni de lejos ni de cerca la había visto siquiera. Y le dijo que su agüelita le había llevao las señas que ella tenía. Entonces invió llamar a la vieja y llegó la vieja. Ya isque le dijo que si cómo había hecho ella pa ver las señas que aquella mujer tenía. La vieja le contó al rey cómo la había conocido, y entonces isque mandó el rey hacer una pila de leña allí y echar a la vieja que se quemara y se quemó la vieja y tuvieron que desparramar a los vientos la ceniza y logo isque le mandó a don Candelario que le entregara aquellos dos caudales a don Flor porque le había ganao con traición y no porque él había conocido a la mujer, conti más las señas que ella tenía. De modo es que aquél le entregó los caudales a don Flor. Quedó muy rico otra vez don Flor y don Candelario muy probe. Entonces isque le dijo a don Flor que si conocería él a su mujer si la vía. Isque le dijo que posible sí la conociera. Entonces se metió ella a un cuarto y se quitó el vestido de hombre y se vistió con uno de sus mismos vistidos de ella y salió paronde él estaba con la corona en la mano. Esque le dijo que si sería ella su mujer; él le dijo que sí. Antonces le puso a él la corona y don Flor jué el rey en aquella suidá.

Los dos amigos fieles[36]

Estos eran dos muchachos, Eduardo y Federico, hijos de padres muy ricos y que fueron educados en el mismo colegio. Cuando estaban ellos en el colegio, se murieron los padres de Eduardo. El quedó tan triste en el colegio que ya él no quería volver para su casa por no estar tan triste solo. Pero Federico, como era tan buen amigo de él, le dijo que de ese día en adelante vivirían ellos como hermanos.

Después que ellos se fueron a la casa de Federico y pasaron un tiempo con los padres de Federico, se murieron los padres de Federico. Bueno, así caminaron los dos. Un tiempo se estaban en la casa de Federico y luego iban a la casa de Eduardo y veían sus piones y sus haciendas y así pasaron muchos años.

Al fin una vez pensaron ellos salir a conocer el mundo a ver lugares y a ver si hallaban una muchacha que les gustara para casarse. Cuando ellos llegaron a un pueblo, hicieron baile y convidaron a mucha gente, a familias de la mejor clase y convidaron a un pobre que tenía una muchacha muy bonita que se llamaba Alcarita. En la noche que empezó a entrar la gente al baile, entraron muchas gentes muy ricas y Alcarita no vino hasta muy noche. Ella nunca iba a los bailes. Cuando ella entró en el baile, los dos muchachos andaban bailando y no más la vieron y pensaron los dos invitarla para la siguiente pieza. Pues bailaron los dos con ella y ambos se enamoraron de ella.

Cuando el baile pasó, ni el uno ni el otro se dijo nada de la muchacha. Pasaron tres días y los dos guardaban el secreto. Al fin de los tres días le dijo Eduardo a Federico que ya él había hallado una muchacha que le gustara.

—Bueno, si hallaste mujer, yo iré contigo a pedirla. Pues dime qué muchacha te gustó a ti.

—A mí me gustó Alcarita —le dijo Eduardo.

Federico le dijo que sentía mucho, porque él había averiguado que ella no era buena muchacha, pero Eduardo le dijo que el había indagado y le habían dicho que era pobre pero que era muy buena muchacha. Pues ya se fueron los dos a pedirla. Cuando la pidieron, de una vez aceptó Alcarita. Se casaron y hicieron una boda muy grande.

Cuando ya habían pasado ellos unos ocho días en su casa muy a gusto, le dijo Eduardo a Alcarita:

—Voy a ver a Federico. Ya hace días que no lo veo y quiero ver si quiere venir a estarse con nosotros.

Cuando incontró a Federico, le dijo Eduardo:

—Pero, amigo, ¿por qué te has retirado de mí? Dende que yo me casé yo no te he visto. Pero ¿qué hay?

—Pues, amigo, yo me he sentido tan triste porque tú te casaste con esta mujer. Tú merecías una mujer mejor.

—¡Oh! —le dijo Eduardo— yo tengo la mejor mujer en el mundo. Tiene todas las buenas calidades.

Por fin Eduardo convino a Federico. Cuando llegaron, Alcarita recibió a su marido y a su amigo. Después de la comida, los dos amigos trazaron sobre sus negocios y le dijo Federico a Eduardo que su esposa no era la mujer que él merecía y le sugerió que él se fuera a ver a sus partidas y sus haciendas y le dijo:

—Entonces yo te daré prueba de que tu mujer es infiel. Por eso yo no quería que tú te casaras con ella.

Pues ya le dijo Eduardo a su esposa que tenía que ir a ver sus ganados y haciendas y que su amigo se iba a quedar en su casa, que lo tratara como si fuera hermano.

Al día siguiente de que se fué Eduardo, cuando llamó Alcarita a Federico a comer, entró Federico y cuando vió dos platos, le dijo a Alcarita:

—¿Por qué has puesto dos platos en lugar de uno?

—Porque cuando hay dos personas, se ponen dos platos.

—Cuando dos personas se quieren mucho —le dijo él— pueden comer los dos en un solo plato.

Pero ella no quiso de ninguna manera. El entonces vió que ella era tan buena y él comió pero se sintió muy desagusto y muy avergonzado por lo que él le había propuesto a ella. El le dijo a ella que iba para la plaza y que en unos momentos volvería, pero se fué y no volvió. Cuando vió que Federico no venía, ella se sintió tan desagusto y triste porque sentía que iba a pasar algún mal.

Federico otro día se sintió tan desagusto y estaba sentado a la orilla de un arroyo cuando iba pasando una viejita y le preguntó qué tenía. Federico le platicó a la viejita todo lo que él quería hacer con Alcarita y con Eduardo y la viejita le dijo:

—Mira, esta muchacha es muy buena, pero yo te traeré alguna prenda de ella. Ella me tiene a mí mucha confianza y como que ya hace mucho que no me ve, ella se va a sentir muy contenta conmigo.

En efecto, la viejita se dirigió para case Alcarita y ésta la recibió muy bien. Mientras Alcarita fué a ayudarle a la criada a preparar la comida, la viejita fué al cuarto donde Alcarita dormía y sacó una de las prendas de una caja en que las guardaba y sacó una sortija. Sacó de los cajones una sábana y un camisón con las iniciales de Alcarita. Después de que comieron, se despidió la vieja de Alcarita y se fué a donde estaba Federico esperándola. Cuando la viejita llegó allí, le enseñó lo que traía. Federico le dijo que podía decir Eduardo que Federico se había robado aquello. Entonces le dijo la viejita que otro día le traería mejores señas. Ella se ocupó todo el día en juntar pulgas de los gallineros y otro día en la mañana se dirigió ella para case Alcarita.

Alcarita se sintió muy contenta de ver que la viejita iba a dormir con ella pero verdad que ella se sentía muy triste porque le parecía que Federico le quería jugar traición. Pasó el día ai. En la noche, después de la cena, Alcarita puso la cama para las dos. A media noche cuando Alcarita estaba muy bien dormida la viejita le soltó las pulgas y empezó Alcarita a rascarse. Le dijo que serían piojos que se le habían prendido de ella. Encendió la luz Alcarita y le ayudó la viejita que se quitara el camisón. Y lo hizo así Alcarita y vió la viejita que tenía Alcarita un pelo muy largo en el pecho que le rodiaba y que se lo ataba de cierta manera.

En la mañana, la viejita se levantó muy de mañana y fué a donde estaba Federico y le contó las señas que traiba. Federico estuvo muy contento y le dijo:

—Ahora sí, nana abuelita, yo me voy para case Alcarita otra vez hoy.

Y llegó él muy contento a la casa y Alcarita estuvo muy contenta también y le dijo Federico a Alcarita que no había venido antes porque había tenido negocios que arreglar. Cuando Eduardo llegó, Alcarita se sintió muy contenta. Ella no sabía que le iba a pasar ninguna cosa. Después de la cena, Eduardo y Federico entraron a un cuarto y le dijo Federico a Eduardo que su esposa no era fiel y le enseñó todo lo que le había traido la vieja. Pero Eduardo le dijo que todas aquellas cosas se las podía haber robado él.

—Pues mira —le dijo Federico—, yo te voy a dar una buena seña. Ella tiene un pelo en el pecho que se da dos vueltas en el cuerpo y se lo amarra otra vez en el pecho.

Entonces Eduardo quedó muy disgustado y descontento. Al tiempo dudaba algo pero quedó convencido de que era verdá. Entonces salió Eduardo muy satisfecho de que era verdá lo que decía Federico. Y aunque quiso, no pudo disimularlo y Alcarita notó que Eduardo se había entristecido. Otro día le dijo Eduardo:

—Alcarita, yo he recibido una invitación para un casorio en un lugar muy lejos. Quiero llevarte. ¿Quieres ir?

Ella le dijo que sí quería ir, y Alcarita se puso a aprevenirse y cuando ya ella estaba lista, él tenía los caballos listos. Se fueron y cuando ya habían caminado mucho, ella iba muy cansada y con mucha sé. Y entonces le dijo Eduardo que iba a darle agua en peñasco que se veía. Cuando llegaron al peñasco, le dijo él que se apeara. Se arrimaron los dos a la orilla del peñasco. Era un relís, y cuando se arrimaron a la orilla, él la arrempujó y se cayó ella pa abajo. Cuan-

do ella iba cayendo, pensó ella por qué había hecho Eduardo eso y
aclamó a María Santísima y no se lastimó. Cuando ella cayó, que
vió que no se había hecho nada, le dió gracias a Dios y levantó su
envoltorio porque lo había tirado su esposo para abajo y se fué y llegó a una cueva y cuando llegó allí, vió que no había nadie en la cueva. La cueva era de dos ladrones que tenían mucho que habían robado. Tenían muchas riquezas pero también eran ellos muy devotos
de María Santísima y tenían una imagen de ella en la cueva. Ella no
más entró, se puso a comer y beber agua primero y luego se hincó y
se puso a darle gracias a María Santísima.

En el ínterin. Eduardo se volvió a la casa y le platicó a Federico lo que había hecho con su esposa y Federico le dió parte a la
autoridá y fué a avisar a los padres de Alcarita. Entonces de una vez
fueron las autoridades a ver a Eduardo y lo arrestaron de una vez
El pobre les dió toda su escusa por qué lo había hecho pero las autoridades lo creyeron a Federico y lo pusieron en la prisión por un
año.

Cuando Alcarita estaba rezando, llegaron a la cueva los dos ladrones y la vieron de la puerta. Ella se quedó muy quieta rezando y
ellos creyeron que se les había aparecido María Santísima. Ellos quedaron admirados de que se les apareciera la virgen y se fueron a
traerle prendas. En esto, Alcarita se salió de la cueva, llevándose una
varita que no pensó ella que tenía ninguna virtú. Cuando los ladrones vinieron, ya María Santísima se había desaparecido, pero ellos
se arrepintieron y decidieron quitarse de ladrones. Salieron ellos y
hallaron la ropa de Alcarita y dijeron que ésa era una prueba de que
se les había aparecido María Santísima. Porque contenía el envoltorio una ropa tan linda, con estrellas pintadas. Los ladrones abando-
naron la cueva y fueron a catorce diferentes suidades a dar prueba
con la ropa que María Santísima se les había aparecido. Alcarita caminó muy lejos y llegó a un lugar que estaba un peñasco como una
pader y que tenía la forma de una puerta. Ella pegó con la varita en
el peñasco y se abrió una puerta y halló una cueva y allí halló que
comer y durmió allí esa noche.

Otro día en la mañana siguió su camino y cuando ya iba cansada se sentó en una piedra a descansar un rato. Cuando estaba descansando, estaba pegando con su varita en el suelo y saltó un pajarito y voló delante de ella y ella se puso a ver al pajarito saltar delante
de ella. Cuando ella había descansado se levantó para irse y saltó el
pajarito como veinte pies delante de ella y lo siguió ella y el pajarito

la guió a donde había un humito donde había un campo de borregas.
Allí se desapareció el pajarito. Llegó al campo y le pidió posada al
pastor. Después que cenaron, le dejó la cama el pastor a ella y durmió ella muy a gusto. Otro día, le rogó al pastor que cambiara ropa
con ella. El no quería pero por fin convino.

Todo el día caminó ella hasta que llegó a una suidá. Lo primero
que encontró fué la casa de unos viejitos. Los viejitos le dieron posada. Después de que le dieron de cenar, les dijo ella:

—Pues de hora para adelante ustedes no van a trabajar. Yo voy
a trabajar para mantenerlos a ustedes.

Otro día en la mañana Alcarita se levantó muy de mañana y se
fué con las cabras. En la tarde, cuando volvió, trajo con ella muchas
flores de diferentes colores. Entonces le pidió a la viejita unas garritas. De las flores hizo tintas de diferentes colores y luego hizo hilos
de diferentes colores de las garritas. De estos hilos hizo Alcarita pa-
ñitos pa que fuera la viejita a la plaza. Cuando volvió la viejita, le
dijo esta a Alcarita que el rey necesitaba un secretario. A Alcarita le
pareció que sería mejor que se fuera el viejito a cuidar las cabras y
que se fuera ella de secretario del rey. Pues ya se puso a escribirle
una carta al rey. Para la tarde siguiente ya le tenía la abuelita la respuesta del rey. Abrió la carta y en ella le decía el rey que aceptaba
su aplicación. Al día siguiente se fué pa case el rey. Ese día empezó
a trabajar por el rey.

Hacía un mes que Alcarita estaba trabajando con el rey cuando
la reina enamórase del secretario. Empezó la reina a ir a la oficina a
platicar con el secretario pero él no le hacía caso nunca. Cuando la
reina vió que el secretario no le hacía caso de ninguna manera, le dijo ella al rey que ella creía que el secretario que él tenía le parecía
que era mujer. El rey no lo creía pero por fin para desengañarse le
dijo el rey al secretario que le iba a dar vacación y que lo iba a sacar para la suidá para que viera las fábricas grandes que había porque la reina le hizo esta propuesta al rey; que la llevara a donde había ropa de mujer para que viera cómo se enamoraba ella de la ropa
de mujer. Pues así lo hizo el rey, pero Alcarita no se interesó en la
ropa de mujer y le dijo al rey que ella quería ver arados, herramien-
tas y máquinas. Mientras tanto, la reina seguía enamorada del secretario, lo cual les confió a los criados. Como el secretario iba a misa
todos los domingos, la reina y los criados pensaron levantarle un crimen. Un pájaro llegaba todos los domingos y se paraba primero en
la torre de la iglesia y de la torre volaba al medio del cementerio y

daba tres brincos y de ai se iba. Pensaron decirle al rey que el secretario les había prometido decir qué era el contenido de ese pájaro,
a qué venía ese pájaro.

Fué la reina y le dijo al rey lo que Alcarita se había comprometido a hacer. El rey se sorprendió mucho y llamó a Alcario (pues así
le decían) y le dijo que tenía que cumplir con lo que había prometido, de otro modo pagaría con la vida. Cuando vió ella que no había
más remedio, le pidió tres domingos de tiempo. Alcario estuvo muy
confuso todo el día y se fué a su casa en la tarde pensando en la promesa. Toda la noche estuvo pensando cómo hacer hablar a ese pájaro.

Se llegó el domingo y ya el pueblo, sabiendo, se reunió para la
misa para oír hablar al pájaro. Después de que se acabó la misa, se
juntó mucha gente en el cementerio. El no tenía esperanza de hacerlo hablar al pájaro. Cuando llegó el pájaro, se abrió toda la gente
para un lado. El pájaro se paró en la torre de la iglesia y Alcario se
paró en el medio del cementerio con su varita de virtú en la mano.
Brincó el pájaro de la torre y brincó delante de Alcario y le dijo:

—Alcatraz, ¿me hablarás?

El pájaro pegó sus tres brincos y se fué. La gente no dudó el
triste fin de Alcario. Se fué a su casa Alcario y pasó el día muy triste, casi seguro de que lo iba a horcar.

El siguiente domingo pasó la misma cosa. No tuvo Alcarita éxito.

El tercer domingo había más gente que los otros dos domingos.
Estaban dos horcas preparadas para cualquiera de los dos, Alcario o
la reina, que perdiera. Salieron de misa y llegó el pájaro a la iglesia
y brincó el pájaro de la torre al medio del cementerio donde estaba
Alcario, y Alcario pegó con su varita donde el pájaro saltó y le dijo:

—Alcatraz, ¿me hablarás?

Y Alcario se retiró otro poco y dió otro salto el pájaro y repitió
Alcario las mismas palabras y la tercera vez el pájaro le dijo:

—Sí te hablaré.

Y la reina se quiso morir del susto. Le dijo Alcario:

—Y ¿qué dirás?

—Te diré que tú estás engañando al pueblo y al rey que tú eres
hombre, y eres mujer.

La reina la pasó en desmayos y el rey no le importó de la reina
y se enamoró de una vez de Alcario. Entonces le contó el pájaro de
la traición de Federico y le dijo que Eduardo estaba en la prisión.

—Arráncame una plume del medio del espinazo y esta pluma va a hacer las veces mías, va a hablar por mí allá.

El pájaro se fué y el rey dijo que ahora se le daría la sentencia de muerte a la reina, pero Alcario no quiso que le dieran la muerte a la reina.

Pues en seguida se fué Alcarita acompañada del rey a darle la sentencia a Eduardo. Alcarita se vistió de príncipe.

Cuando la corte se abrió, se presentó Eduardo muy flaco y dijo que él había tirado a su esposa por los falsos testimonios que le había levantado Federico a su esposa. Entonces le dijo Alcarita a Eduardo que si qué haría él en caso que reviviera Alcarita. Y Eduardo le dijo que qué podía hacer, que él sabía que su esposa estaba inocente pero que ella no estaba viva. Le preguntó Alcarita lo mismo a Federico y él contestó que no haría nada porque él no había dicho nada en contra de Alcarita. Entonces dijo Alcarita que ella tenía que salirse y que mandaría la sentencia al que la mereciera, que ella no podía estar presente al dar la sentencia. Alcarita le contó todo al rey, la inocencia de Eduardo, que ella era la esposa de Eduardo y que Federico era el culpable.

Durante la corte, los ladrones de la cueva estaban presentes y Alcarita los conoció y Alcarita le dijo al rey que ella se iba a vestir de mujer y le pidió que llamaran a ciertos hombres de la corte a quienes le pidió la ropa que traían, que era la ropa de ella, y salió a vestirse.

Cuando volvió, Federico no más la vió y se desmayó, y Eduardo se sintió con miedo y con gusto al mismo tiempo. Entonces habló la pluma de adentro de un cuarto, la cual tomó la parte del rey y le preguntó a Federico si le había dicho tales cosas a Eduardo en contra de Alcarita y Federico afirmó que sí las había dicho, y le dieron a él sentencia de muerte. A la vieja que se robó las cosas de Alcarita también le dieron la sentencia de muerte y la ataron a la cola de una mula y la mula la despedazó. A Federico lo horcaron.

132.   Don Luis está borracho[86]

Pues estaba en una suidá un viejo y una viejita. Aquí en esta suidá estaba don Luis, que era un hombre muy rico. Este viejito y esta viejita habían tenido tres niñas muy lindas, y eran tan pobrecitos que estas niñas estaban empelotas. En un soterranillo las tenían. Don

Luis, como era un hombre millonario, tenía unos palacios muy grandes, muy lindos. Les tenía a sus amigos cuartos pa juego en su palacio. Pues yendo y viniendo tiempo, empezó don Luis a querer casarse, y pensó que él buscaría una mujer muy pobrecita pa casarse con ella. Estos viejos que tenían a sus hijas en el soterranillo, la viejita tenía un hermano que era abogao y ella entendía mucho de abogacía y les enseñaba a sus hijas de abogacía.

Don Luis sabía de esta familia y un día fué a que le enseñaran a las muchachas. Antonces la viejita dijo que se quitaría ella las naguas para ir a sacar a la mayor pa ponele sus naguas a ella, porque estaban empelotas. Cuando vió a las tres hijas don Luis dijo que la del medio sería su mujer. Don Luis le dió a esta muchacha un anillo que tenía el nombre de don Luis.

Después de que don Luis se casó, empezaron a vinir sus amigos a onde les tenía él cuarto, pero él no les enseñaba a su mujer.

Güeno, cuando ya vieron ellos que no les enseñaba a su mujer se pusieron mal y ond' iban en el camino, dijo uno de ellos que pensaría don Luis que está casao con una mujer tan honesta, pero que era una ramera que estaba en un soterranillo. Antonces dijo el otro compañero de él que no dijiera mal sin haber por qué.

Cuando vinieron la otra vez, siempre hacía lo mismo que siempre, los trataba muy bien. Estuvieron en un rato platicando y logo le dijo él a don Luis que le parecía que estaba muy ingrido y le dijo que no tenía razón pa portarse así, que al cabo él había conocido primero a la esposa de don Luis y que lo que había sobrado le había quedado a don Luis. Antonces don Luis dijo que le diera una prueba pa poder él crer que era cierto. Le dijo él que le diera tres días de tiempo. Antonces don Luis le apostó todo lo que tenía y el otro le apostó su vida contra lo que tenía don Luis. Don Luis otro día le dijo a su esposa que s' iba por tres días.

El día que don Luis se jué, aquí junto el palacio de don Luis vino aquél y puso una carpa y trujo unos toros y hizo bailes a ver si iba la mujer. La mujer de don Luis no salía pa ninguna parte. Ella no conocía gente, ni quería conocer. Otro día en la nochi volvió a hacer sus bailes y todo pa que juera ella pero ella no jué. Ya cuando no faltababa más de el último día, éste del fiance se valió de una vieja que juera onde estaba la mujer de don Luis. Este que despachó a la vieja onde estaba la mujer de don Luis, le dió unas chinelas de oro que le regalara. La mujer de don Luis dijo que ella no usaba de nadien nada, que su marido le daría lo que necesitaba. Antonces la vieja se jué y volvió a venir. Y cuando ella vino, estaba la mujer de don Luis bañándose y ella se había quitao el anillo y lo puso en la orilla del bañadero. Pues cuando la vieja entró, lo agarró y se lo llevó al hombre y le dijo que ai estaba una prueba que era lo que él dicía. Que él hiciera crer a don Luis que ella le había dao el anillo. Esta se le olvidó el anillo de tal suerte que ya no se volvió a acordar del anillo y otro día en la nochi vino don Luis. En la nochi que llegó don Luis, vinieron sus amigos de una vez y el que llevó el anillo, le dijo:

—Aquí está. Te traigo la prueba. Estos tres días que estuvites allá, estuve yo durmiendo con tu mujer hasta que vinites.

Don Luis muy triste, pero no le dijo a naiden nada. Otro día salió don Luis de su palacio con su mujer y le dejó a su amigo todos sus bienes. Ella como era tan noble, no le preguntó por qué ni nada de eso. De una vez mercó él una botija de aguardiente pa estar bebiendo. Don Luis pagó que l' hicieran un cajón de vidriera pa echar a su mujer en la mar. Logo le dijo a su mujer qu' iban a buscar perlas al mar. La llevó al mar y no más llegaron al mar, le dijo que entrara ella, y la mató a ella y le echó la llave y la echó al mar. Pero él nunca la hizo saber a su mujer por qué.

Muy abajo del mar estaba una suidá y ai estaba un hombre viudo que tenía tres hijos, hombres. Estos se mantenían pescando peces en el mar. Estos jallaron este cajón y lo sacaron y se lo llevaron. Cuando llegaron allá, el viejito juramentó a los muchachos que habían de respetar esta señora lo mismo que una hermana de ellos.

Pues al fin que el padre de la esposa de don Luis echó de ver que don Luis no estaba en el palacio, que se mantenía borracho allá en los corrales y el viejito empezó a preguntar por su hija. Pues que vino este viejito y jué y habló con un hombre a ver cómo podía hacer con don Luis, y él no sabía de su hija. Hasta que por fin este viejito le puso una causa a don Luis de que tenía que hacerle saber qué había hecho con su hija. Don Luis, como se mantenía borracho, lo agarraron y lo metieron en la corte para otro día juzgar su causa.

Pues otro día sacaron a don Luis pa juzgarlo pero no pudieron saber qué había hecho don Luis con su hija, porque don Luis estaba borracho.

Otro día vinían estos muchachos que se mantenían cazando truchas en el mar y supieron de la causa. Vinieron a ver qué era lo que se bullía. Los muchachos éstos se jueron pa su casa de ellos y la mujer de don Luis les preguntó que si qué se movía en la suidá onde ellos habían estao. Ya le contaron lo que sabían de la causa. Antonces ella les dijo a ellos que si podían ellos traila a ella, que ella entendía de abogacía algo, que este viejito era su padre de ella y ella quería ver si lo podía favorecer. Antonces ellos dijieron que estaba bien. Se vistió de hombre y se jué con los muchachos estos.

Ya cuando llegaron allá, ya estaban con don Luis otra vez queriendo sacale verdá, pero él estaba borracho. Antonces sacó ella a su padre pa juera y le dijo que ella sería su abogao y mandó ella que encerraran a don Luis y le quitaran la botija.

Cuando lo sacaron a don Luis otro día, ya no estaba borracho. Otro día le preguntó su mujer a don Luis dónde estaba su mujer. Y dijo él que no sabía. Pero por fin ella lo obligó a que contara la verdá. Cuando acabó don Luis de contar lo que había pasado, hizo la mujer que trujieran al amigo de don Luis. Antonces el muchacho vino y antonces le preguntó ella qué era lo que había hecho. El amigo de don Luis, cuando vido que sería imposible ocultar la verdá, lo confesó todo. Antonces ella le dijo qu' inviaran por la viejita que le había robao el anillo y antonces vino la viejita y los ejecutaron. Antonces ella entró en un cuarto y ella había llevao el túnico que le había echao don Luis en su cajón. Se vistió ella en un cuarto y salió vestida de mujer y logo le dijo al hombre, al del anillo, que si la conocía a ella. El dijo que no. Antonces le dijo ella que ella era la esposa de don Luis y hizo que le devolviera a él todas sus riquezas.

133. Juan Bobo[16]

Este era un rey que tenía un niño y una niña. Y éstos tenían mucho cuidado de sus muchichitos. Cuando el niño se enfermó, prometió la mujer ir a una visita a una capilla lejos. Cuando comenzó a descansar el muchichito, decidieron ir a hacer la visita. Bueno, dejaron a los muchichitos encargados con el tata tío, tío de la reina. Se jueron.

Pues que a los quince días de haberse ido el rey y la reina, jué el tata tío a querer usar mal de la muchichita. Vino el muchichito y lo echó con un palo a su tío. El tata tío se nojó mucho con el sobrino y empezó a hacele mal, derrumbándole el palacio. Antonces el tata tío le escribió a su hermano a onde estaba que su hija era una ramera, que ya él no se averiguaba con su sobrina. Antonces mandó dicir el rey de allá que le sacaran los ojos y le cortaran el dedo chiquito y la tiraran a las montañas, que no quería vela más a ella. El muchichito lloró mucho por su hermanita pero la tiró, pero no quiso el muchichito que le sacaran los ojos. Se los sacaron a un perro. Le cortaron el dedo chiquito.

Pues que cayó a case una viejita vestida de hombre. Ai se estuvo un poco tiempo con la viejita. Cuando llegó el rey y la reina, no preguntaron por la muchichita. Jue la viejita a case el rey y los jalló muy tristes. Le dijo que si por qué estaba triste y le dijo la mujer que por su hija. Ella pensaba que se la habían comido los animales. Cuando vino de allá la viejita, la muchichita que se había puesto Juan Bobo, dijo si le gustaban cuentos al rey, que ella sabía muchos. Pues ya la llevó la viejita a case el rey.

Luego que llegó, le preguntó el rey cómo se llamaba. Ella le dijo que Juan Bobo. Pues empezó el cuento y dijo:

—Pues éste isque era un rey, y este rey tenía dos hijos, un hijo y una hija. Pues si quiere que siga mi cuento, traiga un tata tío que isque tenían.

Pues que isque mandó el rey a trai a su hermano. Cuando vino el tata tío, le dice el rey a Juan Bobo que siga el cuento.

—Bueno —le dice— pues su padre y su madre se jueron a una visita y empezó el tata tío luego que se jueron a querer desgarrar a la muchichita. Pues tanto llegó su tormento del muchichito del rey porque el tata tío le estaba tirando el palacio y hizo que tiraran a su hija a las montañas y el rey de la otra comarca le dió auxilio al muchichito, y ¿si viera a su hija la conociera?

Y se quitó el guante y se quitó la ropa y se quedó con la ropa que la tiraron y le dice:

—Yo soy su hija. Y aquí el viejo de su hermano jué el que destruyó la casa y hizo enredos de mí.

Antonces mandó el rey que trujieran dos carros de leña verde y dos de ocote y hicieron una foguera y lo echaron en el medio y quemó a su hermano. Y él se quedó con su muchichita.

134. *Las tres fieras del campo*[92]

Este era un hombre muy rico y nunca había tenido familia, y una vez que estaba él y su esposa, isque le dijo que hicieran una promesa a Nuestro Padre Jesús que si les daba un niño o niña iban a hacele una vesita al Fresnillo. Pues entonces, a un año después, tuvo la mujer una niña, la cual ellos criaron lo mejor que pudieron y luego tuvo un niño la mujer. Ellos los criaron y los educaron pero jamás se volvieron a acordar de la promesa. Cuando la muchacha tenía quince años, ellos se acordaron de su promesa y se pusieron a aprevenir un viaje. Era muy largo. Ellos pensaron ir todos pero tuvieron miedo exponerse a algún peligro en el camino con la muchacha y pensaron dejarla y irse ellos y llevar al muchachito no más. Y su padre tenía un hermano que se llamaba Anselmo. Entonces ellos se fueron y la muchachita se quedó en su casa con su tío Anselmo.

Y cuando su papá estuvo ausente mucho tiempo, su tío Anselmo estuvo viniendo a cuidar a la muchachita y traiba a su esposa. Pero después, cuando hacía un poco tiempo, ya vino él a la casa con mil bajezas. Entonces ella le dijo que se fuera y que viniera en la noche a la casa cuando todo estuviera quieto. Luego que ella se quedó sola, vino y juntó todas las cosas de más valor que ella tenía, las puso en una caja y no más se hizo tarde y se fué para la casa del visrey, su padrino. Cuando ella llegó a la casa, le dijo que quería que le pusiera un cuarto privado en donde nadie supiera de ella. Bueno, el visrey lo hizo. Su tío Anselmo fué en la noche a la casa. No halló nada. Descaló la casa y mandó un propio a donde estaba su hermano a decirle que la muchacha se había juido, que era una mala muchacha. Entonces, cuando su padre recibió la carta de su hermano, le echó una maldición que tres fieras del campo se la habían de comer y mandó a su hermanito que la buscara en todo el reinado y que dondequiera que la encontrara le echara al desierto más feo que hubiera pa que se la comieran las tres fieras del campo.

Entonces su hermanito, cuando vino, empezó a endagar por su hermanita pero el visrey le dijo que su hermanita estaba en su casa y su hermanito fué para verla y estuvo con ella. Y le dijo la orden que traía de su papá. El estaba satisfecho del crimen que su tío le había levantao, pero ella no quiso. Le dijo que no, que era necesario hacer la orden de su papá. El lloraba, él no quería dejarla y le decía que irían los dos juntos a otro lugar onde no supiera su papá que estaban vivos. Pero ella no quiso de ningún modo. Entonces él la llevó a un lugar en donde halló una cueva para dejarla allá.

Bueno, pues cuando él se fué, ella sabía la maldición que su padre le había echado y se quedó llorando. Pues cuando cerró la noche, oyó los bramidos que venía un lion. ¡Oh, venía bramando tanto que temblaba el desierto! Ella se escapó de desmayar. Cuando ya ella estaba muriéndose de miedo, entró el lion, y cuando entró, le gruñía, y no le hizo nada. Se arrimó junto de ella y parecía que la halagaba. Y se acostó aquí en sus pies. Ella estaba rezando, encomendándose a Dios, esperando que se juntaran los tres animales para comérsela. Más noche oyó los bramidos que venía el oso, y entró y lo mismo hizo que el otro, se arrimó junto de ella y se acostó, y ella no se acostaba. Más noche, como en la madrugada, oyó los bramidos de la serpiente, y vió que se estremecía la tierra. Cuando entró en la cueva, parecía que la saludaba, y ella pensaba que ya se la iba a comer. Pero no; la serpiente se acostó en la puerta de la cueva, el oso y el lion cerquita de ella. Cuando ya estaban los tres animales juntos, le dió sueño y se durmió atrincada al oso. Entonces ella siguió viviendo. El oso y el lion le traiban comida, y la serpiente jamás salía de la cueva, porque la cuidaba. Ella vivía feliz con sus tres animalitos.

Cuando había pasado mucho tiempo, estaba un rey en una suidá que enviudó. Estaba muy triste y se fué con sus ejércitos a cazar. Pues cuando andaban cazando, vieron un lion que salió y lo siguieron. Bueno, pues cuando se metió el lion a la cueva, les llamó la atención. Entonces se asomó ella y era el rey. Le gustó tanto que de una vez le preguntó si se casaba con él. Y le dijo ella que si sus tres animalitos que tenía la permetían, ella se casaría con él. Y dijo:

—Hermanita serpiente, ¿quieres que me case con el rey?

Y le menió la cabeza que sí. Le preguntó a los tres lo mismo. Bueno, pues que luego se fué.

Pues que cuando se casó con el rey, le sucedió la misma suerte. A poco tiempo iba a tener un niño y el rey se fué pa otro lugar para la guerra y la dejó encomendada a un hermano de él. Este hombre la trató muy bien por un tiempecito, y luego volvió con las mismas bajezas. Ella vino, dejó su niño en la cuna, agarró un vestido del rey y se vistió como hombre y se pintó la cara y se fué paronde había unos pastores. Allá les cambió el vestido por un traje de pastorcito y se fué para los campos a las borregas de su marido y le preguntaban allá cómo se llamaba y que si qué sabía, y les dijo que Juan Bobo y que no sabía más que un cuento.

El rey, cuando volvió a casa, que le dijieron de su mujer, halló allí al niño en la cama muerto, que lo mató su hermano, y le decían que era una mala mujer que se había criao en los disiertos pero él se sentía muy triste y se fué para donde tenía su ganado y allá vido al pastorcito y le preguntó que si qué sabía él y él le dijo que nada, pero los otros pastores le dijieron que él sabía un cuento. El rey, él de una vez pensó que le iba a decir alguna cosa de su mujer pero no pensó que era ella, porque le dijo:

—Sí te cuento este cuento si tú, rey, haces todo lo que yo te digo. Llevas mi zalea y todo al lugar onde yo lo voy a contar, pero ahora te voy a decir que tiene que ser en cierto lugar y tienen que venir ciertas personas, y del lugar no ha de salir nadien, más que quieran salir.

Pues pronto el rey no sabía qué pensar de aquello y se fué pal palacio y ordenó todo lo que ella le había mandao. Bueno, cuando ya estaba toda la comitiva de gente en la casa del rey, entonces ella se puso a contar su cuento y le dijo:

—En tal suidá había un señor que era muy rico y hizo una promesa que si Dios le daba una niña, él iría al Fresnillo, y cuando ya la niña creció, entonces los padres prepararon su viaje y se fueron.

—¡Ay Dios! —decía su tío Anselmo—. Permítanme salir.

—¡Mira ése! Quiere salir.

—No, no hay quién salga —decía el rey.

Entonces ella contó lo que le había pasado y los padres de ella y su hermanito de una vez supieron que les estaba diciendo su historia de ella. Y su tío Anselmo quería salir pero nunca le permitieron. Entonces ella les dijo:

—Y cuando ella se fué y se casó con este rey, él la trataba muy bien y lo mismo la dejó encargada a su hermano.

—Señores, señores —decía el hermano del rey—, yo quiero salir. Pero no lo dejaron salir.

Cuando ella ya no pudo contar más, pegó el brinco y entró a su cuarto a la cama a buscar al niño y isque se lavó en el cuarto de ella, pero ya no estaba el niño. Entonces el rey entró a donde ella estaba. Ya la halló que se había lavado y la conoció y le preguntó en dónde estaba su niño. Entonces el rey mandó agarrar al tío Anselmo y a su hermano, y les hizo prender fuego.

135. Juan Maletitas[57]

Pues isque éste era un rey y una reina. Cerca del palacio de este rey vivía un hombre y una mujer. Yendo y viniendo tiempo, este hombre y esta mujer tuvieron un niño y convidaron al rey y la reina para que bautizaran al niño. Después que ya se hicieron compadres, el rey le dijo a la reina:

—Ahora sí podemos poner todas nuestras confianzas en mi compadre. El puede atender a mi negocio.

Mandaron llamar al compadre y le encomendó al compadre, todos sus negocios. Este rey tenía muchas vacas y borregas, y un día se fué el rey a dar vuelta a sus vacas en la sierra donde estaban. Después de una semana que el rey estaba en la sierra, le mandó a decir a la reina que si quería ir a conocer para los lugares donde tenía sus haciendas que viera a su compadre que la llevara.

La reina tenía una muchachita que era criada de ella y también tenía un niño chiquito. Mandó llamar a su compadre y le dice que la lleve él para donde el rey está. El compadre le dice que está bien.

Otro día salieron muy de mañana. En el camino donde iban, el compadre molestó a la reina todo el día y a la reina le dió miedo quedarse con él en la noche. Cuando ya habían parado y iban a hacer campo, el hombre se fué poco lejos a buscar leña para hacer lumbre para el campo. Cuando él se fué, le dijo la reina a la niña:

—Ahora yo me voy a ir. Cuando venga mi compadre, le dices que no sabes para dónde me fuí.

Tomó un túnico y lo echó en uno de los velises y se fué. Cuando volvió el compadre, él no hallaba qué pensar; más que quizá un zagalejo se había llevado a su comadre.

Otro día, de allí se volvió el hombre para la suidá. Ya cuando él fué, ya el rey también ya había llegado. Le contó al rey que un zagalejo se la había llevado a su mujer.

La reina de allí de donde dejó a su compadre se fué todo un camino y caminó toda la noche. Cuando ya estaba aclarando, se acostó a dormir un rato y luego se levantó y se fué, y fué a dar a uno de los campos de vacas del rey. Hizo al campero que le diera de comer. Después de haber comido y todo, les preguntó que si dónde estaba el rey, y le dijeron que ya el rey se había ido para la casa. Ya les estuvo diciendo ella quién era ella y les dijo que mataran un novillo.

Vinieron y mataron un novillo y vino ella y le quitó la vejiga. Había en el campo un hombre que traiba un vestido muy roto. A éste lo llamó y lo hizo que soplara la vejiga hasta que la hizo muy grande. Y luego le dijo que le diera el vestido que él traiba, que ella le daría uno nuevo. Pues le dió a la reina su vestido roto. Vino la reina y se puso la vejiga de novillo muy bien puesta sobre de su cabello, a modo de que parecía que estaba pelona, y luego se puso el vestido roto que le había dado el pastor, y le dijo al mayordomo que mandara a alguien que la fuera a llevar hasta cerca de la suidá. La llevaron hasta cerca de la suidá y allí vivía un viejito y una viejita.

Llegó la reina a case de los viejitos y les dijo que se llamaba

Juan Maletitas. Después que le dieron de comer, Juan Maletitas se fué para la suidá y preguntó si había trabajo. Ya le dijeron que el rey necesitaba un chichigua porque se le había ido la reina y tenía un niño que ya no se podía averiguar con él.

De allí se fué él, Juan Maletitas, para el palacio del rey y le dice:

—Sacarián majestá, yo he oido decir que usted ocupa un buen chichigua. Yo soy Juan Maletitas y soy muy buen chichigua. Yo quisiera que me diera trabajo.

—¡Válgame Dios, Juan Maletitas! Yo creo que tú no puedes tener a mi hijito callado. Yo he traido chichiguas de ondequiera y no lo pueden tener. Mi esposa se la llevó un zagalejo y no ha venido.

—¡Va! ¡Qué tal sinvergüenza! Déjeme; yo le garantizo que yo tengo buen cuidado de su niño. No más una cosa le digo, que tiene que darme un cuarto a mí solo. Si yo soy muy buen chichigua. Hora verá usted.

Le dieron un cuarto a Juan Maletitas y hizo que le trujieran agua y todo lo necesario para el niño. Luego que le llevaron al niño, vino y atrancó la puerta y tapó todas rendijas y el ajuero de la llave también lo tapó, y vino y le dió de mamar al niño y lo bañó. Luego que ya se durmió, lo acostó y se fué a platicar con el rey y se puso a hablar mal de su mujer por haberlo abandonado pero el rey la defendía. Ansí estuvo Juan Maletitas unos días y el niño estaba muy bien. Un día le preguntó Juan Maletitas al rey si quería que le trujiera su mujer. El rey le dijo que le daba un talegón de dinero si se la traiba.

Cuando ya se hizo escuro, vino Juan Maletitas y se bañó y se peinó y luego se fué para donde estaba el rey. Cuando vido a la reina, tuvo mucho gusto.

Ya le estuvo preguntando el rey cómo había estado la salida de ella. Ya le platicó ella toda la historia. Pues luego mandó el rey a llamar a su compadre.

Mandó el rey que arrimaran mucha leña verde y hicieran una joguera. Cuando ya la lumbre estaba muy fuerte, echaron al compadre de las confianzas y se quemó y todavía está ardiendo.

137. El gusanito³¹

Había una niña que vivía sola. Un día que la niña estaba sentada en la puerta de su casa, vió un gusanito que se le acercaba, arrastrándose. Lo puso adentro de una botella y allí le daba de comer hasta que creció tan grande que ya no cabía en la botella. Entonces lo sacó y lo puso en una troja. Siguió creciendo tanto el gusanito que un día que la muchacha entró a darle de comer, el gusanito le dijo que era mejor que lo soltara en el campo, pues ya le estaba costando mucho mantenerlo. La niña quería ya mucho al gusanito y no quería soltarlo. Por fin, lo llevó al campo y lo dió libre.

La niña creció y llegó a ser tan linda que dos vecinas se envidiaron tanto de ella que le levantaron un crimen y fueron y le dijieron al rey que la muchacha decía que ella podía volver todo lo que tocaba oro y plata. El rey mandó poner una pila de piedras y mandó por la muchacha y le dijo lo que las envidiosas le habían dicho y que ahora tenía que volver aquellas piedras de oro y de plata. La niña negó haber dicho eso. Entonces el rey mandó que la llevaran al monte y le sacaran los ojos y se los llevaran a las envidiosas.

Cumplieron con la orden del rey y llevaron a la niña al monte y le sacaron los ojos y la dejaron sola. Luego se recordó la niña lo que le había dicho su gusanito cuando lo soltó, que cuando ella necesitara ayuda no más lo llamara.

—¡He aquí mi gusanito! —dijo la niña, y se le apareció el gusanito.

—¿Qué se te ofrece? —le preguntó.

—Pues que me ayudes. Aquí me han dejado sola y ciega.

Y le contó el crimen de las envidiosas. El gusanito le lambió una mano y le dijo:

—Lo que toques con esta mano, se volverá oro.

Le lambió la otra mano y le dijo:

—Lo que toques con esta otra, se volverá plata.

Y se fué el gusanito.

A poco oyó hachando la niña y empezó a gritar:

—Leñerito, tened caridad de mí.

Vino el leñero a donde ella estaba y le dijo la niña que allí la habían dejado sola y ciega. El leñero muy compasivo la subió en su burrito y la llevó a su casa. Pero su esposa empezó a rezongar que ella no se iba a poner a asistir ciegas, que la volviera a llevar al monte.

—Espérese, señora. Déjeme decirle la virtú que tengo —le dijo la niña—. Lo que yo toco se vuelve oro o plata. Tráigame unas dos piedras.

Salió el viejito y le trajo las piedras, las cuales tocó la niña y las volvió de oro y de plata.

—Tenga —le dijo—, llévelas y cómpreme unos ojos, aunque sean de gato o de perro, de los que halle.

Salió el viejito gritando por las calles:

—¿Quién vende un par de ojos? Más que sean de perro, más que sean de gato, yo doy oro y plata por ellos.

—¡Oye! —dice una de las envidiosas— véndele esos ojos que tienes ai en la lacena..

Bajaron el par de ojos de la niña ya secos y se los vendieron al viejito, y él se los llevó a la niña.

—Ahora llévame otra vez al monte —dijo la niña.

La llevó en el burrito otra vez el viejito.

—Mañana vuelves por mí. Ahora me dejan aquí.

No más se fué el viejito y aclamó a su gusanito.

—¿Qué se te ofrece?

—Que me pongas mis ojos.

Lambió el gusano los ojos y se los puso.

Otro día cuando el viejito volvió por ella, la halló con sus ojos tan brillantes, más lindos que los que tenía antes. La llevó a su casa y allí la dejó.

Un día oyó decir la niña que el rey había dado órdenes de que salieran los hombres de la suidá a matar una serpiente que estaba acabanda con todos los animales en el campo. Corrió la niña al palacio del rey y le contó la historia, que aquél era el gusanito que ella había criado, que no, lo mataran, que ella lo haría retirarse de allí, porque él le había devuelto su vista. Fué a ver al viejito, quien la llevó al campo, y allí llamó ella al gusanito que había ya crecido tanto, que era una serpiente. La niña le dijo que si no se retiraba para otras tierras, el rey iba a hacerlo matar, lo cual prometió él hacer, y la niña volvió a su casa. Luego mandó el rey por ella y la hizo quedarse a vivir en su palacio.

138. *Don Juan y don Pedro*[3]

Eran dos sirvientes del rey. Y don Juan era el que el rey tenía más confianza de él. Don Pedro le levantó el crimen a don Juan de que había dicho don Juan de que él se iba a casar con una mujer más linda y más hermosa que la reina, su señora, y de mejores cualidades. Antonces llamó el rey a don Juan y le dijo que si por qué había dicho de que él se iba a casar con una mujer más linda y más hermosa, y de mejores cualidades que la reina, su señora. Antonces dijo don Juan que no era asina, que él nunca había dicho tal cosa. Antonces le dijo el rey que tenía que traila y si no, pena de la vida. Antonces vino el rey y le compuso un vendible a que saliera a venderlo a suidades muy lejos pa que conociera una mujer más linda que la reina y de mejores cualidades.

Antonces se fué él y un día ya había caminado bastante y llegó a case una viejita muy cansao y pidió posada pa descansar un rato y llegó muy triste él porque no sabía a ónde ir a buscar una mujer más linda que la reina. Antonces le dijo la viejita que si por qué estaba tan triste. Ya le platica él a ella el negocio que lleva y le dice ella que llegue a tal lugar, que en tal lugar está un hombre muy rico y que tiene una hija muy hermosa y que será más linda que la reina o, al menos, al tanto.

Pues que se va él y llega a case el hombre a vender sus vendibles y al mismo tiempo le dijo la viejita que reflejara pa donde estaban metiendo los cortes más bonitos que él llevaba, que en ese cuarto estaba la muchacha. Y antonces que le dijera al rico que él tenía de costumbre dormir un rato después de la comida. Pues asina hizo él. Antonces lo dejaron a él solo en el zaguán onde estaba con su velís, para que durmiera un rato. Antonces logo que lo dejaron solo fué y se asomó por el ajuero de la llave de la puerta y alcanzó a ver él una muchacha peinándose, y le pareció a él muy linda, muy hermosa y logo se puso él a hacer una carta pa pidirla de una vez. Y la pidió y se la dieron y se casó con ella.

No más se casó y pronto se volvió pa atrás pa case el rey y le dijo que había hallado una muchacha que creía que era tan linda y tan hermosa como la reina y de cualidades no más al tanto. Antonces le dijo don Pedro al rey que le concediera otro vendible, que él iba a conocer a la esposa de don Juan a ver si era tan hermosa como la reina, su esposa. Y para esto que don Juan le había encargado al tata de la muchacha de que no fuera a dar posada a niguno que fuera allí.

Bueno, pues que se fué don Pedro. Le compuso el rey su vendible y se fué a conocer la esposa de don Juan. Y ai onde iba, le tocó llegar a case la misma viejita y le dió la viejita razón ónde vivía la mujer de don Juan y se fué él pa allá y no le dieron posada y antonces se volvió él pa atrás y le dijo a la viejita que él no había podido hallar posada en la casa del padre de la esposa de don Juan y que él tenía que llevar ciertas señas de ella. Antonces le dijo la vieja:

—Esta noche voy yo allá. Yo tengo la entrada allá. Yo no más voy a dormir con ella, a peinala y a bañala y yo te traigo razón de allá.

Bueno, pues que se fué la vieja, vino y juntó unos cañutitos de chinches y de piojos y los llevó pa poderle trai señas de ella. Ya fué y se fingió la enferma cuando llegó onde estaba la muchacha. Ya vino la muchacha y la hizo acostarse con ella y logo que vido que la muchacha estaba dormida le desparramó los cañutes de piojos y pulgas, cuando empiezan los piojos y las pulgas a picarle que ya no pudo aguantarse ella en la cama, le dice la muchacha que no puede aguantar, que no sabe lo que tiene, que alguna cosa le anda picando. Antonces le dice la viejita:

—Seguramente, nietecita, serán piojos. De mí se te habrán prendido piojos.

Y la hace bañala y la cambió de ropa. Logo que ya la cambió, se fué la vieja pa su casa y le dió la muchacha el camisón que traiba ella puesto a ella. Ya va a onde está don Pedro y le lleva el camisón de la muchacha y otra cosa le dice que tiene un pelo de oro en el ombligo que se da vuelta a la cintura.

Bueno, pues de ai se fué don Pedro muy contento a llevale razón al rey y le dice don Pedro al rey que don Juan ha ido a engañalo con una mentira, que don Juan se casó con una mujer, la mujer más áspera que pueda haber y de malas ideas, y que iguala a su señora, la reina, con una fantasma, con una mujer muy mala y de malas ideas. Antonces de una vez el rey hizo agarrar a don Juan y lo encerró en el calabozo y que arrimaran leña pa quemarlo vivo.

Bueno, pues antonces don Juan despachó a uno de sus sirvientes a que le dijiera al suegro de él y a su mujer lo que le pasaba. Pues logo que llegó el muchacho, estuvo leyendo el suegro la carta de don Juan y logo se la llevó a la mujer de don Juan. Le dice el padre de la muchacha que no hay más que él tiene que venir a ver a su hijo a ver qué le pasa, que lo tienen prisionero por el crimen que le levantó don Pedro. Antonces le dice la muchacha que no, que no le pertenece a él, que a ella le pertenece venir a satisfacer a su marido de ella.

Bueno, antonces viene ella y empaca su ropa y se viste de hombre y se va junto con el muchacho. Y ai onde iba mercó un guante que pagó quinientos pesos y le dice al muchacho cuando ya llegó a la suidá que la lleve a una casa de confianza para vestirse ella.

Ya se viste ella y se va pa case el rey. Pide el permiso pa entrar

allá onde está el rey y le da el permiso el rey pa que entre y logo
no más la ve y se levanta de su asiento el rey y se lo da a la mujer
de don Juan, no sabiendo el rey quién es. Antonces le dice ella que
no, que ella no merece aquel asiento, que ella va solamente a poner
queja en contra de uno de sus dos idores que tenía allí. Que le han
robado el compañero del guante que ella lleva. Pues llama el rey a
don Pedro y hace sacar a don Juan del calabozo y le dice que cuál
de los dos es. Antonces le dice ella que don Pedro es el que le ha
robado el compañero de aquel guante. Don Juan no enseñó de que
era su mujer, pero le dijo ella que aquel hombre le había robado el
compañero de aquel guante. Antonces le dijo don Pedro que no, que
él no conocía a aquella señora. Pues antonces le dice:

—Pues ¿cómo no me conocía, cuando usté me robó el compañero de este guante?

—Pues no, señora, yo nunca la había visto a usté.

—Bueno —le dice ella a él—, usté no me había visto a mí antes, ni me conocía, y dice que ni nunca me había visto. Ahora —le dice al rey— usté, su carrial majestá, me sirve de testigo de que este
hombre nunca me había visto a mí y ni me conoce.

—No, señora —le dice don Pedro—, no la conozco y nunca la
había visto. Es la primera vez que la veo.

—Pues, antonces —le dice ella al rey—, ya usté ve, su carrial
majestá, que es la primer vez que este hombre me ha visto, que no
me conocía. Pues, hora, yo soy la mujer de don Juan. ¿Por qué vino
usté a decir tan mal de mí? No me robó mi guante pero me robó mi
crédito que vale más que este guante.

Antonces hace el rey poner a don Pedro en el calabozo y darle
a don Juan y a su mujer el asiento. Y a don Pedro lo quemaron con
leña verde después.

139. Gente del mundo[57]

Había en una suidá un rey y una reina. Cerca de este rey, vivía
otro rey llamado Juan. El rey Juan, cuando murió, le quedó un hijo
que también fué rey después de la muerte de su padre. El otro rey
tenía una hija única. Esta niña, desde nacimiento, fué criada en un
nicho de oro que su padre le hizo. Dentro de este nicho la niña se
crió, nunca aprendió a hablar o a hacer nada, nada más que comer y
estar dentro del nicho.

Yendo y viniendo tiempo, se murió el rey. Poco después se murió también la reina. Las criadas del rey creían que la joven en su nicho sería una imagen del cielo. Por esta ciencia, cuando murieron el rey y la reina, no tocaron el nicho.

El rey vecino se hallaba en este tiempo muy enfermo, sufriendo del mal de amores. Un día que ya la joven en su nicho no hallaba qué comer dentro del palacio, salió para afuera por una puerta frente a la ventana del otro rey. Este rey acostumbraba sentarse en esta ventana a mirar para el palacio despoblado. Cuando la joven salió para afuera, la devisó el rey. De allí se apió él y se fué para el palacio despoblado. Cuando llegó allí, la joven lo vido y pronto salió huyendo y se metió para dentro de su nicho, pero ya el rey la había visto. El rey se paró delante del nicho y le preguntó quién era y qué estaba haciendo allí. Ella no le respondía nada porque no sabía hablar. Por fin la hizo comprender el rey y le prometió irse con él.

Cuando ya se llegaba la hora de medio día, este rey le pidió a su madre que le llevara comida a la casa despoblada y también agua, jabón y tuallas para lavarse.

Cuando ya estaba todo listo, se fué la reina para el palacio despoblado a llevar la agua y las tuallas. Cuando entró al cuarto, vido a la joven en el nicho y se asombró de ver aquella imagen tan linda y se arrodilló frente a la joven y empezó a rezar y rogarle por la salud de su hijo. La joven oía los rezos y favores que pedía la reina y se sonriía.

Cuando ya la reina trujo la comida, vino el rey, y la joven se apió, se lavó y peinó su cabello y los dos tomaron la comida allí. Después le dijo el rey que por la noche vendría por ella para llevarla para su casa.

Por la noche vino el rey y se llevó a la joven con to y su nicho y la metió en su cuarto de él. De ese día en adelante, mandó a su madre que le llevaran la comida a su cuarto de él y que no entrara más que ella.

Yendo y viniendo tiempo, nombraron al rey para campaña. Antes de irse, le pidió a su madre que le llevara todas las comidas regulares todos los días, y que el día que sacara la comida conforme la había metido, que mandara enlutar el palacio. Se fué el rey y la reina y así lo hizo todos los días hasta un día que se enfermó ella gravemente.

El rey antes vivía con una de sus criadas y esta criada, desde el día que el rey trajo a la joven del palacio despoblado, había hecho muchos esfuerzos para entrar al cuarto del rey pero no había podido. La noche que la reina se enfermó vino y la metió a la cama la criada y la esculcó hasta que le halló la llave. Le dió unos polvos para que se durmiera.

Cuando ya estaba bien dormida, vino la criada y tomó las llaves del cuarto del rey, fué y halló un garrote y entró al cuarto. A este tiempo también la joven se hallaba bastante enferma.

—¡Aja! ¡Ahora me la pagas, perra sinverguenza!

Y le pegó al nicho con el garrote hasta que lo quebró. Luego le siguió pegando a la joven hasta que tuvo chanza de ganarle la puerta y salió huyendo. La criada pronto se puso a limpiar los pedazos del nicho y fué y le puso las llaves a la reina donde las tenía. La joven no supo rumbo donde iba y no sabía hablar, sólo dos palabras que era "Gente del Mundo". Ai iba ella todo un camino diciendo:

—¡Gente del mundo! ¡Gente del mundo!

Afuera de la plaza vivían unos dos viejitos. A poco oyó la viejita lo que decía la joven:

—¡Viejo, viejo, levántate! Asómate; parece que dicen, "Gente del mundo". ¡Mira! ¡Si es una joven! Pobrecita, no sabe hablar y ya está muy enferma.

Pronto la viejita la metió a la cama y la asistió y a poco nació de ella un infantito, hombre. Los viejitos, como pudieron, lo asistieron.

Otro día, cuando la reina se levantó poco aliviada, fué a llevar el almuerzo a su hijo, pero cuando fué por los trastes, halló la comida conforme la puso allí. Pronto mandó enlutar el palacio como se le había mandado.

Poco a poco le estaban enseñando a la joven a hablar y ella estaba aprendiendo muy aprisa. Pocos días después, regresó el rey y muy enojado con su madre luego que supo que su esposa se había ido, y del modo que se había ido. Volvió otra vez el rey a caer enfermo como antes. Y el viejito todos los días iba a la plaza. Ya para este tiempo la joven sabía hablar mucho.

Un día oyó decir el viejito en la plaza que el rey había venido y que estaba muy enfermo. Cuando volvió a casa, les platicó a la viejita y a la joven. Otro día llamó la joven a la viejita y le dijo que le trajieran muchas flores para hacer un canasto. Lo hizo la viejita. Entonces se puso la joven a hacer el canasto. Vino y midió al niño su tamaño y hizo el canasto y luego vino y hizo dormir al niño y lo puso en el canasto y lo cubrió con muchas flores después de haberle puesto la sortija que el rey le había dado a ella.

—Ahora —le dice a la viejita— va usted con ese canasto otra vez. Vaya lo más apriesa que pueda. Y este canasto lo agarra con mucho cuidado. Si el rey se lo compra, lo alza con mucho cuidado para que no lo vaya a quebrar. El dinero que el rey le dé, se para cada rato a contarlo.

Se fué la viejita y cuando llegó a la ventana del rey, dice:

—¿Quién compra flores para el mal de amores?

—¡Yo! Tráigalas para acá —le dice el rey.

Llevó la viejita el canasto y con mucho cuidado lo puso en la mesa. El rey vino y le dió unos centavos.

La viejita hizo como le mandó la joven. No más salió del palacio y se sentó a contar su dinero, y ansí cada poco se volvía a sentar. A poco que se fué la viejita, recordó el niño y se empezó a mover entre las flores. Cuando el rey vido esto, pronto fué a ver qué había en el canasto. Halló de que era un niño y que el niño portaba la sortija que él había dado a la joven. Pronto salió y ordenó a los criados que fueran y trajeran a la viejita.

Cuando ya entraron dentro del cuarto donde estaba el niño, le preguntó el rey:

—¿De dónde hubo usted este niño?

La viejita le contó entonces todo lo que sabía del niño y de su madre. Entonces mandó el rey prender su coche y él y la viejita tomaron al niño y se fueron. Cuando ya hacía mucho que la viejita se había ido, cada rato preguntaba la joven al viejito si no se vía venir su abuelita. En fin le dice el viejito que allá venía el coche del rey.

Cuando llegó el coche, se apió el rey, y cuando entró a la casa, vió a su esposa y los dos cayeron desmayados. Pior se asustaron los viejitos. Cuando aquéllos volvieron a su sentido, le explicó la joven al rey cómo había estado la salida de ella de su casa. Entonces se llevó el rey a la joven y a los viejitos. Cuando llegó al palacio, averiguó cuál de las criadas le había pegado a la joven y luego mandó el rey que aquélla fuera quemada con leña verde.

141. Nuestra Siñora del Rosario[86]

Pues estaba en una suidá una reina viuda y tenía un hijo. Esta reina adoraba mucho a su hijo. En esta mesma suidá estaba una viejita. Esta viejita andaba en las casas pa mantenerse, y tenía una muchichita muy linda, no más que era pobrecita. Pues este príncipe era muy devoto de mi Siñora del Rosario. Aquí en esta iglesia tenían a mi Siñora del Rosario y este príncipe vistía a mi Siñora del Rosario. Cada un día le traiba un túnico.

Y una vez vino la muchichita a misa y vino descalza y se sentó aquí en el nichito y se puso a vele los túnicos y empezó a pedirle a mi Siñora del Rosario túnicos. El príncipe vido que esta niña estaba pidiéndole a mi Siñora del Rosario túnicos.

Y logo le dijo a la reina otro día que les llevara a la pobrecita y a su madre muchas provisiones y túnicos. Le llevó unas chinelitas de oro a la muchichita y les llevó muchas provisiones, y logo la muchichita tenía unas comadres que las quería muy bien y jué ella y le enseñó a las muchichitas, a sus comadres, la ropa que le había llevao el príncipe. Pues vinieron éstas y embrujaron las chinelitas pa que si se las ponía, se quedara durmida.

Cuando llegó el otro domingo, la muchichita se previno para ir a misa y pensó que ya sería muy tarde y agarró sus chinelitas en la mano y se fué a pie corriendo pa l' iglesia. Cuando entró a l' iglesia, se paró en un ladito de mi Siñora del Rosario y agarró las chinelitas y se las pusó. Cuando se puso las chinelitas, antonces no más se paró y se quedó durmida. Cuando salió la gente, dijo el príncipe:

—Pero ¿qué es esto? Mi Siñora del Rosario se ha aparecido aquí.

Antonces el príncipe jué y le trujo vistidos y le puso a la muchichita, pensando que era un santo que se había aparecido. Ya le ese día pa adelante empezó el príncipe a rezale a la muchichita, ya no a mi Siñora del Rosario, sólo a la muchichita pensando que era imagen. Al fin que se estuvo mucho tiempo así.

Llegaron aquí a esta suidá dos muchichitas pobrecitas tamién y jueron onde estaba mi Siñora del Rosario y la muchichita y empezaron a enamorarse de los túnicos de la muchichita y de los de mi Siñora del Rosario. Y en esos tiempos puso el príncipe aviso que se quería casar, qu' iba a hacer fiestas riales y bailes pa conocer novia.

Cuando hicieron estos bailes, jueron las muchichitas. En el primer baile, una de ellas le quitó a mi Siñora del Rosario un túnico y la otra le quitó a la muchichita otro túnico, y jueron al baile. Otro día trujieron los túnicos y se los pusieron otra vez y le quitaron otro de otro color y jueron al baile pa ver si se casaban ellas con el príncipe. Ya el último día, que era el último baile, vinieron otra vez y entonces querían ya zapatos y túnicos.

Cuando éstas niñas llegaron, ya estaba escura l' iglesia, pero en-

traron onde estaba la muchichita y mi Siñora del Rosario. El príncipe, cuando ellas entraron, estaba él rezándole a la muchichita el rosario. Logo que las vido entrar, se retiró él y se voltió paronde estaba la otra, mi Siñora del Rosario, y dejó a la muchichita con ellas.
Antonces las muchichitas pensaron que el príncipe se había ido y vino una de ellas y le quitó un zapatito. Estaba escondido. Cuando ya
vido el príncipe que le quitaron el zapato, se movió la mano, dijo la
otra muchichita:

—Se va a ñojar mi Siñora del Rosario.

—No se noja —le dijo la otra—. Voy a quitarle el otro para ir
al baile esta nochi pa ver si le cuadro al príncipe pa casarme con él.

Antonces le quitó el otro y recordó la muchichita. Antonces el
príncipe les dijo a las muchichitas que les iba a regalar con cuanto ella
tenía, los trajes y todo, porque la muchichita era la que él buscaba y
no la podía hallar.

Antonces la muchihcita que estaba hecha imagen se casó con el
príncipe.

142. Sidelia y Rosabra[75]

Este era un rey que tenía una hija y isque le dijo ella a su padre que le buscara una muchacha pa que se juera con ella a la quinta. Y isque había ua viejita en la suidá que tenía una hija. Bueno, ella
isque le dió dada a su hija a la princesa. Logo que la muchacha jué,
que se llamaba Rosabra, ya le dijo la princesa al rey que las llevara
a la quinta en donde tenía el rey una casa.

Pues el rey las llevó allí a la quinta y le dijo al rey que s' iban
a estar allí muy buen tiempo ellas las dos y para esto que la princesa, que se llamaba Sidelia, estaba ennoviada con un príncipe. Tuvo
Sidelia la mala suerte que estaba viviendo con un soldao del mismo
rey. Cuando estaban en la quinta las dos, isque le dijo a Rosabra que
quería que le cubriera un secreto. Le dijo Sidelia qué secreto. Antonces ella no jallaba cómo hacer.

En fin, en una vez invió a Rosabra a case el rey, que llevara algunas cosas de comida, siguro, y que juera el soldao esa noche pa la
quinta. Lo llamó Rosabra y le dijo que les llevara un cuchillo. El soldao jué en la noche y llevó el cuchillo. Bueno, Rosabra amoló muy
bien su cuchillo y en la noche vino ella pa que pensara él que estaba acostada ella durmiendo y escondió la luz que tenía abajo de una

•lla. Cuando ella vió que estaban durmidos, agarró su cuchillo ella,
e ladió la cabeza al soldao y lo degolló y le dijo Sidelia:

—Pero ¿qué has hecho?

—Pues tú quieres que te cubra tu secreto y de otro modo no
•uedo.

Este soldao lo echó ella al mar. Estaba la casa a la orilla del mar.
A pocos días, a aquélla se le ofreció tener su criatura. Aquélla
.o jallaba cómo hacer. Estaban solas las dos. Le puso una silleta allí
•a que se agarrara, y ella se salió pa juera. Cuando ella oyó llorar
a criatura, entró y ya no hizo caso al muchichito. Lo dejó y se puso
asistir a Sidelia. Cuando ya ella acostó a Sidelia, la asistió bien.
\ntonces jué a ver al muchachito. Este tamién lo degolló. Ya isque
e volvió a dicir Sidelia:

—Pero ¿qué has hecho?

—Pues tú quieres que te cubra tu secreto. Pues de otro modo no
uedo —isque le dijo.

Al muchachito lo enterró abajo de las raices de un árbol. Ella
iguió cuidando a Sidelia. Cuando ya estuvo buena, mandó a dicile
l rey que juera por ellas a que las llevara al palacio.

Cuando ya estaban en el palacio, se casó el príncipe con ella.
llas las dos se querían mucho y le prometió ella a Rosabra dale la
iitá de lo que Dios le diera. El príncipe la quería tamién mucho.

En una vez jué a la plaza a una tienda. Jalló dos flores muy bo-
itas, una de las flores estaba más bonita que la otra y no jallaba él
cuál dale a Rosabra y acuál a Sidelia. Al último, como él vido que
e querían tanto las dos, le dió la más bonita a Rosabra. Entonces
idelia se sintió por haberle dao la flor más bonita a Rosabra.

Ya Sidelia no estuvo muy bien con Rosabra. Ya ai pensó man-
ala a tirar a los montes. Ya isque le dijo que si por qué no iba a
acer una visita. Y le dijo ella que estaba bueno. Y la invió a ella
1 un coche con un pion. Y a él le dijo que le sacara los ojos y le
ortara el dedito chiquito y se los llevara. Cuando ellos iban pasando
lugar de onde ella sabía qu' iba a hacer la visita, antonces le dijo
pion llorando que no iba a hacer visita ninguna, que Sidelia la ha-
ía mandao a tirar y le sacara los ojos y le cortara el dedito chiqui-
) y se los llevara. Antonces le dijo que si Sidelia había mandao es-
), que estaba bien. Y para eso que se había ido con ellos un chulito
ue tenía el hombre. Antonces le dijo que si por qué no le sacaba
)s ojos a su chulito y le dijiera que de lástima que le había dao sa-
ale dos ojos se le había olvidao cortale el dedito. Aquél le sacó los

ojos a su perrita pa llevárselos a Sidelia. Y ai le pidió a él papel y
un lápiz y le escribió una décima. Luego que la acabó de escribir, se
la dió a él pa que se la llevara a Sidelia y ella se jué.

Ai ond' iba entre un monte, incontró una casa muy grande y
la casa era de ladrones. Cuando ella llegó a la casa, no había naide
allí y se puso a poner bien la casa, a haceles de comer. Cuando acabó de haceles la comida, se escondió abajo de una de las camaltas.
Cuando ellos llegaron, jallaron la comida hecha, y muy barrida la casa. Pero ellos comieron.

Otro día que se jueron, do más se jueron y volvió a salir ella
y volvió a haceles su comida pa cuando ellos volvieran en la noche.
Pues volvieron a jallar su comida y toda la cama y todo muy bien
puesto.

—Pues aquí hay gente —isque dijieron—. No hay ni duda.

Otro día que ya almorzaron, éstos se escondieron a ispiar qu
gente había allí. Cuando ella salió, la agarraron. Todos se querían
casar con ella. Antonces isque les dijo ella que le dieran una abuj
y un vaso y antonces estuvo picándoles aquí asina a todos en la mu
ñeca y juntó la sangre que les salió en aquel vaso y ella tamién s
sacó sangre y logo la menió, la revolvió toda. Isque les dijo que s
beberían aquella sangre entre todos. Pues se la bebieron entre todos
Antonces isque les dijo que no se casaba con ni uno. Que su sangr
estaba revuelta de todos ellos y les dijo que eran hermanos todos. Y
todos convinieron de que juera su hermanita. Ellos la querían mun
cho. Ellos s' iban a robar en el día. Cuando ellos vinían, les tenía s
comida. De modo que estaban muy a gusto.

En una vez iba a haber una diversión, peleas de toro, y le di
jieron que se apreviniera en la mañana para ir a la diversión. Est
se vistió y llevaba muncho prenderío de oro, los chapines de oro
se jueron. Ai ond' iban en el camino, quién sabe qué se les ocurriri
a ellos y ellos se retiraron y la dejaron allí. Qu' iban a volver pron
to, le dijieron.

Cuando llega una vieja bruja allí onde ella estaba y llevaba uno
chapincitos lo mismo que los de ella y esque le dijo:

—A ver, nietecita, mídete estos chapincitos a ver si te queda
bien. Te los doy.

Le quitó sus chapincitos de ella y le puso los que ella llevaba
la encantó, que parecía una imagen. Se jué la bruja y llegaron lo
ladrones y la jallaron encantada. Ellos dijieron que quizás estab

muerta y ai la echaron en la agua. Y de ai se arrendaron. Ya no fueron a la diversión. Muy tristes porque se había muerto su hermanita.

Ese tiempo venía el príncipe. su marido de Sidelia, cuando iba el cajón. Lo sacó, lo destapó. Sidelia de una vez conoció a Rosabra. Ya isque le dijo él a Sidelia:

—¿Ya pa qué vamos a la diversión, hija? ¡Mira qué imagen tan linda llevas aquí!

Sidelia no le dijo nada, pero ella sí la conoció. De ai se volvieron, y cuando llegaron a su casa, la pusieron en un nicho. Sidelia isque dijo que ella estaba encantada en alguna de las prendas que llevaba puesta. Sidelia cuidaba muncho a aquélla que no le jueran a quitar alguna de las prendas y se desencantara.

Cuando se descuidó un día Sidelia, entró una criada tontita que tenían allí. Isque le dijo:

—¡Ah, qué chapincitos tan lindos, nana Virgen, tiene! ¿Por qué no me presta sus chapincitos? ¿A ver si me quedan a mí?

Le quitó uno. De una vez encogió el pie.

—No te nojes, nanita Virgen. Te los voy a dar otra vez.

Ya isque le quitó el otro y se desencantó. Cuando se lo quería poner, ya ella no se dejó ponérselos. Cuando entró Sidelia, ya la había desencantao. Sidelia cayó enferma y Rosabra quedó en la casa. Y ella asistía muy bien a Sidelia. Ni por haber hecho lo que hizo con ella, inviala a tirar, no se sintió Rosabra; siempre la quiso. En fin murió Sidelia de pesar de haber hecho lo que hizo con Rosabra. En fin Rosabra se quedó allí en la casa. Se casó el príncipe con Rosabra.

143. La Amada y la Amadita[84]

Había un rey que tenía una hija que se llamaba Amada. Esta se pasiaba mucho con el capitán del rey. En esta misma suidá estaba una muchichita pobrecita que cuidaba doce borregutas de otro rey. Amada un día andaba pasiándose con el capitán y jué a dar onde staba la muchichita. Era tan parecida esta muchichita a la Amada que ella de una vez trató de llevársela con ella, porque era una mesma con ella. Antonces la princesa le puso a ésta Amadita, tamién.

La princesa, yendo y viniendo tiempo, se puso gorda. Antonces a muchichita le dijo que sería bueno ir al mar pa ver si se podía quiar aquella mancha. Se jueron éstas allá, y allá tuvo la princesa, la Amada grande, un niño. Cuando tuvo la Amada este niño, trató la

Amadita chiquita de matar al niño. Aquí en esta casa onde tenían al
quilao, había un olivo. La muchichita mató al niño de la Amada gran
de y lo enterró en la raíz del olivo.

Después de un tiempecito vino el capitán. Aguardó a que estu
viera dormido y le metió un puñal tres veces en el corazón pa que l
princesa quedara limpia, y logo lo echó ella en el mar. La Amad
grande no supo nada de la muerte del capitán. Ella pensó que se ha
bía salido de la casa y la muchichita le dijo que el capitán ya no l
quería, que por eso se había ido.

Cuando ya vieron que el capitán no vinía, invió a dicirle al re
que vinieran por ellas. Cuando llegaron al palacio del rey, llegó u
príncipe a pidir a la Amada grande. Este príncipe había oido dici
antes del negocio del capitán y antonces el príncipe este le alvirti
al rey que si su hija no estaba bien, antonces al filo de la espada mo
riría la misma nochi. Por onde a ella le dió mucho miedo y empezó
llorar.

Antonces la muchichita le dijo que ella le prestaría su flor pc
la nochi. Antonces apagaron la luz. La muchichita se acostó con e
príncipe y la Amada grande se acostó en la cama de la muchichit
Como a la media nochi se levantó la Amada grande y la chiquita. L
Amada grande se jué con el príncipe y la chiquita se vino a su cam

Otro día en la mañana el príncipe sabía que éstas se amaban tan
to y jué y arrancó las flores más lindas que había en el jardín y s
las trujo a la Amadita. Por onde la Amada grande le dió tanto sen
timiento que aborreció a la Amadita. Antonces la princesa trató d
echar a la Amadita chiquita en el mar. El rey, como sabía que s
amaban tanto, dijo que él iba a hacer un cajón pa echar a la Amad
ta pa que no se hogara con la agua del mar.

Esta, cuando vido que la iban a echar en el cajón, hizo una ca
ta pa la Amada grande y en la carta le dicía que se acordara de l
flor que le había prestao la primer nochi que se había casao y d
peje que había echao en el mar y la planta que había sembrao en l
raíz de aquel olivo pa que quedara pura y sin mancha, y que co
eso le había pagao. Esta, cuando le entregó la Amadita la carta, ell
tenía mucho coraje y la tiró. Antonces el príncipe la agarró y se l
echó a la bolsa. Antonces la echaron en el mar y se jué.

Esta, cuando anduvo en el mar, allá en otra suidá muy lejos es
taban cuarenta ladrones. Estos todo el tiempo andaban en el mar pa
siándose. Un día jallaron este cajón aorillado en la orilla del mar
lo sacaron. Cuando jueron a su casa, porque la muchichita estab

desmayada, antonces volvió la muchichita del desmayo. Antonces los ladrones se juramentaron con ella que si ella los asistía a ellos, ellos serían lo mismo que unos hermanos de ella. Empezaron a traile muchas prendas de oro, chapines de oro.

Pues una vez había toros aquí en esta suidá onde vivían los ladrones. Estos ladrones, para ir a la suidá, iban todos desparramaos pa que no supiera la gente que eran ladrones. Uno de ellos se quedó con la Amadita y le dijo que se vistiera muy bonita pa llevala a los toros. Se puso sus chapines de oro y se jué con uno de los ladrones. En la orilla de la suidá vivía una vieja bruja en un facalito. Aquí se paró éste a ver si ya habrían llegao los otros ladrones de la suidá para ir él. La vieja bruja estaba mirando que estaba tan bonita la muchacha con aquel ladrón allí. Logo se jué él a subirse a un árbol a ver si ya habían venido sus compañeros a la suidá a los toros. En lo que él jué allá, la vieja le puso otras chinelitas a ésta, le dió un vasito de lechi y le dijo que estaban mejor aquellas chinelas y ai la embrujó. La encantó. Esta muchacha se quedó dormida. Ya este ladrón no se pudo ir a los toros. Se volvió pa la casa y allá tuvieron mucho tiempo a la Amadita. Antonces pensaron ellos echala otra vez en el mar.

Cuando la volvieron echar en el mar, el príncipe, su marido de la Amada. grande, estaba peliando con los moros y tenía que pasar por el lao de abajo del mar. Cuando él vinía, jalló el cajón de la Amadita y la conoció y se la llevó. Su mujer del príncipe estaba que había tenido niño. Cuando el príncipe llegó, la sacó y la puso en el paso en el palacio. Antonces él dijo que él iba a enterrar a la Amadita adentro de la iglesia, se nojara quien se nojara. En el cuarto onde estaba la Amadita tendida, entraron dos muchichitas y se enamoraron de las chinelitas y se las quitaron. Y antonces ella recordó.

Cuando la princesa vido que la Amadita había resucitado, le dió más coraje y se le envenenó la sangre y murió. Antonces el príncipe se casó con la Amadita y s' hicieron las fiestas riales, y hubo aquellos fiestales y me convidó el príncipe pa las fiestas. Y juí a la fiesta.

B. LA HIJA DEL DIABLO

144.   Jujuyana[22]

En la Suidá de las Piedras Amarillas, había un señor que crió dos hijas y un hijo. Este muchacho se llamaba Juan. Cuando llegó a la edá de diez y ocho años, le pidió a su padre su bendición, porque quería ir a hacer la vida.

Bañado en lágrimas su padre, lo despidió y en el camino incontró un labrador que le pregunta paronde camina. Juan le explica y el hombre le dice:

—Hombre, vas mal rumbo. Todos los que caminan este camino llegan a un lugar en donde se llama El Humito de Irás y no Volverás.

—Pues yo sí vuelvo —le dice, y siguió su camino.

Ya cuando estaba a puestas de meterse el sol, alcanzó a ver aquel humito. Caminó ese día hasta que llegó a donde había un ojo de agua. En pocos momentos vido venir una joven muy hermosa. Se arrimó y la saluda. Ella le dice que su madre puede destruirlo. Le pregunta él dónde está ella. La joven le dice que en el campo pero que su padre está en su casa. Entonces la acompañó él a la casa. Llegando el joven junto de la casa, le dice el anciano:

—Joven, ¿qué andas haciendo en estos lugares? ¿Qué no sabes que se llama El Humito de Irás y no Volverás?

Entonces le pide posada el joven. El anciano le dice que se puede quedar hasta que vuelva su mujer, porque ella es la que gobierna allí. Pues se pasaron la tarde divirtiéndose en conversación hasta que conoció el anciano que ya su esposa llegaba. Le dice:

—Buen joven, ponte a cortar leña para que mi esposa te halle ocupado.

Cortando leña estaba él cuando llegó la mujer. La primer palabra que le dijo al anciano fué:

—Viejo, a carne humana me huele aquí. Si no me la das, comerte a ti.

—Mujer, aquí no ha venido más que un joven que, según su plática, es un gran caballero.

—Vendrá —le dice— en pues de mi hija.

—Tú lo sabrás, porque yo no —le dice el anciano.

—Traérmelo a mi presencia para juzgar su intención.

Sale Jujuyana a llamarlo onde está cortando leña y le dice:

—Mi nana te quiere ver. Y te va a destruir por completo. Pero si tú me prometes que te casas conmigo, yo te libertaré de que no te destruya.

—Con todo mi gusto la acepto —le dice.

—Pues cuando acabe mi nana —le dice— de parlar contigo, le dices que tu intención ha sido venir a este lugar para ver si te dan el consentimiento de esposarte conmigo.

Cuando llega la anciana le pregunta qué hace en aquel lugar. El le dice que ha venido a ver si le conceden tomar por esposa a su hija.

—Para ello —le dice— necesitarás hacerme tres mandados. Sígueme y te diré cuál es el primer mandado.

Salieron a una distancia recortada de la casa en donde había dos lagunas, una que se había secado y otra estaba bordo a bordo de agua.

—Para que tú te cases con mi hija, necesitas de mudarme mañana la agua que está en esta laguna, echala con un dedal.

—Está bien, si asina lo manda. asina lo haré, si puedo.

—Pues si no puedes, te arruinaré por completo.

Como a la hora de nona se levantó Jujuyana y fué onde estaba Juan.

—Duerme y descansa en paz. En la mañana mi nana te aprontará tres dedales, dos nuevos y uno muy viejo. Y descoge tú el viejo y no te acongojes.

En la mañaan siguiente, le trujo tres dedales y él tomó el dedal muy viejo y se fué para la laguna. Tan pronto como llegó allí, empezó a llenar dedales de agua y llevarlos a donde estaba la laguna seca. Cuando llegaba a onde estaba la laguna seca ya no llevaba nada de agua. A la hora regular que la anciana debía de salir a transitar su comarca, se fué Jujuyana paronde estaba Juan. Ya él no podía ni caminar de tantas lágrimas que tenía en los ojos de ver que no podía llevar ni solo un dedal de agua. Le dice:

—Arrímate a mí para alisarte el pelo.

Juan se arrimó y le alisó el pelo y se quedó dormido. Como a la hora de nona lo recordó y le dice:

—Levántate. Ya has acabado. Ya está toda la agua de la laguna mudada a la laguna que estaba seca.

—Y me voy —le dice—. Ya llega mi nana.

Cuando llegó la anciana de hacer su trabajo fué a ver el trabajo que había hecho Juan y le dice:

—Estos son hechos de Jujuyana o tienes más poder que yo. Mañana me desmontas todo este monte que está aquí, lo barbechas siem-
bras trigo, lo cosechas, mueles el trigo y me tienes pan para mi cena.

Juan entonces se puso muy triste de ver la imposibilidá para hacer el mandado. Jujuyana llegó a onde él estaba y le pregunta qué
pesares le acompañan. Juan le dice cuál es el mandado. Le dice Jujuyana:

—Por la mañana mi madre te aprontará tres hachas. Dos muy
buenas y una demasiadamente muy fatal. Escoge tú la fatal y te pones en la obra. Y iré a darte vuelta tan pronto como mi madre se vaya.

Cuando la viejecilla le aprontó las tres hachas, Juan escogió la
más fatal. En pocos momentos después de que comenzó la obra se
vido muy acongojado de ver la sangre que vertía de sus manos sin
poder cortar un sólo árbol. Llega Jujuyana y le dice que se arrime a
sus faldas y descanse.

Se arrimó a las faldas de Jujuyana. Le puso la mano en la cabeza y al momento se durmió. Jujuyana recuerda a Juan después de
un límite de tiempo y le dice:

—Juan, levántate. Coge el pan. Ya yo me voy.

Se levantó Juan y vió que el sitio marcado se componía de pa-
jón de trigo y a su lado estaba una canasta con el pan. Tomó su canasta y se dirigió a la casa. Halló a la anciana muy fatigada y le dice:

—Señora, he concluido con el mandado que me ha dado.

—Centífico o provisional, pero yo creo que esto contiene más
de Jujuyana que de otra naturaleza. Descansa en paz. En la mañana te daré el último.

Diciendo esto, se fué a acostar la vieja. Entonces sale Jujuyana
y le dice:

—Juan, mi madre te va a dar un mandado el cual ni los genios
más poderosos del mundo podrán hacer. Yo no podré con ninguna
de mis astucias. No nos queda más que hacer que esta noche nos vamos. Voy a darme prisa a aprevenir el viaje. Tú no entres más a la
casa.

Jujuyana entró a la casa, tomó un espejo, una escobetilla con
que se alisaba el pelo y un peine, y abrió la ceniza del fogón, juntó
bastante saliva en sus labios y la echó allí. A poco de rato que salieron, dispertó la anciana y le dice:

—Viejo pellejo, cuerecito de conejo, Jujuyana que se va.

—¿Onde se ha de ir, mujer? ¡Jujuyana! ¡Jujuyana!

—Señor —responde la saliva.

—¡Ya lo ves, vieja tonta! Ai está Jujuyana.

Los gritos de los dos viejos se repiten dos veces. La segunda vez vuelve a contestar la saliva "¡Señora!", pero a la tercera vez no responde nada. Entonces le dice la vieja:

—¿Ya lo ves cómo Jujuyana se fué? ¡A traime a mi hija o hago contigo como hago con los demás!

Se levantó el anciano y echó trote. Cuando ya Jujuyana sintió que ya los alcanzaba, dijo:

—Juan, ya vienen en pos de nosotros. ¡Mira! Haz como yo te mande y te irá bien —dijo tirando la escobeta. Inmediatamente apareció una iglesia muy hermosa. Entonces le dijo Jujuyana qué era lo que tenía que hacer cuando viinera endagando por ellos. Agarró él el cabresto y se puso él a repicar la campana en forma de un anciano. Llegó el viejecillo:

—Señor, ¿no ha visto pasar a un hombre y una mujer por aquí?

—Este es el último, señor. Ya es hora de entrar a misa.

—Le digo que si no ha visto pasar un hombre y una mujer por aquí.

—Ya es hora de entrar a misa, señor.

Se asomó aquél a la puerta de la iglesia y no vido más que una virgen muy hermosa en el altar y se arrendó. Volvió a la casa y le dice:

—¿Quése mi hija?

—Pues no la puedo encontrar, ni quien me dé razón. Un sacristán estaba dando repiques para ir a misa.

—Y ¿vites para adentro?

—Sí, había una virgen muy linda.

—Esa es mi hija. Anda a traila. Esa es mi hija.

Se fué el viejo y tan pronto como él se alejó a una distancia regular, despareció Jujuyana todo esto y tomaron su camino. Caminaron una distancia y le dice:

—¡Juan, nos agarran! Ya vienen cerca. Ahora voy a poner aquí una milpa y cuanta cuestión te pregunten, tu respuesta sea que es maiz común que toda la gente lo usa.

Y tiró el peine Jujuyana y se colmó una milpa. En el medio de la milpa estaba una caña güerita más alta que toda la milpa. Llegó el anciano y le dice:

—Señor, ¿no ha visto pasar a una mujer y un hombre por aquí?

—Señor —le dice—, es maíz común que usa toda la gente.

—Nada le pregunto qué clas de mais tiene aquí. Le pregunto por un hombre y una mujer.

—Señor, ésta es una milpa de maiz común. Toda la gente lo usa.

Se volvió el anciano y Jujuyana despareció aquello todo que tenía allí y tomaron su marcha. El viejecillo llega a la casa y le dice:

—¿Quése mi hija?

—No la he encontrado —le dice.

—Pues ¿qué vites en el camino?

—Un hombre —le dice— y una milpa estaba allí y en el medio de la milpa una caña güerita.

—Esa es mi hija. Anda a traila.

—Anda a traila tú, vieja impertinente. No me molestes más.

—Pues hora verás tú como yo sí la traigo.

Se hizo patarrao las naguas y echó carrera. Cuando ya sintió que ya los alcanzaban, dijo Jujuyana:

—¡Juan, mi nana ya nos agarra! A ti te voy a volver un palomo y yo una paloma. Cuando te haga yo un orrocloclo, tiras las salivas para el agua.

Cuando la viejecilla venía cerquita, sacó el espejo y lo tiró y se formó una laguna de agua y un palomo y una paloma en forma de patos nadando en el medio. Llegó la viejita y le dice:

—¡Ah, traicionera, de mis uñas no te vas!

Se tendió la viejecilla a beberse el agua de la laguna. Cuando ya el agua se iba apocando demasiadamente mucho, la paloma hacía la que se iba para onde estaba la viejecilla y no dejaba pasar al palomo. Ya faltaba muy poca agua cuando la paloma hizo el orrocloclo y con la saliva que tiró el palomo a la agua hizo gomitar a la viejecilla toda la agua a la laguna otra vez de nuevo. Entonces la viejecilla le dice:

—¡Mira, traicionera, con lo que me has pagado en esta vida! Pero te alvierto que el primero que abrace a Juan, te echará en olvido!

Se volvió la viejecilla. Luego Jujuyana y Juan siguieron su camino. Cuando se acercaron a la casa de su padre de Juan, le dice Juan:

—Esposa mía, aquí espera tú mientras que yo voy a la casa de mi padre a dale aviso que te llevo y a trai ropa de mis hermanas para que no te avergüences al presentarte delante de ellas.

—No quisiera —dice ella— que me dejaras porque me temo de que me eches en olvido.

—Pierde cuidado —le dice él, y se marchó para la casa de su padre y lo vieron ir a una distancia y se alarmaron de gusto. Antes de llegar, les dijo:

—No me abracen, porque no vaya a hacer yo una ingratitú.

Su madre se dirigió con lágrimas en los ojos. Lo saludó y le dió un beso en la mejilla. En esto la hermana menor partió por detrás y lo abrazó. Entonces nada pudo contarle. Todo era un olvido. Como si ninguna cosa le hubiera pasado. El padre de Juan le dice:

—Hijo, tan pronto como tomemos la cena, quiero que vayas tú con tus hermanas al divertimiento de la hija del visir, pues ella ha tenido siete nucias y por mala suerte ha quedado prontamente viuda tan pronto como acaba de esposarse. Y el rey ha dado orden de que todas las muchachas jóvenes y muchachos jóvenes vayan todas las tardes a la hora de la oración hasta la hora de nona a divertir a esta joven porque está muy triste.

No más tomaron la cena y se marcharon para el aposento del visir. La hija del visir estaba tan apesadumbrada que no hablaba con nadien. Cuando vido esta joven entrar a Juan y a sus hermanas, se paró de su asiento muy agradable y fué y les habló a las dos jóvenes y a Juan. El visir, su padre, se llenó de regocijo y dijo:

—Mi hija ha hallado contentamiento.

—Padre, entró un joven placentero y agradable.

—Te estarás lista para tomarlo para compañero.

—Siendo su voluntá de usté, sí —le dice.

Al momento el rey anunció de que la siguiente noche se celebraría el casamiento de la hija del visir con Juan, y despidió la comitiva. Los padres de Juan se alegraron mucho cuando supieron las nuevas y empezaron a hacer las preparaciones para el casorio.

Ahora vamos a ver qué hubo de Jujuyana. Cuando aquella desafortunada joven se halló en aquellos pozos en donde la había dejado Juan, desafortunadamente no se pudo acordar de sus artes que ella reconocía. Pasó la noche en una pena muy grande y lágrimas en los ojos y llena de sollozos. Cuando ya el día vino, alcanzó a ver humo en una casita muy pobre. Se dirigió pa allá y llegó. Llamó a la puerta y salió una viejecilla. Esta recibió a Jujuyana cariñosamente. Jujuyana le dice que es huérfana y que anda buscando cómo hacer la vida. Entonces le dice a la viejecilla:

—Abuelita, le pido un favor, que vaya a la suidá como quien

no quiere la cosa y indaga qué hay de nuevo para que me platique. Será una ayuda que me hace y yo se la recompensaré doble.

—Está muy bien —le dice—. Horita vengo. Aquí te quedas.

Salió la viejecilla para la suidá y en muy poco tiempo volvió. Llegó a la casa y le cuenta que Juan se va a casar con la hija del visir a la hora de nona esa misma tarde. Entonces le pide Jujuyana por favor que vaya a casa del rey y le diga que aquí está una pelegrina en su casa que desea divertir al rey, a su comitiva y a los novios una o dos horas antes de que se celebre el matrimonio. La viejecilla obedece y hace el mandao. El rey le dice que traiga a su pelegrina a la hora de sexta para que se comience como la audiencia se acabe de juntar.

Jujuyana, la última vez que le alisó a Juan el pelo, tenía un cabello suelto que se quedó en la mano de Jujuyana y ella tenía tanto amor y voluntá que lo guardó como una reliquia.

Jujuyana tomó el cabello de Juan y formó de él un pichoncito y tomó un cabello de la cabeza de ella y formó una pichoncita, y ambos los colocó en una caja. Cuando volvió la viejecilla, comieron, se vistieron y se fueron. Cuando llegaron al salón del rey, de una vez notó que Juan estaba sentado al lado de la hija del visir. Jujuyana fué para allá y en la pasada en donde estaba Juan se le dió una vuelta en el corazón de Juan pero no jalló qué podría ser. El rey le dijo a Jujuyana que comenzara tan pronto como fuera posible. Entonces sacó una cajita Jujuyana. Abrió la cajita y puso dos pichoncitos en el medio de la sala. El pichoncito se fué muy togado para una orilla de la sala y la pichoncita para la otra orilla y le dice la pichoncita cuando da la vuelta:

—¿Te acuerdas, hermanito pichoncito, cuando iba yo por agua y tú t' incontrates conmigo y me preguntates qué lugar es éste y yo te dije, "Es el Humito de Irás y no Volverás?"

—No me acuerdo, no me acuerdo; acuérdate tú —le dice el pichoncito.

—¿Te acuerdas, hermanito pichoncito, cuando ibas a mudar una laguna de agua con un dedal roto?

El pichoncito no se acuerda de esto, pero a medida que le va haciendo más preguntas, empieza a acordarse. Por fin le pregunta la pichoncita:

—¿Te acuerdas, hermanito pichoncito, cuando me dejates en el pozo diciendo que me ibas a trai ropa para presentarme delante de tu padre y tu madre, y yo, con lágrimas en los ojos, te rogaba que no me dejaras sola porque me echarías en olvido?

—Aquí sí que me acordé, y me llamo Juan, ¿verdá?

—Tú lo has dicho.

Se levantó Juan y dijo:

—Su carrial majestá, pido perdón y audiencia. Pues como estos pichoncitos han estado tratando la conversación; asina me ha pasado a mí. Esto me ha pasado a mí. Esta pelegrina es la que me ha libertado la vida bajo compromiso y palabra de casamiento, pero que yo me fuí por ropa a mi casa para que se presentara como era debido ante mis padres y eché por olvido y no me vine a acordar hasta ahora.

—El hombre debe de cumplir con sus promesas, pero también hay que satisfacer a la hija de mi conde. ¿Qué oferta promete usté —le dice el rey a Jujuyana— en favor de esta joven?

—Sacarrial majestá, si me cuenta usté la historia de esta joven, creo que le seré muy útil y ella quedará muy satisfecha.

—Ha tenido varios esposos y tan pronto como han sido esposados, se han muerto. ¿Podrás tú remediar esto?

—Señor, si esta joven con toda su voluntá me entriega a Juan, que verdaderamente es mi esposo, le prometo delante de la soberanía del rey que si ella se casa, su esposo no morirá en esa forma. Está enamorado un genio de ella y ésa es la razón que le está aconteciendo lo que usté me acaba de contar.

La hija del visir, y el visir quedaron conformes. Entonces la hija del visir por mandado de su padre, escoge un joven para esposo. El joven acepta, aunque con temor de morir, pero Jujuyana le dice:

—No temas, que bajo mi potestá están los genios y yo los gobierno, y en prueba de ello estoy yo aquí presente para sufrir la muerte en lugar tuyo.

—Traigan al sacerdote pa que celebren este matrimonio —dice el rey—, y cuando esta extranjera haya dado prueba de su promesa, se celebrará el matrimonio de Juan.

El sacerdote se pone a celebrar el matrimonio de la joven hija del visir. Acabando de concluir, se oyó un terror en la casa. Se para Jujuyana y dice las siguientes palabras:

—Genio, rey de los genios, ahora necesito tu servicio.

Se va presentando en el momento un monstruoso y terrible genio y le dice:

—Listo estoy para servirte. Manda y será hecho.

—El genio desigual de los genios ha estado enamorado de esta joven que acaba de ser esposada y de recibir a su marido. Confúndelo en el centro de la mar con una piedra de molino a su cuello en donde no vuelva a hacer mal al ser humano.

—Al momento será hecho tu mandato —le dice el genio.

El rey quedó pasmado de terror y dice las siguientes palabras:

—Ni el sacerdote ni persona alguna de la audiencia se retirarán hasta no ver el contenido de dicha ordenanza.

Cuando pasó un intervalo de tiempo aquella noche, que ya era pasado del límite del tiempo de todos sus esposos que aquella joven desafortunada había tomado habían sido muertos, el rey dijo:

—No hay duda que esta pelegrina ha dado prueba de lo que ha prometido.

El rey ordenó al momento que se celebrara el matrimonio de Juan y dió orden que se invitara toda la gente de la suidá para ocho días de fiesta allí en aquella suidá y ordenó que los dos recién casados con sus esposas permanecieran en palacio por estos ocho días. Siempre creyendo que posible una hora u otra viniera algún ser a cortar el hilo de la vida del esposo de la hija del visir. Comenzaron los festines en aquella suidá por ocho días.

A la conclusión de estos ocho días, llamó el rey toda su corte y declaró que al tiempo de la muerte suya, del rey, Juan sería coronado rey y que antes de eso sería el primer consejero de su corte. El rey le ofreció a Juan y Jujuyana la mitad del palacio para que vivieran allí, pero Jujuyana rehusó, diciéndole al rey que les diera únicamente un sitio cerca del palacio donde componer su residencia. El rey concedió ese favor gustosamente. Se despidieron del rey y tomaron el camino para la casa del padre de Juan. Cuando iban llegando a la puerta, descubrieron que iban llegando a un palacio diez veces más hermoso que el del rey, aunque Juan, sus padres y sus hermanas no lo habían notado antes. Pero Jujuyana, cuando había ido a usar de sus deberes secretos, había ordenado al genio de edificarle un palacio tal como aquél. Todos se establecieron en el palacio nuevo; hasta la viejecilla que había protegido a Jujuyana fué trasladada al palacio nuevo.

A pocos días de esto, se enfermó el rey gravemente. Viéndose a punto de morir, hizo el rey que coronara su corte a Juan. Muerto el rey, Juan empezó a reinar aquel reino.

145. Paloma Blanca y Paloma Azul³⁶

Este era un príncipe que le gustaba mucho jugar a la baraja. Venían muchos a jugar con él y a todos les ganaba. Un rey que tenía su reinado miles de millas de lejos, oyó decir de este príncipe jugador. Este rey era mágico y le gustaba jugar. Se llamaba el rey Quiriquiquí. Cuando él supo del príncipe jugador, decidió ir a jugar con él. Se subió en el caballo del pensamiento, que era un caballo muy flaco y en un momento llegó a case el príncipe. Jugaron los dos y le ganó al príncipe todo el dinero. Entonces le dice el príncipe que él le apuesta el reinado de su padre por todo el dinero que tiene él, y le dice el rey Quiriquiquí que está bien. Juegan y le gana el rey Quiriquiquí. Entonces le dice el rey Quiriquiquí que él no quiere el reinado de su padre pero que se acabala con que le haga tres mandados. Le dice el príncipe que está bien. El rey le dice que vaya a su reinado en un mes y que entonces los podrá hacer.

Al mes se va el príncipe y camina mucho: En el camino incontró el príncipe a dos muchachos que se estaban peliando. Les pregunta el príncipe por qué se están peliando y le dicen ellos que por las botas y el sombrero. Que su padre se había muerto y que eso les había dejado y le dijieron que las botas tenían virtú, que el que se las ponía podía caminar tan apriesa como el pensamiento. El príncipe les dijo entonces que él les ayudaría a decidir. Que partieran corriendo hasta aquel pino y el que volviera primero, a ése le daba las botas y el sombrero. No más partieron aquéllos, vino el príncipe y se puso el sombrero y las botas y cuando aquéllos volvieron, ya se había ido el príncipe.

De ai va el príncipe a donde vive la madre de la luna y le pregunta dónde es el reino del rey Quiriquiquí. La madre de la luna dice que ella no sabe pero que fácil que su hija, la luna, sepa. Cuando viene la luna, le pregunta, pero ella dice que ella no sabe. Va entonces a donde está la madre del sol y le pregunta. La madre del sol le dice que ella no sabe pero le dice que su hijo sí ha de saber, pues él anda por todo el mundo. Cuando viene el sol, le pregunta el príncipe, pero dice el sol que él no sabe, pero que la madre del aire sí ha de saber. Se va para donde está la madre del aire. Cuando la ve, así se le vuelan las garras que trai puestas y así se le vuelan los cabellos y dice:

—A carne humana me huele a mí; carne humana anda aquí.

Se arrima el príncipe y le dice que anda en busca del reinado de rey Quiriquiquí. La madre del aire le dice:

—Yo no sé, pero mi hijo sí ha de saber. Horita viene él, pero agárrate de ai porque si no, te vas a caer porque el viento viene con mucha fuerza.

Cuando llega el aire, llega muy suave. Entonces le dice el príncipe:

—Pues yo ando en busca del reinado del rey Quiriquiquí.

—Acabo de venir de allá. Yo lo llevaré.

En el camino le contó el príncipe que iba a hacer tres mandados del rey Quiriquiquí. El aire le dijo que si quería hacer los mandados, que se valiera de Paloma Blanca que era una de las hijas del rey. Le dijo:

—¡Mira! Paloma Blanca y Paloma Azul, las dos hijas del rey vienen a bañarse a una laguna y naiden las puede ver pero si tú te escondes bien, no más llegan y se quitan los cueritos. Agarras tú el de Paloma Blanca y la haces que te prometa ayudarte.

Así lo hizo el príncipe, y cuando le pidió Paloma Blanca su cuerito, la hizo él prometerle que se casaría con él y que le ayudaría a hacer los tres mandados.

Se fué Paloma Blanca y cuando llegó el príncipe al palacio del rey, le dijo al rey Quiriquiquí que había venido a hacer los tres mandados. El rey le dijo que estaba bien, y hizo que le prepararan un cuarto. El rey le dijo al príncipe que el primer mandado que tenía que hacer, era arrasar una montaña, sembrar trigo, cosecharlo, hacerlo harina y luego hacer la harina pan y traile el pan para otro día pal almuerzo. Aquél se sintió muy triste porque él sabía que él no lo podía hacer. Más tarde, s' incontró con Paloma Blanca y le dijo del mandado. Paloma Blanca le dijo que no perdiera cuidado.

Otro día se fueron Paloma Blanca y el príncipe juntos y le dijo Paloma Blanca que se acostara cuando llegaron a la montaña, que ella haría sola lo que el rey pidió. El príncipe se acostó y ya cuando él levantó la vista, ya Paloma Blanca tenía todo hecho y le entregó el pan. Para el almuerzo, otro día, le llevó el príncipe el pan al rey. La mujer le dijo:

—Yo creo que esos son hechos de Paloma Blanca porque a ésa no le gana nadien y ella no más lo podía hacer.

El rey le dijo que eso lo había hecho el príncipe, porque era un príncipe muy buen mágico.

Cuando vino el príncipe por el otro mandado le dijo el rey que tenía que ir al mar a trai la sortija que se le había caido a la reina en el mar. El príncipe le dijo que bueno, y se fué muy triste y cuando incontró a la princesa, le dijo acuál era el mandado, y ella le dijo que ése era el mandado más difícil, pero que si hacía como ella le decía, les iba bien.

Se fueron pal mar y cuando llegaron a la orilla del mar le dió la princesa un cuchillo grande y una bandeja que llevaba y le dijo que la cortara a ella en pedacitos, y que no dejara perder ni una gota de sangre, que los echara en el mar y luego que los volviera a echar a toda priesa en la bandeja otra vez. Si hacía asina, entonces serían felices pero si no lo hacía asina, podía quedar ella coja o sin un brazo. El príncipe no quería hacer esto pero al fin lo hizo y a toda priesa juntó todo y lo echó en la bandeja y recobró la princesa su forma y le entregó la sortija de la reina. Le dijo:

—Lo has hecho muy bien; no más un pedazo de un dedito me falta, pero eso no importa; seremos felices.

Volvieron al palacio y le entrega la sortija al rey. La reina le dijo:

—Estos son hechos de Paloma Blanca, porque ella no más lo podía hacer. Ella no más es más mágica que nosotros.

El tercer mandado que le dió el rey fué que tenía que amansar un caballo. Paloma Blanca le dijo que el caballo sería su padre, la silla y el freno su madre, las espuelas Paloma Azul, y la cuarta, ella. Le encargó que les pegara y maltratara al caballo, el freno, la silla y las espuelas, pero no a la cuarta. Así lo hizo cuando fué al corral. El caballo, no más entró y se le vino encima y le dió una paliza y lo mismo a la silla, al freno y a las espuelas y cuando ya los había maltratado mucho, los llevó a la puerta del palacio del rey y le gritó que ya tenía el caballo amansado. El rey le dijo al príncipe que se fuera de allí y que si no lo hacía, que lo iba a matar.

El príncipe y la princesa decidieron juirse esa noche, y le encargó ella a él que cuando fuera a la caballeriza por un caballo, no fuera a agarrar uno gordo, que agarrara uno flaco, porque ése era el caballo del pensamiento. La princesa vino y llenó una escupidera de escupetina para que respondiera cuando le preguntara la reina a ver si estaba ella en su cuarto. El príncipe, cuando fué a la caballeriza, le pareció muy flaco el caballo del pensamiento y descogió uno gordo. Cuando lo incontró la princesa, le dijo:

—¡Estamos perdidos! ¿Por qué no trujites el caballo del pensamiento?

Se subieron en el caballo y se fueron en su camino. Al rato que se habían ido, le dijo la reina al rey:

—A mí se me hace que Paloma Blanca se ha juido con el príncipe.

—No se ha ido. ¡Qué se ha de haber ido! Háblale para que te desengañes. Entonces grita la reina:

—¡Paloma Blanca! —grita la reina.

—¡Aquí estoy!

Estas dudas de la reina y los gritos del rey se repiten varias veces hasta que nadien responde cuando la reina le grita a Paloma Blanca. Entonces se levanta la reina y va al cuarto de Paloma Blanca pero no la halla. La reina le dice al rey Quiriquiquí:

—¿No te dije que Paloma Blanca se había ido? Hora tienes que ir tú a alcanzalos.

El rey se subió en el caballo del pensamiento y cuando ya los iba alcanzando, le dijo Paloma Blanca al príncipe:

—¡Ai viene mi padre!

Y le tira un peine desenredador y se vuelve un varañal. El rey entonces no puede pasar y se vuelve. Cuando llega a onde está la reina, le dice que cuando ya los iba alcanzando, incontró un varañal y no pudo pasar. Entonces le dice la reina:

—Ese no era varañal. Ese era el desenredador. Anda, hombre, y alcánzalos.

El rey no quería ir pero al fin fué otra vez. Cuando ya los iba alcanzando otra vez, le dijo la princesa al príncipe:

—Allá viene mi padre otra vez.

Y esta vez tiró una escobeta, y se volvió un monte. El rey no pudo pasar y se desafució y se volvió. Cuando llegó a la casa, le dijo a la reina que había incontrado un monte muy espeso cuando los iba alcanzando y que no había podido pasar. Ella le dijo:

—Hombre, ése era la escobeta.

Entonces decidió ir ella en pues de ellos y cuando ya los iba alcanzando, dice la princesa:

—Ya nos va alcanzando mi madre. A ella sí le tengo miedo.

Y le tiró el espejo y se volvió una laguna. El príncipe se volvió el plan de la laguna y la princesa se volvió una truchita, y cuando llegó la madre, le dijo a ella:

—A mí no te me escapas. Yo sé que tú eres esa truchita.

Y se volvió ella una nubecita y empezó a seguir la truchita, y la truchita a juir. Anduvo haciendo fuerza pescala hasta que al fin se cansó. Cuando vido que no la podía pescar, la maldició y le dijo:

—Pero mi maldición te alcanzará. Este príncipe te ha de olvidar.

Cuando se fué su madre, se volvieron gente otra vez y siguieron su camino. Cuando ya iban llegando al reinado de su padre, le dijo el príncipe que tiene que ir adelante a avisarles a sus padres que llevaba una princesa y que él vendría en coche por ella, porque sería una vergüenza llegar con una princesa a caballo. Antes de que se vaya, le pide ella que no se deje abrazar de naiden, porque si lo abrazan, de seguro la olvidará. El le promete que asina lo hará.

Cuando él llegó al palacio, cuando menos pensó, lo abrazó una vieja y olvidó a la princesa. La princesa, cuando vió que la había olvidado el príncipe, se fué a la suidá y compró un palomito y una palomita y los estuvo enseñando a que se respondieran el uno al otro. Ella fué después a enseñarles a los reyes lo que sus palomitos sabían hacer. Y el rey le dió licencia de que podía entrar con sus palomitos a devertir al rey y a la reina con sus palomitos. Cuando ella estuvo en el palacio, estuvo preguntándole la palomita al palomo:

—¿Te acuerdas, palomito ingrato, cuando veníamos juyendo de mi padre que te dije que ya mi padre nos alcanzaba y le tiré el desenredador y se volvió un varañal y no pudo pasar mi padre y se volvió?

—¡Curucucú, que no me acuerdo!

—¿Después —le dice la palomita—, cuando ya nos iba alcanzando mi padre otra vez que le tiré la escobeta y se volvió un monte y no pudo pasar mi padre?

—¡Curucucú, que no me acuerdo! —le dijo él otra vez.

—¿Te acuerdas después cuando ya venía mi madre alcanzándonos, que tiré el espejo y se volvió una laguna y tú el plan de la laguna y yo un pescadito y entonces mi madre me maldició?

—¡Curucucú, que me voy acordando!

—Y ¿te acuerdas cuando llegamos cerca del palacio, que querías dejarme para venir por el coche para traime para el palacio y te dije que no te dejaras abrazar de naiden, porque me ibas a olvidar?

—¡Curucucú, que sí me acuerdo!

Y entonces el príncipe se acordó de ella y brincó y la abrazó y le dijo que ella era su esposa.

147. *Blanca Flor sin Par del Mundo*[25]

Este era un rey y una reina que después de estar casados por espacio de veinte años tuvieron un niño. Ansiosos de saber lo que podía salir de aquel niño, lo llevaron a un adivino que le adivinara su sino y el adivino les dijo de que iría a salir un muchacho muy perverso, jugador, y que les gastaría todo, cuanto tenían. En vista de esto, los padres determinaron encerrar al niño donde estuviera incomunicable con persona alguna, sin tener más compañía que la madre hasta que tuvo la edad de siete años. A la edad de siete años lo dejaron solo sin darle más que su asistencia y sin compañía ninguna.

Pasó un año, luego fueron a ver cuáles eran los movimientos del joven. Hallaron de que usando la agua de que tenía para beber, había hecho monos de zoquete. Los había rodiado de una mesa, había hecho barajas de cartón y a la actualidá comenzaba el juego diciéndoles a los monos:

—Apúntense, muchachos. Rey de copas, sota de espadas en la puerta. Apúntense muchachos.

En vista de eso, el rey se resuelve en sacarlo y heredarlo con una cierta suma de dinero y despacharlo a que buscara su vida, dándole al mismo tiempo una mula para que emprendiera su viaje. Salió el muchacho de la casa con orden de no volver más. A la primer suidá que llegó, se halló un lugar donde estaban unos jugadores. Se puso a jugar con ellos y antes de veinticuatro horas le habían ganado cuanto traiba, hasta la mula. En vista de que no podía regresar a su casa, pidió a los jugadores que le suplieran con qué comprar un lonche para hacer su jornada.

Después de haber caminado una cierta distancia, pensó sentarse y comer un pedazo de pan. A esto se aproximan las hormigas y les reparte el pedazo de pan a las hormigas. Luego la hormiga principal les quita una patita a cada una de las otras, se las da al joven y le dice:

—En cualisquiera aflicción que te halles, no más las tiras al viento y dices, "Dios y hormigas," y nosotros estaremos a tu lado.

Sigue su camino. A poca distancia encuentra un negro, el cual le pregunta que si qué rumbo lleva y qué anda haciendo, y le dice él:

—Voy buscando trabajo.

—Cierta distancia de aquí —le dice el negro— hay un ramal en cierto lugar. Quitas ese ramal y está una puerta que te conduce pa abajo de la tierra. A una cierta distancia abajo de la tierra está un rey que ocupa un joven que le haga un mandadito. Yo me encargaré de notificar de que tú has ido despachado por mí a hacer ese mandadito.

Después de haber caminado cierta distancia por abajo de la tierra, se encuentra una laguna y se sienta a descansar. Ve venir tres palomas volando. Dos se pasan de donde está él y una baja y se sienta al lado de él y se vuelve una joven y le pregunta:

—¿Tú eres el joven que va a hacerle el mandadito a mi padre? Y le responde que sí. Entonces le dice ella:

—Si tú te casas conmigo, yo estoy lista pa ayudarte en todo lo que pueda.

Una vez convenido, le dice:

—Yo me llamo Blanca Flor sin Par del Mundo. El primer mandadito que mi padre te va a mandar es que le traigan un centío del medio del mar para cuando venga amaneciendo y si no, pena de la vida. Cuando ya salgas a hacer el mandado, no más dices, "Blanca Flor sin Par del Mundo, quiero que hagas por mí." y yo estaré a tu ayuda.

Cuando llega a case el rey, le pregunta si él va a hacer el mandadito y responde el joven que sí. Le da un antiojo y le dice que si qué alcanza a ver por ai. Responde el joven que nada más que una laguna y le dice:

—En medio de esa laguna te voy a tirar un centío y lo tienes que trai pa cuando venga amaneciendo y si no, pena de la vida.

—Blanca Flor sin Par del Mundo —dice luego que se retira—, quiero que hagas por mí.

Sale la joven, y lo lleva inmediatamente a la laguna, se vuelve paloma y entra y saca el centío y le dice:

—Cuando me veas salir a la orilla me tiras pa afuera.

Cuando la vió andar en la orilla, la agarra y la tira afuera de la agua. Le da ella el centío y regresa a entregárselo al rey.

—Muchas gracias —le dice el rey—. ¿Me podrás hacer otro mandadito?

El joven que no sabía decir que no, le dice que estaba bien. Le vuelve a dar el antiojo y le dice que si qué alcanza a ver por ai. Le dice el joven que nada más que un cerro. Le dice el rey:

—Pues en la cumbre de ese cerro me tienes que sembrar un trigal. Con la agua del mar lo tienes que regar, y me tienes que dar pan de dicho trigal pa cuando venga amaneciendo y si no, pena de la vida.

—¡Oh —dice el joven—, pa de aquí a que yo desmonte y barbeche bien se llega la madrugada y sin duda me van a matar.

Sin embargo, llama a Blanca Flor sin Par del Mundo y le dice que quiere que le ayude. Le responde ella que le va a ayudar pero le ruega que no acepte otro mandadito, y vuelve a la casa y saca una caja que contenía muchos monos y se van pal cerro. Allá destapa la caja y le dice a los monos:

—Andenle, cucos marinos, una hora de gusto.

Comienzan unos a desmontar, otros barbechando, otros sembrando, otros abriendo acequias, otros regando, otros cortando trigo, otros trillando, otros moliendo, otros haciendo el pan. Antes de que viniera amaneciendo, venía el joven con su canasto de pan pa case el rey.

—Muy bien, joven, ¿me podrás hacer otro mandadito?

—Sí —le dice el joven.

Entonces lo lleva a una troja onde estaba el trigo revuelto con el aveno y le dice:

—Quiero que me apartes el trigo del aveno sin que quede un grano revuelto. En otra troja apartas el arroz de la cebada sin que quede un grano revuelto pa cuando venga amaneciendo y si no, pena de la vida.

—Aquí sí —dice el joven— sin duda voy a morir.

Se sienta muy desconsolao, piensa fumar su cigarrito, saca un fósforo pa encenderlo y recuerda de las hormigas. Saca las patas de las hormigas, las tira al viento y dice:

—Dios y hormigas.

Al momento están las trojas llenas de hormigas. Le preguntan qué se le ofrece. Les dice:

—Quiero que me aparten el aveno del trigo de esta troja y el arroz de la cebada de esta otra troja antes de que venga amaneciendo.

Todo concluido antes de que amaneciera, llama al rey para que viera el trabajo.

—Bien —le dice el rey—, estoy listo para darte una de mis hijas. Ahora las voy a poner en un cuarto oscuro, vestidas de negro las tres, y tú tienes que descoger, diciendo a cuál quieres.

Dejado solo, viene la Blanca Flor sin Par del Mundo y le dice:

—Cuando te haiga llamado a descoger, descoges la del medio. Esa soy yo. Asina lo hizo. Descogió a la Blanca Flor.

Fué casado y puesto en su casa y después de haber pasado una semana, como le pareciera que su esposa se estaba poniendo muy triste, le dijo que si que no estaba contenta con él. Le dice ella:

—Sí estoy, pero si supieras lo que pasa, no durmieras tan a gusto.

—Pues ¿qué pasa? —le dice él.

—Verás —le dice— que mi padre te quiere matar porque no quiere que estés conmigo. Y cada vez de que viene hago alguna demostración yo para que vea que estamos despiertos. Ahora, dime, ¿qué no tienes tú a tus padres?

—Sí los tengo —le dice.

—¿Por qué no nos vamos con ellos?

—A la hora que quieras —le dice el joven.

—Tomaremos tres días de tiempo para hacer el viaje. Ahora voy a trai dos cajetes, tú llenas uno de saliva, yo otro. Cuando los háigamos llenado, dejamos el lugar.

Llegados los tres días, los cajetes estaban llenos de saliva y partieron en la noche. Va el rey, como ·de costumbre, oye estar los cajetes platicando. Le dice a la reina:

—Están dispiertos.

Así pasaron tres días. A los tres días le dice el rey a la reina:

—No sé qué pasa con nuestros hijos. Toavía anoche se oían hablar; ahora no se oye nada.

—Pues quiebra la puerta —le dice la reina—, y entra a ver qué pasa.

Quiebró la puerta y entró y no halló nada. Le dice a la reina:

—Horita los alcanzo.

Toma uno de sus mejores caballos y sale en pues de ellos. Cuando los iba alcanzando, le dice la joven al joven:

—Aquí viene mi padre. Ahora me vuelvo yo una ternera y tú el pastorcito y veremos qué plática le echas.

Y llega el hombre a donde está el pastorcito y le dice:

—¡Oye, joven! Tú que andas más cerquita de este camino, ¿no me has visto pasar un joven y una joven de estas señas y estas otras?

—Sí, señor, aquí ando cuidando mi vaca.

—No te pregunto eso, joven —le dice el rey—. ¿Que si no me has visto pasar un joven y una joven de estas señas y estas otras?

—Sí, señor aquí ando cuidando mi vaca porque va a trai becerro, y cuidando que no se lo vayan a comer los coyotes.

—Tú eres un tonto —le dice el rey.

Y regresa para atrás. Y le dice a la reina:

—Ya mero los alcanzaba cuando m' incontré con un pastorcito que andaba cuidando una vaca. Le pregunté y me sale con el cuento que andaba cuidando su vaca y mil tonterías.

Al día siguiente sale otra vez en busca de ellos. Cuando los iba alcanzando, le dice la joven:

—Aquí viene mi padre. Hora sí nos mata. Hora me vuelvo yo una iglesia y tú el sacristán y tú verás qué plática le echas.

Y llega el rey a donde estaba el sacristán. Le dice:

—Usté que vive más cerquita de este camino, ¿no me ha visto pasar una joven y un joven de estas señas y estas otras?

—Sí, señor —le dice el sacristán—, va a haber misa hoy. Horita vendrá el padrecito a decir la misa.

—No le pregunto eso, señor. Que si usté que está más cerquita de este camino, no me ha visto pasar una joven y un joven de estas señas y estas otras.

—Sí, señor —le dice—, no más dos repiques faltan pa que se llegue la hora de la misa. Si quiere llegar a la misa, horita estaremos listos.

—¡Oh, usté es un tonto! —le dice el rey y regresa pa atrás.

—Ya mero los alcanzaba —le dice a la reina— no más que m' incontré con una iglesia y un sacristán allí. Le pregunté y me va saliendo con que sí iba a haber misa y que no más dos repiques faltaban, y mil tonterías. Pero mañana me voy por el viento.

Otro día se fué por el viento y lo ve la muchacha ir y le dice al joven:

—Ai viene mi padre. Hora sí nos mata. Pero aquí voy a hacer todo lo que sé. Si nos zafamos, nos zafamos.

Y le pone un espejo en el camino. Entretanto el rey onde está el espejo, cai al suelo muerto.

—Ahora —le dice la joven—, ¿qué tan lejos viven tus padres todavía?

—Ya no están lejos —le dice él—. En aquel árbol que se ve allá, ésos son ranchos de mi padre.

Cuando llegaron al árbol, le dice ella:

—De aquí te vas solo y les haces saber que vas casao. Y no vayas a permitir que te abracen ni te besen porque si lo hacen, me olvidas.

El joven llegó a onde estaban sus padres. A pesar que hacía tanto que no los vía, nunca consintió que lo abrazaran ni lo besaran. Pero como iba cansado, se encerró en un cuarto a descansar donde se quedó dormido. Entra la criada, que lo quería mucho, lo abraza y lo besa dormido. Al dispertar, todo se le había olvidado acerca de la Blanca Flor sin Par del Mundo. Se proponen a casarlo y le piden a otra joven.

Mientras estando arreglando las bodas, va una viejita a donde estaba la Blanca Flor por agua. Le pregunta la viejita que si qué anda haciendo allí y le dice que anda perdida.

—Pues vámonos conmigo —le dice la viejita—. Yo no tengo ni una hija.

Se va con ella. A pocos de días fueron invitados para atender las bodas del hijo del rey.

Vino la viejita y la joven al prendorio. Luego le dice la joven a la viejita que pidiera del rey que la dejasen hablar con el novio públicamente. Dado el rey su consentimiento, le dice ella al joven:

—¿Sabes que tú no puedes ser casao? ¿Te recuerdas cuando fuites a hacerle el mandadito a mi padre?

—No me acuerdo.

—¿Te acuerdas tú que el primer mandadito que te mandó mi padre fué que en medio del mar te iba a tirar un centío, y tenías que trailo pa cuando viniera amaneciendo, y si no, te mataba, y yo te ayudé?

—No me acuerdo —dijo él.

—¿Te acuerdas que el segundo mandadito que te mandó mi padre fué que en la cumbre de un cerro tenías que sembrar un trigal, con la agua del mar tenías que regarlo y darle pan de dicho trigal pa cuando viniera amaneciendo, y si no, te mataba, y yo te ayudé?

—No me acuerdo —le decía el joven.

—¿Te acuerdas del último mandadito que te mandó mi padre, que de una troja tenías que apartar el trigo del aveno sin que quedara un grano revuelto y de la otra, el arroz de la cebada sin que quedara un grano revuelto pa cuando viniera amaneciendo, y si no, te mataba, y ai hicites una de las tuyas?

Ella le va repitiendo todo lo que les ha pasado a los dos y él se va acordando poco a poco hasta que por fin dice ella:

—¿Te acuerdas que te dije que no fueras a consentir que te abrazaran o te besaran porque si lo hacían me olvidabas?

—Naiden lo besó en la casa —dice entonces el rey.

Entonces preguntan a la criada y la criada dice que ella lo abrazó y lo besó dormido. Entonces el rey da orden que cuelguen a la criada, y el joven dice:

—Sí me acuerdo por completo.

Siguieron las bodas con la Blanca Flor sin Par del Mundo, y ellos se quedaron en la fiesta, y yo me vine.

148. Jujuyana[54]

(Como en el cuento número 120, contado por la misma persona, una joven es injustamente arrojada al mundo por su padre. Por casualidad, la joven llega a la casa de una vieja bruja. Esta se figura al principio que la joven es la Virgen, y le da posada.)

La pobrecita joven no sabía de qué se trataba en la casa, pero cuando vió que la anciana hizo de cenar y cenó y no la llamó, ya ella tenía mucho hambre, y le dijo después que acaba de cenar:

—Abuelita, ¿por qué no me das de cenar? Ya yo me muero de hambre.

—¿Qué no es mi Nana Virgen?

—No —le dijo ella—, yo no soy. Soy Jujuyana, que me desterró mi padre y yo no conozco a la gente ni conozco la ciudá. Aquí porque vi humo me vine y si usté quiere, aquí viviré con usté.

—Bueno, nietecita. Mira, yo tengo de costumbre ir todos los días a case el rey, pero ya tú te quedarás aquí. Llevarás todos los días un bote a aquel cirgüelar y pepenarás cirgüela pa comer y yo traíré lo demás de a case el rey.

Así lo hacía la vieja. Tenía a su viejo en su casa que estaba muy viejo y muy sordo. Y este se quedaba con Jujuyana.

Otro día se levantó la vieja y se fué, como de costumbre, a casa del rey, ordenándole a ella que no dejara venir a nadie a la casa y ella vino y fué a la casa del rey y oyó decir que estaba el príncipe escogiendo novia y que estaba el palacio en fiesta. Y le dijo Jujuyana:

—¿Por qué no me lleva con usté a conocer el palacio?

—No, Jujuyana. Ya tú quieres salirte de tu centro. Allá no van más que las hijas de los grandes.

—Si yo no quiero entrar adentro. Si yo no más quiero conocer el palacio por fuera.

Tanto le rogó hasta que la llevó un día, encargándole que no se fuera a destapar la cara y la dejó fuera del corral del palacio. En frente de la puerta del corral estaba la ventana del príncipe y ella empezó a ver pero que vino y se destapó la cara y alcanzó a ver al príncipe en la ventana, y el príncipe la vió también y de una vez se enamoró de ella. Salió la vieja y se fueron a casa otra vez.

El príncipe salió de su cuarto, enamorao de aquella muchacha,
y dijo que si en dónde vivía la vieja que venía todas las mañanas por
las migas que quedaban en el palacio. Le dijeron que vivía cerca del
monte y él dijo que quería ir a ver si podía verla. Se fué el príncipe
y dos criados con él. Fué rodiando él por la orilla del monte y paró
en el cirgüelar. Entonces ella lo alcanzó a ver y como no estaba la
vieja, fué ella y habló con él. Ya le dijo el príncipe que él quería
casarse con ella.

—Pero no me deja esta vieja ir al palacio. ¿Cómo voy a hacer?

—Oh —le dijo el príncipe—, ya veremos cómo haremos.

Otro día la mandó la vieja a barrer todos los patios, encalar la
casa por dentro y enjarrarla por fuera, acarriar mucha leña y partir-
la y ponerla bien puesta contra las paredes para cuando ella viniera
y que tuviera mucho cuidado, que ella no quería que anduviera arrimándose nadien por allí. El príncipe estaba escondido y le dijo que
él le ayudaría, y entre los dos hicieron todo el trabajo. Cuando la
vieja llegó, todo estaba arreglado.

—¿No se ha arrimado nadien por aquí, Jujuyana?

—No, señora.

—¡Mira, Jujuyana! ¡Cuidadito, cuidadito! Yo no quiero bultos.
Mañana tienes que sembrarme este trigo, regarlo y cortarlo, trillarlo, molerlo, cernir la harina y hacer el pan pa cuando yo venga.

Así lo hizo la pobre. Estuvo haciendo todo lo que ella le mandó para cuando vino. Le preguntó al viejo si había venido alguien.
El le dijo que no. Y el príncipe se escondía. Pero en la noche fué y
tocó la puerta cuando estaban cenando.

—¡Oh, Jujuyana, qué te dije! Ya están viiniendo aquí pichones.
¡Qué te dije! Aquí no se arrimaba nadien y ahora vienen a deshoras.

Le pidió posada el príncipe. Como andaba disfrazado, ella no
lo conoció.

—No, no, hijito. Del marco de la puerta pa afuera; para adentro, no.

Le dió un sarape pa que durmiera allí aquella noche, porque él
andaba, le dijo, en busca de un camello que se les había perdido. Otro
día fué en la noche y le dijo al viejo que lo dejara entrar. Al fín, rezongando, rezongando, pero lo dejó entrar. Le dió de cenar y luego
Jujuyana le pidió una baraja pa jugar. Se pusieron a jugar en la cocina ella y el príncipe y empezaron a discurrir cómo irse.

Cuando se llegó la madrugada, Jujuyana tomó un escapulario,
un peine, una escobeta, un espejo, unas tijeras y un envoltorio de sal

y se lo echó en el seno y estuvieron juntando la ceniza caliente y echaron las salivas allí en la ceniza y salieron. Estaba bien dormida la vieja y no los sintió. A poco rato que salieron, gritó la vieja:

—¡Jujuyana!

—¡Señora! —le dijo la ceniza mojada con la saliva.

Y la Jujuyana y el príncipe se fueron de una vez lo más recio que pudieron caminar. Así estuvo la vieja hablándoles hasta que se fué secando la saliva y se fué desmayando la voz. Se levantó la vieja y fué a ver a la cocina y no halló a la Jujuyana.

—¡Viejo! ¡Viejo! ¡Sordo! ¡Tonto! Levántate pronto; ya la Jujuyana voló las trancas. Anda pronto, síguela. Ya se fué con ese vagamundo.

Salió el pobre viejo corriendo. Cuando empezaron los reflejos del día, voltió Jujuyana la cara y lo vió. Y le dijo:

—Semos perdidos; ai viene el viejo atrás de nosotros.

A toda prisa tiró el escapulario, y se levantó una iglesia y ella le ordenó a él que repicara la campana y si le preguntaban si había visto pasar a alguien, que dijera que no, y ella se revistió de cura y se puso a dar la misa. Cuando llegó el viejo, entró a la puerta de la iglesia y vió que estaba el cura dando misa y el sacristán repicando. Le preguntó si había visto una joven y un joven pasar por allí.

—No, señor; nosotros estamos aquí, que vino el cura a dar la misa y yo no he visto nada.

Se volvió el viejo para atrás. Tan pronto como él se volvió, salieron ellos y se fueron. Cuando vido la vieja que el viejo venía solo, lo topó diciéndole:

—¿Que no los trajites?

—No —le dice—. Llegué allí a la iglesia y está el cura dando la misa.

—Pues ésos son. Vete pronto y traime a la Jujuyana.

Se fué el viejo otra vez. Cuando lo vió la Jujuyana que ya iba muy cerca de él, tiró unas tijeras y se hizo una laguna de navajas y no pudo pasar el viejo y se volvió, y ya topó a la vieja que iba detrás de él.

—¡Anda, vete, alcánzala!

Y se fué el viejo. Cuando lo vió la Jujuyana, tiró la escobeta y se hizo un sandial y ella en una sandía grande se metió adentro y el príncipe lo hizo un viejito y le preguntó:

—Señor, ¿no ha visto pasar un muchacho y una muchacha por aquí?

—No, señor. Muy de mañaan vine a regar estas sandías y no he visto pasar a nadien ni pa arriba ni pa abajo.

Se volvió pa atrás y tan pronto como se volvió, rompió la sandía ella y se salió y echaron carrera y le dijo:

—¡Quién sabe si ahora venga la vieja, y ésa sí nos alcanza!

En efecto, cuando el viejo llegó a donde ella estaba, la halló muy enfadada. Le dijo:

—¡Anda, vete! Esa sandía grande que dices que está en la huerta es en donde está ella. Debías de haberla quiebrado y traido. Pero ai quédate.

Se fué ella y llegó hasta cerca de donde ellos iban. Entonces tiró el peine y se hizo un carrizal. Fué pasando la vieja, hecha garras, toda rasguñada, toda desgarrada, pero así pasó. Cuando ya pasó, ya iba alcanzándolos. Tiró ella el espejo y se hizo una laguna muy grande y agarró su envoltorito de sal en la mano y volvió al príncipe un patito, y ella se volvió pata. Y entró a nadar en la agua, echándole sal a la agua. Vino la vieja y llegó a la laguna y empezó a rodiar la laguna y no podía entrar, porque era muy honda. Empezó a beber agua, y la pata le echaba sal a la agua. Y luego les decía:

—¡Cua, cua, patitos! ¡Cua, cua, patitos!

Y se arrimaban hasta cerca de ella y luego se iban nadando pal otro lado. Y ya la laguna se iba secando. Cuando vió ella esto, echó la última sal y empezó a beberse la agua la vieja hasta que pegó un traquido y se reventó.

Entonces salieron ellos y se fueron, ya sin ningún temor. Le dijo al príncipe ella:

—Mira, ¿en dónde vas a llegar?

—Tengo —le dijo— una tía y primas aquí al salir del monte, a la orilla de la ciudá. Ya hace mucho que no las veo y quiero invitarlas pa nuestro casamiento.

—Pues yo te diré —le dijo ella—, yo no puedo llegar contigo a esa casa, pero tú hora que vayas no vayas a darle la mano a nadien, ni a permitir que te abracen más que sean tus primas o tu tía, porque tal y tal que las abraces, me olvidarás a mí.

Se fué él a la casa de sus parientes y llegó y les dijo que no lo abrazaran, pero una de las primas que no estaba en la casa no sabía nada de lo que había pasado allí. No más que supo que estaba su primo, que las había ido a invitar y llegó muy contenta y entró de una vez. Estaba él acostado en una cama descansando poco y ella entró y sin que le dijeran nada, fué corriendo y lo abrazó. De una vez se le olvidó a la Jujuyana. Ella se quedó muy triste en el olivar toda la noche.

El se fué al palacio y ya el rey tenía una princesa muy linda pero nunca parecía ni tan linda como la Jujuyana. Ya estaban los preparativos hechos para el casorio del príncipe con la princesa.

Pues Jujuyana tuvo una entrevista con un pastorcito que iba pal monte y le preguntó qué había en la ciudá. Le dijo el pastorcito:

—Esta noche se va a casar la princesa y el príncipe.

—Y ¿qué tú no vas? —le dijo.

—No —le dijo él—, pero mi mamá y dos de mis hermanas van a ir.

—Pues diles que me conviden, que también yo voy.

Jujuyana había preparado dos palomitas y las tenía consigo. Cuando llegaron al palacio, entraron y el puertero les preguntaba si tenían algunas relaciones con los novios. Y le dijeron ellas que sí, y las llevaron cerca de los novios.

Luego que pasó el casorio, dijo el rey que ya sabían que tenían que representar algunos juegos en honor de los recién casaos. Cuando le llegó el turno a Jujuyana, pidió una mesa, y la pusieron allá; y ella puso sus palomitas arriba de la mesa. Empezaron a pasiarse los palomitos alrededor de la mesa, y le dijo la palomita al palomito:

—¿Te acuerdas, hermanito palomito, cuando nos hicimos novios?

—No me acuerdo —le dijo. Entonces siguió la palomita preguntándole al palomito si se acordaba de las diferentes cosas que habían hecho desde que se habían conocido. El palomito no se acordaba al principio, pero al poco rato se empezó a acordar. Entonces gritó el rey, diciéndole al príncipe que si qué era lo que había hecho. y le dijo el príncipe que aquélla era la Jujuyana, a quien había olvidado él en el olivar. Y con ésa era con la que él se iba a casar, pero que la había olvidado y se había casao con la otra. Entonces vino el rey y mandó despojar a la princesa de los vestidos de boda y ponérselos a la Jujuyana, y celebraron el matrimonio del príncipe y la Jujuyana con más pompa que lo que habían hecho el casorio de la princesa y se quedaron viviendo felices y muy contentos.

149. *Jujiyana*[46]

Pues éstos eran dos viejitos y tenían una hija y esta hija se llamaba Jujiyana. Muy pobres eran. Había en una suidá un rey y este

rey tenía un hijo que era el príncipe. Antonces le dijo el rey al príncipe que fuera y echara un paseo a ver si hallaba una joven que le
gustara para casarse con ella. Vino a esta suidá en donde vivían los
padres de Jujiyana y había una viejita mal ocupada. Antonces jué
ésta y le pregunta al príncipe qué anda haciendo allí. El le dice que
anda en busca de una joven con quien esposarse. La vieja le dice
entonces:

—Pues aquí hay una muchacha muy pobre pero de muy buena
reputación. Muy posible esta muchacha quera casarse contigo.

—Pues, agüelita, pues usté que tiene buena correlación y conoce estas gentes, ¿por qué no me hace usté el favor de ir y platicar con
ella a ver si ella quiere casarse conmigo? Dígale que yo soy un príncipe, hijo de un rey que gobierno una grande suidá.

Fué la viejita a ver a Jujiyana, y le dijo que un príncipe muy
rico, muy poderoso quería casarse con ella.

—Yo no sé —le dijo Jujiyana— si mi papá y mi mamá tendrían
a bien.

—Pues mira, Jujiyana, yo te daré mi consejo y haz tú como yo
te mando y tú vas a gozar de riquezas de este mundo. Tú duermes
en tu cuarto sola, ¿qué no? Pues el príncipe va a venir aquí dentro
de unos momentos a platicar contigo. Y cuando ya tú acetes el casarte con él, él te va a sacar por una ventana y tú pones en tu cama
un espejo, un peine y una escobetilla.

Cuando ya el príncipe vino y habló con ella, determinaron salir
por la ventana, y tomaron el camino pa la suidá donde el príncipe ví-
vía. En una hora de la noche el viejito, por revelación, le dijo a la
viejita:

—Hija, yo no sé por qué estoy yo pensando que Jujiyana no
está en su cuarto.

—Calla la boca. ¿Onde se ha de haber ido Jujiyana?

—¿Por qué no te asomas al cuarto a ver si está Jujiyana?

—¡Jujiyana! —gritó la viejita antonces.

—¡Señora! —respondió el espejo.

—¿Ves, hombre impertinente? Ai está Jujiyana.

Se volvieron otra vez a quedar dormidos y pronto despertó el
viejito:

—¡Hija, se llevan a Jujiyana!

—Pero ¡qué hombre tan terco eres tú! ¿Quién se la ha de llevar?
Si ai está en su cuarto.

—Levántate, mujer. Mira a ver si está Jujiyana en la cama.

—¡Jujiyana! —volvió a gritar la vieja.

—¡Señora! —dijo el peine.

—¿Ves? —le dijo—. Tú lo haces por no dejar uno dormir.

Se volvieron a quedar silencio otro rato y luego volvió otra vez el viejito a dispertar a la viejita y a decile:

—Se llevan a Jujiyana.

—¡Ah, qué hombre tan impertinente eres tú. ¡Jujiyana!

—¡Señora! —respondió la escobetilla.

—¿Ves, hombre, que tú no eres más de molestas? ¿Quién se ha de llevar a Jujiyana?

Se volvieron otra vez a quedar silencio otro tiempo y luego le dijo otra vez a la viejita que llamara a Jujiyana. A las tres veces que le habló y no respondió, antonces se levantó la viejita y el viejito. Fueron al cuarto y no había Jujiyana. Antonces el viejito salió, ensilló un caballo y se fué en pos de ellos. Cuando ya los iba alcanzando, le dijo la Jujiyana al príncipe:

—Aquí viene ya mi papá que nos alcanza.

—No se te dé cuidao. Haz lo que la viejita te mandó. Tira esa escobetilla.

Tiró la escobetilla y se volvió un monte tan espeso que él no podía pasar. Al fin pasó con mil traabjos y siguió su camino en pos de ellos. Cuando ya los iba alcanzando, tiró el peine y se volvió un rosetal muy espinoso que el viejito no podía pasar porque le picaban mucho las espinas, pero al fin pasó y siguió su camino. Cuando ya los iba alcanzando tiró el espejo y se volvió un mar de agua. El viejito se echaba al agua pero como era un río tan grande, se volvía no más entraba. Tres veces que se animó a entrar, no avanzó más adelante y salió afuera y le dijo:

—¡Ay, hija ingrata! Yo pensaba que nosotros estábamos criando una hija obediente para que viera por nosotros en los últimos días que nos faltan para despedirnos de este mundo, pero yo no te deseo ningún mal. Dios que te ayude. Una cosa te voy a decir, que este príncipe cuando él llegue a la suidá, te ha de dejar en una casita que le dicen el Olivar. Y de allí se ha de ir para su casa y no se ha de volver a acordar de ti jamás.

Así lo hizo el príncipe. La dejó en el Olivar, se fué a dale las nuevas al rey de que había hallado ya esposa y que todo lo que él desiaba era que pasara el aviso a la suidá para que asistieran a su casamiento. Pero cuando él llegó a la casa del rey, le preguntó el rey si había hallado novia. El le dijo que no. Pasaron unos días y aquella muchacha encerrada en el Olivar. Salió una mañana muy de mañanita y llegó a un corral de vacas. Cuando llegó ella a este corral de vacas, estaba una vaca teniendo un becerro y se estuvo allí hasta que la vaca parió. Cuando ya la vaca parió, fué a la casa que estaba más inmediata y preguntó que si de quién era aquel corral y ·quellas vacas. Le dijo el hombre que eran de él. Ella le dijo que había venido a pedile albricias, pues una vaca de las de él había parido una ternerita.

—Pues siendo así, joven, toma esa ternera y críala para ti.

Antonces se llevó ella la ternerita para el Olivar. Allí se puso a criala con mucho trabajo hasta que la enseñó a muy buena cantadora. Cantaba tan hermosas canciones, lo mismo que las canciones que hoy cantan las vacas. Antonces resonó esto por toda la suidá de que en las orillas de la suidá en donde estaba este Olivar, había una joven que tenía una ternera muy buena cantadora y que de ondequiera venía gente a oírla cantar. Y le hacían muy buenos presentes. En esto, el príncipe se casó con otra muchacha en la misma suidá y cuando cayó a uidos del rey que había una ternerita muy buena cantadora, vinieron a hacerle una visita. Tan pronto como la Jujiyana vido al príncipe, de una vez lo conoció, pero el príncipe no la conoció a ella. Antonces vino Jujiyana y de onde estaba sentada, gritó a la ternerita y la llamó:

—¡Pues, a ver, perla fina! Aquí tenéis tú a su carrial majestá, que él ha venido aquí para uirte cantar y espero que lo hagas lo mismo que lo has hecho con los demás.

Antonces la ternerita vino, se arrimó onde estaba Jujiyana, se refregaba contra de ella y no quería cantar.

—Anda, ¿qué tienes? Tú no eres así. Toda la gente que ha venido a visitarme, tan pronto como yo te he llamado, de una vez los diviertes. ¿Por qué ahora no quieres divertir al rey?

Y entre más, ella se le refregaba a Jujiyana. Cuando ya no la pudo hacer cantar, se paró Jujiyana de su asiento y le dijo:

—Su carrial majestá, pues ya mi ternerita se le olvidó el cantar lo mismo que al príncipe a Jujiyana en el Olivar.

—¡Vítores! —dijo el príncipe—. ¡Jujiyana! ¡Jujiyana! Esta es la joven que yo traje de tal suidá y le di mi palabra de honor de casarme con ella. Pero ahora sí cumplo con mi palabra y vamos a la suidá a sacar mi carta de divorcio con esta mujer que me he casado para casarme con Jujiyana, que ésta será mi esposa mientras Dios nos tenga sobre la tierra.

150. *Los tres mandados*[14]

Pues éste era un príncipe jugador. Un día, le dijo a su padre
que quería dinero, para ir a buscar al rey que se mentaba el rey del
pájaro de siete colores. Bueno, yendo y viniendo tiempo lo incontró
y le dijo que andaba buscando con quién jugar. No era tanto eso, la
jugada. A él lo que le tiraba es que tenía tres hijas muy bonitas y al
fin de todo isque le dijo que quería casarse con una de sus hijas.
Antonces isque le dijo el rey:

—Si tú te quieres casar con una de mis hijas, me haces tres mandaos, y si no, pena de la vida. Mañana es el primer mandao. Mañana
vas a aquella sierra. Hay un ojo, Tienes que traime agua para la comida, que caiga en mi mesa cuando esté comiendo.

Logo que tomó la cena el muchacho, se jué pa su cuarto a dormir él y jué a dar a onde estaba la novia y le preguntó ella cómo se
sentía. El le dijo que mal y le contó lo que tenía que hacer otro día.

—¡Uh! —isque le dijo ella—. No se te dé cuidado. Vas allí a
las dispensas de mi padre. Hay munchas barrenas, munchas prendas
nuevecitas y viejas. Agarras las barrenas más viejas y el serruche más
viejo y yo me voy adelante al lugar. Allá te espero.

Bueno, aquél llegó allá onde estaba la novia, que le dijo que se
acostara. Logo ella dijo a su varita de virtú:

—Varita de virtú, por la virtú que tú tienes y la que Dios te ha
dado, este serruche a cortar pinabetes y esta barrena a abujeralos y
hacelos chorro pa allá pa la casa. Pues hora sí. Ya es tiempo que te
vayas.

Y llegó a la casa y le dijo:

—Carrial majestá, (Ya estaban en la mesa.) su vaso pa que
beba agua.

Bueno, y logo la vieja muy maliciosa, dijo que el príncipe no
había hecho aquello. Se fué el joven pa su cuarto y jué a dar otra
vez allá. Ya le contó él a ella que le había ordenado su padre que
juera a aquel monte a desmontalo y sembrar trigo y cortalo y hacelo
harina y hacele pan de él mismo pa la comida.

—¡Uh! —isque le dice ella—. Vas otra vez como ayer a las dispensas y agarras un arao muy viejo, la hoz más vieja que jalles y
te vas otra vez pal lugar, y yo te espero allá.

Bueno, logo se sentaron allí abajo de una sombra y le dijo ella que se acueste. Ya le dijo ella a su varita de virtú:

—Por la virtú que tú tienes y la que Dios te ha dado, que se desmonte este monte aquí pa sembrar trigo y cortalo y hacer pan de él mismo al momento.

Pronto estuvo todo hecho. Bueno, antonces se vino él, ya estaban en la mesa cuando llegó y le entregó el pan fresquecito pa la comida.

—Bueno —isque le dijo—, ya me has hecho dos mandaos. Hora falta uno. Pues mañana vas al mar. En una vez veníamos pasando yo y mi esposa y se le cayó una tumbaga de oro que tenía su nombre grabado. Esa me trais y si no, pena de la vida.

Bueno, no más cenó aquél y se jué pa allá a su encanto y logo le dijo a la muchacha lo que le había ordenado su padre.

—¡Uh! —isque le dijo ella—. ¡Eso es nada! Pues mañana vamos. Vas otra vez a las dispensas de mis padres y agarras una daga, la más vieja que jalles allí. Allá te espero.

Bueno, ya cuando aquélla jué al lugar citao, ya lo halló allí.

—Bueno —isque le dijo—, ¡mira hora! Con esta daga me rajas medio a medio y el cuarto del lao derecho lo echas adentro del mar y de este modo echas el otro y cuando veas venir el primero lo agarras y lo pones del mismo modo que estaba. Yo voy a trai la tumbaga. Y logo mucho cuidado. No vayas a perder ni una gota de sangre de mi cuerpo.

Al fin se formó el cuerpo otra vez y logo le dice ella al muchacho:

—Mira, tú me has perdido una gota de sangre. Mira este dedito chiquito está mocho. Se mochó porque le faltó sangre.

Bueno, ya vino él y le trujo al hombre la tumbaga.

—Bueno, pues ahora no hay más que tienes que casarte con mi hija.

Y logo le dijo la muchacha a él:

—Mi padre va a hacer de este modo. Hora nos va a parar las tres juntas y tú vas a conocerme en el dedito chiquito que le falta yema del dedo porque te van a tapar los ojos.

Y en esto le jerró el pobre; pues ai no atinó con ella. Y logo en la noche jué otra vez allá y le dijo ella:

—Pues hora sí tienes que cumplir con lo que prometites, porque yo te hice los tres mandaos de mi padre y si no, te había matao y asina es que tenemos qu' irnos pa que cumplas tú también conmigo.

Esta noche vas al estable onde tiene mi padre su caballada. Hay unos caballos como unas tumbagas. Trais el caballo más viejo que jalles y flaco y las sillas más viejas que jalles. Nó vayas a trai sillas nuevas, porque antonces nos atrasamos.

Y en la mañana se pintaron y puso aquella tres escupitinas en un plato y jué el viejo:

—¡Mi hija!

—¡Mi padre!

A la tercera vez y le respondió muy aflijida; ya iba muy lejos.

—¿Ves? ¿Qué te lo dije? —le dijo la vieja al viejo, pues ella desconfiaba de los jóvenes.

—Hora sí— le dice la muchacha al joven—, hora lo veráste tú. Hora va a venir mi padre en pues de nosotros. Mira, allá viene. Pues hora el caballo que se vuelva una iglesia y la silla un cemiterio y tú repicando la campana y él va a llegar preguntando por nosotros. Y tú le respondes: "Misa, misa hay. El que quiera que llegue y el que no, que lo deje."

Así lo hizo el joven hasta que dejó el padre de preguntar y se volvió pa atrás. Y ellos siguieron adelante. Ya le dice la vieja al esposo:

—Pues el caballo era la iglesia, la silla era el cemiterio y él era el que estaba repicando, y ella estaba vuelta santos. Pues mira, mañana voy yo.

Y la vieron venir ellos. Y le dice ella:

—Allá viene mi madre. Hora veráste tú cómo nos agarra.

Y volvió el caballo un pantano y silla la agua y ellos se volvieron patos adentro del pántano. Bueno, y ella los llamaba y los patitos pa allá corren, pa acá corren y no los pudo agarrar. Por fin se jué su madre. Y siguieron adelante y logo volvió a ir ella otra vez y ai ond' iba ella, llevaba una escobeta y le dice a su varita de virtú:

—Varita de virtú, por la virtú que tienes y la que Dios te ha dado, que se vuelva un entrañal y un relís tan alto que no pueda bajar mi madre, y abajo un llano muy largo.

Y ya se vía la suidá del príncipe. Lo primero qu' incontraron ajuera de la plaza es onde vivía una viejita y ai le dice el muchacho:

—Aquí te voy a dejar mientras que voy a la suidá a avisale a mis padres que ya llegamos pa casarnos.

—Bueno, mira; en tu casa hay munchos sirvientes. No vayas a consentir que te vayan a abrazar algunos porque si te abrazan, me olvidarás para siempre.

Pues entró una cocinera que no lo había visto y lo jalló dormido, y abrázalo de tal manera que se le olvidó. Y aquella viejita onde estaba la muchacha estaba muy pobrecita y logo vino y le dijo la muchacha:

—Nagüelita, yo quisiera que juera a la plaza mañana a trai que comer y me trai un par de pichones, el palomito y la palomita.

Jué la viejita y se los trujo y ella los estuvo enseñando a hablar todo lo que pasaba atrás, todo lo que sucedió en el camino junto con él y logo le dijo la muchacha:

—Pues mañana, nagüelita, nos vamos a cambiar pa la plaza. Tiene qu' ir invitar a todos los de la plaza para una fiesta pa tal día.

Y la muchacha supo que en la suidá había un bloque que no había casas y ai le dice a su varita de virtú:

—Varita de virtú, por la virtú que tienes y la que Dios te ha dado, te pido que me des un palacio más lindo que el del rey, con puntales de oro y asina, un palacio más jalao.

Y en la mañana le dicen los sirvientes al rey:

—¡Holas, carrial majestá! ¡Mire lo que ha pasao aquí en la suidá!

Aquel palacio, músicas de cuantas había en el mundo, y guardias. Y empezó a cai el gentío a la invitación y ai trujo sus palomitos, y ai sí que le dice la palomita al palomo:

—¿Te acuerdas que me dijites que m' ibas a trai pa tu palacio y t' ibas a casar conmigo?

—No me acuerdo —isque le decía el palomito.

—Más que ésta es la novia —isque le decia la mujer del rey, porque el novio les hizo saber. Y logo él, como vergonzao, estaba allí también.

Bueno, y logo le dijo como siempre ai amigos, uno de ellos:

—Pues ¿cómo hiciéramos pa irnos a pasiar allá a la noche?

Y ya jué uno de ellos allá y isque le dijo él que si quería pasar allí la noche con él y isque le dijo ella que sí. Que le diera el dinero que cupiera en esa mascada y le pidió a su varita de virtú que éste a echar dinero y la mascada a dar de sí.

—Bueno —isque le dijo—, ya es noche. Es hora de acostarse uno. Pues se me olvidó la puerta allá juera.

—No —le dice él—, no se moleste. Yo iré.

Y se jué y le dice ella a su varita de virtú:

—Varita de virtú, por la virtú que tienes y la que Dios te ha dado, éste a cerrar la puerta y ella a abrirse.

Y logo cayó el otro, y a este le pasa también algo semejante.

—Bueno —le dice ella—, ya es hora de acostarse. Vale más acostarse uno. Voy a apagar las luces.

—No —le dice él—, no se moleste. Yo iré a apagalas.

—Varita de virtú, por la virtú que tienes, éste a apagar las lámparas y las lámparas a encenderse.

Y logo en la mañaan le dijo lo mismo que al otro, que se juera. Y logo vino el novio pidiéndole el mismo favor. Después de echar dinero en la mascada y de platicar un rato, le dice ella:

—Pues ya es hora de acostarnos. Pues se me pasó. Tengo qu' ir a dale vuelta a mi nagüelita. Está muy enferma.

—No, no se moleste. Yo iré a dale vuelta. No más me dice qué va a hacer.

—Bueno —dice ella—, varita de virtú, por la virtú que tienes y la que Dios te ha dado, que éste a ir y volverse a onde está la viejita y así que pase toda la noche.

Bueno, si es mentira ya está urdida, si es verdá para allá va. Espérela allá.

151. *Juan Pelotero*[29]

Había un muchacho muy bueno pa jugar a la pelota. Se llamaba Juan Pelotero. Con todos los que él jugaba, siempre les ganaba. Un día s' incontró con un hombre que se llamaba Rayos de Sol. Era el diablo. Y le dijo que le apostaba un talegón de dinero contra su vida a ir a jugar a la pelota y Juan Pelotero se la apostó y Rayos de Sol le ganó, y le dió un par de zapatos y le dijo que cuando ese par de zapatos se acabara, ai vivía él. Y Juan Pelotero se puso en camino y llegó onde estaba la luna y preguntó dónde vivía Rayos del Sol y la luna le dijo que no lo conocía y de ai se fué y llegó a onde estaba el sol y le preguntó si no conocía a este hombre, Rayos del Sol, y él le dijo que no, y de ai se fué a onde estaba la madre del aire y le preguntó si no conocía a este hombre, Rayos del Sol, y ella le dijo que sí lo conocía y lo llevó a la casa.

Cuando Juan Pelotero llegó a la casa, le dijo que allí estaba ya para servirle y Rayos del Sol le dijo que le iba otro día a mandar tres mandados y Juan Pelotero vido tres palomas en una laguna y eran tres princesas que estaban bañándose. Una de ellas era Blanca Flor y las otras, sus dos hermanas, y Juan Pelotero agarró el cuerito de Blanca Flor y le dijo que si le daba palabra de casamiento, él le entregaba su cuerito. Y Blanca Flor le dijo que estaba bien. Y luego le dijo Blanca Flor que su padre le iba a mandar otro día de que juera a un campo y desmontara y sembrara trigo y lo cortara y lo trillara y lo moliera y hiciera pan caliente y se lo trujiera a su padre. Pero Blanca Flor le dijo que no tuviera miedo, que ella iría a ayudarle, y se fué Blanca Flor para su casa.

Y otro día el Rayos de Sol le mandó a Juan Pelotero el mandado que había dicho Blanca Flor. Esta le dijo a Juan que se sentara y durmiera un rato, que ella haría el trabajo. Cuando Juan Pelotero recordó, ya estaba el monte desmontado y el trigo trillado y molido y el pan caliente y se lo entregó a Juan Pelotero y Juan Pelotero se lo llevó a Rayos del Sol y otro día le mandó Rayos del Sol a Juan Pelotero que fuera a bañar unos negritos a una laguna y que no juera a destaparlos en el camino, pero a poco que salió de la casa, dijo Juan Pelotero:

—¿Quién carga el costal sin saber lo que trai adentro?

Y destapó la botija. Los negritos brincaron afuera. Eran diablitos los negritos. Cuando Blanca Flor llegó a onde estaba Juan Pelotero, le preguntó que si pa qué los había destapado y Juan Pelotero le dijo que naiden cargaba un costal sin saber lo que traiba adentro y Blanca Flor los agarró y los echó en la botija y los tapó y se jué pa la laguna y los bañó y se los entregó a Rayos del Sol.

Otro día mandó Rayos del Sol que ensillara una yegua y esa yegua era la diabla, la silla era el diablo, la espuela era una de sus hermanas y la cuarta era la otra hermana y el freno era Blanca Flor. Y Blanca Flor le dijo a Juan Pelotero que con mucho cuidado con el freno, que era ella. A las demás las golpiara. Se subió en la yegua hasta que la cansó.

Otro día le dijo Rayos de Sol a Juan Pelotero que ya le había hecho los tres mandados. Ahora quería casalo con una de sus hijas. Que las iba a poner en una ventana. Ellas adentro de la casa con las manos pa afuera. A la que él agarrara de la mano, ésa era su esposa, y Juan Pelotero agarró a Blanca Flor, y se casaron.

Poco tiempo después, Juan Pelotero le dijo a Blanca Flor que quería ir a ver a sus padres y Blanca Flor le dijo que estaba bien, que esa noche se irían. Y Blanca Flor llenó una botija de saliva y cuanta vez le preguntaban a la botija por Blanca Flor, ella hablaba y le dijo Blanca Flor a Juan Pelotero que juera el estable y agarrara una yegua que estaba al lado derecho, que le nombraban Cortaleguas, muy ligera. Y Juan Pelotero por agarrar la ligera, agarró una güevona y se pusieron en camino. A poco rato, le dijo la diabla a Rayos del Sol:

—Juan Pelotero y Blanca Flor ya se fueron. No están.

Y Rayos del Sol le gritaba y la saliva respondió:

—¡Señor!

—No se han ido. Están durmiendo.

A poco rato dijo la diabla a Rayos del Sol que ya se habían ido. Y Rayos del Sol volvió a preguntar por Blanca Flor y la saliva volvió a responder. A la siguiente vez que Rayos del Sol gritó a Blanca Flor ya la saliva no respondió. Ya se había acabado. Antonces Rayos del Sol agarró una yegua muy ligera que le nombraban Cortaleguas. Cuando los iba alcanzando, Blanca Flor le dijo a Juan Pelotero:

—Ai viene mi papá. Yo me vuelvo una campana y la yegua una iglesia y tú un sacristán. Cuando él pregunte por nosotros, tú darás un repique y le dices que es el último, que entre a misa.

Y Rayos del Sol le preguntó por cuatro veces hasta que se cansó y se volvió pa atrás para su casa y le dijo a la diabla que no los había podido alcanzar. No más había visto una iglesia y el sacristán no le hacía caso y la diabla dijo que ésos eran ellos, que fuera otro día y se los trujiera.

Otro día Rayos del Sol se puso en camino. Cuando los iba alcanzando, Blanca Flor le dijo a Juan Pelotero:

—Ai viene mi papá. La yegua la voy a volver cajones y yo manzanas y tú el vendedor y cuando él pregunte, tú le dirás, "Cinco por cinco, amigo. Ya se acaban y no se venden."

Le habló por cuatro veces hasta que se cansó y se volvió pa su casa y le dijo a la diabla que no los pudo alcanzar que no más había visto un manzanero y no le había hecho caso, y la diabla le dijo que ésos eran ellos, que juera otro día por ellos y se los trujiera.

Otro día salió Rayos de Sol. Cuando los iba alcanzando, Blanca Flor le dijo a Juan Pelotero:

—Ai viene mi papá. Ahora voy a volver la yegua una laguna y tú un patito y yo una patita. Cuando él pregunte por nosotros, nosotros nos zambullimos y vamos pa la otra orilla.

Cuando Rayos del Sol llegó, les preguntaba a los patitos:

—¿No han visto pasar por aquí un hombre y una mujer?

Los patitos se zambullían de un lado para otro y se estuvo preguntando por cuatro veces hasta que se cansó y se golvió para la ca sa y le dijo a la diabla que no los podía incontrar. Y la diabla le dijo que otro día iría ella.

Otro día se puso en camino. Cuando los iba alcanzando, Blanca Flor le dijo a Juan Pelotero:

—Ai viene mi papá y mamá, y mamá sí nos agarra.

Pero Blanca Flor le tiró un espejo y se volvió un hielar que se embromaron mucho pa pasarlo y ya los iban alcanzando otra vez y Blanca Flor les tiró un peine y se golvió una montaña y una sierra muy espesa y ya no pudieron pasar y la diabla le echó una maldición, que tenía que olvidarla su marido.

Cuando ya Blanca Flor y Juan Pelotero estaban cerca de la suidá onde vivían sus padres, le dijo Juan Pelotero a Blanca Flor que allí se quedara; que él le iba a avisar a su gente que la vinieran a topar y Blanca Flor le dijo que fuera; que no se dejara abrazar de naiden porque le olvidaría.

Cuando Juan Pelotero llegó a la suidá toa su gente le hablaba pero no se dejaba abrazar. A poco rato se quedó dormido y llegó una viejita, abuelita de él, y lo abrazó, y a Juan Pelotero se le olvidó Blanca Flor.

A poco tiempo Juan Pelotero se iba a casar con otra mujer. Cuando Blanca Flor supo, y se vino pa la suidá y llegó a case una viejita y le dijo que juera a case sus padres de Juan Pelotero y les dijiera que había una mujer en su casa que hacía muy bonitas diversiones; que si querían, que iría pa su casa a divertirlos un rato. Los padres de Juan Pelotero le dijieron que estaba bien, que fuera. Cuando Blanca Flor llegó a la casa, llevaba dos patitos y los puso en la mesa y les decía:

—¿Te acuerdas, hermano patito, cuándo te mandó mi padre que fueras a desmontar el monte y a sembrar el trigo, a cortarlo y a trillarlo y a hacer el pan caliente y trailo pa medio día?

De esa manera le va contando todo lo que les había pasado hasta que al fin se acuerda el patito y grita:

—¡Curucucú, que me acordé!

Y Juan Pelotero brincó y abrazó a Blanca Flor y dejó a un lado a la otra novia y siguieron viviendo juntos y todavía estarán.

152. *El negro magiquero***

Estos eran tres hermanos y eran hijos de un rey y salió el mayor a trabajar. Allá ond' iba en el camino, ai se topó con un mucha-

cho y le dijo que si parónd' iba y le dijo que pa case el negro magiquero. Allá ond' iba en el camino, estaba un halcón, una hormiguita, un lion con una res muerta. Cuando se pasó, el halcón pegó
el volido y jué y lo volvió y le dice que quiere que les reparta aquella res. Se las estuvo repartiendo. A los dos animales grandes les dió
la carne y a la hormiguita le dió toda la güesamenta. Les dice que si
están conformes. Y le dijieron ellos que sí. Ya vino el lion y le dió
de los pelos más asperos y le dijo que si se vía en trabajos, dijiera, "A
Dios y Lion". El halcón le dió una pluma y le dijo que si se vía en
trabajos, dijiera, "A Dios y halcón". Y la hormiguita le dió un cangiloncito diciendo que cuando se viera en trabajos, dijiera "A Dios
y hormiguita" y se volvería hormiguita.

Pues de ai se jué el muchacho y llegó a la suidá, y el negro magiquero tenía una niña muy linda. Pero no la conocía naiden. La tenía debajo siete llaves y él no jallaba cómo entrar hasta que se acordó y dijo:

—A Dios y hormiguita.

Y entró en la noche y jué a su cama de la niña y se espantó mucho y pegó muy juerte grito, y jué entrando el negro magiquero prendiendo luces:

—¿Qué tienes? ¿Que estás loca?

—Si me atentaron —dice ella.

Ya empezó a buscar el viejo por dondequiera y no jalló a naiden. Y ya la amenazó y le dijo que si volvía a gritar, entraba y la
mataba. Y aquél escondido entre un colchón pa que no lo vieran.
Pues luego que salió su padre, que ya cerraron las puertas, dijo su
mamá:

—¡Quién sabe si saquen a mi hija!

—¡Quién se la ha de sacar, vieja loca!

Viendo el muchacho las amenazas que le echaron, logo que ya
sintió que se durmieron, se paró y le dijo que él quería casarse con
ella.

—¡Uh! —le dice—. Pero ¡cuándo me vas a poder sacar!

—Si puedo. No más dime tú que sí.

Ya le dijo ella que sí.

Otro día en la noche la sacó hecha hormiguita también del palacio. En la mañana se levantó la vieja a llevale de almorzar y no la
halló y le dice a su marido:

—La culpa tienes tú que a mi hija se la llevaran. Traime a mi
hija.

Antonces propuso él salir con ordenanzas a buscala. Cuando iba en el camino, voltió la muchacha la cara pa atrás y le dice:

—Hermanito, ai viene mi padre con ordenanzas. Hora nos pesca y nos mata.

Vino y la volvió a ella una casita y él se volvió un viejito. Llegó el viejo magiquero.

—Buen viejito, ¿no ha visto pasar por aquí un joven con una niña?

—No, señor, no los he visto. Pueda que cuando estaba cociendo mis quelititos adentro que pasaran.

—Sestiaremos a comer. ¡Cuando este viejito que está en el medio del camino no los vido pasar, cuándo los vamos a alcanzar! ¡Quién sabe ónde irán!

De ai se volvió el negro magiquero con sus tropas y salió su mujer preguntando por su hija.

—No la jallé, hija. Te contaré. Un viejito estaba allí en una casita y no la vido pasar.

—¿Por qué no me trujites a mí esos adobes? Esos eran mi hija y el malhechor era el viejo.

—Pero ¿cómo m' iba a poner a tirale la casita al pobre viejo, tan viejo?

—Pues traime a mi hija. Me has de trai a mi hija.

Otro día salió el viejo otra vez con más ordenanzas a buscarlos. Ya no topó ni viejo ni casa ni nada. Ya iba la tarde avanzando cuando llegó a onde estaba un árbol, que era en el invierno, muy enflorecido con unas flores tan lindas que no sólo. Y empieza a ver aquel árbol. Ai comió el rey con sus ordenanzas. Cuando s' iba a subir en la carretera, agarró un ramito de flor y córtale una uñita de un dedito. Y llegó a onde estaba su mujer y le dice:

—No la jallé. Pero ¿qué más te diré? ¡Vide un árbol tan lindo! ¡Qué flor tarre linda! ¡Como las cosas de Dios no hay!

—¿Por qué no me cortates el árbol y me lo trujites? La flor era mi hija y el árbol era el malhechor.

—¿Cómo m' iba a cortar el palo y trailo arrastrando? No estoy loco.

—Pues mañana voy yo— le dijo su mujer.

Otro día salió ella con ordenanzas. Ya estaba avanzando la tarde cuando los iba alcanzando su madre. Vino y la volvió a ella una pichoncita y él se volvió una laguna de agua.

—Vayan —le dice a los piones— tráiganme dos varejones verdes. Esa pichoncita es mi hija y esa laguna es el malhechor.

Pues que le pegó con aquellos palos al agua y salía la pichoncita a la orilla de la agua y le tiraba ella la agarrada y huía y se zambullía. Antonces le dice su madre:

—Arrímate, ingrata, que cómo eres olvidada de mí, serás de tu marido.

Y le metió una varita de virtú debajo de sus alitas, y se jué la madre y logo se jué la hija con el muchacho pa la suidá de él.

Cuando iban llegando a la suidá, le dice él que lo espere allí mientras va a avisarles a sus padres que la lleva. Se jué a avisale a sus padres y no volvió. Olvidó a la novia. Allí se estuvo cuatro días sin comer más que la agua, y él ni se acordó.

Abajaron unas sirvientas del otro rey a lavar al río y les pidió de las migajas de la mesa, que les ayudaría a lavar.

—¿Que nos va a ayudar, cuando tiene unas manos tarre finas?

Pero aquéllas se jueron a traile. Cuando ellas se jueron, se puso ella a lavar y en esto se le cayó la varita de virtú y le dice:

—Varita de virtú, por la virtú que tienes y la que Dios te ha dao, lávame y plánchame esta ropa.

Cuando llegaron las cocineras, que la iban a lavar, y le preguntaron:

—¿Pa qué la lavó y la planchó, cuando nosotros nos tardamos días pa lavala y planchala?

Pues en la tarde, no más escureció, y le pidió a su varita de virtú que le levantara un palacio muy bonito en frente del de su suegro. En la mañana ya amaneció el palacio levantao y ella con piones. Ya le dijo uno de sus hermanos a su marido de ella:

—Pero ¿quién vivirá ai?

Jué uno de sus hermanos allá en la noche y habló con ella, y le dijo:

—Sí señor, a la noche.

En la noche jué el muchacho a las horas que le dijo la muchacha. Logo que entró, le dió el asiento y se pusieron a platicar. Y le dijo:

—Dispénseme, nito, mi cocinera está murre mala de unas llagas. Tengo qu' irla a curar.

—Ni lo permita Dios que usté vaya! Yo iré por usté.

—Bueno, pues vaya. Varita de virtú, por la que tienes y la que

Dios te ha dado, tenme éste toda la noche diciendo, "¿Será este ingüente o no será?" y que no cure a la enferma.

Pues se jué pal palacio. Ya no se jué paronde estaba la muchacha. Ya le preguntó su hermano, el novio, quién vivía allí. El le dijo que no sabía.

—Pues esta noche voy yo.

La siguiente noche jué él y habló con ella.

—Bueno —le dijo—, venga a la noche.

Logo que jué, se estuvo sentao platicando un rato.

—Dispénseme, hermanito, que les dejé a mis bestias el corral abierto. Voy a ponerle las trancas.

—¡Ni lo permita Dios que usté vaya! Iré yo.

—Pues si me hace el favor, va. Varita de virtú. por la virtú que tienes y la que Dios te ha dado, tenme a mi marido, "¿Será esta tranca o no será?" hasta que aclare y luego se voltee y se vacíe él.

Pues que le dió coraje al muchacho y se jué pa su casa. Ya no jué a onde estaba la novia.

Logo que llegó, le dijo a su tata el muchacho que si había dao consentimiento pa que pusieran ese palacio ai, y le dijo el rey que no.

—Pues yo quiero que me dé ordenanzas para ir a dale juego.

Cuando ella vido al muchacho estar preparando las tropas, le pidió a su varita de virtú una pichoncita y un pichoncito y que le pusiera una mesa de comida que nunca los piones hubieran visto comidas como ésas y que de una vez tiraran los piones las armas y se pusieran a comer. Y logo le pidió a su varita de virtú que llegaran de una vez, y jueron llegando de una vez y de una vez empezó el pichoncito:

—Curucucú —le dice—, ¿qué no te acuerdas cuándo me sacates de mi bien y mal estar?

—Curucucú, que no me acuerdo.

Así le jué haciendo preguntas acerca de sus aventuras hasta que gritó:

—Curucucú, que ya me acordé. Si es mi mujer.

Ya de ai jué y le avisó a su padre y vinieron sus suegros por ella y ai están viviendo bien.

C. EL PRINCIPE ENCANTADO.

153. El sapo[86]

Era una reina que había sido reina y logo quedó pobrecita y empezó a trabajar en las casas pa mantenerse y era de muy buena vida. Yendo y viniendo tiempo, el Señor tuvo compasión de ella y hizo un niño en su vientre con obra del Espíritu Santo y cuando la viejita se puso mal, iba un día en el camino y venía una vieja de Cartagona y esta vieja se formó aigre y entró en el vientre de la reina y encantó al muchichito y lo volvió un sapo pa llevárselo ella pa Cartagona pa casarse con él.

Esta viejita a los nueve meses tuvo el sapo y pensó matalo y logo ya pensó que no, y lo empezó a criar y ella trabajaba mucho a case el rey. Y este rey tenía tres hijas. Cuando cumplió veintidós años le dijo a su madre que le pidiera mujer. La viejita obedeció y el rey le dijo que vería a su hija mayor a ver que dicía y dijo la muchacha que ella no se casaba con un animal. Antonces la viejita pidió a la del medio. Y tampoco no quiso. Logo pidió a la menor y la menor dijo que ella sí se casaba con él. Y el rey dijo que si ella se casaba con el sapo, la echaba de su palacio. Antonces el sapo de entre las bolsas del cuero de él sacó una maleta con dinero y le dió a la viejita pa que comprara toda la fiesta hecha.

Y otro día se casaron y logo que se casaron se la trujo la viejita a la princesa a su casa. En la nochi la viejita le puso un cuarto y ai los dejó y el príncipe a las doce de la nochi se desencantó y se quitó el cuero. Y aquella no más vido que aquel sapo se quitó el cuero y se alumbró el cuarto lo mismo que si hubiera sido un diamante aquel hombre. Dió luz por lo blanco que era el príncipe. Antonces él le dijo que no juera a descubrirlo nunca en la vida, que le faltaban siete años pa que se desencantara.

Otro día la reina, su nana de la princesa, se hizo la loca y dijo que ella estaba loca porque su hija se había casao con un sapo y estaba tan conforme, lo mismo que si hubiera estado casada con un hombre. La princesa no quería dicile la verdá al principio, pero al fin le dió pena con la reina y le dijo que su marido era un hombre tan lindo que no más se quitaba el cuero y se aluminaba un cuarto de lo blanco que era su marido. Antonces ella le dijo que sería bueno desencantalo. Le dijo que se fuera sin cuidao ninguno y que a la noche le tirara el cuero pa ajuera pa echalo en la lumbre.

En la nochi fué la reina y ya el sapo estaba durmido cuando llegó ella por el cuerito. Se llevó la reina el cuero y lo echó en el horno. Y logo, no más cayó en el horno el cuero y el sapo sintió en su cuerpo que se estaba quemando y se estremeció y le dijo a su mujer:

—Estoy perdido. Ya descubrites el secreto. Mira este rumbo y verás vinir una ave blanca como la nieve. Esa vendrá por mí y me llevará pa la Suidá de Cartagona y jamás me volverás a ver. Pero te voy a dar unos zapatos con la suela de cobre. Si tú me sigues, cuando se acaben estos zapatos, antonces llegarás a la Suidá de Cartagona.

Antonces el príncipe se jué en la ave blanca y la princesa salió sobre él pal rumbo de dond' iba la ave. Anduvo un mes por las serranías. Al mes llegó onde estaban dos muchichitos. Estos muchichitos se peliaban por un sombrerito, el que se ponía este sombrerito quedaba invinsible. Antonces les dijo ella:

—Los echo a correr y el que salga adelante, ése se queda con el sombrero. Y cuando volvieron, ya no la jallaron. Y se fueron los muchichitos y se quedó ella con el sombrerito. De ai caminó otro mes por las sierras también. Al mes llegó onde estaban otros dos muchichitos. Estos peliaban por un bastoncito. Les preguntó ella por qué peliaban y le dijo el grande:

—Por este bastón. Este bastón tiene virtú. Pues si hace cien años que está un difunto enterrao, no más le da a la sepultura tres veces con este bastoncito y resucita muchichito.

Bueno, pues antonces vino ella y agarró el bastoncito y se puso el sombrerito. Cuando se puso el sombrerito, quedó invinsible tamién ella que no la vieron los muchichitos. Y se jueron y la dejaron. De ai caminó otro mes.

Al otro mes que caminó, jalló otros dos muchichitos. Estos peliaban por un metatito. Les preguntó ella por qué peleaban. Le dijo el grande:

—Por éste que tiene virtú. Se sube usté en él y le dice, "Güela, metatito en un día cien años."

Bueno, pues vino ella y se puso el sombrero y quedó invinsible. Y la dejaron los muchichitos. Otro día caminó todo el día y en la nochi que s' hizo escuro ya jué ella a ver su metatito a ver si volaba. Dijo:

Güela, metatito, al parejo del viento.

Y jué a dar onde estaba la luna. Y le dijo la luna:

—Pero ¿qué haces por aquí?

—Ando buscando la Suidá de Cartagona.

—Yo ando por ondequiera —le dijo la luna—, no hay rinconcito que yo no visite y no he hallao el lugar de Cartagona. Pero te voy a dar un consejo, que de aquí onde está el sol hay cien años, los que no los andarás. Te murirás y no llegarás onde está el sol. Pues te voy a dar un regalo pa si te ves en trabajos lo vendas.

Le dió una gallinita de oro con doce pollitos de plata y se fué. Pues allá ond' iba, le pidió al metatito otra vez que volara al parejo del viento. Y jué a dar onde estaba el sol. El sol se almiró mucho cuando la vido y le dijo:

—¿Qué haces aquí?

—Buscando la Suidá de Cartagona —le dice.

—Uh, yo ando por ondequiera y no he podido jallar la Suidá de Cartagona. Pero mira, yo te voy a dar un consejo que vayas onde está el aigre. El aigre anda lo mismo que yo. Puede que el aigre conozca la Suidá de Cartagona.

Cuando ya s' iba a ir, le dió el sol una gallina de plata con doce pollitos de oro.

—Esta gallinita te doy —le dijo— pa que la vendas si te hallas en trabajo.

Y se fué de ai de onde estaba el sol paronde vivía el aigre. Cuando ella llegó onde vivía el aigre, ya no había aigre. Pero la aigre le dijo que ella andaba por ondequiera y que no podía jallar la Suidá de Cartagona. No la conocía.

—El que sí conocía es mi marido, el aigre. El aigre sí no había rincón que no conociera, hasta Cartagona. Pero hace cincuenta años que está muerto.

—Pues me lleva —le dijo ella— paronde está enterrao el aigre viejo.

Y la llevó. Pues allá llegó ella y le dió con el bastón a la sepultura tres veces y salió el aigre haciendo tantos remolinos y tirando pinos. Bueno, pues antonces le dijo al aigre que ella había ido a resucitarlo porque le enseñara la Suidá de Cartagona. En la Suidá de Cartagona todos estaban güeltos animales. No más la vieja bruja que lo había traido al príncipe sapo no estaba güelta animal, ni el príncipe, ni la cocinera, pero al príncipe sapo le tenía la vieja bruja un négrito pa que lo cuidara y le diera de comer. Pues cuando el aigre llegó allá a la Suidá de Cartagona, salió la cocinera de la vieja a tirar una ceniza y ese tiempo llegó el aigre con la princesa y dijo la muchacha:

—Se acerca el tiempo de que se case mi ama con el príncipe:

Pues el aigre tiró a la princesa y ai se quedó ella. Se alojó en una casita despoblada. En esta casita despoblada había una noria que de ai llevaba agua la bruja, y vino la cocinera por agua y jalla a la princesa y le cuenta que su señora amita ya mero se casa con el príncipe, el sapo. Antonces levantó la princesa el pie y dijo:

—Estaré yo en la Suidá de Cartagona. Ya a mis zapatos se les rasgó la suela.

Viendo que la princesa no tenía que comer, jué la muchacha le trujo escondida de la vieja de comer. Cuando ésta vino a traile de comer, ya ella había sacado la gallina de oro con los pollitos de plata y la puso en el medio de la casita. Cuando la muchacha entró con las comidas, se volvió loca con la gallina y jué la criada y le contó a su siñora.

—Anda, dile que me la venda —le dijo.

Pues jué la criada a ver a la princesa. Esta le dijo que se la vendía porque la dejara platicar con el príncipe sapo tres horas. Cuando supo la siñora amita el precio, le dijo:

—Dile que sí; al cabo que yo voy a curar al sapo pa que se duerma.

Y le dijo que viniera a las siete. Cuando ésta tenía que vinir, esta bruja le curó una copa de vino al príncipe sapo pa que se quedara durmido. Cuando el negrito le trujo la copa de vino y vido que su siñor amo se la bebió, se metió abajo de la camalta el negrito y en ésto entró la princesa a platicar con el príncipe. Pues ella le hablaba, ella lo jalaba y aquél estaba durmido. Cuando aquélla vido que no podía recordarlo de ninguna manera, alzaba sus zapatos y se miraba la suela y le dicía al príncipe:

—Tantos trabajos que he pasao por vinir en pues de ti.

Y lloraba mucho con él y él durmido, y el negrito estaba mirando... Pues estuvo tres horas, como era el compromiso, y logo se fué. Otro día en la mañana, cuando la muchacha vino a traile de almorzar a la princesa, ya tenía aquélla la gallina de plata con los pollitos de oro. Le contó la criada a su amita. Antonces mandó a la criada a comprala y le dijo la princesa que vendía la gallinita porque la dejara platicar con el príncipe sapo siete horas. Cuando le contó la muchacha, le dijo la bruja que bueno.

Bueno, pues cuando ya quedó ésta a que viniera a platicar con él, el negrito, que estaba sentao en un lao de él, le dijo al príncipe:

—¿Sabe, siñor amito, que está viniendo una princesa a hablar con usté y llora y le enseña la suela de sus zapatos de cobre que ella vino de unos lugares tan lejos y que por usté no más vino pasando trabajos, y usté no platica con ella nada, porque está durmido, porque mi siñora amita, en la copa de vino que le traigo, le echa una minamita y se queda durmido? Y esta mujer que llora quiebra los corazones de piedra. Por eso he llorao tanto.

—Güeno, negrito —le dice él—, no pasarás trabajos de hora pa adelante. Y no te güelvas a quedar en mi cuarto.

Pues ya aquél sabía. Cuando vino el negrito con la copa de vino, ya sabía que la copa vinía curada con minamita y la vieja bruja se puso a ver si se la bebía. El príncipe sapo agarró la copa de vino y se la volcó aquí en el cuello de la camisa y no se la bebió y logo se empezó a hacer el que estaba con mucho sueño. Y luego entró la princesa. Cuando ella entró, él estaba dispierto y ai empezó ella a dicile los trabajos que había pasao en el camino, todo lo que había andao. Y le dijo él:

—Pues yo no jallo cómo hacer. Pa salir es la güena.

—Bueno, pues no tengas miedo —le dijo ella—. Yo te voy a dar una virtú pa que salgas de aquí. No la traigo aquí, pero mañana que venga, la traigo.

Bueno, pues se jué la muchacha. Otro día cuando le jué a llevar la muchacha de almorzar, ya tenía la muchacha un peine de oro y una escobeta de plata en el medio de la casita. La princesa dijo que vendía aquel peine y aquella escobeta porque la dejaran platicar con el prínciep sapo doce horas. La vieja convino. Le volvieron a trai el vino curao a él pa que se durmiera. Pero ya no se lo bebió. Se lo echó otra vez en el cuello. Entró la princesa a las horas que tenía citadas de venir. Logo que entró, se puso a platicar con su marido. El le dijo que para otro día a la madrugada tenían que estar todos los animales güeltos gentes y los soldaos que estaban güeltos animales. Para otro día estarían desencantados. Antonces le dijo ella que no tuviera miedo, que se pusiera un sombrerito que ella traiba y saldría por el medio de los soldaos y no lo vería naiden.

En la misma nochi la princesa se salió y se subió en su metatito y voló cien años. Y el príncipe sapó otro día en la mañana lo vistieron de novio y la novia se vistió pa casarse. Vinieron los padrinos, vinieron los padres y logo se pararon a casarse y se puso aquél el sombrerito y ya no lo vieron y salió y se jué. Lo jueron buscando por ocho días, pero no lo pudieron incontrar.

A los ocho días la muchacha se volvió en su metatito y vino a topar a su marido y se subieron los dos en el metatito y se jueron. La reina ésta, su nana del sapo, se había muerto. Y a su nana del sapo no le había quedao más de la casita solita. Y su nana de la princesa se había muerto y el rey estaba ciego. Bueno, pues cuando se vinieron de allá en el metatito, ya no vinían pasando trabajos, y cuando vinían de allá pa acá, le dijo la princesa al sapo que irían al camposanto por su madre y por la de él.

Llegaron al camposanto y la muchacha pidió cuatro caballos blancos y se los dieron. Dió un garrotazo en la sepultura de su madre, primero, y se levantó la reina de quince años. Y logo en la otra sepultura, en la de su suegra, y se levantó la otra reina de quince años tamién. Se jueron en sus caballos blancos pa case el rey.

Cuando el rey supo qu' iban cuatro personas en caballos blancos, él quería saber quiénes eran los que vinían y mandó a los criaos que tuvieran cuidao qué era lo que quería aquella gente con él. Antonces el príncipe sapo dijo que él lo que quería era ver al suegro, que él era el príncipe sapo que se había casao con la princesa. Antonces el rey dijo que él tendría gusto, pero que él estaba ciego, no porque no quedría conocer a su yerno, pero estaba ciego. Antonces la princesa sacó el bastón y se lo pasó por los ojos al rey y le vino la vista, y hicieron fiestas por ocho días, y hasta el día de hoy viven juntos todos.

154. El sapo³

Este era un niño que nació muy hermoso, muy lindo y la misma médica lo encantó. Lo volvió sapo y fué creciendo asina, sapo, hasta que estuvo hombre grande, y cuando ya quería casarse, meniaba la cola y el tata del sapo sabía lo que él quería. El le adivinaba todo lo que él quería.

Y había un hombre que tenía tres hijas y le pidió a la mayor pal sapito y se la dieron y se casó el sapito con ella y en la noche la mató el sapo. Y pidió la segunda y también se la dieron y se casó con ella y también a la segunda la mató en la misma noche que se casó. Logo pidió a la tercera y ésa cuando se casó en la noche se puso a contale chistes hasta que se llegó la hora de que él mataba a sus mujeres y ya siguió viviendo con él y en la noche cuando se acostaban ella vía que él se quitaba el cuero y que él era un príncipe muy hermoso, y logo le platicó a su gente de ella que el sapito era un príncipe muy hermoso, que no era sapo y ya se le estaba llegando el tiempo de su encanto de salir del cuero de sapo, y la aconsejaron a ella que le quemara el cuero en la noche pa que saliera él más presto de su encanto.

Cuando estaba el cuero quemando, se levantó el príncipe y se volvió una ave y le dice que lo hallará en la suidá donde jumo sale y aigre no entra. Y le tira unos chapines y el dice que no lo hallará hasta que no se vayan rosando los chapines, y ella lo sigue y se va a la suidá del lucero a preguntale a la madre del lucero a dónde es la suidá donde jumo sale y aigre no entra, y llega el lucero y le dice:

—A carne humana me huele aquí. Si no me la das, a comerte a ti.

—Pues es una pelegrinita que viene a preguntarte a dónde es la suidá donde jumo sale y aigre no entra.

Y le dice que no, que él no sabe, que él ha andado en muchos lugares, que el que puede saber es el aigre, porque el aigre no deja lugarcito en que no anda.

De ai se va pa case la madre del aigre y le da tres palotes la madre de la luna. Y llega a case la madre del aigre y le pregunta. Salen las hermanitas del aigre muy espantadas, muy greñuditas. Le dice la madre del aigre que el aigre está muerto y le dice la pelegrinita que la lleve a donde está el aigre enterrado, y van allá a donde está el aigre y lleva ella sus palotitos. Logo que llegan a la sepoltura, la nana lleva unas argollas donde prenderse, porque él puede levantarlas para otro lugar. Antonces tira la pelegrinita el primer palote a la sepoltura y se estremece la tierra, y logo al segundo palote que tira, se vuelve a estremecer la tierra. Al tercer se levanta el aigre acabando con ellas pero como andan todas prendidas, no les puede hacer nada. Cuando ya se apacigua, le dice a la nana:

—A carne humana me huele aquí. Si no me la das, a comerte a ti.

—Pues es una pelegrinita que viene a resucitarte pa preguntarte dónde es la suidá donde jumo sale y aigre no entra.

Y le dice que él no sabe, pero que él irá a ver dónde puede ser donde jumo sale y aigre no entra, que él ha andado en todos los lugares pero que ese lugar él no puede saber dónde pueda ser. Y ai le dice él que se esté ai hasta que venga, que él le trairá razón, y se va a la suidá, y estaban unas lavanderas lavando trigo en una cequia cuando llegó él y dicen ellas:

—Pues es la suidá donde jumo sale y aigre no entra.

Y entonces de ai se viene y le dice a la pelegrinita que ya halló el lugar donde jumo sale y aigre no entra. Y antonces le dice a la pelegrinita que vaya y se esté en la case de un tejedor, y la nana del aigre le dió un betate. Le dice que este betate la puede llevar a ella a donde ella quiera, que no más le dice:

—Vuela, betate, hasta la suidá donde jumo sale y aigre no entra.

Cuando ya llegó allá, llegó a la casa donde estaba el príncipe y pidió posada ai. Y llevaba ella una gallinita con pollitos de oro y un peinecito y una escobeta y un telarcito con la telita de oro y ai mismo estaba el príncipe. La vieja bruja que lo encantó lo tenía ai y lo iba a casar con una de sus hijas.

En la noche le pagó a la vieja bruja la pelegrinita el peinecito porque la dejara ver al príncipe, porque ya estaban haciendo la fiesta pa que se casara con una de las hijas de la bruja. Venía la vieja y le daba una bebida al príncipe pa que no recordara, y tenía una cocinera allí la vieja bruja pa que viera qué iba a hacer la pelegrinita con el príncipe. Y en la mañana muy de mañana iban y la echaban fuera pa que se saliera. Y la muchacha que estaba aquí, estaba muy desvelada porque no dormía de noche. Y la pelegrinita iba y lo movía al príncipe y le hablaba pero no lo recordaba.

La segunda noche estaba ella peinándose y entró una de las muchachas y la vido con la escobeta que tenía. Y le dijo:

—¡Si viera la escobeta que trai la pelegrinita pa que se peine mi amita el día que se vaya a casar!

Y. va a comprársela, y le dice la joven que se la vende porque la deje otra noche entrar con el príncipe. Así estaba viéndolo. Le vendió el telarcito la siguiente noche y la pelegrinita movía al príncipe pero no podía recordarlo, y la muchacha que estaba allí no dormía por estar cuidando a la pelegrinita hasta que una mañana estaba la muchacha cabeciando y le dijo el príncipe:

—¿Por qué está durmiéndose? ¿Por qué está cabeciando?

—¡Pues sabes, señor amito! Pues todas las noches está entrando una pelegrinita aquí y va a tu cama y llora y te mueve y no te puede recordar.

Y ya esa noche le vendió la último que traiba, que fué la gallinita con los huevos de oro pa que la dejaran entrar y fué la vieja a dale la medecina pa que se durmiera y él se hizo que se la bebía y no se la bebió. Para esto la vieja repuñaba mucho que entrara la pelegrinita pero las muchachas, interesadas en lo que llevaba la pelegrinita, la dejaban entrar. El príncipe se hizo el dormido. Ya entró la pelegrinita, y logo que entró, que ya le cerraron la puerta, recordó él.

Pues ai echó ella todo lo que pudo en el betate y se fueron y dejaron a las hijas de la vieja bruja preparando la fiesta y otro día cuando se levantó la vieja bruja fué a recordarlos pa echar a la pelegrinita del cuarto. Pues no halló nada. Ni halló al príncipe ni halló a la pelegrinita, ni halló nada de lo que tenía en el cuarto. Logo salió de allí nojándose con las criadas que tenía y agarrándose de las greñas. Y le pelegrinita le dice:

—Vuela, betate, hasta el lugar de la luna.

Y de ai se va y llega al lugar donde ella vivía.

155. *El lagarto*[78]

Pues éste era un hombre que tenía tres hijas. Y un día les dijo a sus hijas:

—Aprevénganse lonche pa ir a trai leña.

—Y se jué el viejo por leña y llegó al monte. Y incontró un troncón muy grande, seco. Y apió su hacha y le embocó un golpe al troncón y salió un lagarto. Y le dijo:

—¿Qué andas aquí golpiando mis puertas, atrevido?

—No, lagarto, no atrevido; ando por leña. Por equívoco le pegué a este troncón.

—Ahora 'me tienes que trai a tus hijas, una en una, pa ver acuál me gusta más pa casarme con ella.

Y el viejo se fué muy triste pa la casa. Y les cuenta a sus hijas lo que le ha pasado. Y llevó la mayor la primera vez y no le gustó al lagarto y le dicía el viejo:

—¡Ojalá y no te guste ni una!

El segundo día llevó la del medio y no le gustó al lagarto. El tercer día llevó a la menor y ésa sí le gustó. Y le dijo:

—Abrázate de mí.

Y se metió al tronco y se jué pa abajo. Adentro le gustó a la niña demasiado mucho porque era un palacio tan hermoso que no había ojos con que velo. Después que se disvistió el lagarto, era un príncipe muy hermoso, donde tuvo mucho gusto la familia.

Yendo y viniendo el tiempo, le dieron ganas de irse a pasiar a la mayor, y le dijo a su papá que la llevaran al troncón y la llevaron y le pegó al troncón y salió el lagarto y saludó a su suegro con mucho respeto y le da permiso a la muchacha a ver a su hermana.

—Abrázate de mí —le dice el lagarto y se jué pa adentro.

Cuando llegó, dijo la muchacha:

—Ojalá y me hubiera querido a mí.

Lo dijo de ver el palacio tan bonito y incontró a su hermana, tan gustosa de verla casada con un príncipe tan hermoso. Le dice el lagarto a su mujer:

—Toma estas chinelitas de oro. Si acaso tu hermana en algún tiempo me quemara mi cuerito, yo voy a dar a los llanos de Bilí, y te pones estas chinelitas. Cuando ya se vayan acabando, es que ya vas llegando a los llanos de Bilí.

La primera noche cuidaron a la hermana que no juera a quemar el cuerito. Su hermana toda la noche durmió. Nada de eso pensó. Viendo ellos que no tenía tal intención, la segunda noche no la cuidaron y quemó el cuerito y jué a dar el lagarto a los llanos de Bilí. Y le dice:

—¿Qué has hecho, hermana? Ya le quemates el cuerito a mi esposo. Ya yo me voy a buscar a mi esposo.

Y se puso sus chinelitas y se jué, y caminó tanto que incontró al sol y le dijo:

—¿Qué andas haciendo, jovencita?

—Ando buscando los llanos de Bilí.

Tanto que he alumbrado —le dice el sol—, nunca he alumbrado los llanos de Bilí. Pero aguárdate a que venga el solecito. Posible él haiga alcanzado a alumbrar los llanos de Bilí.

Y llega el solecito y dice:

—A carne humana huele aquí. Si no dármela, a comerte a tí.

—No, hijito. Una niña anda buscando los llanos de Bilí. ¿No los has alcanzao a alumbrar tú?

—No —le dice—, no los he alcanzao a alumbrar.

Y de ai se jué la niña. Caminó, caminó, hasta que llegó a la casa de la luna. Y le dice que anda buscando los llanos de Bilí.

—Tanto que he alumbrado, no he alcanzado a alumbrar los llanos de Bilí. Pero aguárdate a que venga la lunita. Posible ella haiga alcanzao a alumbrar los llanos de Bilí.

Y llegó la lunita y le dijo:

—A carne humana huele aquí. Si no dármela, a comerte a tí.

—Una niña anda buscando los llanos de Bilí. ¿Los has alcanzao a alumbrar?

—Tanto que he alumbrao no he alcanzao a alumbrar los llanos de Bilí.

De allí se jué la niña, y caminó, y anda una águila volando y le dice la niña:

—No me hagas nada, águila. Ando buscando los llanos de Bilí.

Y de ai se jué y caminó a onde la incontró un coyote que se la quería comer y le dice:

—No me comas, coyotito. Ando buscando los llanos de Bilí.

—¿Qué me das y te llevo a los llanos de Bilí?

—¡Oh, te doy de cuántas comidas tú quieras!

—Pues súbete en mí; yo te llevaré.

Se subió la niña con mucho gusto y se jué el coyote hasta que la llevó a la suidá de Bilí. Y llegó a case una viejita y le pregunta qué hay de nuevo. Le viejita le dice:

—Pues no hay más que se va a casar un señor lagarto con la hija del rey.

—¿Por qué no va a case el rey, abuelita, y le dice al rey que aquí anda una niña buscándolo al señor lagarto?

—¡Válgame Dios, nietecita! Están en prendorios, pero yo iré.

Y se jué la viejita a case el rey y le dice:

—¿Cómo le va, señor lagarto? Vengo por mandao de una niña que en busca suya anda.

—¿Qué señas trai la niña?

—Unas chinelitas de oro.

De onde se levantó el lagarto con mucho gusto y placer y le dice a la novia que ha llegao su mujer y de ai sale a onde está la niña con sus bandas y músicas a incontrar a su mujer. Calabazas a la novia le dió y con su mujer se quedó.

156. *La Sierra de Mogollón*[81]

Esta, para bien saber, si es mentira, ya está urdida; si es verdad, para allá va.

Este era un hombre y una mujer que tenían tres hijos y eran muy pobres. El viejito, su enteligencia era vender leña. Pues todos los días iba el viejito para la suidad a vender su leña. Pues que un día fué y halló un palo muy grande. Cuando llegó, soltó sus burritos y agarró su hacha y pegó un hachazo en el palo y saltó un animal y le dijo:

—¡Ah, buen viejo! ¿Cuántas hijas tienes?

—Tengo tres.

—Pues vete y me trais una —le dijo el animal— pero espérate un poquito.

Luego el animal se metió para dentro del palo y le trujo un talegón de dinero. Recogió el viejito sus burritos y se fué para su casa.

Cuando lo vió la mujer y sus hijas que iba, salieron a toparlo muy contentas. Le preguntaron cómo le había ido y les dijo que muy bien. Y entraron para dentro de la casa y le entregó el dinero.

—Mira, hija, qué bien me fué —le dijo el viejito—; si no más que mañana tengo que llevar a mi hija mayor.

Pero no le dijo lo que había al caso. Pues en la noche se estuvo apreviniendo la muchacha. Otro día agarró el viejito sus burritos muy de mañana y los ensilló y se fueron para el monte él y su hija. Cuando iban en el camino, le preguntó el viejito a su hija:

—¿Me quieres, mi alma?

—¡Va, qué mi papá! ¡Cómo no lo he de querer! —le respondió la muchacha.

—Hora hay que ver si me quieres. Pues el dinero que llevé ayer para en casa, me lo dió un animal muy feo y me dijo que hoy te trujiera a ti, pero no te vayas a espantar cuando lo veas.

—Está bien, papá —le dijo la muchacha.

Pues llegaron al lugar, soltó el viejito sus burritos y agarró su hacha y le dió un hachazo al palo y saltó el animal. La muchacha pegó un grito y dijo:

—¡Va, qué animal tan feo!

—¡Ah, buen viejo! —dijo el animal—. ¿Esta es tu hija?

—Sí —le dijo el viejito.

—Pues llévatela y mañana me trais la otra —le dijo el animal.

Bien, pues recogió el viejito otra vez sus burritos y se fueron él y su hija.

Cuando iban para la casa, le encargó mucho el viejito a su hija que no fuera a descubrir nada, que no le dijiera nada a sus hermanas y a su mamá. Bien, pues llegaron a la casa con mucho dinero que le había dado el animal. Este era un príncipe encantado. Pues la viejita muy contenta de que les estaba yendo tan bien. Pues en la noche le dijo el viejito a su otra hija:

—Bien, mi alma, mañana vas tú a ayudarme.

Pues las muchachas empezaron a preguntarle a su hermana que si cómo le había gustado la suidad y que si había mucha gente. Ella les dijo que muy bonito y que le había gustado mucho. Otro día madrugó el viejito y su otra hija y ensillaron sus burritos y se fueron. Cuando iban en el camino, le preguntó el viejito a su hija si lo quería. Ella le dijo que sí.

—Pues ya veré si me quieres —le dijo, contándole la historia.

—¡Oh, no! —le dijo ella—, yo me quedaré quieta.

Pues que llegaron al lugar que tenían que ir. Se apió la muchacha y se sentó. El viejito agarró su hacha y dió el hachazo al palo y saltó el animal. La muchacha se asustó mucho y dijo:

—¡Qué animal tan feo!

Entonces le dijo el animal al viejo que se la llevara y que le trujiera a la otra. El viejito recogió sus burritos y se fueron él y su hija para la casa.

Luego que lo vieron la viejita y sus hijas, salieron a toparlos muy contentas, no sabiendo nada la viejita y la menor de sus hijas. Bien, en la noche le dijo su padre a la menor que fuera con él otro día. La muchacha muy contenta porque ella iba a ir a conocer la suidad.

Otro día muy de mañana ensilló el viejito sus burritos y se fueron. Onde iban en el camino, le preguntó el viejito a su hija si lo quería y ella le dijo que sí. Ya le contó el viejito la historia que tenía que pasar. Pues llegaron al lugar que iban siempre, desensilló el viejo sus burritos y agarró su hacha, dió el hachazo y saltó el animal. Ella se quedó quieta y no dijo nada.

—¡Ah, buen viejo —le dijo—. ¿Esta es tu hija?

—Sí —le dijo el viejito.

—Pues con ella me caso.

Antonces les dijo el animal que se sentara el viejito en un hombro y la muchacha en el otro y les dijo:

—Cierren los ojos hasta que yo les diga.

Cerraron los ojos y se fueron. Cuando el animal les dijo que abrieran los ojos, los abrieron y estaban en un palacio muy lindo, onde había muchas criadas y de todo lo que él deseaba.

Pues ya hacía tres días que se había ido el viejito y su hija. La viejita con mucho cuidado que no volvían de su viaje. Entonces sus otras hijas le platicaron qué había y le dijeron que ellas creían que su hermana se casaría con el animal. Pues a los tres días volvió el viejito y su hija se quedó. La viejita y sus hijas salieron a toparlo y la viejita le preguntó por su hija. Y él le dijo que se había casado con un príncipe.

Pues comenzó la viejita a llorar y a molestar al viejito que la llevara a ver a su hija, pero con mucho cuidado que no fuera a asustarse cuando viera al animal. Ellos siempre tenían que llegar al mismo lugar. Pues se puso a prevenir la viejita.

Otro día se levantaron muy de mañana y se fué el viejito y la viejita para case su hija. Llegaron al mismo lugar que iban siempre. se apiaron de los burritos, agarró el viejito su hacha y dió el hachazo y salió el animal y dió un grito la vieja. El animal le dijo que si ésa era su suegra. El viejito le dijo que sí, que la había llevado a ver a su hija. Le dijo el animal que estaba bien y les dijo que se sentaran en un hombro el viejo y en otro la vieja y les dijo que cerraran los ojos y se fueron. Cuando llegaron al palacio, les dijo el animal que abrieran los ojos, y ya estaban en el palacio. Salió su hija a recebirlos y muy contentos todos.

Pues se pasaron algunos días y luego empezó la vieja con su hija que si para qué vivía con ese animal tan fiero.

—Pero hora te diré, hijita —le dijo la vieja—, esta noche le dices a tu marido que estoy enferma y que quieres que duerma contigo en tu cuarto y que me vas a curar, y luego que ya él se duerma, me levanto y traigo brasas y le quemo su cuerito.

Pues la joven hizo como le mandó su madre y le puso su hija a su madre su cama y se acostó. Luego el animal se quitó su cuerito y se acostó. Pues la vieja se levantó y agarró el cuerito y lo echó en las brasas. Luego el príncipe le dijo a su mujer:

—¡Ah, ingrata! ¿Qué has hecho conmigo? —Se volvió un cuervito y le dijo—: Hora sí, adiós hasta la Sierra de Mogollón.

Y se quedaron en un llano tan fiero y tan largo que no había ni una hierba.

Hora sí —le dijo la vieja a su hija—, hora sí te vas conmigo.

—No —le dijo la muchacha—, yo voy a seguir al príncipe hasta la Sierra de Mogollón.

Y se apartaron. La vieja y el viejo se fueron para su casa y la muchacha siguió al cuervito. Todo el día corrió, y el cuervito volando. En la noche durmió ella en la sombra de un álamo y él arriba del álamo. Otro día, muy de mañana, salió el cuervo y ella también. Allá en el camino onde iba, incontró tres muchachos que peleaban por una herencia. Era un bordón. Este tenía la virtud que cuando pegaban en la sepoltura que quisieran, revivía el que estaba enterrado allí. Y la otra era un petatito que no más subían en él y le decían, "Corre, petatito" y corría tanto como uno quería, y la otra era un chaperito

que no más se lo ponían y podían entrar onde quisiera y nadie lo vía.
Ya les dijo ella:

—Pues yo les diré, si ustedes quieren, yo les daré esas tres cosas. Hora se retiran para allá lejos y luego rompen corriendo para
acá y el que llegue primero aquí onde estoy yo, ése se queda con ellas.

—Bien —dijieron los muchachos y se retiraron.

Y vino ella y se subió en el petatito y agarró el chaperito y el
bordón, y le dijo al petatito que corriera. Y se fué. Cuando los mu-
chachos llegaron al lugar que iban a romper, ya ella se había ido.
Pues ya vido que iba el cuervito al igual de ella. Todo el día corrió.
Ya muy tarde llegó a una casa y tocó la puerta y salió una vieja.
Era la luna. Le preguntó ónde era la Sierra de Mogollón, pero ni ella
ni su hija sabían. Pues que otro día se levantó la muchacha y se fué.
Antes de irse, vino la vieja y le dió una virtud y le dijo:

—Te voy a dar este malacatito. Ondequiera que vayas, le das
una vuelta y hila seda de todos colores.

Vino la muchacha y agarró el malacatito y se subió en el petatito y le dijo al petatito que corriera. Ya el cuervito iba igual con ella.
Todo el día corrió. Ya muy tarde llegó a otra casa y salió una vieja
muy bonita y era su madre del lucero. Ya le pidió ella posada. Le dijo la vieja que sí. Entró a la casa y ya le dijo la muchacha que si qué
razón le daba, ónde sería la Sierra de Mogollón. Antonces le dijo la
vieja:

—Ni la había oido mentar. Pueda que mi hijo te dé razón.

A la madrugada llegó el lucero y le dijo a su madre:

—Carne humana me huele aquí; si no me la das, te como a ti.

—Anda —le dijo su madre—, si es una pobrecita que anda preguntando que si ónde es la Sierra de Mogollón.

—¿La Sierra de Mogollón? Ni la he oido mentar.

Pues otro día se levantó la muchacha para irse. Vino la vieja y
le dió un peine y le dijo que tenía la virtud que no más se peinaba y caiban perlas de todos colores. Y lo agarró la muchacha y se fué. Cuando salió de la casa, ya vido al cuervito que iba. Todo el día corrió.

Ya muy tarde llegó a otra casa y ai vivía su madre del sol. Ya
le pidió posada y la vieja le dió. Ya le preguntó que si le daba razón ónde sería la Sierra de Mogollón. Pero ni la madre ni el hijo supieron. Antes de que se fuera, vino la vieja y le dió una gallinita de
oro muy bonita que ponía huevos de oro. Se fué la muchacha. No más
salió de la casa, ya vido ir al cuervito. Y todo el día corría en su petatito. Ya muy tarde llegó a otra casa. Ya salió una vieja muy gorda

y muy cabezona. Era su madre del aire. La vieja le dijo que entrara. Ella entró. Pasó toda la noche y le preguntó que si qué razón le daba, ónde sería la Sierra de Mogollón. No supo la vieja. Cuando vino el hijo, le preguntaron a él.

—¿La Sierra de Mogollón? —dijo el aire—. Pues mi padre me platicaba que él había ido allá, pero que ya hace muchos años que está muerto.

Ya vino la muchacha y le dijo que le fuera a enseñar ónde estaba enterrado. Y fueron. Ella agarró su bordón y le dió un golpe al sepulcro y se levantó el aire viejo. Antonces se fué el cuervito y no lo volvió a ver ella. Ya le dijo la muchacha al aire viejo que ella iba en pos de su marido y que él se había ido para la Sierra de Mogollón.

—Está bien —le dijo el aire viejo—, yo te llevaré pero no más tres días me estoy allá. Tienes que hacer tu negocio y si no, me vengo yo y te dejo allá.

Puez hizo un terremoto y se llevó a la muchacha. Pues llegaron a la Sierra de Mogollón. Ya el cuervito estaba vuelto príncipe. Ya tenía una muchacha que se iba a casar con ella y no se acordaba de su mujer. Ese era el lugar onde estaban todos los príncipes encantados. Estaba una vieja y era bruja y estaba arriba de la zotea haciendo buñuelos porque era un lugar que nunca hacía aire. Cuando llegó el aire, dijo la bruja:

—¿Aires por estas tierras? Ya hacía años que no hacía.

Ya se quedó el aire zumbando. Entró la muchacha y se puso su chaperito. Naide la vía y ella vido a su marido y pronto lo conoció. Se salió para fuera y se sentó en un portal y se puso a hilar y como había de salir otra de las princesas, salió la que se iba a casar con su marido de la muchacha. Vido el malacatito y le gustó mucho. Entró a la casa y le dijo a la bruja que se lo comprara. Pues se lo compró la bruja y en pago le prometió la princesa a la muchacha dejarla dormir en el cuarto del príncipe. En la noche le dió la vieja algo al príncipe para que no recordara en toda la noche. Pues la pobre muchacha no pudo platicar nada con él.

Otro día la muchacha entraba en la casa y se ponía su chaperito y nadie la vía y comía y luego salía y se sentó otra vez en el mesmo portal y se puso a peinar. Y salió otra vez la misma princesa y la muchacha siguió peinándose y caiban perlas de muy lindos colores. La princesa se interesó en el peine. Ya le vendió la muchacha el peine porque la dejara dormir otra vez en el cuarto del príncipe. En la noche volvió la vieja a hacer la misma con el príncipe. En toda la noche no recordó. Ya el aire le dijo que se apurara, que ya no más una noche se iba a estar.

Otro día vino la muchacha y se sentó otra vez en el mesmo portal y soltó la gallina y comenzó a poner huevos de oro. Salió la princesa y la vido. Le rogó que le vendiera la gallina. Ya se la vendió porque la dejara otra vez estar en el cuarto del príncipe esa noche.

Pues se le olvidó a la vieja bruja darle con que se durmiera. Pues en la noche se pusieron a platicar y ya le dijo ella cómo le había pasado. Al fin se acordó él que era su mujer y le dijo que nunca la olvidaría y que vivirían felices.

Entonces vino el aire y hizo muy fuerte y destechó la casa, porque la princesa echaba la llave en la puerta, y sacó al príncipe y a su mujer y se los llevó hasta el lugar donde vivían y vivieron muy contentos y mandó la muchacha por su papá y su mamá y vivieron muy contentos siempre y muy felices.

157.   *El pájaro azul*[54]

Este era un hombre y una mujer que tenían tres hijas y eran muy pobres. El hombre, su mantención era traer leña. Vendía una carga en la plaza y otra dejaba en su casa.

Un día se fué muy de mañana a trai leña. Luego que llegó a los primeros troncones, agarró el hacha y empezó a cortar un troncón, cuando salió del troncón un pájaro azul muy enojado. Se espantó el hombre al ver lo que le dijo, hablando perfectamente lo mismo que él.

—Insolente, no me destruygas mi palacio. ¿Qué estás haciendo? Ni me tires mi casa, porque te voy a acusar.

—Señor, yo no sabía que ésta era su casa de usté. Yo todos los días vengo por leña y creía que este troncón era para hacer leña.

—Pues no —le dijo—, es mi palacio. Ya sabrás que está encantado. Pero dime, ¿cuántas hijas tienes?

—Tengo tres.

—Si no quieres que te haga nada, dame a una de tus hijas. Traime a la mayor.

Se volvió sin leña el hombre para la casa contándole a su mujer lo que le había pasado y le dijo a su hija mayor que se alistara para llevarla con aquel pájaro, que él no sabía qué iría a hacer con ella.

Otro día por la mañana llevó a su hija y ya el pájaro estaba listo arriba del troncón, esperándolo. Le dijo a la muchacha:

—Pon tus manos sobre mis alas y yo te diré cuándo abras los ojos. Cierra los ojos.

No le dijo nada hasta que no la metió adentro. Entonces le dijo que abriera los ojos. Ella obedeció y se halló en una ciudá y un palacio muy grande. Salió el pájaro y le dijo al hombre que otro día le trajera a la segunda. El pobrecito hombre se volvió pa su casa y la muchacha que entró adentro empezó a ver cosas que ella no había visto, hermosísimas, en aquella casa tan grande. Vino el pájaro y le dió un manojo de llaves.

—Mira —le dijo—, todo lo que hay aquí es tuyo. Todos los cuartos ábrelos y míralos, y todo lo que haiga es tuyo. Manda que hagan lo que tú quieras con excepción de este cuarto. Ese no lo abras.

Le separó uno, dándole después una manzana blanca y le dijo a ella que se la guardara hasta en la noche que él volviera. Porque tenía él de costumbre antes de acostarse comer una manzana. Agarró la manzana la muchacha y se la echó en el seno. Y el pájaro de un volido se fué para otra ciudá donde él trabajaba, en donde tenía un palacio manífico.

La muchacha se puso a recorrer todos los cuartos y a ver todas las riquezas y siempre pensando en su padre y su madre y sus hermanas. Luego fué y abrió el cuarto privado y vió muchísimas cabezas allí de diferentes mujeres y los cuerpos colgados de una percha. Y le llamó la atención un hoyo que estaba en el medio del cuarto y fué a asomarse a ver qué había en él. En aquel hoyo había la sangre de todas las mujeres que estaban muertas. No más se agachó y se le cayó la manzana en la sangre. Vino ella y la sacó y fué y la estuvo lavando pero por más que la lavó, no pudo quitarle lo colorado. Más colorada se hacía. Fué y anduvo buscando una manzana blanca entre tanta manzana que había y no pudo hallar ni una. Entonces pensó que el pájaro no se fijaría tanto en el color de la manzana. Tomó la manzana y la metió debajo de una almuada.

Cuando el pájaro vino en la tarde, le preguntó cómo había estado todo el día, cómo le gustaba. Ella le dijo que muy bien. Platicaron un rato, se quitó él su cuerito y lo colgó y quedó un hermosísimo príncipe. Después que se pasió en el cuarto, le dijo a ella que le entregara la manzana. Levantó la almuada y sacó la manzana y se la dió. Luego que la agarró él en la mano, le dijo que no era la misma que le había dado, y ella insistió que sí era la misma.

—Mira, yo te diré. Tú fuiste a abrir ese cuarto que yo te privé
y allí mismo tendrás que ir a dar tú con tus compañeras por curiosas.
La llevó y le cortó la cabeza.

Otro día por la mañana salió al troncón a esperar al pobre padre que venía con su hija, la del medio. Haciendo con ella lo mismo
que con la primera, la mandó poner las manos en sus alas y cerrar los
ojos. Cuando la hubo metido adentro, salió él a decirle al hombre
que trajiera otro día a la menor. Hizo la misma que con la mayor.
Le dió las llaves y le separó aquel cuarto. El pájaro dió un volido y
se fué, dejándola a ella.

Empezó ella a buscar a su hermana y no la pudo hallar. Después de haber visto todos los cuartos, fué al cuarto privado. No más
abrió la puerta y la primer cosa que vido fué la cabeza de su hermana. Empezó a llorar por ella y fué a asomarse al hoyo y se le cayó la
manzana también, sacándola de allí toda llena de sangre, fué y la
estuvo lavando pero no le pudo quitar la sangre. La guardó hasta que
el pájaro viniera, siempre pensando ella que quién sabe si la mataría
a ella como a su hermana.

En la tarde cuando volvió el pájaro, le preguntó cómo le había
gustado la casa, y le dijo:

—Muy bien, pero que yo quisiera saber de mi hermana. ¿En
dónde está?

—Oh, ella se anda pasiando.

Luego le pidió la manzana que le había dado y cuando la tomó,
vió que le había sucedido lo mismo que a la otra.

—¿Por qué fuiste a abrir ese cuarto? Yo te dije que no lo abrie-
ras. Pues allá tendrás que ir con todas las curiosas y tendré que hacer
lo que he hecho con ellas.

La llevó y le cortó la cabeza.

Otro día muy de mañana ya estaba afuera esperando al padre
de la última. Cuando la trujo, que se la entregó, hizo como con las
dos primeras. Luego que la metió, le dijo:

—Voy a trai a tu padre para que vea en dónde están sus hijas.

Y el pobrecito hombre estaba atrincado al peñasco que estaba
cerca del tronco y se le prendió una hormiga. Esta era una hechicera
que venía hecha hormiga, y se quedó allí. Fué y sacó al hombre y lo
despidió.

Cuando ya él se hubo ido, se volvió el pájaro para atrás, dándole una manzana verde a la muchacha y encargándole que no fuera a ver ese cuarto y que todos tenía derecho de verlos y comer de

odo lo que había allí, pasiarse todo lo que quisiera y que aquella manzana se la guardara hasta la noche que él viniera. La tomó ella, metiéndola en una cómoda. Se puso a ver todas las riquezas que había allí y siempre pensando en sus hermanas que no sabía de ellas. Así pasó todo el día. En la tarde, se le metió en la cabeza la curiosidad de ver qué había en aquel cuarto. Tomó la llave y lo abrió. Vió las cabezas de sus hermanas y sus cuerpos y empezó a llorar por ellas. Atrancó la puerta y se volvió para atrás.

Cuando llegó el pájaro, le preguntó cómo le había gustado aquel lugar, ella le contestó que muy bien. Que todo había visto pero que sus hermanas no las hallaba.

—Oh —le dijo—, tus hermanas están pasiándose y tú también e pasiarás si quieres.

Se quitó su cuerito y lo colgó, trayendo leña y echando en el fogón para hacer lumbre. Luego vino y empezó a pasiarse en el cuarto y le pidió la manzana y se la trajo.

—¡Mira! —le dijo—. Tú sí eres obediente. Tú sí sabes hacer lo que manda el hombre. Pues tú vas a ser mi mujer.

Otro día se celebró el casamiento y él tomó su cuerito y se fué, como de costumbre. Se quedó ella sola. A poco rato que se había ido el pájaro, se le apareció una vieja. Esta era la hormiga, diciéndole que si para qué se había casado con una animal, que si de qué le sería aquel pájaro azul. Y le dijo ella:

—¡Si usté lo viera! Es el príncipe más hermoso del mundo. No hay ojos con que verlo. Luego que entra, se quita el cuerito y es muy ndo. El está encantao.

—¿Por qué no has quemado el cuerito?

—Porque no —le dijo ella—. Pues ese cuerito no me hace mal mí. Y si usté quiere verlo y conocerlo, quédese esta noche debajo el catre.

Así lo hizo la vieja, quedándose debajo del catre. Luego que el príncipe se acostó, venía él muy cansado, se quedó dormido. Salió la vieja bruja de abajo del catre, descolgó el cuerito y abrió el rescoldo de la lumbre y echó el cuerito. Cuando empezó a traquiar el cuerito, ispertó el príncipe y le dijo:

—Pues ahora me voy. Semos perdidos. Tú te quedarás aquí.

—Yo no me quedo —le dijo ella—. Yo me voy contigo.

—Pues no vas conmigo. Todo lo que puedo hacer contigo es que e vayas una vista conmigo.

Le dió unos chapincitos de oro y le dijo:

—Ponte estos chapincitos y toma esta varita de virtú y te va
siguiéndome hasta donde se te rompa el del pie derecho en el ded
gordo, y allí rayas con la varita un cuadro del tamaño que lo quie
ras y le pides a la varita lo que tú deseas. Ya estarás cerca de mí.

Se fué el príncipe adelante y ella se quedó en un llano que no ha
bía ni piedras ni chamizo ni ninguna cosa. Pero que lo siguió una vist;
Se fué caminando hasta que lo perdió de vista. Cuando ya hubo ca
minado mucho, vió que el chapín del pie derecho se le había rompi
do. Allí se quedó.

Otro día dispertó ella muriéndose de hambre y de sé y se acor
dó de su varita de virtú y la sacó y le dijo:

—Varita de virtú, por la virtú que tú tienes y la que Dios t
dió, hazme aquí una casita muy bien arreglada y traime comid;
para comer y ropa para vestir.

Pronto empezaron los abañiles a hacerle una casita y le trajero
comida y estuvo comiendo y se vistió. Luego ya pidió un palacio qu
no hubiera ojos con que verlo, que fuera todo de cristal con las co
lunas de oro y plata, jardines de flores que tuvieran distintos colores
hortalizas y de todo lo que se necesitaba y que pusiera piones par
asistir todo el lugar, establos, caballos, laguna de pesca, parque, ban
das de música y de todo tenía. Ella vivía en un paraiso.

Un día, como el tiempo era tan seco, se perdieron las labores
les dijo el rey a sus piones que fueran a dar una vuelta a los came
llos. Se fueron unos piones del rey y vieron un palacio muy hermos
y se volvieron a contale al rey lo que habían visto. El rey se enojó mu
cho y le mandó a uno de los piones que fuera por la dueña del pa
lacio.

Luego se fué para el palacio nuevo. Cuando ella lo vió venir, d
una vez pensó algo. Llegó el pion del rey y se pusieron a platica;
mandó ella que prepararan un refresco y al pion se le olvidó volve
para atrás a decirle al rey lo que tenía que decirle. Luego que cena
ron, fueron al cuarto y se pusieron a platicar. Cuando ya estaba avan
zadá la noche, le dijo ella:

—Usté estará cansado. Pues bien, ai está ese catre. Acuéstes
usté ai y yo aquí.

Se desvistió ella para acostarse y ya él se había metido a la ca
ma cuando ella se asomó a la ventana y dijo:

—¡Ah, qué muchachos! Ya dejaron la puerta del cerco del jar
dín abierta. Voy a cerrarla.

—No, no. No vaya usté —le dijo él—. Es más justo que vaya yo.

Se levantó él en paños menores y salió a cerrar la puerta.

—Varita de virtú —dijo ella entonces—, por la virtú que tú tienes y la que Dios te dió, haz que toda la noche este hombre esté cerrando la puerta y la puerta abriéndose.

Vino ella y se acostó y él se puso a cerrar la puerta. El cerraba y la puerta se abría. Así se pasó toda la noche hasta que aclaró.

Cuando empezó a aclarar, se fué de allá a contarle al rey lo que había pasado. Dijo otro de los piones que iría él entonces. Se fué. No más lo vió ir ella, le pidió a su varita de virtú que la hiciera más linda que el día antes. Llegó a la puerta y tocó. Le mandaron entrar. Le pusieron una silla y se sentó y empezó a platicar con ella hasta que se llegó el tiempo de acostarse. Después que se hubo acostado, se desvistió ella y se asomó a la ventana y vió que el caballo estaba afuera.

—Mire, les mandé a los muchachos encerrar el caballo en el esteble y aquí está. Voy a llevarlo.

—No, no. Yo lo llevaré —le dijo él y se levantó en paños menores y tomó el caballo y lo metió al esteble.

—Por la virtú que tienes —dijo ella tomando la varita de virtú— la que Dios te dió, ten a este hombre alisándole la anca al caballo de vez en cuando que le levante la cola al caballo y lo bese.

Luego que aclaró, se fué a contarle al rey.

—Pues ahora —dijo el rey— yo voy a ver quién es esa señora.

Lo llevaron sus piones. Venía con mucho coraje el rey de ver aquel palacio tan hermoso. Pero tal y tal que vió a la mujer, se le quitó el coraje. Empezó a enseñarle al rey todo y a platicar con él. Comió y le puso un catre para que durmiera. Otro día por la mañana se levantaron y empezó el rey a preguntarle a ella cómo era que tenía aquel palacio. Ella le dijo que porque él mismo le había dado el derecho.

—Ya se acordará usté cuando la vieja bruja le quemó el cuerito me quedé yo en el llano y usté se vino, que me dió usté estos chaincitos y esta varita.

Entonces el rey se acordó y hizo cambiar todo lo que tenía en el palacio viejo al nuevo. Y siguieron viviendo en el palacio nuevo.

158. El indito[35]

Pues éste era un indito que era huérfano. Vivía en un pueblo
y un día que fueron los indios a cazar fué él también.

Cuando él subió a la sierra, vido un ojo de agua que vertía de
la tierra. Antonces él se puso a ispiar. Pues en esto que él estaba is
piando, vido venir un venado pal ojo. Luego que lo vió que se colgo
a beber agua, él se fué arrastrándose entre el zacate hasta que tuvo
la oportunidá de agarraio de una pata. Pues se lo llevó a su casa vivo

El llegó y lo encerró en un cuarto. A la mañana siguiente él aga
rró un cuchillo y lo amoló y fué y abrió la puerta del cuarto onde te
nía el venao. Antonces cuando el venao lo vió con el cuchillo, le habla

—¿Qué vas a hacer? —le dice.

—Yo te voy a matar pa comer.

—No me mates. Yo soy un príncipe encantao. Mi padre no sa
be de mí.

—Pues ¿qué quieres que haga? —le dijo.

—Anda —le dijo— a tal lugar onde vive mi padre y dile que tu
hallates a su hijo y que tú lo tienes en tu casa. No vayas a consenti
que te dé dinero. El te ha de ofrecer mucho dinero por mí. Requié
rele un espejito que él tiene.

Ya se fué el indio paronde estaba el padre del venadito y le pi
de albricias, diciéndole al rey que tiene a su hijo en casa. El rey l
ofrece dinero pero el indito, le pide el espejito. Antonces su padre
con tal de ver a su hijo, le aflojó el espejito. Y se fué pa su casa. Y
le dijo al venadito:

—Aquí tengo el espejito. ¿Qué quieres que yo haga ahora?

—Refriega el espejo asina, con las manos.

Cuando el indio refregó el espejo, saltó un caballero.

—Aquí estoy pa que me mandes. ¿Qué quieres que haga por ti

—Yo quiero que tú desencantes este venadito y lo hagas un
hombre otra vez.

El caballero desencantó al venao y lo convirtió en un príncipe
Antonces el indio se fué con el príncipe para la casa de su padre otra
vez y le dice que allí tiene a su hijo. Y se convirtió en fiestas en l
casa del rey por la hallada del príncipe. Ya se dijo que los indio
no lo querían bien. Antonces talló el espejo y saltó el caballero y l
dijo:

—Aquí estoy pa que me mandes. ¿Qué quieres que haga por ti

—Yo quiero que tú hagas mucho pozole. Yo voy a convidar a todo mi pueblo a que venga a una fiesta a comer conmigo. Olla a llenar, olla a vaciar. Que no falte.

Luego salió él por el pueblo pregonando que fueran pa la fiesta a comer pozole. La fiesta duró algunos días. En este tiempo había un rey en otro lugar que tenía una princesa muy hermosa, muy bonita, y había publicado el rey que el que le hiciera una puente en el río, le daría el rey a su hija para que se casara con ella. El indio también supo de este edito del rey. Le dijo a su nana que él iba a hacer esa puente pa casarse con la princesa. Su madre no quería que fuera porque temía que el rey lo matara. Se va y le dice al rey que él quiere hacer el puente pa casarse con su hija.

—Mira —le dijo el rey—, hay muchos príncipes y hombres muy ricos que han querido hacer la puente y no han podido hacerla.

—Pero yo sí quizás podré hacer la puente.

—¿Qué puedo yo hacer contigo si no haces la puente?

—Quizás —le dice— tú me matarás.

—A ver —le dice el rey— qué necesitas para comenzar el trabajo.

—Un talache —le dijo.

El indio se fué allá a un cerro y allá hizo una cueva con el talache y allá se acostó a dormir. No sé por cuántos días estaría el indio sin hacer nada. Por fin, una noche talló su espejo. Saltó un caballero y le dijo:

—Aquí estoy para que me mandes. ¿Qué quieres que haga?

—Ahora yo quiero —le dice el indio al caballero— que tú me haces un puente de aquí hasta el otro lado de este río, y también un palacio en el medio de la puente.

Y como a la madrugada, tal vez, despertó el rey y fué a onde estaba la reina y le dice:

—Hija, hija, ¿qué luces entran por las ventanas?

Se empezaron a asomar por las ventanas del palacio y vian que traslucía en las ventanas alguna cosa, como rayos del sol. Desde aquellas horas se levantó el rey, llamó toda su corte y se reunieron para ir a ver que había en el río. Allí estaba el indio. Ya salió a incontrarlo. Andaba muy contentó el rey con el indio porque había cumplido su contrato.

Y luego preparó el rey las fiestas y las noticias que se iba a casar su hija con el indito. Pues se acabaron las fiestas. Se casó el indio con la princesa.

Había un príncipe que estaba muy enamorado de la princesa, de los que habían hecho fuerza hacer el trabajo. El príncipe no hallaba cómo había hecho el indio aquella puente tan poderosa. El había gastado todo su dinero para hacer la puente y no la había podido hacerla formal. Pues que en esto empezó a buscar en la suidá alguna vieja que supiera de hechicería. Halló una vieja que entendía de hechicería. Ya un día se fué para el palacio del indio. El indio nunca le dijo a la princesa que el espejito tenía virtú o que era de algún valor. El lo tenía colgado en su cuarto onde dormía. No estaba el indio antonces cuando vino la bruja. Ya la bruja en sus brujerías había entendido que el indio tenía un espejito que tenía virtú. Cuando llegó al palacio, que se introdució con la princesa, le dijo que le enseñara la casa. Y cuando vió el espejito, le dijo la bruja que le diera el espejito. Pues le dió el espejito la princesa. Y se lo llevó la vieja. Allá onde se incontró con el príncipe, le dijo que tenía el modo para robarle al indio la princesa.

—Mira —le dijo ella—, este espejito es el que tiene la virtú. Ahora vamos llevando el palacio del indio a un lugar muy lejos, a onde el indio no vuelva a verlo.

Luego la bruja talló el espejo, saltó el caballero.

—Aquí estoy pa que me mandes. ¿Qué quieres que haga?

—Quiero que destruyas el puente que está en el río y me lleves este mismo palacio a cierto lugar lejos.

Pues que en la mañana en lugar de amanecer el indio en su casa, amaneció en la cueva. Pues no había puente. Ya se fué pal palacio del rey. Ya el rey había visto que no estaba el palacio. El rey estaba muy nojado y le dice al indio:

—El puente que hicites en el río era cosa falsa y ahora yo haré que te horquen.

—Está bueno, tata rey, pero dame un poco tiempo. Yo quizás buscar a tu hija y yo te la trai aquí otra vez.

En el camino onde él iba, le salió una viejita.

—¿Para dónde vas? —le dice.

—Yo voy a buscar el palacio de la princesa.

—En tal lugar está. Una vieja bruja tiene tu espejo.

—¿Qué debo hacer? —le dice a la viejita.

—Mira —le dice— ai en el camino donde vayas te ha de salir un gato. Agárralo y llévatelo porque la vieja bruja tiene preparada una mazmorra llena de ratones y al que echen allí, se lo comen los ratones.

Esta viejita era María Santísima.

El indio se fué al rumbo indicado por la viejita. Pues en tal tiempo llegó allá. Estaban preparando una fiesta. Que se iba a casar el príncipe con la princesa. Ya llegó el indio a onde estaban los cocineros. Dijo que el era muy buen cocinero, que si que no le daban chanza pa ayudarles en la cocina. La bruja no supo nada. Ella tenía un cuarto onde se estaba ella todo el día cuidando el espejito. El indio se puso a hacer pasteles y queques. En uno de los queques echó una sortija, la sortija de matrimonio adentro del queque, y dijo a los serviciales:

—Ahora tú llevar este queque a la princesa y decirle que lo parta. Está muy bueno. Es el mejor.

Cuando la princesa cortó el queque, saltó la sortija del medio. La reconoció y cuando la reconoció, ella lloró. Ya fueron y le dijieron a la bruja que el cocinero había echado una sortija en un queque y que la princesa la había hallado y había llorado.

—¿Qué clas de hombre es? —le dijo la bruja.

—Es un indio —dijieron.

Antonces la bruja de una vez creyó que era el indio del espejo y dijo:

—Agárrenlo, agárrenlo y échenlo en la mazmorra.

—Quizá yo llevar mi saco —dijo él, pues tenía al gato en el saco.

Cuando el indio se vió en la mazmorra, los ratones se le vinieron encima. Ya sabían su oficio, su deber. Antonces él le abrió la boca al saco y les enseñó la cabeza del gato y le dijieron los ratones:

—No nos sueltes el gato porque acaba con nosotros. ¿Qué podemos hacer por ti?

—Ustedes van al cuarto de la vieja. Ella tiene un espejito que está allí en su cabecera colgao. Robárselo y tráimelo pa acá.

Y los ratones se hicieron cadena y se fueron por el espejito y trujieron el espejito. Cuando el indio tuvo el espejito, lo agarró y lo talló y le dice el caballero que saltó:

—Aquí estoy pa que me mandes. ¿Qué se te ofrece?

—Ahora yo quiero que tú llevarme este palacio allá al río onde estaba y lo quiero más fuerte que lo que estaba, y la puente más fuerte que lo que estaba y el palacio más bonito que lo que estaba.

Pues que en un abrir y cerrar de ojos lo mudó. Y le pidió también al espejito que a la vieja bruja la llevara a onde no la volviera a ver. Pues era en la noche y cuando amaneció otra vez las luces en las ventanas, dice el rey:

—Hija, hija, mira; ya tu hija vino. Está en su casa en el río en el palacio.

Luego, sin embargo, el rey en un momento llamó a su corte. Se juntó para ir al palacio. Llegó al palacio y salió el indio con la princesa y lo saludaron. Le dice el indio:

—Este espejo tu hija se lo regaló a una vieja bruja cuando yo no estaba en el palacio y este espejo tiene una virtú. Ahora, cuando tú quieras otra cosa que yo haga, pídemelo a mí. Cuando otro rey quiera peliar contigo, no más me pides a mí y yo te hago ganar tu batalla.

Luego el rey preparó una fiesta que duró ocho días. En esto hizo venir el indio a su nana y se la introdujo al rey, que era su nana. Y las fiestas duraron ocho días y si es verdá, para allá va, y si es mentira, ya está urdida.

159. El indito[55]

Está para bien saber, si fuere mentira, ya está urdida y si es verdá, para allá va. El aguardiente es pa los borrachos, las semitas pa ustedes, y el pan pa mí.

Había en una suidá un rey, y tenía un hijo joven. Cerca de la suidá había un pueblo de indios. Un día los indios fueron a pedir licencia al rey para que fuera el príncipe, su hijo, con ellos a cazar venados. El rey no quería concederles a menos de que no le dieran a él un seguro por la vida del muchacho. Los indios prometieron traile al príncipe de vuelta de la caza sin ninguna contingencia, asegurándole ellos que si no le traiban sin contingencia ninguna, morirían todos los indios, hombres y mujeres. Y el rey convino. Salieron a cazar y se llevaron al príncipe consigo.

Allá onde andaban, incontró el príncipe un venado, y lo siguió tan recio que los indios no pudieron alcanzarlo. Allá ond' iba ya corriendo qu' iba ya muy cansado, incontró una laguna con agua y se puso a beber agua, porque llevaba mucha sé. Pronto que bebió la agua, se transformó en venado. De modo que los indios no pudieron remediar lo sucedido y fueron muy tristes a presentarse al rey, contándole lo acaecido. El rey luego dió la sentencia para que ejecutaran la muerte de todo el pueblo de los indios, habiéndose cumplido la orden del rey inmediatamente.

Al siguiente día la reina salió a ver la mortandá de los indios y incontró un indito mamando de la mamá siendo que la mamá estaba muerta. Antonces ella se volvió a onde estaba el rey y le pidió licencia para conservar el indito como recuerdo del príncipe, su hijo. El rey le concedió y ella buscó una aya para que criara al indito en el palacio rial.

Y yendo y viniendo tiempo, pasando meses, años, días y semanas, el indito creció. Un día le dijo el indito al rey que quería ir a cazar venados.

El rey no quería pero en fin le concedió.

El indito se fué a cazar venados. Allá onde andaba incontró uno y se le perdió de vista, pero él siguió la fuella del venado hasta que llegó a una laguna onde él pensó que bebían agua los venados.

Al rato de estar esperando, vió bajar un venado y cuando se agachó el venado a beber agua, le disparó un flechazo y le pegó en el codillo. Pegó un saltido el venado, la mitá hombre y la mitá venado y le tiró el segundo flechazo y le pegó en la parte que contenía de venado y se volvió completamente hombre. L' iba a tirar el tercer flechazo cuando le gritó:

—No me tires, que soy un príncipe.

—Tú no príncipe. Tú brujo. Hora te mato.

—No, indito, no me mates. Yo soy un príncipe y yo te pago muy bien si no me matas.

El príncipe dijo que él le daba un espejito de virtú si no lo mataba. Y le contó al indio cómo había sido encantado y que suponía que morirían todos los habitantes de un pueblo indio que estaba en las cercanías del palacio y que sin duda él habría escapado. El indio creyó y se fueron juntos hasta la orilla de un monte, y le dice el príncipe al indio:

—Ir y pidir albricias a mi padre. Decid que yo lo aguardo aquí a la orilla de un monte, que soy su hijo.

El indito echó carrera y llegó a onde estaba el rey y le contó todo lo que había ocurrido. Antonces el rey mandó sus tropas para que salieran con él a topar a su hijo. Cuando llegaron a la suidá, hizo tres días de boda y en este tiempo salió el indito a ver ónde estaba el pueblo y sacó su espejito y le dijo:

—Espejito de virtú, por la virtú que tienes y la que Dios te ha dado, haz que este pueblo esté en la misma forma que estaba antes de que se perdiera el príncipe y que yo incuentre a mi mamá. yo la conozca a ella y ella a mí. Y pronto apareció todo el pueblo de indios con sus habitantes y él se reconoció con su mamá. Y habiéndolo echado menos el rey, preguntó por el indito, y lo hallaron en el pueblo con la mamá, y dieron aviso al rey. El rey dió muchos presentes a la mamá del indito y un día se presentó el indito onde estaba el rey muy de mañana y le pidió al rey que le concediera la licencia de salir a andar por países extranjeros, y el rey le concedió.

Llegó a una suidá, y antes de llegar, pasó por un camposanto. Vió un cuerpo tendido en el camposanto. Cuando llegó a la suidá, preguntó qué contenía aquel cuerpo que estaba tendido ai, y le dijeron que ése era un hombre extranjero que había muerto.

—¿Por qué no enterrando?

—¿Habrás visto que tiene un plato arriba en el pecho? Y ése es pa que echen limosna, para enterrarlo, los que lo vean.

El indito preguntó que si no había padres. Le dijeron que sí, que ellos eran los que tenían el cuerpo allí para juntar la limosna, y se fué a donde estaban los padres y les preguntó por el cuerpo que había visto, y los padres le dijeron que hasta que no se juntara la limosna suficiente para poderlo enterrar, porque era extranjero. Antonces el indito preguntó por las palas y talaches para hacer una sepultura. Los padres se opusieron, pero él los amenazó con su arco y flechas hasta que le presentaron lo necesario para abrir la sepultura. Antonces él les dijo que le fueran a enseñar ónde abrirla, y fueron dos padres a enseñarle. Antonces él le dió a uno la pala y al otro el talache y les mandó que abrieran la sepultura. Los padres no querían, pero por último se vieron los padres obligados a abrir la sepultura, y habiendo acabado todo, cargaron los padres con el cuerpo y lo llevaron a la iglesia. Antonces les dijo él que repicaran para juntar la gente. Los padres repicaron. La gente se reunió y él les dijo a los padres que le dijeran misa de cuerpo presente, y los hizo que llevaran el cuerpo y lo pusieran en la sepultura y le echaran la tierra y logo, en pago, por su trabajo, les dió un talegón de dinero.

Y de ai se fué a otra suidá en donde había otro rey que ofrecía dar a su hija para que se casara con ella al que le hiciera un puente en un río, porque estaba dividida la suidá y no podían pasar el río. Cuando el indio llegó, le preguntó el indio al rey si era verdá que él había prometido dar a su hija al que hiciera un puente en el río para que se casara con él. Y le dijo que sí, con la condición que si no lo hacía, pena de la vida. El indito dijo que estaba bueno, que él acetaba la oferta. Le dijo el rey cuánto tiempo quería para hacer el puente. Y él le dijo que necesitaba tres días solamente. El rey dijo que si no lo hacía en tres días, lo mandaba a horcar, y él dijo que estaba bueno.

El indio se anduvo pasiando el primer día recorriendo toda la suidá. Lo mismo hizo el segundo y el tercero. Cuando todos pensaban que al cuarto día lo iban a horcar, él, el tercer día en la noche, sacó su espejito de virtú y le dijo:

—Espejito de virtú, por la virtú que tienes y la que Dios te ha dado, hazme un puente aquí de esta orilla a la otra, muy buen puente, como nunca antes lo haigan visto aquí. Y pronto fué formada la puente.

Al siguiente día se levantó el rey y dió vista en donde había dado orden qu' hicieran el puente y alcanzó a ver que la gente pasaba de una banda a la otra por un puente muy hermoso. Vino el rey a examinarlo y lo halló conforme sus deseos y, en cumplimiento de su palabra, hasta no queriendo, tuvo que dar a su hija al indito para que se casara.

El rey le ofreció cuartos donde viviera en el palacio pero él no quiso acetar y se llevó a la princesa a la orilla del río, cerca del puente. Tendió su tilma en la orilla del río y ai durmió. La princesa obedeció a su marido y cuando el indio vió que la princesa estaba dormida, antonces sacó su espejito de virtú y le dijo:

—Espejito de virtú, por la virtú que tienes y la que Dios te ha dado, hazme un palacio aquí más bonito, más precioso que el del rey, y dame una camalta en donde se acueste la princesa, que tenga diamantes, que tenga esmeraldas.

Y pronto que le hubo pedido, todo fué concedido, según los deseos del indito y el día siguiente que se despertó el rey, alcanzó a ver el palacio y vino a ver qué era lo que pasaba. Jalló a la princesa y al indito muy gustosos y contentos. Y luego el rey, de ver a su hija en aquel palacio, tuvo mucho gusto y mandó toda la corte para hacer un festín y festejar la dicha de su hija. Estuvo tan lucido y tan bonito que hasta la presente no se me ha olvidado.

160. *La viborita*[5]

Pues ésta era una viejita que tenía un hijo y eran muy pobres. No tenían más que tres pesos y ya cuando estaban falleciendo de provisiones, vino la viejita y le dió un peso al muchichito pa que juera a trai provisiones. Cuando iba en el camino el muchacho, estaban en el camino matando un perro los muchachos y les dijo:

—No maten ese perro. Les doy un peso por él.

Les dió el peso y se llevó su perro. Esque llegó allá onde estaba la viejita. Ya se nojó mucho la viejita con él, pues ella no tenía más que tres pesos. Pues que le dió otro peso pa que le juera a trai provisiones y le dijo que no le juera a venir aquí sin trai alguna cosa que comer. Pues se jué el muchacho y cuando iba, estaban los mismos muchachos matando un gato. Ya vino el muchichito y les dijo que no lo mataran, que él les daba un peso por su gato. Pues ya vino y se llevó el gato pa case la viejita y le dijo que le había traido el gato, que le había costado un peso. Ai le dijo la viejita que los gatos no se comían, y lo corrió con ti gato y le dió el otro peso pa que juera por provisión. Pues cuando iba llegando a la plaza, estaba la misma plebe matando una viborita. Les dijo el muchichito que no la mataran, que él les daba un peso por su viborita. Y se llevó el muchichito la viborita pa case la viejita. Pues cuando llegó allá, se nojó mucho la viejita, pues ya no tenía más que dale pa que trujiera provisión y corrió ella al muchichito con el perro, el gato y la viborita.

Pescó un arroyo y jué y metió la viborita en un ajuero y ya le dijo a la viborita que se estuviera ai, que no se juera a ir porque si la pescaba la plebe, la mataba. Pues cuando ya se jué el muchacho, sacó la viborita la cabeza y le dijo que si cuánto era su recompensa, y le dijo el muchacho a la viborita que no podía ella dale una recompensa. Ya vino la viborita y le dió una varita de virtú y le dijo la viborita que no más le dijiera, "Varita de virtú, por la virtú que tú tienes y la que Dios te ha dado", y que le pidiera lo que quisiera él. Y ya vino el muchacho y le pidió a la varita de virtú que pusiera una mesa con toda clase de comida pa comer él, su perro, su gato y su viborita. Y a su mamá que le pusiera un plato con tortillas duras. Pues cuando jué el muchacho allá onde estaba su mamá, la jalló hogándose con un pedazo de tortilla dura. Y vino él y le pidió a la varita de virtú que le diera una de las casas más bonitas que había allí, con toda clase de muebles, de los más hermosos, y mucha ropa pa su mamá. Pues ya vino el muchacho y pidió a la varita de virtú munchos hatajos de borregas y el perro que juera a tener cuidado de ellas y munchas galeras de grano pa que cuidara el gato.

Ya cuando el muchacho le dejó bien arreglado a la viejita con mucho dinero y sus sirvientes, se jué el muchacho a pasiar y llegó a una plaza onde estaba el rey y oyó decir él que el rey había prometido que el qu' hiciera un palacio más hermoso que el de él, ése se casaba con su hija. Ya vino el muchacho y le dijo al rey que él lo

hacía. El rey se quedó almirado, porque habían venido munchos príncipes de otros lugares a ver si podían hacelo y viendo que no podían,
porque era un palacio tan hermoso, s' iban los otros príncipes. Pero
con todo eso le midió la tierra al muchacho pa qu' hiciera al palacio
y le dijo el rey que si qué tanto tiempo quería pa hacer el palacio. El
no le pidió más de diez días. Y toda la gente muy espantada porque
había pedido no más diez días pa hacer un palacio tan hermoso. Ya
vino él y le pidió una pala al rey y comenzó a hacer una zanja y toda la gente le decía a él que se apurara a hacelo porque si no lo hacía en diez días, lo iban a horcar. El muchacho se estaba un rato trabajando y logo que se cansaba, s' iba para un arroyo y le pedía a la
varita de virtú que le diera una mesa con toda clase de comidas para
él, su gato y su perro y su viborita. Cuando ya se había llegado el
tiempo de que s' hiciera el palacio, toda la gente murre espantada. Ya
otro día lo iban a horcar.

En la noche, cuando estaban todos durmiendo, jueron los sirvientes que pensaban que ya había aclarao, y era que el muchacho había
hecho un palacio muncho más lindo que el de él, muncho más hermoso
y antonces recordó el rey, se asomó pa ajuera y ya vido el palacio.
Güeno, pronto, otro día s' hizo las bodas. Se casó el muchacho con
la princesa. El muchacho era muy buen yerno con el rey. Todas las
noches se mantenía allá a case el rey leyendo libros y platicando con
él.

La princesa tenía un novio más antes y ahora le estaba ativando
el novio a la muchacha que si que él no le había platicao nada cómo
había hecho ese palacio. Le dijo la muchacha que no. Ya le dijo el
novio que él creía que él no lo había hecho al hombre, que él creía
que él tenía una virtú. Pues cuando jué el muchacho, el marido de
ella, en la noche, empezó ella como quien no quiere la cosa a preguntale que si cómo había hecho el palacio y el muchacho nunca le quería decir nada. Empezó a decile al muchacho que las cosas que tenía
él que se las diera pa guardárselas ella. Al fin tanto lo estuvo moles-
tando hasta que le dió la varita de virtú y otras cosas de él que tenía.

Pues la siguiente noche jué el muchacho pa case el rey y jué otra
vez el novio allá onde estaba la princesa y le dijo que si le había dicho su marido, y ya le dijo que ya le había entregao la varita de virtú.
Y ya le dijo el muchacho:

—Pues esta noche, cuando ya se duerma él, antonces sales tú
pa ajuera. Le pides que le dé un sueño profundo.

Pues en la noche, cuando ya aquél se durmió, se jué ella y el

novio y pusieron el palacio muy lejos. Pues cuando recordó el rey
otro día, vido pa ajuera y ya no vido el palacio. Ya alcanzó a ver al
muchacho durmiendo allá en el medio de la calle. Pues se lo llevaron y lo pusieron en prisión, y cuando estaba en la prisión, llegó el
perro a case la viejita a decir que ya los coyotes y los lobos ya acababan con las borregas y ya no había nada. Y ya llegó el gato a decir que ya los ratones acababan con el grano. Y ya le dijo el perro
al gato:

—Pues quién sabe nuestro amito si ya estará muerto y le haigan
quitao la varita de virtú.

El perro y el gato anduvieron toda la plaza buscando al muchacho. Ellos habían andao por todas las ventanas y ya no más una ventana les faltaba. Al fin el gato, como gato que es, empezó a subir por
la pader hasta que subió arriba de la ventana. De allá jalló el gato
a su amo y le dijo su amo al gato que le dijiera al perro que jueran
a buscar la varita de virtú. Al fin se jué el perro y el gato a buscala.

Caminaron mucho, hasta que llegaron onde se apartaban dos caminos. Ya le dijo el gato al perro:

—Tú pescas éste y yo pesco éste y aquí nos juntamos.

Pues que se jué el gato y anduvo todo el camino hasta que ya
alcanzó a ver la vislumbre del palacio, pero que ya se había acabao
el camino y se volvió a decile al perro lo que había visto. Pues que
llegó el gato primero que el perro. Cuando llegó el perro, le dijo el
gato lo que había visto al perro.

Pues ya se jué el gato solo y llegó. Allá ond' iba en el monte,
pasó el camino ese y entró al monte. Allá en el monte ond' iba, alcanzó a ver un ratón de esos grandes que estaba echando un espiche
y cuando menos acordó el ratón, péscalo el gato. Aquel probe ratón
llevó un rebato. Ya le dijo el gato al ratón que juntara toda su gente y ya vino el ratón y juntó a toda su gente y le dijo al gato que los
que jueran y jallaran la varita de virtú, a ése lo ponía de rey en esa
suidá. Pues se jué toda la ratonada hasta que llegaron a onde estaba el palacio y entraron adentro y un ratoncito chiquito jué derecho
a onde estaba la princesa y anduvo buscando por dondequiera la varita de virtú hasta que se la jalló aquí en la cintura, que la traiba
amarrada. Y cortó el mecatito y salió el ratón. Cuando ya se apió
de la cama el ratoncito, antonces pronto les chifló a todos que ya la
llevaba. Pues que se jueron todos. Ya llegaron allá onde estaba el
ratón grande y el gato. Pues ya vino y le entregó la varita de virtú
al gato y ya le dijo el gato que él sería el rey de ai en adelante.

Y se jué el gato y se la entregó la varita de virtú a su señor amito. Y ai pidió una comida para él, su perro, su gato y su viborita. Y logo pidió todo como estaba antes. Cuando se puso el palacio onde estaba, le pidió a la varita de virtú que se estuvieran el novio y la princesa bien abrazados y que les diera un sueño muy profundo a los dos.

Pues otro día cuando aclaró, se asomó el rey por la ventana y ya vido el palacio otra vez adelante y ya jueron allá onde lo tenían a él en la prisión y lo trujieron. Anduvieron buscando todo el palacio hasta que los jallaron a ellos y ya el rey vino y levantó a la muchacha y vino y agarró al otro que estaba con ella y le dieron la muerte. Y el rey quería dale la muerte a su hija también, pero aquél quería cumplir con su mujer bien y le perdonó.

162. El cabrito[54]

En una aldea cerca de una ciudá, vivía un viejito que se mantenía trayendo leña y halló un cabrito en el campo y lo trajo a su casa. Y criaron aquel cabrito hasta que estuvo grande. Lo enseñaban.

Un día la viejita le dijo al viejito que matara el cabrito. El viejito no quiso porque entonces no tendrían con quien platicar ni divertirse. Y se fué el viejito por leña y la viejita cogió el cuchillo y cuando le fué a matar, el cabrito le habló y le dijo:

—No me mate, madre; yo no le he hecho ningún daño.

Se soltó el cabrito y fué a topar al viejito y le contó que su madre lo quería matar y que él tenía que irse, que él tenía que irse a buscar su vida. Se despidió del viejito y se fué.

En el camino en donde iba, se juntó con un lobo y fueron juntos la mayor parte del camino. En el camino en donde iban, incontró una víbora trampada en un peñasco y fué y la destrampó. Luego vino la víbora y le regaló un cascabel. A poco más que caminó, s' incontró con un caballo que se estaba muriendo de hambre y de sé. Lo invitó al lobo para que le fuera a ayudar a llevarlo al río a beber agua y el lobo no quiso. Entonces vino él como pudo, lo llevó arrastrando al caballo hasta la orilla del río y cogía zacate con las pesuñitas y le llevaba. Luego caminaron más y en el camino en donde iban, s' incontró con unos pescaditos que estaban muriéndose de sé y fué él y les trajo agua en su chaperito. Entonces continuó el camino y halló dos águilas que peliaban por un cordero. Una de ellas quería la más grande parte y la otra quería la más grande también. Y entonces vino él y se arrimó a donde ellas estaban y les dijo que si querían quedar conformes con lo que él hiciera con ellas. Y le dijieron que sí. Entonces él dividió en iguales partes la carne y se las dió. Y una de ellas le regaló una plumita y le dijo que en cualquier trabajo que se hallara, que ella le ayudaría. Cuando marchó, oía una vocecita muy débil y voltiaba él y no sabía quién le hablaba, hasta que por fin le dijo:

—Soy una hormiguita, que porque soy chiquita no me ve y me da que comer.

Se volvió para atrás y empezó a quiebrar huesitos y a darle los tuetanitos, y quedaron conformes. Entonces se cortó ella un cuernito y le dió.

Cuando vió esto el lobo, le preguntó que si cómo era su nombre, y le dijo que se llamaba el Bien. El lobo le dijo que él se llamaba el Mal.

Fueron juntos hasta entrar en la ciudá en donde se dividieron para buscar trabajo. El cabrito se fué al palacio y llegó y le pidió trabajo al rey. Le dijo que sí podía dale trabajo. Que tenía un árbol torcido delante del balcón y que ninguna persona se lo había podido cortar. Y si él lo cortaba, le daba la princesa para mujer. Fué el cabrito y vió el árbol y le pidió una hachita. Luego se puso a llorar; no pudo partirlo. Entonces vino la víbora y lo consoló. Le dijo que ella lo cortaría, que se fuera a dormir. Se dió vueltas al rededor del árbol hasta que lo tiró.

Muy de mañana fué el cabrito, pero su amigo, el Mal, había venido a levantarle una quimera. Antes que él fuera, le había dicho al rey que decía su amigo, el Bien, que él no quería casarse con la princesa hasta no trai la sortija que la reina había perdido en el viaje de boda en el mar. Cuando fué el cabrito a entregar el árbol que estaba cortado, le preguntó el rey que si era cierto que tenía que traer la sortija que había perdido la reina en su viaje de boda. Le dijo el cabrito que él ni sabía qué era sortija y que él no había dicho tal cosa. Entonces le dijo el rey:

—Tienes que traerla y si no, penas de la vida.

Se fué el cabrito a llorar. Entonces vinieron los pescaditos a consolarlo y le dijieron que no llorara, que ellos la buscarían y se la traírían. Cuando vieron venir una ola en el mar y era un pescadito, el más chiquito, que venía con la sortija en la boca, y fueron ellos a toparlo y le ayudaron a traila y se la entregaron. Fué él muy contento y se la llevó al rey pero cuando ya él fué, ya estaba otra quimera levantada. Que había ido su amigo, el Mal, y le había dicho al rey que el cabrito se había comprometido a ir a trai la princesa del otro lado del mar, que se la había hurtado un gigante. Luego fué y le dijo que fuera y le trajera a su hija y si no, pena de la vida. Luego se fué a llorar a un nogalito en donde llegó el caballo y le preguntó por qué lloraba, cuál era su pena, y le dijo él que le habían levantado una quimera de que tenía que ir por la princesa y él ni conocía a la princesa ni conocía tampoco él al gigante. Y le dijo el caballo que le pidiera el rey unas yardas de seda verde y unas yardas de seda color de rosa y que lo mantiara con ellas. Cuando ya estuvo mantiado el caballo, le dijo el caballo que se subiera en él.

—Y cuando háyamos pasado el mar, está un palacio. Ese es el del gigante. Allí está la princesa y dos damas con ella. La que está en el medio es la princesa. Cuando hayas pasado, le dices al gigante que te preste una de las jóvenes que están en el balcón para pasiarla en el caballo. Paseas una primero, luego paseas a la otra y después pides a la del medio, que es la princesa. Cuando hayas tomado a la princesa, me das suficientes cuartazos pa poder pasar el mar y le mandas que cierre los ojos hasta que hayas pasado.

El ejicutó todo lo que le mandó. Cuando tomó a la princesa, se dirigió de una vez al mar. Cuando vió el gigante que se echaron al mar, él se nojó inmediatamente mucho, pero no pudo hacer nada para quitársela. Cuando llegaron a la orilla del mar, le mandó abrir los ojos y le dijo ella que estaba muy agardecida de ver lo que había hecho por ella y que en recompensa le iba a dar su mano. Fué al palacio a entregársela al rey, pero cuando llegó, su amigo, el Mal, había hecho otra queja, que él se comprometía a apartar una galera de frijol de siete colores, cada color con su color. Y él le dijo que no, que él no había dicho tal cosa, pero el rey era muy duro y le dijo que tenía que hacerlo, y si no, penaba de la vida. Vino y lo encerró muy temprano en la galera para que apartara el trigo él en la noche. Vinieron todas las hormigas a ayudarle a apartar el frijol y cada una de ellas tomó un frijolito y la que había recibido el Bien, venía atrasada y no le tocó ni uno.

En la mañana entregó el frijol todo aparte y su amigo, el Mal, había hecho otra queja sobre él, que decía su amigo, el Bien, que tan pronto como se casara, la misma noche de su matrimonio tendría la princesa un niño. El se espantó mucho y dijo que no lo podría hacer nunca pero el rey hizo la misma cosa que había hecho antes. Se casó. Luego, después en la noche se puso a dormir en el cajón de la puerta del cuarto. Cuando llegó una águila y le preguntó por qué estaba tan triste. El cabrito le contó lo que le había pasado y le dijo:

—No te pongas triste; yo te sacaré de apuros. Anda y dile al rey que traiga al cura y que invite padrinos y los tenga listos para cuando nazca el niño, y tan pronto como nazca, que lo bauticen, y le dices que tu amigo, el Mal, se atreve a comer una galera de biscocho tostado antes de que aclare y tú te quedas aquí en la puerta esperándome. Yo volveré presto.

Fué el cabrito al cuarto del rey y le dió la orden que la águila la había dicho. El rey fué y convidó los padrinos y trujo el cura para hacer el bautismo. El cabrito se fué otra vez a la puerta de su casa para aguardar a la águila. Muy de madrugada oyó un ruido que la águila había ido a otro reinado en donde estaba una reina teniendo un chiquito y tan pronto como nació, lo cogió la águila y se lo llevó. Logo que llegó con el niño, le dijo que lo pusiera en la cama con la princesa, que estaba dormida y que diera orden que repicaran las campanas. De una vez el rey mandó repicar las campanas y vinieron a hacer el bautismo. Cuando ya hubo hecho el bautismo, llegó el Mal, su amigo, con otra queja pero ya no fué atendida, ya le dijo el rey que él había dicho que él se comía una galera de biscocho antes de que aclarara y tenía que hacerlo y si no, le daban la muerte.

Cuando aclaró, no había comido un pedazo de biscocho completo y tuvieron que matarlo. Después que ya lo matron, se desencantó el cabrito, se quitó su zaleita y quedó el príncipe más lindo que había en el lugar. Todos muy contentos con él. Siguió viviendo toda la vida en el palacio con el rey y la reina.

163.   *Beldá y la bestia*[20]

Pues éste era un hombre que tenía tres hijas. Dos eran muy altaneras, y la mediana era muy buena. Por eso le decían Beldá. Eran tan gastosas estas muchachas que dejaron pobre a su padre. Cuando ya quedaron pobres, sin casa y sin nada, se jueron a la casa de campo. Y este hombre tenía que venir a responder una demanda; estaba demandao. Y entonces ya les dijo él que iba a responder la demanda. Bueno, entonces ellas le pidieron muchas cosas a su padre que les trujiera. Y él le preguntó a Beldá qué quería. Ella le dijo que una flor de un jardín.

El pobre hombre perdió la demanda y ya se vino muy tarde de la suidá. Pues piérdese en el camino. Al fin alcanzó a ver una luz en un bosque. Se dirigió a la luz hasta que llegó. Llegó a un palacio onde halló la comida y todo arreglao. Bueno, él no perdió tiempo. Metió su caballo al esteble, lo puso a cenar y se acostó. Ai durmió. No más que no se vía nadien en aquella casa.

Muy de mañana se levantó y almorzó porque ya estaba el almuerzo listo y trujo su caballo y lo ensilló y al pasar el jardín, había flores muy hermosas.

—¡Válgame Dios, no pedirme Beldá más que una flor y no llevale!

Entonces estiró él la mano y arrancó una flor. Onde se le aprontó un animal que le dicían la bestia, tan feroz, y le dijo que se lo iba a comer. Entonces se apió y s' hincó de rodillas. Le dice:

—No me comas. Déjame ir a avisales a mis hijas que me voy a morir.

—Bueno —le dice él—. Mira acuál de tus hijas quiere morir por ti. A los ocho días me la trais y anda al aposento onde dormites: ai está el dinero que quieras.

Bueno, se jué él y llegó, agarró su bolsa que llevaba con dinero y la tiró debajo de una cama y ni se acordó de ella. Ya les dijo a sus hijos lo que le había pasao. Las dos grandes se enojaron mucho.

—Pues yo, papá —le dice Beldá—, moriré por ti, no una vez, mil veces.

Bueno, pues que pasó ocho días con ellos y luego jué a llevar a Beldá, porque ésta era la qu' iba a morir por él. Cuando llegaron al palacio, no había animal. Estaba solo allí, pero la mesa lista pa dos personas. Estuvieron cenando. Cuando s' iban llegando las ocho, entró el animal y le pregunta si aquélla es la que quiere morir por él. Y le dice ella que sí. Entonces le dice la bestia a él que se vaya. Se jué el hombre y Beldá se quedó allí.

Cuando ya le dió sueño, entonces entró ella y ai estaba su cama. Todo el día se la pasó sola. En la noche cuando estaba cenando, entró la bestia otra vez. Le dice que si gusta de que la vea cenar.

Y le dice ella que sí. Bueno, la vido cenar, y se jué la bestia y ella se quedó en su aposento.

Asina pasó ocho días y a los ocho vino el animal a onde ella estaba y le dice la bestia que si que está muy triste, y le dice ella que sí. Que si cómo no ha de estar ella triste, pasando ella el tiempo tan bien, tan a gusto, y su padre y sus hermanas pensarán que ella está muerta. Y le dice que ponga la sortija sobre la mesa, que la encantadora la llevará, pero no lo olvide, porque se morirá.

—No te olvido. Te quiero y te amo, pero no me casaré contigo.

Porque el animal le decía que se casara con él. Luego que puso la sortija, pronto estuvo ella en su casa, con su padre y sus hermanas. Cuando ya se estuvo más de lo que debía estarse, cerró los ojos y lo vido estar muriéndose en el jardín. Se levantó y se puso la sortija y pronto estuvo en el jardín. Entonces ella le dice:

—Te quiero y te amo, y me casaré contigo.

Entonces se levantó un príncipe hermoso y se desencantó el palacio. El palacio estaba encantao hasta que hubiera una muchacha que se quisiera casar con él en la forma que estaba.

164.   El príncipe jetón[86]

Era un hombre y una mujer. Esta mujer tuvo un niño. Aquí en esta ciudá estaba un príncipe encantao abajo de la tierra. Este príncipe era solo. No tenía padre ni madre, ni hermanos, ni parientes. Y cuando vido este príncipe que estos viejitos habían tenido este muchacho, pensó él robales el muchichito. L' hicieron los viejitos una cuna voladora y el viejito iba por leña allá onde tenía el príncipe su palacio. No más que estaba abajo de la tierra.

Un día que llegó el viejito, le dió un hachazo a un troncón. Brincó un lagarto y le dijo:

—Buen viejito, si me da lo que le salga a topar hoy, yo le doy mucha leña todos los días.

Y el viejito dijo que sí, porque ellos no tenían ni quién saliera a toparlos. Pues el lagarto éste hizo el camino muy largo a su casa pa que llegara muy nochi a su casa. La vieja salía a ver si ya venía el viejo y le daba una mecida al muchachito en la cuna. Cuando iba llegando el viejito, vido que ya venía volando el niño y cayó en los brazos del viejito. El viejito vido que su hijito había salido a toparlo. Y otro día jué por leña y el lagarto le dijo:

—Me tiene que dar lo que salió a toparlo y si no, yo tengo soldaos; horita lo matan.

De aquí del troncón, de onde salía el lagarto, empezaron a salir muchos lagartos. Y estos lagratos eran soldaos que tenía él en su palacio abajo de la tierra, queriéndose comer al viejito. Pues el viejito, de miedo, le dijo que el niñito lo había salido a topar, que había caído en sus brazos. Pues su hijito le tenía que llevar al lagarto.

—Bueno, pues otro día el viejito jué y llevó al muchichito al lagarto. Pues este muchichito creció muy grande y muy bonito hasta que tuvo diez y ocho años. Cuando tuvo diez y ocho años este niño, se murió el príncipe, el lagarto. Cuando se estaba muriendo, le dió un cuero de camalión. Le dijo que todo lo que quisiera, que le pidiera a aquel cuerito, que el cuerito le daría, que no se juera a olvidar de sus padres, que sus padres eran tales viejitos que vivían en tal suidá.

Pues éste, logo que vido que estaba solo, se jué paronde estaban sus padres. El no llevó más que su cuerito. Pues este muchichito se llamaba Juanito. Pues que llegó a case los viejitos y quedó con ellos.

Otro día cayeron avisos a la suidá de que la princesa quería casarse y qu' iba el rey a poner peleas de toros y peleas de muchos animales, liones, tígueres y el que venciera estos animales, éste se casa con su hija, la princesa.

Pues otro día en la mañana se levantó Juanito y destendió su cuerito y le pidió un cochi que no había de tener el rey ni nadie un coche como el de los viejitos, y pidió vistido pa su madre y pa su padre. Bueno, pues los viejitos se jueron y Juan se quedó en la casa de los viejitos. No más se jueron los viejitos y destendió su cuero.

—Cuerito —le dijo—, dame a mí un vestido muy viejo, pero que sea de vaquero y me das una jeta que me cuelgue aquí a la cintura, murre fiera, y un caballo prieto, y que he de tener peliando con los toros, liones y toros, y los he de vencer. Güeno, pues se jueron los viejitos y él se jué en su caballo que había vencido la guerra y cuando los viejitos llegaron a su casa, ya estaba Juanito allá lo mismo que antes.

Dos veces más volvieron ir y volvió a vencer Juanito las tres peleas de los animales. Cuando venció las tres peleas de los animales el último día, el rey agarró a Juanito y lo llevó para onde estaba la prin⁻ cesa y lo casaron y logo le dijo que se retirara de su palacio, que no lo quería, que era muy fiero, que ya no más porque él había puesto los avisos, iba a cumplir con lo que había dicho.

Salió Juanito con la princesa aquí a los mismos terrenos del rey, y ai le pidió a su cuerito que l' hiciera una sierra muy alta y muy grande. Esta sierra no más la princesa y él podían ver, pa que estuviera la princesa subiendo aquella sierra pa que quedara descalza y empelota. Pues ai la tuvo mucho hasta que acabó los zapatos y el túnico, y ella subiendo la sierra. Güeno, pues ya cuando vido él que estaba la mujer descalza, le dice que lo espere allí mientras que va a ver a sus padres.

Pues ai se quedó y ella lloraba mucho de ver un marido tan atra-sao y tan fiero como el que ella tenía. Jué Juanito onde estaba su pa-dre y su madre. Les dijo que se aprevinieran pa que esperaran a su mujer, que él era el que se había casao con la princesa. Los viejitos se aprevinieron y él les dió el cuerito pa que pusieran banquetes y él se vino y trujo un cochi pa acá onde estaba su mujer. Quitó la sie-rra y de allá vino con soldaos, pero hecho Juan Jeta.

Cuando llegó aquí, le dijo a su mujer y a sus criaos que tenía que llevarse a su mujer, pero antes de salir de la sierra, tenían que resurarlo y hacerle el pelo, y jueron los criaos y empezaron a hacer-le el pelo y logo que acabaron de hacerle el pelo, le dijo a la prince-sa que l' hiciera la barba porque él, como tenía esa jeta, necesitaba de que l' hicieran la barba con mucho cuidao. Ella tenía mucho mie-do arrimarse a onde él estaba, pero que se arrimó con un paño y le puso el paño en la jeta y se le cayó la jeta. Antonces ella tuvo tanto gusto de ver que su marido era tan lindo hombre y no tenía jeta ya.

166. *La viejita que vino a pedir mercé*[58]

Este era un rey y una reina recién casaos. Cuando estaba la rei-na pa tener un chiquito, antonces vino esta vieja bruja y les dijo que venía a pediles una mercé. Le dijo que quería el muchichito que te-nía su mujer en la panza. Le dijo el rey que no se lo daba.

Cuando el muchichito nació, nació muy hermoso. A los tres días que nació, se volvió una viborita. Y lo criaron hasta que tuvo la edá de veinte años, vuelto viborita. Antonces le dijo la viborita a su pa-

dre que le pidiera la hija del rey vecino, y jué su papá y su mamá a
pedírsela y le dijieron ellos que no, que si cómo s' iba a casar con un
animal. Y al año que le pidieron a la muchacha, les mandó a decir
que le pidieran otra vez a la hija del medio del rey vecino. Que le dijo ella que no, que cómo s' iba a casar con una víbora. Al año les
dijo la viborita que le pidieran a la tercera. Antonces isque les dijo
la muchachita que ella sí se casaba. Antonces isque la echaron juera
su papá y su mamá.

Cuando ya la echaron juera, que dijo que s' iba a casar con él,
antonces se jué su papá y su mamá y sus hermanas con la viborita.
Cuando ya se casaron, la primer noche sus hermanas se pusieron a
ispiarla. Cuando alcanzó a ver a su esposo y ya vido ella que era un
príncipe muy hermoso, que ya no era viborita. Otro día vinieron ellas
y le dijieron a la muchichita que querían ver a su marido a ver de
qué modo lo podían ver sin ser animal. Y vino ella isque hizo que le
metieran brasas en la cubeta y luego ya que se volvió el muchacho
gente, jué y le quemó el cuerito en las brasas. Que isque le dijo él:

—¡Me estoy quemando! ¡Me estoy quemando!

Y se perdió el muchacho. Otro día supo la vieja que ya estaba
sola la muchacha y invió a la mayor de sus hijas pa que durmiera
con ella. Antonces llegó un pajarito. El cuarto onde ella dormía tenía siete ventanas. Cantaba este pajarito en las siete ventanas siete
tiernos y luego entraba y se le paraba aquí en las piernas a la muchacha de noche. Otro día que se jué la muchacha, le dijo la vieja
bruja que si qué había visto. Que le dijo la muchacha que ella no
había visto nada. Otra noche le invió a la del medio pa que durmiera con ella otra vez. Volvió a llegar el pajarito a las mismas horas.
Otro día le preguntó la vieja bruja que si qué había visto y le dijo
que no había visto nada. La hija menor de esta bruja tenía un ojo
no más. Esta muchacha menor que tenía la vieja bruja, le preguntaba a sus hermanas que si por qué se dormían tan temprano y le decían las muchachas que les daba vino la princesa. Pues esta noche
voy yo. Isque hizo una bolsita de hule y se la puso debajo del túnico en el pecho y le dió vino la princesa y ella se lo echaba en la bolsita. Ella no se durmió en toda la noche. Cuando llegó el pajarito, lo
alcanzó a ver ella y lo vido ella que llegó y se sentó el pajarito en su
pierna. Isque le dijo el pajarito a la muchacha que si pa qué estaba con-
sintiendo a aquellas muchachas allí. Isque le dijo ella que por no co-
rrelas. Y otro día le dijo la vieja a la muchacha que si qué había vis-

to. Que le dijo ella que había visto un pajarito que cantaba en las siete ventanas y cantaba siete tiernos y se le sentaba a la princesa aquí y así le sacudía las alitas como perlas y diamantes. Isque le dice la vieja:

—Pues esta noche voy yo.

Ese día se jué la vieja bruja y mercó siete navajitas y muy temprano se jué a dormir con la muchacha. Cuando entraron a cenar ella y la muchacha, en lo que la princesa fregó, la vieja jué y puso las navajitas en las ventanas. Volvió a llegar el pajarito en la noche y anduvo en las siete ventanas. S' hizo pedazos las patitas con las navajitas, y entró y se le paró otra vez aquí en la pierna a la princesa.

—No me volverás a ver, sólo en la tierra de Mogollón, onde entra mucho jumo y aigre nada.

Y se voló el pajarito y se jué. Esas horas salió ella atrás de él. Y no supieron más de ella, de la princesa. Un día ond' iba ya ella cansada, jalló ella tres muchachos peliándose por unas botas, y un sombrerito y un garrote. Que isque les dijo ella que si qué estaban haciendo, y que si qué virtudes tenían aquellas cosas.

—Las botas —le dijieron ellos— no más se las pone uno y camina hasta donde uno quiere y este sombrerito no más se lo pone y lo hace invisible a uno y este garrote resucita a los muertos.

—¡Pues miren! —isque les dijo la muchacha—. Váyanse pa aquella lomita y el que vaya llegando primero, a ése le voy dando lo que quiera.

En lo que ellos se jueron a la lomita, se puso ella las botas. De ai ya no la vieron. Caminó en botas hasta onde estaba la nana de la luna. Cuando la luna llega, dijo:

—¿Qué hay aquí? A carne humana me huele aquí. Si no me la dan, a comerme a usté.

Ya isque le dijo la nana de la luna que había llegao una pelegrinita allí buscando el lugar de esa tierra de Mogollones, donde mucho jumo y aigre nada. Y isque le dijo la luna que ella ni había oido mentar ese lugar pero qu' iría a ver si lo jallaba, y no le trujo razón. Antonces isque le dijo la nana de la luna a la princesa que le daba ella una nuez, que no la quebrara hasta que no tuviera tres.

De ai le llevaron las botas a onde estaba la nana del sol. Cuando llegó a onde estaba la nana del sol, llegó el sol muy nojao a onde estaba su nana. Le dijo el sol la nana, a carne humana le olía allí, que si no se la daba, la comía a ella. Ya le dijo que una pelegrinita que andaba buscando la tierra de Mogollones donde mucho jumo y aigre nada. Isque dijo el sol que él también que ni la había oido mentar, pero qu' iría a ver si se la jallaba. Y le trujo la respuesta el sol que no la pudo jallar.

Y de ai le dió la nana del sol una nuez y le dijo que no la juera a quebrar hasta que no tuviera tres. Y de ai se puso otra vez las botas y la llevaron a onde estaba la nana del aigre. Cuando llegó allá, le dijo que andaba buscando esa tierra de Mogollón. Isque llegaron los aigres muy nojaos. Ya el aigre viejo isque se había muerto. Isque jueron los aigrecitos a buscarla y no jallaron nada. Isque le dijo la nana del aigre que pueda que el aigre viejo supiera dónde sería esa tierra. Isque vino la princesa y dió unos garrotazos y revivió el aigre viejo. Que dijo él que no la conocía pero qu' iría a buscala. Ya cuando anduvo muncho el aigre, que alcanzó a ver isque un jumito y una muchacha lavando. Y le estaba dando el jumo muncho a ella y había dicho la muchacha:

—Seguro ésta es la tierra donde muncho jumo y aigre nada.

Y se vino el aigre viejo paronde estaba la princesa y su mujer. Isque hicieron una bolsa de cuero y echaron a la princesa el aigre viejo y los aigrecitos. Cuando llegaron allá, la apiaron. También la mujer del aigre viejo le dió una nuez y ya llevaba las tres. Allí onde paró la princesa, estaba un cerco y la casa y la vieja bruja y su hija, y ai estaba su marido, el príncipe. Ai lo tenía la vieja con las patitas echas pedazos. Estaba él muy malo de los pies. Antonces llegaron tres tortolitas y dijieron:

—Si la hija del rey Aragón nos matara y hiciera unas armondiguitas, y de los sesitos un ingüentito, sanaría el príncipe.

Antonces vino ella y hizo la jonda y mató a las tórtolas y ai hizo las armondiguitas y el ingüentito y vino. Isque quiebró la muchacha la primer nuez. Isque salió una muñeca tan linda que no sólo. Isque jué la hija de esta viejita a decile que le vendiera la muñeca. Que sí se la vendía, si la dejaba entrar a curar al pájaro. Ya isque jué y le dijo a la vieja que le vendía la muñeca si la dejaba entrar a curale al pajarito las patas. La vieja no quería, pero que la estuvo mortificando la muchacha hasta que la consiguió y vino la vieja y le tiró las llaves, porque tenían al pájaro bajo siete llaves.

Luego que entró la princesa, de una vez se conocieron y ai le dijo él que si cómo había ido ella allá, y le estuvo diciendo. Y entró y lo curó y pronto se salió. Isque estaba la muñeca muy triste y isque jilaba la princesa unos hilos de oro en el melacatito de la muñeca y isque jué la hija de la bruja a que le vendiera la princesa el melacatito, y isque le dijo ella que sí se lo vendía, pero que la dejara entrar a ver el pájaro. Y le dijo la muchacha que sí, y le dió el melacatito y las hebritas y la volvió a dejar entrar otra vez.

Y luego isque quiebró la segunda nuez y isque salió una gallinita de oro muy bonita y jué la muchacha a que le vendiera la gallinita la princesa. Y le dijo la princesa:

—Sí te la vendo, pero me dejan entrar a curar al pajarito.

La vieja siempre decía que no, pero que al fin la dejaban entrar. Y ai isque le dijo el príncipe a ella que si cómo lo iba a sacar de allí. Que le dijo ella que no tuviera miedo, que ella tenía una virtú pa sacarlo ya cuando quiebrara la última nuez.

Y quiebró la última nuez y salió una lagunita de azogue onde tenía que nadar la gallina y ya isque le dijo la muchacha que le vendiera la lagunita. Le dijo que sí, que si la dejaba otra vez entrar. Antonces entró la muchacha con este sombrerito invinsible. Se lo puso y salieron. Cuando salieron ellos de ai, se puso él una bota y ella la otra y llegaron ellos de allá a onde estaban los reyes, y esta vieja bruja llegó atrás de ellos hecha águila, pero la mataron. Y vivieron felices ellos.

168.　*La Hermosura del Mundo*[86]

Este era un rey que tenía dos compadres. Este rey tenía un hijo. Este príncipe oía dicir que en unos lugares muy lejos estaba la Hermosura del Mundo. Y éste no podía jallar medios cómo ir onde estaba la Hermosura del Mundo. Al fin que estos compadres del rey se peliaron una vez por la agua. Cuando se peliaron, vinieron a ver a quién de los dos le daba el rey la justicia. Antonces el rey dijo:

—Los dos son mis compadres. No puedo dale justicia ni a uno ni a otro. Pero los meteré a la cárcel y ai desquitan uno y otro.

Los metió a la cárcel y les dijo que el que l' hiciera un presente al año de estar en la cárcel, una cosa linda y preciosa, ése salía con libertá. Uno de sus compadres se puso a pintar un caballo. El otro se puso a hacer un libro con todas las mañas del mundo. Este, en su libro, jué pintando todas las suidades, todas las casas que había en una suidá, todos los palacios que había en cada una suidá, todas las iglesias, hasta que pintó el palacio onde vivía la Hermosura del Mundo. Esto era ya pa acabarse el libro. Tenía tanta sabiduría éste qu' hizo el libro que hasta las llaves de las puertas las pintó. El compadre que se puso a hacer el caballo, hizo un caballo tan lindo que este caballito movía los pies, movía la cabeza, movía los ojos. Está lo mesmo que vivo. Y logo después lo maquió de todos los colores que él quiso. Este caballo tenía dos cuerdas. Una pa volar en el viento y otra pa andar en la tierra. Al año, salieron los dos compadres. El compadre del libro le entregó el libro al rey. Antonces el príncipe agarró aquel libro y empezó a hojiarlo y dijo:

—¡Oh! A este hombre se le dará la libertá.

—Todavía no sabemos —dijo el rey— mi otro compadre qué trairá.

Antonces el otro manifestó su caballo. Se volvió el príncipe al revés de ver aquel caballo tan bonito y que se movía lo mismo que vivo. Antonces dijo el rey:

—No jallo yo a qui-n dale la libertá. Los voy a volver a meter otra vez a la cárcel porque no jallo a cuál dale la libertá.

Los metieron a la cárcel otra vez y el príncipe quedó mirando el libro por siete días. De día corría el caballo y de nochi miraba el libro, hasta que jalló ónde estaba el palacio de la Hermosura del Mundo. Este príncipe no podía manijar este caballito en el viento porque él no sabía cómo.

Una vez madrugó, se subió en el caballito y agarró el libro pa saber ónde mero llegaría cuando llegaría al palacio de la Hermosura. Le dió cuerda al caballito a que volara los vientos. Volaba con tanta fuerza el caballito por el viento que no pudo éste manijarlo. Lo dejó ir. Voló siete noches y siete días. A los siete días se desmayó y cayó desmayao en los corrales del rey, su tata de la Hermosura. Ai lo hallaron los criaos desmayao. Antonces lo llevaron y al caballito le echaron de comer porque pensaron que estaba vivo. Antonces lo curaron aquí a case el rey. A los siete días él estaba güeno y sano y él habló con uno de los criaos ónde estaría la Hermosura del Mundo que era la que iba buscando. Antonces el criao le dijo:

—Este es el palacio de la Hermosura del Mundo. No más que el palacio de ella está separao. Tiene la puerta en la zotea.

Antonces éste le dió a su caballito cuerda y subió arriba de la zotea. En este palacio no entraba más de el rey, porque tenía las llaves del palacio. Pero tamién este príncipe las traiba, por la midida

que traiba en el libro, las mismas llaves y abrió la puerta y entró. La
Hermosura del Mundo se asustó de ver que habían venido a visitala
sin saber cómo. Logo éste se quedó con la Hermosura del Mundo por
siete meses. No había ni quien lo viera. El tenía su caballito escondido. A los siete meses, la princesa vido que estaba mal ella y le dijo a él que sería güeno salir y irse. Una nochi se previno y salió en
su caballo con la Hermosura del Mundo. Anduvieron siete días volando. Ai ond' iban volando, vido él un ojo con agua. Esta era una
agua de encanto. La princesa iba con mucha sé y le dijo que le trujiera agua. Antonces el príncipe jué a traile agua y cuando llegó, él
bebió agua del ojito y no más bebió agua y se quedó durmido. Este
ojo no más un armitaño bebía agua de él y éste no más visitaba este
ojo. Aquí en esta suidá estaba un visrey que hacía siete años que estaba viudo y buscaba una mujer. Pero andaba en pues de la Hermosura del Mundo y no la podía hallar. La princesa, aquí onde estaba
esperando a su marido con el agua que había ido a trai, se puso a escribir en un álamo con una navajita todos los trabajos que estaba pasando y esperando a su marido que ella pensaba que se lo habían comido las fieras, y él estaba en el ojo durmido. Esta no podía ir al ojo
porque estaba muy lejos.

A los tres días que estaba aquí, llegó el visrey y la vido tan hermosa que le prometió llevársela y ella no quería porque ai estaba esperando a su marido. El le dijo que allí la alojaría en su palacio y
le pondría criadas y después ella sería su mujer y ella dijo que no.
La tuvo este rey por siete meses en su casa. A los siete meses le dijo
que era bueno casarse. Y ella dijo que no. Que hasta que no viera
que su marido no venía. Antonces él le prometió que si en un año no
venía, s' iba a casar con ella, y ella convino a casarse con él en un
año.

Ya cuando ya faltaban tres días pa que se completara el año, la
mujer tenía un niño que era del príncipe. Cuando ya el armitaño vido que faltaban tres días pa que la Hermosura se casara, vino onde
estaba el príncipe y lo desencantó y le dijo que juera al palacio del
visrey, pero que juera primero onde había escrito su mujer abajo de
un álamo. Cuando éste se levantó, jalló su caballito ya sin color, con
una patita mocha. Pero le dió cuerda al caballo y jué a dar onde había dejao a su mujer cuando él había quedao encantao. Leyó lo que
su mujer le dicía y se jué pa case el visrey. El visrey estaba haciendo los preparamientos pa casarse a los tres días. Cuando llegó el prín-

cipe, no lo dejaban entrar porque el visrey no quería que entrara gente porque ya s' iba a casar con la Hermosura del Mundo. Antonces el príncipe reclamó que le dijieran a la Hermosura del Mundo que sacaran al niño juera de onde estaban los ejércitos. El niño lo sacaron juera de onde estaban los ejércitos y tuvo que entrar al palacio y pelió con el rey y lo mató. Se casó con su mujer y se subió en su caballito y se jueron pa case su padre, el rey. Hicieron las fiestas riales.

D. JUAN DEL OSO

170. *Juan del Oso*[21]

Vivía en una cierta aldea una familia. Se componía del padre y la madre y tenían una hija. Eran rancheros y hacían siembra y un día mientras andaba la hija en l'hortaliza, bajó un oso. Este oso continuó a venir muy a menudo al lugar pero en esta ocasión se llevó a la muchacha. La recogió a la cueva en donde él vivía. Era una cueva muy grande y usaba de taparla con un peñasco muy pesado. El oso era muy grande y muy fuerte y, por lo tanto, usaba una piedra muy pesada en su puerta. El iba a las labores y recogía de las cosechas y traía para la cueva y de ese modo estuvo manteniendo a la muchacha. Al fin de tiempo, nació un niño de la muchacha, hijo del oso, y la muchacha tuvo mucha paciencia y lo cuidó y el bebito se fué desarrollando muy inteligente. La muchacha y sus padres siempre fueron muy cristianos y la muchacha lo bautizó ella misma, y le dió por nombre Juan. Siendo que era hijo del oso él, acostumbró llamarle Juan del Oso.

Cuando el osito tenía cuatro años, ya comenzó a pulsar sus fuerzas en piedras grandes que había en la cueva. Cuando tenía cinco años, le preguntó a su madre por qué estaban allí encerrados. Antonces la madre le contó toda la historia. Lo hizo saber que ella tenía a sus padres y que el oso se la había robado y la había escondido en aquel lugar. Le preguntó Juan del Oso por qué no hacía fuerza salir. Ella le dijo que la puerta que ponía el oso en la cueva era muy pesada y ella no podía moverla. Juan del Oso fué y pulsó sus fuerzas en aquella peña. Al pulsarla, la solivió y se le hacía que podía muy bien quitarla.

—Pues espérate, hijo mío —le dijo ella—. Aguardaremos a mañana y nos preparamos desde muy temprano. Luego que tu papá se vaya, nosotros nos marchamos.

Al día siguiente no más se fué el oso, luego vino Juan y tomó aquel peñasco y pareció que más fácil que lo que lo manijaba el oso lo había manijado Juan del Oso. Pues se encaminaron al rumbo del lugar donde vivían los padres de la mamá del oso. A poco que habían caminado, sintieron algún ruido y algo como gruñidos del oso y le dijo Juan del Oso a su mamá.

—Ya yo siento mamá que mi padre nos viene siguiendo. Escóndete mamá. Yo me arriendo y lo incuentro.

No tardó mucho sin incontrar al oso viejo que venía muy enfadado pero tal vez por la poca razón que Juan del Oso tenía, halló medios como combatir al viejo oso. El viejo oso quiso arrebatarlo pero Juan del Oso tuvo mucha agileza y peleó con el oso viejo hasta el dejarlo muerto. Así es que se va onde estaba su madre. Se encaminaron los dos para onde vivían sus padres.

Al llegar ellos a case sus padres y contarles toda su historia, los ancianos tuvieron demasiadamente mucho gusto. Se alegraron que ella había regresado a la casa y ella les presentó a Juan del Oso. Les dijo que era su hijo. El anciano lo acarició y lo quiso mucho. Lo vieron tan vivo y tan inteligente que determinó el anciano despacharlo a la escuela. Pero Juan del Oso siempre tenía el instinto de pulsar sus fuerzas en todo lo que le era posible. Se mantenía castigando a los muchachos de la escuela. Se juntaban temultes a quererle pegar a Juan del Oso pero no importaba cuantos se juntaban, no bastaban para él solo. Por fin empezaron los vecinos a dar muchas quejas de Juan del Oso. A algunos muchachos los había maltratado cruelmente.

Cuando Juan del Oso tenía ocho años ya, su abuelo ya no podía hallar qué hacer con él. Entonces él mismo le dijo a su abuelo que ordenara que le hicieran un bastón, que él quería salir a conocer el mundo. Le preguntaron qué clase de bastón quería que le hicieran, qué tamaño y qué peso. Fueron a dar su orden al mejor herrero que había en el lugar y dió su orden él de que le hicieran un bastón de cien arrobas. Aquel herrero tuvo que ocupar otros herreros pa que le ayudaran a hacer aquel bastón tan vasto. No parecía un bastón. Parecía una viga. Les ordenó que le hicieran una argolla de manijera. Cuando le hicieron su bastón, él fué y lo recibió. Tomándolo por la argolla con un dedo lo levantó como si hubiera sido un palito. Así se encaminó él con su bastón en la mano a onde estaba su madre y sus abuelos. Les dijo que le echaran la bendición, que él se iba a andar el mundo.

A poco de salir, sintió hambre. Fué a onde estaba un hatajo de vacas. Le dió un bastonazo a un becerro y así lo mató. Traía tanto hambre que se comió la mitá. La otra mitá se la echó al hombro y siguió su camino.

Allá, a mucho caminar, s' incontró un hombre a la orilla de un río. Este hombre traía una pala muy grande en su mano y le preguntó Juan del Oso qué hacía. Y le dijo el otro:

—Mi negocio es mudar ríos y mi nombre es Mudarríos.

—Bueno, pues me gustaría para compañero. Yo soy Juan del Oso. Y ¿cómo piensa si nos vamos juntos?

—Bien —le dijo Mudarríos—. Seremos buenos compañeros. Ai está mi pala. A ver qué tan llena de tierra puede usté manijarla.

La tomó Juan del Oso. La clavó hasta el pie. Mudarríos se almiró y le dijo:

—Me parece que usté es más fuerte que yo.

—Bien —le dijo Juan del Oso—, ai está mi bastón y mire a ver cómo lo puede usté manijar.

Mudarríos era un hombre muy fuerte pero apenas pudo levantar el bastón a dos manos. Ya le dijo Juan del Oso:

—Creo que estoy superior a usté. Y usté caminará bajo mi orden.

Así es que se encaminaron los dos a ver qué incontraban más adelante. A mucho caminar, incontraron a un hombre a la orilla de un cerro con una barra en la mano. Le preguntó Juan del Oso quién era y les dijo que era Mudacerros y que su negocio era mudar cerros de un lugar pa otro y le pidió a Juan del Oso una prueba de su fuerza. Pues aquí está mi barra y veremos quién la clava más hondo. Tomó Juan del Oso la barra de Mudacerros y la clavó hasta el puño. Por lo tanto, tuvo mucha dificultá para sacarla. Ahora le dijo Juan del Oso que ai estaba su bastón, que quería ver cómo lo manijaba. Mudacerros tomó el bastón de Juan del Oso y aunque lo manijó más fácil que Mudarríos pero apenas pudo soliviarlo con una mano. Luego Juan del Oso les enseñó que él jugaba aquel bastón en un dedo. Así es que les dijo:

—Me considero superior a ustedes y caminarán bajo mi orden.

Se encaminaron hasta un lugar onde estaba un monte muy espeso. Allí determinaron hacer una casa y vivir los tres juntos. Así lo hicieron. Pasaba en la cercanía de aquel monte un camino fletero por el cual caminaban muchos trenes de bueyes llevando flete de un estao para el otro. Cuando estos tres amigos vieron que por aquel camino caminaba mucha gente con trenes de carga, empezaron a acostumbrar robarles o a lo menos quitarles lo que ellos querían de cuanto llevaban y de ese modo se abastecían de provisiones para su mantención.

Un día sucedió que mientras Juan del Oso y Múdacerros andaban en la jornada, se quedó Mudarríos en el campito haciendo la comida. Después que ya la comida estaba hecha, ya cerca de las once de la mañana, Mudarríos reposaba muy tranquilo en la cama. A esto entró un negrito y fué derecho a onde tenía la comida y le echó tierra y la escupió. Mudarríos se levantó muy enojado y el negrito le esperó y tuvieron una pelea muy cruda arrimándole el negrito una buena turra a Mudarríos. Le descalabró y le castigó hasta vencerlo. Así desapareció el negrito. Mudarríos se sintió avergonzado y no se atrevía a contarle aquello a sus compañeros. Se apuró a hacer comida de nuevo y sus compañeros tardaron hasta la una para volver.

Cuando volvieron, lo hallaron todo descalabrado y Juan del Oso le preguntó qué le había sucedido. Mudarríos les dijo:

—Tardaron tanto, me dió ansia, me subí a ese pinabete a ver dónde venían ustedes y de casi de la cumbre me resbalé, ai onde venía cayendo entre los brazos me rasguñé y del golpe que dí en el suelo me descalabré.

Los compañeros lo creyeron y lo echaron a la risa. Le dijeron que era un tonto con andarse encumbrando arriba de los pinabetes.

Al día siguiente le tocó a Mudacerros quedarse en el campo. Juan del Oso se marchó con Mudarríos a hacer la jornada de todos los días. A Mudacerros le sucedió lo que a Mudarríos. A la misma hora se apareció el negrito. Mudacerros creyó combatirlo. Cuando el negrito entró, echó tierra y escupió a la comida. Mudacerros brincó de la cama, pescó su barra y pensó arrebatar el negrito a barrazos pero el negrito lo esperó, se prendieron los dos de la barra. Por fin el negrito le quitó la barra a Mudacerros y con ella le arrimó una pela, descalabrándolo también. Así desapareció el negrito. Muy avergonzado Mudacerros, ya él conoció que eso mismo le había pasado a Mudarríos. Determinó de urdir la misma mentira. Se apuró y hizo la comida de nuevo. Cuando los compañeros volvieron, lo hallaron todo golpiado. Pronto que lo vieron, Mudarríos supo lo que le había pasado pero no le hizo saber nada a Juan del Oso. Cuando le preguntaron que le había pasado, dijo:

—Ya verán que me pasó lo que a Mudarríos. También me dió ansia que no llegaban a tiempo y creí que yo podría ser más ágil que Mudarríos. Me encumbré al mismo pinabete y me deslicé y me ha pasado la misma cosa.

—Bien —les dijo Juan del Oso—, ustedes son tontos. Ya veremos si yo me encumbro al pinabete mañana.

Al día siguiente se marcharon Mudacerros y Mudarríos. No más salieron del campo y se contaron cada uno lo que les pasó. Ya les daba mucha ansia por regresar del campo y incontrar también a Juan del Oso todo golpiao. Sucedió que a la misma hora cuando ya Juan del Oso tenía la comida lista y reposaba en la cama, se apareció el negrito. Al tiempo que entró, Juan del Oso le dijo que se retirara, que no entrara. Pero el negrito brincó a onde estaba la comida y a toda priesa le echó tierra y la escupió. Juan del Oso, como era muy ágil, brincó de la cama y tomó su bastón y el negrito lo esperó. Tuvieron una pelea muy cruda y que parecía que ya se lo llevaba el negrito pero le acertó con un bastonazo en una oreja y se la arrancó. Tan pronto que el negrito se vió con una oreja mocha, arrancó a juir. Juan del Oso pescó aquella oreja, se la echó en la bolsa para enseñarles a sus compañeros el pinabete que los estaba golpiando. Siguió a toda priesa a ver el paradero del negrito. Lo siguió hasta incontrar un hoyo onde se metió el negrito. Cuando el oso empezó a observar a aquel abujero, vió que estaba muy hondo y creyó él que algo contenía. Sin embargo, se fué y esperó a sus compañeros. Cuando sus compañeros llegaron, todavía él no tenía la comida lista y le preguntaron qué le había pasado. Cuando ellos no lo vieron descalabrado, creyeron que Juan del Oso había salido huyendo y por eso el negrito no lo había descalabrado.

—Ya me he encontrado con el pinabete que ustedes estaban montando todos los días —les dijo, sacando la oreja de su bolsa y enseñándoselas—. Con esto les doy la prueba que lo he combatido y lo he vencido. Ahora nos falta una cosa y tenemos que hacerla. Mañana iremos los tres a esperar esos fleteros. Tendremos de trai todo el cabresto qu' incontremos para entrar en ese abujero donde entró el negrito. Parece ser un abujero demasiadamente hondo.

Así lo hicieron otro día. Se marcharon los tres, tuvieron suerte d' incontrar que en el camino iban muchos carros de flete y hallaron mucho cabresto. Todo se lo trajieron. Lo añadieron y determinaron entrar uno de ellos al abujero. Se habían conseguido también una campana. Determinaron el que entrase pal abujero, si incontraba algo peligroso, sonara la campana y lo sacarían. Primeramente trató de entrar Mudarríos. A poco de entrar, incontró un viento muy fuerte. Ordenó Juan del Oso a Mudacerros que entrara él segundo. Así es que se descolgó Mudacerros. Le pasó lo que a Mudarríos. Al llegar a onde estaba aquel viento tan fuerte, no lo pudo resistir. Sonó la campana y lo sacaron. Luego les dijo Juan del Oso que lo descolgaran a él. También incontró aquel viento tan fuerte que posible no lo hubiera resistido pero que él traía siempre con él su bastón y como el bastón era tan pesao, le ayudó a resistir la fuerza del viento y así pudo pasarlo. Cuando pasó aquel viento, bajó a un lugar donde hacía una cueva muy grande y parecía estar aluminada no sabía con qué. En aquella cueva había diamantes y había muchas piedras preciosas y llegó a un lugar onde le pareció que era puerta. Le dió un arrempujón y se abrió. Al tiempo de abrirse la puerta se apareció una joven muy hermosa. Juan del Oso se sorprendió al verla y le preguntó qué hacía allí. Ella, muy asustada, le dijo que se retirase si no quería poner su vida en peligro. Le preguntó Juan del Oso que si por qué, qué era lo que había.

—Bien —le dijo aquella joven—, sabrás que un gigante me tiene aquí en este encanto y es un gigante muy temible. Semos tres hermanas las que estamos aquí y nos tienen diferentes aposentos. Si no te retiras, el gigante saldrá y te devora. Es muy temible.

—No hay cuidado —le dijo Juan del Oso—. Déjame seguir adelante y ya me encontraré con el gigante y haré todo lo posible por sacarte de aquí.

En esta conversación estaban cuando se oyó el ruido que de otro lugar venía. No tardó en aparecer el gigante allí y a la vista parecía muy temible pero Juan del Oso, como estaba bien práctico en su muleta, no tardó mucho en asestarle un muletazo en la cabeza y el gigante cayó. Le siguió dando con la muleta hasta dejalo muerto. Luego le dijo la joven:

—Ya veo que eres muy guapo, pero quién sabe más adelante cómo te vaya. En el otro aposento donde está mi otra hermana hay un tíguere y ese tíguere es el que guarda la puerta. Si logras matar ese tíguere, podrás sacar a mi hermana. Luego mi hermaan te dará información dónde está mi hermanita, la menor.

—Bien —le dijo Juan del Oso—, pero pa que no quedes tú en peligro, vamos y te sacaré yo de aquí y después regresaré por tu hermana.

Se encaminaron para el lugar de la salida y estiró Juan del Oso el cabresto a la joven y la aseguró muy bien. Ellos pensaban que iban a sacar a Juan del Oso, pero fué una grande sorpresa cuando vieron salir una joven muy hermosa. Luego la joven, llena de gusto, al verse fuera de aquel lugar y que se consideró fuera de peligro les contó a Mudacerros y a Mudarríos toda la historia. Les dijo que Juan del Oso era muy guapo y que había dado muerte al gigante. La había despachado a ella en el cabresto y él se había vuelto para salvar a su hermana. Así quedaron ellos esperando la salida de la otra joven.

Juan del Oso se encaminó al otro lugar. También, como en la primera puerta, había un peñasco muy grande pero él lo echó a rodar de un arrempujón. Al abrir aquella puerta, se apareció la otra joven y pronto le dijo a Juan del Oso:

—Si quiere salvar su vida, retírese, porque aquí hay un tíguere muy temible.

—¡Ea! —le dijo Juan del Oso—. No hay cuidado. Ya he salvado a su herman y vengo para salvarla a usté. Que venga el tíguere.

En esto estaban cuando oyeron el ruido que el tíguere venía. Muy furioso pegó el tíguere un saltó para devorar a Juan del Oso. Pero Juan del Oso, como era tan ágil con su muleta, de una vez le asestó en la cabeza y lo echó al suelo. Una vez el tíguere en el suelo, Juan del Oso le acabó de dar la muerte. Le pregunta Juan del Oso a la joven dónde está su otra hermana.

—Está en el otro aposento más adentro y ya veo que hasta aquí ha tenido usté buena suerte y suceso pero temo que siga usté más adelante. En aquella otra puerta hay una sierpe que guarda la puerta.

—Pues vamos —le dice Juan del Oso— Le sacaré de este peligro y ya volveré por su hermana.

Así fueron al lugar de la salida. La puso en el cabresto y la aseguró muy bien y se estiró el cabresto para que sonara la campana. Mudacerros y Mudarríos la sacaron de pronto. Muy contentas las dos hermanas cuando subieron afuera y la segunda lo mismo que la primera les contó a Mudacerros y Mudarríos cuán ágil Juan del Oso había peliado con el tíguere y le había dado la muerte, y que había vuelto para ver si salvaba a su hermana, la menor.

Así es que Juan del Oso se encaminó al otro aposento y como en los otros lugares de un arrempujón abrió la puerta que había. Una jovencita más hermosa que las dos primeras se paró de pronto en la puerta y le dijo:

—Retírese, retírese, que aquí hay una sierpe muy temible.

—Ya lo comprendo —le dijo Juan del Oso—. Y como he salvado a sus dos hermanas pienso sacarla a usté también.

En esto se oyó un chillido muy temible y no tardó en verse venir una sierpe muy horrorizante. Pero Juan del Oso siempre tenía la suerte de asestar en la cabeza todos sus muletazos. Allí tuvo Juan del Oso bastante dificultad porque aquella sierpe tenía siete cabezas. Pero afortunadamente le machucó las siete cabezas a muletazos. Luego le dijo la joven:

—Ya veo que usté es un guapo y si mis dos hermanas están salvo afuera, ya me considero yo salvo también y usté nos llevará a mi padre. Mi padre es un rey y él habrá estado ofreciendo todo su caudal a quien pueda llevarnos a casa. Además de todo su caudal, mi padre ha ofrecido que el guapo que nos lleve a las tres hermanas a casa, le dará a escoger a una de las tres para que se case.

—Bien —le dice Juan del Oso—, pues ya yo creo tener ganado ese premio. Ahora dime qué será necesario llevar yo para darle prueba al rey que yo soy quien las he sacado de aquí.

—Puedes quitar la lengua a cada una de esas cabezas —le dijo la joven— y ésa tendrá de ser una prueba para que sepa mi padre que la serpiente ha muerto.

—Además —le dice Juan del Oso— usté me dará otra prenda.

—Con mucho gusto —le dice la joven—. Aquí está mi anillo. Este anillo será una prueba cuando usté se presente a case mi padre.

Fueron a la salida y aseguró muy bien a la joven en el cabresto y le encarga cuando salga afuera, echen el cabresto otra vez para adentro para salir él. Mudacerros y Mudarríos sacaron a aquella joven. Una vez las tres afuera, Mudacerros y Mudarríos pensaron traicionar a Juan del Oso. No echaron el cabresto para adentro y creyeron dejarlo encerrado. Como ya las dos primeras jóvenes les habían contado toda la historia y el premio que el rey ofrecía, se marcharon Mudacerros y Mudarríos con las tres jóvenes para case el rey. Juan del Oso se quedó espera y espera y nada de cabresto.

Pasaron días y noches y Juan del Oso no tenía que comer ni que beber. Cuando ya no aguantaba el hambre ni la sé, ya estaba tan débil que apenas se detenía. De casualidá puso su mano en la bolsa del chaleco. Allí era donde traía la oreja del negrito. Sacó la oreja del negrito de la bolsa y le dió tanto coraje y dijo entre sí:

—Por tu causa, negro, estoy aquí encerrado. He de satisfacer mi hambre con comerme esta oreja.

Así le dió una mordida sin saber lo que iba a pasar pero la oreja estaba como el hule. Se estiró como un lástico y de pronto se apareció el negrito y le dice a Juan del Oso:

—!Señor amito, aquí estoy. Aquí me tiene. ¿Qué se te ofrece? Cuánto me pidas, te daré y cuánto me mandes, te haré.

—¡Ah! —le dice Juan del Oso—. Por tu causa estoy aquí y sácame brevemente.

Más se tardó Juan del Oso en decirle "sácame" cuando el negrito lo había sacado pa afuera.

—Ahora —le dice— quiero beber agua y comer.

El negrito le aprontó de pronto una tinaja con agua muy fresca y un canasto con muy buenas comidas. Una vez satisfecho, Juan del Oso le pregunta al negrito y le dice que le informe de Mudacerros y Mudarríos y de las tres jóvenes encantadas que él había sacado de allí. El negrito le dice:

—Tus compañeros llegaron a case el rey esta mañana y están para casarse con las dos jóvenes mayores. El rey tenía ofrecido un grande premio y la mano de una de sus hijas pero como ellos eran dos y los dos reclamaban haber sacado a las jóveens, están para casarse.

—Bien —le dice Juan del Oso—, pues yo quiero estar allí antes de que se casen y de pronto quiero que me lleves allí.

Más tardó en decir esto y como un relámpago parecía que Juan del Oso había ido a dar a los patios del palacio del rey. La joven menor estaba triste y ella sabía que aquéllos habían traicionado a Juan del Oso y que bajo una falsedad se iban a casar con sus hermanas. Redepente vió ella a Juan del Oso en los patios del palacio del rey y pegó un grito y le dijo al rey:

—¡Hola, que aquí está el guapo que me sacó del encanto!

—¿Cómo asina? —dice el rey—. ¡Acaso éstos no han dicho verdá!

—Pues llame usté ese guapo que espera a la puerta y él le dará satisfacción.

—Que adelante pase —dijo el rey.

Dieron entrada a Juan del Oso y lo condujeron hasta onde estaba el rey. Allí estaba la menor de las jóvenes y le dice el rey:

—¿De dónde viene usté y qué es lo que hace aquí?

—Yo vengo a reclamar mi honor. Mis dos compañeros que se han presentado aquí adelante me han traicionado y yo soy quien he sacado del encanto a vuestras hijas. He dado muerte al gigante, he dado muerte al tíguere y por último he dado muerte a la sierpe que tenía siete cabezas —le dijo presentándole las siete lenguas—. Y a su hija la menor fué la última que saqué de allí y de prenda me ha dejado su anillo. Aquí lo traigo.

Quedó satisfecho el rey y le -preguntó a su hija si era cierto y la joven le dice que sí. De pronto el rey mandó castigar a aquellos otros traicioneros que eran Mudacerros y Mudarríos y ordenó que fueran fusilados. Juan del Oso celebró su boda allí aquel mismo día y el rey, muy contento, le entregó la mitá de su caudal. Juan del Oso compró un coche muy bonito y se marchó para el lugar donde vivían sus abuelos y su madre. Allá fué y les introdujo a su esposa y se los Vénesele el negrito y pégale una zuaca que lo quiso matar. Cuando llegaron sus compañeros, lo jallaron todo golpiao. Ya isque le dijo Juan Cachiporra:

—Pero ¿qué diasques tienes?

trajo al lugar donde vivía el rey. Edificó un palacio muy hermoso y allí quedaron viviendo para siempre. Si no se han muerto, posible todavía estarán viviendo allí.

171. Juan Cachiporra[75]

Este era un muchacho muy juerte, este Juan Cachiporra, y ai ond' iba caminando una vez, s' incontró con otro muchacho. Este estaba mudando cerros. Este agarraba peñascos así y los mudaba a otro lao y así estaba mudando los cerros. Ya isque le dijo Juan Cachiporra:

—Pues vamos apostando que si tú me ganas a juerte, me voy contigo siempre de pion y si yo te gano, te vas tú conmigo.

Que le dijo que estaba bueno. Ya vino este Mudacerros y mudó unos peñascos asina y logo vino Juan Cachiporra y embócale a un cerrito que estaba allí un cachiporrazo y lo echó a volar de una vez. De modo es que le ganó. Se jué Mudacerros con él de pion.

Bueno, ai ond' iban s' incontraron con Mudapinos. Ese estaba mudando un pino de un lao para otro. Ya isque le dijo Juan Cachiporra que si apostaba con él al que juera más juerte. Isque le dijo aquél que sí. Mudó este Mudapinos un pino pa allá. Estaba un pinabete allá y embócale Juan un cachiporrazo y lo echó a volar de una vez. Pues de ai se jueron los dos aquéllos con él.

Pues ai ond' iban, estaba un río allí muy grande y incontraron unas patas de un gigante de puente en el río. Pasaron por sus canillas del gigante pal otro lao del río. Ya llegaron a onde estaba la cabeza del gigante. Ya isque lo convidaron pa que juera con ellos. El gigante les dijo que bueno, y se jué con ellos.

Ya isque ai ond' iban, jallaron un juertecito. Ai pusieron campo y otro día se jueron pa la suidá a ver qué jallaban y dejaron a Mudapinos de cocinero. Cuando en la tarde ya tenía la comida pa sus compañeros él, se recostó allí en una camaltita que tenía el gigante. Cuando llegó un negrito chiquito y le escupió la comida. Ya isque le dijo:

—Pero negro, cochino, ¿por qué me escupes mi comida?

—Verá usté, siñor amo, —isque le dijo—, que juí a asomarme a ver si vinían y me caí ai en el peñascal y todo me descalabré.

Otro día dejó a Mudacerros de cocinero él. Y en la tarde, cuando tenía su comida hecha, se recostó allí. Cuando entró el negrito otra vez y escúpele la comida.

—Pero negro, cochino— isque le dijo—, ¿por qué me escupes mi comida?

Y vénesele el negrito y pégale otra zuaca. Cuando aquéllos vinieron, jállanlo todo golpiao a él. Ya isque le dijo Juan Cachiporra:

—Pero ¿qué tienes?

—Había ido a subir la leña ai al cañoncito y me caí. Me resbalé en las piedras.

—¡Oh, ustedes no ven quizás! No ven cómo hacen las cosas.

Otro día dejaron al gigante. Pues en la tarde lo mesmo. Ya estaba él esperando a sus compañeros cuando entra el negrito y escúpele su comida. Isque le dijo:

—Pero negro, cochino, ¿pa qué me escupes mi comida?

Y pégale otra zuaca el negrito también. Pues que jallaron aquéllos al gigante todo golpiao tamién.

—¡Pero qué diasques! —les dijo Juan Cachiporra—. Quizás ustedes no ven cómo hacen las cosas.

Ya isque le dijo el gigante que se había subido a un pinabete que estaba allí a ver si los vía vinir y se resbaló y se cayó y, como era tan pesao, se había lastimao entero.

Pues otro día los despachó a ellos los tres pa la suidá y se quedó Juan Cachiporra. Cuando en la tarde, ya a las mismas horas, entra el negrito otra vez y escúpele la comida. Cuando isque le dijo:

—Pero negro, ¿qué tienes? ¿Por qué me escupes mi comida?

Cuando vénesele el negrito a quererle pagar. Pesca él su cachiporra y pégale él un cachiporrazo y córtale una oreja. Y salió el negrito juyendo y él sobre de él, pero no lo pudo alcanzar Hacía un cerrito allá y arribá del cerrito ai estaba un ajuero. Ai se descolgó el negrito.

—Pero embusteros —isque les dijo—, ¿por qué me habían negao ustedes?

Ya isque otro día vino y los despachó a los tres otra vez y que trujiera cada uno su rollo de cabresto, lo que pudiera trai en el hombro. Ya isque a las mismas horas en la tarde cuando isque va llegando el negrito agazapándose a ver si estaba Juan Cachiporras gu otro. Ya isque do más s' hizo Juan Cachiporra el que s' iba a parar y isque va saliendo el negrito. Ya cuando llegaron aquéllos, logo que cenaron, aquéllos trujieron unos cargones de cabresto y se pusieron a añadir cabrestos toda la noche. En la mañana, do más almorzaron, y se cargaron su rollo de cabresto y se jueron pal cerrito. Ya isque amarró primero a Mudapinos de aquí de la cintura y lo descolgaron. Isque le dijo que logo que le diera miedo, que les moviera el cabresto así pa sacalo. Así lo hizo Mudapinos y lo sacaron. Isque le preguntó qué había visto. Isque le dijo que muy escuro estaba pa abajo. Y logo amarraron a Mudacerros. Este que toavía ni se acababa la luz del día y movió el cabresto. Y logo metieron al gigante. Este entró poco más adentro y logo movió el cabresto y lo sacaron. Antonces les dijo Juan Cachiporra que lo metieron a él. Este do más se amarró y dejó ir su cachiporra pa abajo. La tiró. Ya isque les dijo que entre más les moviera el cabresto, más rieso lo dejaran ir. Hasta que planió abajo. Ya salió allí y s' incontró con una puerta allí de un cuarto. Ya isque abrió la puerta y estaba una princesa adentro.

—¡Oh! Pero ¿qué andas haciendo aquí? —isque le dijo la princesa—. ¡Que te vaya a comer ese animal!

—¡Oh, qué me ha de comer! Di si te casas conmigo.

Ya isque le dijo ella que sí, pero que matara al tíguere antes de que recordara. Oh, que vino él y pégale una patada al tíguere que recordara. Cuando se le vino el tíguere, le embocó un cachiporrazo. Lo mató. Y había otro cuarto asina. Ai estaba otra hermana de ella. A ésta la cuidaba un lion. Ya sacó a ésta, la amarró aquí en el cabresto y les movió el cabresto a aquéllos que la sacaran y la sacaron arriba. Ya isque dijo el Mudacerros que con ésa se casaba él. Y logo abrió el otro cuarto onde estaba la otra. Que le dijo él que le dijiera si se casaba con él. Ya vino y le dió otra patada al lión pa que recordara. Do más se le vino el lion, le pegó un cachiporrazo y lo mató. Y estaba otra puerta. Ai estaba otra hermana, la menor, y a ésta la estaba cuidando un negrito.

—¡Oh, mi mero amigo! Ese es el que vengo buscando.

Ya vino y sacó a aquélla y les movió el cabresto a aquéllos pa que la sacaran. Logo que la subieron arriba, ya isque le dijo el Mudacerros a Mudapinos:

—Con ésta te casas tú.

Ya isque jué y abrió la puerta onde estaba el negrito. Do más lo vido el negrito y lo conoció y empieza a las huidas allí en el cuarto, en los rincones, y aquél no lo podía agarrar y en esto záfasele el negrito. Se salió. Cuando subió arriba, do más lo vieron aquéllos y le temblaban y van saliendo juyendo y él pensó qu' iba Juan Cachiporra atrás de él. De modo que si él ha sabido que no podía salir aquél, los mata, pues él salió juyendo por otro rumbo, se volvieron a sacar a la otra hermanita. Ya isque le dijo que se casara con él. Y le dijo ella que sí y le dió una tumbaga la princesa. Ya la amarró aquí y les movió el cabresto y la sacaron, y logo isque le dijieron al gigante que con ésa se casaba él. Ya isque dijo Juan Cachiporra entre sí:

—Pues éstos no me van a sacar. Aquí me van a dejar. Estos me van a dejar cair de medio abujero y me matarán.

Ya isque vino y amarró una piedra en el cabresto y lo jalaron quizás hasta medio abujero y de ai lo soltaron. El gigante no lo pudo detener solo. Ya aquéllos, do más lo soltaron, y se jueron, cada uno con una princesa y el gigante se quedó allí con la princesa, la menor, pensando cómo pudiera sacar a aquél. Ya cuando estuvo muy tarde, agarró a la princesa, se la echó en el hombro y se jué a llevala. La llevó cerca de la suidá onde vivía el rey y ai cerquita de a case el rey la soltó pa que se juera pa su casa y él ganó otro rumbo y aquél allá no jallaba cómo hacer. Cuando ya acabó toda la comida que había allí, ya andaba muriéndose de hambre Juan Cachiporra y acuérdase de la oreja del negrito que la traiba en la bolsa. La iba a meter a la boca a comérsela cuando apárecesele el negrito. Ya isque le dijo:

—No se la coma, amiguito, y me digan el diablo mocho. Cuanto me pida le daré y cuanto me mande le haré.

—Lo que te pido es que me saques de aquí.

—Súbase en mí —dijo el negro.

Se cargó en él y lo agarró de los cabellos pa que no lo juera a tirar, y pronto ya estaba arriba. Y logo que ya lo subió, ısque le dijo:

—Déme mi orejita.

—Oh —que le dijo—, no te doy nada.

Y hizo que l' iba a pegar y salió juyendo el negrito y éste ai ond' iba, ai incuentra un viejito y lo mató. Ya vino y lo desolló y se puso el cuero. Se metió unas piedras aquí en las rodillas y aquí en los brazos pa dicir que estaba enfermo de los riumos. Ya se jué él y llegó a case otro viejito y ya le pidió posada al viejito y le dió posada. Ya ısque le preguntó qué había de nuevo en la suidá. Ya isque le dijo que las hijas del rey se habían casado y que la menor estaba muy triste. El rey le ha traido príncipes, duques, a ver si le cuadra algund pa que se case con él. Y hora va a hacer tres días de comer así a ver si alguna persona le gusta pa casarse a la princesa.

Otro día se levantaron ellos muy de mañana para ir a la diversión. Ya isque lo convidaban los viejitos a este Juan Cachiporra y él les dijo que no podía, que estaba muy enfermo. Lego que estos viejos se jueron, él sacó su orejita y se le apareció el negrito y aquél le dijo que le diera un caballo muy bonito. Logo pronto estuvo el caballo allí y se quitó su cuero y subió en su caballo y se jué. La princesa, do más lo vido entrar y lo conoció y gritó que aquél era su marido y mandó el rey a agarralo, pero no pudieron. Voló el caballo onde estaba la gente y se jué. Y ya puso el rey carpinteros a levantar la tapia muy alta pa agarrarlo otro día. Ya isque llegó el viejo a su casa y ya llegó la viejita muy nojada porque había amasao una bandeja muy grande de masa y se la había comido una gallina con pollos que tenía y el viejo aquél no había tenido cuidao de ellos.

Y otro día se volvieron ir a la diversión. La tapia la había levantao demasiado alta y puso onde se sentara la gente allá arriba pa que si quería brincar el caballo, que lo agarraran. Ya cuando aquéllos se jueron, sacó él su orejita. Ya se le apareció el negrito. Ya que le dijo que le diera otro caballo que por alta qu' hiciera el rey aquella tapia, volara aquel caballo y no lo pudieran agarrar. La princesa do más lo vió entrar otra vez y volvió a gritar que era su marido. Mandó el rey agarralo y no lo agarraron. Y cuando jueron los viejitos allá, le preguntó el viejo al viejito que cómo había estao la diversión. Le platicó todito y ya isque le dijo que había mandao el rey levantar aquella tapia dos tantos más alta y que otro día sí lo iban a agarrar.

Ya cuando éstos se jueron, sacó él su orejita otra vez, se le apareció el negrito. Le pidió otro caballo que por alta que estuviera aquella tapia, la volara. Cuando entró él a la diversión, volvió a gritar la princesa que era su marido aquél. Pero no lo pudieron agarrar. Voló el caballo. Antonces isque le dijo el rey a la princesa que viera qué joven vía allí pa casarse, porque ya aquél no lo podían agarrar. Antonces isque dijieron las otras princesas que querían que les hicieran unas tumbagas lo mesmo que las que tenían ellas en el encanto y antonces dijo la menor que tamién ella quería lo mismo y el viejo este onde estaba Juan Cachiporra era platero. Isque le dijo el rey que tenía que haceles a sus hijas las tumbagas lo mesmo que las que ellas tenían. Y le dijo él que no podía hacelas lo mesmo porque no sabía la hechura que tenían las tumbagas. Antonces le dijo el rey que si no las hacía, penaba de la vida. Pues de ai se jueron los dos viejitos llorando. Cuando Juan Cachiporra los oyó llorar tanto les dijo que si por qué estaban llorando tanto y le dijo el viejito que porque el rey quería que les hiciera unas tumbagas a sus hijas como las que tenían en el encanto y no podían hacelas porque no sabía qué hechura tenían. Ya isque le dijo:

—No llore, yo soy platero, yo las haré. Domás va a la plaza y me trai queso y miel pa comer.

Jué el viejito y le trujo y en la noche se encerró en la platería y se puso a comer queso y miel. Después de que acabó de comer, empieza a tirar fierros parondequiera. Un ruidazo, y los viejitos pensaron que estaba trabajando. Y en la mañana le dió el viejito las tumbagas y eran las mesmas de las princesas, pues él las tenía. Y se las llevó y se las entregó y eran sus mesmas tumbagas. Cuando la princesa vido su tumbaga, isque dijo que con el que había hecho aquella tumbaga se casaba ella. Que le dijo el rey que tenía que casarse con su hija. Isque le dijo que él no podía casarse con su hija porque tenía a su viejita. Pues de ai isque se jué llorando otra vez. Cuando supo la viejita por qué lloraba isque pior lloraba la viejita. Ya isque les dijo Juan Cachiporra que no lloraran y le dijo al viejito que le dijiera al rey que un viejo murre viejo que estaba en su casa las había hecho. Invió el rey por él y se lo llevaron. Pues que casó a la princesa con el viejo y como el rey no lo quería de velo tan fiero, pues que allá en un trochil pa allá le dió casa a la princesa con el viejo. Y este viejo terco, isque se le juía a la princesa, a su mujer, pa case el rey y allá lo tiznaban las cocineras y iba la princesa por él y ya iba forcejeando con él, queriéndoselo llevar.

Y una noche, ya sacó su orejita y l' iba a dar una mordida.

—No se la coma, amiguito —isque le dijo el negrito—, y me digan el diablo mocho, que cuanto me pida le daré y cuanto me mande le haré.

—Pues lo que te pido que me pongas un palacio aquí, que si lindo es el del rey, más bonito sea el mío. Un corral allí muy grande de mulada y reses, sirvientes.

Logo que estuvo todito allí y logo le dijo él ya al negrito:

—Hora sí te voy a dar tu orejita, pero si me vas a desaparecer todo lo que tú me has dado aquí, te mato, porque ya hora sí sé ónde vives.

Antonces le dió su orejita y vino y se quitó su cuero y jué y lo enterró. Otro día en la mañana le dijo el rey a la reina:

—Vamos a dale los buenos días a mi hija.

Pero la princesa estaba muy nojada con él porque ende que se había casao no le había hecho ni caso hasta que no había visto el palacio y los bienes que tenía allí. Los vido ir la princesa pa allá. Les cerró la puerta y no les quería abrir, pero Juan Cachiporra la hizo que les abriera. Y isque le dijo ella a su tata, al rey, que era más bruto que los machos brutos que estaban allí en su corral. Y ai le empezó a platicar Juan Cachiporra que él había sacao a las princesas y esos otros dos que se habían casao con las otras princesas eran sus piones, pero no lo habían querido sacar y él había trabajao muncho pa salir de onde había sacao a las princesas. Antonces el rey le dió muncho coraje y mandó lazar dos machos, los más brutos que se l' hicieron allí en el corral de Juan Cachiporra y mandó amarrar a cada uno de aquellos yernos en cada cola de aquellos machos y les dieron el llano y los mataron.

172. Juan Porra[78]

Bueno, éstos eran dos viejitos. Cuando ya se vieron muy ancianos, le pidieron a Dios que les diera un hijo para su viejez. Y Dios se lo concedió. Cuando este niño tuvo la edá de nueve años, su pa-

dre tenía un rancho y siempre se mantenía desmontando. Un día le
preguntó a su mamá:

—¿Parónde camina mi papá tan de mañana todas las mañanas?

—Está desmontando, hijo, el terreno.

—Yo voy para allá, mamá.

Y se fué el niño onde estaba su papá y le preguntó pa qué estaba cortando aquellos chamizos con la hacha? Estaba cortando álamos él. ¿Por qué no los·sacaba con ti raiz?

—¡Y cuándo los voy a sacar estos álamos con las raices!

—Yo los sacaré —isque le dijo, y empezó a sacar los álamos con
ti y raices. Donde se espantó mucho el viejo de ver a su hijo sacar
aquellos álamos con ti raices. Y de ai se fueron pa la casa otra vez.
Ya le dijo el viejo a la mujer:

—Yo no sé qué 'tiene mi hijo, si algo de Dios o algo del diablo.
¡Lo vieras sacando los álamos con ti y raiz!

Y otro día le dijo el niño que quería ir por leña con los bueyes.
Su papá le dijo que estaba muy chiquito para que fuera por leña.

—Chiquito, pero juerte —isque le dijo.

Y lo despachó otro día por leña. Y llegando al arroyo con los
bueyes, quería hacerlos pasar por una puertecita de a pie onde estaba una porra que entre veinte hombres no la levantaban. Queriendo hacer pasar los bueyes por la puentecita, no los pudo hacer pasar y los mató. Y se echó la lanza y la porra en el hombro y se jué
pal monte y allá llenó el carro de leña y se vino con el carro. Cuando llegó a la casa, su papá y su mamá se espantaron que traiba el
carro solo y le preguntaron por los bueyes.

—Son tan aguaos sus bueyes que en el monte se cansaron.

Y otro día en la mañana se jué el viejo a buscarlos y los jalló en
el arroyo muertos y de allá se vino y se nojó con Juan, y lo despachó con su padrino, que era el padre, y ya cuando llegó a onde estaba su padrino, isque le dijo que si pa qué lo había traido. Y le dijo que ya no aguantaba a su hijao y que lo arreglara su padrino. Y
luego le dijo su padrino:

—Júntame bien los carros y bogues onde no estorben.

Y luego les prendió fuego. Cuando vino su padrino, le preguntó
qué había hecho. Y le dijo:

—Usté me mandó que los pusiera onde no estorben. Ai no es-
torban hechos cenizas.

—Ven acá —isque le dijo su padrino— pa que te vayas pa tu

casa. Aquí ai tres caminos. No vayas a pescar los de las orillas. Pesca el del medio.

Ya cuando llegó a los tres caminos, isque le dijo:

—Yo pescaré el que me dé gana, al cabo que voy solo.

Y pescó el del medio. Ya onde llegó estaba un Mudapinos mudando pinos, ya isque le preguntó qué estaba haciendo. Le dijo aquél que mudando aquellos pinos, que le habían dado sentencia de muerte si no los mudaba. Antonces le dijo aquél que lo siguiera y que el se los mudaría. Antonces agarró la porra y los mudó a puros porrazos y de ai siguieron los dos y llegaron a onde estaba Mudacerros. Este estaba mudando unos cerros porque le habían dado pena de muerte si no mudaba esos cerros. Antonces le dijo Juan Porra que los siguiera y que él se los mudaría, y agarró su porra y mudó los cerros. Y de ai lo siguieron los dos a Juan Porra. Y de ai llegaron a un río onde estaba un gigante de puente y ya pasaron por el gigante. Cuando acabaron de pasar, isque le dijo Juan Porra al gigante:

—Sígueme.

—Oh —isque le dijo el gigante—, gusanito de la tierra, no me molestes.

Antonces agarró Juan Porra su porra y le dió un porrazo al gigante, y se levantó y lo siguió al gusanito de la tierra. Y de ai se jueron los cuatro, Juan Porra, Mudapinos, Mudacerros y el gigante. Onde llegaron, onde pusieron su campo, onde estaba cerca a un campo de borregueros, jué Juan Porra y compró una oveja pa los piones.

Después que comieron, dejó a Mudapinos de cocinero y se jueron a cazar ellos. Onde hizo Mudapinos un bandolín de las tripas de la oveja y se puso a tocar. Onde llegó Satanás muy bien vestido. Onde se peliaron Mudapinos y Satanás y pégale una friega Satanás a Mudapinos y le tiró toda la comida. Cuando llegaron sus compañeros, le preguntaron a Mudapinos sus compañeros qué le pasaba. Les dice él entonces que iba a subir el juerte y se había caido y se había lastimao y había quedado atarantao.

Otro día dejó a Mudacerros y le pasó la misma. La misma mentira le dijo Mudacerros también.

El tercer día se quedó el gigante y hizo la misma y le contó la misma mentira y el gigante tiró una esquina del juerte para que creyera Juan Porra que era verdá.

El cuarto día se quedó Juan Porra y llegó el diablo y se enredaron y en la guerra onde andaban, le pegó Juan Porra con su porra

en una oreja y le arrancó una oreja y salió juyendo el diablo y Juan
lo siguió hasta el agujero onde entró. Y de allá se volvió y se nojó
con sus compañeros porque le habían dicho mentiras.

Comieron y siguieron a onde se había metido el diablo. A uno lo
despachó por cabresto, a otro por rondanillas y a otro por campanas.
Y pusieron la rondanilla pa entrar pa abajo. Le dijo a Mudapinos:

—Entra hasta onde te dé miedo y luego suenas la campana.

Y lo sacaron. El dijo no había visto nada. Luego le mandaron a
Mudacerros que entrara y entró poco más hondo y salió y dijo que
no había visto nada. Luego entró el gigante. Entró hasta onde alcanzó a ver una lucecita, y luego le dió miedo y salió pa ajuera. Antonces entró Juan Porra, y bajó con to y porra. El sí llegó hasta el encantamiento onde estaban cuatro príncipas encantadas. Pues llegó onde estaba la primera, que tenía un oso cuidándola:

—¿Qué andas haciendo aquí, hermanito? Si te siente el oso, te
mata.

—No me hace nada. Dame palabra de casamiento y te saco. Dame ese anillo y ábreme la puerta.

Tan pronto como abrió la puerta, y le salió el oso y le dió un
porrazo y lo mató y sacó a la princesa y siguió para el otro cuarto
onde estaba la otra, y estaba un lion cuidándola, y le dijo lo mismo
que a la otra, que le diera palabra de casamiento y la sacaba y que
le diera también una tumbaga. Se abre la puerta y sale el lion y le
da un porrazo al lion y lo mató, y la sacó a la princesa. Y logo jué
a onde estaba la otra, onde estaba una sierpe,y también le dijo que
le diera palabra de casamiento y que le diera una pulsera, y la sacaba. Y le abrió la puerta y pelió con la sierpe hasta que la mató. Le
pegó en las siete cabezas y la mató. Y logo jué a onde estaba la menor onde estaba el diablo de pastor. Isque le dijo:

—¿Qué andas haciendo, hermanito? Si te siente el diablo, te devora.

—Oh, no me hace nada. Dame ese reloj y te casas conmigo y
yo te saco.

Y le dió el reloj y le abrió y se enredaron. Y como el diablo le
tenía miedo, pronto arrancó. Y cuando subió arriba, todos los de arriba salieron juyendo. Y ya cuando juyeron, y isque se quisieron ir
aquéllos pero isque las demás le rogaron que sacaran a su hermanita. Y se volvieron a juntar, con miedo sí pero se volvieron a juntar y
la sacaron. Y Juan tuvo miedo que lo mataran y puso una piedra de

su peso pa ver qué era su mente de los de arriba. Y lo subieron poco alto y lo dejaron ir pa abajo. Y Juan se quedó encerrado y los demás se jueron pa case el rey con mentiras que ellos las habían sacao. Los tres primeros se casaron con las tres primeras que sacaron y la otra se quedó muy triste esperando a Juan Porra.

Estando tanto tiempo encerrado, ya se había comido todas las provisiones que tenían las princesas y ya hasta su ropa se estaba comiendo. Y un día se metió la mano a la bolsa y sacó la oreja de Satanás. Con la desesperación que tenía, se iba a comer la oreja y se le presentó el diablo y le dijo:

—No te comas mi orejita, Entriégame mi oreja.

—No te la entriego —isque le dijo— si no me sacas de aquí.

—Oh, sí te saco. Cárgate en mí —isque le dijo el diablo— y cierra los ojos.

Y pegó el primer volido y allá onde paró, isque le preguntó si vía algo pa arriba. El le dijo que no. Pegó el segundo y no alcanzó a ver nada tampoco. Pegó el tercero y salió arriba. Y ya cuando salió arriba, le pidió su oreja. Y le dijo:

—No. Traime la yegua del encantamiento mora. Muy flaca la quiero yo.

Y se la trujo, y se jué pa la suidá y en el camino onde iba, encontró un viejito que andaba cazando conejitos y le preguntó qué andaba haciendo. Y le dió un porrazo y lo mató. El viejo era el diablo. Y de ai se jué y llegó a case la viejita, la esposa del viejito, y le dijo:

—¿Cómo le va, agüelita?

—Bien, ¿cómo te va nietecito? Apéate.

Y se apió y le preguntó Juan Porra qué había de nuevo.

—No hay más de nuevo que una hija del rey está muy enferma de tristeza y el rey dice que el que hiciera las prendas que dejaron sus hijas en el encantamiento se casaba con la princesa.

—Vaya y dígale al rey que aquí en su casa está un platero que las puede hacer.

Y jué la viejita y le dijo al rey que si buscaba un platero que hiciera las prendas de sus hijas, que en casa estaba el platero. Y le dijo el rey a la viejita que quería conocer al platero. Y vino la viejita y le dijo a Juan. Y se emporcó mucho la cara y se puso la ropa más puerca que tenía y se jué pa case el rey. Y le dijo el rey:

—¡Y este roñoso qué ha de hacer!

—Sí, señor, yo puedo hacelas. Lléveme dos cajones de piloncillo.

Y se jué Juan pa case la viejita y le despachó el rey los dos cajones de piloncillo. Toda la noche machucó Juan piloncillo y comió. Otro día el primer anillo de la primer princesa se lo mandó. Hasta el nombre tenía. Y le mandó dicir que le mandara otros dos cajones de piloncillo. Y otro día le mandó la tumbaga de la otra y siempre le decía que le mandara otros dos cajones de piloncillo. Hizo la pulsera de la tercera y luego hizo el reloj de la última, de la princesa que estaba enferma de tristeza y se lo mandó, y mandó el rey su coche pa que jueran por Juan Porra pa que se casara con la princesa. Y lo trujieron y lo casaron y lo echaron a vivir al esteble y la princesa con mucho gusto se jué al esteble con su Juan Porra.

En la noche sacó la orejita del diablo y se le apareció el diablo y le dijo que le hiciera un palacio más lindo que el del rey y que le pusiera de cuantos animales había allí en su parque. Y maneció Juan Porra y la princesa en el palacio. Otro día que maneció, isque jueron a llamar a Juan Porra y a la princesa pa que jueran a almorzar, y no los jallaron. Y ni los conocieron cuando estaban de princeses en el palacio.

Y se enfermó un día la reina tanto que le dieron de remedio la leche de josa, y no más el que se había aparecido allí, Juan Porra, tenía de esos animales onde podían conseguir la leche. Y despacharon a Mudapinos, primeramente, a comprar. El rey no quiso ningún dinero. No más echarle un fierrito en la pierna izquierda, una C. Pues Mudapinos queriendo y no queriendo tuvo que poner la nalga, de onde descansó mucho la reina y despacharon la segunda vez a Mudacerros, y le pasó la misma. Le puso la misma marca. Y luego jué el gigante por la tercera vez, y a él también le puso la marca.

Y sanando la reina, mandó hacer el rey un banquete pa todos los reyes, de gusto que había sanao la reina. Y ai envitaron a Juan Porra y su mujer, a quienes no conocían. Cuando se sentaron en la mesa, se sonríe Juan. De onde se siente mal el rey. Donde le dice el rey:

—¿Por qué se ríe, señor rey?

—Señor rey, porque sus yernos son mis piones. Estos que tiene aquí rodiados. Si no tienen este fierrito en la pierna izquierda, pena de la vida.

Todos los reyes se quedan almirados y les dice el rey, padre de las princesas, a sus yernos:

—Abájesen los calzones.

Y encontraron la marquita. De onde le dijo Juan al rey:

—Yo soy el hombre que desencantó a sus hijas. Por eso hice bien sus prendas. Pues yo soy Juan Porra que me echó a dormir al esteble.

Antonces le mandó a su esposa que se quitara el color de su cara pa que la conociera su padre. Y antonces mandó el rey trai una caballada mesteña del llano y amarró a los embusteros a la cola de los mesteños y los echó al llano. Y se acabó el cuento. Entro por un cesto y salgo por el otro.

173. Juan de la Porra[29]

Este era un rey que tenía tres hijos. El menor se llamaba Juan de la Porra y tenía su campo sembrado en árboles y todas las noches se le perdía un árbol. Un día en la tarde le dijo al muchacho mayor que se juera a dormir a los árboles pa que tuviera cuidado a ver si jallaba al que se los estaba robando. Pero se quedó dormido y no supo. Otro día jué el rey y los contó y faltaba otro árbol, y luego le dijo al muchacho del medio que se juera a cuidalos esa noche él, y se quedó dormido y faltó otro árbol. La última noche le dijo al menor, a Juan de la Porra, que se juera a cuidalos, y Juan de la Porra le dijo que estaba bien, no más que le diera una guitarrita y unos pocos de alfileres, y se puso los alfileres en el cuello. Cuando se quedaba dormido, se picaba en los alfileres y recordaba y seguía tocando hasta que en la madrugada llegó un gigante y agarró un árbol y lo desenraizó y se fué con él arrastrando y Juan de la Porra lo siguió hasta que llegó a onde estaba un agujero y jué Juan de la Porra y le dijo a su padre que un gigante se había llevado el árbol.

Antonces el rey mandó de que entrara el muchacho mayor a ver qué es lo que había en ese agujero. Y entró hasta que topó un frío, y tuvo miedo y salió. Luego el rey lo mandó a Juan de la Porra de que entrara él, y entró hasta que topó el frío y pasó la calor y llegó a una rueda de cuchillos, pasó y ai s' incontró con un negrito y le dijo:

—Toma esta porrita. Ai en esa puerta incontrarás una princesa.

Y Juan de la Porra se jué y entró al cuarto onde estaba la princesa y le dijo que si le daba palabra de casamiento para un hermano de él, la sacaría de allí. La princesa le dijo que nunca podría sacarla porque la cuidaba un lion de los más feroces animales. Juan de la Porra le dijo que eso no valía nada. En esto llegó el lion y Juan le dió con la porra y lo mató y agarró a la princesa y se jué para el otro cuarto ond' incontró otra princesa y le dijo que si le daba palabra de casamiento para otro hermano de él, la sacaría de allí. Y la princesa le dijo que no la podría sacar porque a ella la cuidaba un tíguere, y Juan de la Porra le dijo que eso no valía nada, y llegó el tíguere y Juan le dió con la porra y lo mató y se jué para el otro cuarto, incontró otra princesa y le dijo que si le daba promesa de casamiento para él, la sacaría de allí. Ella le dijo que no podría sacarla porque la cuidaba un gigante de los más fieros del mundo. Y Juan de la Porra se jué con las tres princesas pa la puerta del agujero y echó la princesa mayor en una olla y sus hermanos la sacaron ajuera y luego salió la otra del medio y logo subió la chiquita, y pensando él que sus hermanos le habían agarrado envidia, no quiso subirse en el cabresto. Amarró una piedra pesada y cuando ya lo iban sacando, sus hermanos cortaron el cabresto y lo dejaron cai, y Juan de la Porra se quedó poco triste. Logo se puso a comer y cuando estaba comiendo, oyó que le dijieron:

—¿Caigo?

—Déjame comer y luego cai.

Cuando ya acabó de comer, le dijo que cayera, y cayó un brazo y logo otro brazo y logo una pierna y logo otra pierna y luego el cuerpo y luego se paró un hombre muy flaco y le dijo:

—Vamos una lucha y si tú me tiras, yo te saco afuera, y si yo te tiro, nunca saldrás de aquí.

—¡Oh, tú estás muy flaco! No me sirves a mí para nada.

Pero jueron a luchar. Al fin lo tiró Juan de la Porra y lo sacó ajuera. Cuando ya lo sacó ajuera del pozo, le dijo:

—Tú me has hecho un bien a mí y yo te he hecho a ti. Tú me has sacado de ese pozo y yo te he sacado a ti. Yo soy una ánima que nunca había salido. Mi nombre es Cananeo. Cuando necesites alguna ayuda de mí, no más me dices "Mi Cananeo", y yo te ayudaré. Y ahora te vas de aquí y llegas a la suidá onde vive un platero.

Y Juan de la Porra se jué y llegó a case el platero y le dijo al platero que si le daba trabajo, y el platero le dijo que no tenía dinero pa pagarle y Juan de la Porra le dijo que él no quería dinero, que él quería queso con panocha. El platero le dijo que estaba bien.

Otro día, después, la reina mayor dijo que quería una soguilla como la que tenía en el encanto. El rey mandó llamar al platero para que se la hiicera. Y el platero se fué llorando a su casa y Juan de la Porra le dijo que si por qué lloraba y el platero le dijo que el rey le había mandado de que le hiciera una soguilla a la princesa como la que tenía en el encanto y que él ni las conocía, ni conocía el diamante ni tenía fierros pa trabajarla. Y Juan de la Porra le dijo que no tuviera cuidado, que él la haría. Luego, en la noche, Juan de la Porra se acostó y el platero no podía dormir del rebato que tenía. Cada rato iba a dale güelta a Juan de la Porra, pero lo jallaba dormido. Como a las tres de la mañana se levantó Juan de la Porra y aclamó a su Cananeo. Antonces el Cananeo se apareció y le dijo:

—¿Qué se le ofrece, señor amito?

—Que el rey le ha mandado al platero que le haga una soguilla a la reina como la que tenía en el encanto y yo quiero que tú me la des.

Y el Cananeo se la dió, y Juan de la Porra se acostó y el platero jué a dale otra güelta y lo jalló durmiendo.

Y en la mañana se levantó Juan de la Porra y el platero le dijo que si había hecho la soguilla, y Juan de la Porra le dijo que no, que no tenía con qué hacela, que no tenía oro ni diamantes ni fierros con que hacela. Antonces el platero se puso triste y le dijo adiós a Juan de la Porra y a su mujer y se fué a dicile al rey que no la había podido hacer, y cuando ya sale de la casa, le grita Juan de la Porra y le dice:

—Aquí está la soguilla. Llévasela al rey.

Y el platero se la lleva al rey y lego la hermana del medio quiere que le hagan otra a ella como la que tenía en el encanto. Y el platero le dice a Juan y Juan se la pide al Cananeo y el Cananeo se la da a Juan y Juan se la da al platero y el platero se la da al rey. Y lego la menor quiere otra parecida, y el platero le dice a Juan y Juan le dice al Cananeo y el Cananeo se la da a Juan y Juan se al da al platero y el platero al rey. Y logo Juan de la Porra le dice al platero que ya él se va, y quiere que le dé dos pesos y luego que sale de la casa del platero, aclama a su Cananeo. Y se aparece el Cananeo y Juan de la Porra le dijo que quería que le diera un vistido de fashico de los más fieros y olorosos que había en el mundo y una burrita y dos guaritos y un pitito, que cuando él chiflara aquel pitito, todas las aves bajaran a beber de los guaritos.

Y se jué pal palacio del rey. Allí estaba la reina sentada en el balcón muy triste. El rey y la reina estaban saliendo pa misa y le dijo la princesa que quería que le arrentara aquel fashico para ver a las aves abajar a beber agua. El rey le dice al fashico que si cuánto quería porque allí se estuviera entreteniendo a la reina, y el fashico le dijo que no quería no más que le dieran de comer a su burrita y a él queso y panocha. El rey le dijo que estaba bien.

Puso a comer a la burrita y el fashico, que era Juan de la Porra, colgó los guaritos en frente de la reina abajo en el balcón y el rey y la reina se jueron a misa y la princesa se puso a peinar y le dijo Juan de la Porra que le prestara su peine y la princesa le dijo que si pa qué quería peinarse con un cabello tan feo como pelo de cochino. Y Juan de la Porra le dijo que también él quería peinarse. Antonces la reina le tiró el peine y Juan agarró un poco de cabello de él y lo envolvió en el peine y se lo tiró a la reina y la reina le dijo que ése no era de él, que él tenía cabello de cochino y aquél era cabello de príncipe. Y Juan de la Porra le dijo que le daba prueba y la reina le dijo que subiera pa arriba del balcón pa que le diera la prueba, y Juan de la Porra subió y se quitó la máscara que traiba y quedó un príncipe tan hermoso y de una vez lo conoció que era su esposo, el que la había sacado de allá del agujero donde estaba el encanto. Y lego propusieron ellos los dos de que la reina le dijera al rey que se quería casar y si el rey le preguntaba con quién, que le dijiera que con el fashico.

Cuando el rey vino de la misa, la reina le dijo que se quería casar y el rey le dijo que estaba bien, que si con quién quería casarse y la reina le dijo que con el fashico y el rey se nojó mucho de ver que se quería casar con el fashico. Pero ella dijo que sí, y se casaron y le puso el rey su casa junto con los cochinos.

Y a poco tiempo el rey se enfermó, porque la reina se había casado con el fashico. Y le dieron de remedio la sangre de venado. Antonces sus hijos dijieron que la iban a trai y el fashico dijo que también él iba. No más salió y aclamó a su Cananeo. Y el Cananeo se apareció y Juan de la Porra le dijo que quería que le diera el vistido más hermoso que hubiera en el mundo y el mejor caballo. Y que cuando él chiflara con el pito, todos los venados llegaran a onde él estaba y que la sangre que él agarrara, sanara al rey y la sangre de los otros muchachos no le hiciera provecho.

Y Juan de la Porra se fué para onde andaban los muchachos tras de los venados y les dice que si qué andan haciendo. Ellos le dicen que van a matar un venado pa agarrar la sangre, que se la han dado de remedio pa su padre que está enfermo. Y Juan de la porra les dijo:

—¿Que no saben que yo soy el rey de los animales? De un modo los dejo matar, que ustedes se dejen poner esta marquita en un lomito.

Los muchachos dijieron que estaba bien. Juan de la Porra calentó el fierrito y se lo puso, y luego chifló con el pitito y llegaron los venados y degollaron uno y agarraron la sangre y se jueron pa palacio y le untaron la sangre que llevaron los muchachos al rey y no l' hizo provecho. Antonces Juan de la Porra le dijo a la reina que le llevara la que él trujo, y la reina la llevó y se la untaron y sanó.

En poco tiempo después, el rey se golvió a enfermar y le dieron de remedio la leche de venao, y el rey les dijo a los muchachos que le fueran a trai, y también Juan de la Porra jué. Cuando salió de palacio, aclamó al Cananeo. Juan de la Porra le dijo que le diera el mejor caballo que hubiera en todo el mundo y el más bonito vestido, y cuando él chifló con el pitito, todos los venados llegaron. Antes de ordeñar la venada, marcó Juan de la Porra a cada uno de ellos en el otro lado. Ordeñaron una venada y agarró cada uno su botella. Juan de la Porra agarró la de él y se jueron pa palacio. Y se la dieron al rey de remedio la de los muchachos y no le hizo nada. Juan de la Porra le dijo a la reina que le llevaran la que él trujo, y se la dieron y sanó.

A poco de tiempo golvió a estar el rey enfermo y le dieron el cuero de un oso de remedio, y el rey les mandó a los muchachos que le trujeran.

Y Juan de la Porra salió también. Juan de la Porra, cuando salió del palacio, aclamó al Cananeo. Juan de la Porra le dijo que cuando él chiflara el pitito, se arrimaran los osos y al mismo tiempo se arrimaron los muchachos y mataron un oso y agarraron el cuero y Juan de la Porra los marcó a todos otra vez en una nalga a cada uno. Se jueron pa palacio y Juan de la Porra también mató uno y lo llevó a palacio. Con el cuero de los muchachos no descansó el rey y Juan de la Porra le dijo a la reina que le llevara el que él trujo, y se lo pusieron y el rey sanó.

Y los muchachos le dijieron al rey que ónde habían ido a trai sangre del venao había un joven muy hermoso que era el rey de los animales. Que si por qué no hacían un entretenimiento para convidarlo para ver si lo podían casar con su hermanita, la menor, y matar al fashico. El rey les dijo que estaría bien. Y convidaron al joven

El día de la diversión, Juan de la Porra salió de palacio y aclamó al Cananeo. Juan de la Porra le dijo que quería que le diera un caballo prieto de los más hermosos que hubiera y el mejor vestido, y lego se jué pa palacio y era el mejor de los jóvenes para toriar los toros. Al siguiente día le pidió a Cananeo un caballo blanco y los más hermosos vestidos, y se jué a palacio. Allí mató todos los toros que había. Cuando el rey lo vido, mandó que lo agarraran y se cerraran todas las puertas, pero Juan de la Porra hizo brincar el caballo los cercos y se fué y logo se vino pa palacio.

Cuando el rey y todos sus convidados y el fashico estaban cenando, el rey se pone a burlar del fashico y le dice el rey:

—Yo quisiera que hubieran agarrado ese joven hermoso para haberlo casado con mi hija y haber matado al fashico.

—Ese joven hermoso era yo —le dijo Juan de la Porra.

—¡Qué has de ser tú, tan fiero y tan asqueroso!

—Yo soy el que le di la sangre a los muchachos, y para más prueba, álzales la camisa y abájale los calzones, y si no le hallas esta marca a cada uno, mandas matarme.

Y los probes muchachos, avergonzados, se torcían, y el rey les mandó de que se alzaran la camisa y se abajaran los calzones. Luego le vieron la marca y Juan de la Porra se quitó la máscara y el rey lo conoció que era su hijo y lego mandó horcar a los muchachos por envidiosos. Y es largo y ai se acaba.

174. Juan del Oso[29]

Había un rey y tenía un hija. Se la robó un oso y tuvo un niño y le pusieron Juan del Oso. Juan del Oso fué creciendo y se pulsaba todos los días con una piedra que tenían en la puerta de la casa. Un día que no estaba el oso, la quitó y salieron él y su madre y se jueron pa la suidá. Cuando el oso vino, no los incontró. Y este muchacho lo puso su padre, el padre de la princesa, en la escuela. Salió tan malo que la gente del reino se quejó al rey y pensó el rey dale dinero y despacharlo a andar el mundo. Antonces Juan del Oso no quiso dinero. Le dijo que l' hiciera un muleta de oro. Y el rey se la

hizo y la trujieron con una yunta de bueyes. Cuando la trujieron, llamó a Juan del Oso para ver si le gustaba. Y él la agarró con dos dedos y se l' hizo muy livianita. Antonces le dijo al rey que la quería
más pesadita. Antonces el rey mandó que se la hicieran de dos yuntas de bueyes. Cuando la trujieron, se le preguntó a Juan del Oso
a ver si le gustaba. El la agarró con una mano y se l' hizo liviana.
Antonces el rey le dijo que la pidiera a su gusto. Antonces él mandó
que la hicieran que apenas pudieran siete yuntas de bueyes. Cuando
la trujieron, le gustó mucho y se jué a andar.

En el camino ond' iba, incontró otro joven que le nombraba Cortapinos. Ya le dijo que si quería ser compañero, que le mostrara un
poco de su poder. Cortapinos desmontó en un poco de tiempo todo
el monte. Y le gustó muncho. A poco que caminaron, incontraron otro
joven que le nombraban Mudacerros. Ya le preguntaron si quería ser
compañero de ellos y él les dijo que sí. Se jueron los tres compañeros hasta que llegaron a un agujero onde estaban tres princesas encantadas. Y les dice Juan del Oso:

—Tenemos que buscar palmilla y hacer un cabresto para entrar
a ver lo que hay adentro.

Otro día le mandó a Cortapinos que se quedara cociendo frijoles mientras que ellos iban a trai palmillas. A poco que salieron ellos,
llegó un negrito bailando y le apagó la lumbre y le mió los frijoles.
Pronto él brincó también y se enredaron al manazo pero pudo más
el negrito. Lo lastimó. Cuando Juan del Oso y Mudacerros llegaron,
lo hallaron lastimado. Juan del Oso le pregunta qué le pasaba. El le
dijo que se había caido.

Otro día le mandó a Mudacerros que se quedara él cociendo los
frijoles mientras él y Cortapinos iban a trai más palmilla. No más se
jueron, y llegó el negrito y le mió los frijoles y le apagó la lumbre y
también lo lastimó. Cuando Juan del Oso y Cortapinos llegaron, lo
hallaron lastimado y Juan del Oso le pregunta qué le pasaba. El le
dijo que se había lastimado. Otro día dijo Juan del Oso:
—Hora me voy a quedar yo. Ustedes van por palmilla.

A poco que salieron los compañeros, llegó el negrito bailando y
miando la lumbre pero brincó Juan del Oso y le da con la muleta y
lo desmaya y lo tira pa arriba de un árbol y se pone a tejer el cabresto y a cocer los frijoles. Cuando los compañeros volvieron, les
pregunta Juan del Oso que si qué les había pasado a ellos el día an-

tes. Ellos le dicen que el negrito los había golpiado. Pues él les dijo que había matado ese negrito, y les dió de comer.

Otro día le dijo a Cortapinos que se subiera en la olla y entrara al pozo cuanto pudiera. Cuando ya tuviera miedo, jalara el cabresto y antonces ellos lo sacarían ajuera. Así lo hizo. No más le dió miedo y jaló el cabresto y lo sacaron. Después entró Mudacerros. Entró poco más adentro. Cuando ya le dió miedo, jaló el cabresto y lo sacaron aquéllos. Antonces les dijo Juan del Oso qu' iba a entrar él. Cuando él jalara el cabresto, que lo dejaran entrar más abajo. Y lo jaló tres veces hasta que llegó a un palacio. Allí halló una princesa. Le dijo que si le daba palabra de casamiento para un compañero, la sacaba pa afuera. Ella le dijo que nunca podría sacarla. Estaba a cargo de ella un lion muy feroz, el más bravo de todos los animales. En ese tiempo llegó el lion y Juan del Oso le dió con la muleta y lo mató. Y incontró a la otra princesa y ya le dijo que si le daba palabra de casamiento, él la sacaba ajuera. Ella le dijo que la cuidaba un tíguere de los más malos animales. En esto llegó y Juan del Oso le dió con la muleta y lo mató y se jué para otro lado y jalló otra princesa, la menor, y le dijo que si le daba palabra de casamiento para él, la sacaba ajuera. Ella le dijo que era muncho trabajo para él, que la cuidaba un negrito muy malo. Juan del Oso le dijo que no valía nada eso. En eso llegó el negrito y Juan del Oso le dió con la muleta y lo mató. Antonces se fué con las tres princesas y puso la mayor en la olla y jaló un cabresto y Cortapinos y Mudacerros jalaron el cabresto y la sacaron. Y Juan del Oso volvió a jalar el cabresto y puso la del medio y la sacaron ajuera. Puso Juan del Oso la menor y sus compañeros también la sacaron ajuera. Y pensando Juan del Oso que sus compañeros tenían envidia, les amarró una piedra y a poco que subieron con la piedra, la dejaron cai. Pues Juan del Oso se quedó en el pozo hasta que un día se le apareció el negrito y le dió una oreja y le dijo que fácil que le ayudaría en alguna cosa. Antonces Juan del Oso sacó la orejita y dijo·

—¡A Dios, mi orejita!

—¿Qué se le ofrece, señor amito? —dijo el negrito apareciéndosele.

—Yo quería que me sacara de aquí.

Pronto el negrito lo sacó, y de ai se jué pa la suidá y llegó a case una viejita. Ya le dijo que si le hacía un favor de llevale a la reina una soguilla, y la viejita se la llevó y le dijo que si· quién se la había dado. Y ella le dice que un joven que estaba en su casa. La princesa lo mandó llamar. Cuando lo vido, lo conoció.

Luego se casaron y Cortapinos y Mudacerros le agarraron muncha envidia y jueron y le dijieron al rey que Juen del Oso decía que él podía trai un gigante al palacio. El rey lo llamó y le dijo que había sabido que él podía trai un gigante al palacio. Juan del Oso le dijo que él no había dicho. El rey le dijo que lo hiciera y si no moriría.

Otro día Juan del Oso le pidió al rey la yunta de bueyes más viejo que tenía y el carro más viejo y una hacha vieja y se jué para el monte y era el rancho de un gigante. Allí cortó el palo más grande que halló y lo puso en el carro. Cuando el gigante lo vido, se vino muy nojado porque estaba cortando palos en su rancho. Juan del Oso le dijo que estaba haciendo una casa para él, que entrara adentro a ver cómo le gustaba. El gigante entró y le dijo que estaba poco mal todavía, y después le dijo otra vez Juan del Oso que golviera a entrar a ver cómo le parecía. Y golvió a entrar y ya le dijo que le gustaba. Antonces Juan del Oso le echó la llave y lo llevó al palacio y le dijo al rey:

—Aquí está el gigante. Ahora tú sácalo.

El rey jué y le abrió y el gigante muy nojao salió y se jué para su casa otra vez.

Luego le dijo la princesa a Juan del Oso que sus cuñados estaban queriendo levantarle otro crimen. Antonces Juan del Oso pensó decirle al rey que Cortapinos y Mudacerros habían dicho de que ellos podían llenar una casa de pólvora y prendele lumbre y apagala a sombreradas y a pedos. Los mandó llamar el rey y les dijo que si habían dicho eso ellos. Ellos dicen que no. El rey les dijo que tenían que hacelo y si no, pena de la vida. Pues llenaron la casa y le prendieron la lumbre y Cortapinos y Mudacerros empezaron a correr a sombrerazos y a pedos y no la pudieron apagar. Antonces mandó el rey que los prendieran en colas de caballos, y así jueron muertos.

175. *Juan del Oso*[69]

Pues éste era un hombre, un sembrador. Sembró su rancho y no sembró más que maiz. Y esta milpa creció mucho. Pues ya cuando el maiz quería echar elote, jué el hombre a dale un riego a su labor, al maiz, y jué la mujer a llevale merienda de la casa y ocurrió de que la agarró un oso en la vuelta y este oso se la llevó y la llevó a su habitación onde vivía el oso. Pues al cabo del año el oso tuvo bebito en la mujer, y su marido y varias gentes buscaron a la mujer pero no la hallaron. Este oso mantenía a aquella mujer con carne cruda. Pues al cabo de los dos años, cuando tuvo ya dos años el bebito, pudo mover la piedra y como su mamá le estaba platicando que tenía hermanitos y tenía otro padre, un día le dijo el muchachito a la mujer que él podía quitar la piedra y que mañana se irían.

Pues salieron, y salió él y la mujer de la cueva y se vinieron a la suidá y cuando llegaron a la suidá bastante tarde, jué la mujer y halló a su marido y a su familia y ya le dijo la mujer que la perdonara, que había tenido un niño del oso. El hombre los recibió. Y en aquel antonces que estaba la mujer platicando con su marido, le dice el marido que entrara el muchachito pa conocerlo, y cuando entró el muchachito, platicando con ellos estaba cuando llegó el oso en busca de ellos. Muy furioso, muy nojado. De una vez quebró la puerta y la familia de una vez se espantó de ver a aquel animal. Antonces el muchachito viendo a sus hermanitos y a su padre, vino y le pegó un manazo al oso y lo mató y luego con el mismo oso, lo desollaron y alimentaron a la familia.

Y otro día que amaneció, jueron a convidar padrinos pa que bautizaran al muchachito, y convidaron a un sacerdote. Antonces les dijo el sacerdote que lo llevaran a bautizalo, y le pusieron Juan del Oso.

Luego cuando se llegó el tiempo de la escuela, pues el padre les dijo que lo pusieran en la escuela. Su padrino le ayudaba mucho, porque sus padres estaban pobres. Pero como vea usté que los muchachos son malos, se ponían a jugar con él y como vían los muchachos que no le podían hacer nada, venían los muchachos y decían. "¡Mira! ¡Cuidado con el oso!" o "¡Ai viene el oso!" Y lo hacían nojar, y él se desfendía y mataba a algunos. Viendo que no podía él estar allí y que lo estaban acriminando, pensó retirarse del lugar.

Seguramente que ya tendría algunos añitos cuando ya se retiró del lugar y se jué y llegó a una suidá onde vivía un rey y jué a pedile trabajo y le dijo el rey que sí le daba trabajo si hacía el trabajo que hacía un hombre que tenía él ai trabajándole. Y antonces aquél le dijo que quería ver el trabajo que aquél hacía. Tenían unas dos carretas llenas de piedra allí y le dijo que levantara esa carreta. Y le dijo él que la levantara su mozo para velo él. Y vino aquél y la levantó con las dos manos. Antonces Juan del Oso agarró una con una mano y la otra con la otra mano y levantó las dos carretas, porque había dos carretas. Antonces el rey le dió quinientos pesos y le prometió hacele una porra a su gusto. Y l' hizo una que pesaba treinta arrobas y le dijo que se retirara, porque tenía miedo que juera a acabar con él, y aquél se retiró.

Y él supo que había otro hombre y se jué en busca de él y este hombre se ocupaba en atajar ríos y le decían Múdarríos. Antonces éste llegó onde él estaba y le dice:

—¿Cómo le va, amigo? Solamente he venido a darme un abrazo con usté.

Si usté me pone los pulmones en el suelo, camino por donde usté diga que camine, y si yo se los pongo a usté, usté camina por donde yo diga.

Y se dieron el abrazo y cayó al suelo Mudarríos. Luego de ai se jueron los dos onde estaba otro hombre juerte y este hombre le nombraban Mudapinos. Este hombre agarraba un pino con una mano, otro con la otra y otro con las barbas y los sacaba los tres a la vez. Luego que llegaron a onde él estaba, le dieron el saludo y les pregunta él que si parónde iban y ya les dijo Juan del Oso que sólo venía a darse un abrazo con él y que si él le ponía los pulmones en el suelo, él tendría qu' ir por donde él le dijiera. Pues se dieron el abrazo y cayó Mudapinos en el suelo y se los echó por delante a los dos.

Luego oyó que había otro hombre juerte y se jueron para allá. Y este se nombraba Mudacerros. Tenía un palón muy grande y le metía la pala y lo mudaba para donde él le daba la gana. Llegaron aquéllos onde él estaba y les dijo que si qué andaban haciendo, y le respondió Juan del Oso lo mismo que a los otros dos. Se dieron el abrazo y cayó Mudacerros en el suelo.

Y de ai se jueron los cuatro a un lugar onde había muchos cíbolos, y ellos querían matar cíbolos para vivir. Eran hombres muy juertes, muy grandes y muy comedores. Cuando ya pusieron el campo, mandó Juan del Oso a Mudarríos por provisiones y jué aquél y las trujo. Luego empezaron a salir al campo a matar cíbolos y todo el tiempo se quedaba uno haciendo la comida.

El primer día se quedó Mudarríos. Vino y hizo tortillas y coció carne y cuando acabó se puso a esperar a sus compañeros. Se recostó en una cama. Cuando entró un ratón y se bebió el caldo de la carne que estaba cociendo y aquél se levantó muy nojado y antes que se levantara se volvió un viejo y le echó un gargajo en la carne y aquél la lavó y la puso a cocer otra vez pero no la pudo cocer. Cuando vinieron los compañeros, le dijo Juan del Oso que si porqué se había quedado la carne sin cocer. Aquél le negó y le dijo que se había quedado dormido y no se había cocido bien.

Otro día se quedó Mudapinos haciendo la comida y jueron aquéllos al campo y allá con la porra mataba aquél cíbolos, todos los que él quería, y los traiba lo mismo que nosotros conejitos en las manos. Pues a Mundapinos le pasó lo mismo que a Mudacerros. Cuando vino Juan del Oso y sus compañeros, les dijo que se había quedado dormido y que no se había cocido la carne.

Otro día se quedó Mudacerros de cocinero y le sucedió la mesma.

Pues otro día se quedó Juan del Oso de cocinero y se jueron aquéllos, pero no pudieron llevar la porra porque era muy pesada. Luego Juan del Oso se puso a hacer la comida, llegó el ratón pero aquél se levantó muy pronto y tírale con la porra y móchale una oreja. Y aquél quería que le diera su oreja, y le decía:

—Mira, si me das mi oreja yo te digo ónde están unas príncipas encantadas.

Le dijo aquél que estaba bien, le daría su oreja cuando él las sacara del encantamiento. Y antonces el ratón le dijo que lo siguiera y estaban muy cerca del encantamiento, y muy cerquita de donde ellos estaban, estaba el pozo por donde entraban al encantamiento. Jué y le enseñó y vido aquél el pozo y él les dijo a sus compañeros acuál era la razón porque estaban dejando la carne cruda y no le habían dicho la verdá. Pero él les dijo que tenían que sacar cuatro príncipas que estaban encantadas, tres hermanas y una prima hermana, luego hacer guía y una rondanilla, calabrotes de cuero de cíbolo para poderse descolgar al pozo. Adentro de este pozo, ai estaban las príncipas encantadas y las tenían unos gigantes encantadores. Y estos encantaban todo esto a resultas del ratón.

Luego empezaron a descolgarse pal pozo. Primero descolgaron a Mudarríos, y no topó plan. Dijo que allí se vía como lumbre. Le dió miedo y lo sacaron. Y luego descolgarona Mudapinos y le dió miedo y lo sacaron porque vido como llamas de lumbre. Luego descolgaron a Mudacerros y ése llegó a un lugar que parecía que se l' iban a quemar los pies y lo sacaron porque le dió miedo. Luego descolgaron a Juan del Oso con ti porra y éste sí planió. La lumbre que estaban mirando era un pedazo de metal que parecía que brotaba llamas de fuego. Eso era para resguardar el paso para que no entraran. Y aquél se jué para adentro y abrió el cuarto de la primer príncipa. La príncipa le dijo que si qué andaba haciendo y él les dijo que quería sacarlas de aquel encantamiento. Y le dió dos prendas, su peine de oro y una sortija de oro. Y le dijo que su pastor de ella era un gigante. Y la vida de aquel gigante la tenía en el dedo chiquito del pie derecho. Vino y la agarró y se la amarró a aquéllos y la subieron pa arriba y ya aquéllos empezaron con que "Yo me caso con ésta." Y se pusieron en cuestión y ya les dijo ella que allá estaban otras.

Cuando volvió Juan del Oso, ya estaba el gigante en busca de la príncipa, pero Juan del Oso le tiró con su porrita y lo hizo pedazos y lo mató. Y luego se jué para otro cuarto y halló a la segunda y le dijo ella que si qué andaba haciendo por allí y le dijo que sacándola de aquel encantamiento. Y le dió también su sortija y su peine de oro de memoria. Y la sacó y la subió pa arriba. Ya estaban dos. Ya aquéllos no esperaban más de una y aquéllas les decían que no, que esperaran a su compañero y a la otra.

Cuando llegó Juan del Oso, halló al gigante dormido. Y la vida de este gigante la tenía en una rodilla, en la rodilla del lado derecho. Y Juan del Oso le dió un porrazo con la porra y lo mató y se jué pal otro cuarto onde estaba la otra y le preguntó ella que si qué andaba haciendo por allí que ni pajaritos habitaban por allí. El le dijo que sacándola de aquel cautiverio. Diez años hacía que la tenían en aquel encantamiento y que ninguno aparecía por allí y ella estaba almirada con él. Al momento se alistó y le dió su peine y su sortija de oro de recuerdo y la condució pa arriba del pozo. Luego vino y mató a la giganta que estaba cuidando. Era una giganta muy brava que parecía que se lo iba a comer, pero le tiró con su porra y la mató.

Luego de allí se jué pal otro cuarto onde estaba la última. También aquélla se espantó mucho de ver que andaba un hombre allí, lo cual ella no esperaba nunca. Y le dijo que si qué era lo que andaba haciendo allí y le dijo él que quería sacarla de aquel encantamiento si le daba palabra de casamiento. Aquélla le dió palabra de casamiento y le dió su peine y su sortija de prenda y le dió una cuarta pa que domara el caballo del encantamiento. No tenían más caballo que ése. En ese caballo hacían todo su negocio y ése era el ratón. Y luego la llevó y la subieron pa arriba y aquéllos cuando subieron con todas las príncipas pa arriba, se jueron y dejaron a su compañero.

Llegaron a la suidá. Tuvo mucho gusto el rey de ver que sus hijas las habían sacado del encantamiento. Y al otro rey le dieron aviso también de que habían sacado a su hija del encantamiento y a aquéllos les dieron el honor y los casaron con las tres, porque ellos reclamaban que ellos las habían sacado del encantamiento.

Luego Juan del Oso llegó a onde estaba el caballo del encantamiento. Un caballo muy feroz y lo domó con la cuartita. Le pegó tres cuartazos y luego le respondió el caballo que si quería que lo sacara de allí. Y la salida era el mesmo pozo. Se jué pa la puerta del pozo y luego hizo el primer vuelo el caballo y no pudo llegar a la mitá del pozo porque la porra pesaba mucho. Estuvo obligado Juan del Oso a dejar la porra. Tan pronto como dejó la porra, subió el caballo y se jué en el caballo hasta cerca de la suidá, y ai ond' iba en el camino, mató un negro el caballo y vino él y le quitó el cuero al negro y se lo puso él. Bueno, antonces cuando iba llegando a la suidá, soltó el caballo y el caballo le dice que cuando lo aclamara, que estaba listo a su llamada para ayudarle en lo que él quisiera. Y luego se volvió ratón y le dió la oreja.

El se jué pa la plaza y llegó a case un herrero con su cuero de negro puesto y se comprendió con el herrero. Que él no quería un sueldo grande y que él le ayudaría. Este herrero tenía una carreta. Para esto le había dado la príncipa un pitito que ondequiera que lo oyera ella, lo conocía. Este hombre traiba agua en barriles del río y tenía un tiro de mulas que prendía. Y jué el negrito a trai agua y cuando enfrentó el palacio, sonó el pitito y lo oyó la princesa y ella estuvo muy contenta porque ai andaba su marido disfrazado como negro, y ai entendió que estaba vivo, porque ellos creyeron que el gigante lo iba a matar a Juan del Oso.

Otro día le dijo el negrito al herrero que quería que le pidieran la principita pa casarse con ella, y como ya ellos le habían prometido, les dió vergüenza, pero jueron. Y el rey les dijo que si ella quería eso, estaba en ella.

Antonces llevaron al herrero y no más lo vido la príncipa y dijo:
—Este es mi marido.
—Y ¿cómo lo sabes?
—Pues yo le di un pitito y aquí lo trai.
—Pues píntate con él. Valía más que te hubieras estado en el encantamiento que vinieras a casarte con un negro.

Pues él la agarró de un brazo y se jué con ella pa case el herrero y le puso un cuarto mientras él hacía onde vivir. En la noche aclamó a su caballo y vino el caballo y le dijo que si qué se le ofrecía y le dijo:

—Que me hagas aquí un palacio con un adobe de oro y otro de plata en frente del palacio del rey, poco retirado.

Y hizo que le mudara aquel cuero a él y lo hiciera como un príncipe, y así lo hizo. Otro día vido el rey aquel palacio con un rétulo que dicía "Juan del Oso". Jueron sus padres, el rey y la reina, a pedirle perdón a su hija y luego los casaron y siguieron la fiesta. Y entra por un cesto y salga por otro, y el que me oyó contar éste, que me cuente otro.

E. JUAN SIN MIEDO

176.   Juan sin Miedo[36]

Este era un hombre y una mujer y nunca habían tenido familia
Siempre ellos estaban rogando a Dios que les diera un niño. Quizá
mi tata Dios, de tantos ruegos que tuvieron, los oyó y les dió un ni
ño. Cuando el niño nació, de una vez fué el marido a avisarle al pa
dre y le dijo que querían que él lo bautizara. El padre fué y lo bau
tizó en la iglesia y cuando volvió con él, le dijo a los padres:

—Dios les dió este niño. Ahora está bueno que ustedes se lo den
a Dios pa su servicio. Yo quiero que me lo den a mí pa que estudie
pa padre.

Los padres convinieron y se lo dieron. Cuando se llegó el tiem
po de la educación del niño, de una vez empezó a mandarlo a que
se educara.

Cuando éste tenía como quince años de edá, pensó él exprimen
tarlo a ver si tenía miedo. Como dan los sacerdotes misa todos los
días, un día dejó el paño encima del altar y en la noche cuando ya se
iban a acostar, le dijo el padre al muchacho:

—Juan, esta mañana olvidé el paño sobre el altar. Ve por él.

Juan fué y prendió una vela y trujo el paño. Bien, el padre vió
que el muchacho no tuvo miedo. Otro día el padre pensó cómo ex
primentar al joven y pensó inviarlo en lugar del sacristán a dar el
repique de las ánimas otro día en la mañana muy a la madrugada
En la noche le dijo el padre a Juan:

—Juan, tú eres el que tiene que ir a dar el repique mañana en la
mañana. De ahora en adelante vas tú y no el sacristán.

Antes no enterraban a los cuerpos sino que se dejaban sobre la
tierra y le dijo el padre al sacristán que otro día pusiera uno de los
cuerpos al pie de la escalera por donde tenía que subir Juan. En la
mañana cuando fué a dar Juan el repique, muy escuro tuavía, s' in
contró Juan con el cadáver y lo agarró y le dijo:

—Pero ¿qué estás haciendo tú aquí?

Y agarró el cadáver y lo tiró pa un lado. Cuando el padre oyó
el repique, se asustó mucho y dijo:

—Pero Juan no tiene miedo.

El creía que lo iba a hallar desmayado al pie de la escalera. Cuando volvió Juan a donde estaba el padre, le preguntó si no había tenido miedo. Juan le dijo que no. Otro día halló otro cadáver y lo agarró y lo tiró pa allá y dijo:

—Pero ¿qué haces tú aquí? Ya sabes que se me pasa el tiempo.

Y subió y dió la oración y el padre se asombró. El padre entonces ya no molestó más a Juan.

Y cuando Juan ya tuvo un año más, que ya vía hombres que pasaban a trabajar con carguitas, ya se cansó él de la vida quieta que había vivido y quiso salir a trabajar como esos hombres. El padre entonces, cuando vió que le tiraba a esa clase de vida, decidió dejarlo salir a trabajar. Le dijo el padre que le fuera a pedir su consentimiento a sus padres. Estos consintieron y le prepararon su fardito y le echaron la bendición pa que se fuera como los demás.

Se fué y cuando ya él iba muy lejos y cansado, vió un bulto en el camino y decidió caminar hasta que llegara a este bulto, porque ya se estaba haciendo escuro. Vió que era una yegua flaca y llegó a donde estaba y la agarraba y se mecía la yegua y no hallaba cómo hacer, pero al fin decidió subirse en ella y desenvolvió su fardito y lo echó en el lomo de la yegua y salió la yegua muy recio. La yegua lo llevó a una plaza derecho a la puerta de una casa muy grande que había sido de unos ricos que habían muerto y estaba sola. Juan, no más llegó, llamó a la puerta y no salió naiden. Entonces entró y no halló a naiden.

—Esta noche duermo aquí —dijo él—. Hay muchas camas y mucho que comer. Aquí encierro yo mi yegua. Esta casa está esperándome a mí.

Entró a la cocina y halló un saco de carne seca, y halló también fósforos y todo aprevenido. Cuando él llegó, hubo alguien de la plaza que lo vió llegar. En esta casa todos los que llegaban, se morían de miedo. Juan se puso a asar su carne y llegó una voz al chiflón y le dijo:

—¿Caigo?
—No, estoy asando mi carne.

En seguida oyó otra voz que le dijo:
—¿Caigo?
—No —le dijo él—, ¿qué no oyes? Estoy asando carne.

A la tercera voz que oyó otra vez que le decía "¿Caigo?", dijo él:

—Caigan todos lo que quieran.

Y cayeron tres ánimas y las echó él pa un lado y siguió asando su carne. El acabó de asar su carne y se puso a cenar y se acordó de las ánimas y les dijo que vinieran a cenar.

—No --le dijieron ellas—, nosotros no comemos.

—Con razón están tan flacas —les contestó él.

Cuando él acabó de cenar, les dijo:

—¿Qué negocio traían ustedes aquí? Yo quiero desocuparme pa acostarme. Yo estoy cansado.

Entonces respondió la mayor de ellas:

—Pues nosotros vinemos aquí porque es nuestra casa. Esta casa era de nuestros padres y nosotros murimos con un pecado que no confesamos y no podemos verle la cara a Dios hasta que no cúmplamos con él. Antes que nuestros padres se murieran, tuvimos las tres un niño cada una y los enterramos vivos sin bautizarlos y hasta que no se bauticen, no podremos verle la cara a Dios.

—Bueno —les dijo el muchacho—, ¿dónde están los niños enterrados?

Y la mayor lo llevó a su cuarto y le dijo ella:

—Nosotros no hemos podido hacer nada porque todos los que vienen aquí se mueren de miedo. Bueno, escarbe aquí.

Y escarbó él y halló al niño vivo y lo halló con una rosa colorada en los labios y lo sacó y lo llevó a la camalta y lo acostó y estuvo muy contento porque iba a tener familia. Fué a la segunda muchacha y ella lo llevó a su cuarto y él sacó el cajoncito y halló un niño más lindo que el primero con una rosa de medio color en los labios y entonces estuvo más contento. Fué a la tercera hermana y ésta lo llevó a su cuarto y sacó al niño y tenía una rosa blanca en los labios y era más lindo que el primero y el segundo. Entonces les preguntó él qué querían ellas. Y respondió la mayor:

—Todo lo que nosotros queremos es que tú bautices a estos niños y todo lo de esta casa será tuyo y nosotros podremos ver a Dios.

Entonces ellas se despidieron de Juan. Otro día en la mañana, cuando él iba a ir a bautizar a los niños abrió él la puerta y lo primero qu' incontró fué una procesión de gente con el padre adelante que venía a enterrarlo a él porque creyeron que estaría muerto porque todos los que venían allí, se morían. El padre se asustó mucho y le preguntó si era de este mundo o del otro. Y le dijo Juan que era de este mundo.

El padre vió a los niños y estaba tan contento y le contó Juan toda la historia y el padre entonces con mucho gusto de una vez los bautizó. Después de que el padre se fué, se puso Juan a jugar con los niños y cuando estaba jugando con ellos, se le arrancó al mayor la rosa colorada de los labios y se murió. Se quedó jugando con los otros dos y se le cayó la rosita de medio color al segundo y se murió y quedó Juan muy asustado. Habiendo enterrado a los dos primeros, se quedó jugando con el tercero y se le arrancó la rosa blanca y se murió también. Entonces él pensó irse porque qué iba a hacer solo en aquella casa tan grande, y cuando fué por su yegua, echó su fardo y la montó y se fué la yegua muy recio. La yegua lo llevó afuera de la suidá donde vivía una viejita. Cuando llegó al fuertecito donde vivía la viejita, tocó la puerta, salió ella y le dijo que se apiara. Se apió el muchacho y la abuelita se puso muy contenta y se puso a hacerle de cenar. Después de que cenó, con el permiso de la viejita metió la yegua en la dispensa y estaba muy contento con su nana abuelita. Después, el muchacho le preguntó a su abuelita que si había alguna cosa de nuevo.

—Pues no hay más que la hija del rey está para casarse y el rey la tiene prometida al que le pegue con un bola de oro al lado derecho del pecho. Los que le tiran, le tienen que tirar de un caballo corriendo.

—No hay más, nana abuelita —le dijo el muchacho—, que yo me caso con la hija del rey. Mañana yo voy a ver si me caso con la hija del rey.

—Los que están yendo son príncipes y reyes que van bien vestidos y tú no puedes ir allá porque tú no tienes ropa que usar.

Pasó la noche y otro día en la mañana después que almorzó fué a ver su yegua. Cuando entró al fuerte, fué hallando una yegua baya tan gorda y tan bonita con una montura muy bonita, y la yegua tenía un vestido atado en las ancas. Le quitó el vestido a su yegua y fué entrando a donde estaba su abuelita. Entonces estaba la viejita tan contenta y le dijo que ella iba con él. Y se puso a prevenirse. Entonces se fueron los dos juntos y cuando los vió venir el rey, le dijo él a la gente:

—¡Abranse, ábranse, allá viene un joven!

Cuando iban a partir, le dijieron:

—Ahora a ti te toca.

Y le dieron la bola de oro y le tiró él a la princesa y le dió en el lado derecho del pecho. La yegüita corrió y no la podía detener Juan ni naiden y partió y se fué derecho a la casa. Ellos llegaron a la casa muy tristes porque no pudieron detener la yegüita pero le dijo Juan a la viejita:

—Mañana sí la detengo y si no la detengo, me caigo.

Hizo la viejita de cenar y cenaron y pasaron la noche. Otro día en la mañana se levantó muy de mañana y fué a ver a su yegua. Cuando abrió el fuerte, halló otra yegua colorada con otra montura más hermosa que la primera y con otro vestido en la montura. Oh, él estaba más contento que halló su yegua y desató su vestido y fué tan contento a donde estaba su abuelita.

—¡Hola! —dijo el rey cuando lo vió venir —ése es el que se va a casar con mi hija. Denle la bola de oro.

Le dieron la bola de oro y partió él y le pegó al lado derecho del pecho a la princesa. El rey había puesto escuadras para que detuvieran la yegua pero por más que hicieron todos, no pudieron detener la yegua y no pudo dejarse caer él a pesar que la viejita le decía que se cayera. Pero ni él ni ella se pudieron caer. Cuando llegaron, estaban muy enojados porque no pudieron caerse. Cenaron y pasaron la noche como el día anterior.

Otro día recordó más de mañana, con más ansias porque era el último día. Si no le pegaba a la princesa o si no detenía a la yegua, entonces no se casaba con la princesa. Entónces fué al esteble y halló una yegua blanca con diferente montura y con diferente vestido, todos plateados. El estuvo más contento esta mañana y fué muy contento a donde estaba su abuelita.

Cuando el rey los vió venir, puso más escuadras para que detuvieran la yegua. Llegó Juan y le dieron la bola de oro y le pegó a la princesa en el pecho y corrió unas cien yardas y luego se paró. De una vez mandó el rey que fueran a traer a ese joven y a la viejita. Pues de una vez tenía el rey todo aprevenido y le dijo a Juan que él era el que se casaría con su hija. Entonces mandó Juan a llamar a su padrino y a sus padres. Cuando vinieron el padre y los padres de Juan, se casaron y tuvieron fiesta por quince días y no se acordó de su yegua hasta que su esposa no le preguntó por la yegua a los quince días. Le dijo la princesa a Juan dónde estaban sus yeguas. Y otro día fué Juan a ver dónde estaba su yegua. Cuando halló el esteble, fué hallando a la última yegua, la blanca, tan flaca. Entonces le habló la yegua:

—¡A, Juan! ¡Qué tan ingrato has sido tú! Te he sacado de tantas bromas y tú no te has acordado de mí. Mira, Juan, ahora todo lo que te pido es que quiero que me mates y me abras.

Juan no quería por más que le rogó la yegua pero por fin obedeció. Cuando ya Juan convino a matarla, le dijo la yegua:

—Mira, Juan, nosotros somos las tres ánimas que se te aparecieron en aquel pueblo. Tú hiciste todo lo que nosotros te dijimos. Me matas y me abres y hallarás una cajita de oro y cuando la abras, saldrá una palomita y la palomita volará al cielo y antonces podremos ver la cara de Dios.

Así hizo Juan y voló la palomita al cielo.

177. Juan sin Miedo[65]

Este era un muchachito que nació, y murió su madre, y lo crió su abuelita. Lo bautizó el padre y él mismo jué su padrino y le puso Juan. Cuando creció, lo metió su abuelita a la escuela y salió tan perverso que no lo aguantaban los mestros y jué y le dijo el mestro que ya no lo quería tener, que era muy perverso. Viendo eso, se jué pa case el padre y le dijo que ya no lo podía soportar.

Pues que ya cuando el padre lo agarró, estaba muy hombrote. Pues que al año de haber estado con su padrino, empezó a hacerle mal a su padrino, a cortale las patas a los animales. Lo inviaba a mandaos el padre y hacía horrores con los muchachos en el camino, porque traiba él una porra en la mano. Viendo que ya el padrino no podía soportarlo, llamó a un consejero, para que lo aconsejara.

—Pues yo le diré —le dijo el consejero—, mañana en la tarde va usté y hace que pongan una calavera onde dice usté misa en el altar. Pues lo envía a trai el libro misario ya escuro.

Así lo hizo el padre y le pidió a Juan que fuera por el libro. Y se jué a trai el libro. Luego que entró, escuro, a la iglesia, dijo:

—Dios se lo pague a mi padrino que me puso esta pelota.

Y agarró la calavera y la tiró pal medio de la iglesia y se llevó el misario y llevó también la calavera paronde estaba su padrino. Pues ya le dijo el padre al consejero:

—Pues ya hice lo que mandó y éste no tiene miedo. Lo que hizo jué salir jugando con la calavera de pelota.

Pues que en ese tiempo trujieron tres cuerpos y le dijo el consejero que consiguiera con los dolientes a que le dejaran aquellos tres cuerpos aquella noche. Pues que le pusieron uno aquí abajo, otro en el escaleriao y otro arriba, agarrao de la campana y enviaron a Juan a dar la oración ya escuro. Jué a dar la oración y se topó con los difuntos.

—Quítense, jachuditos, de aquí.

Y ellos paraos. A las tres veces que les habló, se abrió con su porra y los echó pa abajo y subió y dió la oración. Le dijo el padre:

—¿Por qué te tardates, hombre?

—Porque me salieron unos jachuditos y no los podía quitar.

Pues otro día tuvo el padre que enterrar a los cuerpos de su cuenta, por los golpes que les había dado Juan. Pues que viendo eso, invió a llamar otra vez al consejero y le dice éste:

—Pues está una casa y con todos los bienes, que murió intestable el rico y ai todos los que van se mueren porque no pueden oyer la habla del difunto.

Ya le dijo el padre:

—Hijo, ya me alcanzó por el juez que vayas a velar tú la casa.

—Bueno, padre, pero déjeme ir a que mi madre me eche la bendición.

Se jué a onde estaba su mamá a que le echara la bendición. Pues que en la noche se jué el muchacho a velar la casa. Pues a media noche empezaron por el chiflón:

—¿Caigo?

—Cai —le dijo al muchacho.

Y cayó medio cuerpo de un difunto.

—Pues había de dormir sin almuada, hora te pongo de almuada.

A poco rato el otro:

—¿Caigo?

—Cai.

Cayó el otro medio cuerpo. Y dijo:

—Pues mira, hora te pongo de colchón.

Y luego empezó otra vez:

—¿Caigo?

—Ca. No me estés moliendo.

Cayó el espinazo con ti cabeza y se formó el difunto y se paró. Y le dice:

—Juan, tú sí me entiendes lo que te voy a hablar.

—Bueno —le dice Juan—, aquí tras de mí dime todo lo que quieras.

—Naide me ha entendido lo que yo digo. Mira, todos los que vienen aquí se mueren. Yo debo un novenario de misas con nueve niñas. (Nueve niñas tenían qu' ir a rezar ese novenario de misas.) No más haces tú este novenario de misas y todo esto que está aquí es tuyo. Ese dinero que está en la petaquilla les das a las niñas que recen el novenario. Y ese otro es tuyo.

—Pero hazme un documento pa que no me quiten lo que tú me dejas.

—Esta ánima le hizo el documento a Juan pa que naide se metiera con él, porque él pagó las nueve misas que él debía con las nueve niñas.

—Hora sí —le dice el cuerpo— le veo la cara a Dios.

No volvió el difunto a aparecérsele.

En la mañana invió el padre a un pion pa que lo jueran a sacar. Sabían que lo sacaban muerto. El pion lo halló vivo. Bueno, pues que el padrino muy contento con su hijao.

Como a los tres años de haber vivido en la casa, le dijo a su madre que se quería casar. Jué el padre y su mamá a pedirle mujer. Bueno, se casó el muchacho con una muchachita. Bueno, se la llevó a su casa y se llevó a su mamá.

El tenía la costumbre de que luego que pasaba la comida, tirarse a la cama. Y él le comunicó a su mujer, a ella sola, pero quizás alguna cocinera oyó, de que cuando él se acostara, no hubiera ninguna cosa negra, que todo juera blanco. Un día salió su mujer y su mamá pal jardín y se quedó él acostao y la cocinera, por tener experiencia, le echó un trapo de los trastes negro puesto en el pecho y dispertó y lo vido y ai se murió. Esa jué su muerte después de peliar con los difuntos.

F. LA PRINCESA ENCANTADA

179. El hortelanito[81]

Están para bien saber, si fuere mentira, ya está urdida y si fuere verdad, para allá va.

En una época muy remota estaba un hombre y una mujer que
tenían tres hijos y una india. En una vez le dijo la mujer al hombre
que ella quisiera tener una niña para cuando ya estuviera vieja que
le sirviera para compañía.

—Bien —le dijo él—, mañana salgo a ver si hay alguien que me
dé una niña.

Los tres muchachos que estaban oyendo la conversación de su
padre y su madre, ellos tenían que ir a trabajar a un lugar bastante
lejos de la casa onde vivían.

Al día siguiente se fué el hombre a ver si hallaba quién le diera una niña entre la gente muy pobre que vivía en la suidad cerca
donde ellos vivían. El hijo mayor le dijo a su madre:

—Madre, si en caso que mi padre hallare una niña, siempre le
manda a la india que nos ponga la aguja y el dedal, y si halla un
niño, nos ponga la jáquima y el cabresto porque ya nosotros nos vamos a trabajar y vendremos todos los días a ver, y la ponen arriba
de la zotea.

Se fueron los muchachos a su trabajo. Pasados algunos días,
volvió el hombre para su casa y trujo una niña muy hermosa. La mujer le dijo a la india que pusiera la aguja y el dedal en la zotea para cuando vinieran sus hermanitos. Los muchachos trataban algo mal
a la india y ella pensó: "Ahora pongo la jáquima y el cabresto para
que no vuelvan, y piensen ellos que trujo un niño en lugar de una
niña."

El día siguiente vino uno de los muchachos a dar vuelta para ver
si su padre había hallado una niña. Luego que vido que estaba en la
zotea la jáquima y el cabresto, se volvió para onde estaban sus hermanos y les contó la historia que su padre había hallado un niño en
lugar de una niña. No volvieron los muchachos más a su casa.

Yendo y viniendo tiempo, la niña fué creciendo muy linda y muy
hermosa. Su padre y su madre la querían muchísimo y tenían mucho

cuidado con ella. Pasando algunos días, cayó el hombre muy enfermo. Poco después murió la madre. Pasando algún tiempo, enférmase la india. La niña no sabía qué era lo que estaba aconteciendo. Pues se enfermó la india y se murió y quedó sola.

Así que se pasaron algunos días, le dió hambre y salió fuera de la casa con una dominita en su mano. Había algunos árboles de fruta junto a la casa que su padre había plantado. Se paró junto de un árbol y antes de coger alguna fruta, llegó una palomita y le dijo que enseñara su dominita. Ella se la prestó y se fué la palomita con la dominita. Salió la muchachita en pues de ella y se fué la niña siguiendo a la palomita hasta que la llevó al lugar que estaban trabajando sus hermanitos.

Llegó la palomita a la casa y le puso su dominita en la puerta de la casa. La muchachita llegó muy cansada a la casa, entró y halló la casa muy tirada y sin lumbre. Vino ella y se puso al alzar la casa y limpiar y hacer la cena porque ya estaba algo tarde. Ese día le tocaba al muchacho mayor hacer la comida, y hizo ella la cena.

Cuando la muchachita vido ir a su hermano, rompió corriendo y se escondió. Llegó él a la casa y entró. Ya vido que la casa estaba muy limpia y la cena lista. Se volvió y llamó a sus hermanos. Les contó él que había hallado la cena hecha. Lo mismo pasó cuando les tocó a los otros hermanos ir a preparar la comida. Por fin el hermano menor dijo:

—Yo les diré; hora, a medio dia cuando váyamos a comer, dicemos que estamos cansados y nos acostamos y nos hacemos que estamos dormidos y la que nos está haciendo la comida tiene que salir a comer y ai la pescamos y sabemos quién es.

Pues así lo hicieron. Se acostaron y se hicieron los que ya estaban dormidos. Salió la muchachita a comer. Cuando ella menos pensó, entraron ellos. Todos querían casarse con ella, pero ella les contó su historia y quedaron convencidos ellos que ella era su hermanita y le dijieron:

—Mira, todo lo que hay aquí es tuyo, pero cuando comas alguna cosa buena, siempre le das a esta perrita porque si no le das, te apaga la lumbre y aquí no hay onde ir por lumbre.

Pues pasados algunos días, después del almuerzo, se puso la muchachita a limpiar toda la casa y halló una manzana y se la comió y se le olvidó dale a la perrita. Pues vino la perrita y entró para la cocina y apagó la lumbre. La muchachita, cuando acabó de hacer su trabajo, entró a la cocina y halló que ya la perrita había apagado la lumbre. Vino y salió ella para fuera y se subió para arriba de la zotea y estuvo mirando para todos rumbos. Al fin alcanzó a ver un humo muy lejos entre un monte. Se cobijó y se fué para el lugar onde vido el humo. Llegó a la casa y tocó la puerta y vivía una vieja bruja y era tuerta. Se paró la muchachita en la puerta y saludó a la vieja. La vieja le respondió con mucho amor y le dijo que entrara. Ella entró y se sentó cerca al fogón y estaba un tizón con lumbre. La vieja, que estaba muy ocupada, se volvió a hacer el negocio que estaba haciendo. Agarró la muchachita el tizón y salió corriendo. La vieja, que fué a platicar con ella, alcanzó a ver que la muchachita llevaba el tizón y iba corriendo. Rómpele la vieja.

—Párate ai, nietecita. Quiero platicar contigo.

Pero ella no se paró. La vieja la siguió hasta la casa. La muchachita llegó a su casa, cerró la puerta y la atrancó y tapó la ventana. A poco rato llegó la vieja y empezó a decirle que le abriera. Pero la muchachita no le abrió. La vieja voltió para atrás de la casa y salió una hortaliza muy bonita.

Cuando ya se fué la bruja, salió la muchachita y vido que la vieja ya se había ido. Voltió la muchachita para atrás de la casa y halló la hortaliza. Vino y agarró cebolla y culantro para componer su comida. Así que alistó la comida, llamó a sus hermanitos. Ellos vinieron a comer. No más entraron y le dijeron:

—¡Qué buena comida hicites, hermanita! ¿Onde hallates cebolla y culantro?

—Si atrás de la casa está una hortaliza tan linda.

Se sentaron a comer. Al mismo tiempo agarraron ellos su bocado y comieron y se voliveron unos bueyecitos. Se puso ella a llorar y vino y tiró la comida y se fué a cuidar sus bueyecitos. Todos los días salía con ellos a que comieran zacatito de la ciénega.

Pasando algunos días estaba ella cuidando sus bueyecitos cuando pasó el rey que iba para la suidad con uno de sus criados, y el rey hacía algún tiempo que estaba viudo. Le mandó a su criado que parara su coche onde iban. Ya le habló a la niña y le dijo que se casara con él.

—No, señor —le dijo ella—. No puedo; tengo mis bueyecitos y tengo que cuidarlos porque son mis hermanitos y tengo que trairlos que coman zacatito de la ciénega y beban agua de la noria.

—Mira —le dijo el rey—, si te casas conmigo, te prometo que

busco un hortelanito que los cuide y te doy un cuarto para que duerman.

—Está bien, si así es, sí me caso con usted.

Se volvió el rey, fué y trujo un hortelanito para que se llevara los bueyecitos, y fué el rey y se casó con la muchachita. Pasaron una vida muy contentos. El rey tenía dos criadas que hacían todo el trabajo. La reina tenía un niño muy hermoso. Se llegó el tiempo que el rey tenía que irse para campaña y que les encargaba a la reina que no fueran a dejarla hacer ningún trabajo. Pues se fué el rey para campaña.

Pasaba un riyito cerca del palacio y un día que estaba la reina peinándose, llega la bruja que tenía que llevar la agua de allí y vido a la reina que estaba peinándose. La vido la bruja y dijo que le tirara un cabello para poder subir a peinarla pero la reina no quiso. Se descuidó la reina y cayó un cabello para abajo y sube la vieja bruja y se puso a peinar a la reina. Cuando la estaba peinando, clávale un alfiler en la mollera y vuélvese la reina una palomita. Se apió la vieja bruja con el niño y se tapó la cara y entró que así temblaba y las criadas se asustaron mucho y le preguntaron a la reina que si qué tenía. Y era la vieja bruja y les dijo que no sabía, que se había enfermado y que quería que le pusieran la cama.

Al día siguiente llegó el rey. Salieron las criadas a toparlo con el niño y le contaron que la reina se había enfermado muy redepente y no quería que entraran onde ella estaba. El rey se sintió muy triste.

El hortelanito, que todos los días salía a cuidar sus bueyecitos, salió con ellos. Llegó al lugar donde siempre iba a cuidarlos. El hortelanito se sentó abajo la sombra de un árbol y llegó una palomita y le dijo:

—Hortelanito del rey, mi señor, ¿qué hace el rey y la reina mora?

—El rey no hace nada y la reina en su recámara mala.

—Y ¿mis bueyecitos?

—Comen zacatito de la ciénega y beben agua de la noria.

—Y ¿el niño? —le dijo la palomita.

—Gime y llora —le dijo el hortelanito.

—Déjalo que gima y llore que así anda su madre en el campo sola.

Y se fué la palomita. Vino el hortelanito y recogió sus bueyecitos y se fué pal palacio.

Les dijo el hortelanito a las criadas lo que le había pasado.

Otro día luego que el hortelanito se fué con sus bueyecitos, salió una de las criadas a donde estaba el rey y le contó lo que le había sucedido al hortelanito.

Bien, el rey todo el día estuvo muy apensionado. Cuando vido el rey que iba el hortelanito, salió a toparlo. Ya le preguntó si era verdad lo que la criada le había dicho y le dijo el hortelanito que sí. Entonces le prometió el rey un talegón de dinero y su libertad si le traiba esa palomita. El hortelano dijo que iba a hacer todo lo posible para traerla.

Vino el hortelanito y se puso a componer una trampa y otro día en la mañana se levantó el hortelanito y se fué con sus bueyecitos. Llegó la palomita y se paró en la trampa y le hizo las mismas preguntas del día antes. La palomita que fué a volar y no pudo. Se paró el hortelanito y la agarró y recogió sus bueyecitos y se fué para el palacio.

Salió el rey y las criadas a toparlo y vino el rey y agarró la palomita en sus brazos y se fueron para el palacio. Entró el rey con la palomita onde estaba la vieja, se sentó y comenzó a llorar el rey y a alisarla. Le dijo la vieja:

—Dame ese pichoncito, que me lo quiero comer.

—No —le dijo el rey—, éste es para cuidarlo bien.

Vino el rey y se puso a alisarla y alisarla hasta que incontró un alfiler en su cabeza de la palomita. Le sacó el alfiler y se paró la reina y le dijo el rey por qué andaba así. Ella le dijo:

—Esa recamarera que teines ai me trai así.

Luego mandó el rey a sus criados que prendieran las mulas brutas y que hicieran una foguera y sacaran a la vieja. Los criados hicieron lo que el rey les mandó. Entonces los bueyecitos se volvieron otra vez gente y el rey y la reina vivieron muy felices.

180. *Los bueyecitos blancos*

Estos eran unos dos viejos. Tenían dos hijos y una hija no más. Y logo se murió el papá y la mamá y se quedaron ellos los tres solos. La muchachita se quedaba siempre haciéndoles de comer cuando iban por leña. Y tenían ellos un gatito, y antes d' irse por leña le decían a su hermanita:

—Cuidado, hermanita, con el gatito. Dale de comer, no te vaya a miar y apagar la lumbre.

Y un día cuando fueron por leña, se le olvidó a ella darle de comer al gatito y le mió la lumbre. Cuando le mió la lumbre, isque no hallaba la pobrecita cómo hacer. Vivía una vecina junto de ella, y era una vieja bruja. Ya isque fué la hermanita a donde estaba su hija de ella y isque le dijo que le diera lumbre pero la hija de la bruja le dijo:

—No te puedo dar. Oh, entra tú. Ai está mamá dormida. Si está con los ojos abiertos, está dormida y si está con los ojos cerrados, está recordada.

Cuando ya salió la puerta, se levantó la vieja y salió tras de ella y le gritaba que la esperara. Pero la pobre niña le tenía miedo, y de una vez se fué corriendo para su casa, y la vieja tras de ella. No más llegó allá y se embocó y atrancó su puerta y no quiso abrirle a la vieja. Logo que ya se aburrió la vieja, isque se mió la vieja en redondo de la casa y logo se fué. Y logo isque salió la muchachita y isque anduvo en redondo de la casa, y cuando salió, halló muchas coles y se puso ella a cortar coles y las puso a cocer para cuando sus hermanitos vinieran con leña.

Cuando llegaron sus hermanitos, les puso la mesa y comieron y no más acabaron de comer y se volvieron bueyecitos. Logo que ya eran bueyecitos sus hermanitos, se fué con ellos a pastiarlos. De ai todos los días salía con sus bueyecitos a pastiarlos a donde había zacatito.

Un rey, que la ve, se enamora de ella y se casa con ella. Estando el rey en la guerra, viene un día la vieja bruja por agua. La princesa se estaba peinando en el balcón y vió la bruja la imagen de la reina en el agua y creyó que era ella misma y dijo:

—Yo, tan linda y tan bella, quiebro mi encanto y voyme pa mi casa.

Y quebró la tinaja. Y la bruja ésta era tan fea porque estaba hasta tuerta. Y uno de los días que vino isque alzó la cabeza pa arriba y isque estaba la muchacha peinándose afuera. Isque le dijo:

—Tírame un cabello.

Y subió la vieja en el cabello. Logo que subió, isque le dijo:

—Yo te peinaré, nietecita. ¡Va qué cabello tan lindo! Yo te peinaré.

Cuando estaba peinándola isque le clavó un alfiler en la mollera y logo se volvió una paloma blanca tan linda, y ella, la vieja, tapó las ventanas y fué y se acostó con el niño.

Un día salió una de las sirvientas afuera y se paró la palomita en un álamo y isque decía:

—El niño gime y llora y su madre en los campos; mis bueyecitos comen zacatito y beben agua del ojito.

En estos días llegó el rey. Isque le contó una de las criadas de esta palomita. Ya mandó el rey que la pescaran.

Cuando la agarraron, isque se puso el rey a alisar a la palomita y logo cuando la estaba alisando le halló un alfiler y fue a quitarle el alfiler y no más se lo quitó y se volvió su mujer. De una vez llamó a sus criadas para que destaparan las ventanas. Les decía la vieja:

—No destapen las ventanas porque tengo mucho dolor de cabeza.

Pero las criadas las destaparon. Ya los criados todos estaban listos para sacarla. Ya tenían un caballo listo para amarrarla pa que la matara. No más fué todo que la agarraron, y se la prendieron al caballo pa que la matara. Mientras que anduvo el caballo con ella, ya tenían un pilón de leña verde pa quemarla.

181. *Los bueyecitos*[54]

Esta era una mujer que tenía muchos hijos, hombres, y cada vez que nacía uno, decían sus hermanitos que ojalá y fuera hermanita. Pero era hombre, hasta que fueron siete. Estaba la mujer esperando otro, y dijeron ellos que ya ellos s' iban porque quién sabe si no tendría una hermanita. Y le encargaron a la cocinera que en cierto lugar iban a venir ellos a tener razón qué era lo que su mamá tenía.

—Si es hombre nos pones la montura, y si es mujer, nos pones el canasto con el dedal y la aguja para venirnos.

Nació una muchachita muy linda y del gusto que era mujer, se le olvidó a la cocinera poner el canastito y puso la montura. Vino uno de ellos a dar vuelta y viendo que estaba la montura, fué y les dijo a sus hermanos que era hombre. Se fueron y se pusieron a trabajar. Y siempre andaban juntos.

Esta niña creció hasta que tuvo trece años. Un día se puso a coser en la puerta y fué ella a atizar la comida. Vino una urraca y le robó el canastito con su costura. Salió ella buscando su costura y ya vió que la llevaba una urraca. Empezó a correr detrás de la urraca y la siguió hasta muy tarde que ya le dejó la urraca la costura. La tomó en la mano y la urraca se desapareció. Allí se quedó esa noche, que no hallaba ni camino para volverse pa atrás.

Pero otro día siguió para adelante, cuando vió salir humo de una casa. Ya se fué pa allá. Llegó a la casa. No vivía allí nadien. Estaba una olla con comida cociendo. Vino ella barrió la casa, atizó la comida y preparó la comida para medio día. Cuando vió ir dos jóvenes, estaba un cuero detrás de la puerta y allí se escondió para ver qué platicaban. Eran dos de sus hermanos. Los otros cinco llegaron después. Estos, cuando entraron, vieron que la comida estaba lista, la casa barrida y no sabían cómo estaba todo arreglado. Llegaron sus otros hermanos y empezaron a buscar por dondequiera a ver si había alguien, pero no pudieron hallarla. Comieron y se fueron, salió ella, estuvo lavando los trastes y arregló la cena por la noche. Cuando vinieron los hermanos, hallaron la cena lista. Ellos no sabían qué pensar, pero que cenaron y se pusieron a buscar en toda la casa a ver quién estaba allí. Uno de ellos levantó el cuero y la halló. Todos se querían casar con ella. Entonces dijeron ellos:

—Pues que lo decida ella y todos quedamos conformes.

—Pues si han de quedar conformes con lo que yo diga, yo les diré cómo podemos hacer. Vámonos haciendo hermanitos. Traigan un vaso y una abuja. Hora nos picamos una vena todos y echamos la sangre en el caso y la revolvemos bien y bebemos todos de la sangre y así quedamos todos hechos hermanitos. Todos acetaron lo que ella dijo. Bebieron sangre del vaso y quedaron hechos hermanitos. Le encargaron otro día cuando s' iban a trabajar:

—Mira, hermanita, de todo lo que tú comas dale al gato para que no te apague la lumbre. Mira que estás en el disierto.

Un día, se le olvidó darle de comer al gato primero y le apagó la lumbre. Entonces consigue lumbre en casa de una bruja. Esta embruja a los siete hermanitos convirtiéndolos en bueyes. Mientras la niña los está cuidando, la ve el rey, se enamora de ella y por fin se casa con ella. El rey se va a la guerra. Un día logra entrar la bruja a donde está la reina y le clava un alfiler y la convierte en una tortolita.

Luego se metió al cuarto y tapó las ventanas y se metió a la cama, agarrando al niño de la reina para darle de mamar y el niño lloraba y ella cuidaba de él pero no lo podía hacer callar. Cuando llegó el rey le dijo que tenía muy fuerte jaqueca. Vino el rey, tomó al niño un rato y luego se lo dió y se salió él para afuera. Ya le habló ella:

—¡Mira! ¿Por qué no matas uno de los bueyecitos? Con un caldito se me quita este dolor de cabeza.

—No, estos bueyecitos no se matan.

Cuando estaba allí el rey, llegó la tortolita y se paró enfrente del rey.

—Uh, uh —decía la tortolita—, la reina en el campo gime y llora, y el niño en la cuna sin su madre sola.

—Mátame esa tortolita —dijo la vieja.

—No, no. Esta tortolita algo dice que quiero entenderle yo.

La tomaron allí y se la dieron al rey y la vieja ensistiendo que la mataran. Pero el rey la agarró y empezó a alisarla y le tentó un bordito en la cabeza y se paró la reina:

—¿Cómo? —le dijo el rey—. ¿Tú hecha tortolita?

—Sí —le dijo ella.

—Pues ¿quién está aquí adentro?

Fueron a ver. Tiraron las cortinas y vieron que era la vieja bruja que estaba con el niño haciéndolo llorar. Entonces le contó la reina al rey que sus hermanitos eran aquellos bueyecitos y que seguro ella los tenía así.

—Anda —le dijo— y vuelve estos bueyecitos a su ser natural.

Luego mandó ella llevarle agua y agarró una bandeja y les fué dando agua a beber y se fueron volviendo hombres como antes. Entonces mandó el rey quemarla a ella. Después que la quemaron, mandó el rey tirar su ceniza a los vientos para que no cundiera la mala seta.

182. *Los siete bueyecitos*[57]

Pues isque éste era un hombre y una mujer y tenían siete hijos, ya grandes. Yendo y viniendo tiempo, la mujer esperaba tener otro niño. Le dijeron sus hijos que cuando naciera el niño, si era hombre, que colgara en la puerta de la casa un arco y una flecha y si era mujer, que colgara el dedal y la abuja. De modo que cuando sus hijos pasaron, vieron el dedal y la abuja y supieron que tenían una hermanita. Estos fueron a verla tan pronto como pudieron y tuvieron mucho gusto.

Después de algún tiempo ya la niña estaba grande. Se murió el hombre y la mujer y quedó la niña sola en la casa. Un día iban los hermanos a su trabajo y llegaron a la casa. Ya hallaron a su hermanita sola. Pensaron mejor llevársela para la suidad donde ellos vivían.

Pues que se la llevaron. En la casa tenían los muchachos un gato que lo habían criado muy consentido. Y le encargaron a la muchachita que de cuanto ella comiera no se le olvidara darle al gato, o si no, le apagaba la lumbre. Pues un día andaba ella comiendo una manzana y el gato tras de ella y olvídasele dale al gato manzana. Pues fué el gato y se mió en la lumbre y se apagó. Cuando fué la muchachita a hacer la comida, ya halló que no había lumbre. Vino y se fué todo un camino hasta que llegó a la casa de una vieja bruja. Allí en el patio andaba una niña jugando y le dijo ella:

Yo ando buscando lumbre. ¿Por qué no me das un tizón de la lumbre de tu casa?

—¡Oh, pelegrinita, si mi mamá te ve, ella es muy mala, te va a comer! Pero yo te diré. Entra para adentro. Si ella tiene los ojos abiertos, es que está dormida, y si los tiene cerrados, es que está recordada. Si está dormida, agarra un tizón y sales juyendo. Si ella te sigue, juye todo lo que puedas; te va a comer. Ella te va a prometer mucho porque te pares pero no te vayas a parar. Juye hasta que llegues a tu casa.

Aquélla hizo lo que la niña le dijo. Vió que la vieja estaba con los ojos abiertos, fué y agarró un tizón y salió. La bruja la siguió pero no pudo alcanzarla. Tan pronto como entró la niña a su casa, atrancó la puerta. Luego que la vieja vido que no podía entrar, vino y anduvo en redondo de la casa y se mió. Luego se fué otra vez.

Un día andaba ella afuera de la casa y vió que había muchas coles. Vino y arrancó y puso a cocer con carne, y les dió a sus hermanitos y se volvieron bueyecitos.

Otro día, muy de mañana, almorzó y se echó sus siete bueyecitos por delante y se fué a un pasteyo del rey. En este pasteyo había un árbol. Abajo del árbol había un ojito con agua. Luego que ella metió sus bueyes al cerco, vino y se subió al árbol. A este ojito iba la vieja por agua y vió dentro del agua la cara de la muchacha y creyó que ella era y dijo:

—Yo, tan linda y tan bella acarriando agua, tiro mi cántaro y voyme a mi casa.

Tiró la vieja tonta el cántaro y se fué. La muchacha se quedó riendo sola. A poco, llegó el pion del rey que cuidaba el cerco y vido los bueyes y a ella la vido arriba del árbol. El pion del rey se fué y le dijo al rey que en el cerco había unos siete bueyes y los estaba cuidando una niña. Ella decía que no los iba a sacar de ai, que ella no los iba a dejar morir de hambre porque él tuviera cerco. Pues otro día fué el rey, se arrimó al árbol y se enamoró de la muchacha y le pidió que se casara con él. Ella consintió. De allí se fueron juntos. El rey y la muchacha se casaron y yendo y viniendo tiempo, la muchacha tuvo un niño. Un día estaba ella allá afuera para que el sol le secara el cabello. A poco que ella estaba allá afuera, llegó la vieja bruja y de aquí le pidió que la dejara subir a espulgarla. Pero la reina le dijo que no tenía piojos.

—Tírame uno de tus cabellos y verás cómo subo para donde tú estás.

La muchacha vino y le tiró un cabello y la vieja bruja subió. Mientras la espulgaba, vino y le clavó un fistol y se volvió la muchacha una paloma y se voló de allí. Pronto rompió la vieja bruja y se metió al cuarto de la muchacha, tapó todas las ventanas y se metió a la cama.

El día siguiente, se le apareció al hortelano del rey en un árbol del jardín una paloma que decía:

—¿Qué hace el rey y la tuerta mora? Y el niño gime y llora como su madre en el campo sola, y los bueyecitos comen zacatito en el pesebre y beben agua de la noria.

Al hortelano le carcomió mucho lo que decía aquella paloma. Se fué el hortelano para donde estaba el rey y le estuvo platicando lo que decía la paloma. Ya le dijo el rey que si le pescaba esa paloma, le daba un talegón de dinero y su libertá.

Otro día puso el hortelano una bola de trementina en el brazo del árbol donde la paloma se paraba. Vino la paloma y paró en la bola de trementina. Cuando quiso volar no pudo hacerlo. Vino el hortelano y la agarró y se la llevó al rey.

Cuando el rey la agarró, la estuvo alisando y la vió la **tuerta** mora, que ya no se podía contener y le dijo al rey:

—Manda que me maten ese pichón, que ya me muero de hambre. Pueda ser que pueda comer.

—Que te maten otro de los que hay. Hay muchos. ¿Para qué queres matar éste, tan bonito?

En fin, el rey, alisando la paloma, encontró el fistol. Lo jaló y se sentó su esposa en sus brazos. La tuerta mora estaba cuidando y no más vió ésto, y quiso salir juyendo, pero la reina dijo:

—Agá;rrenla, que ésa es la que me tenía vuelta paloma y a mis hermanitos, bueyes.

Después que la reina le dijo al rey todo, hicieron a la tuerta mora que volviera gente a los bueyecitos. Mandó el rey que arrimaran mucha leña verde y quemaron a la tuerta mora.

183. La ranita"

Este era un hombre y una mujer muy pobrecitos y tenían tres hijos. Pues un día le dijo el mayor que él quería ir a andar a buscar la vida. Vino la madre y se puso a hacerle bastimento y lo aprevino. Cuando ya estuvo listo, se hincó que le echaran su bendición y les dijo adiós, y se fué en su caballo. Pues caminó tres días. Al cuarto día, como a las once de la mañana, iba muy cansado y se apió de su caballo y quitó la silla de su caballo y lo soltó que comiera y él tendió sus cobijas que llevaba y se acostó. Pues que al rato que estaba acostado, descansando, oyó una voz muy linda y se sentó a ver de dónde venía. Pues que dejó de cantar la voz y entonces le dijo él:

—Si como es la voz es la persona, yo me caso con ella.

—Destiende tu capa para brincar en ella y me verás —dijo la voz.

Y destendió el muchacho su capa y brincó la ranita. Era una princesa que estaba encantada. Pues le dijo la ranita:

—Amárrame las patitas y échame al mar y yo te sacaré de trabajos.

—¡Oh —dijo él—, qué ha de hacer este animal!

La agarró y la tiró y sacudió su capa, ensilló su caballo y se fué.

Al poco tiempo que hacía que éste se había ido, les dijo el segundo a sus padres que él también se iba a buscar su vida. Los padres no querían que fuera, pero él insistió. Pues ya lo aprevinieron sus padres, le echaron la bendición, y se fué.

Caminó, como el primero, tres días. Al cuarto día se apió de su caballo tendió su cobija y se acostó a descansar; cuando oyó, una canción tan linda que se sentó y estuvo mirando para dondequiera pero él no vía ni casa ni se había topado con nadie. Pues logo le dice:

—Si como es la voz es la persona, yo me caso con ella.

—No, luego harás como tu hermano —dijo la ranita—; no más me ves y me tirarás.

—No, yo no te tiro. Dime quién eres y qué quieres.

—Pues destiende tu capa para brincar en ella.

Y destendió él su capa y brincó la ranita y dijo:

—Amárrame las patitas y échame al mar y yo te sacaré de trabajos.

—¡Oh, qué ha de hacer este animal!

La agarró y la tiró y ensilló su caballo y se fué. El mismo camino siguió su hermano. Caminó algunos días y fué a dar a una suidad. Allá encontró a su hermano y se juntaron y no más volvieron a acordarse de sus padres.

Pues yendo y viniendo tiempo, el tercer hijo les dijo también a sus padres que él se quería ir a andar el mundo, a buscar su vida. Los padres no querían que fuera, pues no habían tenido razón de los hijos mayores. Pues ya lo aprevinieron, le echaron la bendición, y les dijo adiós y se fué.

Al cuarto día, a las mismas horas, se apió de su caballo, destendió su cobija y puso a comer su caballo mientras descansaba un rato. Cuando al rato oyó la misma canción que oyeron sus hermanos. Se levantó y le dijo:

—Si como es la voz es la dama, yo me caso con ella.

—Sí —le dijo la voz—, luego harás como tus hermanos cuando ya me veas: me agarrarás y me tirarás.

—No —le dijo—, yo no te tiro. Te doy mi palabra que yo te llevaré conmigo para dondequiera que me vaya.

—Pues tiende tu capa para brincar.

Pronto se puso a tender su capa y brincó y le dijo:

—Hora amárrame las patitas y échame al mar y yo te sacaré de trabajos.

Vino él, sacó su paño y le amarró las patitas y la echó al mar y se volvió a acostar y se durmió y cuando recordó en la tarde, se halló en un palacio en un cuarto tan lindo con criadas y criados. Su caballo muy bien asistido y la ranita en su cuarto también, todo muy bien arreglado. Y entre todos sus criados y criadas había una negra. Esta era la que la ranita le tenía más confianza para todo. Pues así estuvieron pasando su tiempo muy a gusto y muy contentos. Con el tiempo le dijo un día la ranita al muchacho:

—Voy a aprevinirte para que vayas a convidar a tus hermanos que viven en la suidad para que vayan a ver a tus padres.

Pues le sacó a la negra una mula y le dijo a la negra:

—Negra, súbete en tu mula y vete para la suidad y diles a los hermanos de tu amo que si cuándo quieren ir a ver a sus padres, para aprevenir a tu amo.

Pues se subió la negra en su mula y se fué. Ya los halló y les contó todo, con quién estaba casado su amo. Y que le dijeron sus hermanos:

—¡Qué ha de aprevenir ese animal! Nosotros sí vamos a ver a mi padre y a mi madre.

Se despidió la negra y se fué. Ya llegó y le dijo a la ranita lo que habían dicho aquéllos.

Pues cuando ya se estaba acercando el tiempo, le dijo la ranita a su marido:

—Amárrame las patitas y échame al mar.

Ya vino él y la amarró y la echó al mar en la tarde. Salió y le sacó una carretela tan linda y un tiro de caballos alazanes que cuando iban caminando, que les daba el sol, parecían que el pelo era de oro y así relumbraba, tan lindos animales, tan entendidos que no más hablar les faltaba, unas guarniciones con las hebillas de oro. ¡Qué tal serían!

Pues otro día muy de mañana aquí vienen aquéllos a caballo muy aprevenidos. Ya llegó uno de ellos a convidar a su hermano. Pues ya le dice la ranita a un criado que saliera y le dijera al hermano de su amo que se fueran caminando, que su amo no salía hasta otro día, que los alcanzaría en el camino. Pues se fué aquél.

Otro día en la mañana salieron el amo con un criado y ya tarde, para llegar a case sus padres, los alcanzó y llegaron juntos a su casa. ¡Oh, tan contentos aquellos pobres viejitos! El viejito salió a pasiarlo su hijo en carretela, y sus hermanos se quedaron en la casa con su madre y les preguntó:

—¿Cómo es, hijos, que su hermanito menor que ustedes encontró tan buena suerte?

—¡Qué buena suerte ha de tener! —le dijeron ellos—. Si está casado con un animal. Si a nosotros nos salió ese animal en el camino cuando íbamos pero no quisimos ni verla.

Bien, se estuvieron tres días. Cuando ya se iban a ir, le dió la viejita un paño para que le bordaran a cada uno para ver acuál de sus nueras era más curiosa. El viejito les pidió que trujieran a sus mujeres para conocerlas. Y se rieron aquéllos. Le dijeron los hermanos.

—Nosotros, sí, padre, trairemos a las mujeres de nosotros. ¡Quién sabe éste si podrá trair a la de él.

Aquél no dijo nada. Pues ya salieron y dijeron adiós. Caminaron todo el día. Pues ya tarde llegó el hermano menor a su casa y se apió él y le entregó a la ranita la cajita con el paño que le mandó su madre y le dijo:

—Aquí te mandó mi madre para que le bordes este paño y cuando vuélvanos a ir a verlos, lo tengo que llevar. Ella quiere ver acuál de las tres hijas es más curiosa.

Ya le dijo la ranita a la criada que cortara aquel paño y lo tirara al campo. El muchacho no quería que hiciera eso pero se fué la negra y cortó y tiró el paño al campo.

Pues así fué pasando el tiempo. Cuando ya faltaba poco para el año que habían ido a ver a sus padres, le mandó la ranita a la criada:

—Negra, sube en la mula y vas a la suidad. Te han de salir mis cuñadas, las envidiosas, y te preguntarán para dónde vas. Les dices que vas para la suidad a trairle a tu ama media libra de lana negra, media de lana verde, media de lana colorada y media de lana amarilla para que borde el paño que mandó la madre de tu amo.

Subió la criada en su mula y se fué para la suidad. Cuando va pasando la criada, le salen las cuñadas y le dicen:

—¡Epa, negra, manita! ¿Para dónde vas?

—Voy para la suidad a trair a mi ama lana para que borde el paño de su madre de mi amo, que lo quiere bordar antes que se llegue el tiempo que tenga que ir a ver a sus padres.

Pues de allí se volvió la criada para el palacio. No fué a comprar nada. Pues ya vinieron las cuñadas y fueron y compraron lana verde y colorada, amarilla, negra, de todos colores para bordarlos más bonitos ellas.

Pues la víspera que habían de salir, le dijo la ranita que le amarrara las patitas y la echara al mar. Ya vino él y la amarró y fué y la echó al mar. Luego en la tarde salió. Le trujo vestidos para él, para su padre y para su madre y comidas de las más exquisitas que pueda haber y un paño de pura seda bordao tan lindo y tan fino que se podía guardar en una cáscara de huevo de fino que estaba.

Pues que otro día viineron los hermanos a caballo. Le gritaron del camino y les dijo él que se fueran, que él salía más tarde. Otro día en la mañana salió aquél con un criado en otra carretela nueva. Pues ya para llegar a case sus padres, salieron los viejitos a toparlos tan contentos. Pues los viejecitos estaban muy aprevenidos y tenían un banquete puesto para sus hijos. Cuando ya estaba toda la gente convidada junta, sacaron aquéllos sus paños de sus sacos. Parecían unos subaderos con aquellos bordes tan toscos de lana. Pero los tomó la viejita y anduvo enseñándoles a sus vecinas sus paños. Algunos le decían que estaban bonitos pero otras se reían de aquéllos tan toscos. Luego le dijo la viejita al hijo menor:

—A ver el que le mandé a mi hijita.

Los hermanos se rieron porque pensaban que no traía nada. Ya sacó él una cajita muy chiquita y le entregó a su madre. Y fué sacando aquel paño tan lindo que toda la gente quería verlo al mismo tiempo. ¡Oh, y la viejita muy contenta! Y les entregó todos los presentes y cariños que les mandó su mujer a los viejitos. Los hermanos no dijeron nada y se avergonzaron mucho. Pues se estuvieron tres días, cuando ya les dijeron que se iban ir, les dijo la viejita:

—Pues hora les voy a mandar a mis hijas a cada una un pajarito para que lo críen y al año que viene lo train a ver acuál de mis hijitas es más cuidadosa.

Bien, se los dió separado. Pues hicieron su viaje y dijeron adiós y se fueron. Cuando ya caminaron un rato del día, le dijeron los hermanos al menor:

—¡Ay! Y ¿cómo irá a hacer tu mujer para criar ese pájaro a mi madre? ¿Qué puede hacer un animal con otro animal?

Aquél se entristeció y no halló qué decirle. Pero que se fueron. Cuando llegó a su casa, le entregó el pájaro a la ranita y le dijo lo que pedía su mamá. Entonces la ranita hizo que soltaran al pájaro.

Cuando ya faltaba un poco de tiempo para ir a ver a sus padres, le dijo la ranita a la criada:

—Negra, sube en tu mula y anda a la suidá. Te han de salir mis cuñadas, las envidiosas, y te preguntarán para dónde vas. Diles que vas para el río a buscar corchos y jara para hacerle una jaula al pájaro que mandó la madre de tu amo.

Pues así lo hizo la criada. Pronto se fueron las cuñadas y sus maridos y cortaron encino y jara y corcho en un carro. Parecía que llevaban leña. Y se pusieron a hacer sus jaulas y las amarraron con cordones de cuero.

Unos días antes que vinieran los hermanos le dijo la ranita que le amarrara las patitas y la echara al mar. Otro día salió de allá. Le traía cosas tan preciosas y una jaula de puro oro y un pajarito de cuantos colores hay en el mundo y tan cantador que no sestiaba de cantar. Pues que en unos días aquí vienen los hermanos en un carrito con una cobija para que no se asolearan los pájaros que ellos llevaban. Pues llégaron. No más le gritaron que ya iban esperándolo en el camino. Pues otro día salió aquél y cuando ya estaban para llegar, los alcanzó. Cuando ya llegaron, fueron ellos y apearon sus jaulas tan grandes y tan feas y los pobres animalitos estaban muertos. Pues ya mandó la madre de ellos que fueran y las tiraran. Entonces le pidió al menor el de él. Pues ya entró el criado con la jaulita en la mano y destapó el pajarito. Pues dijo la madre: t

—Pues parece que la esposa de mi hijito es la más curiosa.

Pues se estuvieron tres días. Cuando ya les dijeron que se iban, ya vino la viejita y les dijo:

—Bien, pues ahora les voy a mandar a mis hijitas a cada una de ellas un perrito para ver qué tal es la mejor para enseñar estos perritos.

Dijeron adiós y partieron para sus lugares. ¡Oh, pronto se despidió el hermano de los otros dos y se fué muy adelante! Cuando llegó le dió el perrito a la ranita.

Ya le dijo ella a la criada que lo llevara a los corrales para que lo criara allá fuera. Bien, agarró aquélla el perrito y lo llevó allá fuera.

Cuando ya faltaba poco tiempo para que fueran a ver a sus padres, llamó la ranita a la criada y le dijo:

—Negra, súbete en tu mula y vas a la suidad. Te han de salir mis cuñadas, las envidiosas, y te han de preguntar para dónde vas. Diles que vas a ver al herrero que me haga un collar de cuero y una cadena de puro fierro para el perro que le criamos a su madre de tu amo. Pero de allí mismo te vienes y ven presto.

Pues así lo hizo la criada. Bien, las cuñadas fueron y les ordenaron que les hicieran collares de cuero y unas cadenas de fierro para los perros que criaron ellas.

Cuando ya era tiempo de que fueran los tres hermanos a ver a sus padres echó aquél un perrito muy lindo con collar de plata con una cadenita de oro.

Pues llegaron a la casa de sus padres. Otro día en la mañana salieron los viejitos a ver los perros. Unos perros tan feos y tan bravos. Y fué el viejito a agarrar uno de ellos y muérdelos. Pues ya mandó la viejita que llevaran los perros al corral, que cuidaran los animales. Ya vino el marido de la ranita y apió el perrito que él traía. De una vez saltó aquel animalito tan bonito. Bien, pues la viejita quedó muy contenta. Después les dijeron sus padres que trajeran a sus mujeres para conocerlas. Pues ya les dijeron adiós a sus padres y se fueron.

En la tarde, ya tarde, llegó a su casa muy triste. Ya pegó la ranita un salto a la puerta y le pregunta por qué viene tan triste.

—¡Ay, hija de mi alma! ¿Cómo no he de venir? Pues si mis padres quieren conocerte cuando vuélvanos a ir a verlos y yo no quisiera llevarte, tan lejos que viven, para que no te maltrates en el camino.

—¡Oh —le dijo la ranita—, es lo menos de mi cuidado!

Cuando ya faltaban unos días, le dijo la ranita a la criada:

—Negra, súbete en tu mula y anda a la suidad. Te han de salir mis cuñadas, las envidiosas. Te han de preguntar que si para dónde vas. Diles tú que vas a trairme cal para lavarme la cabeza porque me estoy apreviniendo, que vamos a ver a sus padres de tu amo.

Bueno, pues se subió aquélla en su mula y se fué para la suidad y hizo lo que le mandó la ranita.

Pues que otro día fué el marido de la ranita a la casa de sus hermanos, y cuando llegó van saliendo las cuñadas. Y se habían lavado la cabeza con agua de cal y se les había caido todo el cabello y estaban bien pelonas como la palma de la mano, tan feas y abortas que no pudo menos que darle risa de verlas tan pelonas, pero muy gentes con su hermano.

Pues unos dos o tres días antes de ir a ver a los padres, le dijo la ranita que le amarrara las patitas y la echara al mar. Pues ya vino y la echó. De allá sacó ella tres carretelas, con un tiro de caballos prietos y otra con un tiro de caballos blancos y otra con un tiro de caballos alazanes de lo más bonito que se pueda ver y ropa tan fina y linda, cuellos y soguillas de oro y collares de perlas de las más finas que puede haber. Pues la víspera que habían de salir, volvió a mandar que le amarrara las patitas y la echara al mar. Esto fué en la mañana muy de mañana. Ya vino él y la amarró y fué y la echó al mar. Ya muy tarde, a la metida del sol, salió una princesa tan linda, tan afable, tan cariñosa, tan blanca, su cabello parecía seda de fino y su color que le encntaba. Pues otro día, muy de mañana, mandó al criado que había ido antes con su amo a ver a sus padres:

—Anda, vete adelante y dile a sus padres de tu amo que nos esperen y que pongan unos ganchos en la puerta por donde vamos entrar cuando lléguemos.

Cuando se llegó el día de hacer el viaje, pasaron los hermanos por donde vivía el hermano menor, pero no se detuvieron. Al día siguiente salieron el hermano menor y su mujer en su carretela con el tiro de caballos blancos y los criados y las criadas en las otras carretelas. Pues que en la tarde, cuando ya llegaron, cuando fueron a entrar, entraron los dos hermanos y sus mujeres y en los ganchos se quedaron sus rebozos que traían las cuñadas y van quedando con aquellas güejas como unas calaveras que hasta miedo daba verlas. Y luego entró el hermano menor y la ranita pero cuando le quitó el gancho el rebozo que ella traía, parecía que hasta luz daba aquella sala.

Pues pasaron el banquete y de ai pasaron a la mesa de la comida y se sentaron y los tres hijos y sus mujeres se sentaron juntos y empezó la ranita a hacer que juntaba huesos en las bolsas. Ellas sí estaban juntando todos los huesos que podían. Y luego le preguntaron que si qué iba a hacer ella con sus huesos y les dijo:

—Cuando ya éntremos al baile, que empiécenos a bailar, con las dos manos tiramos los huesos para los lados.

Y salieron de la sala donde cenaron y se fueron a la sala del baile y empieza la princesa a tirar dinero con las dos manos y la gente a pepenar, y empiezan aquéllas a tirar para dondequiera, pero al fin que se les acabaron los huesos.

Pues siguieron celebrando con bailes y brindes por tres días.

184. La ranita[57]

Este era un rey y una reina y tenían tres hijos. Yendo y viniendo tiempo, los dos hermanos mayores pensaron irse para otra suidad. Los dos hermanitos se fueron, y por la tarde, cuando el otro hermano menor vino a casa, dijo que él también se iba. En seguida tomó el camino que sus hermanos habían tomado. Por la tarde los alcanzó descansando bajo un árbol. Sus hermanos, al verlo, tuvieron mucho gusto y lo convidaron para que se fueran con ellos. Arriba del árbol cantaba una ranita y los hermanos para dondequiera vian a ver dónde cantaba. Por fin vieron que arriba del árbol cantaba. Cuando la vieron, la ranita les dice:

—El que me ponga su sombrero para caer yo en él, me caso con él.

—Y ¿quién va a agarrar ese animal? —dicen los dos hermanos mayores.

Entonces el joven menor le puso su sombrero y saltó la ranita para adentro del sombrero. El joven la tomó y la puso a la bolsa.

El día siguiente siguen su camino para la suidad donde iban a parar. Afuera de la suidad había una casa despoblada, y dice el joven de la ranita que él se quedaba allí. Los otros hermanos siguieron su camino para la suidad.

Pasado tiempo los dos hermanos se casaron y pensaron ir a ver a sus padres. Entonces fueron a la casa despoblada a convidar a su hermanito. Este no sabía si ir o no ir. Entonces dicen los otros hermanos:

—¡Cuándo va! Toma estar encantado con esa rana.

Se llegó el día que habían de ir a ver a sus padres. Los dos hermanos mayores ensillaron sus burritos y se fueron. El otro joven muy triste de ver que él no podía ir a ver a sus padres. Sale la ranita y le dice:

—¿Para qué estás tan triste? Mariquilla, ven acá. Ve a la mar y dile a la serena que me mande un caballo y un vestido para tu señor amito para que vaya a ver a señor y a señora.

Pronto vino Mariquilla con el caballo. Montó el joven en el caballo y se fué. Allá, llegando a la suidad donde sus padres vivían, lo alcanzaron a ver sus hermanos.

—¡Mira, allá viene! ¡Qué caballo tan hermoso trai! Seguro se lo robó.

Llegaron a casa de sus padres y los recibieron con mucho gusto.

Después de unos días, pensaron regresar para sus casas. Cuando se despidieron de los padres dijo la madre que le trujieran unos paños finos, bordados por mano de sus mujeres. Quería ver cuál de sus nueras era la más curiosa.

Se volvieron los tres hermanos para su casa. Cuando supo la rana que ya venía salió la rana brinco y brinco a topar a su amo. El, con mucha paciencia, se apió y la agarró en brazos.

Poco tiempo después, se ofreció ir otra vez a ver a sus padres, y los dos hermanos lo volvieron a convidar. El dijo que no pensaba ir.

—¡Cuándo va a ir! —dicen los hermanos—. Sólo piensa en su rana. Y otra cosa, tú sabes el encargo que nos dió mi madre. ¿Qué puede hacer esa rana?

Llamó la rana a Mariquilla y le dice:

—Mariquilla, ve a la plaza y si te preguntan mis cuñadas para dónde vas, diles que vas a la plaza a comprar medio de lana y medio de guangoche para que haga tu señora amita un paño para señor y otro para señora para cuando vaya tu señor amito a ver a sus padres se los lleve.

Dicen las dos cuñadas a Mariquilla:

—Oh, dile a la rana que si ella compra de a medio, nosotros vamos a comprar de a arrobas!

De allí se arrendó Mariquilla y las dos cuñadas se fueron a la plaza a comprar lana y guangoche para bordar los paños. Cuando ya los paños estaban listos, les dijeron a sus esposos y ellos hicieron viaje a ver a sus padres. Entonces la ranita le dice a la criada:

—Mariquilla, ven acá. Anda a la mar y dile a la serena que me mande dos paños de los más finos que tenga, uno para señor y otro para señora, y un caballo y un vestido de los mejores que tenga para que vaya tu señor amito a ver a señor y a señora.

Se fué Mariquilla. Pronto volvió con todo.

Pasaron los dos hermanos en sus burritos y poco después salió el joven en su caballo. Cuando llegaron a casa de su padre le entregaron los dos mayores a su madre los pañuelos que había ordenado. Cuando la reina los vido, dijo:

—¿Qué es esto? Estos son subaderos para los caballos. Llévenlos para el corral.

Entonces le presentó el joven a su madre los paños que le habían encargado. Cuando los vió la reina, dice:

—Estos son señas que tu mujer sabe hacer las cosas bien hechas.

—¿De dónde se robaría esos paños? —dicen los otros dos hermanos—. Ai verás como a nosotros nos van a arrestar cuando vuélvamos a la suidad a causa de este ladrón. Ahora sí no lo llevamos con nosotros y lo matamos en el camino.

Pasados pocos días de estar con sus padres, convidaron a su hermanito para que fueran con ellos, y él dice que piensa estarse con su padre y su madre. Se fueron aquéllos y poco después también el joven se fué.

Cuando llegó a su casa, le dijo a la rana:

—Mi madre nos encargó a mí y a mis hermanos que cuando volviéramos a ir a verlos que les lleváramos un vestido cada uno hecho por mano de nuestras mujeres.

Al poco tiempo la rana le dijo a la criada:

—Mariquilla, ven acá. Ve a la plaza. Si te preguntan mis cuñadas para dónde vas, diles que vas a comprar medio de lana y medio de guangoche para que haga tu señora amita un vestido para señor y otro para señora para cuando vaya tu señor amito a verlos, les lleve.

Cuando ya las cuñadas vieron ir a Mariquilla, salieron al camino a preguntarle para dónde iba. Entonces les dijo lo que le encargó la ranita.

—Dile a la ranita que si ella compra de a medio, nosotros vamos a comprar de a arrobas.

De allí se arrendó Mariquilla, y las cuñadas se fueron para la plaza a comprar lana y guangoche para hacer los vestidos. Cuando ya los vestidos estaban listos, les dijeron a sus esposos y ellos en seguida hicieron viaje a ver a su padre y a su madre y a llevarles los vestidos. Cuando pasaron, convidaron a su hermanito. El les dijo que iba a ir. Poco que habían pasado, llamó la ranita a Mariquilla:

—Mariquilla, ve a la mar y dile a la serena que me mande un caballo de los más hermosos que tenga, y un vestido para señor y otro para señora de los más finos que haiga, para que vaya tu señor amito a ver a su padre y a su madre.

Pronto volvió Mariquilla y se fué el joven. Cuando llegaron, sus padres se alegraron mucho al ver a sus hijos. Cuando ya todos estaban juntos, los dos hermanos presentaron a sus padres los vestidos que sus mujeres habían hecho. La reina, al verlos, dijo:

—Pero ¿qué es esto? Estos son subaderos buenos para los caballos.

Los dos jóvenes se sintieron muy tristes. Poco después, el otro joven presentó los vestidos que él traía para sus padres. Cuando la reina los vido, dijo:

—Estas son señoras mujeres que saben hacer las cosas.

Pasados algunos días, los jóvenes pensaron regresar a sus casas y le dicen a su madre:

—Está bien —les dice su madre—, ahora el último favor que yo les pido es que, cuando vuelvan a venir, traigan a sus esposas para cnocerlas.

Pues fueron a su casa.

Cuando ya estaba cerca el tiempo en que había d' ir a ver a sus padres, un día dijo la rana a Mariquilla:

—Mariquilla, ven acá. Anda a la plaza y, si mis cuñadas te preguntan para dónde vas, diles que vas a comprar medio de azufre y medio de cal para que se lave tu señora amita la cabeza para que se le componga el pelo para cuando vaya a ver a señora y a señor.

Así lo hizo Mariquita. Y las cuñadas se fueron para la plaza a comprar azufre y cal. Vinieron y se lavaron la cabeza con azufre y cal y se les cayó el pelo.

Cuando se llegó el día para ir a ver a sus padres, los jóvenes tuvieron que comprarles a sus esposas pelucas. El día antes de que habían de ir, le mandó a decir la ranita al rey que pusiera unos ganchos en la puerta que entraba para el salón donde iban a recebirlas. Hecho esto, la ranita convidó al joven y a Mariquilla para ir a pasear así a la orilla del mar. Cuando llegaron a la orilla del mar donde estaba más hondo, le dice la ranita al joven y a Mariquilla:

—Ahora me agarran de una patita y me tiran tan lejos como puedan para adentro del agua.

Aquéllos no querían hacerlo pero en fin la tiraron. A poco salió una princesa de las más hermosas que había en el país. De allí se fueron los tres en un coche tan hermoso. A poco pasaron los otros hermanos con sus mujeres, y unos güeyes tan espantosos y tan malos que para donde quiera saltaban las pobres mujeres. Cuando ya la rana conoció de que ya ellos estaban para llegar a la suidad, le dice al joven:

—Ya es bueno salir nosotros para llegar poco atrás de tus hermanos.

El rey había envitado a toda la gente de su reinado y reyes y vice reyes de otras suidades para que fueran a celebrar la gran boda. Cuando llegaron los jóvenes con sus esposas y aquellos güeyes que para acá corren y para allá corren, la gente no hallaba dónde esconderse. En fin, los criados del rey los detuvieron. A poco ya vieron venir un coche tan hermoso que nunca habían visto. Fué llegando aquel coche que portaba a la princesa y al otro hijo del rey.

Cuando ya estuvo toda la gente arreglada y hecha una calle derecho al salón donde habían de entrar, marcharon los jóvenes y sus esposas, de mayor a menor. Al entrar la puerta del salón, estaban los ganchos que el rey había puesto. Cuando entró la primera, le arrebató un gancho el sombrero con la peluca, y en seguida a la otra. Quedaron las pobres pelonas, que causó una risión grandísima a toda la gente. La princesa entró y le arrebató otro gancho el sombrero, y entraron a un fiestín tan grande, y en otro cuarto estaban los banquetes. La princesa hacía que se echaba saleros y otras cosas en el seno y las pelonas sí se echaban de todo lo que había en la mesa. Después pasaron al baile y cuando andaban bailando, andaban saltando de las pelonas los saleros y cosas que se echaban al seno, y le pegó a mucha de la gente, y de la princesa saltaban flores. Para dondequiera andaba la gente juntando flores. Después de haber estado con sus padres los jóvenes, pensaron regresar a sus casas. Cuando se iban, les dijo su padre:

—Ahora, para tal día me esperan a mí y a su madre para ir a pagarles su visita.

Cuando ya estaba para llegarse el día en que esperaban a sus padres, llamó la ranita a Mariquilla y le dice:

—Mariquilla, anda a la plaza y si te preguntan mis cuñadas para dónde vas, diles que vas a trai medio de harina de maiz y medio de harina enraizada para que haga tu señora amita panochitas para darle a señor y a señora cuando vengan.

Mariquilla obedeció y se volvió Mariquilla para su casa y las pelonas se fueron pa la plaza a traer harina de maiz y harina enraizada y hicieron las panochitas para el día que habían de llegar señor y señora. El día en que llegaron señor y señora, llegaron en casa del joven mayor y en seguida en casa del del medio. Los pobres viejos, después que no tenían muelas, las panochitas estaban muy duras. La princesa y su esposo acompañaron a sus padres para en casa de sus hermanos. Antes de irse, la princesa le presentó a Mariquilla tres bolas y le dice:

—Después que vesítemos en casa de los dos hermanos de tu señor amito, vendremos para acá con señor y señora. Cuando ya tú conozcas que ya estamos para venir, quiebras una bola; cuando ya nos veas venir, quiebras las otras dos.

Cuando ya Mariquilla creyó que sería tiempo, quiebró la primera bola y se fué levantando un palacio tan hermoso que ni en la suidad había uno que le comparara. Cuando vió venir los coches, quiebró las otras dos bolas y se puso la banda de música a tocar y al mesmo tiempo se llenó el lugar de sirvientes y en poco estaba la fiesta preparada con las mesas y banquetes con cuanto una persona pudiera desiar. Aquí se acabaron de desengañar los hermanos y las pelonas quién era la ranita.

185. *La ranita encantada*[54]

Este era un hombre y una mujer que tenían tres hijos. Y un día le dijo el mayor a su padre que le echara la bendición, que iba a buscar su vida. Luego el segundo también le dijo que lo bendiciera, que quería irse con su hermano a buscar su vida, a trabajar. El más medianito le dijo también que lo bendiciera para irse a trabajar con sus hermanos. El padre y la madre no querían que fueran, especialmente el chiquito. Pero en fin los bendicieron y les dieron un tanto de dinero a cada uno de ellos y se fueron, dándoles su padre una ruedita a cada uno de ellos, y les ordenó que en donde hubiera tres caminos, echaran a rodar sus rueditas y cada uno siguiera la suya. Que no caminaran más de donde se pararan las rueditas, que ai estaría su fortuna.

Ellos ejecutaron esto cuando salieron de la casa de su padre, echando las rueditas a correr y cada uno tomó su camino. Los dos hermanos mayores les tocó la suerte de llegar al mismo lugar sus rueditas. El menor siguió su ruedita hasta que se le cayó en una laguna. Y como era chiquito, se puso a llorar hasta que salió una mujer y le preguntó por qué lloraba. Le dijo que porque se le había caido su ruedita en el agua y no había modo de sacarla. Lo consoló la mujer, diciéndole que se tapara los ojos, y lo tomó de la mano y lo echó a la laguna. Cuando ya estuvo en la laguna, le dijo que abriera los ojos, que ya estaba en donde estaba su ruedita. Lo metió a un palacio, que él quedó asombrado cuando le enseñó una ranita en un plato, y esta ranita estaba encantada. Le dijo que si se quería casar con ella, y él le respondió que sí.

Sus hermanos vivían muy corta distancia de donde él estaba y se habían casado también con otras mujeres de ese mismo lugar las cuales eran muy envidiosas. Y ellos agarraron el mismo natural de ellas.

Un día lo invitaron sus hermanos para ir a ver a su padre, y la ranita dijo que fuera con sus hermanos. La ranita sacó del mar una cajita ricamente adornada con diamantes, perlas, rubíes y piedras preciosas y se la regaló para que se la regalara a su padre.

Cuando llegaron a la casa de los padres, el padre tuvo muchísimo gusto al ver el presente que su hijo, el menor, le había hecho. Los otros no le llevaron nada. Cuando se iban a venir, les dió su padre un pañuelo a cada uno de ellos, diciéndoles que se los llevaran a sus nueritas para que se los bordaran, a ver cuál de ellas era más curiosa.

Cuando volvió el hermano menor a su casa le entregó el pañuelo a la ranita para que esta lo bordara pero la ranita hizo a la criada quemarlo. La víspera que tenían que salir a ver a su padre, le mandó ella a Calabardina, la criada, ir a la plaza. Pasando por delante de la casa de sus cuñadas, salieron ellas y le preguntaron para dónde iba.

—Voy a traer medio de lana verde, medio de lana amarilla, medio de lana negra y medio de lana de todos colores para bordar el paño del señor pa que esté muy bonito cuando vaya mi señor amito a llevarlo.

—Si tú vas a trai medio de todos colores, nosotros tenemos arrobas, de reburujón, de a bolón y estamos bordando el paño del señor.

Le dijo la víspera de que iban a salir:

—Calabardina, llévame al mar y anda mañana muy de mañana por mí.

Fué Calabardina, trayendo ella una cajita hermosísimamente adornada con un pañito bordadas con lana de todos colores.

Cuando llegaron a la casa de su padre, él recibió aquellos pañuelos porque se los habían llevado. Cuando tomó la cajita de su hijo, el chiquito, la abrió y llevó un gusto terrible.

Entonces les dió un perrito a cada uno para que le criaran sus nueritas.

Cuando llegaron sus hermanos con sus perritos, fueron y trujieron unas cadenas y los amarraron y él llevó el de él y tan pronto como llegó, mandó la ranita matarlo. Aquéllos criaron los perros amarrados, que se hicieron tan bravos que cada vez que pasaba gente, se la querían comer.

Pasó un día Calabardina, saliendo ellas al camino a preguntarle para dónde iba y a qué iba. Y les respondió ella:

Voy a la ciudá a trai medio de maiz quiebrado, medio de harina para engordar el perro del señor, para que esté muy gordo para cuando lo lleve el señor a su padre.

—Pues si tú vas a trai medio de todo, nosotros tenemos en arrobas y estamos engordando los perros pa que estén muy bonitos cuando se los lleven a mi padre.

La ranita, como de costumbre, la víspera la hizo echar al mar y otro día irla a sacar, trayendo un perrito con una cadenita de oro, collarcito y le entregó a su marido, dándole una cajita con bastante dinero para que le llevase también.

Cuando llegaron a la casa de su padre, si no ha sido que su padre tenía allí un asistente, se lo comen los perros. Y mandó pronto echar a aquéllos fuera y encerrarlos en el corral, yendo después su hijo, el menor a entregarlo el de él. Aquel perrito era muy cariñoso con el anciano. Luego les dijo el viejito:

—Lleven ahora estas jaulitas con estos pajaritos para que me los guarden, me los cuiden y me los traigan el día señalado que tienen que venirme a ver.

Llegaron los hermanos envidiosos a sus casas, yendo a traer jaras para hacer unas guacalas pa meter los pajaritos. Su pobre hermano llevó el pajarito que él llevaba. La ranita hizo lo mismo que de costumbre, mandó soltarlo. La víspera que se iban a ver a su padre, hizo lo mismo que siempre. La llevaron al mar y fueron por ella, trayendo una jaulita de oro hermosísima que no había ojos con que verla. Se la entregó, acompañada con una bolsa con dinero. Aquéllos otros pobres salieron triticándose y burlándose de su pobre hermano y con sus guacales cargados con aquéllos pobres pájaros con las cabezas más grandes que una borla y los picos clavados en unas bolas de masa.

Llegando a case su padre, se los entregaron, uno tras el otro, yendo el último siempre atrás. Los recibió su padre cariñosamente como siempre, diciéndoles que era lo último que les iba a mandar, que tenía que hacer una fiesta señalándoles el día y que trajeran a sus mujeres para conocerlas. Se marcharon ellos, siempre burlándose de él.

El día que tenían que ir, pasó la víspera Calabardina para la plaza, saliendo ellas, como de costumbre, a preguntarle a Calabardina para dónde iba y qué iba a hacer. Les dijo Calabardian que iba a trai medio de cal para que se lavara la cabeza su señora amita para que estuviera muy bonita cuando fueran a ver a su señora, y medio de trementina para entoldar la carreta para no sangolotiar. Entonces ellas le respondieron, diciéndole:

—Si tú vas a traer medio de todas estas cosas, nosotros tenemos en reburujón y ahora mismo nos vamos a lavar la cabeza y vamos a entoldar las carretas.

La ranita hizo echarla al mar y le ordenó a Calabardina que muy de mañana fuera a sacarla. Cuando Calabardina fué, ya la ranita estaba desencantada. Era una princesa hermosísima, ricamente vestida y tenía un coche que no había ninguno igual y el cochero parecía que era un príncipe porque estaba ricamente vestido, trayendo diferentes bolsas con bastante dinero, y vestido para su marido que no hubiera ninguno igual a él vistiendo igualmente a Calabardina, subiéndose en el coche.

Llegaron a su casa en donde las aguardaba él ansioso para saber qué le contaba Calabardina. ¡Qué sorprendido al ver que ya no era la ranita animal, sino una dama! Luego, después de haberse acabado de arreglar, se marcharon para la casa de su padre, habiendo salido sus hermanos, sin envitarlo, en una carreta.

Cuando ellos llegaron, fueron con la misma orden que siempre, primero el mayor, después el segundo y después el menor. Después de que ya estaba la gente toda reunida, el anciano estando tan contento rodiado de sus nueras y les dijo que se descobijaran. Las pobrecitas envidiosas se habían lavado con cal la cabeza y se habían pelado. Parecían unos guajes. Al contrario la ranita y Calabardina tenían el pelo muy largo y muy bien arreglado.

Cuando las llamaron al refresco, se subió un gato muy astuto a la puerta y empezaron de una en una a pasar la puerta, yendo primero la mayor, después la segunda y el gato la cuidó, agarrándole la mantilla de la cabeza:

—Ñiau, ñiau, mi hermanita la del mayor, pelona, pelona.

Luego pasando la otra, hizo la misma el gato. Y cogió su mantilla para detenérsela, pero el gato no se la dejó. Pasiando la ranita y Calabardina, decía el gato:

—Mi hermanita la del menor, cabelluda, cabelluda.

Cuando estaban en la mesa, les pasaban los platos con las comidas y hacía la ranita una señal, indicando que se la echaba en el seno, y las hermanas envidiosas todo agarraban y se lo echaban en el seno. Acabándose todo el refresco y la comida, se fueron a bailar. Cuando andaban bailando, sacaba la ranita puños de dinero de sus bolsillos y lo mismo hacía Calabardina y los tiraba, diciendo:

—Para los pobres, para los pobres.

De los huesos y migajas que traían en el seno, sacaban y tiraban las otras, diciendo.

—Para los pobrs.

Una de las veces, sacando ellas de lo que traían en el seno, sacaron un salero y lo tiraron y le pegaron a su suegro con él en la cabeza, enojándose él terriblemente, diciéndoles que eran unas insolentes con hacer aquellas cosas delante de la gente y que las prendieran y las sacaran lejos de su casa, que no quería verlas más, que su hijo el menor, se quedaría viviendo con él todos los días de su vida.

Desde aquel día vivieron ellos con su padre. Lo asistieron hasta que
se murió.

186. Las garzas[65]

Estos eran tres hijos de un rey y le dijieron los muchachos:

—Padre, yo quiero que nos dé tiempo d'ir a reconocer mujer a
otro lugar.

—Bueno. No más pido un favor, que me las traigan pa casalas
aquí.

Bueno, que se jueron a otra suidá. Los dos mayores cayeron a
la suidá de las garzas y ya le escribieron a su padre qu' iban a venir,
que habían jallao novias. El menor iba pasando por una casa despoblada y oyó estar cantando muy bonito. Y volvió el muchacho pa
atrás. Cuando volvió, le dice:

—Niña, ¿qué dices? ¿Te casas conmigo?

—Me tira.

—No te tiro. Dejo de ser hijo de rey si yo te tiro.

—Pues entre y ponga su capa —le dice.

Entró el muchacho y puso su capa y brincó la niña y era una
rana con la cara de gente y el cuerpito de rana. Pues bien, no la tiró
por haber dicho que si la tiraba, dejaba de ser hijo de rey, y él, por
no dejar de ser hijo de su padre, cumplió la palabra de no tirala, y
le dice:

—Padre, aquí voy yo con mi esposa.

Antonces manda el rey un pion a esperalos fuera de la suidá. A
los mayores les dijo:

—Estos cuartos son de ustedes.

La caballeriza le dejó al chiquito, al de la ranita.

Sus hermanos estaban nojaos con él porque s' iba a casar con
aquel animal. Y a él no se le daba cuidado. Invió a llamar el rey y
la reina a los tres hijos y les dijo:

—Miren, hijos, aquí les voy a dar a mis nueras a ver acuál sabe
bordar mejor una camisa para el rey cuando ustedes se casen. Y unos
calzoncillos pal rey también.

Cuando ya llegaron a onde estaban sus mujeres, les dicen los
dos mayores a sus mujeres:

—Aquí t' invió mi madre esta camisa·y estos calzoncillos a ver
acuál sabe bordar mejor de sus nueras.

Y llegó el shocoyote y le dijo a la ranita:

—Aquí t' invió mi madre esta camisa y estos calzoncillos pa que los bordes.

—Bueno, manito. Toma, sirvienta, pa que limpies los trastes con ellos.

—¡Válgame Dios, manita! ¡Qué le diré a mi padre cuando a los tres días tengo que llevar esta ropa!

—Anda, negra, pasa por a case mis cuñadas. Si te preguntan pa dónde vas, diles que vas a buscar lana de todos colores.

La obedeció, y le dijieron las garzas:

—Dile a tu siñora amita que si ella no tiene, nosotros tenemos de a rodo lana.

Se pusieron aquellas garzas a bordar la camisa del rey con lana de todos colores. Ya cuando iban a llevar las camisas a la reina sus hermanos, le dice el shocoyote:

—Hija, ya van mis hermanos a llevar esa ropa a mi madre. ¿Qué le diré yo?

—No te apures. Llámame al Viento (un chulito que tenía).

Ya llegó el Viento.

—Anda, dile a la serena de la mar que me envíe en un dedal de las camisas más finas, y calzoncillos pal rey mi siñor.

Ya vino el Viento con el dedal con ropa. Y se jué el muchacho atrás de sus hermanos mayores. Cuando llegaron a case el rey, jueron sacando aquéllos aquellas camisas con unas letías gruesas de lana, y el menor le dió el dedal. Jue destendiendo aquella ropa que no era más de seda, la que le dió la ranita.

—Buenos hijos —dijo la reina—. Hora yo quiero ir a conocer a mis nueras y a mi hijita, la ranita.

Bueno, se jueron aquéllos y les dijieron a sus mujeres qu' iba el rey y la reina a reconocelas. Le dijo la ranita a la negra:

—Pasa para a case mis cuñadas y si te preguntan que si parónde vas, diles que vas por tierra bayita pa encalar la casa.

Así lo hizo la negra, y le dijieron las garzas:

—Dile que si ella no tiene, nosotros tenemos de a rodo.

Aquéllas se pusieron a encaalr de día y de noche y la ranita en su ceniza revolcándose y el muchichito tirando istiércol de la casa. Cuando ya s' iba a llegar el día que el rey y la reina iba a vela, jué la ranita y llamó al Viento.

—Dile a la serena de la mar que me envíe cuatro güevos.

Ya llegó el perrito con ellos. Tiró dos al lao de adentro y dos al lao de ajuera y se formó un palacio hermoso y lindo con barandal de diamentes y músicos. Cuando llegó su padre y su madre de los muchachos, era un palacio hermoso. Conoció a dos de sus nueras, menos a la ranita, porque le pidió un favor a su marido que no la juera a enseñar. Le preguntan el rey y la reina por su hijita, pero él les dijo que no podía salir, que el día que se casara, la conocería.

Cuando ya s' iba a llegar el día que habían d' ir a ḍasarse, las vísperas le dijo a su negra:

—Anda, negra, pasa para case mis comadres. Si preguntan parónde vas, les dices que vas a buscar cal pa lavarme la cabeza.

Pues así lo hizo la negra y le dijieron las garzas:

—Si ella no tiene, yo tengo de a rodo.

Se lavaron la cabeza con cal y quedaron pelonas.

El día que s' iban a casar, le dijo la ranita a la negra:

—Pasa pa case mis cuñadas. Te preguntan que parónde vas, diles que vas por sábanas y jergas pa entoldar la carreta pa cuando váyamos.

Cuando iban a salir, le dijo al muchacho que la echara de patitas al mar. Y la echó de patitas con mucho cuidao. Y logo salió una princesa linda con el cabello que le daba casi al suelo y vistió a su marido lo mismo que a un príncipe y sacó una carroza con unos caballos grisones y se jueron atrás de sus hermanos. Asomaban la cabeza las cuñadas, las garzas y le decían a la ranita:

—¡Ran! ¡ran!

—¡Gar! ¡gar! —les decía ella, y así peliaron todo el camino.

Cuando llegaron a case el rey, llegaron aquéllos en sus carretas con yuntas de güeyes. Mandó el rey que pusieran un gancho en la puerta pa que descobijaran a sus nueras a ver acuál era la más cabelluda. Les dijo el rey a los mayores que entraran. Entró la primer garza y jálale el tápalo el gancho y cayó aquella güeja abajo de una mesa, juyendo pa no enseñar la cabeza pelona. El rey se espantó mucho de ver a su nuera pelona. Jué su hijo, el mayor, y sacudió el tápalo y cobijó a su mujer. Cuando iba a entrar la otra, hizo la misma pa que no le jueran a ver la güeja. Jué a dar en un rincón. Jué su marido y la cobijó y la sentó allí. Cuando llegó el chiquito. El rey se puso de un lado y la reina del otro. Ya iba la ranita de príncipa.

Cuando iba entrando, le agarró el gancho el tápalo, y cayó su cabello destendido. No l'hizo aprecio su marido. Jué y se sentó. Jué el rey y agarró el tápalo de su nuera y cobijó a la ranita. Cuando ya los iban a casar, los llamaron a los tres novios con las novias. Aquéllas con unos gaznates terribles y la ranita muy bien con un chongo muy hermoso. Cuando ya los casaron, que jueron a la mesa de refrescos, los metieron a la cena y había principio de olla. Y vino la ranita y agarraba los güesos y hacía que se los echaba en el seno y las garzas agarraban y se los echaban en el seno.

Cuando ya acabaron de cenar, que ya prendieron el baile, se jueron al baile. Se sentó el rey y la reina con sus nueras y el ranito, su hijo el menor, jué y se sentó en los pies de los músicos. Todititos salían a bailar con sus mujeres, menos el muchachito, el menor. Ya casi a las últimas piezas, jué el muchachito a sacar a su esposa y andaban bailando sus hermanos también con sus mujeres. Vino la ranita y sacó un doblón de oro y le tiró a su suegra aquí en las manos y las garzas le tiraron un güeso. Cuando llegó a onde estaba el rey, hizo la misma, le tiró un doblón de oro a su suegro y aquéllas se sacaron el güeso y le tiraron un güeso también, pensando que la rana les estaba tirando güesos. Antonces dijo la reina:

—Mi ranita será la reina y mi hijito será el rey de la comarca.

Pues coronaron a los dos menores. Y entre por un cesto y salga por el otro.

187. El gigante[54]

Este era un rey que tenía una princesa y un día estando en el balcón, pasó un gigante que estaba haciendo mucho estrago en la ciudá y tomó a la princesa y se la llevó. Fué y la metió en una torre debajo de siete llaves. El salía a dar vuelta a los montes y volvía a las horas de la comida y el rey todo el tiempo despachaba ejércitos a trai a la princesa, a peliar con el gigante y ya casi acababa el gigante con los soldaos.

Un día, un muchachito, hijo de una pobre viuda, hacía servicios en el palacio y oía lo que contaban en la cocina las cocineras y fué y le dijo a su madre que él quería ir por la princesa.

—Calla, tonto —le dijo su madre—. El rey con todos sus ejércitos y sus tropas no ha podido traila y ¡qué quieres traila tú!

—Pues yo la quiero trai pa casarme con ella.

Fué y le dijo al rey y le dijo el rey que si la traiba, se casaría con él. Entonces se fué él, y cuando iba en el camino, s' incontró con un hombre. Le preguntó cuánta distancia había a allá onde el gigante vivía. Y él le dijo que era muy lejos y que a pie nunca llegaría.

Pero él se fué. A poco rato que se dividió del hombre s' incontró con una águila que estaba trampada con un peñasco. Vino y la destrampó. Cuando ya la hubo destrampado, le dijo la águila:

—Mira, hermanito, si te hallas en alguna tribulación, me aclamas a mí y yo te ayudaré.

Poco después s' incontró con unas hormiguitas que iban con un gusanito y no podían con él y lo tomó él en un palo y se lo llevó a un agujerito, y le dijeron las hormiguitas que si se hallaba él en alguna tribulación, también ellas le ayudarían. Luego se topó con unos carneros que estaban peliando y los apartó. Y le dijeron los carneros que estaban peliando que ellos le ayudarían si se hallaba en alguna necesidá. Siguió su camino hasta encontrarse con un pajarito. Y este pajarito estaba piando arriba del árbol en donde tenía su nido, porque se le había caido su pollito al suelo. Vino él y tomó el pollito y se lo echó en el nidito. Entonces el pajarito le dijo que él le ayudaría en lo que pudiera, que no más dijiera, "Dios y pajarito" y se volvería pajarito y iría a donde él quisiera.

Así lo hizo. Volviéndose pajarito, dió un volido, y de buena suerte no estaba el gigante allí cuando él llegó. En ese lugar no había pajaritos que habitaran ni ninguna clase de animal. Empezó a revolotiar por dondequiera y no hallaba el modo de ver a la princesa. Por fin subió a la torre y en la cumbre de la torre tenía una ventana y allí se paró a ver si había el modo de poder entrar o por lo menos el modo de poder hablar con ella, pero no pudo más que verla y voló y se fué a un árbol que estaba muy coposo. Y allí se escondió cuando vió venir al gigante que metía miedo. Cuando fué llegando el gigante, él tenía tanto miedo de oír sus resollidos y sus pisadas que traía, que hacía estremecer la tierra. Cuando llegó el gigante, abrió la puerta y empezó a abrir las puertas hasta llegar a donde estaba la princesa y él se bajó, parándose en la puerta y volviéndose hormiguita. Se metió por las rendijas hasta que fué al cuarto de la princesa. Y de allí salió, cuando salió el gigante. Voló otra vez al árbol, en donde pasó la noche.

En la mañana, como de costumbre tenía el gigante, luego que almorzaba sacaba a la princesa a que lo espulgara. Y estaba ella espulgándolo cuando se paró el pajarito en las ramas de un árbol que estaba en frente de la puerta. Empezó a cantar divinamente. Le dijo ella:

—Mira, hermanito, qué pajarito tan bonito!

—¡Ah! —le dijo él—. ¡Quién sabe qué traición sea eso! Aquí nunca se arriman ninguna clase de animales.

—¡Qué traición ni traición! ¿Por qué no me lo pescas?

Levantó la mano el gigante y agarró el pajarito. Luego le dijo ella que le hiciera una jaulita. Le hizo una jaulita y metió el pajarito y lo llevó al cuarto de la princesa y allí lo colgó. Así se estuvo dos días.

A los dos días se volvió hormiguita en la noche y luego se volvió hombre y fué a la cama de la princesa, pero que no más la empezó a tocar y empezó ella a gritar. Vino el gigante muy enfadado a ver por qué gritaba y le dijo que si qué había.

—Yo no sé. Parece que hay alguien que me dice "¡Calla! ¡calla!"

—Pero ¿quién ha de ser? Si no está más que tu pajarito. Y si tú empiezas con tanta bulla, yo te voy a comer.

Volvió a atrancar el gigante las puertas y se fué. Poco después que se había ido él, que ya no hizo ruido, se volvió apiar y llegó a la cabecera otra vez de la cama, tocándola y empezó ella a gritar con más fuerza. Luego que oyó el gigante el bullicio, se vino muy enfadado y le dijo que si qué bulla había, que si por qué gritaba tanto.

—¿Que te estás haciendo loca? Mira ese animalito ni se mueve y tú con tanta gritería. Si vuelves a hacer ruido, entro y te como.

Cuando ya se fué, que atrancó todas las puertas el gigante, se volvió a apiar por tercera vez y se arrimó donde estaba ella, diciéndole:

—No grites, no grites. Soy tu pajarito. Y soy hombre y vengo a sacarte de esta prisión.

Entonces se sentó ella muy contenta y se pusieron a platicar y le dijo él que si qué presente le haría ella si él la llevaba y se la entregaba a su padre. Y le dijo que casarse con él.

—Pues mira, mañana cuando te llame el gigante, que vayas a espulgarlo, pregúntale de qué tiene tantas cicatrices, pero no vayas a decirle nada de lo que ha pasado esta noche. Le dices que saque la jaulita, poniéndola tú con la puertecita sin atrancar para poderme salir. y la cuelgan en el árbol y tú le preguntas cómo es que él pelea y él mata tantos y a él no lo mata nadien. Y si él te pregunta por qué le haces esas preguntas dile que porque quieres saber no más. Cuando ya yo me haya ido, haces la bulla de que me fuí. Y él empezará a desvanecerse y te dirá que te arrimes. No te vayas a arrimar. Estáte retirada de él. Aunque te prometa todo el oro del mundo, no te arrimes hasta que yo no venga.

Ella lo hizo lo mismo que se lo dijo y el gigante le decía:

—¡Oh, traicionera! ¡Quién sabe qué traición me quieras jugar!

—No, hermanito, ¿qué traición te he de jugar yo? Ve tú que aquí no hay más que nosotros los tres, mi pajarito, tú y yo.

—Mira, ¿ves aquel cerro? En ese cerro, ai está mi vida y por más que a mí me tiren balazos, puñaladas, nunca me podrán matar porque mi vida está ai en el centro de ese cerro.

—¡Válgame Dios! ¡Pues cuándo te van a matar, cuando nadien sabe ónde está tu vida!

—Pero ¿cómo es que la tienes allí?

—Es que adentro del cerro está una caja de acero y en esa caja está una paloma y adentro de la paloma está un huevo y adentro del huevo está un pelo. Ese pelo es mi vida.

Oyendo esto el pajarito, armó volido y se salió de la jaulita. Hizo ella la bulla:

—Se fué mi pajarito.

—¡Ah, mujer ingrata, traicionera! ¡Quién sabe si ese pajarito será el que viene a jugarme la traición!

En efecto, luego que salió el pajarito, fué al cerro y aclamó a los carneros. Empezaron los carneros a dar topes en el cerro hasta que lo fueron derribando hasta llegar donde estaba la caja de acero y él empezó a agonizar y a pedirle a ella que se arrimara, que le daba todo el oro del mundo, todas sus riquezas, todos aquellos manojos de llaves porque fuera y les quitara el huevo que estaba en la paloma. Y ella le decía que tenía mucho miedo. Que ella no conocía las veredas y no podía ir.

—Pues arrímate pa acá, que me consolaré con tu mano.

—Si no puedo —le decía ella.

Y él quería que se arrimara, diciéndole que le iba a dar las manos. Y era pa matarla. Pero nunca se quiso arrimar.

Cuando saltó la caja de acero, empezaron los carneros a quebrarla y salió volando una paloma. Luego se volvió él una águila y cogió la paloma y la abrió. Le sacó el huevo y se vino pa la torre. Cuando venía ya cerca, le decía el gigante:

—Te doy estas llaves y todas mis riquezas por ese huevo que trais en la mano.

Pero como que ya no se podía mover, se acercó él poco y le pegó con el huevo en la frente, quedando de una vez muerto el gigante. Y para que no hubiera duda, cogió una espada y le cortó la cabeza. Luego que lo hubieron matado bien, le dijo:

—Pues ahora nos vamos como puédamos.

Cogieron algo de dinero, cerraron la torre y se vinieron. Cuando ya venía cansada la princesa, le dijo él:

—Pues yo me volveré águila y tú te vuelves una palomita y agarro yo el dinero en las uñas y asina nos vamos.

Así se fueron hasta cerca de la ciudá. Allí se detuvieron ellos mientras que se alistaron bien uno y otro para entrar en la ciudá. Siempre él diciéndole que no fuera a hacer como su padre, a detenerlo en el casorio, y ella le decía que no, que tan pronto como llegaran, ella haría a su padre que los casara.

No más entraron al palacio, el rey tan contento de ver a su hija y sin pensar que aquel muchacho podía haberla traido, habérsela quitado a aquel gigante que no lo había podido vencer nadien. Ella le contó todo al rey y le dijo que ella le había prometido casarse con él. Onque estuviera pobre, ella se iba a casar con él. Entonces el rey hizo preparar el palacio para que se casaran. Después que se casaron, fué este muchacho y trajo a su madre para que viviera con ellos y allí vivieron muchos años y pueda que todavía estén viviendo.

188. *El camastrón*[39]

Era un hombre y una mujer y tenían un hijo. Eran muy pobrecitos y al fin un día les dijo él que le echaran la bendición, que iba a buscar su vida. La viejita le coció hígado y se fué.

Caminó unos cuatro o cinco días. Pues que allá onde iba en el camino, halló tres animales peliándose, un lion, una águila y una hormiga onde estaba una res muerta. Ya le dijo él que no peliaran, que él sería su albacea. Pues que permitieron aquéllos y ya vino él y sacó su navaja y cortó toda la carne y se la dió al lion, y los huesos les dejó poca carne y se los dió a la águila y los huesos más pelaos, ésos se los dió a la hormiguita porque, como era pequeña ésa podía ruir mejor que la águila. Pues que ya les preguntó que si estaban conformes como les había repartido él la carne. Y dijieron los tres que sí, muy contentos. Pues hora les dijo el lion a los otros dos, a la águila y a la hormiga, que era bueno recompensar a aquel hombre por su trabajo, porque lo habían retenido en su camino. Ya dijieron aquéllos que sí, que ellos estaban listos para recompensarlo con alguna cosa. Ya dijo el lion que él s' iba a sacar un pelo de la cabeza. Ya le dijo:

—Pues aquí te doy éste. Cuando te halles con trabajos y penas, no más dices, "Dios y lion."

Y tomó aquél el pelo y ya le dijo la águila:

—Yo te voy a dar una pluma y cuando te halles en trabajos, no más dices, "Dios y águila".

Y entonces le dijo la hormiguita:

—Pues yo no sé qué le diera yo. Si le doy una patita, me quedo cojita, si le doy una manita, me quedo manquita, y si le doy un cuernito, me quedo mochita.

Pero que al fin le dió un cuernito y le dijo:

—Cuando te halles en trabajos, no más dices, "Dios y hormiguita".

Ya les dijo él adiós y se fué y caminó otros días antes de llegar a la suidá. Cuando llegó a la suidá, llegó a las primeras casas de la suidá. Allí vivía una viejita con su nietecito. La viejita le dió posada. Ya le pregunta a la viejita qué hay de nuevo.

—Pues nada, hijito. Aquí no hay más que aquí tenemos un gigante que tiene a la princesa cautiva. Y nos hace tanto mal a toda la gente que yo tengo unas cabritas y ya no me deja animales. Todos los días me quita una. Y al rey lo mismo, al rey le hace tanto mal. A todos los que tienen animales les está haciendo tanto mal.

—Pues mañana me echa bastimento y yo le cuidaré sus cabritas.

—¡Pero y válgame Dios, hijito, y onde te pesque el gigante, te mata! A lo menos a mi hijita no más ve el gigante que es mujer, y no más le quita una cabrita. A ella no le hace nada.

Pues que otro día no más almorzó y le echaron bastimento y echó las cabras y se fué con ellas pal monte y las contó la viejita, porque él le mandó que las contara pa ver si le faltaba alguna en la tarde. Pues que se fué. Llegó al monte. Al poco rato que llegó, le salió el camastrón, que era un animal muy feroz, muy feo. Pues que de una vez s' hizo él a un lado y sacó el pelo del lion y dijo:

—Dios y lion.

Y se enredaron a peliar. Peliaron buen rato hasta que cansó el lion al camastrón. Descansaron un rato y se volvieron a enredar otra vez. Así que vido el camastrón que no le podía hacer nada y tenía hambre, ya no tuvo fuerzas pa peliar y se fué. Y él dijo:

—Dios y hombre.

Y se fué con sus cabras en la tarde pa la suidá otra vez. Cuando llegó, le gritó:

—Venga, cuente sus cabritas, nana abuelita.

Ya salió la viejita y contó sus cabritas y era la misma cantidá que le había contado en la mañana. Ya le dijo:

—Pero ¿cómo estuvo que a ti no te salió el animal?

—Sí, sí me salió pero no más me vido, ya no se arrimó. Se fué.

Otro día volvieron a hacer la misma. Cuando llegó allá, como de costumbre, no más llegó al monte y aquí viene otra vez el camastrón. Ya este día venía más bravo, como no había comido ese día antes. Pues sacó aquél su pelo y dijo:

—Dios y lion.

Y éste sí estaba muy fuerte, como él sí estaba comiendo bien. Pues peliaron sus dos horas y las cabritas muy a gusto comiendo y el lion le pegó al camastrón. Y descansaron un rato. Con buen rato se volvieron a enredar otra vez a peliar. Ya le dice el camastrón:

—Tú no me matarás a mí más que me pegues porque yo tengo mi vida muy segura, que ni los soldados del rey ni naiden me podrá hacer nada.

Pues que se fué el camastrón otra vez más nojao que nunca porque no pudo comer en todo el día. Y aquél dijo:

—Dios y hombre.

Y echó sus cabritas otra vez y se fué para la suidá. Ya le gritó:

—Venga, cuente sus cabritas, nana abuelita, a ver si le falta alguna.

Pues que ya salió la viejita y las contó. Pues que eran las mismas. Pues que horita se sonó en la suidá del muchacho este que estaba cuidando las cabras de la viejita.

Pues que otro día en la mañana, no más almorzó, y le volvió a dar las cabritas y la viejita le dijo a su nieta:

—Corre, hijita, corre, mira a ver qué hace éste, que no le hace nada el camastrón a las cabras, que a nadie le está haciendo mal.

Ya se cobijó la muchachita y se fué pal monte a modo de que no la sintieran ni la vieran. Pues llegó la muchachita al monte y se escondió atrás de un pino y se puso a cuidalos. Cuando ya vido ella al camastrón que se dirigió paronde estaba el muchacho. Pues que éste dijo:

—Dios y lion.

Y como estaba bien asistido, estaba muy fuerte el lion y de una vez se enredaron a peliar y la muchachita se asustó mucho de verlos peliando y se volvió pa su casa a decile a la viejita:

—¡Madre de mi alma, si usté viera a este muchacho! ¡Quién sabe qué! Se vuelve un animal tan feo, tan cabezón y una cola muy larga.

—Pues corre, mi alma, cuida a ver parónde se va el animal que trai el muchacho.

Esto fué después de medio día y se volvió a ir la muchachita pal monte a cuidarlos. Cuando estaban peliando, le dijo el camastrón, como ya estaba tan cansao y todo ensangrentao:

—¡Ah! ¡Si yo me pescara unas rajas de hielo revolcadas en el zoqeute, te hacía pedazos!

—¡Ah! —dijo el lion—. ¡Si yo me pescara un vaso de agua y un beso de una doncella, yo te hacía pedazos!

Pues que los oyó la muchachita y se fué corriendo otra vez pa su casa y le contó a su abuelita lo que había visto y había oido.

—Pus, curre, mi alma, agarra agua en un jarro y llévale.

—Pero tengo miedo, madre. Están tan feos animales que les tengo miedo que no me atrevo ni a arrimar.

—Pus, corre. No tengas miedo. Al cabo el otro animal está muy lastimao y el otro animal es el que trai el muchacho que está aquí en casa. ¿Qué no ves que si lo mata pues ya no vamos a tener el trabajo que andes tú cuidando las cabras?

Pues la muchachita estaba tan aburrida de andar en el monte con sus cabras que se arresgó. Agarró un jarro de agua y se fué. Cuando llegó al monte onde estaban peliando, ya el camastrón estaba caido. Vino ésta y le dió el jarro de agua al lion y se lo bebió y luego vino y se tapó los ojos y le dió un beso al lion y arrancó a juir otra vez a esconderse. Pues que aquél de una vez le pegó tanto a aquel animal que lo dejó inmoble. Pues que aquél, después, luego que le pegó, ya pensó que lo había matao, pero él sabía que no le hacía nada porque él le había dicho que nunca le haría nada. Echó sus cabras por delante y se fué pa la suidá. Ya le dijo a la viejita:

—Venga, cuente sus cabritas, nana abuelita.

Pues que salió la viejita y las contó y no le faltaba ni una. Esa noche cuando llegó, muy contenta la viejita y le dió muy buena cena.

Pues otro día en la mañana le volvió a decir que le contara las cabritas y le diera su bastimento pa irse a cuidarlas.

Pues que todo el día las cuidó y no le salió el camastrón, ni lo halló porque todo el día lo buscó. Pues que en la tarde cuando volvió con sus cabras, la volvió a llamar a la viejita pa que viniera a contar sus cabras, a ver si le faltaba alguna. Ya le dijo ella:

—Pues no es necesario de contártelas, hijito. Si ya sé que no te falta ni una porque anda la novedá en la suidá que el gigante se está muriendo.

Pues que en la noche estuvieron platicando y ya él dijo que otro día s' iba a ir. Ya le dijo la viejita que no, que se quedara con ella y se casara con su nieta. Le dijo él que no, que él iba a trabajar pa mantener a sus padres, que estaban muy viejitos.

Pues que otro día en la mañana le dijo que ai iba a dejar su burrito y s' iba a ir a pie. Y salió para la suidá él. Cuando estuvo un rato en la suidá y ante algunos hombres, les preguntó que si qué había de nuevo. Ya le dijieron que se decía que el gigante se estaba muriendo y todos muy contentos de ver que ya no les iba a hacer más mal. Pues que de allí se fué él. Luego que salió de la suidá, dijo él:

—Dios y águila.

Y pegó un volido y se fué pa las cumbres de la sierra y alcanzó a ver otro palacio. Ai era onde vivía el gigante. Pues que llegó al palacio y se anduvo dando vueltas allí muy cerquita del palacio, en forma de águila, hasta que salió un criado y la agarró. Y la princesa quería la águila, pero el gigante no la dejó porque le dijo el gigante:

—Ese será un mensajero de tu padre que viene a ver cómo me hace mal.

Y el gigante quería que mataran la águila y que la cocieran pa comerse el caldo. Pero que la princesa le dijo que no, que ya era muy tarde, que le echarían de cenar y la matarían otro día. Ya le dijo él que estaba bueno, que la encerraran en una jaula y la asistieran bien.

Pues que a buenas horas en la noche, dijo aquél:

—Dios y hormiguita.

Y salió de la jaula y fué a dar al cuarto de la princesa. Allá cuando entró al cuarto de la princesa, dijo:

—Dios y hombre.

Ya vino él y le mandó que atrancara su puerta, que quería platicar con ella. Y gritó ella, y le dijo él que no gritara que él venía a protegerla del gigante, a ver cómo se la llevaba a su padre. Pero que vinieron los criados del gigante a la puerta. No más sintió él y dijo:

—Dios y águila.

Porque de una vez dijo el gigante que la águila era algún mensajero del rey y que no más hasta otro día la iba a tener. La iba a matar. Pues que al rato volvió otra vez la hormiguita y fué a dar al cuarto de la princesa. Cuando entró se volvió hombre y volvió otra vez a decirle que él era el mensajero del rey, y entonces no dijo aquélla nada. Ya se estuvo callada. Ya le dijo el muchacho este a la princesa que le preguntara ella al gigante que si ónde tenía él la vida, que tanto que lo había perseguido el rey y no le podían hacer nada y que él, en forma de águila los iba a escuchar a ver qué le decía el gigan-

te a ella. Ella convino y se volvió él hormiguita y se fué pa la jaula.
Y para eso cuando planiaron él y la princesa, le dijo la princesa a
él que si el gigante le dicía ónde tenía la vida, que fuera y le avisara
al rey pa que viineran a matarlo pa que se la llevaran pa su casa.
Pues que cuando llegó la hormiguita a la jaula, se volvió águila.

Pues que otro día en la mañana, ya le dijo la princesa al gigante que era mejor dejar la águila unos días pa engordarla bien, que
estaba muy flaca. Pues que le echaron a la águila de almorzar. Almorzó muy bien, y el gigante muy enfermo de la turra que le dió el lion.
Tenía los mejores médicos del palacio ai curándolo, pero no descansaba nada. Pues que al rato se pusieron a platicar la princesa y el gigante adelante de la águila y la águila allí en la jaula. Ya le dijo la
princesa:

—Pues ¿ónde tienes tú tu vida que tanto que ha peliado mi padre contigo y no te ha podido matar?

Y la águila encogió una patita y clavó el pico abajo de una ala,
haciéndose la dormida. Ya se sacó él un manojo de llaves de la cintura y le enseñó a ella la llave más grande y le dijo que con esa llave se abría una sala muy grande que estaba en el palacio y en esta
sala estaba un cuarto. Y con otra llave se abría este cuarto, y luego
estaba un cajón de cobre adentro de este cuarto y adentro de este
cajón de cobre estaba una caja de plata y se abría con otra llave, y
adentro de la caja de plata estaba una de oro y se abría con otra llave, y adentro de esta caja de oro estaba un huevo y en este huevo estaba su vida. Por eso naiden le podía hacer nada. Y vino y agarró su
manojo de llaves y se lo volvió a poner en la cintura. Pues que así
estuvieron todo el día.

En la noche aquel se volvió hormiguita y salió de la jaula y no
más salió afuera y se volvió águila y armó volido y se fué pal otro
palacio y fué a dar a case la viejita otra vez en la noche. No más llegó y se volvió hombre. Pues que ya le dijo que lo dejara dormir allí.
Muy contenta la viejita cuando vino él.

Otro día en la mañana se fué para la suidá derecho al cuarto del
rey y la reina. Muy tristes estaban y muy viejos porque ya hacía varios años que este gigante tenía cautiva a la princesa. Pues ya entró
y le dijo:

—Su carrail majestá, yo vengo a ver qué me diera usté si yo le
traigo a su hija.

Oh, el rey y la reina no hallaban qué hacer con él de gusto. De
una vez le dijieron que se la daban pa que se casara con ella y le

daban la mitá del reino. Pues que ya les dijo él que le dieran unos días de tiempo y que él les vendría a avisar pa que fueran por ella. Pues de ai se fué él. No más salió del palacio, que salió afuera de la suidá y se volvió águila.

Pues en el palacio del gigante echaron menos a la águila. Pero la puerta de la jaula estaba abierta. Pues que de una vez el gigante le dijo a la princesa:

—¡Que te dije yo que ése era un mensajero de tu padre!

—No —le dijo ella—. ¡Qué mensajero ha de ser ese animalito! Seguro no cerraron la jaula y se salió.

Pues que ya mandó la princesa a los criados que salieran a buscar la aguilita, a ver si se hallaban plumas por ai. Pues que cuando andaban los criados buscándola, andaba la águila en el balcón. Ya le dijieron a la princesa que ai andaba la águila, que viniera a ver si se dejaba de ella agarrar. Y salió la princesa, subió al balcón y se dejó la aguilita agarrar de la princesa. Pues la agarró y la encerró otra vez en la jaula. Y el gigante muy enfermo. Pues que en la noche, no más se cerró la noche y se volvió hormiguita y fué a dar al cuarto de la princesa y no más entró se volvió hombre. Ya le platicó que había estado con su padre y su madre y lo que le habían dicho. Pues que ya vino él y le dijo a ella que cuando él se fuera pa la jaula, que quitara la jaula de ese cuarto y que dijiera que la iba a encerrar la jaula en un cuarto solo y que dijiera qu 'iba a venir un médico, que este médico había oido decir que el gigante estaba muy enfermo y que él se atrevía a sanalo. Pues que el gigante s' iba a oponer al principio, pero que al fin iba a consentir él que el médico lo curara. Pues así lo hizo ella y le dijo el gigante que quién sabe si sería una traición del rey y él despacharía a este hombre. Ya le dijo ella que no, que parecía que era muy buen hombre y que él decía que él se atrevía a sanarlo. Tanto le estuvo rogando que hasta que al fin consintió que entrara el médico. Pues que le dijo que él necesitaba de alguna ave para hacer este remedio pa curalo, que no fuera gallina ni animal criado en la casa. Pues que de una vez consintió el gigante por tal que matara la águila, porque él a la águila le tenía desconfianza. Pues que como era plan entre el muchacho y la princesa pues se hizo ella la que estaba llorando por la águila, pero que el gigante estaba muy contento. Pero no fué necesario de esto. Sacaron la jaula pa que viera que no estaba en su lugar y la pusieron otra vez. Y ya se sentó el médico en un lao de la cama del gigante y se puso a sobarle la cintura y los brazos hasta que llegó a onde estaban las llaves y se las sacó y muy despacio las agarró y se las echó en la bolsa sin que él sintiera nada y luego le dijo qu' iba por un vaso de agua, y salió. No más salió del cuarto y se volvió hormiga.

Y se tocó aquél la cintura y se halló sin llaves y de una vez comenzó a agonizar, porque ya él sabía que aquél traiba las llaves, pues aquél era el enemigo. Aquél, como ya sabía ónde estaba la sala, fué al cuarto y abrió la sala y se echó la llave en la bolsa y con la otra llave abrió el cuartito, con la tercer llave abrió el cajón de cobre, con la cuarta llave abrió la caja de plata, y con la quinta abrió la caja de oro y adentro de la caja de oro estaba el huevo y lo agarró y se vino pal cuarto onde estaba el gigante y se arrimó a los pies del gigante y le dijo que él era el lion que le pegaba en el monte cuando le salía a quitale cabras. Y le estrelló el huevo en la frente y de una vez se murió el gigante y salió él afuera y se volvió águila y voló y fué a dar al palacio del rey y de allá se vino el rey y la reina con soldaos y coches y convidaron a mucha gente. En la misma tarde, no más llegaron y vistieron a la princesa de princesa y al muchacho de príncipe. Ya estaba ai un padre pa que los casara. Pues que los casó y le dieron la mitá del reino al muchacho y la princesa.

189. Martinoplas[86]

Estaba en una suidá un hombre y una mujer y tenían un hijo que se llamaba Martinoplas, y era muy buen hijo con sus padres. Cuando tuvo catorce años, una mañana se levantó y jué a cazar conejitos y le salió una liebre muy grande y muy gorda. Esta era una princesa que le nombraban la emperatriz. Esta princesa andaba buscando un novio pa casarse con él. Ella se enamoró de Martinoplas. Antonces Martín siguió la liebre todo el día hasta en la nochi que s' hizo escuro y perdió la liebre de vista. Antonces Martinoplas vido una casa con luz. Era el palacio de la emperatriz. Ai llegó Martinoplas. No lo recibía nadien porque la emperatriz estaba encantada. A poco de rato vido que en esta casa había unas manos muy blancas. Estas hacían todo lo que se movía en el palacio. Martinoplas cenó y luego se retiró de la mesa y vido estas manos blancas que le estaban tendiendo una cama. Martinoplas se acostó.

Como a media nochi oyó vinir unas hablas hablando paronde él estaba. Antonces él dispertó y vido que eran dos mujeres. Una era la emperatriz y otra era una hermana de ella que se llamaba Narcisa. Esta Narcisa tamién buscaba un novio pa casarse. Antonces la imperatriz le preguntó a Martinoplas si se quería casar con ella. El le dijo que sí. Martín se quedó con la emperatriz por un mes. Al mes se puso muy triste Martinoplas, y le dijo la emperatriz:

—Puedes ir a ver a tus padres y yo voy contigo, pero no me verás.

Martinoplas otro día se jué a ver a sus padres en un cochi que le dió la princesa. Cuando llegó a case sus padres, estaban muy contentos. Su padre de Martinoplas le preguntó cómo era que venía tan ricamente en aquel cochi. Martinoplas le dijo que porque estaba trabajando con un millonario. Pero no lo creyó. Antonces le trujieron al padre y se confesó. En la confesión qu' hizo, le dijo al padre que él durmía con una mujer y no sabía si sería cosa güena o cosa mala. Antonces el padre le dijo:

—Esta nochi cai rendido y prendes esta velita y te desengañas si es cosa buena o mala.

Antonces Martinoplas se jué. Cuando llegó al palacio de la emperatriz tomó su cena y se jué a dormir. La emperatriz estaba cansada. Ella se quedó durmida muy presto. Martinoplas, cuando la vido durmida, agarró la velita y la prendió. Era tan hermosa la emperatriz que se le acabó la velita mirándola hasta que se le quemaron los dedos y antonces tiró la velita y le cayó en el pecho. Antonces la emperatriz le dijo:

Martín, para mañaan a estas horas serás ánima del pulgatorio.

La princeso dió orden a sus criaos que mataran a Martín y lo echaran en el mar. Antonces otro día cuando aclaró, llegó su hermana de la emperatriz. Esta se llamaba Narcisa y dijo:

—No lo matarán. Lo voy a dejar pa mi.

Antonces Martín salió a caballo y esta Narcisa se subió con él y les dijo a los soldaos que no jueran a matalo que era su esposo de ella. Antonces ésta lo llevó a un cierto lugar a Martinoplas y lo encantó pa que no saliera de aquel lugarcito. Cuando ya ella se vinia, le dijo a Martinoplas:

—¿Qué dices, Martín, te casas conmigo?

—No, siñora —dijo Martín—. Palabras y plumas se las lleva el viento y sólo la emperatriz goza de mis amores y yo gozo de los de ella.

La Narcisa se jué y Martín se quedó encantao en este lugar.

La emperatriz empezó a peliar con los moros y peliaron por siete años. A los siete años ya Martinoplas tenía pelos como los animales. A los siete años de que se había encantao Martinoplas, que estaba la emperatriz y su hermana, la Narcisa, en el corredor, antonces le dijo la Narcisa:

—¿Cuánto dieras de albricias si Martín juera vivo?

—Cuanto quisieras, hermana, separando mi vida.

—En tal lugar lo dejé yo. Está encantado pa que no salga de ai porque me prometió casarse conmigo y ya cuando me venía, me dijo que palabras y plumas se las llevaba el viento, que no más la emperatriz gozaba de sus amores y él gozaba de los de ella.

Antonces la emperatriz invió a trai diez piones de ella y les echó mucha ropa y mucho de todo pa que le llevaran a Martinoplas. Que lo vistieran y lo trujieran a su presencia. Estos soldaos jueron por Martinoplas y cuando vieron a Martín, lo resuraron, le hicieron el pelo y lo plantaron de rey. Cuando lo vieron plantao de rey decidieron echarlo al mar. Antonces la emperatriz preguntó que si qué había habido, y dijieron que no lo habían hallao.

De aquel lao del mar estaba el rey de los moros. Este rey estaba viniendo a rindir batalla a onde estaba la emperatriz pa casarse con ella. Este rey tenía una hija que en siete estaos de moros no había otra más linda. Pues aquí en esta suidá del rey de los moros estaba un viejito que se mantenía pescando peces. Este viejito jalló el cajón onde vinía Martinoplas. Allá onde lo sacó, abrió el cajón el viejito y jalló a Martinoplas en él. Antonces Martín se sentó y le dijo:

—Señor, usté será mi padre y yo seré su hijo.

—No se puede, muchacho, porque aquí en esta suidá reina el rey de los moros y tiene tres hombres dando güelta de la suidá. Que si se arrima un cristiano, será echao empeloto a la agua salada, hasta que se le caiga la carne.

Antonces el viejito se llevó a Martinoplas pa su casa. Hizo que le dieran de cenar. Otro día en la mañana vinieron los criados del rey. Sacaron a Martinoplas y se lo llevaron al rey de los moros. Le preguntó si era cristiano y él dijo que sí. Antonces el rey de los moros lo echó en la agua salada empeloto. El rey de los moros se jué a rindir batalla onde estaba la imperatriz y Martinoplas se quedó en la agua salada.

La dama de los moros, la hija del rey de los moros, sabía que estaba un cristiano en la agua salada. Antonces ella jué a ver y se enamoró de Martinoplas, averiguó cómo se llamaba y le dijo:

—Martín, te casas conmigo, te saco de esta agua salada y antonces tú serás el rey de los moros.

—Sí, siñora; ¿por qué no?

Antonces la hija del rey lo sacó, le puso el mejor vistido que tenía el rey de los moros y le dió el mejor caballo, le dió la espada del rey de los moros y le dijo que le pegara tres sentadas a su caballo adelante del corredor. Antonces Martín le dió tres sentadas a su caballo adelante del corredor.

Antonces le dijo Martín:

—Siñora, palabras y plumas se las lleva el viento; si sólo la emperatriz goza de mis amores y yo de los de ella.

Antonces Martín le dió a su caballo con las espuelas pa pescar la puerta para irse paronde estaba la emperatriz con el rey de los moros. Los moros tenían una caballeriza onde tenían a San Miguel Arcángel, y San Miguel mataba a cuantos entraban a su caballeriza, porque entraban a burlarse de él. Antonces la hija del rey de los moros le dijo a Martín:

—Martín, ya que no quieres casarte conmigo, hazme un favor de que entres a esa caballeriza que está ai.

Antonces Martín se jué pa la caballeriza. Cuando llegó a la puerta de la caballeriza, vido a San Miguel Arcángel que tenía tantos moros muertos en aquella caballeriza que estaba llena.. No más lo vido y lo conoció y se quitó las espuelas, se quitó el sombrero y entró de rodillas onde estaba San Miguel. Antonces San Miguel le habló:

—Martinoplas, me has adorado y te voy a dar mi espada para que venzas al rey de los moros.

San Miguel le dió su espada y Martinoplas le dió la de él. Martín se jué paronde estaba el rey de los moros. Cuando lo vieron ir, la Narcisa estaba con la emperatriz y ella lo vido y lo conoció y le dijo a la emperatriz:

—¿Cuánto me dieras de albricias, hermana, si Martín era vivo?

—Todo lo que quisieras, separando mi vida.

—Güeno, hermana, aquel bulto que viene allá es Martinoplas. Al mesmo tiempo el rey de los moros reflejó el mesmo bulto.

—¡Hola! —dijo—. ¡El hombre que yo dejé en la agua salada! Viene con mi mejor caballo y mi mejor vistido.

Martinoplas llegó onde estaba el rey de los moros y la emperatriz. Antonces Martinoplas le dijo a la emperatriz:

—¿Que dice, siñora, me da la venia para cortale el pescuezo a este moro pa que caiga la cabeza en sus faldas?

Ella dijo que sí. Ai rindió él la batalla. Ai lo mató. Y logo trujieron los padres, lo casaron y hasta el día están casaos.

190.. La venadita **

Este era un hombre y tenía tres hijos. Un día los tres muchachos salieron a buscar trabajo. El menor de ellos Fermín era un muchacho que hasta con la luz de la luna leía sus libros porque era muy interesao. Caminaron un día entero hasta que llegaron a una laguna. En esta laguna había tres caminos que se apartaban pa diferentes lugares. Cada uno de ellos agarró su camino. Dos llegaron a las suidades y Fermín, el camino de él tuvo que llegar en la nochi a una laguna. Aquí en esta laguna vesitaba mucho una princesa que estaba hecha una venadita. Esta venadita tenía su palacio encantao y estaba abajo de la tierra. La venadita en su palacio era la secretaria porque no tenía el rey un hombre que lo pudiera ser. La venadita en la nochi vino a la laguna onde estaba Fermín. Fermín estaba leyendo sus libros con la luna cuando alcanzó a ver una venadita que estaba bebiendo agua en la laguna. Se levantó Fermín a querer agarrar a la venadita. La venadita, luego que lo vido ir llegando onde ella estaba, le dijo ella a Fermín:

—Soy una venadita que sé hablar. Soy una princesa que estoy encantada güelta una venada. Si tú podías servir de secretario, yo te comprendía.

El acetó y la venadita se lo llevó. Llegaron a unas peñas muy grandes. Ai sacó la venadita muchas llaves y empezó a abrir muchos cuartos. Anduvieron en cuartos una milla y media. A la media milla llegaron al cuarto onde vivía la venadita. Le entregó su ofecina. El rey hizo sus arreglos con Fermín. Fermín trabajó seis meses en su ofecina. El rey empezó a agarrale tan güena voluntá a Fermín que lo quería lo mismo que si hubiera sido un hijo de él. En el cuarto onde dormía Fermín, tenía la venadita su camalta. La venadita en las nochis a las doce llegaba de pasiarse. Se quitaba su cuerito y se acostaba a dormir. Al año de que Fermín estaba trabajando, le dijo el rey a Fermín que él l' iba a dar a la venadita cuando se desencantara pa que juera su mujer. Antonces Fermín pensó de ver una nochi a la venadita a ver si sería bonita. La venadita era tan linda muchacha que Fermín se quedó muy asustao y él no pudo atender a la velita por estarla mirando a ella hasta que se quemó. Cuando él jué a tirar la vela, le cayó una gota de espelma en un carrillo a la venadita. Antonces la venadita se levantó muy asustada y mandó a sus piones que vinieran a agarrar a Fermín. Cuando el rey vido la bulla que traiban, vino a ver. La venadita dijo que lo echaran en la mar. Y el rey, como sabía que él se la había dao pa mujer, dijo que no, que jueran y se lo llevaran a las serranías más altas pa que se lo comieran las fieras. Los piones agarraron a Fermín, le pusieron grillos y esposas y lo llevaron pa la sierra.

A los dos días de que Fermín estaba engrillao en la sierra, llegó un armitaño onde él estaba. Le quitó los grillos y las esposas y le dió su libertá. Fermín se jué para una suidá y allí se puso a trabajar. A los tres años el rey y la venadita pensaban que a Fermín se lo habían comido las fieras.

Cuando él cumplió sus tres años de trabajo, se vino. Tenía que pasar Fermín por el palacio de este rey. Cuando iba pasando Fermín, llegó a la laguna de agua. Ai empezó a descansar. Cuando llegó una criada del rey. Le dijo:

—Señor, ¿pudiera usté servir de secretario porque mi siñora amita, la venadita, está muy enferma y es la secretaria y no se puede manijar la ofecina porque no hay quien la manije?

Antonces Fermín se acordó que éste sería el rey de la venadita y acetó. Fermín tenía ya el cabello de tres palmas de largo porque no se lo cortaba. Le entregaron su mesmo cuarto y su misma ofecina que había tenido antes. A los dos meses que Fermín estaba aquí, el rey vido que éste se había manifestao tan bien, y le dijo a la venadita:

—A Fermín le prometí que serías su esposa pero tú mandaste que lo echaran en el mar y yo dije que en la sierra y Fermín será muerto pero hora que está éste aquí, te voy a dar a éste pa que te cases con él.

A medio día pa la comida, le dijo el rey a Fermín que l' iba a dar a su hija pa que juera su esposa. No más que estaba hecha venadita porque estaba encantada. Que en tiempos pasaos se le había dao a Fermín pero que no sabían de Fermín. Antonces la venadita empezó a hacer juerza conocer a Fermín.

A los tres días de que se la había dao su padre a Fermín, la venadita vino a ver si lo conocía. Fermín se había hecho ese día el pelo y la barba. Cuando la venadita vino, que prendió una vela, Fermín tenía abajo del carrillo un lunar colorao que la venadita sabía que tenía sí. Cuando la venadita lo vido, en un descuido, con esta luz que ella traiba le quemó a Fermín la orilla del cabello en la frente onde lo estaba mirando. Cuando Fermín se vido que le estaba ardiendo el cabello, pegó un grito y llamó a los piones. Antonces Fermín dijo que agarraran a la venadita y la echaran en el mar. Antonces dijo el rey que sí lo harían pero que le tenían que hacer un barco. L' hicieron un barco, le echaron las provisiones por tres años, porque en tres años se tenía que desencantar.

A los tres años se desencantó la venadita, orilló el mar el barco a la orilla y llegaron unos muchichitos y vieron el barco. Cuando lo sacaron ajuera, salió la venadita y les dijo que entraran. Al más grande de los muchichitos le dijo que le trujiera un vistido de pies a cabeza de hombre. Antonces la venadita salió de su barco y se jué a la suidá. Aquí al otro lado del mar estaba un rey que tenía un hijo. La venadita llegó onde estaba el carbonero del rey y le dijo al carbonera que si podía comprendela. El carbonero la comprendió y otro día vino el hijo del rey. Vido la venadita tan bonita y le dijo:

—Señor, un hombre como usté no debe de ser carbonero, tan hermoso, que me lo voy a llevar pa mi palacio. No quiero que usté se manchi las manos haciendo carbón.

Este hijo del rey se llevó a la venadita. Ella dicía que se llamaba Fermín. El hijo de rey empezó a tratar con Fermín de quererse casar con ella. Y la venadita dicía que ella no podía casarse con otro hombre como ella. Antonces el hijo del rey, pa desengañarse si era hombre, la llevó con los vaqueros y la puso a amansar un potrillo. La venadita todo hacía con gusto.

Al fin que le cayó al rey la noticia de que juera a peliar con los moros. Antonces dijo el hijo del rey que irían él y su amigo Fermín, pero que se le hacía que era mujer. Cuando llegaron onde estaban los moros, la venadita tenía virtú y empezó a matar moros hasta que venció la batalla. Cuando su hijo del rey vido que ésta había rindido la batalla, siguió dudando si era mujer.

Cuando llegaron al palacio les dijo el rey a los dos que pidieran mercé. Antonces el hijo del rey le dijo al rey que le diera a Fermín pa casarse con él.

Antonces dijo el rey que no se podía casar un hombre con otro hombre. La venadita sabía que en su palacio de ella, onde vivía su padre, ya se había muerto el rey y que Fermín, el secretario, estaba de rey. Antonces la venadita le dijo al rey:

—Antonces yo, carrial majestá, la mercé que le pido, que me dé la corona del rey Fermín.

El hijo del rey trató de averiguar otra vez si Fermín era mujer.

pero no pudo. Antonces el rey mandó que diez soldaos tenían qu' ir a llevar a Fermín onde estaba el rey Fermín.

Otro día en la mañana llegó la venadita con sus diez soldaos y le dijo:

—Hora tiene que dicirme el rey Fermín todo lo que ha pasao en este palacio. ¿Que no es casao usté, rey Fermín?

—No, señor —dijo Fermín.

—Esta mujer, ¿qué hace aquí?

Antonces Fermín le dijo que era una mujer que estaba sirviéndole pa lavale la ropa.

—Son mentiras —dijo la venadita.

—Yo veo que en este palacio hay muchas criadas. Esta mujer se agarrará y se quemará con leña verde, porque ahora no va a reinar usté. Yo gané la corona del rey Fermín y hora me la pongo yo.

La venadita le entregó la carta que le entregó el rey onde había vencido la guerra. El rey Fermín se quitó la corona y se la entregó a la venadita. Antonces la venadita entró a un cuarto, se quitó todos los trajes que traiba y se puso un traje de la reina, se quitó todo lo que traiba en su cuerpo pa parecer un hombre y lo echó en una caja y se los invió al hijo del rey. Antonces ella se casó con Fermín.

191. *Juan Carbonero*[29]

Había en una suidá un rey y un probe que le nombraban Juan Carbonero. Era un hombre poco viejo y no tenía más que una burrita pa hacer su mantención. El jalaba leña pa la suidá y vendía. Un día subió a un cerro y llegó una lluvia y se perdió. No sabía el rumbo pa la suidá y se le apareció un viejito y le dijo que si hacía lo que él le mandaba, él le daba un consejo. Juan Carbonero le dijo que sí lo hacía. El viejito le dijo que abajara derecho a una laguna a onde estaba una piedra y se escondiera. Que poco presto abajaban tres palomas a bañarse. Primero iba una negra y llegó a la piedra y se sacudió y tiró el cuerito y saltó una princesa y se bañó y logo se jué, y llegó la paloma azul y se sacudió en la piedra y tiró el cuerito y saltó una princesa y se bañó y logo se jué. A poco rato llegó una paloma blanca. Le nombraban Desvalida y el viejito le había dicho a Juan Carbonero que cuando la paloma blanca llegara y tirara el cuerito, lo agarrara y se lo escondiera y no se lo entregara hasta que no le diera palabra de casamiento.

Cuando la paloma blanca llegó a la piedra, se sacudió y tiró el cuerito y Juan Carbonero lo agarró y se escondió. Cuando la princesa acabó de bañarse, salió y ya no jalló el cuerito. Ya se puso a hablar y dijo que ella le daba palabra de casamiento al que le diera el cuerito. Antonces Juan Carbonero salió y le dijo que él lo tenía. Antonces Desvalida se puso a pintar unas rayas, figuradas a un palacio, y pronto apareció un palacio muy hermoso y mejor que el del rey.

A poco de días, el rey mandó a uno de sus criados de que fuera a dar güelta a sus haciendas a la laguna. Cuando el criado llegó a la laguna, se espantó de ver el palacio tan hermoso, allí a Juan Carbonero en él, y jué y le dijo al rey que Juan Carbonero tenía un palacio más hermoso que el de él. Antonces el rey le dijo que lo llevara a ver el palacio de Juan Carbonero.

Cuando ya llegaron al palacio, Juan Carbonero les enseñó el palacio. Antonces el rey agarró envidia y pensó matar a Juan Carbonero y mandó llamar un consejero de él y le dijo qué consejo le daba pa poderlo matar. Y el consejero le dijo que lo mandara llamar y le dijiera que la reina estaba enferma y le habían dado de remedio la agua de río Jordán, y que juera a traila. Y mandó llamar a Juan Carbonero el rey y le dijo el mandado que tenía que hacer. Juan Carbonero se jué para su casa muy triste, y la reina le pregunta que si por qué lloraba, y él le dice que el rey le ha mandado de que vaya a traile agua del río Jordán y él ni lo conoce. Antonces la reina le dijo que no tuviera cuidado, que agarrara la yegua mora y la ensillara. Y le dió dos botellas para que trujiera agua y le dijo que se subiera en la yegua y la dejara ir sola. Onde ella se parara, ai era el río. Pues así lo hizo Juan Carbonero. Fué y la trujo y se la entregó al rey.

Antonces el rey mandó llamar otro consejero que le diera otro consejo. Y el consejero le dijo de que lo mandara llamar y lo hiciera traile agua de onde nace el río Jordán. Y mandó llamar a Juan Carbonero y le dijo qu' hiciera ese mandado y Juan Carbonero se jué pa su casa y le dijo a la reina lo que el rey le había mandado. Antonces la reina le dijo que agarrara la misma yegua mora y la ensillara y se subiera en ella y ella lo llevaría. Cuando ya llegó la yegua al río, Juan Carbonero agarró la agua y la trujo y se la llevó al rey.

Antonces el rey mandó llamar otro consejero y le preguntó qué podía hacer pa matar a Juan Carbonero. El consejero le dijo que lo mandara llamar y le dijiera qu' iban a calentar un perol de aceite caliente y tenía que hacer maromas adentro, y quisiera o no quisiera tenía que morir. Antonces el rey lo mandó llamar a Juan Carbonero y le dió la orden que tenía que hacer. Antonces Juan Carbonero se va pa su casa llorando y le platica a la reina. Y la reina le dijo que no tuviera cuidado. Que·llevara la yegua mora y le pidiera al rey el cuarto más reservao que tuviera y un platón de cristal y un cuchillo y acostara a la yegua y la degollara y agarrara toda la sangre y se la untara por todo el cuerpo. Y le dió también a él un manojo de llaves y le dijo que cuando juera a entrar el perol, pegara un grito y tirara las llaves cuanto más lejos pudiera. Cuando ya Juan Carbonero estaba listo pa entrar al perol, se jué y pegó un grito y tiró las llaves y hizo una maroma en el perol y salió un joven de veinte años muy hermoso. Y la princesa le había dicho antes a Juan Carbonero de que nunca le dijiera "Nita", que siempre le dijiera "Desvalida", porque ella estaba encantada en una suidá que le nombraban Irás y no Volverás. Cuando Juan Carbonero se vido tan muchachito y tan hermoso, se jué corriendo paronde estaba la reina y le dijo "Nita". Antonces la Desvalida voló y se jué pa la suidá de Irás y no Volverás. Juan Carbonero se quedó parado muy triste, mirándola.

Dejaremos a Juan Carbonero por un rato y siguiremos al rey. Cuando el rey vido a Juan Carbonero tan muchacho y tan hermoso, quiso hacer a la reina muchacha él también. Mandó a sus criados que le trujieran una yegua mora de allá del campo, parecida a la de Juan Carbonero. Y corrieron todo un día sobre de ella. Al fin la trujieron y la metieron a un cuarto, acabando con puertas y ventanas, y la degollaron. Toda la pader engrudaron de sangre y le untaron la sangre a la reina y le dieron las llaves del palacio. Cuando ya la reina estaba lista pa entrar al perol, pegó un grito y se dejó ir de cabeza. Pronto salieron arriba los huesos blancos. Pues ai se acababa el rey, y Juan Carbonero sigue a Desvalida al rumbo dond' iba.

A poco que caminó, s' incontró con tres jóvenes que estaban peliando por unas botas y una gorrita y una muleta que tenían virtú. Cuando Juan Carbonero llegó, les preguntó que si qué había, y ellos le dicen que ellos peliaban por aquellas cosas y Juan Carbonero les dijo que corrieran a unos pinos los tres y el que golviera primero a onde él estaba, a ése se las iba a dar. Los tres jóvenes corrieron y Juan Carbonero se puso las botitas y agarró la muleta y dijo que quería ir a la suidá de Irás y no Volverás. Pronto las botitas corrieron hasta que llegó a un palacio muy hermoso.

Allí picó con la muleta y se abrieron las puertas y ya oyó un ruido que venía y se puso la gorrita. Cuando él se ponía esa gorrita, naiden lo vía. En eso llegó una princesa que le traiba de comer a Desvalida. Desvalida estaba en la prisión por haberle faltado a una vieja bruja que las tenía encantadas. Ella las dejaba ir a bañarse y que volvieran presto. Porque se había dilatado, la tenían en la prisión. Cuando Juan Carbonero vido a la princesa qu' iba con la comida, la siguió hasta que entraron al cuarto de Desvalida. Cuando ya Desvalida comió, se fué la sirvienta y Juan Carbonero se quitó la gorrita. Desvalida se espantó y quiso gritar, pero ya lo conoció y tuvo mucho gusto. Ansí estuvo algunos días con ella. Cuando le traiban la comida, se ponía Juan Carbonero la gorrita y comía junto con Desvalida.

Y así pasaron unos días y Desvalida le dijo a su hermana que si quería conocer a su esposo. Ella le dijo que sí. Y le dijo a Juan Carbonero que se quitara la gorrita. Y se la quitó y la princesa se espantó y le dice que no se espante. Pero esta princesa tenía la boca como una campana. Pronto que salió, se lo platicó a la vieja bruja y vino la vieja bruja y le dijo a Desvalida que también ella quería conocer a su esposo. Y Desvalida le dice a Juan Carbonero que se quite la gorrita y la vieja se hace la que tiene mucho gusto y le dice:

—¡Qué bonito yerno tengo! Pero yo quiero saber si como es de hermoso es pa trabajar. Yo tengo que hacer un soterrano pa guardar mis raíces. Yo quiero que mi yerno lo haga mañana.

Otro día Juan Carbonero se puso a hacer el soterrano. Cuando ya lo acabó de hacer, le dijo Desvalida que cuando la vieja bruja juera a ver el soterrano, cada agachada que ella se diera, iba a poner muchas puntas de acero alrededor del pozo, y ése era pa echarlo a él y que nunca saliera. Pero le dijo Desvalida a Juan Carbonero que la cuidara cuando se agachara y cuando ya diera güelta el pozo, que ya fuera la última agachada que se diera, que la agarrara de una pata y la tirara a ella. Y así lo hizo Juan Carbonero. Fué y llamó a la vieja para ver si le gustaba. La vieja vino muy contenta y le gustó mucho. Si no más que le dijo que tenía algunos bordos y se agachaba por clavar las puntas de acero y Juan Carbonero la estaba cuidando. Cuando se dió la última agachada, Juan Carbonero la agarró de una pata y la tiró a ella. Y del gusto y del rebato que Juan Carbonero tuvo, salió corriendo y agarró a la reina y dejó las botitas y la muleta y la gorrita. Pero Desvalida agarró el espejo y sus composturas y agarraron dos caballos y se jueron. Pronto vinieron y levantaron a la vieja de onde estaba caida y los siguió.

Cuando ya los iba alcanzando, dijo Desvalida:

—Ai viene la vieja. El espejo se va a volver una laguna y tú un patito y yo una patita. Cuando la vieja nos llame y nos echará trigo, no te vayas a arrimar.

Pronto llegó la vieja y los llamaba y les echaba trigo y Juan Carbonero quería irse paronde ella estaba, pero Desvalida lo atajaba. Cuando ya no pudo agarrarlos de ese modo, se golvió un güeye grande y empezó a beber agua. Cuando ya mero se la bebía toda, pegó un traquido. Ai se quedaron aquéllos desencantados y de ai se volvieron para la suidá y halló Desvalida a su padre y a sus hermanos en el palacio.

192. Juan Asabá[**]

Estaba en una suidá un hombre y una mujer y tenían un hijo que se llamaba Juan Asabá. Juan Asabá era muy fiero. Una vez les dijo a sus padres qu' iba a buscar la mujer más linda pa casarse con ella. Se jué y caminó tres días. A los tres días llegó a una laguna onde estaban unos viejitos. Estos viejitos eran San José y María Santísima. Dijo él que andaba buscando la mujer más linda que hubiera pa casarse. María Santísima le dijo:

—Si te estás tres días con nosotros, aquí en una laguna llegan tres palomas, una colorada, una blanca y una azul. La blanca es la deuteutiva, que es la mujer más hermosa que hay en el mundo.

El se estuvo. A los tres días, llegaron las tres palomas. Se quitaron los cueritos y agarró él el cuerito de la blanca y dijo que se quería casar con ella. Ella le dijo:

—Yo me caso con usté pero me ha de hacer un juramento que no le ha de pesar la deuteutiva, porque ha de pasar muchos trabajos. Y me ha de jurar que nunca en la vida me ha de dicir de otro, más que la deuteutiva, y yo a usté, Juan Asabá. Tiene que partir corriendo de aquí hasta que tope a un negrito. Este es mi Sarandunbitas. Onde tope al negrito, le dice al negrito que me traiga mi traje de novia.

Juan Asabá echó carrera hasta onde se topó con el negrito. Este le dijo:

—Sarandunbitas me llamo yo y cuanto me mande sé hacer yo.

—Dijo tu señora amita que le trujieras su traje de novia.

Sarandunbitas jué y lo trujo. San José y María Santísima los casaron. La deuteutiva paró un palacio más lindo que el del rey aquí en esta laguna. Aquí en esta suidá había un visrey que tenía tres piones que daban güeltas por ondequiera y iban a esta laguna. Un día jueron los criaos del rey y vieron que estaba un palacio. Con el permiso de Juan Asabá entraron al palacio y se quedaron almiraos con la deuteutiva. Antonces en la tarde se jueron y le dijieron al rey que ellos habían estao mirando una mujer tan linda que jamás en su vida la habían visto y un hombre muy feo que era un animal. Otro día jué el rey al palacio y entró y se quedó almirao. Cuando se jué empezó a buscar medio pa matalo al marido para casarse con esa mujer tan linda y no pudo jallar. Al fin que una tarde que estaba muy triste llegó una vieja bruja y le pidió el rey ayuda. Antonces le dijo la bruja:

—¿Qué no sabes que hay agua de resucitar muertos y no hay quien la pueda trai?

—No me acordaba. Pero hora mesmo voy a inviar a dicirle a éste que la vaya a trai.

Pues le avisó a Juan Asabá lo que tenía qué hacer. Antonces Asabá vino y le dijo a la deuteutiva que no tuviera miedo, que al día siguiente le ensille el negrito su caballo y toda esa vereda s' irá a rienda suelta el caballo. Cuando llegue a esta agua, no se vaya a apiar. De arriba del caballo llena esta botellita.

Cuando Juan Asabá llegó a la laguna, hizo cometimiento a llenar su botella de arriba del caballo pero no pudo y tuvo que apiarse. Cuando Juan Asabá se apió, se le perdió el caballo y se le volvió aquel llano que estaba lleno de muertos. Pero cuando s' iba apiando del caballo, tuvo chanza de llenar su botellita de agua. Se quedó perdido Juan Asabá por un día y medio. Al fin, mirando Juan Asabá que había tantísimos güesos de muertos, vido unos güesitos chiquitos y pensó echales una agüita de la botellita y les echó y era su caballo. Agarró su caballo y se jué pa su casa. Cuando llegó, la deuteutiva le dijo qué tenía que hacer.

Pues el rey quería matar a Juan Asabá pa resucitarlo y Juan Asabá quería matar al rey. En esto llegó un gallo y empezó a cantar aquí entre medio del rey y de Juan Asabá. Antonces Juan Asabá agarró este gallo y le cortó el pescuezo. Y le dijo el rey:

—Hora veremos si es ésta agua de resucitar muertos o no.

Antonces agarró Juan Asabá el gallo y le juntó el pescuezo y le echó una gotita de agua pa resucitar muertos. El gallo empezó a cantar con tanta alegría, más que la primer vez. Antonces Juan Asabá agarró su caballo y su botella de agua y se jué pa su casa. Este rey empezó a pensar otra vez cómo podía matar a Juan Asabá y después de andar loco por los llanos por los montes por un mes se incontró con una vieja bruja. El rey le contó sus penas. Antonces le dijo ella:

—Sacarrial majestá, ¿no ha visto usté en los periódicos que ai viene una serpiente que está haciendo mal y no hay quien la pueda matar?

—Viejecita, sí pero como estoy medio loco ya no me acordaba.

Recompensó a la vieja y le dió un saco de dinero y logo jué y trujo un pion que juera a llamale a Juan Asabá. Antonces le dijo a Juan Asabá que si no le traiba las cabezas de la serpiente, penaría de la vida. Juan Asabá llegó a su palacio muy triste porque él no podría peliar con una serpiente. Antonces la deuteutiva le dijo que no tuviera miedo, que otro día en la mañana juera a case el rey, le pidiera un cabresto, una hacha, un cuchillo y dos sables y que logo que saliera de a case el rey jallaría una veredita y que por ai metiera el caballo a rienda suelta, que no le juera a dar miedo como cuando había ido por la agua, que no se apiara del caballo, que de arriba del caballo le cortara las cabezas a la serpiente. Juan Asabá hizo todo lo que ella le mandó. Le cortó las cabezas a la serpiente, las amarró en el cabresto y se vino. La deuteutiva le había dicho a Juan Asabá que le dijiera al rey que ya no lo molestara más, que era el último mandao que le podría hacer y que si lo molestaba más, irían a peliar con ejércitos. El rey s' hizo loco y Juan Asabá se jué con la deuteutiva pa su palacio y vivieron muy a gusto por muchos años. Un domingo andaban muy contentos pasiándose en un bosque y vido la deuteutiva un conejito blanco y le dijo a Juan Asabá que lo agarrara. Cuando se lo entregó Juan Asabá le dijo:

—Toma, vida mía.

Y la deuteutiva se le desapareció y Sarandunbitas se jué con ella y con sus hermanas, las palomas. Juan Asabá anduvo perdido tres días y a los tres días se topó con el negrito Sarandunbitas. Este le dijo:

—Siñor amito, aquí le traigo unas botitas que güelan al parejo del viento, un sombrero que se lo pondrá y será invincible. Mi siñora amita está muy triste por usté. Ya la está matando la vieja. Yo me voy pa que la vieja no vaya a maliciar que yo vine a topalo.

Juan Asabá se jué volando con sus botitas. A los dos días llegó a case la vieja bruja. No pudo entrar paronde estaban las tres palomas porque estaban las puertas bien seguras pero otro día en la mañana se levantó el Sarandunbitas y lo despachó la vieja que juera a dale güelta a las palomas. Cuando jué a darles güeltas a las palomas, entró Juan Asabá con el negrito volando con sus botitas y ai se quedó el invincible hasta la noche. En la nochi Juan Asabá se quitó el sombrero y platicó con la deuteutiva a ver cómo podría él sacala de onde estaba porque en estos tres cuartos onde estaba la deuteutiva había una puerta de navajas. Juan Asabá pensó hacer el sombrerito pedazos, porque tenía que sacar a las tres y salir él. Juan Asabá pensó partir las botitas en cuatro pedazos y lo hizo así y en la nochi la sacó y se llevó a su mujer y sacó a las otras palomas. Cuando volvieron se casaron de nuevo y logo la deuteutiva hizo su palacio otra vez en la laguna.

194. *Cerritos Negros*[29]

Había un viejito y una viejita y tenían un muchichito y un perrito. Un día salió el viejito por leña al monte y oyó una voz que le dijo que si le vendía lo primero que le saliera a toparlo de su casa cuando él llegara. El viejito se lo vendió. Cuando iba llegando a la casa, salió el muchichito primero y el viejito se puso muy triste cuando vido que era el muchichito y la voz le dijo que lo llevara otro día allí a la orilla de la laguna y el viejito lo llevó y el muchichito se desapareció.

A poco de tiempo, vino el muchichito para su casa y le dijo a sus padres que había un palacio muy bonito y oía platicar, pero no los vía. El viejito le dijo que llevara fósforos en la bolsa y cuando oyera platicar, prendiera un fósforo y así podía ver quién era. Y cuando oyó el muchachito la voz, prendió un fósforo y vido una princesa muy hermosa y le dijo:

—Tú has perdido el tesoro por haber prendido el fósforo. Tú me ibas a desencantar. Ahora me voy de aquí a Cerritos Negros y nunca jamás me verás.

—Yo quiero ir allá —dijo el muchichito.

Y se jué para Cerritos Negros en busca de la princesa. Y cuando iba caminando, subió una sierra muy alta y abajó a un valle y vido a un lion, a una águila y a una hormiga que estaban peliando por un venado, y el muchichito se arrimó a onde estaban ellos y les preguntó por qué peliaban. Ellos le dijeron que el lion dicía que el venado era de él, que él había corrido tras de él, hasta que lo había cazado. Y la águila dicía que era de ella, porque ella lo había matado. Y la hormiga dicía que era de ella, porque había caido en su terreno. Y el muchachito sacó un cuchillo y lo partió y le dió la más grande parte al lion, otro pedazo a la águila y lo demás a la hormiga. Y quedaron muy contentos y el lion le dijo que le sacara un pelo de su lomo, el más grande que jallara. Para alguna cosa le serviria. Y la águila le dijo que le sacara una pluma de su cola. Que cuando él le dijiera, "A Dios y mi águila," volaba y iba a dar a onde él queria. Y la hormiguita le dijo que le sacara un cuernito, y cuando él dijera, "A Dios y hormiguita," se podía volver una hormiga y embocarse por donde quisiera:

Y luego el muchachito se fué y sacó la pluma de la águila y dijo:

—¡A Dios y mi águila! Voy a Cerritos Negros!

Y pronto llegó, y estaba un árbol junto al palacio y ai se paró. Cuando la princesa vido la águila, le dijo al gigante que la agarrara, y el gigante la agarró y la reina le dijo que l' hiciera una jaula pa ponerla y el gigante la hizo y la puso la reina en su cuarto. Y un día dijo el muchachito:

—¡A Dios y mi hormiguita!

Y se golvió una hormiguita y salió de la jaula y se golvió joven. Cuando la reina lo vido, se espantó, pero él le dijo que no se espantara, que era el mismo muchachito, y la reina lo conoció y le dijo a la reina que había ido por ella, y la reina le dijo que el gigante era muy valiente, no podía salir de allí. Y el muchachito le dijo que le preguntara al gigante cómo moriria él. Y el gigante le dijo que había una laguna que le dician la laguna de Quiriquiquí. Ai había un animal. El que matara a aquel animal y lo abriera, salia un huevo pa abajo y el que agarrara aquel huevo y le diera al gigante en la frente, así moriría. Antonces el muchachito dijo que él iba a trailo y se puso en camino. Cuando iba llegando, estaba una casa de un borreguero poco cerca de la laguna y tenía dos hijas y le pidió trabajo al hombre. Otro día el hombre lo despachó con las borregas a pastiarlas y le dijo que no las pastiara pa la laguna porque había un animal que las encantaba y no volvían para acá. Pero el muchichito le dijo que él iba a ver ese animal, y echó el ganado pa la laguna y lego se golvió él lion y se peliaron, todo el día y otro día golvieron a peliar y dijo el ánimal:

—¡Quién pudiera darme un vaso de agua y te despedazaría!

—¡Quién pudiera darme un beso de doncella y yo te despedazaría —dijo el muchacho.

Y el muchichito le dijo al hombre que si ha habido una doncella que le hubiera dado un beso, él hubiera desbaratado al animal, y el hombre le dijo que otro día llevara a una de sus hijas y se escondiera cerca de la laguna y cuando el muchachito dijiera que quería un beso de la doncella, juera y le diera. Otro día se peliaron y le dijo el animal:

— ¡Quién pudiera darme un vaso de agua y yo te devoraría!

— ¡Si pudiera darme un beso una doncella, yo te acabaría!

Y brincó la muchacha y le dió un beso y pronto lo mató y le clavó las uñas y lo abrió y salió volando la paloma pa arriba del cielo y sacó la pluma de águila el muchachito y dijo:

— ¡A Dios y águila!

Y salió volando y agarró la paloma y la abrió y se vino el huevo para el suelo y lo agarró antes que cayera al suelo. Y ai se desencantó todo lo que había en la laguna y el hombre le dicía al muchachito que se casara con su hija, pero él no quiso. Se jué paronde estaba el gigante y la princesa. Cuando él llegó, ya el gigante estaba muriendo y entró y le pegó con el huevo en la frente, y murió. Y ai se desencantó y luego se casaron y quedaron juntos.

195. *El Tamborcito, el Cabo y el Sargento*[1]

Estos que les llamaban el Tamborcito, el Cabo y el Sargento allá ond' iban, caminaron mucho. S' incontraron con una casa. Esa casa estaba encantada. La tenía encantada una vieja bruja. Y éstos oían hablar. Oían cantar. Tenían su comida a todas horas. Estos estuvieron mucho en la casa. Al fin les habló una de las muchachas que estaban encantadas y les dijo que si ellos hacían lo que ella les mandaba, se desencantaban y que si las desencantaban, se casaban las tres hermanas con los tres muchachos que habían llegado a aquella casa. Antonces les dijo el Tamborcito que les dijieran qué era lo que tenían que hacer para desencantar a aquellas muchachas y aquella casa para casarse con ellas. Antonces le dijo la mayor de las muchachas que tenían que pasar una noche de frío, una noche de sé y otra de hambre. Estos comenzaron a hacer lo que ella les mandó.

El Tamborcito jué primero, jué a sufrir la noche de frío. Antonces le dijo la muchacha que no se juera a crer de la vieja bruja que tenía que llegar como a las once diciéndole que bebiera agua, que se cobijara y que tocara, perturbándole pa que no hicieran lo que las muchachas les mandaban. Antonces éste no hizo lo que la muchacha le mandó sino lo que la vieja le mandó. Y cuando él jué, ya halló la voz de la muchacha que le dijo que no las había desencantado. Pero si él quería seguirlas, que las siguieran pa los Valles de Luvilú y Arboles de Cristal. Y le dió una mascada blanca con las orillas negras y una sortija de oro.

Hora el otro, el Cabo, jué a sufrir la noche de sé. Y vino la vieja a la mesma hora a perturbarlo lo mesmo que al Tamborcito y también él hizo lo que la vieja le dijo. De manera que no desencantó a la muchacha y cuando ya llegó allá, también ya oyó la voz de la muchacha que le dice que no la había desencantado y le dijo que si quería seguirla, que la siguiera pa los Valles de Luvilú y Arboles de Cristal y le dió una sortija de oro y una mascada.

Hora el Sargento jué a pasar la noche de hambre y le pasó lo mesmo que a los otros, siguió los consejos de la vieja bruja y no hizo lo que las muchachas le mandaron. La menor, antonces cuando él llegó, le dijo que no la había desencantao y le dijo que la siguiera pa el Valle de Luvilú y Arboles de Cristal, y le dió una sortija de oro y una mascada rocía de blanco y negro. Se jueron las muchachas y quedaron ellos muy tristes en la casa por un tiempo.

Viendo éstos que no habían hablao ni les daban la ropa que les daban ni nada, se aprevinieron y salieron de la casa. Estos allá ond' iban, al fin se jué el Tamborcito solo a buscar los Valles de Luvilú y Arboles de Cristal. Los compañeros no quisieron seguir. Este caminó tanto hasta que s' incontró con el sol. Cuando llegó a onde estaba el sol, antonces le preguntó si conocía a los Valles de Luvilú y Arboles de Cristal. Antonces le dijo el sol que él no los conocía, que él era muy viejo y él no conocía esos lugares, pero fácil que la luna vieja los conozca. Este llegó a onde estaba la luna. Cuando él llegó, le preguntó que si no conocía la suidá de los Valles de Luvilú, y Arboles de Cristal. Antonces le dijo la luna que no. Que ella era muy vieja y que ella no conocía esos lugares pero que fácil que el aigre viejo sí conociera. Antonces llegó onde estaba el aigre viejo y el aigre viejo le dijo que él no conocía esos lugares pero fácil que sus aigrecitos sí conocieran. Antonces el aigre viejo lo echó en un guaro y le dió un cuchillo y lo puso en un lugar hasta que sus aigrecitos llegaron. Antonces el aigre viejo le empezó a preguntar a sus aigrecitos de los lugares a onde ellos habían ido. El último que llegó, ése jué el que le dió razón de los Valles de Luvilú y Arboles de Cristal. Antonces el aigre viejo le dijo que se lo llevaran otro día a aquel guaro y lo tiraron en la mera suidá. Cuando éste cayera en la suidá, que se volviera el aigrecito. Antonces éste se sintió en tierra y abrió su guaro y salió.

Cuando éste llegó allá, y s' iban a casar las muchachas que estaban en el encanto con otros príncipes. Estas le pidieron tiempo al rey, tres días de toros. Cuando la gente estaba pasando para la divirsión, el Tamborcito estaba detrás de la casa del rey y lo convidaban para ir a ver la divirsión y él no quiso. Antonces él traiba una cajita. Esta cajita tenía virtú y la cajita dicía:

—Garabunditas me llamo yo; cuanto me mande, tanto le hago yo.

Antonces él le pidió un caballo blanco con la clin negra, no más el cuerpo blanco, del color de las mascadas el caballo. Antonces este Tamborcito salió a toriar el toro. Antonces muy espantada la gente de ver que había caido aquel muchacho que no sabían de ónde con su vistido del mismo color que su caballo. Antonces dijo el rey:

—¡Holas! ¡Holas! Pésquenme ése. ¿Qué joven es ése que ha venido aquí a toriar estos toros?

Antonces salió la muchacha y les dijo a sus hermanas:

—¡El Tamborcito! ¡El Tamborcito en el pais!

Pero tenían que ser tres días de toros porque las tres hermanas s' iban a casar con tres hermanos, tres príncipes. El último día que jué, y llevó un caballo rocío, su vestido lo mesmo, del mesmo color que la mascada. Antonces de una vez no más entró él, no supieron de dónde. No más sacó su cajita, dijo:

—Garabunditas me llamo yo; cuanto me mande, tanto le hago yo.

Antonces ya estas muchachas de una vez gritaron y dijieron que se casaba la mayor con el Tamborcito. El rey quería que lo agarraran de una vez al Tamborcito, pero no lo agarraron. Antonces la mayor de las muchachas dijo que con el Tamborcito se casaba. Y ella se llevó a sus hermanas pa la casa onde la desencantó el Tamborcito y se casó con el Tamborcito la mayor.

196. *Las Siete Montañas*⁶⁵

Pues éste era un rey que tenía tres hijos. Estos tres hijos estaban ya grandes, ya hombres, y le dijo el mayor que querían salir a trabajar. El rey les dió su permiso y se jueron. Cuando éstos se jueron los tres, el mayor era borracho, pon cuidao; el del medio, jugador; el chiquito, músico.

Allá ond' iban en el camino, se les acabó el bastimento. Caminaron tres días juntos. A los tres días en la noche vieron una luz muy opaca. Cuando llegaron a la casa, estaba muy aluminada, pero no vieron gente. Logo que entraron, vieron el peine, la agua y tuallas pa que se lavaran. Se estuvieron lavando y peinándose y logo ya vieron que ai estaba la mesa pa que cenaran, entraron y cenaron. Dijo el mayor:

—Si jallaba una botija de juisque yo, había de beber y gritar hasta que me durmiera.

Y ya la vido allí a un lao de su cama y logo entró el del medio a otro cuarto y dijo:

—Si yo jallara una baraja, yo jugara hasta que me durmiera.

Y ya la vido a un lao de su cama. Y logo entró el chiquito a otro cuarto y dijo:

—Si yo jallara una guitarra, había de tocar y cantar hasta que me durmiera.

Cuando él estaba tocando, a las ocho de la noche, llegó una príncipa en figura de animal. Y le dice ella:

—Cásate conmigo.

—No, estás murre fiera.

Y se está hasta las nueve con él platicando. A las nueve se le descabulló y le deja un vestido de arriba y uno de abajo pa que se mudara.

En la mañana se levantó él, se mudó de limpio y se lavó y ya estaba el almuerzo puesto. Estuvieron almorzando los tres hermanos y le dice el hermano mayor al del medio:

—Pero de ónde trai éste ropa tan fina que trai puesta.

Bueno, ellos tuvieron su comida a medio día y volvieron a quedar en la misma en la noche, uno bebiendo, uno jugando y otro cantando. Volvió a entrar la muchacha a las ocho a onde el muchachito estaba y le dice:

—Anda, cásate conmigo.

—No, estás murre fiera.

Se estuvo hasta las nueve. A las nueve le volvió a dejar otro vestido pa que se mudara. En la mañana se levantó, se lavó y se vistió y salió a la mesa a almorzar. Volvió otra vez su hermano el mayor:

—Pero ¿de ónde trai éste ropa todos los días? Vamos a matalo.

—¡Cómo matamos a nuestro hermano! —le dijo el del medio—. Más bien lo que haremos es irnos de aquí. Lo dejaremos dormido. El mayor quería matalo y el del medio no quijo. Pues mañaniaron y lo dejaron solo. En la mañana se levantó él y tenía otro vestido. Se vistió, se peinó y salió a almorzar y ya no jalló a sus hermanos. Se jalló solito. Pues en fin duró un año en aquella casa, viniendo la niña no más de noche a visitalo. Al año le dijo:

—Pues hora sí, mañana voy a comenzar los baños, si quieres ir a onde yo estoy.

—Si voy —le dijo él.

Bueno, se jué en la mañana él. Allá ond' iba, salió una vieja que tenía un muchichito.

—Nietecito, nietecito, llévame a mi nieto, que estoy trabajando las armas del rey mi señor.

—No quiero —dijo el muchacho—. Yo no quiero llevar muchachos.

Pero corriendo como iba, se lo echó aquí atrás. Cuando llegó a la laguna onde s' iba a bañar la princesa, desensilló su caballo y se acostó en uno de los subaderos a tocar. Cuando ya oyó estar comiendo al muchacho:

—¿Qué estás comiendo, mocoso?

—Unos albarcoquitos que me dió mi abuelita.

Vino el mocoso y le dió, y duérmese. Llegó la princesa, estuvo bañándose, jué a onde él estaba, le gritaba, lo sentaba de los cabellos y él muerto. Así que se cansó de gritale, sacó una mascada amarilla con las armas del rey, su padre, y le dice:

—Anda, ingrato, que si me quieres, m' irás a ver a la Suidá de Siete Montañas.

Y se jué la muchacha. No más se jué y le dijo el muchacho:

—¡Ah, qué sueño tan duro tiene usté! Llegó una princesa tan linda y tan hermosa y no lo pudo recordar.

—¡Mal haya tu alma, mocoso! ¿Por qué no me recordates?

—¡Es que no lo pudo recordar la princesa que le gritaba, y lo iba a recordar yo!

Pues se vino el muchacho pa su casa con su mocoso. Allá salió la vieja:

—Tenga su nieto. Este mocoso ya no lo vuelvo a llevar.

Ya cuando llegó a la casa, y estaba destechado un pedazo de la casa onde él estaba. Pero él se puso a lavar, a peinarse y logo se puso a cenar él solo. A las ocho volvió a llegar la muchacha:

—Anda —le dice—, ingrato, ¿qué dices? ¿Te casas conmigo?

—Estás murre fiera.

—Semos perdidos. Tú agarrates el camino en vez de la vereda. Todavía hoy hay remedio, sí haces como yo te mando.

—No —le dijo—, mi padre me decía que no dejara camino por vereda.

Y jué y agarró el otro camino y allá iba la vieja y le dice que lleve su nietecito.

—No quiero a su nieto.

Pero se lo tiró y se jué. Se lo llevó. Logo que llegó, empezó a tocar. Cuando ya conoció el mocoso que venía la princesa, empezó a maiscar.

—¿Qué maiscas, mocoso?

—Unos biscochitos que me dió mi nana abuelita.

Vino y le dió. No más le dió y se durmió. Ya llegó ella. Ella le hablaba, lo sentaba y le gritaba, pero no lo pudo recordar. Pues se jué a bañar. Logo que salió del baño, vino y le echó una mascada azul con las armas del rey, su padre, pintadas y le dijo:

—Si me quieres ir a ver, m' irás a ver a la Suidá de Las Siete Montañas.

Ya se vino pa atrás el muchacho otra vez pa la casa y le dejó el muchachito a su abuela. Ya cuando llegó él a la casa, ya no estaba mas que onde estaba su camita techao. Ya llegó ella, logo que cenó, y le decía:

—Semos perdidos.

—No hermanita, —le dice él—, mañana sí agarro la vereda.

—Ya si agarras la vereda o no la agarras, es por nada.

Pues cuando ya se jué otro día, agarró la vereda y ya cuando iba en media vereda, salió la vieja otra vez con el muchacho. El no quería llevalo pero se lo tiró. Y se jué con él. Cuando llegó a la laguna, desensilló su caballo y se tiró allí en los subaderos a tocar. Cuando conoció el maldito muchacho que ya venía la princesa, empezó a maiscar.

—¿Qué comes, mocoso?

—Unos duraznitos que me dió mi abuelita.

Pues no más le dió y se quedó dormido y llegó la princesa. Entró al baño, se estuvo bañando y logo salió del baño a onde él estaba y le empezó a hablar, a querelo recordar y no pudo. Antonces sacó otra mascada color de cielo con las armas del rey, su padres, y le dice:

—Si me quedrás ir a ver, me irás a ver a la Suidá de las Siete Montañas.

Ai dispertó él y no jalló al muchacho, ni jalló a la princesa ya, pero sus mascadas las echaba en su guitarra. A las rodadas del borlón jué siguiendo él hasta onde se le desparecieron las rodadas y de ai agarró por montañas, por el monte. Cuando se topó con el primer armitaño, le dice el armitaño al muchacho:

—Decirme si eres de este mundo o del otro.

—Señor, soy de éste. Ando en busca de la Suidá de Siete Montañas.

—¡Uh —le dice el armitaño—, tanto año como tengo yo, no la he oido mentar hasta hora! Pero no es mucho. Yo mando los animales que se arrastran.

Ya empezó a llamalos con un tamborcito, y al muchacho lo metió pa adentro de la armita pa que comiera. Ya empezó el santo armitaño a preguntale a los animalitos y todos le respondieron que no conocían la suidá:

—Pero no muy lejos —le dice el santo armitaño al muchacho— de aquí onde yo vivo está otro santo armitaño que ése manda los animalitos de cuatro patas.

Se jué caminando aquel pobre hasta que llegó a onde estaba el santo armitaño. Se espantó mucho el santo armitaño y le dice:

—De parte de Dios te pido si eres de este mundo o del otro.

—Señor, soy de éste. Ando en busca de la Suidá de Siete Montañas.

—¡Uh —le dice él—, ya tan viejo yo, yo no la he oido mentar hasta hora! Pero no es mucho —le dice—, yo llamaré a mis animalitos.

Ya vino y los estuvo llamando y les estuvo preguntando si conocían la Suidá de Siete Montañas y dijieron ellos que no.

—Mira —le dice—, no lejos de mi armita está otro armitaño que manda todos los animales que vuelan en las regiones.

Ya se jué el muchacho a buscar la otra armita. Cuando llegó a onde estaba el otro santo armitaño, se espantó mucho y le dice:

—De parte de Dios te pido si eres de este mundo o del otro.

—Soy de éste. Que ando en busca de la Suidá de Siete Montañas.

—Pues yo tan viejo que soy, es la primer vez que la he oido mentar. Pero no es mucho —le dice—, yo mando los animalitos que vuelan las regiones.

Ya se puso a tocar un pitito y empezaron a cai todas las aves. A las tres veces que tocó, llegó la águila vieja y se nojó el santo armitaño con ella y le preguntó que ónde estaba, que la estaba gritando y no había caido. Y le dice:

—Señor, estaba en la Suidá de Siete Montañas comiendo tripitas, que hicieron matanza, que se va a casar la hija del rey fulano.

Ya le dijo el muchacho que le preguntara a la águila que si cuánto había de aquí a la Suidá de Siete Montañas. Ya le respondió que de la armita a la Suidá eran diez años.

—Si él me da —le dice la águila— diez borregas, yo lo llevo.

—Anda —le dice el santo armitaño—, trai diez borregas de mis borreguitas y mátalas.

Y vino las mató y se las echó aquí adelante y él se subió anancas de la águila. Cada abierta de boca, le echó una borrega. Acabándose la última y poniéndolo junto del palacio. Ya tenía el rey toda la gente reunida en el salón para que se casara la princesa. El andaba descalzo, sin sombrero, con un patarrao echao, y le dice la águila:

—Toma estos doblones de oro, uno le pagas a éstos que están aquí cuidando y el otro le pagas al puertero porque te deje entrar.

Pues luego que entró al baile, le empezaron a dar la entrada hasta que se subió arriba onde estaban los músicos y empezó a tocar y a sudar y sacó la primer mascada y se limpió y se la echó en el hombro y logo volvía a seguir sudando y sacó otra mascada y se limpió y se la echó en el otro hombro. Antonces le dice el rey a la muchacha:

—Anda, mujer, ya el padre está apurao pa casarte.

—Espérese, padrecito. Deje que acabe de tocar ese músico.

Sacó la última mascada y se limpió con ella y se la destendió en la rodilla. Cuando se la destendió en la rodilla, le dijo la muchacha:

—Mire, padre, aquél es mi marido, no éste. Este duró un año y tres días conmigo. Y si no tiene las armas del rey, su mercé, no es mi marido.

Pues se casaron y el novio que s' iba a casar con ella, sirvió de padrino.

197. *Juan de los Cíbolos*¹⁶

Era una viejita que estaba viuda y tenía un hijo que se llamaba Juan y éste era muy amante d' ir a cazar cíbolos y por eso le dicían Juan de los Cíbolos. En esta misma suidá estaba un rey que tení tres hijas. A este rey le robaron sus hijas una vieja bruja y se las tenían encantadas, güeltas unas palomas, una blanca, otra azul y la otra colorada.

Juanito le dijo a su madre una vez que s' iba a ir a los cíbolos pa trai mucha carne pa vendele a la gente. Y se jué Juanito a trai carne y allá le salió Siñor San José en figura de un viejito y le dijo:

—Juanito, tú eres muy cazador de cíbolos. Allá hay muchos. Pa que llegues a las nueve lagunas, te dilatas nueve meses de aquí pa allá.

Juanito era devoto de María Santísima y se jué Juanito. Prendió sus güeyes y su carretón y en un día llegó a las nueve lagunas, porque María Santísima l' hizo el camino chiquito. Cuando Juan llegó a las nueve lagunas, vido que había una chocita. Aquí en esta chocita vivía María Santísima, que lo había venido a esperar. Y salió María Santsima a recibilo y le dijo:

—¿Cómo vive, hermana, en esta chocita que no se la haigan comido los josos?

—Con la voluntá de Dios, Juanito —le dijo.

Juanito se quedó a dormir con María Santísima en la chocita. Muy a la madrugadita lo levantó María Santísima que juera a cazar. Cuando Juan cazó el primer cíbolo, María Santísima lo empezó a desollar y hacelo cecina. Juan llenó su carretón de carne y le dijo María Santísima que tenía que visitar las nueve lagunas. Estas nueve lagunas, pa visitalas había de camino nueve meses. Juan lo hizo en un día los nueve meses. Cuando llegó Juan a las nueve lagunas, vido que habían llegao tres palomas. Cuando jué a matalas, llegó María Santísima y le dijo:

—Juan, no vayas a matar las palomas. Son las hijas del rey, tu vecino. Lo que has de hacer es casarte con una de ellas, con la blanca.

Juan jué y ispió las palomitas y les agarró sus plumeritos y se los escondió. Cuando les jué a entregar los plumeritos, Juan le dijo a la paloma blanca que si se podía casar con él. Y ella dijo que de un modo, que si él le dijiera al rey que si qué le daba de premio si él vinía por sus hijas y las hallaba. Juan obedeció y le dijo el rey que le daba una de las princesas.

Cuando estaba María Santísima con Juan en la cuevita, le dijo que l' iba dar unas botitas. Que éstas volaban al igual del viento. Que l' iba dar un sombrerito pa que quedara invinsible que no hubiera quien lo viera.

Pues antonces Juan se volvió a ir pa las nueve lagunas. Cuando llegó Juan a las nueve lagunas, estuvo esperando a las princesas por una semana. No viineron en una semana porque la vieja las tenía cautivas y no las dejaba salir, causa que se habían estao con Juan la otra vez que había venido a los cíbolos. Antonces Juan, logo que vido que no vinieron, se puso su sombrerito invinsible y sus botas que volaban al parejo del viento y se jué a buscar las tres palomas.

Esta nochi que Juan llegó, las halló a las muchachas encerradas. Tan pronto como se descuidó la bruja, entró a donde estaban las palomas y estuvieron hablando a ver cómo se escapaban.

Antonces dijo la paloma blanca que esta vieja cada un año tenía que hacele fiesta a toda la brujería y tenían estas fiestas por ocho días los brujos y la vieja. Y antonces era la oportunidá que él se las pudiera sacar. Cuando vinieron las fiestas riales, empezaron a llegar los brujos y las brujas y antonces desencantó la vieja las palomas, porque siempre las desencantaba para este tiempo. Estas, logo que se vieron desencantadas, empezaron a dale muchas bebidas a la bruja hasta que la escaparon de matar, que la vieron que se había quedao como muerta. Y logo Juan cortó el sombrero y hizo tres pedazos, una parte le puso a la paloma colorada, otra le puso a la azul y otra le puso a la blanca. Y logo cortó las botas, y las botas las cortó en tres pedazos. La planta de las botas dejó para él. Los cortes de las botas hizo tres partes y puso una parte a la colorada, otra parte a la azul y otra parte a la blanca, y salieron de la casa de la vieja. Jueron al palacio del rey, entregó a las princesas y logo lo casó el rey con la paloma blanca, le dió la mitá del palacio y hora está Juan de los Cíbolos coronao de rey.

198. La vieja bruja[54]

Este era un hombre y vivía en la orilla de una suidá. Este hombre se mantenía cazando berrendos y así hacía la vida. Cuando ya él estuvo muy viejo, enseñó al muchachito a tirar con la carabina. Pues que se murió el viejo y quedó el muchachito y la viejita solos.

Y luego un día le dijo el muchachito a la viejita que le apreviniera un lonche para ir a cazar venaos y allá en el llano onde andaba incontró una berrenda y no más era que l' iba a tirar y corría la berrenda y no le podía tirar, y luego le rompió él corriendo. Cuando ya mero la alcanzaba, le dijo la berrenda que no le tirara, que le prometía dale de tres hijas la que él quisiera. Y luego le dijo el muchacho que si de dónde la iba a conseguir a la hija, y le dijo que fuera como a las diez de la noche a una laguna que estaba allí cerca y ai iban a llegar vueltas palomas y la que él quisiera que le quitara el

ʼcuerito, que llegando allí sʼ iban a quitar el cuerito y sʼ iban a bañar
en la laguna. Y se volvió a la casa y le dijo a su mamá que sʼ iba a
ir a cierta laguna. Quʼ iba a esperar a tres muchachas quʼ iban a venir a bañarse esa noche allí.

Pues se fué él a esperar a las tres muchachas. Como a las diez
de la noche llegaron las hijas de la vieja bruja a bañarse allí a la laguna. Cuando llegaron allí, agarró el cuerito de la menor y se lo echó
en la bolsa. Cuando ellas acabaron de bañarse, salieron y aquéllas
cada una se puso su cuerito y la otra le dijo que le entregara su cuerito. Y le dijo el muchacho que no se lo entregaba, que ella tenía que
casarse con él. Pues de ai se fueron pa la casa del muchacho y se casó la muchacha con el muchacho y luego le entregó su cuerito y un
día le dijo el muchacho a la muchacha que le hiciera un lonchecito
para ir a cazar venaos. Y lʼ hizo el lonchecito y luego le dijo que no
le volviera a decir "hija", que le dijiera "Bienaventurada". Bueno, se
fué el muchacho y a poco que caminó, mató un berrendo y lo trujo.
Cuando se les acabó esa carne, le volvió a decir:

—Hija, hazme otro lonchecito pa ir a ver si cazo otro venao.

—Ya te dije que no me dijieras "hija". Si me vuelves a dicir dos
veces más "hija", me voy a ir de aquí.

Y le dijo el muchacho que si cómo se llamaba el lugar donde ella
vivía, y le dijo que se llamaba Los Montecitos de Aspera y la Sierra
de Quiriquiquí. Bueno, fué el muchacho y cazó otro venao y lo trujo. Después que se acabó la carne, le volvió a dicir:

—Hija, hazme otro lonchecito.

Y le dijo la muchacha que en la otra vez que le dijiera "hija",
sʼ iba a ir. Pues la otra vez se le volvió a olvidar al muchacho y le
dijo:

—Hija, hazme otro lonchecito.

Pues que se fué él a ver si cazaba algún venao y mató un venao
y lo trujo y cuando él volvió ya no halló a la mujer y le dijo a su
mamá que si que se había ido su esposa, y le dijo la mamá que ya hacía un rato que no la vía. Y le dijo el muchacho a la mamá que él sʼ
iba a ver ónde la hallaba.

Y se fué el muchacho y hacía quince días que había caminao y
sʼ incontró tres hermanos que estaban peliando por una herencia que
les había dejao su padre. El mayor quería una gorrita invencible y
una muleta que revivía muertos, y los otros no querían, porque eran
tres cosas. Ellos le dicían que agarrara lo que él quisiera, y en esto

llegó el muchacho y ya les dijo que si qué estaban haciendo. Ya le dijieron que estaban alli peliando por la herencia que les había dejao el viejo. Le dijieron ellos que la gorrita no más se la ponían y no lo vían y la muleta no más pegaba tres muleazos en un sepulcro y se levantaba el muerto y platicaba con él un rato y luego se volvía a morir. Y las botas, no más se las ponían y le dicían "Cuela, bota," y caminaban muy recio. Pues ya les dijo que se fueran allá onde estaba un cedro y que de allá rompieran y si uno agarraba las tres cosas, ése se quedaba con ellas, y si cada uno agarraba una cosa, pues estaab bien. Cuando aquéllos se fueron a romper de allá del cedro, él se puso la gorrita y las botas y agarró la muleta y les dijo:

—Cuelen, botas.

Y se fué y los dejó a ellos. Cuando ellos voltiaron la cara pa atrás, ya no lo vieron. Y se volvieron a ir al lugar onde estaba a ver si lo hallaban y ya no lo hallaron y se peliaron con el hermano mayor.

Y el cazador se fué y llegó a onde estaba la luna y le preguntó que si sabía dónde eran Los Montecitos de Aspera y la Sierra de Quiriquiquí. Y le dijo la luna que ella no sabía, que posible que el sol supiera. Y luego llegó onde estaba el sol y le preguntó al sol que si sabía ónde eran Los Montecitos de Aspera y la Sierra de Quiriquiquí. Y le dijo el sol que él no sabía, que posible el aigre supiera. Y se fué a donde el aigre estaba y le preguntó que si sabía él dónde eran Los Montecitos de Aspera y la Sierra de Quiriquiquí. Y le dijo que él no sabía pero posible su padre supiera. pero ya él estaba muerto. Y luego le dijo el muchacho que le dijera dónde estaba enterrao, que él lo iba a revivir. Y se fueron donde él estaba enterrao y pegó tres muletazos onde estaba su sepultura y se levantó el aigre y le dijo que si qué se le ofrecía y le dijo él que él quería saber dónde eran Los Montecitos de Aspera y la Sierra de Quiriquiquí. Y ya le dió la dirección el aigre.

Se fué el muchacho y llegó al lugar y vido él que estaba una suidá encantada en palomas; nada más que una casa, que había jumo. Y se fué a la casa y se puso la gorrita y llegó a casa la vieja bruja y cuando él entró adentro, se quitó la gorrita donde estaban las hijas de la vieja bruja y su esposa muy contenta con él, diciéndole que si cómo había ido a ese lugar tan lejos. Ya le platicó el muchacho cómo había estao todo. Y les dijo el muchacho que le preguntaran a la vieja bruja que si dónde tenía su vida, y luego se fué él y se sentó a un lao de la vieja bruja, donde estaba echando tortillas y se puso a comer y le dijo la vieja bruja a su hija menor:

—¿Sabes, hija, que yo echar y echar tortillas y ellas no rendir?
¡Más que tu marido anda por aquí!

—¡Va qué mi mamá! ¿Qué ha de andar haciendo aquí, cuando
ni los pajaritos habitan aquí?

Pues luego que ya acabó de echar tortillas, llamó a la mayor a
peinala. Cuando la estaba peinando, le preguntó dónde tenía su vida.

—Pero ¿por qué quieren saber dónde tengo yo mi vida?

—No más por saber dónde está su vida.

—Pues anda a ese cuarto y ai en ese cuarto está una petaquilla, y está una paloma de concha. No la vayas a agarrar, porque si
la agarras y la aprietas, me matas.

Pues se fué ella al cuarto donde estaba y se fué el muchachito
con la gorrita puesta y abrió la petaquilla y vió el muchachito la paloma, y de una vez se murió la vieja bruja, y a poco rato aquí viene
el gentío a case la vieja bruja, todos los que estaban encantados en
palomas, tráindole al muchachito mucho dinero porque los había desencantao,y luego de ai se fué el muchachito para donde él vivía. Se
llevó a la mujer y a sus cuñadas y halló a la viejita todavía con buena salú y todavía hasta horita está pasando buen tiempo con la esposa.

199. El pájaro de siete colores[14]

En una ciudá estaba un rey que tenía tres hijos y tenía un jardín que tenía una arlobera muy grande y en el medio de la arbolera tenía un árbol de granadas, el que cuidaba con mucho esmero. Cuando ya empezaron las granadas, le empezaron a hacer un terrible estrago en ellas. Y el rey no sabía quién le cortaba las granadas. Mandó hacer un cerco muy alto, muy bien cerrado, que no tuviera más
que una puerta de donde hicieron un corredor hasta la puerta de la
casa. Pero cada noche le robaban las granadas y le destruían el árbol. Un día dijo él:

—Voy a traer un hombre que venga a cuidar a ver quién me está robando las granadas.

Porque él creía que era alguna persona que las robaba para venderlas. Encerró temprano al hombre en el jardín, dándole la orden
de cuidar, velar para ver quién era el que entraba y por dónde entraba. Pero en la madrugada le dió mucho sueño y se durmió y no vió
cuando llegaron a robar las granadas. Otro día se dispertó y halló
hasta brazos del árbol y no supo quién. Cuando fué el rey a abrir

la puerta, le preguntó cómo le había ido en la noche. El le contó que el árbol estaba destruido pero que no había visto a nadie.

La siguiente noche buscó otro hombre el rey y hizo como con aquél y le pasó la misma y siguió varias noches poniendo veladores, pero ninguno pudo hallar al ladrón. Entonces le dijo su hijo, el mayor:

—Padre, yo iré a velar esta noche y le prometo que yo sí voy a coger al ladrón.

—Bueno, hijo, si tú lo haces, serás el dueño de mi corona.

Le pidió a su madre una barajita para jugar en la noche y fué su padre y lo encerró. Y tenían un sofá debajo de un árbol de sombra en donde iban a pasar varios ratos de día. Se fué el joven, llevando su barajita, y toda la noche se estuvo jugando y no llegaba nadie. En la madrugada se quedó dormido. Cuando dispertó, el árbol estaba destruido, todas las granadas en el suelo. Se fué a la puerta del cerco a esperar que su padre le abriera. Cuando llegó su padre, le preguntó cómo había pasado la noche. El le dijo que se había dormido y no había visto entrar a nadie y el árbol estaba caido. La segunda noche le dijo el del medio qué el quería ir a cuidar esa noche.

—Pues tú serás —le dijo su padre—, si coges al ladrón, el dueño de la corona.

Le pidió a su madre una guitarrita y se fué al jardín. Toda la noche cantó y tocó la guitarrita y nadien se arrimó. En la madrugada se durmió. Tal y tal que se durmió, vino el pájaro y se robó las granadas y destruyó el árbol. En la mañana cuando dispertó, vió el árbol que estaba tan arruinado y fué a la puerta a esperar a su padre, al que le contó lo que le había pasado en la noche. Y al pobre anciano le dijo el menor, de siete años:

—Déjame ir a mí, padre. Yo sí le traigo al ladrón.

—No, hijito, te vas a espantar y te va a dar miedo. Mira que tus hermanos han ido y no han podido coger a nadie y no sea que tú te espantes.

—Sí voy, padre. No me da miedo.

—Bueno, pues si tú, hijo, trais al ladrón, serás el dueño de la corona.

Entonces le pidió a su madre que le hiciera una almuadita y le pusiera bastantes alfileres y le diera un tamborcito. La madre le hizo la almuadita y le dió el tamborcito. Fué el rey y lo llevó al jardín, atrancando la puerta siempre pensando no se fuera a espantar su hijo. Pero él toda la noche siguió cantando y tocando su tambor y ya en la madrugada empezó a dale sueño. Cogió la almuadita y se la puso en la espalda, subiéndole por sobre los hombros la almuadita, y como tenía alfileres, no más cabeciaba y se picaba con los alfileres y dispertaba. Y así se estuvo toda la madrugada. Cuando oyó un ruido que parecía que venían nubes de granizo o alguna cosa muy ruidosa por los aires y empezó él a ver para todos lados. Cuando vió venir unas luces muy fuertes, y él creía que eran estrellas y pensaba que se iban a cai las estrellas del cielo. Mientras más rato veía, el ruido era más y las luces bajaban hasta que vió pararse arriba del árbol de las granadas. Y era el pájaro que daba diferentes luces. Se metió debajo del árbol y le cogió la cola al pájaro pero como él estaba mediano, no pudo alcanzar bien a tomale toda la cola y él era pájaro muy grande. Armó volido y se fué sin hacer perjuicio al árbol y él se quedó con un manojo de plumas, las que le sirvieron de cirios. Daban luz sin necesitar de linternas, y cuidó el rumbo que llevaba el pájaro. Se fué a la puerta del cerco a esperar a su padre. Su padre y su madre no pudieron dormir en toda la noche con la pena de su hijo.

Ese día se levantó más de mañana el rey para ir a ver si sacaba a su hijito del cerco, y lo halló en la puerta. Cuando vió el rey aquella iluminación, se asustó. Luego que el niño vió ir a su padre, le habló. Ya le preguntó él cómo había pasado aquella noche y qué nuevas le traiba.

—¡Mire, padre! ¡Mire estas plumas son del ladrón! Es un pájaro el que viene a hacer daño y yo se lo voy a trai. Ahora no pude más que sacale la cola.

Lo cogió su padre y lo abrazó, llevándoselo a su madre con aquel manojo de plumas que no necesitaban de prender luces, porque contenían puros diamantes y piedras preciosas.

A los dos hijos mayores dijeron que se iban a ver si podían conseguir el pájaro ellos. Y el medianito también se animó. Se fueron y al chiquito no querían que fuera pero al fin le rogó él a su padre que lo dejaran ir y se lo encargó a su hermano diciéndole que no fueran a dejar a su hermanito ni le fueran a hacer ningún daño. Le dió algún dinero y algún poco de bastimento y a cada uno de ellos le dió un cuchillo para que se defendieran del enemigo.

Llegaron a una laguna y le dijeron al medianito que ellos determinaban apartarse cada uno por su camino y que clavarían allí sus cuchillos en aquella laguna hasta que volvieran, con el precepto de que no se había de venir uno adelante del otro. El que llegara a la laguna primero, tenía que esperar a los otros hasta juntarse los tres para venir juntos a onde estaba su padre. Convinieron así y se fueron los tres, pero siempre el medianito agarró la dirección que había visto ir volando el pájaro, y se fué.

Cuando iba en el camino, se le juntó un coyotito y no lo dejaba caminar. Iba caminando y se le pasaba por medio de las piernas, y estaba tan flaco que no más se atrincaba a él y se caía. Hasta que se cansó de caminar con aquella broma de aquel coyotito. Se sentó a comer y empezó a convidar al coyotito con la comida que él traiba. Luego que hubo descansado, volvió a seguir su camino, y el coyotito con él hasta que le habló y le dijo el coyotito:

—Súbete en mí. ¿Para dónde vas?

—Voy en pos de un pájaro de siete colores que está haciéndole daño a mi padre en las granadas.

El coyotito trató de desanimarlo, pero él le dijo que le había prometido a su padre tráiselo y que se lo iba a trai, costara lo que costara. Se subió por fin en el coyotito y lo llevó en un momento el coyotito hasta la orilla de un arroyo en donde se detuvo y le dijo:

—Ya yo no te puedo llevar más allá. No tengo licencia de caminar más allá, pero sí te diré lo que tienes que hacer. Obedéceme y haz lo que te mande y te irá bien. Esa casa que ves de aquí, tan grande, es la casa en donde está el pájaro en una jaula. Hay millares y millares de personas que están resguardándolo y velándolo, pero mira, si están dormidos, las puertas están abiertas. Si los hallas dormidos, entra y el pájaro está arriba de un pedestal en una jaula. No toques la jaula porque, si tocas la jaula, eres perdido. Tomas el pájaro y vente.

El le prometió que sí y se fué. Cuando llegó a la puerta, las puertas estaban abiertas y la gente estaba dormida. Vió el pájaro en la jaula, entró y tomó el pájaro y se vino. Al llegar a la puerta, dijo:

—¡Quién toma al pájaro y deja la jaula!

Se volvió y agarró la jaula, repicaron las campanas y dispertó la gente. Le preguntaron:

—¿Qué haces aquí? ¿Qué quieres?

—Vine por este pájaro que le está haciendo daño a mi padre.

—Pues mira, no queremos matarte ni hacerte ningún daño más. Anda, en cierto lugar está una princesa. Tráila y no más la entriegas a la princesa y te damos el pájaro con to y jaula.

Se fué él y le contó al coyotito. Entonces le dijo:

—Mira, es mejor que te vuelvas. Tú no sabes hacer lo que te mandan.

—No me vuelvo.

—Pero mira, si mucha es la gente que está resguardando al pájaro mucha más es la que resguarda a la princesa. Pero mira, súbete en mí y vamos.

Lo llevó hasta un barranco de otro arroyo en donde le dió la misma orden. Se fué él, siempre recomendándole el coyotito que no fuera a hacer más que lo que él le mandara.

—Trai a la princesa y deja la colcha, porque si la princesa es linda, más linda es la colcha. Si tú tocas la colcha, eres perdido.

Luego que llegó, vió toda la gente dormida y ya vió que estaba la princesa dispierta en su catre. Fué y levantó la colcha y le dió la mano a la princesa. Se levantó la princesa y se vino con él. Cuando él le dijo:

—Espérese. Déjeme trai la colcha.

Se volvió y tomó la colcha. Le pasó la mesma que con la jaula. Repicaron las campanas en aquel momento y dispertó la gente gritándole a la princesa y diciéndole que tan pequeño y ya hacía de ladrón.

—Si tú quieres sacar a la princesa, tienes que traernos una yegua de cierto lugar.

Se fué y le contó al coyotito y el coyotito muy enfadado.

—Tú no podrás —le dijo— llevar estas cosas que tú quieres porque no haces lo que yo te mando. Y mientras no me odebezcas, no podrás llevar lo que tú quieres. Hora es veinte veces más aumentada la gente que está cuidando la yegua. Pero haz la misma cosa. Si hora no haces lo que yo te mando, ya no te voy a ayudar más. Entra y agarras la yegua y dejas la montura, porque si agarras la montura, eres perdido.

Esta vez sí obedeció. Fué y cogió la yegua y la trajo. Cuando él vino, el coyotito lo esperaba. Se llevaron la yegua. Pronto fueron a donde estaba la princesa. En el mismo lugar que se había quedado el coyotito hizo él un hoyo y escondió la yegua y el coyotito se volvió yegua, diciéndole al muchachito que fuera y les dijera que prepararan un esteble especial para meter la yegua, que pusieran suficiente agua y suficiente pastura y que por tres días no fueran a abrirle la puerta, porque tenía que descansar la yegua. Fué y les entregó la yegua. Fueron y agarraron a la princesa y se la entregaron. Fué él y metió la yegua al esteble, cerrando él mismo y dándoles la llave, y se fueron al lugar señalado en donde los aguardaba el coyotito. Ya estaba él adelante cuidando la yegua allá.

Cuando llegaron, subieron a la princesa en la yegua y se subieron ellos los dos. Pararon en el lugar que habían parado la primera vez y le dijo el coyotito:

—Anda y diles que preparen un cuarto y le metan comidas frescas y agua suficiente a la princesa y que por tres días no tienen que molestarla. Y tú mismo vas con ella hasta meterla a la habitación. Atrancas la puerta, les das la llave, y te entregarán el pájaro, y te vienes.

Hizo lo mismo que con la yegua. Guardó la princesa y se volvió el coyotito princesa y se fué con él. Cuando él llegó con la princesa. la gente se almiró de ver aquella princesa tan hermosa a pesar de ir con el rostro tapado. Entró en el cuarto y metió a la princesa, se despidió de ella, cerró la puerta, entregó la llave y le encargó al capitán de no ir a abrir antes de tres días. Cuando él fué con el pájaro, ya el coyotito lo estaba esperando ansioso. Se subieron por el viento. Luego se apió de la yegua al suelo y le dijo el coyotito:

—Hasta aquí no más puedo ir contigo. Ahora te voy a encargar una cosa que tienes que hacerme. Ya tus hermanos te esperan en la laguna, pero no te vayas a detener ai, porque si ellos te ven que llevas todo lo que llevas, luego te matarán para decirle a su padre que ellos son los dueños de la corona y dirán que ellos no saben nada de ti. A la princesa le va a dar mucha sé, hasta va a llorar, y te va a pedir por cuanto hay en el mundo un trago de agua, pero no te pares en esa laguna. Vete hasta la casa de tu padre y no te tardarás mucho.

Pero como él era tan buen hermano, él nunca pensó que sus hermanos iban a hacer lo que hicieron con él. Se despidió el coyotito y se fueron ellos. Cuando ya iban en el viento, empezó a darle mucha sé a la princesa y le dijo que ya se iba muriendo de sé, que le diera más que fuera un trago de agua. Cuando enfrentaron a la laguna, le dijo ella que ella se iba a echar para abajo de la yegua de la sé que llevaba. Le dió lástima con ella y bajó la yegua. Ya sus hermanos lo esperaban con ansias. Le hablaron, lo saludaron muy contentos, vieron aquellas maravillas, encantados con el pájaro y más con la princesa. Se acostó poco para descansar. Cuando se durmió, ellos pensaron matarlo, echarlo en aquella laguna y irse ellos, porque dijo uno de ellos:

—Es una mengua que el menor de nosotros vaya a ser el dueño de la corona de mi padre, y llevando nosotros estas maravillas le podremos decir a mi padre que no sabemos de él.

Así lo hicieron. Lo hicieron picadillos con su mismo cuchillo y echaron toda la carne y huesos en la laguna. Tomaron después la yegua, la princesa y el pájaro y se fueron.

Cuando llegaron a la casa, que su padre los esperaba con ansia, preguntó por su hijito menor. Le dijeron ellos que se había apartado de ellos y no había querido seguirlos y no sabían de él. La princesa estaba muda por causa de lo que habían hecho ellos con su bienhechor. Y el pájaro y la yegua también estaban mudos. Aquellas tres maravillas estaban cada un momento más tristes, pero esto duró poco. El rey dijo que a uno de sus hijos le iba a dar la princesa por esposa y al otro le daría la corona, y si en caso llegaba el menor, le daría la yegua. Esto es lo que estaban ellos tramitando para hacer el casamiento más presto.

Cuando el coyotito llegó a la laguna, y él había oido todo lo que había pasado en la casa del padre, empezó a sacar la carnita, los huesitos y empezó a pegarlos y a amarrarlos con palmillas y lo fué componiendo hasta dejarlo lo mismo que estaba antes, nada más que amarrado por dondequiera.

—¡Mira —le dijo—, cabezudo, desobediente! Te dije que no te pararas a darle agua a la princesa. Mira lo que han hecho tus hermanos contigo. Ahora vamos. Están en fiestas. Tus hermanos van a ser los dueños del trabajo que te ha costado casi la vida. El rey, tu padre, va a casar a uno de ellos con la princesa y al otro le va a dar la corona. Pues ahora vamos lo más pronto que puédamos. Súbete en mí.

Pronto llegaron, y el palacio estaba lleno de gente. Cuando iban llegando, pegó un relinchido la yegua, que se hizo resonar toda la ciudá. Al mismo tiempo cantó el pájaro con diferentes voces, como si hubiera sido campanas, y soltó la risa la princesa que tenía las voces, en su risa, de un piano. El rey se almiró, y toda la gente, de ver aquello que había pasado. Al llegar a la puerta del cerco el coyotito con él, volvió a relinchar la yegua, el pájaro a cantar y la princesa a rirse. Dijo el rey:

—¿Qué es esto? No se había oido una voz de la princesa ni un canto de este pájaro, menos de la yegua.

Cuando salió uno de sus hermanos se acababa de ir el coyotito, que no quiso entrar con él, diciéndole que fuera por la parte de la cocina y pidiera un jarro de caldo y algunas migas de pan. Cuando él llegó, salió uno de sus hermanos y lo vió todo hecho remiendos, pero lo conoció. Y dijo:

—Corran ese forastero. Ai anda pidiendo limosna. Que no está mi padre para recibir esa clas de gente hoy.

Pero la princesa, al contrario, dijo que ella quería ver y conocer esa clase de limosneros. No la dejaban. Pidió agua en la puerta. Dijo la princesa que ella misma le quería ir a llevar la agua, que ya ella sabía lo que era la sé. Tanto rogó hasta que la dejó el rey que fuera y fué allá a presentarle una copa de agua. Cuando lo vió la princesa, lo abarzó y se puso a llorar con él. Todos la llamaban y le decían que se quitara de aquel méndigo, que viera que era un puro parche. Oyó esto el rey y salió. En la puerta se topó con una criada que le dijo:

—Venga pronto, sacarrial majestá. Este méndigo es su hijo menor quien ha sido hecho picadillos por sus hermanos y ahora un coyotito lo ha resucitado y es el dueño de la yegua, del pájaro y de la princesa. El le puede contar mejor que yo los trabajos con que los ha alquerido y sus hermanos tuvieron que matarlo para traerle las tres maravillas a usté, y ahora por un coyotito ha sido resucitado y traido hasta la puerta de su casa.

Salió el rey y vió a su hijo. A pesar de estar todo remendado, lo conoció y lo abrazó, diciéndole:

—Cuéntame, cuéntame apriesa, hijo mío, lo que te ha pasado.

—Yo te puedo contar lo que me pasó para conseguir las tres maravillas pero no te puedo contar lo que mis hermanos hicieron conmigo. Esto que te lo cuente la princesa.

Entonces la princesa comenzó la historia de lo que ella había visto hasta aquel momento.

—Trai, trai, hijo mío,. este coyotito y vivirá con nosotros.

—Ya no, padre. El coyotito se ha despedido de mí diciéndome que cuando se asiente todo y se arregle todo, él vendrá a darme las gracias, que es una ánima a quien usté le hizo mucho bien en un tiempo y ahora vino a correspondele su gratitú.

Mandó el rey llevar a sus hijos, aquellos pícaros, prenderlos de dos caballos broncos y soltarlos a los montes, y a su hijo, el menor lo casó con la princesa, le entregó la corona y fué el rey de aquel reinado.

200. *El Machincito*[55]

Este era un hombre que tenía tres hijos y al cabo de un tiempo pidieron licencia dos para ir a buscar trabajo o algún oficio para hacer su vida. Y yendo y pasando tiempo y viniendo temporadas, años, meses y semanas, el viejito y la viejita sintieron pena por ellos y como el viejito no dormía en las noches por la pena de sus dos hijos, comenzó a cegar. Dijo el hijo menor que le diera licencia para ir a buscar a sus hermanos o para traerle un remedio para la vista que algunas personas le habían dado. El viejito le preguntó qué remedio era y él le dijo que la agua saltadora. El viejito no quería pero en fin convino.

Allá en el camino donde iba, incontró un hombre tendido en el suelo, ya para morir, que lo habían dejado unos saltiadores que lo habían asaltado en el camino. Se apió de su mula, lo estuvo examinando y lo atravesó en su mula y se lo llevó, llegó a una ciudá y lo dejó encargado a un hombre para que cuidara de él, dándole algún tanto de dinero para qu' hiciera los costos, y si en caso que se moría, pagara el funeral y si no se acabalaba, a la vuelta él lo pagaría lo restante, que él iba apurado para traer un remedio para su padre que estaba cegando, que era la agua saltadora. Se fué el viajero.

Allá onde llegó a medio día era una vega muy bonita con mucho zacate. Desensilló su mula y la soltó a pastiar y él se puso a comer. Cuando de pronto vido un coyotito alrededor de él, el cual le llamó Machincito. Le empezó a tirar pedacitos de pan y empanaditas hasta que el coyotito se arrimó a donde él estaba y le habló a él y le dijo que si para ónd' iba. Y él le dijo qu' iba en busca de la agua saltadora que le habían dado de remedio para su padre que estaba cegando.

—¡Uh! —le dijo el Machincito—. De aquí a onde está la agua saltadora hay diez años de camino. Pero yo te diré cómo hacemos. Deja aquí tu mula y tu silla y súbete en mí, y yo te llevo esta tarde a puestas del sol.

Se subió en el Machincito y se fué galope y galope. Allá, a puestas de meterse el sol, llegó a unas orillas de un monte y le dijo el Machincito:

—¿Ves aquel palacio? Ai está la agua saltadora. Yo no voy porque le tengo miedo a los largos (que eran unos perros). Pero haz lo que te mando y te va bien. Si no haces como te mando, te matan los moros. Cuando llegues allá, si los moros salen con los ojos abiertos, seña de que están dormidos. Entras y allí verás la agua saltadora muy bonita. Allí hay vasijas de oro, de plata, de cobre, de cristal, de palo. Echala en una de palo. Y si quieres agarrar alguna de las otras, traila vacía porque si echas la agua saltadora en un de oro, pronto repica y te agarran los moros y te matan. Y si están con los ojos cerrados, seña de que están dispiertos. No llegues porque te agarran.

Aquél llegó y los halló durmiendo. Aquél no pudo resistir la tentación y agarró una vasija de oro y echó la agua saltadora. Luego, luego repicó y despertaron los moros, y dijeron los moros:

—¡Hola! ¿Qué atrevido, ha venido a robar la agua saltadora?

—Yo, señor. Pues sabrán que mi padre está cegando y me dieron de remedio la agua saltadora.

—Pues llevarás la agua saltadora de aquí así que traigas el pájaro Cantín Cantón, y si no, te matamos.

Se fué aquél muy triste para donde estaba Machincito y le cuenta lo que le pasó.

—Me dijeron que podía llevar la agua saltadora así que trujiera el pájaro Cantín Cantón.

—¡Oh! —dijo el Machincito— de aquí hay diez años de camino a donde está el pájaro Cantín Cantón. Yo no te llevo por cabezudo. Hay otros diez años de aquí a donde dejamos tu mula.

—No, manito Machincito, llévame. ¿Pa qué me trujites?

—No, eres tan cabezudo. Pero súbete. Vamos.

Se subió otra vez y se fueron galope y galope y galope. Allá, a puestas de meterse el sol, llegaron a las orillas de un monte y le dijo:

—Mira, allá es donde está el pájaro Cantín Cantón, en aquel palacio. Yo no voy porque le tengo miedo a los largos. Pero vas tú. Si están con los ojos abiertos, seña de que están dormidos. Entras y allí verás el pájaro Cantín Cantón, muy bonito, muy precioso. Allá hay jaulas de oro, de plata, de metal, de palo. Echalo en una de palo y si quieres trai una jaula de oro, la traes vacía porque si pones el pájaro Cantín Cantón en una jaula de oro, te agarran los moros y ai sí te matan. De ai no te escapas. Haz lo que te mando y mañana llegamos a donde está tu mula de vuelta.

Se fué aquél y los halló durmiendo y vido el pájaro muy bonito, y dijo:

—¡Será posible que eche yo este pájaro en una jaula de palo con unas jaulas tan bonitas de oro y de plata! No, voy a echarlo en una de oro.

Y lo echó en una de oro y de una vez cantó aquel pájaro tan bonito y tan recio que lo sintieron los moros y lo agarraron.

—¡Holas! ¿Qué atrevido ha venido a robarse el pájaro Cantín Cantón?

—Yo, señores, que sabrán que mi padre está enfermo de la vísta y me dieron de remedio la agua saltadora y ya me dijeron que llevaría la agua saltadora así que llevara el pájaro Cantín Cantón.

—Pues de aquí llevarás el pájaro Cantín Cantón así que traigas la niña de Dios Aveno y si no, pena de la vida.

Se fué a donde está su Machincito muy triste y le contó lo que le había pasado, que le habían dicho que llevaría el pájaro Cantín Cantón así que trujiera a la niña de Dios Aveno.

—¡Oh! —dijo el Machincito— hay diez años de camino de aqui a donde está la niña de Dios Aveno y veinte años a donde dejamos tu mula. Ya yo estoy cansado, y tú tan cabezudo. Ai quédate.

Pero aquél le rogó tanto hasta que por fin le dijo que se subiera. Y se fueron galope y galope y galope. Allá llegaron a la orilla de un monte y le dijo el Machincito:

—Allá en aquel palacio está la niña de Dios Aveno. Yo no llego porque le tengo miedo a los largos. Pero haz lo que te mando y si no, ai sí te matan los moros. Si están con los ojos abiertos, están dormidos. Entra y allí encontrarás a la niña de Dios Aveno, muy linda y muy preciosa. Allí hay túnicos de raso, de seda, de sabanilla. No le vayas a poner un túnico de raso, porque te agarran los moros. Ponle uno de sabanilla.

Se fué aquél y los halló durmiendo. Entró y vido a la niña de Dios Aveno, muy bonita y muy preciosa.

—¡Será posible que a una niña tan bonita y tan preciosa le ponga un túnico de sabanilla habiendo tan bonitos túnicos de raso! ¡Oh, voy a ponerle uno de raso! Pero mi Machincito me dijo que no le pusiera uno de raso, porque me agarraban los moros. ¡Oh, que me han de agarrar! Voy a ponerle uno de raso.

Y le puso uno de raso. Y ya estaba aquella niña más contenta, chillando el túnico, y lo agarraron los moros.

—¡Holas! ¿Qué grosero se ha venido a robar la niña de Dios Aveno?

—Yo, señor, que verán ustedes que me dieron de remedio la agua saltadora para mi padre que está cegando y allá me dijeron que llevaría la agua saltadora cuando le llevara el pájaro Cantín Cantón cuando llevara la niña de Dios Aveno.

—Pues de aquí llevarás la niña de Dios Aveno así traigas al caballo de Ci Campiador.

Ya se fué aquél muy triste para donde estaba su Machincito. Le contó al Machincito todo lo que le había pasado y que le había dicho que llevaría la niña de Dios Aveno así que trujiera el caballo de Ci Campiador.

El Machincito le dijo que ya no le ayudaba, por cabezudo, pero aquél le rogó tanto hasta que dijo que le ayudaría. Ya se fueron galope y galope y galope. Ya llegaron a la orilla de un monte a puestas de meterse el sol.

—Mira, allá en aquel palacio está el caballo de Ci campiador. Yo no llego porque le tengo miedo a los largos. Si están con los ojos cerrados, no entras, porque están dispiertos, y te agarran los moros. Pero si están con los oojs abiertos, están dormidos. Entras. Oye bien: haz lo que te mando, porque si te agarran los moros, ai sí te matan y no tienes más chanza que morir porque ya no hay más. Allí encontrarás el caballo de Ci campiador. Allí hay sillas de palo, sillas de vaqueta, hay sillas de plata, hay sillas de oro. Echale una silla de palo, porque si no, te agarran los moros. Y si quieres echarle una de plata, se la echas, pero no le pongas freno. Allí hay frenos de todas clases. Echale uno de palo. Y si quieres, puedes agarrar un buen freno, y se lo pones después. Pero óyelo bien, si le vas a poner un buen freno, te agarran los moros y te matan.

Se fué aquél y los halló dormidos. Luego que entró adentro, vió el caballo y se vino de allá aquel caballo relinchando, queriéndose parar de manos. Aquél le puso la silla de plata y logo quería ponerle un freno de oro y logo se acordaba de lo que le dijo el Machincito y se arrepentía. Hasta que al fin le puso un freno de palo y agarró un freno de plata en la mano y montó en el caballo y pegó un relinchido el caballo y salieron los moros en pues de él. Caballos de parada le salieron, pero ninguno lo alcanzó. Y se fué. Allá ond' iba corriendo, juyendo, a donde estaba el Machincito y de allí siguieron adelante. Luego que llegaron a donde estaba el palacio de la niña de Dios Aveno, le dice el Machincito:

—Pues hora llegas y le dices, "Aquí está el caballo de Ci Campiador, pero si me hacen el honor de pasiar a la niña de Dios Aveno en el caballo de Ci Campiador." Ellos te dirán que sí, y la paseas pa aquí y pa atrás. Y cuando vengas de allá pa acá, dices, "¡Santiaguito!" Caballos de parada te han de salir, pero no te han de agarrar.

Pues así lo hizo. Y la pasió pa allá. Cuando venía juyendo, se juntó con ellos el Machincito. Allá cuando llegaron a donde estaba el pájaro Cantín Cantón, le dijo el Machincito:

—Pues hora llegas y le dices a los moros que ai está la niña de Dios Aveno, que te hagan el honor de dejarte pasiar el pájaro Can-

tín Cantón y la niña de Dios Aveno en aquel caballo de Ci Campiador. Y así haces lo mismo que con los otros.

Llegó aquél a donde estaban los moros y hizo lo que le mandó
el Machincito, y se vino huyendo con la niña de Dios Aveno y el pájaro Cantín Cantón en el caballo de Ci Campiador.

Allá cuando llegaron a donde estaba la agua saltadora, le dice
el Machincito:

—Llegas y le dices que ai está el pájaro Cantín Cantón, pero que
si te dejan pasiar la agua saltadora, el pájaro Cantín Cantón, la niña de Dios Aveno en el caballo de Ci Campiador. Y haces lo mismo
que con los otros.

Así lo hizo el joven, le dieron permiso los moros pa que pasia-
ra la agua saltadora, el pájaro Cantín Cantón, la niña de Dios Aveno en el caballo de Ci Campiador. Pegó una pasiada pa atrás y cuando venía de allá salió, huyendo a donde estaba el Machincito. De allí
se fueron juntos. Cuando llegaron al lugar donde aquél había dejado
la mula, le dijo el Machincito:

—Mira, ai está tu mula y tu silla. Ensilla tu mula y agarras tu
bastimento y te vas. Yo me voy a quedar aquí. Allá donde llegues
a medio día, ai sesteas, pero no te vayas a quedar a dormir ai porque
te pueden agarrar los bandidos. Aquél le dijo que estaba bueno.

Al fin, siguió su camino y llegó al lugar a donde había dejado al
herido y halló que se había muerto. Acabó de pagar los funerales y
los demás gastos qu' hicieron, pagándole una misa de cuerpo presente. De ai agarró su camino otra vez. A medio día llegó a un lugar muy
bueno onde sestiar. Comieron y se estuvieron algo tarde y no haciendo caso de los consejos del Machincito, se quedaron esa noche allí.

Ya algo tarde vido venir dos hombres. A poco que se acercaron,
vió que eran sus hermanos. Fué y los encontró, los estuvo abrazan-
do, dándoles razón de su padre que estaba enfermo de la vista, que
había ido por la agua saltadora y les dijo de los demás objetos que
traiba. Luego pensaron ellos echarlo en una noria que estaba poco cerca para llevar los objetos que traiba aquél y dicir que ellos los habían
conseguido y que ellos no habían visto a su hermano. Fueron y lo llevaron y lo echaron en la noria y se fueron ellos a donde estaba el caballo de Ci Campiador, el pájaro Cantín Cantón, la agua saltadora, y
la niña de Dios Aveno. De ai agarraron el camino pa su casa.

Llegaron a su casa y hallaron al probe viejecito muy malo de la
vista. Lo curaron con la agua saltadora y acabó de cegar. El pájaro

Cantín Cantón no cantaba, ni la agua saltadora saltaba, el caballo muy triste.

Hora vamos a ver a aquél que está en la noria. Llegó el Machincito y le gritó de arriba qué estaba haciendo allí. Ya le contó lo que le había pasado y le rogó al Machincito que lo sacara. Lo sacó el Machincito y le dijo:

—Pues hora te vas derecho a tu casa. Tus hermanos están allá con todos los objetos que llevabas. Curaron a tu padre pero acabó de cegar. Pero cuando tú llegues, que lo cures, antonces sana. Y no hagas que castiguen a tus hermanos. Perdónales lo qu' hicieron contigo. Has de saber que yo no soy Machincito, no soy coyotito. Yo soy la ánima de aquel cuerpo que tú levantates, que acababan de herirme tus propios hermanos. Y en pago de todo lo que tú hicites con mi cuerpo y alma, t' hice este favor yo. Y ahora no tienes más peligro —diciendo esto desapareció.

Cuando él llegó a su casa, halló a su padre ciego, pero lo curó con la agua saltadora y sanó. La niña de Dios Aveno cantaba, el caballo de Ci Campiador relinchaba, la agua saltadora saltaba, y el pájaro Cantín Cantón cantaba y todo se pasó en contento y alegría. Y entre por un cesto y salga por el otro, y el que me oyó este cuento, que cuente otro.

201. El pájaro Gariblanco¹¹

Había un viejito en una suidá que cegó y le dieron de remedio que yendo a trai este pájaro Gariblanco y haciendo aigre con sus alas, le tendría que venir su vista lo mismo que antes. Pues antonces este muchacho se previno y echó bastante dinero en una de las mulas y la otra agarró para ir él en ella. Y se puso en camino.

A los pocos días que salió, en el camino ond' iba entre el monte, halló unos güesos de dijunto. Antonces él vino y los juntó y los agarró en un paño y llegó a una placita. Y ai vino y hizo un velorio y veló aquellos güesos y otro día los enterró. Cuando él enterró aquellos güesos, se encaminó él con su mula.

A poco que él caminó, le salió una zorrita. Antonces preguntó que si parónd' iba. Antonces el hombre le respondió que él iba pa la suidá de los moros, y le preguntó que si a qué negocio iba. Antonces él le dijo qu' iba a trai un pájaro que le nombraban Gariblanco, que le habían dado de remedio. Que traindo ese pájaro para que l' hiciera aigre a su papá porque estaba ciego y haciéndole aigre, le vendría su vista lo mismo que antes. Antonces le responde la zorrita que era una suidá muy lejos, que había siete años de camino al lugar onde él iba. Antonces le dice él que de todos modos iba él a la suidá.

—Bueno —le dice la zorrita—, pues yo iré contigo.

—Monta ai en las ancas de esa mula —le dice el hombre.

Obedeció la zorrita y siguieron. A los siete días los puso en la suidá. —Pues hora yo te diré —le dice la zorrita—; si haces como yo mando t' irá bien. Pues el pájaro está en una casa muy bonita onde está rodiada de guardias, pero no le hace; tú entras y no te van a ver. Pero cuando tú entres a la casa, te vas derecho. El pájaro está en una jaula que es más linda la jaula que el pájaro. Pero no vayas a agarrar la jaula. Agarra tú el pájaro de la jaula, porque si tú vas a agarrar la jaula, prontamente grita el pájaro que se lo van a llevar, y te agarran. Bueno, luego te llevan allí onde está el rey. Antonces te presentan al rey, el rey no te va a hacer nada. Antonces el rey por verte tan ágil, hay otra suidá onde creyen en una mula y te van a dicir que si vas a trai esa mula, te dan el pájaro por la mula.

El muchacho no siguió todas las órdenes de la zorrita y cuando él jué onde estaba la zorrita, le pregunta cómo le jué:

—Pues mal me jué. Me agarraron y me dijieron que juera a la suidá de los turcos a trai la mula que tienen allá.

—Bueno, pues hay otros siete años de camino a esa suidá.

Pero la zorrita se compadeció de él y lo llevó en siete días, y cuando llegaron, le dijo:

—Pues ahora pon cuidao cómo te voy a decir. Si haces como yo te mando, nos va bien. Ahora, la casa está rodiada de guardias onde está la mula, pero tú vas a entrar y no te ve naiden. Cuando tú entres adentro de la casa, hay dos sillas. Una es una silla tan linda que no hay ojos con que vela. Y la otra es una sillita de muy mala muerte. Pero no te vayas a enteresar a la silla bonita. Agarra esta sillita fatalita que está allí, porque si te interesas a la silla bonita, te vuelve a suceder lo que te sucedió en la otra suidá. Bueno, antonces agarra la sillita y la ensillas y sales de la casa que naiden te va a ver.

Así lo hizo él y salió de la casa y no lo vió naiden y llegó onde estaba la zorrita. Bueno, pues a los siete días de vuelta volvieron a la suidá onde estaba el pájaro Gariblanco.

—Ahora, el rey no te va a dejar venir por verte tan ágil. Ahora te va a querer casar con la princesa. No le hace; cásate con ella. Cuando ya te cases, te has d' ir a tu cuarto, y ai te acuestas a dormir. Y haces que estabas soñando un sueño y te levantas como que te da una

ansia, sobándote el pecho. Te ha de preguntar la princesa que si qué
tienes. Antonces tú le dices que estabas soñando un sueño que se habían subido en la mula tú y la princesa, y la princesa había agarrao el
pájaro aquí adelante y la mula los había tirao y los había hecho pedazos. Ellos creyen en los sueños. Antonces el rey va a decir, "Pues lo
que se haga tarde, que se haga temprano". Antonces los hace subirse
en la mula y los hace agarrar el pájaro aquí adelante de la princesa y
tan pronto como se suban, te vienes de una vez.

Así pasó, y cuando él llegó a onde estaba la zorrita, prontamente
se levantaron de allí y se vinieron. A los dos días que caminaron, ai
lo iba a dejar la zorrita.

—Hora sí, ya vine hasta aquí. Ya de aquí vete tú. Bueno, tienes
que pasar tal río. Ai tienen que beber agua. Y andan dos de tus hermanos de saltiadores y si tú bebes agua de ese ojito, antonces tus hermanos te agarran. Por eso te encargo que de ninguna de las maneras
tú vayas a beber agua de ese ojito pa que tus hermanos no te agarren.

A él se le olvidó levantar agua del río de onde la zorrita le había
mandao, y antes de llegar al ojito, a la mujer le dió mucho sé, y le
dice:

—Ya me abraso de sé.

—¿Ves? Ya se nos olvidó levantar agua para esta jornada. De
ningún modo podemos beber agua en este ojito.

Tanto le apretó la sé a la mujer antes de llegar al ojito que al fin
tuvo que beber agua en el ojito y él también, porque ya se abrasaban
de sé los dos. Prontamente cayeron sus hermanos y lo agarraron. Prontamente a él lo echaron en una noria por no matalo, demasiadamente
muy jonda. Y ellos tomaron a la mujer y lo demás que llevaban, como
era la mula, y se jueron. Cuando ellos llegaron a la suidá, le jueron a
hacer el remedio al viejito tal como tenían que hacérselo. Nunca pudieron darle su vista a él.

Al siguiente día, después de que lo habían agarrao, jué la zorrita
a onde él estaba y lo sacó. Antonces le dice:

—Pues ahora sí, vete. Ya el pájaro lo tienen hasta desplumao por
estale queriendo hacer aigre a tu papá y no le ha venido su vista. Pues
hora es la última vez que te voy a ver. ¿Cuánto me vas a pagar por
haberte sacao de este negocio que andabas tú?

—Manita zorrita, pues lo que alcance a tener yo en cinco años, la
mera mitá es tuyo.

Se jué. Pues cuando él se asomó pa la suidá, antonces el pájaro
cantó y la mula relinchó y vino muy recio paronde estaba su ama pa-

ra que le pusiera la silla y ir a topar a su amo. Prontamente ensilló aquella mujer la mula y pronto salió la mula corriendo y llegó onde estaba su amo. Su amo montó en ella. Tan pronto como montó. estuvo en la plaza. Antonces sus hermanos salieron de juida de la suidá. Pronto que él llegó a là casa, agarró el pájaro en la mano y se lo arrimó a su papá en la cara y alió de una vez el pájaro y de una vez le vino su vista al hombre, lo mismo que antes. Bueno, pues ya de ai siguieron viviendo allí hasta que se completaron los cinco años. A los cinco años cayó la zorrita en la noche y tocó la puerta. Antonces el hombre le abrió. Pronto que le abrió, vido que era la zorrita. Antonces le dice:

—¿Sabes a qué vine?

—Sí —le dice—, lo mismo que si hoy juera. Vendrías por lo que te prometí. Bueno, pues mañaan voy a mandar que bajen mis animales, como son vacas y borregas.

Otro día, de cada clase de animales jué partiendo la mitá. Cuando ya acabó con los animales de partir jué al poco de dinero que tenía. Antonces le dice:

—Pues tú has de saber que dentro de estos cinco años tuve este muchichito tambіén. Toma, agarralo de un bracito.

Y la zorra lo agarró del otro y lo partió en la mitá.

—Toma, ai está tu parte y yo agarraré la mía.

—Presta tu cuartito de muchachito —le dice la zorrita.

Y antonces se lo dió y lo pegó la zorritay quedó en el mismo ser que estaba. Y antonces le dice:

—Pues esa parte te dejo yo a ti.

Antonces mandó juntar todos los pobres de la suidá y a repartir todo lo que aquel hombre le había dao.

202. _El que mató al gigante_[84]

Pues éste era un joven sin parientes. Y viéndose él tan desamparado en el lugar donde vivía, pensó salir a buscar la vida en otro lao. En el camino dond' iba, vido a un oso, a un lion; a un tíguere y a un largo, una águila y una hormiga. Estos riñían. Estaban alegando. Y cuando los vido, les tuvo miedo y rodió por otro lado por donde no lo vieran. Antonces dice el lion:

—Hombres, miren allí a aquel hombre. Vamos llamándolo, y como él haga, nosotros debemos de quedar conformes. Anda a trai a ese hombre —le dijeron a la hormiga.

—A mí en subir y bajar piedritas se me va y nunca lo alcanzaré.

—Yo iré —dice la águila—; yo soy más ligera.

De modo que la águila fué por él. Cuando lo alcanza, le dice.

—Señor, allá te llama el lion, el tíguere y el largo y el oso.

—¿Para qué me quieren? ¿No me quedrán comer? —dice él.

La águila se pone a contale la situación en que estaba allí. Habían matado un venao. Esa era la causa de que estaban riñendo. La águila alcanzó a ver un venao y pensaba matarlo de alguna manera pero que no podía matarlo. Solamente andaba ella en los aires queriéndolo ligar. En esto la vido el largo y cuando el largo vido que la águila estaba en el lugar en donde estaba, el largo corrió a ver qué era lo que había abajo en la sierra y halló el venao y él fué el que le partió al venao y lo hizo correr. De modo que aquí ond' iba corriendo, ai fué onde s' incontró con el lion, el oso y el tíguere. Entre los tres mataron al venao. Ai fué onde despanzurraron la casa de la hormiguita y por eso se pusieron a alegar. De modo que ya entonces convino él y le dice la águila que el lion lo manda a llamar pa que los conforme. Antonces se va el hombre. Antonces le dice la águila:

—Caminas muy despacio. Súbete arriba de mí.

Se sentó el hombre arriba de la águila y pronto llega allá onde estaban los otros animales. Pues ya llegó el hombre y le dice el lion:

—Pues, hombre, te hemos mandado a llamar para que veas como hacemos con este venao.

Viene el hombre y lo desolló en primer lugar. Luego se puso a darle a cada uno de ellos su pedazo de carne conforme era el animal de grande. Y en esa conformidá destribuyó él el venao, dándole a cada uno su pedacito. Cuando ya dejó los huesos bien pelados, entonces vino y lo quiebró y le dijo a la hormiguita:

—Pues tú que eres la más chiquita, te puedes meter aquí en los huesos, te puedes comer el tútano.

Y quedaron muy conformes y de ai le dieron las gracias. Antonces se fué él. Habiéndose retirado, se acordaron, por supuesto, los animales:

—Pero, hombre, ese hombre nos ha conformado a nosotros, los animales, aquí. Hemos quedado demasiado satisfechos y será necesario darle una recompensa. Y la águila se fué en pues de él. Lo alcanza la águila:

—Pero, hombre, allá te llaman aquellos animales. Te van a dar una recompensa.

Cuando llegó a onde ellos estaban, les pregunta qué se les ofrece. El lion le dice:

—Pero, hombre, nosotros nos quedamos muy satisfechos con lo que hicites con nosotros y te queremos dar una recompensa. Mira, búscame en mi cabeza el pelo más largo que m' incuentres y me lo arrancas y lo guardas. Cuando te halles en una atribulación, no más dices, "A Dios y lion" y te volverás lion.

Pues hizo lo que el lion le mandó; le arrancó un pelo. Nunca creyó ser verdá lo que aquél le estaba diciendo. Luego le dice el tíguere:

—Pues a mí también arráncame el pelo que se te haga más largo de mi cabeza y no más dices, "Dios y tíguere", y te volverás tíguere.

Vino aquél y le arrancó el pelo al tíguere también. Luego le dice el oso la misma cosa, que le arranque un pelo. Así lo hace el hombre. Luego le dice el largo la misma cosa. Y fué guardando los pelos de cada animal. Luego le dice la águila que le arrancara la pluma más larga de la cola y le dijo que no más se hallaba en una atribulación, que no más decía, "A Dios y águila", y se volvería águila. Le arrancó la pluma también a la águila. La hormiguita se quedó pensando:

—Si le doy una manita, quedo manquita y si le doy una patita, quedo cojita.

Y le da un cangiloncito y le dice que no más dice, "A Dios y hormiguita", y se volverá hormiguita. Le arrancó el cangiloncito, lo guardó y se marchó. Luego que ya se retiró, dijo:

—Voy a ver si es verdá lo que estos animales me han prometido.

El primer pelo que sacó, fué el del lion. Y dijo, "A Dios y lion". y se volvió un lion tan feroz que hasta la tierra se quería comer. Luego volvió y dijo, "A Dios y hombre". Y luego dijo, "A Dios y tíguere", y se volvió tíguere también. Luego se volvió hombre otra vez. Luego sacó el pelo del oso. De modo que le salió tal como ellos le prometieron. Se volvió hombre otra vez y antonces sacó la pluma de la águila. Antonces se volvió águila. Armó volido y antonces se dijo:

—Hora sí voy a donde yo quiero.

De modo que a la primer suidá que alcanzó a ver él, llegó él, pero no llegó a la mera suidá. Llegó a una de las aldeas, a case una viejita. Cuando llegó a la casita, le preguntó a la viejita que hay de nuevo.

—Pues no hay más de nuevo, nietecito, que el rey está peliando con un gigante. Este gigante vino a palacio y se llevó a la princesa y la tiene cautiva.

—¡Oh! Yo me atrevo a peliar con ese gigante y a despedazarlo.

Luego corre la viejita y le da la noticia al rey de lo que aquel joven le había comunicado. Luego lo manda a llamar el rey y va él a la presencia del rey. Cuando llega a onde está el rey:

—¿Qué se le ofrece, su sacarrial majestá?

—He oido decir que tú te atreves a peliar con el gigante y matarlo.

—Sí, sacarrial majestá, sí es verdá que lo he dicho. Pues quiero saber qué es la recompensa que da al que mate al gigante.

—Si tú matas al gigante —le dice—, te casas con la princesa que tiene cautiva.

Antonces se marcha él para la casa de la viejita y durmió en la casa de la viejita. La primera mañana de dormir en la casa de la viejita, llegaron unos pajaritos a los árboles que estaban delante de la casa y cantando como estaban, decían:

—Si este señor nos pescaba a uno de nosotros, y nos quemaba a uno de nosotros y lo dejaba hecho ceniza, no necesitaba d' ir a onde está el animal para matar al gigante.

De modo que esto fué la primer noche. Pues como ya él tuvo este indicio, se puso él a poner muchos lacitos en los árboles con la esperanza que en la mañana siguiente vendrían los mismos pajaritos y podría lazar alguno. Pues dicho y hecho. Vinieron los mismos pajaritos y se pusieron a cantar y volvieron a decir las mismas palabras, y antonces armaron volido, pero se quedó uno lazado. Antonces lo agarró él con mente de matarlo y hacerlo cenizas. Antonces le dice el pajarito:

—No me mates. Yo te llevaré a donde está el gigante sin necesidá de que me mates. Arráncame una plumita y no más dices, "A Dios y pajarito", y te volverás un pajarito como yo y irás a donde está el gigante.

Le arrancó la plumita y se volvió pajarito y se juntó con los otros pajaritos y se fué paronde vivía el gigante. Llegaron a palacio todos cantando y la princesa, por supuesto, andaba pasiándose allí junto con el gigante. De modo que se fueron muy aproximadamente a donde estaban el gigante y la princesa y dice ella:

—Mira, ¿por qué no agarras uno de esos pajaritos?

—Mujer, ¿cómo quieres que los agarre? Si son animales mesteños.

De modo que como los pajaritos habían platicado con el hombre, ellos se hacían muy mansitos y se arrimaban tanto que la misma princesa cogió el hombre vuelto pajarito. Lo agarra la princesa y lo mete en una jaula. En la noche lo puso en el cuarto en donde ella dormía. De modo que no más s' hizo noche cuando conoció el hombre que el gigante estaba dormido dijo, "A Dios y hormiguita," y salió de la jaula y bajó al suelo y luego que bajó al suelo se volvió hombre. Fué a la cama onde estaba la princesa. Cuando la princesa lo sintió, ella se espantó y hizo la alarma y gritó. De modo que pronto vino el gigante a onde ella estaba pero que cuando ella gritó, él dijo, "A Dios y pajarito", y volvió a la jaula y dijo, "A Dios y hormiguita" y se embocó a la jaula y dijo, "A Dios y pajarito", y se volvió pajarito. Cuando el gigante entró, le pregunta a la princesa:

—¿Qué hay?

—No, nada. M' iba quedando dormida y me espanté. Pero que no hay nada.

Ella malició que alguna cosa había en aquel pajarito. El gigante muy malicioso también, dijo:

—¡Ah! ¡Quién sabe qué contendrá ese pajarito!

—¡Oh! —le dice la princesa—. ¿Que no lo ves dormido?

Se va el gigante y luego que se fué el gigante, que apagaron la luz volvió él a volverse hormiguita, y luego se volvió hombre y volvió a ir otra vez a la princesa y ya se puso a platicar con ella. Ya le dice él a la princesa la promesa que el rey le había hecho. Que si él mataba al gigante, él se casaba con ella. Le dice la muchacha:

—¡Oh! ¡Válgame Dios! ¡Cómo podrás tú matar a este hombre, cuando mi padre con tan grandes ejércitos no le ha podido hacer nada! ¡Pues tú cómo podrás hacer!

—Bien. Por la mañana cuando se levante, me sacas allá afuera así en la jaula como me tienes, pero dejas la puerta de la jaula en una manera a que yo la pueda abrir. Y tú te pones a platicar con él y haciéndote la que lloras le dices que si cómo es posible que tu padre con tan grandes ejércitos como él tiene, nunca le puede hacer nada. El te tiene que decir de su vida, en qué está que los soldados no le pueden hacer nada.

En la mañana se levantan. Después de que ya han almorzado, se salió al corredor ella junto con el gigante y se puso ella a buscale piojos y cuando ya ella se puso a espulgalo, s' hizo la que estaba llorando. Antonces le pregunta él qué hay. Y le dice:

—Yo quisiera decirte y no decirte, porque quién sabe si lo tendrás a sentimiento.

—Qué puede ser que no sea. Dime por qué lloras.

—Pues me almira mucho que mi padre con tan grandes ejércitos nunca haiga podido hacer nada.

—¡Oh! —le dice—. Yo no puedo morir por herida ninguna. Por allá en la laguna hay un animal que tiene siete cueros y bajo de estos siete cueros está una liebre y dentro de la liebre está una paloma y dentro de la paloma está un huevo. Trayendo este huevo, quiebrándomelo en la cabeza es suficiente para que yo me muera.

Antonces el pajarito estaba cantando, pero ponía muy buen sentido a lo que ellos estaban diciendo. Antonces hizo diligencia de abrir la jaula y como la princesa la había dejado a modo de que la pudiera abrir, salió de la jaula y hizo ella el espavienteo como queriéndolo pescar, pero ya no se dejó agarrar. Antonces se voló. No más se retiró de ellos y dijo, "A Dios y águila", y se fué a buscar la laguna. Cuando ya él caminó grande parte del día, vido venir un hombre con un niño a un ladito contrario al camino que él iba. Luego ya hizo él por bajar a la tierra otra vez. Bajó a la tierra y se volvió hombre hasta·que s' incontró con el hombre que vinía y se toparon. Este hombre venía de la laguna. Tuvieron mucho gusto los dos y ya le pregunta él al hombre que si de ónde viene, y le dice:

—Vengo de la laguna. Allá dejo a un hermano mío, a su esposa y tres hijas que tiene.

—¿Por qué se vino?

—En primer lugar —le dice— porque se me murió mi esposa y en otro modo, que los animales que tenía me los acabó un animal que hay en la laguna. Pues yo no tuve más que hacer que venir a la suidá a buscar ónde vivir. Y usté, ¿para dónde camina?

—Pues yo voy para la laguna.

—¡Oh! —le dice el que viene de la laguna—. ¡Qué esperanzas hay de que llegue! Mire este niño que traigo aquí tiene doce años. De parto de él murió mi esposa. De modo que todos estos doce años he invertido en mi camino. Pues usté, ¡cuándo llegará!

De modo que ai pasaron la noche juntos. Ai platicaron juntos y le dice el que viene de la laguna que si llega a la laguna que le dé muchas saludes a su hermano. Otro día, no más almorzaron, y se separaron. No más se dividieron, y dijo el de las virtudes, "A Dios y y águila", y ya entonces estaba más seguro al lugar a dond' iba. De modo que en la tarde llegó a la laguna. Luego que llegó, llegó a la

casa del hombre, hermano del que había incontrado. Llegó y le pidió
trabajo al hombre, y aquel hombre le dió trabajo de muy buena voluntad porque no tenía quién cuidara las ovejas más que sus mismas
hijas, pero con la condición de que no dejara bajar las vacas ni las
borregas a la laguna. De modo que cuando ya le tocó salir con las
borregas y vacas, les dieron otro rumbo para que no bajaran a la laguna. Esta laguna era tan grande y tan pastosa, porque los animales
nunca pisaban allí. Había muy buena agua en la laguna también.
Siempre las vacas y las borregas hacían mucha fuerza bajar a la
laguna. Cuando se retiraron, dejó las borregas bajar a la laguna. De
modo que no más bajó él a la laguna y se fué él a buscar al animal.
Todo el día se anduvo buscándolo y no lo pudo incontrar. En la tarde se fué a la casa. El hombre estaba tan enojado y el de las virtudes le dijo que no había nada en aquella laguna. Pero el dueño de la
propiedá no estaba conforme. De modo que otro día le volvió a en-.
cargar de que no dejara a las vacas y borregas bajar a la laguna.
Él le dijo que estaba bien, que no las dejaría bajar. Pero hizo la mesma, las volvió a dejar bajar y fué a buscar otra vez al animal. Antonces ya incontró al animal. No más lo halló y le habló y le dice:

—Prepárate. Sal a peliar.

Y el animal rehusó en peliar. El animal no quería peliar. El dueño de los animales, viendo que los animales estaban yendo a la laguna, ya antonces él se fué como espía. Y ya jalló al hombre alegando
con el animal. Nada más que el dueño no se dió a vistar. Al fin salió el animal a peliar y en la presencia del dueño se pusieron a peliar.
El de las virtudes se volvió lion y luego se cansó hecho lion y dijo,
"A Dios y tíguere". Luego que ya se cansó de tíguere dijo "A Dios
y oso", y luego que ya se cansó hecho oso también, dijo, "A Dios y
largo." Hecho largo él no se podía topar con el animal porque le tenía
miedo. De modo que no andaba más que haciéndole la escaramuza. En
esto se llegó el medio día. Cuando se llegó el medio día se dieron tre-
guas para descansar. Luego que ya se llegó el tiempo para peliar otra
vez, dijo el animal:

—¡Quién se pescara una mascada de tul y un trago de agua fresca, pedazos había de hacer a este hombre!

—¡Quién se pescara un vaso de agua fresca —dijo el hombre—
y el beso de una doncella, pedazos haría a este animal!

Y se volvió lion y volvieron a emprender su guerra otra vez. De
modo que el hombre estaba mirando sin que los animales supieran.
Ai se estuvo el hombre mirándolos todo el día, nada más que escon-

dido. En la tarde, cuando ya conoció él que ya iba a rendir la batalla, el dueño, se fué para la casa y le platicó a la mujer lo que pasaba. De modo que estos peliaron como al principio, a ratos se volvía lion, a ratos tíguere y así, conforme s' iban cansando. En la tarde cuando fué a la casa, ya antonces su amo estaba muy contento con él. El hombre ya otro día en la mañana ya no le privó de que dejara salir a las borregas para otro lado. Las dejó ir de una vez a la laguna. El hombre arregló con la mujer para que fuera una de sus hijas por la mañana y llevara un vaso de agua y le diera un beso para ver si mataba al animal. El de las virtudes se fué con las borregas y el dueño se preparó para ir con su hija a donde los combatientes tomaban el descanso. De modo que a medio día, cuando se dividieron, que dijo el animal:

—¡Quién se pescara una mascada de tul y un trago de agua fría, pedazos había de hacer a este hombre!

—¡Quién se pescara un vaso de agua fresca —dijo el hombre— y el beso de una doncella, pedazos había de hacer a este animal!

Antonces se arrimó la doncella, le ofreció el beso y le dió el vaso de agua fresca, y se volvió lion de una vez y s' incontró con el animal. Pronto saltó un cuero y pronto seguidos saltaron los demás cueros. Con la ansia de que no se volvieran a cerrar los siete cueros, suéltase la liebre y échase a juir. Pero antonces dijo él, "A Dios y largo", y la alcanzó y la abrió. Con la ansia de que no se volvieran a juntar los siete cueros, aquí que vuela la paloma. Antonces dijo, "A Dios y águila", y agarró la paloma y le sacó el huevo. Y antonces se fué para donde estaba el amo. Antonces el hombre le ofrecía casarlo con una de sus hijas, con la que él quisiera. Pero él no quiso. Le dió las gracias y se vino para el palacio del gigante.

De modo que al tercer o cuarto día volvió a alcanzar al hermano del dueño. Lo alcanzó en la tarde y ai le contó que había ido a onde estaba su hermano y venía de vuelta. El no lo creia muy bien pero que durmieron juntos y luego que ya almorzaron, se fué aquél adelante y luego que ya se tapó, dijo él, "A Dios y águila", y se fué por los aires. Cuando el hombre no alcanzó a ver al vecino, dijo:

—¡Pero ese hombre! ¿Qué s' hizo ese hombre?

Y ya vió la águila y dijo:

—Seguro ese hombre es la águila, porque cómo es posible que lo que nosotros caminamos en doce años, él caminó en tres o cuatro días.

De modo que ese mesmo día llegó a palacio a onde estaba la princesa. Llega a onde está la princesa, le pregunta por el gigante y la princesa le dice que el gigante está en cama.

—Desde el día que tú te fuites, no levanta cabeza.

Entró él onde estaba el gigante. El gigante estaba agonizando ya. Lo saluda y el gigante no más en cuanto le movió la cabeza. Le dió con el huevo en la frente y ai acabó con la vida del gigante. Luego la princesa mandó los mensajeros paronde estaba el rey. Al momento vino el rey. Cuando el rey vino, antonces ya el mesmo rey preparó las bodas como era debido, pero eso no alcancé a ver yo mucho. El muchacho se casó con la princesa y vivieron felices.

203.   *La princesa de Almoñaca*⁴⁶

Pues éste era un viejito y una viejita. Tenían tres hijas. Y este viejito era muy pobre y se mantenía traindo leña en un burro y en una de las veces que fué por leña, vió un troncón quemado. Agarró su hacha en la mano y le dió un golpe al palo. Antonces salió un negro y le dijo que no golpeara su palacio, y le pregunta si tiene hijas. El le dice que sí. El negro le dijo antonces:

—Me trai mañana la mayor cuando venga. Yo le acomodo su carga de leña y le doy un costal de dinero.

Antonces él se fué pa la casa con su carga de leña, y cuando él llegó, le dijo a su esposa:

—Mañana me das de almorzar muy de mañana y que vaya mi hija, la mayor, conmigo a ayudarme pa venir más presto.

Cuando él llegó al monte, antonces le dió un golpe al palo y salió el negro. Le dijo a la muchacha que cerrara los ojos, y cuando ella los abrió se vido en un palacio muy hermoso. Antonces vino el negro y le hizo su carga de leña y le entregó el talegón de dinero y se fué pa su casa. Cuando él iba llegando a la casa, llegó llorando y le preguntó su mujer por qué lloraba.

—¡Cómo no he de llorar, pues si perdí a mi hija en el monte y no la pude hallar por mucha diligencia que hice y onde andaba buscándola m' incontré con este saco de dinero! Ahora me aprevienes a la segunda. Que vaya conmigo mañana y me ayude a buscar a mi otra hija.

Cuando él se vino otra día por leña, antonces le dió otro golpe y salió un negro y le dijo que allí estaba la segunda. Antonces vino y le dijo el negro que cerrara los ojos, y cuando los abrió se vido en un palacio muy hermoso. Vino el negro y le aprevino su leña y le entregó otro talegón de dinero. Y ya le dijo que otro día cuando viniera que trujiera a la última. Se fué el hombre y cuando él iba llegando a la casa, llegó llorando y su mujer le preguntó por qué lloraba. Y le dijo él:

—Porque perdí mi otra hija. Yo no sé ónde se me quedó en el monte y no las he podido incontrar a ni una y ai onde andaba buscándolas a las dos incontré este talegón de dinero.

—Pues ya ves —le dijo la mujer—, pues tú estás vendiendo a mis hijas por ai y me vienes con mentiras.

—Pero ¿en qué cabeza cabe —le dijo el viejo— de que tú puedas pensar eso que yo me atreviera a vender mis hijas por dinero? Me aprevienes la otra pa mañana que vaya a ayudarme a buscar a mis otras dos hijas.

Se fué otro día y cuando él llegó al monte, le dió un golpe al pálo y salió el negro y le dijo que allí estaba su otra hija. Antonces el negro le dijo a la muchacha que cerrara los ojos. Y cuando ella los abrió se vido en un palacio muy hermoso. Antonces el negro le aprevino su leña y le dió su talegón de dinero. Se fué el viejito y cuando llegó a la casa, llegó haciendo mucho duelo de ver que había perdido sus tres hijas y no había podido incontrar ni una. Luego la viejita le dijo:

—Nosotros semos desgraciados en este mundo. ¡Tres hijas que habíamos tenido y habelas perdido en los montes sin saber qué habría de ellas, si los animales feroces las habrían despedazado o se hubieran muerto de hambre sin tener un ser humano que les hubiera dado un bocao de comida! O tal vez tú, por estos dineros que tú has traido, haigas vendido a mis hijas a alguna persona. Pero si así lo has hecho, yo te perdono y tú pagarás cuando vayas a la presencia de Dios.

Luego, en el espacio de unos años, tuvo esta viejita un niño y cuando tuvo la edá de siete años lo pusieron en la escuela y este muchachito era de muy buena habilidá. Cada vez que venía a comer, hallaba a su mamá llorando y en una de las veces que él vino a la comida, le preguntó a su mamá:

—Mamá, ¿qué mi papá es malo con usté? ¿Qué le pega o la trata mal?

—No, ¿porqué me preguntas eso?

—Porque cada vez que vengo la hallo llorando.

—Pues quisiera decirte por qué me hallas llorando pero con eso no remedio nada.

—Pero ¿por qué —le dice él— no podrá haber algún remedio?

—No, hijito mío, si hubiera algún remedio, yo estaría muy gustosa.

—Pues dígame el caso.

—Pues yo te platicaré. Tú tuvites tres hermanas y tu papá era muy pobre. Nos manteníamos con leña que él traiba del monte y él se llevó tus tres hermanas y las destravió, pero venía siempre con su leña y con sus tres costales de dinero. Desde ese tiempo para acá, tu papá ha sido muy rico y yo no sé si este dinero él lo impliaría en haber vendido a tus hermanas y eso es lo que a mí me hace recordar cada vez que me ves llorando.

—Pues, mamá —le dice el muchacho—, dígale usté a mi papá que si él me da a mí la venia por un año de andar las cuatro partes del mundo y venir a en casa.

Antonces la viejita le pregunta a su esposo que si le da el permiso a su hijo para ir a andar las cuatro partes del mundo y en un año volver a su casa. Antonces el viejito le pregunta al niño que si cómo es que él se atreve a andar las cuatro partes del mundo tan joven como él se halla y volver a en casa. Ya le responde el niño:

—Papá, siendo que yo vaya con la bendición de ustedes, Dios me cuidará a mí en camino y me prestará vida para volver a en casa en un año.

—Pues anda, hijito, con el permiso de nosotros, pero tengo de esperanzas de que en tu camino Dios ha d' ir en tu compañía.

—Pues aprevéngame mi comida para llevar en mi camino.

Le aprevinieron su comida, s' hincó que le echaran la bendición y les dijo adiós y se fué el muchachito y cuando llegó a onde estaban dos caminos, ai se paró y no hallaba él cuál de los dos caminos pescar. Al fin agarró uno y este camino era el camino de los buenos aigres. Cuando él llegó a la casa de estos buenos aigres, estaban ellos alegando por una herencia de su padre. Antonces el muchachito les dijo:

—Pues si ustedes quieren que yo sea el juez y así lo convienen yo repartiré esta herencia.

Antonces dijieron ellos que estaba bien.

—Ahora díganme ustedes qué es la herencia que ustedes alegan.

—Pues son estas tres cosas: es este sombrero, es este palo y

estas botas. Este sombrero se lo pone uno, queda invinsible. Este palo por un lado mata y por el otro revive. Estas botas se las pone uno
y corren igual al viento.

—Pues ahora ésta es mi decisión de su herencia. Hora ustedes
van y se paran en aquel alto y cuando yo levante este palo pa arriba
ai amarro mi paño, y no más levanto el palo que vean coloriar mi paño, y rompen los tres. El que llegue aquí primero, de ése son las tres
cosas.

Antonces vino él y se puso su sombrero y se puso las botas y
se fué pa atrás y caminó hasta que el viento se paró en el troncón
quemado. Antonces él no había visto un palo quemado, agarró una
piedra y le dió un golpe al palo y salió una muchacha y le dice:

—Niño, no golpees el palacio.

—Dígale a su mamá que si permite el paso para adentro.

Entra la muchacha y la mujer y le da permiso y antonces el muchachito entró y saluda a la mujer y le dice quiénes son sus padres.
Antonces la muchacha no halla qué hacer con él y le dice:

—Tú eres mi hermano, pero yo no sé cómo pudiera a ti ocul-
tarte de la vista de mi esposo, porque mi esposo es un hombre muy
feroz y tengo miedo que él, si te ve, te mate.

Antonces el muchachito le dice que no tenga miedo por eso. Se
puso el sombrero y le pregunta si lo ve. Ella le dice que no. Entonces le pregunta él quién es su esposo. Ella le dice que es un toro que
viene a las once.

—Pues cuando él venga, yo me levanto de mi silleta. El no me
ve a mí.

A las once, cuando él llegó, le dice a la mujer:

—A carne humana me huele aquí. Si no me la das tú, te comeré a ti.

—Pero ¿qué carne humana puede haber en estos disiertos cuando aquí no habitan ninguna clase de animalitos?

Pues le dió la comida y cuando ya él comió, le dice la mujer:

—Hombre, ¿qué me dieras tú de albricias si yo te introduciera
a tí prendas de mi corazón?

—Pues tendría mucho gusto —le dice él— en verlas.

Antonces le entroduce a su hermano. El lo saluda y le dice:

—Pues, hermanito, tú debes de dispensarme. Yo no puedo estar
contigo mucho tiempo porque mi negocio es de andar el mundo hasta el ver ónde puedo incontrar la princesa de Almoñaca.

—Pues yo también, hermano —le dice el muchachito—, quisie-

ra estarme con ustedes algunos días pero que yo no puedo porque traigo licencia de mis padres de andar las cuatro partes del mundo y volver a en casa en un año.

—Bueno, hermano, pues aquí tiene usté este toro. Si usté se halla en una necesidá clame usté a mi hermano el toro y él lo saca. Aquí
se queda en casa y cómo usté haga y deshaga, a mí está bien.

—Pues gracias, hermano, yo tengo que caminar también.

Se dijeron adiós, se fué el toro. El muchachito salió, se puso sus
botitas y su sombrero y corrió. Cuando ya el viento se paró, llegó
a una casa y vino él y la tocó. Salió una muchacha y le dice:

—Joven, no estés golpiando el palacio.

—Pues dígale a su mamá si me permite el paso para adentro.

Pues le dieron permiso pa que entrara y cuando el muchacho
entró, le dió asiento y le pregunta que si de ónde viene y si quiénes
son sus padres. Cuando él les dice quiénes son sus padres, la muchacha lo abraza de gusto y le dice:

—Tú eres mi hermano pero yo no hallo cómo hacer contigo, hermanito, cuando mi esposo llegue, porque es un hombre muy feroz y te
vaya a matar. Mi esposo llega a las once y media, y es un pescado.

Se puso el sombrero el muchacho y le pregunta si lo vé. Ella dice que no. Pues así no lo verá él. Cuando se llegaron las once y
media, que oyeron venir el ruido del animal, se paró él en un lado
con su sombrero puesto y el animal le dijo a la mujer:

—A carne humana me huele aquí. Si no me la das tú, te comeré a ti.

—¿Qué carne humana ha de haber en estos disiertos cuando aquí
no habitan animales ningunos?

—Pues pronto quiero la comida —le dice—, que no he podido
incontrar la princesa de Almoñaca.

Antonces come y cuando acaba de comer, le dice la mujer:

—¿Qué me dieras tú de albricias si tú vieras prendas de mi corazón?

—Pues tendría mucho gusto de verlas.

Antonces le entroduce al joven y le dice que ese es su hermano.

—Tengo mucho gusto de conocerte —le dice— y que eres un
hermano de mi esposa, pero yo tengo un negocio de mucha importancia que tengo que andar día día fuera de la casa para ver si puedo
incontrar la princesa de Almoñaca. Pero tú me dispensas, porque no
puedo estar yo aquí y darte la debida atención pero tú te quedas en
mi casa y como tú hagas y deshagas, pa mí está bien.

—Pues también yo, hermano, no puedo estarme porque tengo la licencia de mis padres de andar las cuatro partes del mundo en un año y volver a en casa.

—Pues aquí tienes tú este pescado. Si te hallares en una necesidá, clama a mi hermano, el pescado, y él te saca. Adiós.

Se van los dos. El se pone sus botas y su sombrero y, como corre igual al viento, llega a la otra casa y toca la puerta y sale la muchacha y le dice que no golpee el palacio. Ya le dice él que le diga a su mamá que si le permite el paso para adentro. Entra la muchacha y le dice a su señora ama que está un joven afuera y que quiere saber si le da el permiso para entrar en la casa, y le dice ella que le diga que entre. Cuando el muchacho entra, que le da asiento, le pregunta que si quién es, que si de ónde viene. El le dice quién es y quiénes son sus padres. Antonces la muchacha no halla qué hacer de gusto de ver que aquél es su hermano.

—Yo no sé qué pueda hacer contigo cuando mi marido llegue, siendo un hombre tan feroz y te vaya a matar. Mi marido es una águila y viene a las doce.

Se pone su sombrero y le pregunta a su hermana si lo ve. Ella le dice que no. Pues antonces tampoco él hermano lo verá. Cuando llega el ruido del animal, se para él en un lado con su sombrerito puesto y le dice su marido:

—A carne humana me huele aquí. Si no me la das tú, te comeré a ti.

—Válgame Dios, hombre, ¿qué carne humana ha de haber en estos disiertos cuando aquí no habita ningún animalito.

—Dame la comida muy pronto, que no he podido incontrar la princesa de Almoñaca.

Cuando ya él come, le dice ella:

—¿Qué me dieras tú de albricias si tú vieras prendas de mi corazón?

—Tendría mucho gusto en verlas.

Antonces le entroduce a su hermano y le dice que ése es su hermanito. Aquél le hace muy buena acogido y le dice:

—Tengo mucho gusto de verlo y conocerlo, pero que no puedo darle ninguna atención porque yo tengo un negocio de importancia que tengo que andar todo el tiempo afuera de la casa, pero que como usté haga y deshaga, para mí está bien.

—Pues yo también —le dice el muchacho— quisiera estarme con

ustedes un tanto pero no puedo porque traigo licencia de mis padres de andar las cuatro partes del mundo y volver a en casa en un año.

—Pues aquí tiene usté esta águila. Si usté se hallare en una necesidá clame a mi hermano el águila y él lo saca. Y estas llaves llévelas consigo y con éstas abre usté todas las puertas que usté incontrare. Antonces se dicen adiós. El muchachito se pone sus botas y su sombrero y se va. Cuando el viento para, incuentra una casa muy grande y empieza a mirala, pero ese tiempo él oye un ruido. Antonces él se pone su sombrero. Cuando ya abren la puerta, ve un hombre demasiao grande y este hombre se llama Gigante. Cuando este gigante toma su camino, que se retira un tanto de la casa, saca él las llaves y empieza a abrir puertas hasta que llega en el último cuarto que está siete grados abajo de la tierra. Allí encuentra una muchacha y le pregunta ella cómo ha entrado él allí. Y le dice él que por las puertas. Le pregunta ella si no vió un hombre que salió de allí. Y le dice él que sí.

—Pero ¿cómo has quedado vivo tú?

—Oh, porque él no me ha visto. Ahora te pregunto yo a ti me digas quién eres tú.

—Yo soy la princesa de Almoñaca.

—Pues en pues de ti he venido. Que me des tu palabra como una mujer honrada de que tú te casas conmigo y yo te saco de esta prisión, de este encanto.

—Pues de muy buena voluntá lo hiciera, pero el hombre que aquí me tiene encantada, todo el mundo ha estao in contra de él y no le han podido hacer nada. ¿Cómo es posible que tú, tan joven, puedas sacarme de este encanto?

—Si el mundo entero, como tú me dices, se ha puesto in contra de este hombre y no le han podido hacer nada, yo tengo más poder que el mundo, como tú dices, y yo te saco de este encanto.

—Pues siendo verdá lo que tú me dices, yo te doy mi palabra y me caso contigo.

—Pues antonces te voy a hacer estas preguntas que tú le hagas a este hombre cuando él vuelva.

Antonces le dice él cuáles son las preguntas. Cuando viene el gigante, le dice ella:

—Te voy a hacer una pregunta; no tomes ningún sentimiento ni creas que es una traición, pero me ha nacido ahora de hacerte esta pregunta que me digas tú a mí por qué razón todo el mundo muchas veces ha estado in contra de ti y no te han podido hacer nada.

—Esa es una pregunta que tú me haces a mí muy maliciosa. ¿Por qué no me habías hecho antes esa pregunta?

—No me había venido el acuerdo —le dice ella— pero si tú crees alguna cosa de debilidá, no me la digas. Porque yo no veo en estos siete grados de la tierra que tú me tienes, pueda haber alguna persona que me pueda sacar de aquí.

—Pues te voy a comunicar las razones. (El muchachito saca su libro de bolsa, su lápiz y se pone él a escuchar la respuesta del gigante.) Mira, a mí nunca podrán hacerme nada por la razón de que mi vida está en los siete grados de la agua en el mar y por eso es que no me matan. Mi cuerpo lo tengo, tú lo sabes, todo verruguiado de balazos pero mi vida no está en mi cuerpo. (Y el muchachito escribía todo eso.) Por esa razón —le dice el gigante— cada quince minutos tú me ves que salgo fuera de este palacio a dar vuelta a mi vida.

Pues tu vida ¿ónde está en la agua?

—Está en una caja. Adentro de esta caja está un güevo y adentro de este güevo está una paloma. Sacando esto de la agua, luego yo soy muerto.

—Y ¿crees tú que habrá alguna persona que pueda saber esto?

—No la hay.

Antonces el gigante comienza a salir otra vez a dale vuelta a su vida. Cuando él ha abierto cuatro puertas, le dice el muchachito:

—Estás segura que de hora en una hora estarás libre.

Y sigue el muchachito abriendo puertas atrás de él. Cuando ya el muchachito sale la última puerta del palacio, se pone su sombrero y sus botas y sigue la dirición del gigante, se pasa de él, llega a la mar y cuando él está en la orilla de la mar, aclama el muchachito a su hermano, el pescado, y le pide que le saque, de los siete grados de la agua, una caja. El pescao se va a la agua y aquí viene con la caja. Cuando le entriega la caja, aclama el muchachito a su hermano, el toro y le pide que se la quiebre. Viene el toro y la quiebra y cuando la quiebra saca el güevo y cuando ya él tiene el güevo en su mano, ya viene cáindose el gigante. Llega el muchachito onde está el gigante y le pega con el güevo en la frente y como quiebra el güevo, salta una paloma y antonces aclama a su hermano, el águila, y le pide le pesque pronto esa paloma. De una vez la águila va y la agarra. Trai la paloma, se la entriega y antonces el muchachito la mata. Y allí queda muerto el gigante.

Se va al palacio con sus tres cuñados. Viene el muchachito y empieza a abrir puertas y entra adentro y le dice a la muchacha que lo siga, y la saca del encanto. Cuando ya salen afuera, les dice el muchachito a sus cuñados:

—Háblenle a ésta. Esta va a ser mi esposa. Esta es la princesa de Almoñaca, la que ustedes los tres han andao en busca de ella y no la habían podido incontrar y yo que ni de tal princesa Almoñaca había uido y ni la había conocido, ahora la he sacao del encanto.

Y se fueron los cuatro y llegaron a la primer casa, la menor de sus hermanas, y de ai les entrodució a la princesa y de ai salieron todos juntos y se fueron al troncón y llegaron y entrodució a la muchacha y de ai se fué y se casó con la muchacha. Volvió con ella casado onde estaban sus hermanas y de ai se fueron todos juntos pa la suidá onde sus padres vivían. Llegó a la casa de sus padres con sus tres hermanas perdidas y su esposa al lado de él y se los presentó todos a su madre. Y entro por un cesto y salgo por otro; el que me oyó contar éste, que me cuente otro.

204. El carnero[86]

Estaba en una suidá un rey y una reina y tenían tres hijas, y un hijo. El hijo hombre era muy cazador, muy amante d' ir a la sierra a los venaos. En otra suidá estaba otro rey que tenía una sola hija y estaba del otro lao del mar un gigante y éste le quitó al que tenía una sola hija su hija. Se la robó. Este rey empezó a pagar porque vinieran a quitarle al gigante a la muchichita. Era de diez y ocho años la muchichita. En esta misma suidá estaban tres príncipes que éstos peliaban por la muchichita, queriéndole quitársela al gigante. Uno lo volvió carnero, otro lo volvió lion y otro lo volvió cíbolo. Y este gigante le puso a éstos una sierra de oro en el medio del mar. Aquí en esta sierra peliaban estos tres animales, queriendo tirar la sierra. El gigante de aquel lao del mar y éstos de éste. Así peliaban y nunca le podían hacer nada.

Este que tenía las tres hermanas, le dijo una vez al rey que s' iba a la caza a la sierra, que no juera a andar dando a ni una de sus hermanas, que no se casara ni una hasta que él no viniera. Pero en lo que el príncipe andaba allá, el rey les permitió a las tres hijas casarse, una con el carnero, otra con el cíbolo y la otra con el lion.

Cuando llegó el príncipe, le dijo al rey que si pa qué había casao a sus hermanas, que las casaba y no sabía ni con quién y que él iba a ver ónde jallaba a sus hermanas.

Y este príncipe se volvió ir a la sierra. Cuando éste llegó a la sierra, llegó a las doce del día. Estaba haciendo un día muy caliente y él vido que cuando él llegó, venía una águila que se venía dando güeltas muy altas. Esta venía a matar un venao. Cuando el príncipe la vido que bajó, él jué a ver si le podía tirar a la águila a matarla. Antonces él vido que cuando él le jué a tirar a la águila, él vido que un venao estaba abierto de manos onde le había dao el golpe la águila. Y a éste se puso a cuidar. Ya dejó a la águila pa ver si lo mataba o no. Antonces la águila se volvió a levantar más alto, y se dejó venir y antonces lo sentó al venao del golpe que le dió. A la siguiente vez que se volvió a levantar otra vez la águila subió más alto que la primer vez, y cuando se dejó venir, se dejó venir con tanta fuerza que de una vez le hizo brotar la sangre por las orejas, por la boca y las narices. Y logo se puso él a ver qué iba a hacer la águila después de que lo mató al venao. Logo que vido la águila que estaba bien muerto el venao, se apió de un árbol de onde estaba allá y se puso a sacale un ojo. Cuando le estaba sacando el ojo, llegó un gavilán y quería sacale el otro ojo al venao y la águila no lo dejó. Por onde empezaron a peliar el gavilán y la águila. Y en esto llegó una hormiguita y se prendió de la lengua del venao. Y en esto llegó un lion a comerse el venao y a quitárselo a la águila. Cuando vido el príncipe que esta águila peliaba por aquel animal que había matao con el lion y el gavilán, pensó matar al lion, y cuando le jué a tirar, antonces el lion le habló. Le dijo que no lo matara, que él l' iba a dar una virtú para que él juera a buscar a sus hermanas. Antonces el príncipe le dijo que estaba bien. Este lion le dijo que l' iba a dar una cascarria de lion y cuando él se hallara en trabajos y quisiera buscar a sus hermanas, que se volviera lion. Antonces el gavilán dijo que tamién le podía dar virtú. Que él le daría una plumita de su colita pa que se volviera un gavilán cuando él se hallara en trabajos. Antonces la hormiguita le dijo que tamién ella le daría virtú, que ella le daría un cuernito. Antonces la águila dijo que tamién ella le daría virtú, que le daría una pluma de su colita, y se volvería una águila cuando se jallara en trabajos. Pues éste agarró sus cuatro virtudes. Antonces cuando agarró sus cuatro virtudes, dijo que él sería el juez y qu' iba a partir aquel venao, y éste partió el venao. Al lion le dió un cuarto entero, a la águila le dió una pierna y un costillar, al gavilán le dió la espaldilla y a la hormiguita le dió lo de adentro, el corazón y todo lo demás, y se lo tuvo que llevar al hormiguero onde vivía la hormiguita. Ya el príncipe no cazó. Se jué pa su casa, porque tenía que ir a ver a sus hermanitas.

Otro día salió en pues de sus hermanitas a ver si las hallaba. Este príncipe se volvió una águila y anduvo por todas las suidades volando, a ver ónde jallaba alguna de sus hermanas. Al fin de tanto que anduvo en la orilla de la suidá, halló tres casas. De una a la otra había una milla de distancia. Pues llegó a la primer casa güelto una águila y se paró en la zotea. Aquí onde él llegó vivía el carnero. Su hermanita salió y vido la águila. Estas estaban privadas de ver a la gente, porque ellos estaban encantados. Logo el príncipe se volvió una hormiguita y apió y entró por una rendijita de la ventana onde estaba su hermana. Cuando entró adentro, se volvió gente.

—¡Válgame Dios, hermanito! ¿Qué andas haciendo?

—Buscándote, hermanita, y no te podía jallar.

—No soy libre de hablar con naiden. Me comerá el carnero.

—Si te ha de comer —le dijo—, antonces peliaremos. ¿Cuándo viene?

—A la tarde.

—Pues en la tarde que vieron venir al carnero, aquélla se asustó mucho. Ella tenía miedo. En esto le dijo:

—Sal pa ajuera y hasta que él no esté adentro, no entras.

Antonces éste salió pa ajuera y este carnero entró. Y logo el príncipe tocó la puerta y se paró el carnero a hacer pedazos la puerta. Antonces ella le dijo:

—No le hagas nada; si es mi hermanito. Anda en busca de mí.

No más supo el carnero que era su cuñao, ya no l' hizo nada. Se quitó el cuero de carnero y se volvió príncipe.

—¿En qué se ocupan ustedes, cuñao?

—En peliar con un gigante; él de aquel lao del mar y nosotros de éste.

Aquél platicó toda la nochi con el príncipe y el carnero con él muy gente. Otro día se jué paronde estaba su otra hermana, la que estaba casada con el cíbolo. En la tarde llegó el cíbolo y estaba el príncipe adentro. Donde el cíbolo quiebró la puerta pa entrar onde estaba el príncipe. Antonces aquélla le dijo al cíbolo que era su hermano, que no le juera a hacer nada. Pues ya no l' hizo nada. Y se quitó el cuero de cíbolo y se pusieron a platicar. Le dijo:

—¿Qué haces tú, cuñao?

—Peliar con un gigante; él de aquel lao del mar y yo de éste.

—Pues mientras que ustedes peleen de este lao del mar, nada se harán.

—Tiene —dijeron ellos— una princesa del rey encantada allá con él y nosotros queremos sacala de trabajos.

Pues otro día se jué aquél a onde estaba el lion. Llegó a case su hermana y hizo lo mismo que con las otras. Ai se estuvo con ella hasta en la tarde que llegó el lion. En la tarde cuando el lion llegó, tuvo que salir éste pa ajuera. Se volvió una águila, porque ésta le dijo que escuchara a ver qué le dicía el lion a ella. Ella le tenía mucho miedo.

—Pues yo —dijo el lion— no había visto aquí en casa que se arrimara ninguna clas de ave y hora vide una águila.

—Es mi hermanito; no más que de miedo que te tiene se volvió aguilita.

—Que no me tenga —dijo él—. Que entre.

Entró aquél y se quitó el lion el cuero y se quedaron por la nochi platicando los cuñaos muy contentos. Otro día se jué el príncipe de aquí paronde estaba el gigante. Cuando llegó onde estaba el gigante, este gigante la subía arriba de una lomita pa que le diera el sol, porque ella estaba muy triste. Antonces llegó el príncipe, güelto una águila, onde estaba el gigante con la muchichita. Antonces la muchichita, logo que vido la águila, se empezó a volver loca con ella de vela tan bonita. Antonces le dijo al gigante que si por qué no agarraba aquel animalito para ella. El gigante dijo que no quería cautivar al animalito aquél, pero otro día volvió a venir el príncipe güelto águila a onde estaba el gigante con la muchichita. Cuando volvió a venir, la agarró el gigante a la aguilita y la puso en una jaulita. Cuando pusieron ésta en una jaulita, otro día en la mañana salió el gigante pa arriba de la tierra a ver cómo estaba todo pa sacar a la muchichita a pasiar.

Cuando el gigante se jué pa allá, la aguilita tuvo chanza de hablar con la muchacha y le dijo que si se casaba con él, él vencía al gigante y quitaría la sierra de oro pa que no estuvieran peliando los príncipes en la sierra de oro. La muchichita dijo que sí, porque al gigante le tenía mucho miedo.

—Mañana —le dijo— me sacas al sol, allá onde va el gigante y tú, y me abres la puertecita pa salir.

Otro día sacaron a la aguilita en su jaulita y le abrieron su puertecita. La aguilita salió, y este gigante tenía media hora pa dormir en el medio día. Y cuando el gigante estaba durmido, llegó el príncipe y lo mató durmido. Logo que lo mató, jué y lo echó en el mar y logo se volvió un lion y empezó a destruir la sierra de oro que tenía el gi-

gante onde peliaban sus cuñaos. Y logo la águila sacaba el oro pal
lao que estaba el príncipe y el gavilán y la aguilita sacaban paronde
estaban los cuñaos, hasta que se acabó la sierra. No más se acabó la
sierra y se descubireron los palacios que tenía el gigante, que estaban encantaos. Y logo se desencantaron sus cuñaos tamién y jué él
y les avisó a sus cuñaos que él había matao al gigante y había destruido la sierra de oro y había desencantao todo. Y logo vinieron los
padres y lo casaron y logo se vino onde estaban sus cuñaos y logo se
jué paronde estaba su padre, el rey. Allá hicieron las fiestas riales y
luego vivieron en la casa del gigante.

205. *Juan de la Piedra*[89]

Este era un hombre y una mujer. Tenían dos hijos. Uno de ellos
se llamaba Pedro y el otro, Juan. Los puso su padre en una escuela.
Estos muchachos aprendieron muy fácil y muy apriesa, pero era más
habilidoso Juan. Este Juan aprendió hasta los idiomas de los animales. Al tiempo quedó viudo su papá de estos muchachos y ellos eran
muy buenos hijos y viendo que estaba solo, empezaron los muchachos
a rogarle que se casara con la vecina, porque era muy buena. El padre no quería, pero lo convincieron. El viejito les dijo:

—Me voy a casar por dales gusto pero si algún día les va a pesar, no se vayan a quejar.

El viejito se casó. Siguió viviendo con su esposa. Ella trataba
bien a los muchachos a las primeras veces. A poco de días se enamoró de Juan y viendo que no podía hacerse de él, ella no jallaba qué
mal hacele a Juan.

Pues se juntaron todos los muchachos a jugar a la pelota y salió su esposo a verlos jugar. Saltó la pelota a donde estaba la mamá
de Juan. Antonces los muchachos se la pidieron a ella. Y la mujer
les respondió:

—Quítense de aquí. Yo no tengo pelota de naide.

Pues antonces vino Juan y con la orilla del chueco sacó la pelota de onde estaba su mamá. Antonces salió la mujer hablando y
entró a onde estaba su padre de Juan y le dijo:

—¡Pues mírame bien! Juan es un grosero y quiero que lo corri-
jas que adelante de los muchachos me vino a avergonzar. Pues con
la punta del chueco me quiso levantar las naguas.

—¡Oh, mujer criminosa! ¿Cómo lo debía de hacer?

—Pues es verdá. Yo pruebo con todos los muchachos.

Pues antonces se levantó el viejito y llamó a los muchachos. El viejito empezó a preguntales a todos. Ellos dieron una respuesta que Juan no le había hecho nada. No más había sacao la pelota de la orilla de las naguas pero no es como ella lo dice. La mujer se puso muy soberbia y le dijo que corrigiera a Juan. El les dijo que estaba bien. Los muchachos se retiraron de allí, y se quedaron Pedro y Juan. Antonces vino su padre y los llevó a un cuarto a los dos, a Pedro y Juan. El los castigó injustamente por cuentos de su misma madrastra. Juan se puso muy triste y le dijo:

—Papá, pus hasta hoy no más me estaré al lao de usté.

—Hijo mío, bien se lo dicía yo que de temprano les daba sopitas de miel, más tarde sopitas de hiel.

—Pues bien, papá, yo me voy de aquí.

Otro dia en la mañana entró Juan y le dijo a su papá que le echara su bendición, y luego se despidió y se fué. Caminó un día todo el dia y otro día hasta medio día. S' incontró con unos fleteros y les dijo que iba a buscar la vida como todos los hombres.

—Pues yo lo llevaré —le dijo el otro hombre— a la casa de mi patrón. Posible que este hombre le dé trabajo. Yo lo llevo a case mi patrón.

Llegaron en la misma tarde. Antonces su patrón le daría trabajo. Este hombre era muy rico y él también tenía un hijo, y se llamaba Pedro. Se juntaron los dos, Juan y Pedro, a trabajar en la misma tienda. Se jueron queriendo aquellos muchachos como si habían sido hermanitos. Ya Juan trataba a su patrón de "papá" y a su patrona de "mamá" y ellos también querían mucho a Juan.

Un día los padres decidieron que ya era tiempo de que se casara Pedro, y le preguntaron por medio de Juan con quién quería casarse. El les dijo que con la princesa que estaba encantada en el mar. Los padres creían que esto sería imposible, pero Pedro insistió y Juan le prometió ir con él a pidirla.

Su papá y su mamá se quedaron hechos un duelo de ver que se habían ido sus dos hijos, temiendo que los juera a encantar y no volvieran otra vez. Pero Juan les dijo que no tuvieran cuidao. Para cierto tiempo él vendría.

Caminaron todo el día otro día hasta el sol metido. Llegaron a una tienda y compraron dos barriles de aceite, un cabresto suficiente largo, y siguieron hasta que llegaron a la orilla del mar. Cuando ya estaban en la orilla del mar, Pedro amarró a Juan y puso una rondanilla. Volcó un tanque de aceite y se abrió la agua del mar. Juan se dirigió derecho al palacio donde estaba la princesa. La princesa no más lo vido, y le dijo:

—Vete, hermanito; viene mi mamá y te mata.

—No importa —le dijo Juan—. Yo vengo a ver si te quieres casar con mi hermano. Dime apriesa para irnos.

—Pues bien, sí me caso, siendo que me saques de aquí.

Prontamente vino Juan y se amarraron juntos y le menió el cabresto a su hermano y hizo que jalaran aquella rondanilla y los sacaron a los dos. Ya salieron haciéndose escuro. Ellos quedaron muy contentos. Antonces prendió Juan el cochi y caminaron toda la nochi. La princesa no estaba muy contenta porque ella no pensaba que Juan la iba a salvar. Otro día a medio día se detuvieron a tomar la comida un rato.

En esto llegaron dos cuervos, uno del centro del mar y otro de la suidá. Se sentaron en un palo y se pusieron a platicar estos dos cuervos. Y Juan se puso a escuchar. Antonces le dijo el de la suidá al que venía del mar:

—Yo vengo de la suidá de donde vienen estos novios. ¿Qué te parece, hermanito cuervito, gozará este novio a la princesa?

—Quién sabe, porque ya la vieja bruja los alcanza en un caballo prieto que hasta la tierra se come, y le va a dicir al novio que se suba en aquel caballo para que acabe de llegar a la suidá. Otra cosa hay, que este caballo trai una pistola en la cabeza de la silla. No más se sube el novio, no más pone el pie en el estribo y se dispara la pistola y mata al novio y se lleva a la princesa para el centro de la mar. Pero si hay quien entienda esto, no más pone el pie en el estribo y le pica al caballo en el codillo y se despara la pistola y mata al caballo. Otra cosa, que si no lo mata ahora, la nochi del baile, cuando ya ellos estén casados, va a entrar la misma vieja bruja en forma de una viejecilla y le va a llevar un vaso de vino mezclao con veneno para matar al novio y llevarse a la princesa. De otro modo que si no lo mata la nochi del baile, lo mata el día que se vayan a dormir a su cuarto separaos. No más aguarda a que el novio se duerma, y entra por una ventana y mata el novio y se lleva a la princesa.

Esto escuchó bien Juan y él entendía las idiomas de los animales.

—Hermanitos —les dijo Juan—, vámonos apurando apriesita. Ya vienen los de en casa a toparnos.

Juan prendió el cochi y se jueron. Se toparon con sus padres y la gente que llevaban. Se apió Pedro y Juan y la princesa al mismo

tiempo y se dieron a conocer con la gente qu' iba. Voltió la princesa
la cara pa atrás y vido vinir a su madre, la vieja bruja. Ella de una
vez se puso muy triste. Llegó la bruja a donde estaba el padre de Pedro y le dijo:

—Carrial majestá, permita que su hijo se suba en este caballo
para que acabe de llegar a la suidá.

—Está bien. Que se suba. Ven acá, Pedro. Súbete en este caballo.

Pedro se jué a subirse en aquel caballo. La princesa se sintió
muy triste, pero al mismo tiempo se apió Juan y le picó al caballo en
el codillo y mató al caballo y Pedro se avergonzó mucho. La princesa
quedó contenta de ver que había matao al caballo. Iba tan contenta,
sin miedo ninguno, porque ya sabía que Juan l' iba a salvar la vida.
Pedro se puso triste en contra de Juan de ver lo que estaba haciendo. Llegaron a la casa todos muy contentos. Siguieron las bodas, se
casaron y siguió el baile.

En la media nochi entró una viejecilla a franquiale al novio un
vaso de vino mezclado con veneno. Pues Juan no se separaba mucho de ellos. Jué derechamente onde estaba el novio y le ofreció el vaso de vino. Juan lo vido pronto y se vino y le pegó a su hermano en
el codo. Saltó aquel vaso de vino y no se lo bebió. Pedro se nojó mucho con Juan, pero Juan nada le hacía. Antonces le dijo Pedro a
Juan:

—Me parece que tú me estás poniendo en vergüenzas.

—No, hermanito, con el tiempo me lo agradecerás. Pues bien,
hermanito, ya no más esta nochi los voy a acompañar. Pídanle licencia a mi papá y a mi mamá que me deje ir a dormir con ustedes.

Pedro no quería, pero la princesa le dijo que sí iba. Se jué la princesa para su cuarto y lo esperó un rato y le preguntó ella a Juan ónde quería que le pusiera cama.

Se quedaron dormidos los novios. Juan, no más los vido dormidos y apagó la lámpara. Desatrancó el bastidor y abajó las cortinas.
Llegó la vieja a la ventana y Juan aprevino su daga. Abrió el bastidor y metió la cabeza. Juan le trozó la cabeza y cayó la cabeza onde estaba la princesa. Pues la princesa se asustó y pegó un grito y
dijo:

—¡La cabeza de mi madre!

Antonces se levantó Pedro y acusó a Juan de haber matado a
la mamá de su esposa, y le dice que ahora tiene que ir a dormir a la
penitenciaria. Pronto vinieron los oficiales y llevaron a Juan hasta otro

día. La princesa quedó dando gritos de ver que Juan lo llevaban a la penitenciaria pero ella sabía que no lo podían horcar. Pero ella no decía nada porque para ella no había remedio. Otro día lo sentenciaron a la horca. Lo iban a horcar a las tres de la tarde. Cuando ya se llegó la hora, les dijo Juan que llamaran a sus padres. Los trujieron.

—Papá —le dijo Juan—, lo invié a llamar para hablarle tres palabras. Acuérdese que aquel caballero que nos alcanzó cuando veníamos con mi hermanito del centro del mar era la vieja bruja que quería matar a mi hermanito y llevarse a mi hermanita para el centro del mar. (Antonces lo vieron de la rodilla pa abajo de piedra.) La otra palabra, mamá, es que aquella nochi del baile, aquella viejecilla que entró a ofrecele a mi hermanito un vaso de vino era la misma vieja bruja que lo iba a matar y llevarse a mi hermanita. (Pues ya lo vieron de la cintura pa abajo de piedra.) La última palabra, papá, es, aquella nochi que mi hermanita pidió la venia de que juera a dormir con ellos, aquella cabeza que le saltó a mi hermanita al pecho, era la misma vieja bruja que vinía a matar a mi hermanito y a llevarse a mi hermanita.

Antonces dijo su padre de Juan que abajaran aquella piedra y la llevarían a su casa. Antonces se soltó llorando Pedro y les dijo que esa piedra se la iba a llevar él para su casa. La princesa sabía que s' iba a volver de piedra entero y tenía que resucitar. Pedro mandó que pusieran aquella piedra en una cama, en un cuarto separado. Viéndolo la princesa a Pedro tan triste, le dijo:

—Mira, Pedro, no estés triste por mi hermanito. Mi hermanito güelve a resucitar. Yo sabía todo este pero yo no te podía dicir a ti nada porque si yo te dicía, yo m' iba a golver piedra entera y para mí no había remedio y para mi hermanito, sí. Mira, a los nueve meses de casaos vamos a tener un infante y desollando este infante a no perder ni una gota de sangre y rociamos la piedra y ponemos el niño debajo de las cobijas onde está la piedra y así resucita mi hermanito y nuestro hijito también.

Bueno, pues esta mujer tuvo un infante cuando ya cumplió los nueve meses. Estaban contentos de ver aquel niño que era para resucitar a su hermano, pero que ya a ella le dolía degollar a su hijo. No se desprendía un momento del niño. Hubo una casualidá que s' iban a casar unos novios en la misma suidá y los envitaron para la función. Estos novios eran todos gangosos, el músico, el guitarrero, el novio, la novia, los cantadores, los consuegros y los parientes. En esto se acordó Pedro y la convidó para ir a la fiesta. Salieron al portal los dos a ver a los novios que venían marchando. Antonces dijo Pedro:

—Pues voy a prender mi cigarro. Horita güelvo.

Güeno, ella se le olvidó el niño, y no se acordó. Vino Pedro y agarró aquel niño y lo degolló con una daga y destapó aquella piedra y la roció con la misma sangre de aquel niño y metió al niño debajo de las cobijas. Salió a donde estaba su mujer. Estaban ellos muy, divirtidos cuando oyeron llorar al niño. Rompió Pedro corriendo adelante y se topó con su hermano y con su niño.

—¡Esposa mía! —le dijo Pedro—. Tienes que darme albricias. Resucité a mi hermano y mi hijito también.

La princesa dió un grito de alegría y se golvió todo gusto.

INTERNATIONAL FOLKLORE

An Arno Press Collection

Allies, Jabez. **On The Ancient British, Roman, and Saxon Antiquities and Folk-Lore of Worcestershire.** 1852

Blair, Walter and Franklin J. Meine, editors. **Half Horse Half Alligator.** 1956

Bompas, Cecil Henry, translator. **Folklore of the Santal Parganas.** 1909

Bourne, Henry. **Antiquitates Vulgares; Or, The Antiquities of the Common People.** 1725

Briggs, Katharine Mary. **The Anatomy of Puck.** 1959

Briggs, Katharine Mary. **Pale Hecate's Team.** 1962

Brown, Robert. **Semitic Influence in Hellenic Mythology.** 1898

Busk, Rachel Harriette. **The Folk-Songs of Italy.** 1887

Carey, George. **A Faraway Time and Place.** 1971

Christiansen, Reidar Th. **The Migratory Legends.** 1958

Clouston, William Alexander. **Flowers From a Persian Garden, and Other Papers.** 1890

Colcord, Joanna Carver. **Sea Language Comes Ashore.** 1945

Dorson, Richard Mercer, editor. **Davy Crockett.** 1939

Douglas, George Brisbane, editor. **Scottish Fairy and Folk Tales.** 1901

Gaidoz, Henri and Paul Sébillot. **Blason Populaire De La France.** 1884

Gardner, Emelyn Elizabeth. **Folklore From the Schoharie Hills, New York.** 1937

Gill, William Wyatt. **Myths and Songs From The South Pacific.** 1876

Gomme, George Laurence. **Folk-Lore Relics of Early Village Life.** 1883

Grimm, Jacob and Wilhelm. **Deutsche Sagen.** 1891

Gromme, Francis Hindes. **Gypsy Folk-Tales.** 1899

Hambruch, Paul. **Faraulip.** 1924

Ives, Edward Dawson. **Larry Gorman.** 1964

Jansen, William Hugh. **Abraham "Oregon" Smith.** 1977

Jenkins, John Geraint. **Studies in Folk Life.** 1969

Kingscote, Georgiana and Pandit Natêsá Sástrî, compilers. **Tales of the Sun.** 1890

Knowles, James Hinton. **Folk-Tales of Kashmir.** 1893

Lee, Hector Haight. **The Three Nephites.** 1949

MacDougall, James, compiler. **Folk Tales and Fairy Lore in Gaelic and English.** 1910

Mather, Increase. **Remarkable Providences Illustrative of the Earlier Days of American Colonisation.** 1856

McNair, John F.A. and Thomas Lambert Barlow. **Oral Tradition From the Indus.** 1908

McPherson, Joseph McKenzie. **Primitive Beliefs in the North-East of Scotland.** 1929

Miller, Hugh. **Scenes and Legends of the North of Scotland.** 1869

Müller, Friedrich Max. **Comparative Mythology.** 1909

Palmer, Abram Smythe. **The Samson-Saga and Its Place in Comparative Religion.** 1913

Parker, Henry. **Village Folk-Tales of Ceylon.** Three volumes. 1910-1914

Parkinson, Thomas. **Yorkshire Legends and Traditions.** 1888

Perrault, Charles. **Popular Tales.** 1888

Rael, Juan B. **Cuentos Españoles de Colorado y Nuevo Méjico.** Two volumes. 1957

Ralston, William Ralston Shedden. **Russian Folk-Tales.** 1873

Rhys Davids, Thomas William, translator. **Buddhist Birth Stories; Or, Jātaka Tales.** 1880

Ricks, George Robinson. **Some Aspects of the Religious Music of the United States Negro.** 1977

Swynnerton, Charles. **Indian Nights' Entertainment, Or Folk-Tales From the Upper Indus.** 1892

Sydow, Carl Wilhelm von. **Selected Papers on Folklore.** 1948

Taliaferro, Harden E. **Fisher's River (North Carolina) Scenes and Characters.** 1859

Temple, Richard Carnac. **The Legends of the Panjâb.** Three volumes. 1884-1903

Tully, Marjorie F. and Juan B. Rael. **An Annotated Bibliography of Spanish Folklore in New Mexico and Southern Colorado.** 1950

Wratislaw, Albert Henry, translator. **Sixty Folk-Tales From Exclusively Slavonic Sources.** 1889

Yates, Norris W. **William T. Porter and the Spirit of the Times.** 1957